Verlichting nu

Van Steven Pinker verschenen eerder

Het taalinstinct (1995)
Hoe de menselijke geest werkt (1997)
Het onbeschreven blad (2003)
De stof van het denken (2007)
Ons betere ik (2011)
Gevoel voor stijl (2016)

Steven Pinker

Verlichting nu

Een pleidooi voor rede, wetenschap,
humanisme en vooruitgang

Vertaald door Ralph van der Aa

Uitgeverij Atlas Contact
Amsterdam/Antwerpen

1e druk oktober 2018
2e druk november 2018

© 2018 Steven Pinker
© 2018 Nederlandse vertaling Ralph van der Aa
Oorspronkelijke titel *Enlightenment Now*
Oorspronkelijke uitgeverij Viking
Omslagontwerp Zeno
Foto auteur Max S. Gerber
Typografie binnenwerk Perfect Service, Schoonhoven
Drukkerij Wilco, Amersfoort

ISBN 978 90 450 3888 9
D/2018/0108/793
NUR 730

www.atlascontact.nl

Voor Harry Pinker (1928-2015)
optimist

Solomon Lopez (2017-)
en de tweeëntwintigste eeuw

Zij die door de rede worden geregeerd, wensen niets voor zichzelf wat ze niet ook de rest van de mensheid toewensen.
– Baruch Spinoza

Alles wat de natuurwetten toestaan is met de juiste kennis mogelijk.
– David Deutsch

Inhoud

Lijst van figuren

Voorwoord

De tweede helft van het tweede decennium van het derde millennium lijkt misschien geen uitgelezen moment om een boek te publiceren over de historische tendens van vooruitgang en de oorzaken daarvan. Op het moment van schrijven wordt het land waar ik woon geleid door mensen met een duistere visie op het heden: 'Moeders en kinderen die vastzitten in armoede (...), een onderwijssysteem dat onze jonge en prachtige scholieren en studenten alle kennis onthoudt (...) en de misdaad, en de bendes, en de drugs die té veel levens hebben geëist.' We zijn in een 'regelrechte oorlog' verwikkeld die 'zich steeds verder uitzaait'. De schuld van die nachtmerrie kan worden gelegd bij een 'mondiale machtsstructuur' die 'de onderliggende geestelijke en morele fundamenten van het christendom heeft uitgehold'.[1]

Op de volgende bladzijden zal ik aantonen dat deze sombere inschatting van de staat van de wereld onjuist is – en niet zomaar een beetje onjuist, maar echt volkómen onjuist. Dit is echter geen boek over de vijfenveertigste president van de Verenigde Staten en zijn adviseurs. Ik dacht er al jaren voordat Donald Trump zijn kandidatuur aankondigde over na en hoop dat het vele jaren langer mee zal gaan dan zijn regering. De ideeën die de voedingsbodem voor zijn verkiezing vormden, worden breed gedeeld door intellectuelen en leken, zowel linkse als rechtse. Enkele van die ideeën zijn pessimisme over de koers van de wereld, cynisme over de instituties van de moderniteit en het onvermogen een hoger doel te bedenken anders dan religie. Ik zal een andere kijk op de wereld presenteren, die gebaseerd is op feiten en geïnspireerd wordt door de idealen van de Verlichting: rede, wetenschap, humanisme en vooruitgang. Ik hoop aan te tonen dat Verlichtingsidealen tijdloos zijn, maar dat ze nog nooit zo relevant zijn geweest als nu.

De socioloog Robert Merton noemde communalisme als een fundamentele wetenschappelijke verdienste, net als universalisme, belangeloosheid en georganiseerd scepticisme. Als je de beginletters van die termen in het Engels achter elkaar zet, krijg je het woord *cudos*[2], en kudo's gaan absoluut naar de vele wetenschappers die blijk gaven van gemeenschapszin door hun data met me te delen en snel en gedetailleerd mijn vragen te beantwoorden. De eerste die ik wil noemen is Max Roser, samensteller van de blikverruimende website *Our World in Data*, wiens inzicht en ruimhartigheid cruciaal waren voor veel onderwerpen die worden besproken in deel 11, het deel over vooruitgang. Ik ben ook Marian Tupy van *HumanProgress* en Ola Rosling en Hans Rosling van *Gapminder* dank verschuldigd, twee andere hulpbronnen van onschatbare waarde voor het verkrijgen van inzicht in de toestand van de mensheid. Hans inspireerde me, en zijn dood in 2017 was een tragedie voor iedereen die de rede, de wetenschap, het humanisme en de vooruitgang een warm hart toedraagt.

Ook de andere datawetenschappers die ik heb lastiggevallen en de instituten die hun data verzamelen en onderhouden ben ik dank verschuldigd: Karlyn Bowman, Daniel Cox (PRRI), Tamar Epner (Social Progress Index), Christopher Fariss, Chelsea Follett (*HumanProgress*), Andrew Gelman, Yair Ghitza, April Ingram (Science Heroes), Jill Janocha (Bureau of Labor Statistics), Gayle Kelch (US Fire Administration/FEMA), Alaina Kolosh (National Safety Council), Kalev Leetaru (Global Database of Events, Language, and Tone), Monty Marshall (Polity Project), Bruce Meyer, Branko Milanović (Wereldbank), Robert Muggah (Homicide Monitor), Pippa Norris (World Values Survey), Thomas Olshanski (US Fire Administration/FEMA), Amy Pearce (Science Heroes), Therese Pettersson (Uppsala Conflict Data Program), Mark Perry, Leandro Prados de la Escosura, Stephen Radelet, Auke Rijpma (OECD Clio Infra), Hannah Ritchie (*Our World in Data*), Seth Stephens-Davidowitz (Google Trends), James X. Sullivan, Sam Taub (Uppsala Conflict Data Program), Kyla Thomas, Jennifer Truman (Bureau of Justice Statistics), Jean Twenge, Bas van Leeuwen (OECD Clio Infra), Carlos Vilalta, Christian Welzel (World Values Survey), Billy Woodward (Science Heroes) en Justin Wolfers.

David Deutsch, Rebecca Newberger Goldstein, Kevin Kelly, John Mueller, Roslyn Pinker, Max Roser en Bruce Schneier hebben een eerste versie van het hele manuscript gelezen en adviezen gegeven die voor mij van onschatbare waarde waren. Ook heb ik mijn voordeel gedaan met opmerkingen van deskundigen die hoofdstukken of delen daarvan hebben gelezen, onder wie Scott Aaronson, Leda Cosmides, Jeremy England, Paul Ewald, Joshua Goldstein, A.C. Grayling, Joshua Greene, Cesar Hidalgo, Jodie Jackson, Lawrence Krauss, Branko Milanović, Robert Muggah, Jason Nemirow, Matthew Nock, Ted Nordhaus, Anthony Pagden, Robert Pinker, Susan Pinker, Stephen Radelet,

16

Peter Scoblic, Michael Shellenberger en Christian Welzel.

Andere vrienden, vriendinnen en collega's hebben vragen beantwoord of belangrijke suggesties gedaan, zoals Charleen Adams, Rosalind Arden, Andrew Balmford, Nicolas Baumard, Brian Boutwell, Stewart Brand, David Byrne, Richard Dawkins, Daniel Dennett, Gregg Easterbrook, Emily-Rose Eastop, Nils Petter Gleditsch, Jennifer Jacquet, Barry Latzer, Mark Lilla, Karen Long, Andrew Mack, Michael McCullough, Heiner Rindermann, Jim Rossi, Scott Sagan, Sally Satel, Martin Seligman en Michael Shermer. Een speciaal woord van dank aan mijn Harvard-collega's Mahzarin Banaji, Mercè Crosas, James Engell, Daniel Gilbert, Richard McNally, Kathryn Sikkink en Lawrence Summers.

17

Ik bedank Rhea Howard en Luz Lopez voor hun heldhaftige inspanningen waarmee ze data hebben verworven, geanalyseerd en weergegeven, en Keehup Yong voor meerdere regressieanalyses. Ook wil ik Ilavenil Subbiah bedanken, voor het ontwerpen van de fraaie olifantgrafieken en voor haar suggesties voor vorm en inhoud.

Mijn redacteuren, Wendy Wolf en Thomas Penn, en mijn literair agent, John Brockman, ben ik ten diepste dankbaar voor hun begeleiding en bemoediging gedurende het project. Katya Rice heeft nu acht van mijn boeken persklaar gemaakt, en al die keren heb ik geleerd van haar werk en er mijn voordeel mee gedaan.

Een speciaal woord van dank aan mijn familie: Roslyn, Susan, Martin, Eva, Carl, Eric, Robert, Kris, Jack, David, Yael, Marco, Solomon, Danielle en vooral mijn vrouw, Rebecca, met wie ik samen de idealen van de Verlichting bewonder en waardeer en die mij daarin zoveel leert.

Dankwoord van de vertaler

De vertaler bedankt Alied van der Aa, Sandar van Asperen, Jasper Been, Martin Carree, Guus Duindam, Daniël Herbers, Ellen Jelgersma, Rob Maas, Wim van de Pol, Onno van Schayck, Paul van Schayck, Marijn Schuurman, Jan-Jaap Snoep, Yoram Stein, Marcel Vonk, Jan-Reindert Voogdt, Ernst Woltering en Bea Zoer voor hun hulp.

I

VERLICHTING

Het gezond verstand van de achttiende eeuw, de manier waarop het overduidelijk menselijk lijden begrijpt, en de heldere eisen die de menselijke natuur stelt, hebben op de wereld een uitwerking gehad die je kunt vergelijken met een bad van morele reiniging.
– Alfred North Whitehead

In de vele tientallen jaren dat ik al publieke lezingen geef over taal, het menselijk denken en de menselijke natuur, zijn me de vreemdste vragen gesteld. Welke taal is de beste? Hebben schelpdieren een bewustzijn? Wanneer zal ik alles wat ik weet en denk op het internet kunnen zetten? Is overgewicht een vorm van geweld?

Maar de boeiendste vraag die ik ooit heb moeten beantwoorden, werd gesteld na een lezing waarin ik de gangbare wetenschappelijke opvatting uitlegde dat de menselijke psyche uit patronen van activiteit in het hersenweefsel bestaat. Een studente in het publiek stak haar hand op en vroeg: 'Waarom zou ik eigenlijk moeten leven?'

Aan de openhartige toon waarop ze het vroeg kon ik horen dat ze niet suïcidaal was en het niet sarcastisch bedoelde, maar oprecht wilde weten hoe ze betekenis en zingeving kon vinden als traditionele religieuze opvattingen door de beste wetenschap aan het wankelen zijn gebracht. Ik huldig het standpunt dat domme vragen niet bestaan, en tot verbazing van de studente, het publiek en vooral mezelf wist ik een redelijk geloofwaardig antwoord uit te brengen. Ik herinner me dat ik in grote lijnen het volgende zei – uiteraard opgesmukt door de verdraaiingen van het geheugen en *esprit de l'escalier*:

Alleen al door die vraag te stellen ben je op zoek naar rédenen voor je overtuigingen, wat betekent dat je rede gebruikt om te ontdekken en te rechtvaardigen wat voor jou belangrijk is. En er zijn heel veel redenen om te leven!

Als wezen met een bewustzijn heb je de potentie om tot *ontplooiing* te komen. Je kunt je vermogen om te redeneren verfijnen door te leren en te debatteren. Je kunt op zoek gaan naar verklaringen die de natuurlijke wereld door middel van de wetenschap biedt, en naar inzicht in de menselijke conditie door middel van kunst en geesteswetenschappen. Je kunt optimaal gebruikmaken van je vermogen om genot en voldoening te ervaren, dat je voorouders in staat stelde te gedijen, wat jouw bestaan mogelijk maakte. Je kunt de schoonheid en overvloed van de natuurlijke en culturele wereld op waarde schatten. Als nakomeling van miljarden jaren van leven dat zichzelf bestendigt, kun jij op jouw beurt het leven bestendigen. Je hebt het vermogen gekregen om mededogen te voelen – het vermogen om anderen aardig te vinden, om lief te hebben, om respect te hebben, om goed te doen – en met vrienden, familie en collega's kun je genieten van het geschenk van wederzijdse welwillendheid.

En omdat de rede je duidelijk maakt dat je in geen van deze dingen uniek bent, heb je de verantwoordelijkheid om aan anderen te geven wat je zelf ook verwacht. Je kunt het welzijn van andere wezens met een bewustzijn vergroten door leven, gezondheid, kennis, vrijheid, overvloed, veiligheid, schoonheid en vrede te laten toenemen. De geschiedenis laat zien dat wanneer we meeleven met anderen en onze vindingrijkheid inzetten om de menselijke conditie te verbeteren, we daar beter in kunnen worden, en jij kunt helpen om die verbetering te laten voortduren.

De zin van het leven uitleggen maakt normaal gesproken geen deel uit van de functieomschrijving van een hoogleraar cognitieve wetenschap, en ik zou nooit het lef hebben gehad haar vraag te beantwoorden als dat antwoord had afgehangen van mijn nauwelijks aanwezige technische kennis of mijn twijfelachtige persoonlijke wijsheid. Maar ik wist dat ik een stelsel van opvattingen en waarden verwoordde dat al twee eeuwen eerder vorm had gekregen en nu relevanter is dan ooit: de idealen van de Verlichting.

Het Verlichtingsprincipe dat we rede en mededogen kunnen toepassen om de mens beter te laten gedijen lijkt misschien voor de hand liggend, cliché, ouderwets. Ik heb dit boek geschreven omdat ik tot het besef ben gekomen dat dat niet zo is. Meer dan ooit moeten de idealen van wetenschap, rede, humanisme en vooruitgang vurig verdedigd worden. Wat ze ons opleveren zijn we vanzelfsprekend gaan vinden: pasgeboren baby's die meer dan acht decennia zullen leven, markten met een overvloed aan voedsel, schoon water dat met één beweging van onze hand of vinger verschijnt en uitwerpselen die met een andere beweging verdwijnen, pillen die ons van een pijnlijke infectie afhelpen, zoons die niet naar het front worden gestuurd, dochters die veilig over straat kunnen, critici van machthebbers die niet in de gevangenis worden gegooid of worden doodgeschoten, alle kennis en cultuur uit de hele wereld die beschikbaar is in het zakje van een overhemd. Maar dit zijn menselijke prestaties, geen dingen waar ieder mens bij de geboorte recht op heeft. Veel lezers van dit boek kunnen zich herinneren dat oorlog, schaarste, ziekte, onwetendheid en dodelijke gevaren vanzelfsprekend waren, en voor mensen die in minder fortuinlijke delen van de wereld leven is dit de dagelijkse realiteit. We weten dat landen weer in die primitieve omstandigheden kunnen vervallen, dus lopen we gevaar wanneer we negeren wat de Verlichting teweeg heeft gebracht.

In de jaren nadat ik de vraag van die jonge vrouw had beantwoord, ben ik vaak herinnerd aan de noodzaak de Verlichtingsidealen (die ook wel humanisme, de open samenleving en kosmopolitisch of klassiek liberalisme worden genoemd) opnieuw onder woorden te brengen. Het is niet alleen zo dat vragen als de hare regelmatig in mijn inbox verschijnen. ('Geachte meneer Pinker, wat adviseert u iemand die de ideeën uit uw boeken heel serieus neemt en zichzelf als een verzameling atomen beschouwt? Als een machine met een beperkte intelligentie die is ontstaan uit zelfzuchtige genen en ruimtetijd inneemt?') Wanneer we ons niet bewust zijn van de omvang van de menselijke vooruitgang, kan dat ook leiden tot symptomen die erger zijn dan levensangst. We kunnen cynisch worden over de instituties die door de Verlichting zijn geïnspireerd en die vooruitgang waarborgen, zoals liberale democratie en organisaties waar internationale samenwerking plaatsvindt. Dan bestaat het gevaar dat ze atavistische alternatieven worden.

De idealen van de Verlichting zijn voortgebracht door de menselijke rede, maar ze botsen altijd met andere aspecten van de menselijke natuur: trouw aan de stam, eerbied voor het gezag, magisch denken, het zoeken van zondebokken. In het tweede decennium van de eenentwintigste eeuw zijn we getuige van de opkomst van politieke stromingen die het beeld schetsen dat kwaadaardige groeperingen onze landen een duivelse dystopie in sleuren, en dat ze alleen bestreden kunnen worden door een krachtige leider die het land een sterke achterwaartse beweging laat maken *to make it great again*. Deze ontwikkelingen worden in de hand gewerkt door een verhaal dat wordt gedeeld door veel van hun felste tegenstanders, een verhaal waarin de instituties van de moderniteit tekort zijn geschoten en waarin elk aspect van het leven zich in een steeds dieper wordende crisis bevindt. De twee kampen zijn het er angstaanjagend genoeg over eens dat de wereld er beter van zal worden als die instituties ten onder gaan. Het is lastiger om een positieve visie te vinden die de wereldproblemen beschouwt tegen de achtergrond van vooruitgang waar zo goed mogelijk op wordt voortgebouwd door die problemen op te lossen.

Als je er nog steeds niet van overtuigd bent dat de idealen van het

Verlichtingshumanisme krachtig verdedigd moeten worden, denk dan eens na over de diagnose van Shiraz Maher, die radicaalislamistische bewegingen analyseert. 'Het Westen schrikt ervoor terug om op te komen voor zijn waarden – het neemt het niet op voor het klassieke liberalisme,' zegt hij. 'We zijn er onzeker over. We voelen ons er ongemakkelijk bij.' Vergelijk dat eens met Islamitische Staat, dat 'exact weet waar het voor staat', een overtuigdheid die 'ongelooflijk verleidelijk is' – en Maher kan het weten, want hij was ooit een regionale leider van de jihadistische beweging Hizb ut-Tahrir.[1]

24   Toen de econoom Friedrich Hayek in 1960 zijn bespiegelingen hield over de progressieve idealen, niet lang nadat ze hun grootste krachtproef hadden doorstaan, stelde hij vast: 'Willen we oude waarheden grip laten houden op het denken van mensen, dan moeten ze opnieuw geformuleerd worden in de taal en opvattingen van latere generaties. Uitspraken die ooit uiterst effectief en stimulerend waren, zijn op een gegeven moment zó grijsgedraaid dat ze niet langer een ondubbelzinnige betekenis hebben. De onderliggende gedachten mogen net zo waar en steekhoudend zijn als ooit tevoren, de woorden hebben, zélfs wanneer ze betrekking hebben op problemen die nog altijd actueel zijn, niet langer dezelfde overtuigingskracht.'[2]

Dit boek is mijn poging de idealen van de Verlichting opnieuw te formuleren in de taal en opvattingen van de eenentwintigste eeuw. Eerst zal ik een kader schetsen waarbinnen de menselijke conditie begrepen kan worden op basis van de moderne wetenschap – wie we zijn, waar we vandaan komen, voor welke uitdagingen we gesteld worden en hoe we die het hoofd kunnen bieden. Het grootste deel van dit boek is gewijd aan het verdedigen van die idealen op een manier die helemaal bij de eenentwintigste eeuw past: met data. Deze kijk op de Verlichting maakt duidelijk dat ze geen naïeve hoop was. De Verlichting heeft gewérkt – misschien is het wel het mooiste verhaal dat zelden wordt verteld. En omdat die triomf zo weinig bezongen wordt, krijgen ook de onderliggende idealen van rede, wetenschap en humanisme te weinig waardering. Hoewel deze idealen absoluut geen zoutloze consensus zijn, worden ze door de intellectuelen van onze tijd behandeld met onverschilligheid, scepsis en soms zelfs minachting. Ik zal aanvoeren dat wanneer de idealen van de Verlichting op waarde worden geschat, ze juist bezielend, inspirerend en verheven zijn – een reden om te leven.

1 Durf te begrijpen!

Wat is verlichting? In een essay uit 1784 met die vraag als titel antwoordde Kant dat verlichting bestaat uit 'het afschudden van haar zelfverkozen onvolwassenheid door de mensheid', haar 'luie en laffe' onderwerping aan de 'dogma's en formules van religieus of politiek gezag'.[1] Hij verkondigde dat het motto van verlichting 'Durf te weten!' is en dat de vrijheid van denken en meningsuiting de fundamentele eis is die ze stelt. 'Een tijdperk kan geen pact sluiten waarmee latere tijdperken hun inzichten niet kunnen uitbreiden, hun kennis niet kunnen vermeerderen en zich niet van hun vergissingen kunnen ontdoen. Dat zou een misdaad zijn tegen de menselijke natuur, waarvan de ware bestemming juist in dergelijke vooruitgang ligt.'[2]

Hetzelfde idee wordt in de eenentwintigste eeuw verwoord door de natuurkundige David Deutsch in *The Beginning of Infinity*, waarin hij een pleidooi houdt voor verlichting. Deutsch stelt dat vooruitgang op alle gebieden mogelijk is als we durven te begrijpen – op wetenschappelijk, politiek en moreel vlak:

> Optimisme (in de zin die ik heb bepleit) is de theorie dat elke mislukking – al het kwaad – het gevolg is van een gebrek aan kennis. (...) Problemen zijn niet te vermijden, omdat onze kennis nooit en te nimmer volledig zal zijn. Sommige problemen zijn moeilijk, maar we vergissen ons als we moeilijke problemen verwarren met problemen die waarschijnlijk niet kunnen worden opgelost. Problemen zijn oplosbaar, en elk specifiek kwaad is een probleem waaraan iets gedaan kan worden. Een optimistische samenleving is open, niet bang voor vernieuwing, en gebaseerd op de traditie om kritiek uit te oefenen. Haar instituties worden steeds beter en de belangrijkste kennis die ze belichaamt is de kennis hoe fouten aan het licht gebracht en geëlimineerd kunnen worden.[3]

Wat is dé Verlichting?[4] Er bestaat geen officieel antwoord op die vraag, omdat het tijdperk dat Kant in zijn essay noemde nooit is afgebakend t een openings- en sluitingsceremonie, zoals bij de Olympische Spelen, en ook de grondbeginselen niet zijn vastgelegd in een eed of een geloofsbelijdenis. Meestal wordt de Verlichting in de laatste zestig, zeventig jaar van de achttiende eeuw geplaatst, al vloeide ze voort uit de wetenschappelijke revolutie en de Eeuw van de Rede in de zeventiende eeuw en liep ze als het ware over in de hoogtijdagen van het klassieke liberalisme in de eerste helft van de negentiende. Geïnspireerd door uitdagingen van de conventionele wijsheid door de wetenschap en verkenningsreizen, het bloedvergieten in recente religieuze oorlogen en de vrije uitwisseling van ideeën en de vrije beweging van mensen, probeerden de Verlichtingsdenkers de menselijke conditie op een nieuwe manier te begrijpen. Hun tijd werd gekenmerkt door een overvloed aan ideeën, waarvan sommige tegenstrijdig waren maar die door vier thema's met elkaar werden verbonden: rede, wetenschap, humanisme en vooruitgang.

Op de eerste plaats komt de rede. Over rede valt niet te onderhandelen. Zodra je wilt discussiëren over de vraag waarvoor we moeten leven (of over welke andere vraag dan ook), zolang je volhoudt dat je antwoorden, hoe die ook luiden, redelijk of gegrond of waar zijn en dat andere mensen ze daarom ook zouden moeten geloven, heb je rede toegepast en heb je je overtuigingen getoetst aan objectieve maatstaven.[5] Als de denkers van de Verlichting iets gemeen hadden, was het dat ze erop stonden dat de rede vol overtuiging als norm wordt toegepast bij het begrijpen van de wereld, en dat er niet wordt teruggevallen op godsdienst, dogma, openbaringen, gezag, charisma, mystiek, profetie en waarzegging, visioenen, onderbuikgevoel of het verklaren van heilige teksten, die allemaal tot waanideeën leiden.

Het was rede die de meeste Verlichtingsdenkers ertoe bracht niet langer te geloven in een antropomorfe God die betrokken was bij menselijke aangelegenheden.[6] Door de toepassing van rede kwam aan het licht dat verhalen over wonderen dubieus waren, dat de schrijvers van heilige boeken maar al te menselijk waren, dat natuurrampen niets te maken hadden met het menselijk welzijn en dat verschillende culturen in goden geloofden die onverenigbaar met elkaar waren en die waarschijnlijk allemaal uit de verbeelding voortkwamen. (Zoals Montesquieu schreef: 'Als driehoeken een god hadden, had hij drie zijden.') Toch waren niet alle Verlichtingsdenkers atheïst. Sommige waren deïst; zij geloofden dat God het heelal op gang had gebracht en vervolgens een stap terug had gedaan zodat het zich in overeenstemming met de natuurwetten kon ontwikkelen. Andere waren pantheïst en gebruikten 'God' als synoniem van de natuurwetten. Er waren er echter

26

maar weinig die zich beriepen op de God van de Bijbel die wetten gaf, wonderen deed en een zoon voortbracht.

Veel huidige schrijvers verwarren de bekrachtiging van de rede binnen de Verlichting met de onwaarschijnlijke bewering dat mensen puur rationeel handelen. Dat strookt absoluut niet met de historische realiteit. Denkers als Immanuel Kant, Baruch Spinoza, Thomas Hobbes, David Hume en Adam Smith waren leergierige, onderzoekende psychologen die zich terdege bewust waren van onze irrationele hartstochten en grillen. Zij stelden dat we alleen konden hopen die ooit te overwinnen door de gebruikelijke oorzaken van dwaasheid te benoemen. Het doelbewust toepassen van de rede was júíst noodzakelijk omdát we normaal gesproken helemaal niet zo redelijk denken.

Dat brengt ons bij het tweede ideaal, wetenschap, het verfijnen van de rede om de wereld te begrijpen. De wetenschappelijke revolutie was revolutionair op een manier die in onze tijd moeilijk op waarde is te schatten omdat de meeste ontdekkingen die eruit zijn voortgevloeid voor ons een tweede natuur zijn geworden. De historicus David Wootton herinnert ons eraan hoe een geschoolde Engelsman het aan de vooravond van de revolutie in 1600 zag:

Hij gelooft dat heksen stormen kunnen opwekken die schepen op zee doen vergaan. (...) Hij gelooft in weerwolven, ook al bestaan die toevallig helemaal niet in Engeland – hij weet zeker dat je ze in België wel hebt. (...) Hij gelooft dat Circe Odysseus' bemanning écht in varkens heeft veranderd. Hij gelooft dat muizen zich spontaan voortplanten in het stro. Hij gelooft in hedendaagse magiërs. (...) Hij heeft de hoorn van een eenhoorn gezien, maar nog nooit een eenhoorn.

Hij gelooft dat een vermoord lichaam zal gaan bloeden in de aanwezigheid van de moordenaar. Hij gelooft dat er een zalf bestaat die, als hij op een dolk wordt gesmeerd waarmee een wond is veroorzaakt, de wond zal genezen. Hij gelooft dat de vorm, kleur en textuur van een plant een aanwijzing kunnen vormen voor de geneeskrachtige werking van de plant omdat God de natuur heeft gemaakt om door de mens geïnterpreteerd te worden. Hij gelooft dat het mogelijk is onedel metaal in goud te veranderen, ook al betwijfelt hij of iemand weet hoe dat moet. Hij gelooft dat de natuur het vacuüm vreest. Hij gelooft dat de regenboog een teken van God is en dat kometen onheil aankondigen. Hij gelooft dat dromen de toekomst voorspellen, als we maar weten hoe we ze moeten interpreteren. Natuurlijk gelooft hij dat de aarde stilstaat en dat de zon en de sterren elke vierentwintig uur om de aarde draaien.[7]

Een kleine honderdvijftig jaar later zou een ontwikkelde nakomeling van deze Engelsman geen van deze dingen meer geloven. Het was niet alleen een vlucht voor onwetendheid maar ook voor angst. De socioloog Robert Scott stelt dat in de Middeleeuwen 'de overtuiging dat een externe kracht het dagelijks leven controleerde bijdroeg aan een vorm van collectieve paranoia':

28

> Stortbuien, donder, bliksem, windstoten, zons- of maansverduisteringen, koudegolven, hittegolven, periodes van droogte en aardbevingen werden allemaal beschouwd als tekenen van Gods ongenoegen. Dat had tot gevolg dat elk gebied van het leven werd bewoond door angstaanjagende monsters. De zee werd een satanisch domein en in bossen woonden roofdieren, mensetende reuzen, heksen, demonen en dieven en moordenaars. (...) En ook als het donker was, was de wereld vol van alle mogelijke voorbodes van onheil: kometen, meteoren, vallende sterren, maansverduisteringen, het gehuil van wilde dieren.[8]

Voor de denkers van de Verlichting maakte de ontsnapping aan onwetendheid en bijgeloof duidelijk hoezeer onze conventionele wijsheid het bij het verkeerde eind kon hebben en hoe de wetenschappelijke methodes – scepticisme, feilbaarheid, open debat en empirische toetsing – een paradigma zijn van hoe we betrouwbare kennis kunnen opdoen.

Die kennis betreft ook inzicht in onszelf. De noodzaak van een 'wetenschap van de mens' was een thema dat Verlichtingsdenkers verbond die het over heel veel andere zaken met elkaar oneens waren, onder wie Montesquieu, Hume, Smith, Kant, Nicolas de Condorcet, Denis Diderot, Jean-Baptiste d'Alembert, Jean-Jacques Rousseau en Giambattista Vico. Hun overtuiging dat er zoiets als een universele menselijke natuur bestond en dat die wetenschappelijk bestudeerd kon worden, maakte van hen beoefenaars van wetenschappen die pas eeuwen later een naam zouden krijgen.[9] Het waren cognitieve neurowetenschappers, die gedachten, emoties en psychopathologie probeerden te verklaren vanuit fysieke hersenmechanismen. Het waren evolutiepsychologen, die het leven probeerden te typeren in zijn natuurstaat en die probeerden vast te stellen met welke dierlijke instincten we 'ten diepste zijn bezield'. Het waren sociaal psychologen, die schreven over de morele sentimenten die ons samenbrengen, de zelfzuchtige hartstochten die ons verdelen en de kortzichtigheid die onze beste plannen in het honderd laat lopen. En het waren cultureel antropologen, die in de verhalen en verslagen van ontdekkingsreizigers op zoek gingen naar data over eigenschappen die bij alle mensen hetzelfde waren en naar de verschillende zeden en gewoonten binnen de culturen die er op aarde bestonden.

Het idee van een universele menselijke natuur brengt ons bij een derde thema, het humanisme. De denkers uit de Eeuw van de Rede en van de Verlichting zagen dat er grote behoefte bestond aan een seculier fundament voor moraliteit, omdat zij nog helder de eeuwen vol religieuze bloedbaden voor de geest hadden: de kruistochten, de Inquisitie, de heksenvervolgingen, de Europese godsdienstoorlogen. Ze legden dat fundament in wat we nu het humanisme noemen en dat het welzijn van individuele mannen, vrouwen en kinderen hoger plaatst dan de eer en glorie van stam, ras, natie of religie. Het zijn individuen, niet groepen, die een *bewustzijn* hebben – die genot en pijn voelen, vervulling en angst. Of het nu werd voorgesteld als het doel om het hoogste geluk te verschaffen voor zo veel mogelijk mensen of als een onvoorwaardelijke verplichting mensen als doel te behandelen en niet als middel, het was, zeiden ze, het universele vermogen van een persoon om te lijden en te gedijen dat een beroep deed op onze morele betrokkenheid.

29

Gelukkig stelt de menselijke natuur ons in staat daar gehoor aan te geven, doordat we zijn begiftigd met mededogen, wat ook wel goedheid, liefdadigheid, medelijden en sympathie wordt genoemd. Aangezien we zijn toegerust met het vermogen te sympathiseren met andere mensen, kan niets de 'cirkel' van mededogen ervan weerhouden zich van het gezin, de familie en de stam uit te breiden naar de gehele mensheid, en al helemaal niet wanneer we door de rede beseffen dat wijzelf of een van de groepen waarvan we deel uitmaken niets unieks bezitten waardoor alleen wij het verdienen.[10] We worden het kosmopolitisme in gedreven en aanvaarden dat we wereldburgers zijn.[11]

Een humanistisch bewustzijn zette de Verlichtingsdenkers ertoe niet alleen religieus geweld te veroordelen, maar ook de seculiere wreedheden van hun tijd, waaronder slavernij, tirannie, terechtstellingen wegens onbeduidende misdrijven als winkeldiefstal en stroperij, en sadistische straffen als geseling, amputatie, spietsen, het uitrukken van ingewanden, radbraken en de brandstapel. De Verlichting wordt ook wel de humanitaire revolutie genoemd, omdat ze leidde tot de afschaffing van barbaarse praktijken die in vele beschavingen al millennia lang de gewoonste zaak van de wereld waren.[12]

Als de afschaffing van de slavernij en van wrede straffen geen vooruitgang is, is niets het, en dat brengt ons bij het vierde Verlichtingsideaal. Doordat ons begrip van de wereld was vergroot door de wetenschap en onze cirkel van mededogen zich dankzij de rede en het kosmopolitisme uitbreidde, kon de mensheid op intellectueel en moreel vlak vooruitgang boeken. Ze hoefde niet te berusten in de ellende en irrationaliteit van het heden en hoefde ook niet te proberen de klok terug te zetten en terug te keren naar een vervlogen gouden tijd.

Het Verlichtingsgeloof in vooruitgang moet niet worden verward met het negentiende-eeuwse romantische geloof in mystieke krachten, wetten, dialectiek, oorlog, openbaringen, het lot, Tijdperken van de Mens, en evolutionaire krachten die de mens steeds verder omhoogstuwen richting Utopia.[13] Zoals Kants opmerking over het 'vermeerderen van kennis en ons ontdoen van onze vergissingen' al aangeeft, was het prozaïscher, een combinatie van rede en humanisme. Als we bijhouden hoe onze wetten, gebruiken en gewoonten het doen, manieren bedenken om ze te verbeteren, ze uitproberen en degene behouden waar mensen beter mee af zijn, kunnen we de wereld steeds ietsje beter maken. De wetenschap zelf schuift door deze cyclus van theorie en proefneming langzaam verder op, en haar onophoudelijke voortgang, die plaatsvindt ondanks plaatselijke tegenslagen en terugvallen, laat zien dat progressie mogelijk is.

Het ideaal van vooruitgang moet ook niet verward worden met de twintigste-eeuwse beweging om de samenleving opnieuw in te richten naar believen van technocraten en planologen, iets wat politicoloog James Scott *Authoritarian High Modernism* noemt.[14] Deze beweging ontkende het bestaan van een menselijke natuur, met haar rommelige, onoverzichtelijke behoefte aan schoonheid, natuur, traditie en sociale intimiteit.[15] Met een 'schoon tafelkleed' als uitgangspunt ontwierpen de modernisten stadsvernieuwingsprojecten die levendige buurten vervingen door wegen, hoogbouw, winderige pleinen en brutalistische architectuur. 'De mens zal herboren worden,' zo luidde hun theorie, en 'zal in een geordende relatie met het geheel leven.'[16] Deze ontwikkelingen werden soms in verband gebracht met het woord 'vooruitgang', maar dat was nogal ironisch: 'vooruitgang' die niet gestuurd wordt door humanisme ís geen vooruitgang.

In plaats van te proberen de menselijke natuur te vormen, richtte de verlichtingshoop zich op menselijke instituties. Door de mens voortgebrachte systemen als regeringen, wetten, markten en internationale instituten vormen een natuurlijk doel voor het toepassen van rede om de omstandigheden voor de mensheid te verbeteren.

Met deze zienswijze is regeren niet een goddelijk recht, een synoniem voor 'samenleving' of een belichaming van de nationale, religieuze of raciale ziel. Het is een menselijke uitvinding waartoe de maatschappij stilzwijgend heeft besloten, die in het leven is geroepen om het welzijn van haar burgers te vergroten door hun gedrag af te stemmen en zelfzuchtige handelingen te ontmoedigen die voor ieder individu verleidelijk kunnen zijn, maar waarvan iedereen slechter wordt. In de Onafhankelijkheidsverklaring, het beroemdste product van de Verlichting, wordt het als volgt verwoord: 'Om het recht van leven, vrijheid en geluk te garanderen, worden regeringen onder de mensen ingesteld, die hun rechtmatige bevoegdheden ontlenen aan de instemming der geregeerden.'

Een van de bevoegdheden die een regering heeft, is het uitdelen van straffen, en schrijvers als Montesquieu en Cesare Beccaria en de stichters van Amerika dachten op een nieuwe manier na over het recht van de regering haar burgers kwaad te doen.[17] Zij betoogden dat straf voor het begaan van strafbare feiten geen mandaat is om kosmisch recht toe te passen, maar onderdeel van een structuur die mensen ervan weerhoudt asociaal te handelen zonder meer lijden te veroorzaken. Zo is de reden dat de straf in verhouding moet staan met het misdrijf niet dat er een soort mystieke weegschaal van het recht in balans moet worden gebracht, maar dat de overtreder het bij een kleiner misdrijf laat en zich niet schuldig zal maken aan een handeling die nog schadelijker is. Wrede straffen, of ze nu wel of niet in zekere zin 'verdiend' zijn, weerhouden mensen er niet effectiever van om kwaad te doen dan bescheiden maar overtuigender straffen. Bovendien maken ze toeschouwers ongevoelig en ontmenselijken ze de maatschappij waarin ze worden toegepast.

Ook vond tijdens de Verlichting de eerste rationele analyse van voorspoed plaats. Uitgangspunt was niet de manier waarop rijkdom wordt verdeeld, maar de daaraan voorafgaande vraag hoe rijkdom überhaupt tot stand komt.[18] Smith, die voortborduurde op Franse, Nederlandse en Schotse invloeden, stelde dat een overvloed aan nuttige zaken niet tevoorschijn kan worden getoverd door een boer of een handwerksman die in afzondering werkt. Die overvloed kan alleen ontstaan door een netwerk van specialisten, die allemaal leren hoe ze iets zo effectief mogelijk kunnen maken, en die de vruchten van hun vindingrijkheid, vaardigheden en inspanningen combineren en ruilen. Zo berekende Smith dat een speldenmaker die in zijn eentje werkte niet meer dan één speld per dag kon maken, terwijl er in een speldenfabriek waar 'één man de draad van de rol trekt, een andere de draad rechttrekt, een derde hem afknipt, een vierde er een punt aan maakt, een vijfde er aan de bovenkant een gat in maakt zodat daar de kop in kan worden bevestigd', bijna vijfduizend vervaardigd zouden kunnen worden.

Specialisatie werkt alleen in een markt waar deskundigen hun goederen en diensten mogen ruilen, en Smith legde uit dat economische activiteit een vorm van samenwerking was die voor alle partijen voordelig was (een win-winsituatie, modern gezegd): iedereen krijgt iets terug wat waardevoller voor hem is dan wat hij heeft prijsgegeven. Door vrijwillig te ruilen bezorgen mensen anderen voordeel door zichzelf voordeel te bezorgen. Zoals Smith schreef: 'We verwachten ons avondeten niet door de welwillendheid van de slager, de brouwer of de bakker, maar doordat ze oog hebben voor hun eigen belang. We doen geen beroep op hun menselijkheid, maar op hun eigenliefde.' Smith zei niet dat mensen hard en egoïstisch zijn, of dat dat zou moeten; weinigen hadden mededogen hoger in het vaandel staan dan hij. Hij zei alleen dat elke neiging die mensen hebben om voor zichzelf en hun familie te zorgen, in een markt iedereen ten goede kan komen.

Ruilen kan een hele samenleving niet alleen rijker maken, maar ook aangenamer, omdat het in een effectieve markt efficiënter is om dingen te kopen dan om ze te stelen, en omdat andere mensen levend meer waarde voor ons hebben dan dood. (Zoals de econoom Ludwig von Mises het eeuwen later verwoordde: 'Als de kleermaker ten strijde trekt tegen de bakker, moet hij voortaan zijn eigen brood bakken.') Veel Verlichtingsdenkers, onder wie Montesquieu, Kant, Voltaire, Diderot en Abbé de Saint-Pierre, onderschreven het ideaal van *doux commerce*, zachte handel.[19] De stichters van Amerika – George Washington, James Madison en in het bijzonder Alexander Hamilton – ontwierpen de instituties van de jonge natie om het land vooruit te helpen.

Dat brengt ons bij een ander Verlichtingsideaal, vrede. Oorlog kwam in de geschiedenis zo vaak voor dat het vanzelfsprekend was te denken dat het fenomeen een permanent onderdeel van de menselijke conditie uitmaakte en dat vrede alleen in het hiernamaals kon bestaan. Maar nu werd oorlog niet langer gezien als een straf van God die ondergaan en betreurd moest worden, of als een glorieuze krachtmeting die gewonnen en gevierd werd, maar als een praktisch probleem dat moest worden ingedamd en vroeg of laat moest worden opgelost. In 'Naar de eeuwige vrede' zette Kant maatregelen uiteen die leiders ervan zouden weerhouden hun land een oorlog in te sleuren.[20] Naast internationale handel pleitte hij voor representatieve republieken (die we nu democratieën zouden noemen), wederzijdse transparantie, normen tegen verovering en internationale interventie, de vrijheid om te reizen en te immigreren, en een federatie van staten die bij onderlinge geschillen zouden laten bemiddelen.

Ondanks de vooruitziendheid van de stichters, ontwerpers en *philosophes* is dit boek geen verheerlijking van de Verlichting. De Verlichtingsdenkers waren mannen en vrouwen van hun tijd, de achttiende eeuw. Sommigen waren racist, seksist, antisemiet, slavenhouder of duellist. Het valt voor ons bijna niet te begrijpen waarom ze zich over bepaalde kwesties zorgen maakten, en ze kwamen niet alleen met geniale ideeën maar ook met heel wat idiote. Concreter: ze werden te vroeg geboren om enkele van de fundamenten van ons moderne begrip van de werkelijkheid te waarderen.

Ze zouden zelf de eersten zijn geweest om dat toe te geven. Als je de rede verheft, gaat het om de integriteit van de gedachten, niet om de persoonlijkheid van de denker. En als je vooruitgang belangrijk vindt, kun je moeilijk beweren dat je het allemaal wel begrijpt. We doen niets af aan de Verlichtingsdenkers als we een aantal cruciale ideeën over de menselijke conditie en vooruitgang benoemen waarmee wij wel bekend zijn en zij niet. Wat mij betreft zijn die ideeën entropie, evolutie en informatie.

2 Entro, Evo, Info

34   Het eerste fundament van ons begrip van de menselijke conditie is het concept van entropie, of wanorde, dat voortkwam uit de negentiende-eeuwse natuurkunde en in zijn huidige vorm werd gedefinieerd door de natuurkundige Ludwig Boltzmann.[1] De tweede wet van de thermodynamica luidt dat in een geïsoleerd systeem (een systeem dat geen interactie heeft met zijn omgeving) entropie nooit afneemt. (De eerste wet is dat energie behouden wordt, de derde dat het absolute nulpunt onbereikbaar is.) Gesloten systemen worden onherroepelijk minder gestructureerd, minder georganiseerd, minder in staat om interessante en nuttige resultaten te verwezenlijken, tot ze wegglijden in een evenwicht van grijze, nietszeggende, homogene monotonie, waar ze voor altijd zullen blijven.

De oorspronkelijke formulering van de tweede wet had betrekking op het proces waarbij bruikbare energie in de vorm van temperatuurverschil tussen twee lichamen onherroepelijk verdwijnt doordat warmte van het warmere naar het koudere lichaam stroomt. (Zoals het Britse komische muzikale duo Flanders & Swan het uitlegde: 'You can't pass heat from the cooler to the hotter; Try it if you like but you far better notter.') Een kop koffie zal afkoelen als hij niet op een warmhoudplaatje wordt gezet waarvan de stekker in het stopcontact zit. Als de kolen die een stoommachine van brandstof voorzien op zijn, kan de afgekoelde stoom aan de ene kant van de zuiger zich niet langer verplaatsen doordat de opgewarmde stoom en lucht aan de andere kant net zo hard terugduwen.

Toen eenmaal werd ingezien dat warmte geen onzichtbare vloeistof is maar de energie in bewegende moleculen, en dat verschil in temperatuur tussen twee lichamen uit een verschil tussen de gemiddelde snelheden van die moleculen bestaat, begon een meer algemene en meer statistische versie van het concept entropie en van de tweede wet gestalte te krijgen. Nu kon orde getypeerd worden aan de hand van het geheel van alle verschillende microscopische toestanden van een systeem (in het oorspronkelijke voorbeeld warmte, de mogelijke snelheden en de posities van alle moleculen in de twee lichamen). Van al die toestanden vormen degene die voor ons globaal gezien nuttig zijn (bijvoorbeeld dat het ene lichaam warmer is dan het andere, wat zich erin vertaalt dat de gemiddelde snelheid van de moleculen in het ene lichaam hoger is dan in het andere) slechts een piepkleine fractie van de mogelijkheden, terwijl alle wanordelijke of onbruikbare toestanden (die zonder temperatuurverschil, waarin de gemiddelde snelheid in de twee lichamen dezelfde is) de overgrote meerderheid vormen. Daaruit volgt dat elke verstoring van een systeem, of die nu wordt veroorzaakt doordat de onderdelen van het systeem lukraak heen en weer bewegen of door een klap van buitenaf, dat systeem als gevolg van de waarschijnlijkheidswetten in de richting van wanorde of onbruikbaarheid zal bewegen – niet omdat de natuur uit is op wanorde, maar omdat er véél meer manieren zijn om wanordelijk te zijn dan ordelijk. Als je wegloopt van een zandkasteel zal dat er de volgende dag niet meer staan, omdat de zandkorrels alle kanten op zijn gedwarreld door de wind, de golven, zeemeeuwen en kleine kinderen, en de kans groter is dat ze worden samengesteld tot een van de talloze vormen die niet op een kasteel lijken dan tot een van de zeer weinige waarbij dat wel het geval is. Vaak zal ik naar de statistische versie van de tweede wet, die niet specifiek van toepassing is op temperatuurverschillen maar op verdwijnende orde, verwijzen met 'de wet van entropie'.

35

Op welke manier is entropie relevant voor zaken die de mens betreffen? Leven en geluk hangen af van een oneindig klein snippertje ordelijke samenstellingen van materie te midden van een astronomisch aantal mogelijkheden. Onze lichamen zijn onwaarschijnlijke verzamelingen moleculen, en ze houden die orde in stand met behulp van andere onwaarschijnlijkheden: de páár substanties waarmee we ons kunnen voeden, de paar materialen in de weinige vormen waarmee we ons kunnen kleden, waarmee we beschutting kunnen creëren en die we naar believen kunnen verplaatsen. Veel méér van de verzamelingen van materie op aarde zijn voor ons niet bruikbaar, dus wanneer dingen veranderen zonder dat die verandering door mensen gestuurd is, veranderen ze waarschijnlijk in ons nadeel. De wet van entropie wordt in het dagelijks leven alom erkend met uitdrukkingen als: 'Alles valt uit elkaar', 'Rust roest', 'Shit happens' en 'Alles wat fout kan gaan, gaat ook fout'.

Wetenschappers begrijpen dat de tweede wet veel meer is dan alleen een verklaring voor dagelijkse ergernissen. De wet is een fundament van ons begrip van het universum en van de plek die wij daarin innemen. In 1928 schreef de natuurkundige Arthur Eddington:

De wet dat entropie altijd toeneemt is volgens mij wel de belangrijkste van alle natuurwetten. Als iemand je erop wijst dat jouw theorietje over het universum niet in overeenstemming is met de wetten van Maxwell – nou, dan is dat jammer voor de wetten van Maxwell. Als het blijkt te worden weerlegd door observatie – nou ja, die experimentalisten maken er ook wel eens een potje van. Maar als je theorie blijkt in te druisen tegen de tweede wet van de thermodynamica, heb ik geen hoop voor je; het enige wat je theorie dan nog rest, is de diepste vernedering.[2]

36

In zijn befaamde lezingen over de rede uit 1959, die werden gepubliceerd onder de titel *The Two Cultures and the Scientific Revolution*, liet C.P. Snow zijn licht schijnen over de minachting voor de wetenschap onder ontwikkelde Britten van zijn tijd:

Vele malen ben ik aanwezig geweest op gelegenheden waar de andere aanwezigen, volgens de standaarden van de traditionele cultuur, beschouwd moesten worden als zeer hoog ontwikkeld en die met een bijzondere gedrevenheid hun ongeloof uitten over de ongeletterdheid van wetenschappers. Een paar keer voelde ik mij uitgedaagd en vroeg ik het gezelschap of iemand van hen mij de tweede wet van de thermodynamica kon beschrijven. Het antwoord was ijzig; het was ook negatief. Toch had ik slechts iets gevraagd wat een wetenschappelijke tegenhanger is van de vraag: Heb je wel eens iets van Shakespeare gelezen?'[3]

De scheikundige Peter Atkins verwijst naar de tweede wet in de titel van zijn boek *Four Laws That Drive the Universe*. En dichter bij huis gaven de evolutiepsychologen John Tooby, Leda Cosmides en Clark Barrett een paper over de fundamenten van de wetenschap van de geest de titel 'The Second Law of Thermodynamics Is the First Law of Psychology'.[4]

Vanwaar dat ontzag voor de tweede wet? Vanuit olympisch oogpunt definieert die wet het lot van het universum en het uiteindelijke doel van het leven, het verstand en de menselijke inspanningen, namelijk om energie en kennis in te zetten om het getij van entropie te keren en toevluchtsoorden van heilzame orde te creëren. Vanuit aards oogpunt kunnen we specifieker worden, maar voor we ons op vertrouwd terrein begeven moet ik eerst de twee andere fundamentele ideeën uiteenzetten.

Op het eerste gezicht lijkt de wet van entropie slechts ruimte te laten voor een ontmoedigende geschiedenis en een deprimerende toekomst. Het universum is begonnen in een toestand van lage entropie, de oerknal, met zijn gigantische energieconcentratie. Sindsdien ging alles bergafwaarts, doordat het universum uitdijde – en dat zal blijven doen – tot een ijle brij van deeltjes die zich gelijkmatig door de hele ruimte verspreidden. In werkelijkheid is het universum natuurlijk helemaal geen vormloze brij. Het wordt verlevendigd met sterrenstelsels, planten, bergen, wolken, sneeuwvlokken en een ware uitbarsting van flora en fauna, waarvan wij deel uitmaken.

Een van de redenen waarom de kosmos zo tjokvol interessant spul zit, is een verzameling processen die zelforganisatie worden genoemd en die begrensde, geordende zones mogelijk maken.[5] Wanneer er energie in een systeem stroomt en het systeem die energie onttrekt, doordat het tot entropie vervalt, kan die energie samengevoegd worden tot een geordende en zelfs schitterende configuratie – een bol, spiraal, starburst, draaikolk, rimpeling, kristal of fractal. Het feit dat we deze configuraties zo mooi vinden, doet trouwens vermoeden dat schoonheid misschien niet alleen afhangt van de waarnemer. De esthetische reactie van de hersenen is misschien een ontvankelijkheid voor de door de natuur voortgebrachte patronen die tegen de entropie ingaan.

Maar er bestaat nog een andere vorm van orde in de natuur die verklaard moet worden: niet de elegante symmetrieën en ritmes in de fysieke wereld, maar het functionele ontwerp in de levende wereld. Levende dingen bestaan uit organen met heterogene delen die buitengewoon gevormd en geordend zijn, zodat ze dingen kunnen doen die het organisme in leven houden (namelijk voortdurend energie absorberen om entropie te weerstaan).[6]

De gebruikelijke illustratie van biologisch ontwerp is het oog, maar ik zal mijn punt verduidelijken aan de hand van mijn op een na meest favoriete orgaan. Het menselijk oor bevat een elastisch trommelvlies dat trilt in reactie op de geringste luchtverplaatsing, een benige hefboom die de kracht van de trilling verveelvoudigt, een piston die de trilling in de vloeistof in een lange tunnel duwt (die is opgerold zodat hij in de schedelwand past), een taps toelopend membraan dat door de hele tunnel loopt en de golfvorm fysiek in boventonen onderverdeelt, en een grote hoeveelheid cellen met piepkleine haartjes die door het trillende membraan heen en weer worden bewogen en een lange reeks elektrische signalen naar de hersenen sturen. Het valt onmogelijk uit te leggen waarom deze membranen en botten en vloeistoffen en haren op die onwaarschijnlijke manier zijn gerangschikt zonder te vermel-

37

den dat onze hersenen dankzij die configuratie in staat zijn geluids-
patronen waar te nemen. Zelfs het vlezige buitenoor – dat van boven
tot beneden en van voor tot achter asymmetrisch is en vol plooiingen,
randen en kuilen zit – is zo gevormd dat het geluid dat het oor binnenkomt de hersenen laat weten of de geluidsbron zich boven, beneden,
voor of achter ons bevindt.

Organismen zitten boordevol onwaarschijnlijke configuraties van
vlees – zoals ogen, oren, een hart en een maag – die schreeuwen om
een verklaring. Voordat Charles Darwin en Alfred Russel Wallace er in
1859 een gaven, werd het als heel redelijk beschouwd om te denken dat
ze het handwerk waren van een goddelijke ontwerper – ik vermoed dat
dat een van de redenen is waarom zoveel Verlichtingsdenkers deïst waren en geen uitgesproken atheïst. Darwin en Wallace maakten de ontwerper overbodig. Toen zelfregulerende natuurkundige en scheikundige processen eenmaal leidden tot een configuratie van materie die
zichzelf kon voortplanten, maakten kopieën kopieën, die weer kopieën
van de kopieën maakten, enzovoort, in een exponentiële explosie. De
zich voortplantende systemen zouden strijden om het materiaal om
hun kopieën te maken en om de energie die nodig was om de voortplanting te voeden. Aangezien geen kopieerproces perfect is – daar
zorgt de wet van entropie wel voor – zullen er fouten de kop opsteken,
en hoewel de meeste mutaties de kopieerder zullen degenereren (opnieuw entropie), zal stom toeval er zo nu en dan eentje voortbrengen
die effectiever kan kopiëren en waarvan de nakomelingen de concurrentie zullen verpletteren. Aangezien kopieerfouten die stabiliteit en
voortplanting vermeerderen door de generaties heen in aantal toenemen, zal het voortplantingssysteem – dat we een organisme noemen –
ogenschijnlijk ontworpen zijn om in de toekomst te overleven en zich
voort te planten, terwijl het slechts de kopieerfouten heeft behouden
die in het verleden tot overleven en voortplanting leidden.

Vaak knoeien creationisten met de tweede wet van de thermodynamica door te stellen dat biologische evolutie, een toename van orde na
verloop van tijd, natuurkundig onmogelijk is. Het deel van de wet dat
ze weglaten is 'in een gesloten systeem'. Organismen zijn open systemen: ze vangen warmte op van de zon, uit voedsel of uit openingen in
de zeebodem om in hun lichaam of nest tijdelijke geïsoleerde enclaves
van orde te veroveren terwijl ze warmte en afvalstoffen afstoten, zodat
ze in de wereld als geheel de wanorde laten toenemen. De energie die
organismen gebruiken om ongeschonden te blijven, ondanks de druk
die de entropie uitoefent, is een moderne uitleg van het principe van
conatus (drang of streven), dat Spinoza definieerde als 'de inspanning

om te volharden en te gedijen in het eigen bestaan' en dat het fundament vormde van verscheidene theorieën uit de tijd van de Verlichting
over leven en geest.[7]

De in steen gebeitelde verplichting om energie uit de omgeving te
zuigen leidt tot een van de tragedies van alles wat leeft. Terwijl planten baden in zonne-energie en een paar schepselen in de zilte diepten
de chemische bouillon opnemen die uit scheuren in de oceaanbodem
naar boven komt, zijn dieren geboren uitbuiters: ze leven van de met
veel moeite gewonnen energie die planten en andere dieren hebben
opgeslagen door die planten en dieren op te eten. Hetzelfde doen de
virussen, bacteriën en andere ziekteverwekkers en parasieten die van
binnenuit aan lichamen knagen. Met uitzondering van fruit is alles
wat we 'voedsel' noemen het lichaamsdeel of de energievoorraad van
een ander organisme, dat die rijkdom het liefst voor zichzelf houdt.
Natuur is oorlog, en veel van wat in de natuur onze aandacht trekt is
een wapenwedloop. Dieren die als prooi fungeren, beschermen zichzelf met schelpen, stekels, klauwen, hoorns, gif en camouflage, door
te vluchten of zich te verdedigen; planten hebben doornen, schillen,
schors en irriterende stoffen en giffen waarmee hun weefsel doordrenkt is. Dieren ontwikkelen wapens om door die bescherming heen
te komen: vleeseters hebben snelheid, klauwen en een adelaarsblik,
terwijl herbivoren malende tanden hebben en een lever die natuurlijke
giffen neutraliseert.

En nu zijn we bij het derde fundament aanbeland, informatie.[8] Informatie kan beschouwd worden als een reductie van entropie – als het
ingrediënt dat een geordend, gestructureerd systeem onderscheidt van
de enorme hoeveelheid lukrake, nutteloze systemen.[9] Stel je pagina's
vol willekeurig getypte letters voor die een aap op een typemachine
heeft getikt, of eindeloze ruis uit een radio die staat afgestemd tussen
twee zenders in, of een scherm vol onontcijferbare code van een aangetast computerbestand. Elk van die objecten kan zich voordoen in tril-
joenen verschillende vormen, die allemaal even saai zijn. Maar stel nu
eens dat de apparaten worden bestuurd door een signaal dat de letters
of geluidsgolven of pixels tot een patroon rangschikt dat correleert met
iets in de wereld: de Onafhankelijkheidsverklaring, het intro van 'Hey
Jude', een poes met een zonnebril. We zeggen dan dat het signaal *informatie* overdraagt over de Verklaring of het liedje of de poes.[10]

Welke informatie in een patroon is opgeslagen hangt af van hoe grof
of fijnkorrelig ons wereldbeeld is. Als de exácte volgorde van de door
de aap getypte letters, of het exacte verschil tussen de ene geluidsuit-

barsting en de andere, of één specifiek lukraak pixelpatroon ons zou interesseren, zouden we moeten zeggen dat die allemaal dezelfde hoeveelheid informatie bevatten. Sterker nog, de interessante zouden mínder informatie bevatten, want wanneer je naar één deel kijkt (de letter q bijvoorbeeld) kun je andere letters (zoals de volgende letter, u) raden zonder dat je het signaal nodig hebt. Maar meestal gooien we de overgrote meerderheid van lukraak ogende configuraties op een hoop omdat we ze allemaal even saai vinden, en we onderscheiden ze van het piepkleine aantal dat met iets anders correleert. Zo bezien bevat de foto van de poes meer informatie dan de brij van pixels, omdat er een heel uitgebreide boodschap nodig is om exact de geordende configuratie te onderscheiden van de enorme hoeveelheid ongeordende configuraties. Wanneer we zeggen dat het universum geordend is en niet willekeurig, zeggen we dat het in die zin informatie bevat. Sommige natuurkundigen beschouwen informatie als een van de fundamentele bestanddelen van het universum, samen met materie en energie.[11]

Informatie is wat er tijdens het verloop van de evolutie wordt opgeslagen in een genoom. De volgorde van basen in een DNA-molecule correleert met de volgorde van aminozuren in de proteïnen waaruit het lichaam van het organisme bestaat, en die volgorde is verkregen door de prototypes van het organisme te structureren – hun entropie te reduceren – tot de onwaarschijnlijke configuraties die ze in staat stelden energie op te slaan, te groeien en zich voort te planten.

Informatie wordt ook verzameld door het zenuwstelsel terwijl een dier zijn leven leidt. Wanneer het oor geluid omzet in actiepotentialen, verschillen de twee fysieke processen – het laten trillen van lucht en het verspreiden van ionen – enorm van elkaar. Maar dankzij de wisselwerking die er tussen ze bestaat, bevat het patroon van neurale activiteit in de hersenen van het dier informatie over het geluid in de wereld. Vervolgens kan de informatie van elektrisch overgaan op chemisch en weer terug tijdens het doorkruisen van de synapsen die de neuronen met elkaar verbinden; tijdens al deze fysieke transformaties wordt de informatie behouden.

Een belangrijke ontdekking die in de twintigste eeuw binnen de neurologie werd gedaan, was dat neuronennetwerken informatie niet alleen kunnen behouden maar dat ze die ook kunnen transformeren op manieren die ons in staat stellen te verklaren hoe hersenen intelligent kunnen zijn. Twee presynaptische (projecterende) zenuwcellen kunnen allebei op zo'n manier met een postsynaptische (ontvangende) zenuwcel verbonden zijn dat de verwerking van hun vuurpatronen door de derde zenuwcel een logisch rekensommetje kan vormen, vergelijkbaar met de Booleaanse operatoren AND, OR en NOT, of een statistische beslissing die afhangt van het belang van de informatie die binnenkomt. Dat stelt neurale netwerken in staat informatie te verwerken of berekeningen te maken. Als een netwerk dat uit deze logische en statistische 'circuits' is opgebouwd groot genoeg is (en met miljarden neuronen hebben de hersenen meer dan genoeg plek), kunnen de hersenen complexe functies berekenen, wat de eerste vereiste is voor intelligentie. De hersenen kunnen de informatie die ze van de zintuigen over de wereld ontvangen transformeren op een manier die de wetten weerspiegelt die in die wereld gelden, waardoor ze vervolgens in staat zijn nuttige conclusies te trekken en nuttige voorspellingen te doen.[12] Innerlijke representaties die op een betrouwbare manier correleren met toestanden van de wereld en die een rol spelen bij gevolgtrekkingen die juiste implicaties afleiden uit juiste vooronderstellingen, kunnen kennis worden genoemd.[13] We zeggen dat iemand weet wat een roodborstje is wanneer ze denkt dat ze elke keer 'roodborstje' dacht wanneer ze er een zag, en als ze kan concluderen dat het een vogel is die aanwezig is in het voorjaar en wormen uit de grond trekt.

Om terug te keren naar de evolutie: een brein dat door middel van informatie in het genoom informatie kan berekenen die via de zintuigen binnenkomt, zou het gedrag van het dier op zo'n manier kunnen organiseren dat het in staat zou zijn energie op te slaan en entropie te weerstaan. Het zou bijvoorbeeld de volgende regel kunnen toepassen: 'Ga er achteraan als het piept, vlucht ervoor als het blaft.'

Achtervolgen en vluchten zijn echter méér dan een reeks spiersamentrekkingen – het zijn *doelgerichte* handelingen. Achtervolgen kan bestaan uit rennen of klimmen of springen of in een hinderlaag liggen, afhankelijk van de omstandigheden, zolang de kans dat de prooi wordt bemachtigd maar groter wordt. Vluchten kan zich voordoen in de vorm van verstoppen of verstijven of zigzaggen. En dat brengt ons bij een ander belangrijk idee uit de twintigste eeuw, dat soms cybernetica, terugkoppeling of feedback wordt genoemd. Dat idee verklaart hoe een fysiek systeem teleologisch kan lijken, oftewel gedreven door een doel of een doeleinde. Het enige wat het nodig heeft is een manier om de toestand van zichzelf of zijn omgeving aan te voelen, een voorstelling van de doeltoestand, een vermogen om het verschil te bepalen tussen de huidige toestand en de nagestreefde toestand, en een repertoire aan handelingen die 'gemerkt' zijn met hun gebruikelijke effect. Als het systeem zo in elkaar zit dat het tot handelingen leidt die normaal gesproken het verschil tussen de huidige toestand en de doeltoestand verkleinen, kan worden gezegd dat het doelen nastreeft (en wanneer

41

de wereld voldoende voorspelbaar is zal het die doelen ook bereiken). Het principe werd ontdekt door natuurlijke selectie in de vorm van homeostase, bijvoorbeeld wanneer ons lichaam de temperatuur bijstelt door te rillen en te zweten. Toen homeostase door mensen werd ontdekt, werd ze gebruikt om er analoge systemen mee te vervaardigen, zoals thermostaten en cruise controls, en vervolgens digitale systemen als schaakprogramma's en autonome robots.

De grondbeginselen informatie, berekening en controle dichten de kloof tussen de fysieke wereld van oorzaak en gevolg en de geestelijke wereld van kennis, intelligentie en doelen. Het is niet slechts retorische ambitie om te zeggen dat ideeën de wereld kunnen veranderen; het is een feit dat onze hersenen dusdanig in elkaar zitten dat ze zulke ideeën kunnen bedenken. De Verlichtingsdenkers vermoedden dat gedachten uit patronen in materie konden bestaan – ze vergeleken ideeen met afdrukken in was, trillingen in een koord, of golven die worden veroorzaakt door een boot. En sommigen, zoals Hobbes, opperden: 'Redeneren is rekenen.' Maar voordat de concepten informatie en berekening werden opgehelderd, was het heel redelijk een lichaam-geest-dualist te zijn en het geestelijk leven toe te schrijven aan een onstoffelijke ziel (net zoals het vóór de opheldering van het concept evolutie redelijk was om een creationist te zijn en ontwerp in de natuur toe te schrijven aan een kosmische ontwerper). Ik vermoed dat dat nog een andere reden is waarom zoveel Verlichtingsdenkers deïst waren.

Uiteraard is het heel logisch om je af te vragen of je mobiele telefoon een opgeslagen nummer wel echt 'kent', of je navigatiesysteem werkelijk de beste route naar huis 'berekent' en of je robotstofzuiger echt 'probeert' de vloer schoon te krijgen. Maar naarmate informatie-verwerkende systemen geavanceerder worden – naarmate ze de wereld mooier kunnen voorstellen, hun doelen zijn onderverdeeld in hiërarchieën van subdoelen, en de handelingen waarmee die doelen worden bereikt gevarieerder en minder voorspelbaar worden – begint het op menselijk chauvinisme te lijken om te blijven volhouden dat dat niet het geval is. (Of informatie en berekening niet alleen kennis, intelligentie en het hebben van een doel verklaren maar ook *bewustzijn*, is een vraag waarmee ik me in het laatste hoofdstuk zal bezighouden.)

Menselijke intelligentie blijft het criterium voor kunstmatige intelligentie, en wat de homo sapiens tot een bijzondere soort maakt, is dat onze voorouders investeerden in grotere hersenen die meer informatie over de wereld verzamelden, er op meer verfijnde manieren over redeneerden, en een grotere verscheidenheid aan handelingen inzetten om hun doelen te verwezenlijken. Ze specialiseerden zich in de 'cognitieve niche', die ook wel de culturele niche en de jager-verzamelaarniche wordt genoemd.[14] Dat bracht een hele reeks nieuwe aanpassingen met zich mee, waaronder het vermogen mentale modellen van de wereld te manipuleren en te voorspellen wat er zou gebeuren als iemand nieuwe dingen uitprobeerde; het vermogen om samen te werken met anderen, waardoor groepen mensen konden bewerkstelligen wat één persoon niet kon; en het gebruik van taal, die hen in staat stelde hun handelingen af te stemmen en om de vruchten van hun ervaring te bundelen in de verzamelingen van vaardigheden en normen die we culturen noemen.[15] Dankzij die investeringen konden vroege mensachtigen de afweer van vele verschillende planten en dieren doorbreken en de overvloed aan energie binnenhalen waarmee hun groeiende hersenen van brandstof werden voorzien, zodat ze nog meer vaardigheden en kennis konden opdoen en toegang kregen tot nog meer energie. Een jager-verzamelaarstam uit onze tijd waarnaar uitgebreid onderzoek is gedaan, de Hadza uit Tanzania, leeft in het ecosysteem waarin de moderne mens zich voor het eerst ontwikkelde en heeft waarschijnlijk veel van de toenmalige manier van leven behouden. De stamleden halen per persoon drieduizend calorieën per dag uit meer dan 880 species.[16] Ze stellen dit menu samen door middel van ingenieuze en uniek menselijke forageermethodes, zoals het vellen van grote dieren met pijlen waarvan de punt in gif gedompeld is, bijen uit hun korf roken om de honing te stelen, en de voedingswaarde van vlees en knolgewassen vergroten door ze te bereiden.

Energie die wordt doorgegeven door kennis is het elixer waarmee we ons entropie van het lijf houden, en vooruitgang op het gebied van energieopslag betekent vooruitgang in de bestemming van de mens. De uitvinding van de landbouw, ongeveer tienduizend jaar geleden, zorgde voor een veel grotere beschikbaarheid van calorieën uit gekweekte planten en gedomesticeerde dieren, verloste een deel van de mensheid van de noodzaak om te jagen en te verzamelen en verschafte haar uiteindelijk de luxe om te schrijven, te denken en ideeën te verzamelen. Rond 500 voor Christus, in wat Karl Jaspers de axiale periode noemde, stapten meerdere ver van elkaar verwijderde culturen van een systeem van offers en rituelen, dat slechts tegenspoed en onheil afwendde, over op een systeem van filosofische en religieuze overtuiging dat onbaatzuchtigheid bevorderde en spirituele transcendentie beloofde.[17] Het taoïsme en confucianisme in China, het hindoeïsme, boeddhisme en jaïnisme in India, het zoroastrisme in Perzië, het judaïsme tijdens de bouw en verwoesting van de tweede tempel in Judea, en de klassieke Griekse filosofie en klassiek Grieks drama ontstonden

43

allemaal in dezelfde paar eeuwen. (Confucius, Boeddha, Pythagoras, Aeschylus en de laatste Hebreeuwse profeten leefden in dezelfde tijd.) Onlangs werd door een multidisciplinair team van wetenschappers een gemeenschappelijke oorzaak vastgesteld.[18] Het was geen aura van spiritualiteit dat over de planeet was neergedaald, maar iets proza-ischers: het bemachtigen van energie. De axiale periode vond plaats toen landbouwkundige en economische ontwikkelingen voor een ware energie-explosie zorgden: meer dan twintigduizend calorieën per per-soon per dag in voedsel, veevoer, brandstof en grondstoffen. Door die enorme toename konden de beschavingen zich grotere steden, weten-schappers, een priesterklasse en een heroriëntering van prioriteiten (namelijk van overleven op de korte termijn naar harmonie op de lange termijn) veroorloven. Zoals Bertolt Brecht het millennia later uitdruk-te: 'Eerst het vreten, dan de moraal.'[19]

Toen de industriële revolutie een stortvloed van bruikbare energie uit kolen, olie en vallend water vrijgaf, begon er een Grote Ontsnap-ping aan armoede, ziekte en honger, analfabetisme en vroegtijdige sterfte, eerst in het Westen en vervolgens in toenemende mate in de rest van de wereld (zoals we zullen zien in hoofdstuk 5 tot en met 8). En de volgende sprong voorwaarts voor het menselijk welzijn – het einde van extreme armoede en de verspreiding van overvloed, met alle morele voordelen van dien – zal afhangen van technologische ontwik-kelingen die voor de gehele wereldbevolking energie beschikbaar ma-ken tegen aanvaardbare economische en milieukosten (hoofdstuk 10).

Entro, evo, info. Die concepten definiëren het verhaal van de menselij-ke vooruitgang: de tragedie waarin we werden geboren en de middelen waarover we beschikken om een beter bestaan bijeen te scharrelen.

De eerste wijsheid die ze te bieden hebben is dat *tegenspoed misschien wel niemands schuld is*. Een belangrijke – en mogelijk de grootste – doorbraak die te danken was aan de wetenschappelijke revolutie, was het ontzenuwen van het denkbeeld dat het universum verzadigd is van zingeving. Volgens die primitieve maar alomtegenwoordige opvatting gebeurt alles met een reden, wat betekent dat nare dingen – een onge-luk, ziekte, hongersnood, armoede – door iemand moeten zijn gewild. Als er een schuldige voor de tegenspoed kan worden aangewezen, kan diegene gestraft worden of gedwongen worden een flinke schadever-goeding te betalen. Als er geen schuldige is, kun je de eerste de beste etnische of religieuze minderheid de schuld geven, die gelyncht kan worden of kan worden afgeslacht in een pogrom. Als het echt onmoge-lijk is een sterveling geloofwaardig ergens van te betichten, kan er worden gezocht naar heksen, die verbrand of verdronken kunnen worden. Als zelfs dát niet lukt, wijs je naar sadistische goden, die niet gestraft kunnen worden maar die je wel tevreden kunt houden met gebeden en offers. En dan zijn er niet-tastbare krachten als karma, het lot, spirituele boodschappen en universele rechtvaardigheid die de intuïtie bevestigen dat 'alles met een reden gebeurt'.

Galileo, Newton en Laplace vervingen deze universele moraliteit door een mechanisch universum waarin gebeurtenissen worden veroorzaakt door omstandigheden in het heden en niet door toekomstige doelen.[20] Ménsen hebben doelen, natuurlijk, maar het is een illusie om doelen te projecteren op het functioneren van de natuur. Er kunnen dingen gebeuren zonder dat iemand rekening houdt met het effect ervan op menselijk geluk.

Dit inzicht, dat voortkwam uit de wetenschappelijke revolutie en de Verlichting, werd nog dieper door de ontdekking van entropie. Niet alleen laten onze verlangens het universum koud, de natuurlijke gang van zaken zal het doen lijken of het ze tegenwerkt, omdat er veel meer manieren zijn waarop dingen kunnen misgaan dan waarop ze goed kunnen gaan. Huizen branden af, schepen zinken, veldslagen worden verloren door de kleinste toevalligheden.

Het besef dat het universum onverschillig is nam verder toe door een evolutionair inzicht. Roofdieren, parasieten en ziekteverwekkers proberen voortdurend om ons op te eten, en ongedierte en micro-organismen die ons voedsel laten bederven proberen onze spullen op te eten. Daar voelen wij ons misschien ellendig door, maar dat is hun probleem niet.

Ook armoede behoeft geen verklaring. In een wereld die wordt geregeerd door entropie en evolutie is armoede de standaardtoestand van de mens. Materie vormt zich niet vanzelf tot onderdak of kleding, en levende dingen doen wat ze kunnen om te voorkomen dat we ze consumeren. Adam Smith wees er al op dat rijkdom datgene is wat verklaard moet worden. Zelfs in onze tijd, waarin nog maar weinig mensen geloven dat ongelukken of ziekten aan iets of iemand te wijten zijn, gaan discussies over armoede nog altijd hoofdzakelijk over de schuldvraag.

Dat wil allemaal niet zeggen dat de natuurlijke wereld geen kwaad kent. Integendeel, de evolutie garandeert dat er heel véél kwaad zal zijn. Natuurlijke selectie bestaat uit de strijd die genen voeren om in de volgende generatie vertegenwoordigd te zijn, en de organismen van vandaag zijn nakomelingen van de organismen die hun rivalen hebben afgetroefd in de strijd om soortgenoten om mee te paren, voedsel en dominantie. Dat betekent niet dat alle levende wezens altijd

45

hebzuchtig en roofzuchtig zijn; de moderne evolutietheorie verklaart hoe het kan dat zelfzuchtige genen onbaatzuchtige organen kunnen voortbrengen. Die ruimhartigheid heeft echter wel haar grenzen. In tegenstelling tot de cellen in een lichaam of tot de organismen in een kolonie, zijn mensen in genetisch opzicht uniek; ieder mens heeft een unieke combinatie van mutaties die in de loop van de tijd ontstonden door generatieslange, entropiegevoelige replicatie. Doordat we genetisch uniek zijn, hebben we allemaal onze eigen smaak en behoeften, en genetische individualiteit zorgt ook voor strijd. In families en samenlevingen en tussen echtparen, vrienden en bondgenoten broeien allemaal belangenconflicten, die tot uitdrukking komen in spanningen, ruzie en soms geweld. Een andere implicatie van de wet van entropie is dat een complex systeem als een organisme makkelijk ontregeld kan worden, omdat het alleen kan functioneren als aan heel veel onwaarschijnlijke omstandigheden voldaan wordt. Een steen tegen het hoofd, een arm om de nek, een welgemikte pijl met een giftige punt en de concurrentie is uitgeschakeld. Wat nog verleidelijker is voor een organisme dat gebruikmaakt van taal, is dat er gedreigd kan worden met geweld om een rivaal ergens toe te dwingen, wat de deur opent naar onderdrukking en uitbuiting.

De evolutie heeft ons met nog een ander probleem opgezadeld: onze cognitieve, emotionele en morele functies zijn afgestemd op overleven als individu en op voortplanting in een archaïsche omgeving, niet op voorspoed voor iedereen in een moderne omgeving. Dat betekent niet dat we eigenlijk nog steeds holbewoners zijn, maar alleen dat de evolutie, die er generaties over doet om ons te veranderen, onze hersenen nooit kan hebben aangepast aan moderne technologie en instituties. Vandaag de dag vertrouwen mensen op cognitieve functies die in een traditionele samenleving best aardig functioneerden, maar waarvan we nu inzien dat ze vele defecten hebben.

Van nature zijn mensen ongeletterd en niet wiskundig onderlegd en kwantificeren ze de wereld met 'een, twee, veel' en grove schattingen.[21] Ze geloven dat fysieke zaken een verborgen essentie hebben die de wetten van sympathiserende magie of voodoo gehoorzamen in plaats van natuurkunde en biologie; objecten kunnen door tijd en ruimte bewegen en dingen beïnvloeden die op ze lijken of die in het verleden met ze in contact zijn geweest (denk aan de overtuigingen van de Engelsen van vóór de wetenschappelijke revolutie).[22] Ze denken dat woorden en gedachten de fysieke wereld kunnen beïnvloeden door gebeden en vervloekingen. Ze onderschatten hoe vaak toeval een rol speelt.[23] Ze generaliseren op basis van armzalige monsters en steekproeven, namelijk hun eigen ervaring, en redeneren op basis van stereotypen door de kenmerkende eigenschappen van een groep te projecteren op elk individu dat daar deel van uitmaakt. Ze interpreteren correlatie als causaliteit. Ze denken holistisch, zwart-wit en fysiek en behandelen abstracte verbanden als iets heel concreets. Ze zijn niet zozeer intuïtieve wetenschappers als wel intuïtieve advocaten en politici die bewijzen verzamelen en samenvoegen om hun overtuigingen te bevestigen, terwijl ze bewijzen die hun overtuigingen weerleggen verwerpen.[24] Ze overschatten hun eigen kennis, inzicht en begrip, oprechtheid, bekwaamheid en geluk.[25]

Ook menselijk moreel besef kan ons welzijn belemmeren.[26] Mensen demoniseren degenen met wie ze het oneens zijn en schrijven verschillen van mening toe aan domheid en oneerlijkheid. Voor elke tegenslag zoeken ze een zondebok. Ze zien moraliteit als een bron van redenen om rivalen te veroordelen en verontwaardiging jegens hen te mobiliseren.[27] Als reden voor dit veroordelen kan worden aangevoerd dat de beschuldigden anderen iets hebben aangedaan, maar ook dat ze zich niet aan bepaalde gebruiken en gewoonten hebben gehouden, gezag in twijfel hebben getrokken, de solidariteit binnen de stam hebben ondermijnd, voedselwetten hebben overtreden of zich schuldig hebben gemaakt aan onreine seksuele handelingen. Mensen zien geweld als iets moreels, niet als iets immoreels; over de hele wereld en door de hele geschiedenis heen zijn er meer mensen vermoord om recht te doen dan uit hebzucht.[28]

Maar we zijn niet alleen maar slecht. De menselijke cognitie heeft twee eigenschappen die haar in staat stellen haar grenzen te overstijgen.[29] De eerste is abstractie. Mensen kunnen hun begrip van een bepaald voorwerp verplaatsen en het gebruiken om zich een beeld van een entiteit te vormen in een bepaalde omstandigheid, bijvoorbeeld wanneer we het patroon van een gedachte als *Het hert rende van de vijver naar de heuvel* toepassen op *Het kind ging van ziek naar beter*. Ze kunnen het concept van iemand die fysieke kracht gebruikt toepassen om zich een beeld te vormen van andere soorten oorzaken, bijvoorbeeld wanneer we het beeld dat we voor ons zien bij *Ze dwong de deur om open te gaan* uitbreiden naar *Ze dwong Lisa om met haar mee te gaan* of *Ze dwong zichzelf om beleefd te zijn*. Deze formules stellen mensen in staat na te denken over een variabele met een waarde en over een oorzaak en de gevolgen – precies het conceptuele mechanisme dat we nodig hebben om theorieën en wetten te bedenken en te formuleren. Mensen kunnen dit niet alleen met aspecten van het denken, maar ook met complexere samenstellingen, zodat ze in staat zijn in metaforen en analogieën te denken: warmte is vloeibaar, een boodschap is een verpakking, een samenleving is een familie, obligaties zijn contracten. De tweede 'trap' van cognitie is haar combinatorische, recursieve vermogen. Het menselijk verstand kan zich bezighouden met een ongekend aantal verschillende ideeën, door basisconcepten als object, plaats, pad, uitvoerder, oorzaak en doel samen te voegen tot beweringen. En het kan zich niet alleen bezighouden met beweringen, maar ook met beweringen over de beweringen, en met beweringen over de beweringen over de beweringen. Lichamen bevatten lichaamssappen, ziekte is een gebrek aan evenwicht tussen de lichaamssappen; ik geloof niet meer in de theorie dat ziekte een gebrek aan evenwicht tussen de lichaamssappen is.

Dankzij taal worden ideeën niet slechts geabstraheerd en gecombineerd in het hoofd van één denker, maar kunnen ze worden verspreid over een gemeenschap van denkers. Thomas Jefferson legde met behulp van een analogie de kracht van taal uit: 'De persoon die een idee van mij ontvangt, ontvangt dat idee zelf zonder dat het mijne minder wordt, zoals ook de persoon die zijn kaars aan die van mij aansteekt licht ontvangt zonder mij te verduisteren.'[30] De potentie van taal als eerste *sharing app* werd nog veel groter toen mensen leerden schrijven (en later opnieuw bij mijlpalen als de boekdrukkunst, de toename van geletterdheid en digitale media). De netwerken van communicerende denkers werden steeds groter naarmate bevolkingen groeiden, zich vermengden en zich gingen concentreren in de steden. En doordat er meer energie beschikbaar kwam dan alleen de hoeveelheid die nodig was om te overleven, kregen mensen de beschikking over de luxe om te denken en te praten.

Wanneer grote en met elkaar verbonden gemeenschappen vorm krijgen, kunnen ze bedenken hoe zaken te regelen op manieren die alle leden van de gemeenschap ten goede komen. Iedereen wil gelijk hebben, maar zodra mensen hun tegenstrijdige meningen beginnen te verkondigen, wordt duidelijk dat niet iedereen over alles gelijk kán hebben. Ook kan de wens om gelijk te hebben botsen met een tweede wens, namelijk om de waarheid te kennen, wat op de eerste plaats staat voor omstanders bij een ruzie die het niet kan schelen wie er wint. Gemeenschappen kunnen daardoor regels bedenken en invoeren die het mogelijk maken dat er ware overtuigingen oprijzen uit primaire, ordeloze meningsverschillen, bijvoorbeeld dat je redenen voor je overtuigingen moet aandragen, dat je het recht hebt fouten en hiaten in de overtuigingen van anderen aan te wijzen en dat je niet het recht hebt mensen die het niet met je eens zijn met geweld de mond te snoeren. Voeg daar nog de regel aan toe dat je de wereld de kans zou moeten geven aan te tonen of je overtuigingen waar of niet waar zijn, en we kunnen die regels wetenschap noemen. Met de juiste regels kan een gemeenschap van niet volledig rationele denkers rationele gedachten en ideeën ontwikkelen.[31]

Collectieve kennis kan ook onze morele gevoelens naar een hoger plan tillen. Wanneer een kring van mensen die met elkaar overleggen hoe ze het beste met elkaar kunnen omgaan groot genoeg is, is het onvermijdelijk dat het gesprek bepaalde kanten op gaat. Als mijn eerste bod is: 'Ik mag jou en je soort beroven, slaan, onderwerpen en doden, maar jij mag mij of mijn soort niet beroven, slaan, onderwerpen of doden', kan ik niet van jou verwachten dat je daarmee instemt of dat een derde partij het goedkeurt, omdat er geen goede reden is waarom ik alleen maar recht heb op privileges omdat ik ik ben en jij niet.[32] Ook is de kans klein dat we het eens zullen worden over het voorstel: 'Ik mag jou en je soort beroven, slaan, onderwerpen en doden en jij mag mij en mijn soort beroven, slaan, onderwerpen en doden', ondanks de symmetrie, omdat de voordelen die het ons beiden misschien oplevert volledig teniet worden gedaan door de nadelen waaronder we te lijden zouden hebben wanneer ons kwaad werd gedaan (wat nog een implicatie is van de wet van entropie: het is makkelijker en heeft een grotere uitwerking om kwaad te doen dan om goed te doen). We kunnen beter onderhandelen over een overeenkomst die een win-winsituatie oplevert: geen van beiden mag de ander kwaad doen en beiden worden aangemoedigd de ander te helpen.

Dus ondanks alle gebreken van de menselijke natuur, bevat diezelfde natuur ook de kiemen van haar eigen verbetering, zolang ze maar met normen en instituties komt die de belangen van een beperkte groep omvormen tot voordelen voor alle mensen. Enkele van die normen zijn vrijheid van meningsuiting, geweldloosheid, samenwerking, kosmopolitisme, mensenrechten en de erkenning van menselijke feilbaarheid, en enkele van de instituties wetenschap, onderwijs, media, een democratische regeringsvorm, internationale organisaties en markten. Niet toevallig waren dat de belangrijkste geesteskinderen van de Verlichting.

3 Contra-Verlichtingen

50 Wie zou er tegen rede, wetenschap, humanisme of vooruitgang kunnen zijn? De woorden lijken uiterst aantrekkelijk, de idealen voortreffelijk. Ze zijn bepalend voor de missie van alle instituties van de moderne tijd – scholen, ziekenhuizen, liefdadigheidsinstellingen, persbureaus, democratische regeringen, internationale organisaties. Moeten die idealen echt verdedigd worden?

Zeker weten. Sinds de jaren zestig van de vorige eeuw is het vertrouwen in de instituties van de moderniteit danig geslonken, en in het tweede decennium van de eenentwintigste eeuw vindt de opkomst van populistische bewegingen plaats die de Verlichtingsidealen schaamteloos verwerpen.[1] Ze zijn tribaal in plaats van kosmopolitisch, autoritair in plaats van democratisch, ze verachten deskundigen in plaats van kennis te respecteren, en ze zijn vol nostalgie over een idyllisch verleden in plaats van te hopen op een betere toekomst. Maar deze reacties beperken zich absoluut niet tot het politieke populisme van de eenentwintigste eeuw (een beweging waarin we ons in hoofdstuk 20 en 23 zullen verdiepen). De minachting voor rede, wetenschap, humanisme en vooruitgang heeft absoluut niet haar oorsprong in het gewone volk en kanaliseert niet de boosheid van onwetenden of anti-intellectuelen, maar wortelt al heel lang in de elitaire intellectuele en artistieke cultuur.

Een veelgehoorde kritiek op het Verlichtingsproject – namelijk dat het een westerse uitvinding is die niet past in een wereld vol diversiteit – is om meerdere redenen onjuist. Ten eerste moeten alle ideeën ergens vandaan komen, en hun herkomst zegt niets over hun waarde. Hoewel veel Verlichtingsideeën het helderst werden verwoord en het meest invloedrijk waren in het achttiende-eeuwse Europa en Amerika, vinden ze hun oorsprong in de rede en de menselijke natuur, zodat elk redelijk denkend mens zich ermee kan inlaten. Dat is de reden waarom Verlichtingsidealen in de geschiedenis vaak tot uitdrukking zijn gebracht in niet-westerse beschavingen.[2]

Maar mijn belangrijkste reactie op de bewering dat de Verlichting

het leidende ideaal van het Westen is, luidt: was het maar waar! De Verlichting werd al snel gevolgd door een contra-Verlichting, en sindsdien
is het Westen altijd verdeeld gebleven.[3] Mensen hadden nog maar nauwelijks het licht gezien of ze kregen te horen dat het donker helemaal
niet zo gek was, dat ze hun moedige pogingen om zoveel te begrijpen
moesten staken, dat dogma's en formules een nieuwe kans verdienden, en dat het doel van de menselijke natuur geen vooruitgang maar
achteruitgang was.

Met name de romantiek drong de Verlichtingsidealen ver terug.
Rousseau, Johann Herder, Friedrich Schelling en anderen ontkenden
dat rede kon worden gescheiden van emotie, dat individuen los van
hun cultuur konden worden gezien, dat mensen verklaringen zouden
moeten geven voor hun daden, dat waarden van alle tijden en plaatsen waren en dat vrede en voorspoed doelen op zich waren waarnaar
gestreefd moest worden. Mensen maken deel uit van een organisch
geheel – een cultuur, ras, natie, religie of historische kracht – en moeten de overstijgende eenheid waar ze deel van uitmaken op een creatieve manier uiten. Heroïek is het hoogste goed, niet het oplossen van
problemen, en geweld is inherent aan de natuur en kan niet worden
onderdrukt zonder het leven te beroven van zijn vitaliteit en bezieling.
'Slechts drie groepen verdienen respect,' schreef Charles Baudelaire,
'namelijk de priesters, de strijders en de dichters. Te weten, te doden
en te scheppen.'

Het klinkt gestoord, maar in de eenentwintigste eeuw bestaan deze
idealen die lijnrecht tegen de Verlichting ingaan nog altijd in verrassend veel elitaire culturele en intellectuele bewegingen. Het idee dat
we onze collectieve rede moeten toepassen om voorspoed te vergroten
en lijden te verminderen wordt gezien als onbehouwen, naïef, slap en
conventioneel. Ik zal een aantal populaire alternatieven voor rede, wetenschap, humanisme en vooruitgang noemen, die in andere hoofdstukken opnieuw aan de orde zullen komen, en in deel III van het boek
zal ik ze bestrijden.

De meest voor de hand liggende is godsdienst, of religieus geloof.
Als je iets in geloof aanneemt, houdt dat in dat je het zonder goede
redenen gelooft, dus is geloof in het bestaan van bovennatuurlijke
entiteiten per definitie in tegenspraak met de rede. Religies botsen
meestal ook met het humanisme wanneer ze een morele deugd boven het welzijn van mensen verheffen, zoals het aannemen van een
goddelijke verlosser, het ratificeren van een heilig verhaal, het naleven
en in stand houden van rituelen en taboes, het overhalen van andere
mensen om hetzelfde te doen en het bestraffen van degenen die dat

weigeren. Religies kunnen ook in strijd zijn met het humanisme door de ziel hoger aan te slaan dan het leven, wat niet zo verheffend is als het klinkt. Geloof in een hiernamaals impliceert dat gezondheid en geluk niet zo belangrijk zijn, omdat het leven op aarde een oneindig klein deel van iemands bestaan vormt, dat je mensen een dienst bewijst als je ze dwingt zich te bekeren, en dat martelaarschap misschien wel het beste is wat een mens kan overkomen. Die opvattingen staan lijnrecht tegenover de wetenschap, maar zo gaat dat nu eenmaal met legenden versus feiten, van Galileo en het Scopes Monkey Trial (het proces tegen een leraar die het ondanks een verbod had gewaagd de evolutietheorie te onderwijzen) tot stamcelonderzoek en klimaatverandering.

Een tweede idee dat tegen de Verlichting indruist is dat mensen de vervangbare cellen van een superorganisme zijn – een familie, stam, etnische groep, religie, ras, klasse of volk – en dat het hoogste goed de eer en glorie van die gemeenschap is, niet het welzijn van de mensen die die gemeenschap vormen. Een duidelijk voorbeeld is nationalisme; het superorganisme is dan de natiestaat, namelijk een etnische groep met een regering. We zien de botsing tussen nationalisme en humanisme in ziekelijk patriottische kreten als 'Dulce et decorum est pro patria mori' ('Het is goed en aangenaam om voor je land te sterven') en 'Gelukkig degenen die met een vurig geloof in één klap dood en overwinning omarmden'.[4] Zelfs de minder ranzige uitspraak van John F. Kennedy, 'Vraag niet wat je land voor jou kan doen, maar vraag wat jij kunt doen voor je land' maakt de spanning duidelijk.

Nationalisme moet niet verward worden met burgerlijke waarden, burgerzin, maatschappelijke verantwoordelijkheid of culturele trots. De mens is een sociale soort, en het welzijn van elk individu is afhankelijk van patronen van samenwerking en harmonie in de samenleving als geheel. Wanneer een 'natie' wordt beschouwd als een stilzwijgende maatschappelijke overeenkomst tussen mensen die in een bepaald gebied met elkaar samenleven, net als in een appartementencomplex, is dat een cruciale manier om de leden te laten floreren. En natuurlijk is het absoluut bewonderenswaardig als iemand zijn of haar belangen opoffert voor die van vele individuen. Het is iets heel anders wanneer iemand gedwongen wordt het ultieme offer te brengen ten gunste van een charismatische leider, een rechthoekig stuk doek of de kleuren op een landkaart. Ook is het niet aangenaam de dood te omarmen om te voorkomen dat een provincie zich afscheidt, om een invloedssfeer te vergroten, of om door middel van een kruistocht een gebied te heroveren.

Religie en nationalisme zijn typische oorzaken van politiek conservatisme en blijven het lot van miljarden mensen beïnvloeden in de landen waar zij bepalend zijn. Veel linkse collega's die hoorden dat ik een boek schreef over rede en humanisme reageerden enthousiast en verheugden zich op een arsenaal aan argumenten dat ze tegen rechts konden gebruiken. Maar nog niet zo lang geleden sympathiseerde links met nationalisme toen dat zich vermengde met marxistische bevrijdingsbewegingen. En veel linkse mensen moedigen identiteitspolitiek en *social justice warriors* aan die de rechten van het individu bagatelliseren en afzwakken om de positie van rassen, klassen en geslachten te bevorderen.

Ook religie heeft pleitbezorgers aan beide kanten van het politieke spectrum. Zelfs schrijvers die niet genegen zijn de letterlijke inhoud van religieuze overtuigingen te verdedigen, kunnen het soms uitermate fel voor religie opnemen en staan ronduit vijandig tegenover het idee dat wetenschap en rede ook maar iets over moraliteit te zeggen hebben (de meesten lijken zich er nauwelijks van bewust te zijn dat humanisme zelfs maar bestáát).[5] Verdedigers van het geloof stellen dat religie het alleenrecht heeft als het gaat om vragen over zingeving en wat er in het leven toe doet. Of dat zelfs wanneer wij, ontwikkelde mensen, geen religie nodig hebben om moreel te zijn, dat niet voor de massa geldt. Of dat zelfs wanneer iedereen zonder godsdienst beter af zou zijn, het zinloos is te discussiëren over de plek die religie in de wereld inneemt, omdat religie nu eenmaal deel uitmaakt van de menselijke natuur en daardoor hardnekkiger is dan ooit (waarmee de hoop van de Verlichting wordt gefrustreerd). In hoofdstuk 23 zal ik dieper op al deze beweringen ingaan.

Links is geneigd te sympathiseren met nog een andere beweging die menselijke belangen ondergeschikt maakt aan een allesovertreffende entiteit: het ecosysteem. De romantische groene beweging ziet het opnemen van energie door de mens niet als een manier om entropie te weerstaan en de menselijke voorspoed te vergroten, maar als een gruwelijke misdaad tegen de natuur, die op een vreselijke manier wraak zal nemen in de vorm van oorlogen om hulpbronnen, zware vervuiling van lucht en water, en een klimaatverandering die het einde van de beschaving zal betekenen. Verlossing is alleen mogelijk als we berouw tonen, technologie afwijzen en onze toevlucht nemen tot een eenvoudiger en meer natuurlijke manier van leven. Natuurlijk kan geen goed geïnformeerd persoon ontkennen dat er door menselijk handelen schade aan natuurlijke systemen is toegebracht en dat die schade catastrofaal kan worden als we er niets aan doen. De vraag is of een complexe, technologisch geavanceerde maatschappij inderdáád

53

machteloos staat. In hoofdstuk 10 zullen we een humanistisch ecologisme bestuderen dat eerder Verlicht is dan romantisch en ook wel ecomodernisme of ecopragmatisme wordt genoemd.[6]

Linkse en rechtse politieke ideologieën zijn zelf seculiere religies geworden en voorzien mensen van een gemeenschap van gelijkgestemde broeders, een catechismus van heilige overtuigingen, een dichtbevolkte demonologie en een heilig vertrouwen in de rechtvaardigheid van waar ze voor staan. In hoofdstuk 21 zullen we zien hoe politieke ideologie rede en wetenschap ondermijnt.[7] Die ideologie stuurt het beoordelingsvermogen van mensen in de war, werkt een primitieve, tribale manier van denken in de hand en weerhoudt mensen ervan beter te begrijpen hoe de wereld verbeterd kan worden. Uiteindelijk zijn onze grootste vijanden niet onze politieke tegenstanders, maar entropie, evolutie (in de vorm van epidemieën en tekortkomingen in de menselijke natuur) en bovenal onwetendheid – een tekort aan kennis over hoe we onze problemen het beste kunnen oplossen.

De laatste twee contra-Verlichtingsbewegingen liepen dwars door de scheiding tussen links en rechts heen. Bijna twee eeuwen lang heeft een keur aan schrijvers verkondigd dat de moderne beschaving helemaal geen vooruitgang boekt maar onophoudelijk in verval is en op de rand van instorten staat. In *The Idea of Decline in Western Civilization* somt de historicus Arthur Herman doemdenkers uit de afgelopen twee eeuwen op die hebben gewaarschuwd voor raciaal, cultureel, politiek of ecologisch verval. Kennelijk is het einde van de wereld al heel lang aanstaande.[8]

Een vorm van declinisme betreurt ons prometheïsche gepiel met technologie.[9] Door de goden vuur te ontfutselen hebben we onze eigen soort alleen maar de middelen in handen gegeven om het eigen bestaan te beëindigen – als dat niet gebeurt door het vergiftigen van het milieu, dan wel door kernwapens, nanotechnologie, cyberterreur, bioterreur, kunstmatige intelligentie en andere existentiële bedreigingen op de wereld los te laten (hoofdstuk 19). En zelfs als onze technologische beschaving regelrechte uitroeiing weet te voorkomen, stevent ze af op een dystopie van geweld en onrecht: een nieuwe wereld vol terrorisme, drones, slavernij, bendes, trafficking, vluchtelingen, ongelijkheid, cyberpesten, seksueel geweld en haatmisdrijven.

Een andere vorm van declinisme betreft angst voor het tegenovergestelde probleem: niet dat de moderniteit het leven te hard en te gevaarlijk heeft gemaakt, maar juist te aangenaam en te veilig. Volgens deze critici zijn gezondheid, vrede en voorspoed slechts burgerlijk en leiden ze af van waar het in het leven werkelijk om gaat. Door ons deze prozaïsche genoegens voor te schotelen, heeft het technologisch kapitalisme mensen slechts veroordeeld tot een verdeelde, conformistische, consumerende, materialistische, heteronome, ontwortelde, routineuze, voortkabbelende woestenij die de ziel doet afsterven. In dit zinloze bestaan lijden mensen aan vervreemding, levensangst, wetteloosheid, apathie, kwade trouw, verveling, malaise en walging; het zijn 'mensen zonder inhoud die hun naakte lunch eten in de wildernis terwijl ze vergeefs wachten op Godot'.[10] (Ik zal deze beweringen behandelen in hoofdstuk 17 en 18.) In het schemerdonker van een decadente beschaving in verval kan ware bevrijding niet gevonden worden in steriele rationaliteit of slap humanisme, maar in een authentiek, heroïsch, holistisch, organisch, dynamisch *Dasein* en een 'wil tot macht'. Mocht je je afvragen hoe dat heilige heroïsme eruitziet: Friedrich Nietzsche, die de term 'wil tot macht' verzon, beveelt het aristocratische geweld van de 'blonde Teutoonse beesten' en van de samoerai, de Vikingen en homerische helden aan: 'hard, kil, afschrikwekkend, zonder gevoel en geweten, die alles vernietigen en met bloed bespatten.'[11] (In het laatste hoofdstuk zullen we dieper op deze ethiek ingaan.)

55

Herman merkt op dat er twee manieren zijn waarop intellectuelen en kunstenaars die de ineenstorting van de beschaving voorzien reageren. De historische pessimisten vrezen de ondergang maar stellen vast dat we helaas machteloos zijn en niets kunnen doen. De cultuurpessimisten verwelkomen diezelfde ondergang met een 'morbide leedvermaak'. Volgens hen is de moderniteit zo failliet dat ze niet verbeterd kan worden, alleen ontstegen. Uit het puin van haar ondergang zal een nieuwe orde verrijzen die alleen maar beter kan zijn.

Een laatste alternatief voor Verlichtingshumanisme veroordeelt de omarming van de wetenschap. In navolging van C.P. Snow kunnen we het de tweede cultuur noemen, de wereldbeschouwing van veel literaire intellectuelen en cultuurcritici, die zich onderscheidt van de eerste cultuur, die van de wetenschap.[12] Snow treurde om het 'ijzeren gordijn' tussen de twee culturen en riep op de wetenschap meer te integreren in het intellectuele leven. Niet alleen was wetenschap 'qua intellectuele diepgang, complexiteit en formulering het prachtigste collectieve voortbrengsel van het menselijk verstand'.[13] Hij stelde dat kennis van de wetenschap een morele verplichting was, omdat die kennis het lijden wereldwijd kon verlichten door ziekte te genezen, honger uit te bannen, het leven van baby's en moeders te redden en vrouwen zelf zeggenschap over hun vruchtbaarheid te geven.

Hoewel Snows pleidooi vandaag de dag van een vooruitziende blik lijkt te getuigen, was een beroemde weerlegging uit 1962 van de literaire criticus F.R. Leavis zo scherp dat *The Spectator* Snow vóór de publicatie liet beloven geen aanklacht wegens smaad in te dienen.[14] Nadat Leavis had gewezen op Snows 'totale gebrek aan intellectueel onderscheidingsvermogen en (...) zijn gênant vulgaire stijl', dreef hij de spot met een waardesysteem waarin '"levensstandaard" het ultieme criterium is en het voortbrengen daarvan een ultiem streven'.[15] Als alternatief opperde hij 'dat we ontdekken wat we ten diepste geloven door grote literatuur tot ons te nemen. Waarvoor – waarvoor, uiteindelijk? Volgens welke principes? – die vragen raken aan wat ik alleen maar diepe religieuze gedachten en gevoelens kan noemen.' (Iedereen wiens 'diepe gedachten en gevoelens' zich uitstrekken tot een vrouw in een arm land die haar baby heeft kunnen zien opgroeien doordat haar levensstandaard is verbeterd, en die dat mededogen vervolgens met een paar honderd miljoen vermenigvuldigt, zou zich kunnen afvragen waarom 'het tot zich nemen van grote literatuur' moreel gezien verhevener is dan 'het verhogen van de levensstandaard' als criterium voor 'wat we ten diepste geloven' – of waarom de twee überhaupt als twee verschillende alternatieven zouden moeten worden beschouwd.)

Zoals we in hoofdstuk 22 zullen zien, is Leavis' zienswijze vandaag de dag binnen de tweede cultuur wijdverbreid. Veel intellectuelen en critici geven blijk van minachting voor de wetenschap door haar weg te zetten als niet meer dan een oplossing voor alledaagse problemen. Ze schrijven alsof het consumeren van de mooiste kunst het ultieme morele goed is. De methodologie waarmee ze de waarheid zoeken bestaat niet uit het vormen van hypothesen en het aanvoeren van bewijs, maar uit het verkondigen van uitspraken die voortkomen uit hun uitgebreide kennis en hun levenslange gewoonte om te lezen. In wetenschappelijke tijdschriften wordt 'sciëntisme', het binnendringen van de wetenschap in het territorium van de geesteswetenschappen zoals politiek en kunst, regelmatig aan de kaak gesteld. Op veel hogescholen en universiteiten wordt wetenschap niet gepresenteerd als het najagen van juiste verklaringen, maar als het zoveelste verhaal of de zoveelste mythe. Vaak krijgt de wetenschap de schuld van racisme, imperialisme, wereldoorlogen en de Holocaust. En ze is ervan beschuldigd het leven van zijn betovering en mensen van vrijheid en waardigheid te beroven.

Het is dus absoluut niet zo dat iedereen wegloopt met het Verlichtingshumanisme. Het idee dat het het ultieme goed is om kennis te gebruiken om het menselijk welzijn te vergroten, laat mensen koud. Diepgaande verklaringen over het universum, de planeet, het leven, het brein? Hebben we geen behoefte aan, tenzij er magie bij aan te pas komt! Het leven redden van miljarden mensen, ziekte uitroeien, de hongerigen voeden? Sáááái. Mensen die hun medeleven willen overbrengen aan de gehele mensheid? Niet goed genoeg – we willen dat *de wetten van het universum* om ons geven! Een lang leven, gezondheid, intelligentie en inzicht, schoonheid, vrijheid, liefde? Het leven moet meer te bieden hebben!

Maar het is het idee van vooruitgang dat mensen het vaakst in het verkeerde keelgat schiet. Zelfs mensen die het in theorie een prima idee vinden om kennis te gebruiken om het welzijn te vergroten, houden vol dat dat in de praktijk nooit zal werken. En hun cynisme wordt volop gevoed door het dagelijkse nieuws: de wereld wordt afgeschilderd als een tranendal, een smartelijk verhaal, een poel van ellende. Aangezien een pleidooi voor rede, wetenschap en humanisme niks waard zou zijn als we tweehonderdvijftig jaar na de Verlichting niet beter af waren dan onze voorouders tijdens de Middeleeuwen, moet dat pleidooi beginnen met een beoordeling van de menselijke vooruitgang.

II

VOORUITGANG

Als je een moment uit de geschiedenis zou moeten kiezen om geboren te worden, zonder van tevoren te weten wie je zou zijn – je wist niet of je ter wereld zou komen in een rijk of arm gezin, in welk land, of je een man of een vrouw zou zijn – als je blind moest kiezen op welk moment je geboren wilde worden, zou je nu kiezen.
– Barack Obama, 2016

4 Fobie voor vooruitgang

Intellectuelen hebben een hekel aan vooruitgang. Intellectuelen die zichzelf 'progressief' noemen hebben in werkelijkheid de schurft aan vooruitgang. Let wel: ze hebben geen hekel aan de vrúchten ervan; de meeste deskundigen, critici en hun weldenkende lezers gebruiken liever computers dan een ganzenveer en een inktpot en worden liever onder verdoving geopereerd dan zonder. Het is het *idee* van vooruitgang dat de elkaar nablatende klasse dwarszit – de Verlichtingsovertuiging dat we de menselijke conditie kunnen verbeteren door de wereld te begrijpen.

Er is een heel vocabulaire ontstaan waarmee ze uitdrukking kunnen geven aan hun minachting. Als je denkt dat wetenschap problemen kan helpen oplossen heb je een 'blind, bijna religieus geloof' in het 'achterhaalde bijgeloof' en de 'schijnbelofte' van de 'mythe' van de 'onstuitbare vooruitgang'. Je maakt reclame voor een 'banale Amerikaanse' mindset en hebt de opgeblazen, 'blaaskakerige' instelling die je zo vaak aantreft in 'bestuurskamers', 'Silicon Valley' en de 'Kamer van Koophandel'. Je bent een 'naïeve, onverbeterlijke optimist', een 'Pangloss', een moderne versie van de filosoof in Voltaires *Candide* die beweert dat 'alles goedkomt in deze wereld, die de beste is van alle werelden'.

Het geval wil dat we professor Pangloss nu een pessimist zouden noemen. Een moderne optimist gelooft dat de wereld veel, véél beter kan worden dan hij op dit moment is. Voltaire dreef niet de spot met de Verlichtingshoop dat er vooruitgang zal plaatsvinden, maar met het tegenovergestelde: de religieuze rationalisatie van het lijden die theodicee wordt genoemd: de argumentatie dat God niet anders kon dan epidemieën en massaslachtingen toestaan, omdat een wereld waarin die niet voorkomen metafysisch onmogelijk is.

Het idee dat de wereld beter is dan ooit en nog veel beter kan worden, raakte al lang geleden uit de gratie bij de intelligentsia. In *The Idea of Decline in Western History* toont Arthur Herman aan dat onheilsprofeten de sterren van de niet-exacte wetenschappen zijn, onder wie

Nietzsche, Arthur Schopenhauer, Martin Heidegger, Theodor Adorno, Walter Benjamin, Herbert Marcuse, Jean-Paul Sartre, Frantz Fanon, Michel Foucault, Edward Said, Cornel West en een hele stoet ecopessimisten.[1] Toen Herman aan het eind van de twintigste eeuw het intellectuele landschap overzag, beklaagde hij zich over een 'enorme teruggang' van 'de stralende exponenten' van het Verlichtingshumanisme, van degenen die geloofden dat 'aangezien mensen conflicten en problemen in de maatschappij kunnen veroorzaken, ze die ook kunnen oplossen'. In *History of the Idea of Progress* was de socioloog Robert Nisbet het daarmee eens: 'Het scepticisme ten opzichte van de westerse vooruitgang, dat zich vroeger beperkte tot een heel klein aantal intellectuelen uit de negentiende eeuw, heeft zich niet alleen verspreid naar de grote meerderheid van de intellectuelen uit het laatste kwart van deze eeuw, maar ook naar miljoenen andere mensen in het Westen.'[2]

Nee, niet alleen beroepsintellectuelen denken dat de wereld naar de verdommenis gaat, dat geldt ook voor gewone mensen wanneer ze op de intellectuele toer gaan. Psychologen weten allang dat mensen geneigd zijn hun eigen leven door een roze bril te zien: ze denken dat zij minder kans lopen dan de gemiddelde persoon om slachtoffer te worden van een scheiding, werkloosheid, een ongeluk, ziekte of een misdrijf. Maar als je diezelfde mensen vraagt hoe ze denken over de maatschappij waarin ze leven, veranderen ze van een opgewekte optimist in Iejoor.

Onderzoekers van de publieke opinie noemen het de *Optimism Gap*, de optimismekloof.[3] Toen Europeanen, in goede en slechte tijden, twee decennia lang door enquêteurs werd gevraagd of hun éigen economische situatie het komende jaar zou verbeteren of verslechteren, antwoordde de meerderheid dat die zou verbeteren, maar toen hun werd gevraagd naar de economische situatie van hun lánd, gaf een meerderheid aan dat die slechter zou worden.[4] Een grote meerderheid van de Britten is van mening dat immigratie, tienerzwangerschappen, afval, werkloosheid, misdaad, vandalisme en drugs een probleem zijn in het Verenigd Koninkrijk als geheel, terwijl maar weinig mensen denken dat het problemen zijn bij hen in de buurt.[5] Ook de kwaliteit van het milieu wordt in de meeste landen landelijk als slechter ingeschat dan in de eigen gemeenschap en als slechter in de wereld dan in eigen land.[6] In bijna elk jaar tussen 1992 en 2015, een periode waarin het aantal geweldsmisdrijven sterk daalde, antwoordde een meerderheid van de Amerikanen dat de misdaad toenam.[7] Eind 2015 zei een grote meerderheid in elf ontwikkelde landen dat 'het slechter gaat met de wereld', en gedurende het grootste deel van de afgelopen veertig jaar gaf een grote meerderheid van de Amerikanen aan dat het 'de verkeerde kant op gaat' met hun land.[8]

Hebben ze gelijk? Is hun pessimisme terecht? Zou het waar kunnen zijn dat de wereld steeds dieper wegzakt in een neerwaartse spiraal, als de strepen op een kapperspaal? Het is niet moeilijk te begrijpen waarom mensen dat gevoel hebben: elke dag barst het nieuws van verhalen over oorlog, terrorisme, misdaad, vervuiling, ongelijkheid, drugsgebruik en onderdrukking. En dan hebben we het niet alleen over de (kranten)koppen, maar ook over de opiniestukken en longreads. Tijdschriftomslagen waarschuwen ons voor dreigende anarchie, epidemieën, ineenstortingen en zoveel 'crisissituaties' (landbouw, gezondheidszorg, pensioenen, energie, schulden) dat tekstschrijvers hun toevlucht hebben moeten nemen tot het pleonastische 'ernstige crisis'.

Of het nu echt slechter gaat met de wereld of niet, de toon van het nieuws zal een uitwerking hebben op onze cognitie en ons het gevoel geven dat het zo is. Nieuws gaat over dingen die gebeuren, niet over dingen die niet gebeuren. We zien nooit een verslaggever voor de camera zeggen: 'Dit is een rechtstreeks verslag uit een land waar geen oorlog is uitgebroken' – of een stad die niet is gebombardeerd, of een school waar geen schietpartij heeft plaatsgevonden. Zolang er in de wereld nare dingen gebeuren, zullen er altijd genoeg incidenten zijn om het nieuws mee te vullen, vooral nu miljarden smartphones van het grootste deel van de wereldbevolking misdaadverslaggevers en oorlogscorrespondenten maken.

En van de dingen die er gebeuren, doen de positieve en negatieve zich op verschillende tijdlijnen voor. Het nieuws is absoluut geen ruwe schets van de geschiedenis en heeft meer weg van een doorlopend wedstrijdverslag. Het focust zich op op zichzelf staande, onsamenhangende gebeurtenissen, die over het algemeen hebben plaatsgevonden sinds de laatste editie of uitzending (vroeger een dag geleden, tegenwoordig een paar seconden).[9] Nare dingen kunnen snel gebeuren, maar goede dingen ontstaan niet in één dag, en terwijl ze zich ontvouwen lopen ze uit de pas met de nieuwscyclus. Johan Galtung, die zich bezighield met vredesonderzoek, wees erop dat als een krant om de vijftig jaar zou verschijnen, er geen artikelen in zouden staan over een halve eeuw celebrityroddels en politieke schandalen, maar over belangrijke wereldwijde veranderingen, zoals de stijging van de levensverwachting.[10]

De kans dat mensen door de aard van het nieuws een vervormde kijk op de wereld krijgen is groot, als gevolg van wat Amos Tversky en Daniel Kahneman de 'beschikbaarheidsheuristiek' noemden: mensen schatten de waarschijnlijkheid van een gebeurtenis of de frequentie waarmee iets gebeurt in aan de hand van hoe snel en makkelijk ze er voorbeelden van kunnen bedenken.[11] Vaak is dat een nuttige vuistregel. Gebeurtenissen die regelmatig voorkomen laten sterkere geheugensporen na, dus over het algemeen duiden sterkere herinneringen erop dat er sprake is van frequentere gebeurtenissen: je doet daadwerkelijk een goede inschatting door te veronderstellen dat duiven vaker in de stad voorkomen dan wielewalen, ook al baseer je je op de keren dat je duiven hebt gezien en niet op een vogeltelling. Maar elke keer wanneer een herinnering in onze 'zoekmachine' meteen bovenkomt om een andere reden dan de frequentie – bijvoorbeeld omdat ze recent is, of intens, of bloederig, of schokkend – zullen mensen overschatten hoe groot de kans is dat iets dergelijks voorkomt. Welke woorden komen vaker voor in het Engels – woorden die met een *k* beginnen of woorden waarvan de derde letter een *k* is? De meeste mensen zullen zeggen dat de *k* als beginletter vaker voorkomt, maar in werkelijkheid zijn er drie keer zoveel woorden met de *k* als derde letter (*ankle, ask, awkward, bake, cake, make, take*...). We herinneren ons woorden echter op basis van de beginklank, en daarom is de kans groter dat *keep, kind, kill, kid* en *king* eerder bij ons opkomen.

Het verkeerd inschatten van beschikbaarheid is een veelvoorkomende oorzaak van ondeugdelijk redeneren. Eerstejaars geneeskundestudenten interpreteren elke huiduitslag onmiddellijk als een exotische ziekte, en vakantiegangers mijden het water als ze hebben gelezen dat er iemand is aangevallen door een haai of als ze net *Jaws* hebben gezien.[12] Vliegtuigongelukken komen altijd in het nieuws, maar auto-ongelukken, waarbij veel meer mensen om het leven komen, halen het nieuws zelden. Het is niet raar dat een hoop mensen vliegangst hebben maar dat vrijwel niemand bang is om auto te rijden. Mensen zien tornado's (die zo'n vijftig Amerikanen per jaar het leven kosten) als een vaker voorkomende doodsoorzaak dan astma (waardoor jaarlijks meer dan vierduizend Amerikanen sterven), waarschijnlijk doordat tornado's voor betere televisie zorgen.

Het is niet moeilijk om te zien hoe de beschikbaarheidsheuristiek, die nog verder wordt aangewakkerd door het motto 'Als het bloedt is het goed' van nieuwsmakers, een gevoel van somberheid en zwaarmoedigheid over de toestand van de wereld kan opwekken. Mediadeskundigen die verschillende soorten nieuwsberichten tellen, of die redacteuren uit een groot aanbod van mogelijke verhalen laten kiezen welke ze publiceren, hebben bevestigd dat de voorkeur uitgaat naar negatieve verslaggeving, zodat er altijd iets gebeurt.[13] Dat maakt de formule voor pessimisten die de redactionele pagina moeten schrijven eenvoudig: maak een lijst van de ergste dingen die de afgelopen week waar ook ter wereld zijn gebeurd en je kunt overtuigend verkondigen dat de beschaving nooit eerder zoveel gevaar heeft gelopen.

De gevolgen van negatief nieuws zijn zelf ook negatief. Mensen die het nieuws intensief volgen, kunnen in plaats van goed geïnformeerd te worden volledig op het verkeerde been worden gezet. Ze maken zich meer zorgen over misdaad, ook als de cijfers dalen, en soms verliezen ze de realiteit echt volledig uit het oog: uit een enquête uit 2016 bleek dat een grote meerderheid van de Amerikanen aandachtig het nieuws over isis volgt, en 77 procent was het ermee eens dat 'islamitische militanten die actief zijn in Syrië en Irak het voortbestaan van de Verenigde Staten ernstig bedreigen', een overtuiging die niets minder is dan een waan.[14] Het zal niemand verbazen dat mensen die negatief nieuws tot zich nemen mistroostig en pessimistisch worden; in een recente literaire recensie werden 'verkeerde risico-inschatting, bezorgdheid, somberheid, een gevoel van machteloosheid, minachting en vijandigheid jegens anderen, ongevoeligheid en in sommige gevallen (...) het compleet mijden van het nieuws' genoemd.[15] En ze worden fatalistisch en zeggen dingen als: 'Waarom zou ik stemmen? Het helpt toch niet', of: 'Ik zou wel geld kunnen geven, maar er gaat volgende week tóch weer een kind dood van de honger.'[16]

Als we zien dat journalistieke gewoonten en cognitieve vooroordelen het slechtste in elkaar naar boven brengen, hoe kunnen we de toestand van de wereld dan op een gezonde manier inschatten? Het antwoord is: door te tellen. Hoeveel mensen zijn slachtoffer van geweld in verhouding tot het aantal levende mensen? Hoeveel mensen zijn er ziek, hoeveel gaan er dood van de honger, hoeveel zijn er arm, hoeveel worden er onderdrukt, hoeveel zijn er analfabeet, hoeveel zijn er ongelukkig? En gaan die aantallen omhoog of omlaag? Een kwantitatieve benadering, hoe suf en saai die misschien ook lijkt, is in werkelijkheid de moreel Verlichte mindset, omdat we er elk mensenleven evenveel waarde mee toekennen en niet de mensen ermee bevoordelen die het dichtst bij ons staan of die het meest fotogeniek zijn. En die benadering biedt de hoop dat we kunnen vaststellen wat de oorzaken van het lijden zijn en daardoor weten welke maatregelen de grootste kans op verbetering bieden.

Dat was het doel dat ik voor ogen had met mijn boek *Ons betere ik*, waarin honderd grafieken en kaarten staan die aantonen dat geweld en de omstandigheden die geweld in de hand werken in de loop van de geschiedenis zijn afgenomen. Om te benadrukken dat die afnames in verschillende tijden plaatsvonden en verschillende oorzaken had-

den, gaf ik ze een naam. Het pacificatieproces was een vijfvoudige afname van het aantal doden als gevolg van stammenstrijd en vetes, wat
voornamelijk te danken was aan het feit dat er steeds meer functionerende staten kwamen die macht over een gebied uitoefenden. Het beschavingsproces was een veertigvoudige afname van het aantal moorden en andere geweldsmisdrijven, volgend op de versteviging van de
rechtshandhaving en van de normen voor zelfbeheersing in het vroeg-
moderne Europa. De humanitaire revolutie is een andere naam voor
de afschaffing van de slavernij, religieuze vervolging en wrede straffen
tijdens de Verlichting. De Lange Vrede is de naam die historici geven
aan de afname na de Tweede Wereldoorlog van oorlogen tussen grootmachten en tussen staten. Na de beëindiging van de Koude Oorlog
heerst er in de wereld een Nieuwe Vrede, met minder burgeroorlogen,
genociden en autocratieën. En vanaf de jaren vijftig is de wereld overspoeld door rechtenrevoluties: burgerrechten, vrouwenrechten, homorechten, kinderrechten en dierenrechten.

Weinig van deze afnames worden betwist door deskundigen die bekend zijn met de cijfers. Zo zijn historisch criminologen het erover
eens dat het aantal moorden na de Middeleeuwen enorm is gedaald,
en deskundigen op het gebied van internationale betrekkingen zijn
het erover eens dat het aantal grote oorlogen sinds 1945 is afgenomen.
Voor de meeste mensen komen ze echter als een verrassing.[17]

Ik had gedacht dat al die grafieken met de betreffende periode op de
horizontale as, het aantal doden of andere maatstaven van geweld op
de verticale as, en een lijn die van de linkerbovenhoek naar de rechterbenedenhoek liep, de lezers wel van de beschikbaarheidsheuristiek
zouden genezen en hen ervan zouden overtuigen dat er in elk geval op
dát gebied van welzijn in de wereld vooruitgang is geboekt. Hun vragen en bezwaren maakten me echter duidelijk dat de weerstand tegen
het idee van vooruitgang dieper zit dan statistische onjuistheden. Natuurlijk geeft geen enkele dataverzameling de werkelijkheid volmaakt
weer, dus het is legitiem om te vragen hoe juist en representatief de
cijfers werkelijk zijn. Maar de bezwaren legden niet alleen scepsis over
de data bloot, maar ook de onwil om de mógelijkheid te aanvaarden dat
de menselijke conditie verbeterd is. Het ontbreekt veel mensen aan de
conceptuele middelen om te verifiëren of er wel of geen vooruitgang
heeft plaatsgevonden; alleen het idee al dat dingen beter kunnen worden lijkt ongeloofwaardig. Hier volgen bewerkte weergaven van dialo-
gen die ik al vaak met vragenstellers heb gevoerd.

Dus geweld neemt al vanaf het begin van de geschiedenis lineair af!
Wauw!

Nee, niet 'lineair' – het zou heel bijzonder zijn als welke indicator van menselijk gedrag dan ook, met al zijn wisselvalligheden en grilligheden, met een vaste hoeveelheid per tijdseenheid afnam, decennium na decennium en eeuw na eeuw. En ook niet monotoon (wat de vragenstellers waarschijnlijk bedoelen) – dat zou betekenen dat hij altijd afnam of gelijk bleef en nooit toenam. Grafieken die historisch juist zijn hebben schommelingen, stijgingen en soms bizarre uitschieters. Voorbeelden zijn onder andere de twee wereldoorlogen, een explosieve toename van misdaad in westerse landen van midden jaren zestig tot begin jaren negentig, en een golf van burgeroorlogen in de ontwikkelingslanden na de dekolonisatie in de jaren zestig en zeventig. Vooruitgang bestaat uit geweldstrends waarop die schommelingen worden gesuperponeerd – een scherpe daling of een neerwaartse tendens, een terugkeer van een tijdelijke forse toename naar een lage baseline. Vooruitgang kan niet altijd monotoon zijn, omdat oplossingen van problemen nieuwe problemen veroorzaken.[18] Maar vooruitgang kan wel worden hervat wanneer de nieuwe problemen op hun beurt worden opgelost.

Dat sociale data zo fluctueren, biedt nieuwsmedia trouwens een eenvoudige formule om het negatieve te benadrukken. Als je alle jaren waarin de indicator van een bepaald probleem afneemt negeert en wél melding maakt van elke kleine stijging (want dat is immers 'nieuws'), zullen lezers de indruk krijgen dat het leven steeds verder achteruitgaat, terwijl het in werkelijkheid steeds beter wordt. In het eerste halfjaar van 2016 maakte de *New York Times* drie keer gebruik van deze truc, met cijfers over suïcide, lange levensduur en fatale auto-ongelukken.

Nou, als geweldsniveaus niet altijd afnemen, houdt dat in dat ze cyclisch zijn, dus zelfs als ze nu laag zijn is het slechts een kwestie van tijd voor ze weer stijgen.

Nee, veranderingen die zich door de tijd heen voordoen kunnen *statistisch* zijn, met onvoorspelbare schommelingen, zonder *cyclisch* te zijn, namelijk door als een slinger heen en weer te bewegen tussen twee extremen. Met andere woorden: ook al is er ieder moment een omkering mogelijk, dat betekent niet dat die met het verstrijken van de tijd waarschijnlijker wordt. (Veel investeerders hebben alles verloren door te gokken op een conjunctuur die uit onvoorspelbare schommelingen bestaat.) Vooruitgang kan plaatsvinden wanneer de omkeringen in een positieve trend zich minder vaak voordoen, minder hevig worden of, zoals in sommige gevallen gebeurt, volledig verdwijnen.

Hoe kun je nou zeggen dat geweld afneemt? Heb je vanmorgen niet gele-

zen over de schietpartij op die school (of over die terroristische aanslag of die voetbalrellen of die steekpartij in een bar)?

Dat iets afneemt wil niet zeggen dat het helemaal verdwenen is. (De stelling 'x > y' is niet hetzelfde als de stelling 'y = 0'.) Iets kan enorm afnemen zonder volledig te verdwijnen. Dat betekent dat het geweldsniveau van vandaag *totaal niet relevant* is voor de vraag of geweld in de loop van de geschiedenis is afgenomen. De enige manier om die vraag te beantwoorden is door het huidige geweldsniveau te vergelijken met dat van vroeger. En steeds wanneer je naar het geweldsniveau van vroeger kijkt, zie je héél veel geweld, ook al ligt het minder vers in het geheugen dan de koppen van vanmorgen.

Al die mooie statistieken van je over afnemend geweld betekenen niets als je een van de slachtoffers bent.

Dat is waar, maar de kans is wel minder groot dat je een slachtoffer zult *worden*. Om die reden betekenen ze ontzettend veel voor de miljoenen mensen die geen slachtoffer zijn maar dat wel zouden zijn geweest als de geweldsniveaus gelijk waren gebleven.

Dus volgens jou kunnen we achteroverleunen en ontspannen omdat dat geweld gewoon vanzelf verdwijnt.

Nee, slimmerd. Als je ziet dat een stapel was kleiner is geworden, betekent dat niet dat de kleren zichzelf hebben gewassen, maar dat iemand de kleren gewassen heeft. Als een vorm van geweld is afgenomen, is dat het gevolg van een maatschappelijke, culturele of materiële verandering. Als de omstandigheden blijven bestaan, kan het geweldsniveau laag blijven of zelfs verder afnemen; als ze verdwijnen, zal dat niet gebeuren. Daarom is het belangrijk om te weten wat de oorzaken zijn, zodat we kunnen proberen ze te intensiveren en breder toe te passen om ervoor te zorgen dat de afname van geweld doorzet.

Het is naïef, sentimenteel, idealistisch, romantisch, wereldvreemd, utopisch, dwaas optimistisch, panglossiaans om te zeggen dat geweld afneemt.

Nee, als we naar data kijken die aantonen dat geweld is afgenomen en zeggen dat geweld is afgenomen, beschrijven we een feit. Als we naar data kijken die aantonen dat geweld is afgenomen en zeggen dat geweld is toegenomen, maken we ons schuldig aan misleiding. Als we data over geweld negeren en zeggen dat geweld is toegenomen, zijn we domoren.

De beschuldiging dat ik een romanticus ben, kan ik met enig vertrouwen weerleggen. Ik ben ook de schrijver van het bepaald niet romantische, anti-utopische *Het onbeschreven blad. Over de ontkenning van een aangeboren menselijke natuur*, waarin ik stel dat de mens door de evolutie is uitgerust met een aantal destructieve motieven zoals hebzucht, lust, dominantie, wraakzucht en zelfmisleiding. Maar ik ben van mening dat mensen ook zijn uitgerust met een gevoel van mededogen, het vermogen om na te denken over de hachelijke situatie waarin ze verkeren, en de vermogens om nieuwe ideeën te bedenken en te delen – ons betere ik, of om het in de woorden van Abraham Lincoln te zeggen: 'de betere engelen van onze natuur'. Alleen door naar de feiten te kijken kunnen we vaststellen in hoeverre ons betere ik onze innerlijke demonen op een gegeven moment heeft overwonnen.

Hoe kun je nou voorspellen dat geweld zal blijven afnemen? Als er morgen een oorlog uitbreekt wordt je theorie weerlegd.

69

De bewering dat een bepaalde indicator van geweld is afgenomen is geen 'theorie' maar de vaststelling van een feit. En ja, het feit dat een indicator na verloop van tijd is veranderd, is niet hetzelfde als een voorspelling dat hij voor eeuwig en altijd op die manier zal blijven veranderen. Zoals je in reclames altijd hoort: in het verleden behaalde resultaten bieden geen garantie voor de toekomst.

Wat heb je dan aan al die grafieken en analyses? Moet een wetenschappelijke theorie geen toetsbare voorspellingen doen?

Een wetenschappelijke theorie doet voorspellingen door middel van *experimenten* waarin causale invloeden gecontroleerd worden. Geen enkele theorie kan een voorspelling doen over de wereld als geheel, met zijn zeven miljard mensen die via wereldwijde netwerken virale ideeën verspreiden en die te maken hebben met chaotische weer- en grondstoffencycli. Verkondigen wat de toekomst brengt in een wereld die we niet onder controle hebben, en zonder te verklaren waarom dingen gebeuren zoals ze gebeuren, is geen voorspelling maar een *profetie*, en zoals David Deutsch vaststelt: 'De belangrijkste begrenzing van kennis-schepping is dat we niet kunnen profeteren; we kunnen de inhoud van ideeën die nog geschapen moeten worden en hun effecten niet voorspellen. Die beperking is niet alleen consistent met de onbegrensde groei van kennis; die groei brengt haar met zich mee.'[19]

Dat we niet in staat zijn om te profeteren, betekent natuurlijk niet dat we de feiten kunnen negeren. Een verbetering van een bepaalde indicator van menselijk welzijn suggereert dat over het algemeen meer dingen zich op een goede manier hebben ontwikkeld dan op een slechte. Of we kunnen verwachten dat vooruitgang doorzet, hangt ervan af of we weten door welke krachten die vooruitgang wordt veroorzaakt en hoelang ze actief zullen zijn. Dat zal per trend verschillen. Sommige zullen meer weg hebben van de wet van Moore (het aantal transistors in een computerchip verdubbelt elke twee jaar) en geven reden om erop te vertrouwen (maar geen reden om er zeker van te zijn) dat de vruchten van menselijke vindingrijkheid zullen vermeerderen en dat de vooruitgang zal doorgaan. Andere hebben misschien meer weg van een effectenbeurs en beloven fluctuaties op de korte termijn maar winsten op de lange. Sommige daarvan kunnen de statistische normaalverdeling aan het wankelen brengen, waarbij het evenwicht naar links of rechts verschuift en waarbij extreme gebeurtenissen misschien niet waarschijnlijk zijn maar ook niet kunnen worden uitgesloten.[20] Weer andere zijn misschien cyclisch of chaotisch. In hoofdstuk 19 en 21 zullen we ons verdiepen in rationele voorspellingen in een onzekere wereld. Voor nu hoeven we alleen te onthouden dat een positieve trend suggereert (maar niet bewijst) dat we iets goed doen, dat we moeten proberen te achterhalen wat dat goede is en dat we het vaker moeten doen.

Als alle tegenwerpingen zijn weerlegd, zie ik mensen vaak hun hersens pijnigen om te bedenken waarom het nieuws tóch niet zo goed kan zijn als de data lijken aan te geven. In hun wanhoop zoeken ze hun toevlucht tot semantiek.

Is trollen op internet geen vorm van geweld? Is dagbouw geen vorm van geweld? Is ongelijkheid geen vorm van geweld? Is vervuiling geen vorm van geweld? Is armoede geen vorm van geweld? Is consumentisme geen vorm van geweld? Zijn scheidingen geen vorm van geweld? Is reclame geen vorm van geweld? Is het bijhouden van statistieken over geweld geen vorm van geweld?

Hoe mooi metaforen als retorisch middel ook zijn, je hebt er niks aan als je een inschatting wilt maken van hoe de mens ervoor staat. Moreel redeneren vereist proportionaliteit. Het kan hard aankomen als iemand op Twitter gemene dingen zegt, maar het is niet hetzelfde als slavenhandel of de Holocaust. Een andere vereiste is dat er onderscheid wordt gemaakt tussen retoriek en werkelijkheid. Als je een opvanghuis voor verkrachtingsslachtoffers binnenloopt om op hoge toon te vragen wat er wordt gedaan tegen de verkrachting van het milieu, hebben zowel de slachtoffers van verkrachting als het milieu daar niets aan. Een laatste vereiste voor het verbeteren van de wereld is inzicht in oorzaak en gevolg. Hoewel onze primitieve morele intuïtie geneigd is slechte dingen op een hoop te gooien en een dader te vinden die we de schuld kunnen geven, bestaat er geen samenhangend fenomeen van 'slechte dingen' dat we kunnen proberen te begrijpen en uit de weg kunnen ruimen. (Entropie en evolutie zorgen voor een overvloed aan slechte dingen.) Oorlog, criminaliteit, vervuiling, armoede, ziekte en onbeschoftheid zijn kwaden die mogelijk weinig met elkaar gemeen hebben, en als we ze willen terugdringen kunnen we geen woordspelletjes doen die het onmogelijk maken de problemen zelfs maar afzonderlijk te behandelen.

Ik heb deze bezwaren afgewerkt om de weg te bereiden voor mijn presentatie van andere maatstaven van menselijke vooruitgang. De ongelovige reacties op *Ons betere ik* overtuigden me ervan dat het niet alleen de beschikbaarheidsheuristiek is die mensen de hoop op vooruitgang doet verliezen. En de voorliefde van de media voor slecht nieuws kan niet volledig geweten worden aan de cynische jacht naar aandacht en clickbaits. Nee, de fobie voor vooruitgang heeft diepere psychologische oorzaken.

De diepste is een vertekend beeld dat ook wel de negativiteitsbias wordt genoemd en dat goed wordt samengevat met de kreet 'Slecht is sterker dan goed'.[21] Het idee komt tot uitdrukking in een reeks gedachte-experimenten van Tversky.[22] In hoeverre kun je je voorstellen dat je je beter voelt dan op dit moment? En sléchter? We kunnen ons allemaal inbeelden dat we wat veerkrachtiger lopen of meer schittering in onze ogen hebben, maar het aantal antwoorden op de tweede vraag is oneindig. Die asymmetrie in stemming kan worden verklaard door een asymmetrie in het leven (een uitvloeisel van de wet van entropie). Hoeveel dingen zouden je vandaag kunnen overkomen waardoor je je een stuk beter zou voelen? En hoeveel dingen zouden er kunnen gebeuren waardoor je je veel sléchter zou voelen? Ook nu geldt: we kunnen allemaal een onverwachte meevaller bedenken, maar het aantal negatieve mogelijkheden is eindeloos. We hoeven echter niet alleen op onze fantasie te vertrouwen. De psychologische literatuur bevestigt dat mensen banger zijn om iets te verliezen dan dat ze zich verheugen op een meevaller of op winst; dat ze meer blijven nadenken over kritiek dan dat ze zich bemoedigd voelen door een compliment. (Als psycholoog ben ik verplicht daar aan toe te voegen dat het Engels veel meer woorden voor negatieve emoties kent dan voor positieve.)[23]

Een uitzondering op de negativiteitsbias vinden we in het autobiografisch geheugen. Hoewel we ons nare gebeurtenissen vaak net zo goed herinneren als aangename, verdwijnt de negatieve 'kleuring' van tegenslag na verloop van tijd, en dat geldt in het bijzonder voor tegenslag waarmee we persoonlijk te maken hebben gehad.[24] We zijn als het ware gemaakt voor nostalgie: in de menselijke herinnering heelt tijd de meeste wonden. Er zijn nog twee andere illusies waardoor we denken dat dingen anders zijn dan vroeger: we verwarren de toenemende lasten en zorgen die de volwassenheid en het ouderschap met zich meebrengen met een wereld die aan onschuld heeft ingeboet, en we verwarren onze eigen aftakeling als gevolg van ouderdom met een achteruitgang van de wereld als geheel.[25] Zoals de columnist Franklin Pierce Adams het uitdrukte: 'Niets is méér verantwoordelijk voor die goeie ouwe tijd dan een slecht geheugen.'

De intellectuele cultuur zou eropuit moeten zijn onze cognitieve bias te bestrijden, maar heel vaak versterkt ze die juist. De beste remedie tegen de beschikbaarheidsheuristiek is kwantitatief denken, maar volgens de literatuurwetenschapper Steven Connor heerst 'binnen de kunst en de geesteswetenschappen een unanieme consensus over de steeds verder oprukkende verschrikking van de overheersing van de aantallen'.[26] Deze 'ideologische en niet toevallige misrekening' brengt schrijvers tot de conclusie dat er tegenwoordig oorlogen plaatsvinden en dat er vroeger oorlogen plaatsvonden en dat er 'dus niets is veranderd' – waarbij ze niet het verschil erkennen tussen een tijd waarin een handvol oorlogen met duizenden slachtoffers woedt en een tijd waarin tientallen oorlogen woedden waarin miljoenen mensen omkwamen. En ze hebben geen oog voor systematische processen die op de lange termijn voor geleidelijke verbeteringen zorgen.

Ook is de intellectuele cultuur niet toegerust om de negativiteitsbias te bestrijden. Integendeel, onze alertheid op nare dingen om ons heen opent een markt voor professionele zuurpruimen die ons wijzen op slechte dingen die we anders misschien over het hoofd hadden gezien. Experimenten hebben aangetoond dat een recensent die een boek afkraakt als competenter wordt gezien dan een recensent die er lovend over is, en misschien geldt wel hetzelfde voor maatschappijcritici.[27] 'Voorspel altijd het ergste en je zult als profeet geëerd worden', gaf de muzikale komiek Tom Lehrer ooit als advies. In elk geval sinds de Hebreeuwse profeten, die hun maatschappijkritiek vermengden met voorspellingen van rampspoed, wordt pessimisme gelijkgesteld aan morele ernst en oprechtheid. Journalisten denken dat ze hun taak als waakhonden, onthullers van schandalen, klokkenluiders en luizen in de pels vervullen als ze het negatieve benadrukken. En intellectuelen weten dat ze onmiddellijk serieus worden genomen als ze op een onopgelost probleem wijzen en speculeren dat dat probleem een symptoom is van een zieke maatschappij.

Het omgekeerde is ook waar. De financiële schrijver Morgan Housel heeft vastgesteld dat waar pessimisten klinken alsof ze proberen je te helpen, optimisten klinken alsof ze proberen je iets te verkopen.[28] Wanneer iemand een oplossing voor een probleem oppert, zijn critici er als de kippen bij om erop te wijzen dat het geen wondermiddel of standaardoplossing is; het is slechts een noodoplossing of een technische kunstgreep die niets verandert aan de diepere oorzaken en allerlei negatieve bijeffecten en onbedoelde gevolgen zal hebben. Natuurlijk zijn deze standaardkreten in feite weinig meer dan een weigering om na te denken over de mogelijkheid dat er ooit iets verbeterd kan worden, want níéts is een wondermiddel en álles heeft bijeffecten.[29]

Pessimisme onder de intelligentsia kan ook een vorm van verhevenheid zijn. Een moderne samenleving is een competitie van politieke, industriële, financiële, technologische, militaire en intellectuele elites, die allemaal strijden om aanzien en invloed en die conflicterende verantwoordelijkheden hebben om de maatschappij te laten functioneren. Klagen over de moderne samenleving kan een stiekeme manier zijn om de concurrentie te kleineren – voor wetenschappers om zich verheven te voelen boven mensen uit het bedrijfsleven, voor mensen uit het bedrijfsleven om zich verheven te voelen boven politici, enzovoort. Zoals Thomas Hobbes in 1651 al opmerkte: 'Rivaliteit om complimenten neigt naar een diep ontzag voor antiquiteit. Want mensen wedijveren met de doden, niet met de levenden.'

Pessimisme heeft absoluut een positieve kant. Dankzij de zich uitbreidende cirkel van mededogen zijn we bezorgd over kwaad in de wereld dat in wredere tijden onopgemerkt zou zijn gebleven. Vandaag de dag erkennen we de burgeroorlog in Syrië als humanitaire ramp. De oorlogen uit vroeger tijden, zoals de Chinese Burgeroorlog, de opsplitsing van India en de Koreaanse Oorlog worden zelden als zodanig herinnerd, ook al kwamen er meer mensen in om en raakten er meer mensen door ontheemd. In mijn jeugd werd pesten gezien als een natuurlijk onderdeel van kind-zijn. Het was ondenkbaar dat de president van de Verenigde Staten ooit een toespraak zou houden over de kwalijke gevolgen van pesten, zoals Barack Obama deed in 2011. Wanneer de mensheid ons meer aan het hart gaat, zien we het leed om ons heen al snel als teken dat de wereld diep gezonken is, in plaats van dat onze normen tot grote hoogten zijn gestegen.

Maar aanhoudende negativiteit kan zelf ongewenste gevolgen hebben, en onlangs zijn enkele journalisten ermee begonnen die naar voren te brengen. In de nasleep van de Amerikaanse verkiezingen van 2016 lieten David Bornstein en Tina Rosenberg van de *New York Times* hun licht schijnen op de rol van de media bij de schokkende verkiezingsuitslag:

Trump profiteerde van een overtuiging die binnen de Amerikaanse journalistiek bijzonder breed gedragen werd, namelijk dat 'serieus nieuws' in essentie gedefinieerd kan worden als 'wat er verkeerd

73

gaat'. (...) Tientallen jaren creëerde de constante journalistieke gerichtheid op problemen en ogenschijnlijk ongeneeslijke pathologie-
en de voedingsbodem waar Trumps zaadjes van onvrede en wanhoop wortel in konden schieten. (...) Een van de gevolgen is dat veel
Amerikanen zich vandaag de dag weinig kunnen voorstellen bij de
belofte van aanhoudende, positieve systeemverandering. Ze zien het
belang van dergelijke verandering niet in en kunnen er zelfs niet
in geloven, wat leidt tot een grotere behoefte aan een revolutionaire
verandering die het hele systeem vernietigt.[30]

74

Bornstein en Rosenberg wijzen niet de gebruikelijke schuldigen aan
(commerciële televisie, social media, *late-night comedians*) maar zoeken de oorzaak verder terug, bij de verschuiving tijdens de Vietnamoorlog en het Watergate-schandaal van het verheerlijken van leiders
naar het controleren van hun macht – waarbij werd doorgeschoten
naar het soort lukraak cynisme zonder aanzien des persoons dat erop
gericht is Amerika's publieke machtsfiguren ten val te brengen.

Als de fobie voor vooruitgang haar wortels heeft in de menselijke natuur, is mijn veronderstelling dat die fobie toeneemt dan niet zélf een
illusie die voortkomt uit de beschikbaarheidsheuristiek? Vooruitlopend
op de methodes waar ik in de rest van dit boek gebruik van zal maken,
zullen we kijken naar een objectieve maatstaf. De datawetenschapper
Kalev Leetaru paste de techniek van *sentiment mining* toe op alle artikelen die tussen 1945 en 2005 in de *New York Times* zijn verschenen, en
op een archief van vertaalde artikelen en uitzendingen uit honderddertig landen uit de periode tussen 1979 en 2010. Door gebruik te maken
van sentiment mining stelde hij de emotionele toon van een tekst vast;
hij telde het aantal woorden met positieve en negatieve connotaties en
hun context, zoals *goed, fijn, vreselijk* en *afschuwelijk*. Figuur 4-1 toont de
resultaten, en we zien dat de indruk dat het nieuws na verloop van tijd
negatiever is geworden juist is. De *New York Times* werd tussen begin
jaren zestig en begin jaren zeventig geleidelijk aan steeds somberder,
fleurde iets (maar dan ook echt íets) op in de jaren tachtig en negentig,
waarna de stemming in het eerste decennium van de nieuwe eeuw
weer steeds somberder werd. Ook nieuwsbronnen uit de rest van de
wereld werden vanaf eind jaren zeventig tot op de dag van vandaag
steeds zwaarmoediger.

En is het tijdens die decennia echt steeds slechter gegaan met de wereld? Houd figuur 4-1 in gedachten wanneer we in de komende hoofdstukken nagaan hoe de mensheid ervoor staat.

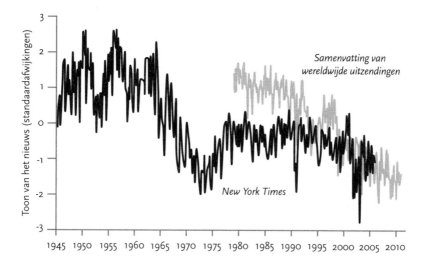

Figuur 4-1: de toon van het nieuws, 1945-2010
Bron: Leetaru, 2011. Weergegeven per maand, beginnend in januari.

Wat is vooruitgang? Misschien denk je dat die vraag zo subjectief en cultuurafhankelijk is dat hij onmogelijk te beantwoorden valt. Het is echter een van de vragen die het makkelijkst te beantwoorden zijn. De meeste mensen zijn het erover eens dat leven beter is dan dood. Gezondheid is beter dan ziekte. Levensonderhoud is beter dan honger. Overvloed is beter dan armoede. Vrede is beter dan oorlog. Veiligheid is beter dan gevaar. Vrijheid is beter dan tirannie. Gelijke rechten voor iedereen zijn beter dan onverdraagzaamheid en discriminatie. Kunnen lezen en schrijven is beter dan analfabetisme. Kennis is beter dan onwetendheid. Intelligentie is beter dan domheid. Geluk is beter dan ellende. De mogelijkheid om te genieten van het gezin, van vrienden, van kunst en cultuur en van de natuur is beter dan geestdodend werk en eentonigheid.

Al die dingen kun je meten. En als ze door de tijd heen zijn toegenomen, dan is dat vooruitgang.

Toegegeven, niet iedereen zal het met de hele lijst eens zijn. De waarden zijn humanistisch en er staan geen religieuze, romantische en aristocratische deugden als verlossing, genade, heiligheid, heroïsme, eer, glorie en oprechtheid in. De meeste mensen zullen het er echter wél over eens zijn dat hij een noodzakelijk vertrekpunt is. Het is niet moeilijk om verheven waarden in theorie te verheerlijken, maar de meeste mensen geven leven, gezondheid, veiligheid, geletterdheid, levensonderhoud en stimulans toch echt prioriteit, om de voor de hand liggende reden dat ze voorwaarden zijn voor al het andere. Als je dit leest ben je niet dood, arm of berooid, doodsbang, onderworpen of ongeletterd en ga je niet dood van de honger, en dat betekent dat je niet in de positie bent om je neus voor die waarden op te halen – of om te ontkennen dat andere mensen het net zo goed zouden moeten hebben als jij.

Het geval wil dat de wereld het over deze waarden eens is. In het jaar 2000 stemden alle 189 leden van de Verenigde Naties, samen met meer dan twintig internationale organisaties, in met acht millennium-doelstellingen voor het jaar 2015, die naadloos aansluiten op onze lijst.[31]

76 Ik zal je iets schokkends vertellen: de wereld heeft bij elke indicator van menselijk welzijn spectaculaire vooruitgang geboekt. En het twee-de schokkende feit is: bijna niemand weet het.

Informatie over menselijke vooruitgang is eenvoudig te vinden, ook al maken nieuwsbronnen en intellectuele fora er geen melding van. De data liggen niet begraven in gortdroge rapporten maar worden ge-toond op prachtige websites, in het bijzonder *Our World in Data* van Max Roser, *HumanProgress* van Marian Tupy en *Gapminder* van Hans Rosling. (Rosling kwam er in 2007 achter dat zelfs het inslikken van een zwaard tijdens een TED Talk geen massale aandacht genereert.) Het punt is gemaakt in prachtig geschreven boeken, sommige van de hand van Nobelprijswinnaars, met het nieuws pontificaal in de titel: *Progress, The Progress Paradox, Infinite Progress, The Infinite Resource, The Rational Optimist, The Case for Rational Optimism, Utopia for Rea-lists, Mass Flourishing, Abundance, The Improving State of the World, Get-ting Better, The End of Doom, The Moral Arc, The Big Ratchet, The Great Escape, The Great Surge, The Great Convergence.*[32] (Ze wonnen geen van alle een grote prijs, maar in de periode waarin ze verschenen kregen vier boeken over genocide, drie over terrorisme, twee over kanker, twee over racisme en een over uitsterving een Pulitzerprijs.) En voor men-sen die liever artikelen lezen zijn in de afgelopen jaren verschenen: 'Five Amazing Pieces of Good News Nobody Is Reporting', 'Five Rea-sons Why 2013 Was the Best Year in Human History', 'Seven Reasons the World Looks Worse Than It Really Is', '26 Charts and Maps That Show the World Is Getting Much, Much Better', '40 Ways the Wor-ld Is Getting Better' en mijn favoriet: '50 Reasons Why We're Living Through the Greatest Period in World History'.

Laten we een paar van die redenen bekijken.

5 Leven

De strijd om te overleven is de oerdrang van levende wezens, en mensen zetten hun vindingrijkheid en bewuste vastberadenheid in om de
dood zo lang mogelijk op afstand te houden. 'Kies dan het leven, opdat
gij leeft, gij en uw nageslacht', beval de God van de Hebreeuwse Bijbel;
'Raas, raas, tegen het sterven van het licht', spoorde de dichter Dylan
Thomas ons aan. Een lang leven is de ultieme zegen.

Wat denk je dat momenteel de gemiddelde levensverwachting op
aarde is? Houd er rekening mee dat het wereldwijde gemiddelde wordt
verlaagd doordat mensen in dichtbevolkte ontwikkelingslanden vroegtijdig sterven als gevolg van honger en ziekte en in het bijzonder door
babysterfte, die een hoop nullen aan het gemiddelde toevoegen.

Het antwoord voor 2015 is 71,4 jaar.[1] Zat je in de buurt? In een recente studie ontdekte Hans Rosling dat minder dan een op de vier Zweden
de gemiddelde levensverwachting zo hoog schatten, en die bevinding
kwam overeen met de resultaten van andere internationale opinieon-
derzoeken over lange levensduur, geletterdheid en armoede in wat
Rosling het Ignorance Project noemde. Het logo van dat project is een
chimpansee, en Rosling legde uit waarom: 'Als ik voor elke vraag de
mogelijke antwoorden op bananen had geschreven en chimpansees
uit de dierentuin de juiste antwoorden had laten kiezen, zouden ze het
beter hebben gedaan dan de respondenten.' Die respondenten, onder
wie studenten en hoogleraren Global Health, waren niet zozeer onwetend als wel bedrieglijk pessimistisch.[2]

Figuur 5-1, een grafische voorstelling van Max Roser over levensverwachting door de jaren heen, geeft een algemeen patroon in de wereld-
geschiedenis weer. De lijnen beginnen medio achttiende eeuw, toen
de levensverwachting in Europa en Amerika rond de 35 jaar lag, wat de
225 jaren daarvoor waarvan we over data beschikken ook al het geval
was.[3] Wereldwijd was de gemiddelde levensverwachting 29 jaar. Deze
aantallen komen min of meer overeen met de verwachte levensduur
tijdens het grootste deel van de menselijke geschiedenis. De levensverwachting van jager-verzamelaars ligt rond de 32,5 jaar en is waar-

schijnlijk afgenomen onder de volkeren die als eerste landbouw gingen bedrijven, als gevolg van hun zetmeelrijke dieet en de ziekten die ze opliepen via hun vee en via elkaar. Aan het begin van de bronstijd bedroeg ze weer begin 30, en dat bleef vierduizend jaar zo, met kleine schommelingen in verschillende eeuwen en regio's.[4] Deze periode uit de menselijke geschiedenis wordt ook wel het malthusiaanse tijdperk genoemd, waarin elke vooruitgang op het gebied van landbouw of gezondheid al snel weer teniet werd gedaan door de daaruit resulterende bevolkingsgroei, maar eigenlijk is 'tijdperk' een merkwaardige benaming voor 99,9 procent van de tijd waarin onze soort heeft geleefd.

78

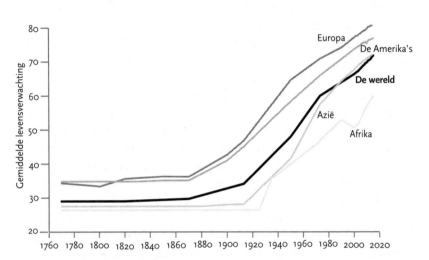

Figuur 5-1: levensverwachting, 1771-2015
Bron: *Our World in Data*, Roser 2016n, gebaseerd op data van Riley uit 2005 over de jaren voor 2000 en van de Wereldgezondheidsorganisatie en de Wereldbank over de jaren daarna. Geüpdatet met data van Max Roser.

Vanaf de negentiende eeuw begon de wereld echter aan de Grote Ontsnapping, de term die de econoom Angus Deaton bedacht voor de bevrijding van de mens uit het patrimonium van armoede, ziekte en een vroege dood. De levensverwachting begon te stijgen, in de twintigste eeuw zelfs met hoge snelheid, en niets wijst erop dat die stijging weer zal afnemen. De economisch historicus Johan Norberg betoogt dat we geneigd zijn te denken dat we 'met elk jaar dat we ouder worden een jaar dichter bij de dood zijn, maar tijdens de twintigste eeuw kwam de gemiddelde persoon niet meer dan zeven maanden dichter bij de dood voor elk jaar dat hij ouder werd'. Het opwindende feit doet zich voor dat het geschenk van een langer leven is weggelegd voor de gehele mensheid, inclusief de inwoners van de armste landen ter wereld, en met een veel hogere snelheid dan waarmee dat in de rijke landen gebeurde. 'De levensverwachting in Kenia is tussen 2003 en 2013 met bijna tien jaar toegenomen,' schrijft Norberg. 'Nadat de gemiddelde Keniaan een decennium lang had geleefd, liefgehad en geploeterd, had hij niet één jaar van zijn resterende leven verloren. Iedereen werd tien jaar ouder, en toch was de dood geen stap dichterbij gekomen.'[5]

Als gevolg daarvan neemt de ongelijkheid in levensverwachting, die begon tijdens de Grote Ontsnapping toen een paar fortuinlijke landen zich losmaakten van de rest, af doordat de andere landen bezig zijn met een inhaalrace. In 1800 lag de levensverwachting in geen enkel land ter wereld boven de 40. In 1950 was de levensverwachting toegenomen tot rond de 60 in Europa en de Amerika's, met Afrika en Azië op grote achterstand. Maar sindsdien is Azië twee keer zo snel als Europa omhooggeschoten, en Afrika anderhalf keer. Een Afrikaan die vandaag wordt geboren, kan verwachten net zo lang te zullen leven als iemand die in 1950 in Amerika of in 1930 in Europa geboren werd. Het gemiddelde zou nog hoger liggen als er geen aids had bestaan, een calamiteit die het enorme dieptepunt in de jaren negentig veroorzaakte voordat de ziekte met behulp van antiretrovirale medicijnen voor het eerst beheersbaar werd gemaakt.

De Afrikaanse aidscrisis herinnert ons eraan dat vooruitgang niet een soort roltrap is die het welzijn van elk mens altijd en overal per definitie verhoogt. Dan zou er sprake zijn van magie, en vooruitgang is geen gevolg van magie maar van probleemoplossing. Problemen zijn onvermijdelijk, en de mensheid heeft in specifieke gevallen zo nu en dan te maken met een vreselijke terugval. Naast de Afrikaanse aidsepidemie ging de levensverwachting voor jongvolwassenen wereldwijd omlaag tijdens de Spaanse-griepepidemie van 1918 en 1919, en voor laagopgeleide, blanke Amerikanen van middelbare leeftijd aan het begin van de eenentwintigste eeuw.[6] Problemen zijn echter oplosbaar, en het feit dat de levensverwachting voor alle andere demografische groepen in het Westen maar blijft stijgen, betekent dat er ook voor dit probleem oplossingen bestaan.

De gemiddelde levensduur wordt het meest gerekt door de afname van baby- en kindersterfte, omdat kinderen kwetsbaar zijn en de dood van een kind het gemiddelde meer verlaagt dan de dood van een zestigjarige. Figuur 5-2 toont wat er sinds de tijd van de Verlichting is gebeurd met kindersterfte in vijf landen die min of meer representatief zijn voor hun continent.

De aantallen in de verticale as geven het percentage kinderen weer dat voor het vijfde levensjaar sterft. Tot ver in de negentiende eeuw overleed in Zweden, een van de rijkste landen ter wereld, tussen *een kwart* en *een derde* van alle kinderen voor hun vijfde verjaardag, en in sommige jaren was dat bijna de helft. Dat zie je door de hele menselijke geschiedenis heen: een vijfde van de kinderen van jager-verzamelaars sterft in het eerste levensjaar, en bijna de helft voor ze volwassen zijn.[7] De grilligheid in de curve voor de twintigste eeuw geeft niet alleen ruis in de data weer; er blijkt ook uit hoe gevaarlijk het leven was: een epidemie, oorlog of hongersnood kon elk moment tot de dood leiden. Zelfs de welgestelden konden door rampspoed getroffen worden: Charles Darwin verloor twee kinderen vlak na hun geboorte, en zijn geliefde dochter Annie stierf op tienjarige leeftijd.

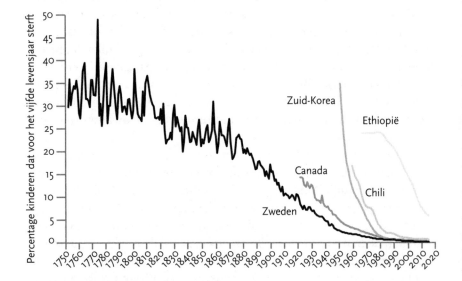

Figuur 5-2: kindersterfte, 1751-2013
Bron: *Our World in Data*, Roser 2016a, gebaseerd op de UN Child Mortality-schattingen, http://www.childmortality.org, en de *Human Mortality Database*, http://www.mortality.org.

Toen gebeurde er iets opmerkelijks. Kindersterfte nam honderdvoudig af, tot slechts een fractie van een procentpunt in ontwikkelde landen, en die enorme daling zette zich wereldwijd voort. Zoals Deaton in 2013 vaststelde: 'Er is geen land ter wereld waar baby- of kindersterfte vandaag de dag niet lager ligt dan in 1950.'[8] In Afrika ten zuiden van de Sahara is de kindersterfte gedaald van rond de een op de vier kinderen in 1960 tot nog geen een op de tien in 2015, en wereldwijd van 18 tot 4 procent – dat is nog altijd te veel, maar de daling zal ongetwijfeld doorzetten naarmate de huidige inspanningen om wereldwijd de gezondheid te verbeteren worden voortgezet.

We moeten twee feiten achter deze aantallen niet vergeten. Een is demografisch van aard: wanneer er minder kinderen sterven, nemen ouders minder kinderen, omdat ze zich niet langer hoeven in te dekken tegen het verlies van hun hele gezin. De grote zorg dat het redden van kinderlevens alleen maar een bevolkingsexplosie tot gevolg heeft (een soort paniekaanval die er in de jaren zestig en zeventig toe leidde dat er werd opgeroepen tot het reduceren van gezondheidszorg in de ontwikkelingslanden), is ongegrond gebleken: de afname van kindersterfte heeft die explosie juist voorkomen.[9]

Het tweede feit is persoonlijk. Het verlies van een kind is een van de vreselijkste dingen die we kunnen meemaken. Stel je die tragedie voor en probeer dat dan nog eens een miljoen keer te doen. Dat is een kwart van alle kinderen die *alleen vorig jaar al* níet overleden zijn en wel zouden zijn gestorven als ze vijftien jaar eerder waren geboren. Herhaal dit nu zo'n tweehonderd keer voor de jaren nadat de afname van kindersterfte op gang begon te komen. Grafieken als figuur 5-2 laten een overwinning van het menselijk welzijn zien waarvan we het belang en de omvang onmogelijk kunnen bevatten.

Al net zo moeilijk op waarde te schatten is de naderende overwinning van de mens op nog een andere wreedheid van de natuur: het overlijden van moeders tijdens een bevalling. Genadig als hij was zei de God van de Hebreeuwse Bijbel tegen de eerste vrouw: 'Ik zal je zwangerschap veel zwaarder maken, en met pijn zul je kinderen op de wereld zetten.' Tot kort geleden overleed ongeveer 1 procent van de vrouwen tijdens het proces; voor Amerikaanse vrouwen was het een eeuw geleden bijna net zo gevaarlijk om zwanger te zijn als het tegenwoordig is om borstkanker te hebben.[10] Figuur 5-3 toont het verloop van moedersterfte sinds 1751 in vier landen die representatief zijn voor hun regio.

Vanaf het laatste deel van de achttiende eeuw nam het sterftecijfer in Europa met een factor driehonderd af, van 1,2 tot 0,0004 procent. Die afname heeft zich verspreid over de rest van de wereld, inclusief de armste landen, waar het sterftecijfer zelfs nog sneller is afgenomen, alleen wel korter doordat de daling later begon. Wereldwijd ligt het sterftecijfer, nadat het in slechts vijfentwintig jaar tijd bijna is gehalveerd, op 0,2 procent, ongeveer het percentage in Zweden in 1941.[11] Je vraagt je misschien af of de stijging van de levensverwachting zo-

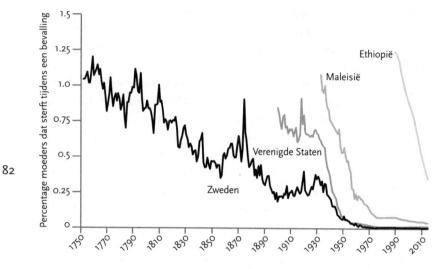

Figuur 5-3: percentage moeders dat sterft tijdens de bevalling, 1751-2013
Bron: *Our World in Data*, Roser 2016p, gedeeltelijk gebaseerd op data van Clau-
dia Hanson van *Gapminder*, https://www.gapminder.org/data/documentation/
gd010/.

als die wordt getoond in figuur 5-1 volledig verklaard kan worden door
de afname van kindersterfte. Leven we echt langer of overleven we alleen in grotere aantallen onze eerste levensjaren? Het feit dat mensen
vóór de negentiende eeuw bij hun geboorte een gemiddelde levensverwachting van ongeveer dertig jaar hadden, betekent immers niet dat
iedereen op zijn dertigste verjaardag dood neerviel. De vele kinderen
die stierven brachten het gemiddelde omlaag, zodat ze de stijging door
mensen die op hoge leeftijd overleden ongedaan maakten, en die bejaarden vind je in elke maatschappij. In de tijd van de Bijbel waren
volgens de schrijver van Psalm 90 de dagen van onze jaren zeventig jaren, en dat is ook de leeftijd waarop Socrates' leven in 399 v. Chr. werd
beëindigd, niet door een natuurlijke oorzaak maar door een gifbeker.
De meeste jager-verzamelaarsstammen hebben genoeg zeventigers,
en zelfs een paar tachtigers. Hoewel een Hadzavrouw bij haar geboorte
een levensverwachting heeft van 32,5 jaar, kan ze verwachten nog eens
eenentwintig jaar te leven als ze de 45 haalt.[12]
   Dus leven degenen van ons die de beproevingen van de bevalling
en hun jeugd overleven langer dan de overlevenden uit vroeger tijden?
Ja, veel langer. Figuur 5-4 toont de levensverwachting in het Verenigd
Koninkrijk bij de geboorte, en op verschillende leeftijden van 1 tot 70,
in de afgelopen drie eeuwen.

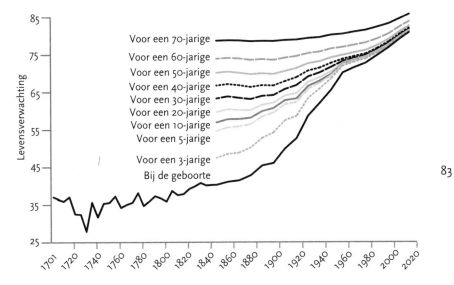

Figuur 5-4: levensverwachting, VK, 1701-2013
Bron: *Our World in Data*, Roser 2016n, data van voor 1845 betreffen Engeland en Wales en zijn afkomstig van OECD Clio Infra, Van Zanden et al. 2014. Data vanaf 1845 betreffen alleen jaren in het midden van de decennia en zijn afkomstig van de *Human Mortality Database*, http://www.mortality.org/.

Hoe oud je ook bent, je hebt meer jaren voor de boeg dan mensen van jouw leeftijd uit eerdere decennia en eeuwen. Een Britse baby die het gevaarlijke eerste levensjaar had overleefd, zou 47 zijn geworden in 1845, 57 in 1905, 72 in 1955 en 81 in 2011. Een dertigjarige kon zich in 1845 verheugen op nog eens 33 levensjaren, in 1905 op nog eens 36, in 1955 op nog eens 43 en in 2011 op nog eens 52. Als Socrates in 1905 was vrijgesproken, had hij kunnen verwachten nog eens negen jaar te leven; in 1955 nog eens tien; in 2011 nog eens zestien. Een tachtigjarige had in 1845 nog vijf jaren voor zich en een tachtigjarige in 2011 negen jaar.

Vergelijkbare trends hebben zich, zij het (tot dusver) met lagere aantallen, voorgedaan in alle delen van de wereld. Zo kon een tienjarige Ethiopiër die in 1950 werd geboren verwachten dat hij tot zijn 44ste zou leven, terwijl een tienjarige Ethiopiër die nu wordt geboren een levensverwachting van 61 jaar heeft. De econoom Steven Radelet heeft erop gewezen dat 'de verbeteringen in gezondheid onder armen wereldwijd de afgelopen decennia zo groot en wijdverspreid zijn, dat ze beschouwd kunnen worden als een van de geweldigste prestaties uit de menselijke geschiedenis. Zelden is de basisgezondheid van zoveel mensen over de hele wereld zo substantieel en zo snel verbeterd. Toch zijn maar weinig mensen zich er zelfs maar van bewust dat het gebeurt."[13]

En nee, die extra levensjaren zullen niet dement in een schommelstoel worden gesleten. Natuurlijk is het zo dat hoe langer we leven, des te meer van die jaren we bejaard zullen zijn, met alle onvermijdelijke kwalen en gebreken van dien. Maar lichamen die beter zijn in het weerstaan van een dodelijke klap zijn ook beter in het weerstaan van minder heftige aanvallen als ziekte, verwondingen en slijtage. Naarmate de levensduur langer wordt, gaat ook onze levenskracht langer mee, zij het niet hetzelfde aantal jaren. Met het heroïsche project Global Burden of Disease is geprobeerd deze verbetering te meten door niet alleen het aantal mensen te tellen dat dood neervalt als gevolg van een van 291 ziekten en handicaps, maar ook hoeveel jaar gezond leven ze verliezen, rekening houdend met de mate waarin elke aandoening de levenskwaliteit aantast. Geschat werd dat in 1990 wereldwijd 56,8 van de 64,5 levensjaren die de gemiddelde persoon naar verwachting zou leven *in goede gezondheid* werden doorgebracht. En we weten in elk geval van de ontwikkelde landen, waar de schattingen ook voor 2010 beschikbaar zijn, dat van de 4,7 extra jaren levensverwachting die we er in die twee decennia bij hebben gekregen, 3,8 jaar in goede gezondheid werd doorgebracht.[14] Dergelijke aantallen maken duidelijk dat mensen vandaag de dag veel meer jaren in blakende gezondheid doorbrengen dan dat hun voorouders in totaal leefden, dus inclusief de jaren van gezondheid en gebreken. Voor veel mensen betreft de grootste angst die het vooruitzicht van een langer leven met zich meebrengt dementie, maar er heeft zich nog een andere aangename verrassing voorgedaan: tussen 2000 en 2012 is het aantal gevallen van dementie onder Amerikanen van 65 jaar en ouder met een kwart afgenomen, en de gemiddelde leeftijd waarop de diagnose werd gesteld steeg van 80,7 naar 82,4 jaar.[15]

Er is nog meer goed nieuws. De grafiek vol krommen in figuur 5-4 is geen draad die door het lot wordt gesponnen, maar een projectie van actuele dynamische statistieken die zijn gebaseerd op de veronderstelling dat de huidige staat van de medische kennis altijd hetzelfde zal blijven. Niet dat ook maar iemand dat gelooft, maar omdat we niet in de toekomst kunnen kijken, kunnen we niet anders. Dat betekent dat we vrijwel zeker langer zullen leven – misschien wel véél langer – dan er op de verticale as staat aangegeven.

Mensen klagen overal over, en in 2001 riep president George W. Bush de President's Council on Bioethics in het leven om de dreiging van biomedische vooruitgang die een langer en gezonder leven beloven het hoofd te bieden.[16] De voorzitter daarvan, de medicus en publiek intellectueel Leon Kass, concludeerde dat 'het verlangen om langer jong te blijven een uiting is van een kinderlijke en narcistische wens die in strijd is met toewijding aan het nageslacht', en dat de jaren die zouden worden toegevoegd aan de levens van andere mensen het niet waard zouden zijn om geleefd te worden. ('Zouden beroepstennissers er nu echt genoegen in scheppen om 25 procent meer tennispartijen te spelen?' vraagt hij zich af.) De meeste mensen zouden dat liever zelf bepalen, en ook al heeft hij er gelijk in dat 'sterfelijkheid maakt dat het leven ertoe doet', een langer leven is niet hetzelfde als onsterfelijkheid.[17] Het feit dat deskundigen er bij herhaling helemaal naast hebben gezeten met hun beweringen over de maximaal haalbare levensverwachting (gemiddeld vijf jaar nadat ze werden gepubliceerd), doet de vraag rijzen of levens steeds langer zullen worden en we op een dag de ketenen van de sterfelijkheid voorgoed zullen afwerpen.[18] Moeten we ons zorgen maken over een wereld vol oudjes van honderden jaren oud die zich zullen verzetten tegen de innovaties van negentigjarige snotapen en die het krijgen van lastige, irritante kinderen misschien wel helemaal zullen uitbannen?

Een aantal idealisten uit Silicon Valley probeert die wereld dichterbij te brengen.[19] Zij financieren onderzoeksinstellingen die er niet op uit zijn per ziekte een stukje van de sterfelijkheid af te hakken, maar om te achterhalen hoe het ouderdomsproces precies werkt en onze cellulaire hardware te upgraden naar een versie waar die programmeerfout niet in zit. Ze hopen dat dat zal resulteren in een toename van de menselijke levensduur van vijftig, honderd, misschien wel duizend jaar. In zijn bestseller uit 2006, *The Singularity Is Near*, voorspelt de uitvinder Ray Kurzweil dat degenen van ons die 2045 halen eeuwig zullen blijven leven, dankzij vorderingen in de genetica, nanotechnologie (zoals nanorobots die zich door onze bloedbaan begeven en ons lichaam van binnenuit herstellen) en kunstmatige intelligentie, die niet alleen duidelijk zal maken hoe dit allemaal gedaan moet worden, maar recursief de eigen intelligentie onophoudelijk zal verbeteren.

Voor de lezers van medische nieuwsbrieven en andere hypochonders ziet het vooruitzicht van onsterfelijkheid er heel anders uit. Er zijn zeker geleidelijke verbeteringen waar we ons in kunnen verheugen, zoals de afname van het aantal mensen dat aan kanker overlijdt in de afgelopen vijfentwintig jaar van ongeveer een procentpunt per jaar, wat alleen al in de Verenigde Staten een miljoen levens heeft gered.[20] Maar we krijgen ook regelmatig te maken met teleurstellingen door wondermedicijnen die niet beter blijken te werken dan de placebo; behandelingen met bijwerkingen die erger zijn dan de ziekte zelf; en luid bejubelde verbeteringen die in de meta-analyse onmogelijk blijken. Vandaag de dag is medische vooruitgang meer Sisyphos dan singulariteit.

Aangezien we niet over profetische gaven beschikken, valt onmogelijk te zeggen of de wetenschap ons ooit van de sterfelijkheid zal weten te genezen. Evolutie en entropie maken dat echter wel onwaarschijnlijk. Veroudering zit op alle organisatieniveaus ingebakken in ons genoom, omdat natuurlijke selectie de voorkeur geeft aan genen die ons sterk en krachtig maken wanneer we jong zijn en niet aan genen waarmee we zo lang mogelijk blijven leven. Die genetische aanleg is ingebouwd als gevolg van de asymmetrie van tijd: op elk moment bestaat de piepkleine kans dat we geveld zullen worden door iets onvermijdelijks als een blikseminslag of een aardverschuiving, wat het voordeel van een kostbaar lang-leven-gen twijfelachtig maakt. Biologen zouden duizenden genen of moleculaire paden, allemaal met een klein en onduidelijk effect op een langere levensduur, moeten herprogrammeren om de sprong naar onsterfelijkheid mogelijk te maken.[21]

En zelfs als we waren uitgerust met perfect afgestemde biologische hardware, zou die door de oprukkende entropie worden aangetast. Zoals de natuurkundige Peter Hoffman betoogt: 'Het leven laat de biologie een gevecht van leven op dood voeren tegen de natuurkunde.' Wild tekeergaande moleculen leveren voortdurend slag met ons cellensysteem, inclusief het systeem dat de entropie op een afstand houdt door fouten te corrigeren en schade te herstellen. Hoe meer schade er wordt toegebracht aan de verschillende systemen die de schade beperkt houden, des te meer de kans op een ineenstorting exponentieel toeneemt, en vroeg of laat wordt alle bescherming die de biomedische wetenschap ons aanreikt tegen voortdurende gevaren als kanker en het uitvallen van organen weggevaagd.[22]

Ik ben van mening dat de afloop van onze eeuwenoude oorlog tegen de dood het best tot uitdrukking komt in de wet van Stein – 'Dingen die niet voor altijd kunnen doorgaan, doen dat ook niet' – en Davies' deductie: 'Dingen die niet voor altijd kunnen doorgaan, kunnen veel langer doorgaan dan je denkt.'

6 Gezondheid

Hoe verklaren we het geschenk van het leven dat sinds het einde van de achttiende eeuw steeds meer mensen ten deel valt? De timing geeft een aanwijzing. In *The Great Escape* schrijft Deaton: 'Sinds mensen tijdens Verlichting in opstand kwamen tegen gezag en ze de kracht van de rede gingen toepassen om hun leven te verbeteren, hebben ze altijd weer manieren gevonden om dat te doen, en er bestaat weinig twijfel over dat ze overwinningen zullen blijven behalen tegen de machten van de dood.'[1] De steeds hogere levensverwachting die we in het vorige hoofdstuk hebben bejubeld, vormt zogezegd de buit van de oorlog tegen verscheidene van die machten – ziekte, hongersnood, oorlog, moord, ongelukken –, en in de komende hoofdstukken zal ik van allemaal het verhaal vertellen.

Gedurende het grootste deel van de menselijke geschiedenis was het sterkste wapen van de dood infectieziekte, dat gemene, venijnige aspect van de evolutie waarin kleine, zich snel vermenigvuldigende organismen ten koste van ons in leven blijven en van het ene lichaam overgaan op het andere in de vorm van bacteriën, wormen en lichaamsgassen. Epidemieën hebben vele miljoenen mensen het leven gekost, hebben hele beschavingen weggevaagd en hebben plaatselijke bevolkingen met de grootste ellende geconfronteerd. Om slechts één voorbeeld noemen: gele koorts, een infectieziekte die wordt overgedragen door muggen, kreeg die naam omdat de slachtoffers geel werden voor ze een pijnlijke dood stierven. Volgens een beschrijving van de epidemie die in 1898 in Memphis woedde, trokken de zieken zich 'volledig misvormd terug en werden hun lichamen later alleen ontdekt door de stank van hun rottende vlees. (...) [Een moeder werd dood aangetroffen] met haar lichaam languit op het bed (...) terwijl het hele bed bedekt was met braaksel als zwart koffiedik (...). De kinderen rolden kreunend over de grond'.[2]

De rijken werden niet gespaard: in 1836 overleed de rijkste man ter wereld, Nathan Meyer Rothschield, als gevolg van een abces. En ook de machtigen ontkwamen niet: verscheidene Britse vorsten werden geveld door dysenterie, pokken, longontsteking, tyfus, tuberculose en malaria. Ook Amerikaanse presidenten waren kwetsbaar: William Henry Harrison werd kort na zijn inauguratie in 1841 ziek en overleed eenendertig dagen later als gevolg van een septische shock, en James Polk bezweek drie maanden nadat hij in 1849 het Witte Huis had verlaten. Zelfs in 1924 nog overleed de zestien jaar oude zoon van een zittende president, Calvin Coolidge jr., als gevolg van een geïnfecteerde blaar die hij had opgelopen bij het tennissen.

De immer creatieve homo sapiens vocht al heel lang terug tegen ziekte met verscheidene vormen van kwakzalverij, zoals gebed, het brengen van offers, aderlating, giftige metalen, homeopathie, en het dooddrukken van kippen tegen geïnfecteerde lichaamsdelen. Maar na de uitvinding van vaccinatie aan het eind van de achttiende eeuw begon het tij te keren, een ontwikkeling die in de negentiende eeuw nog verder werd versneld door de aanvaarding van de theorie dat ziekten door bacteriën worden veroorzaakt. Door het wassen van handen, verloskunde, muggenbestrijding en vooral de bescherming van drinkwater door middel van openbare riolering en chloor in het kraanwater, zouden miljarden levens gered worden. Vóór de twintigste eeuw lagen de steden vol met ontlasting, waren hun rivieren en meren stroperig van de uitwerpselen, dronken de inwoners van bedorven, stinkend water en wasten ze daar hun kleren mee.[3] Epidemieën werden geweten aan smerig ruikende moerasdampen, tot de eerste epidemioloog, John Snow (1813-1858), vaststelde dat Londenaren die cholera hadden opgelopen water kregen via een buis die stroomafwaarts lag van een plek waar het riool op uitkwam. Artsen vormden zelf vaak een groot gevaar voor de volksgezondheid doordat ze van de ene lijkschouwing en onderzoekskamer naar de andere gingen in hun zwarte jas vol aangekoekt opgedroogd bloed en pus, de wonden van hun patiënten met ongewassen handen onderzochten, en hechtingen aanbrachten met naalden die ze in een knoopsgat bewaarden, tot ze dankzij Ignaz Semmelweis (1818-1865) en Joseph Lister (1827-1912) hun handen en instrumenten gingen steriliseren. Dankzij ontsmettingsmiddelen, anesthesie en bloedtransfusie kon de chirurgie gaan genezen in plaats van te folteren en te verminken, en epidemieën werden verder teruggedrongen door antibiotica, antitoxine en talloze andere medische ontwikkelingen.

Ondankbaarheid mag dan niet in de top-7 van grootste zonden staan, volgens Dante belanden de zondaren erdoor in de negende cirkel van de Hel, en dat is de plek waar de intellectuele cultuur zich sinds de jaren zestig van de twintigste eeuw misschien wel bevindt omdat ze vergeten is welke overwinningen er op ziekten zijn behaald. Het is niet altijd zo geweest. In mijn jeugd waren heroïsche levensbeschrijvingen van medische pioniers als Edward Jenner, Louis Pasteur, Joseph Lister, Frederick Banting, Charles Best, William Osler of Alexander Fleming populair. Op 12 april 1955 verkondigde een team van wetenschappers dat Jonas Salks vaccin tegen polio – de ziekte die jaarlijks duizenden slachtoffers eiste, Franklin Roosevelt verlamde en vele kinderen in een ijzeren long deed belanden – veilig was. Richard Carters beschrijft het als volgt: 'Op de dag van de ontdekking namen mensen enkele momenten stilte in acht, werden er klokken geluid, werd er luid getoeterd en klonken er fabrieksfluiten, werden er saluutschoten afgevuurd, (...) namen mensen de rest van de dag vrij, sloten scholen hun deuren of werden er geestdriftige samenkomsten gehouden, brachten mensen een dronk uit, knuffelden ze kinderen, gingen ze naar de kerk, glimlachten ze tegen onbekenden en vergaven ze vijanden.'[4] New York bood aan Salk te eren met een tickertapeparade, wat hij beleefd weigerde.

89

En hoe vaak heb je de laatste tijd aan Karl Landsteiner gedacht? Karl wie? Alleen hij al redde een miljard levens door zijn ontdekking van de bloedgroepen. Of wat te denken van deze andere helden?

Wetenschapper	Ontdekking	Aantal geredde levens
Abel Wolman (1892-1982) en Linn Enslow (1891-1957)	chlorering van water	177 miljoen
William Foege (1936-)	uitvinder van de uitroeiingsstrategie voor pokken	131 miljoen
Maurice Hilleman (1919-2005)	acht vaccins	129 miljoen
John Enders (1897-1985)	vaccin tegen mazelen	120 miljoen
Howard Florey (1898-1968)	peniciline	82 miljoen
Gaston Ramon (1886-1963)	vaccins tegen difterie en tetanus	60 miljoen
David Nalin (1942-)	oraal rehydratiemiddel	54 miljoen
Paul Ehrlich (1854-1915)	antitoxine tegen difterie en tetanus	42 miljoen
Andreas Grüntzig (1939-1985)	dotteren	15 miljoen
Grace Eldering (1900-1988) en Pearl Kendrick (1890-1980)	vaccin tegen kinkhoest	14 miljoen
Gertrude Elion (1918-1999)	rationeel geneesmiddelenontwerp	5 miljoen

Volgens de onderzoekers die deze voorzichtige schattingen hebben gedaan, zijn er (tot nu toe) ruim *vijf miljard* levens gered door de pakweg
honderd wetenschappers die ze geselecteerd hebben.[5] Natuurlijk doen
heldhaftige verhalen geen recht aan de manier waarop wetenschap
echt wordt bedreven. Wetenschappers bouwen voort op de ervaring en
wijsheid van anderen, werken in teamverband, zwoegen zonder dat
iemand ze ziet, en verzamelen ideeën van websites uit de hele wereld.
Maar of nu de wetenschap of de wetenschappers miskend worden, het
negeren van de ontdekkingen die het leven ten goede hebben veranderd zegt iets over onze waardering voor de conditie van de moderne
mens.

Als psycholinguïst die ooit een heel boek over de verleden tijd heeft
geschreven, kan ik mijn favoriete voorbeeld uit de geschiedenis van de
Engelse taal noemen.[6] Het is de eerste zin van een artikel op de Engelstalige Wikipedia:

> **Smallpox** was an infectious disease caused by either of two virus va-
> riants, Variola major and Variola minor. (**Pokken** was een besmette-
> lijke infectieziekte die werd veroorzaakt door een van twee virusvari-
> anten, Variola major en Variola minor.)

Inderdaad, 'pokken wás'. De ziekte die was vernoemd naar de pijnlijke
blaasjes die de huid, mond en ogen van het slachtoffer bedekken en
die in de twintigste eeuw meer dan driehonderd miljoen mensen het
leven heeft gekost, bestaat niet meer. (De laatste diagnose werd in 1977
in Somalië gesteld.) Voor deze verbluffende morele overwinning zijn
we onder andere dank verschuldigd aan Edward Jenner, die in 1796 het
pokkenvaccin ontdekte, de Wereldgezondheidsorganisatie, die in 1959
het ambitieuze doel stelde de ziekte uit te roeien, en William Foege,
die ontdekte dat het vaccineren van kleine maar strategisch gekozen
delen van de kwetsbare bevolkingsgroepen voldoende was om de ziekte effectief te bestrijden. In *Getting Better* schrijft de econoom Charles
Kenny:

> De totale kosten van het programma bedroegen in die tien jaar (...)
> ongeveer 312 miljoen dollar – ongeveer 32 cent per persoon in geïn-
> fecteerde landen. Het uitroeiingsprogramma kostte ongeveer even-
> veel als de productie van vijf recente grote Hollywoodfilms, of de
> vleugel van een b-2-bommenwerper, of iets minder dan een tiende
> van de kosten van het recente wegenbouwproject in Boston, dat de
> bijnaam Big Dig had. Hoeveel bewondering je ook kunt hebben voor

het verfraaide uitzicht op de Bostonse skyline, de contouren van de bommenwerper of het acteertalent van Keira Knightley in *Pirates of the Caribbean* (en zelfs dat van de gorilla uit *King Kong*), dit lijkt toch wel een geweldig koopje.[7]

Zelfs als inwoner van Boston moet ik het hiermee eens zijn. Maar deze ontzagwekkende prestatie was nog maar het begin. Wikipedia's definitie van runderpest (veepest), die door de geschiedenis heen miljoenen boeren en herders van de honger heeft doen sterven doordat al hun vee werd uitgeroeid, is ook in de verleden tijd geschreven. En nog vier andere bronnen van grote ellende in de ontwikkelde wereld staan op het punt te verdwijnen. Jonas Salk heeft niet meer meegemaakt dat het Global Polio Eradication Initiative zijn doel bereikte; in 2016 waren er nog maar 37 gevallen van de ziekte, in drie landen (Afghanistan, Pakistan en Nigeria), het laagste aantal uit de geschiedenis, en in 2017 lag dat aantal op het moment van schrijven nóg lager.[8] De guineaworm is een parasiet van een meter lang die zich een weg baant naar een been of voet en daar een gruwelijke, pijnlijke blaar vormt. Wanneer het slachtoffer zijn of haar voet in het water dompelt tegen de pijn, barst de worm en komen er duizenden larven vrij in het water, dat door andere mensen gedronken wordt, zodat de cyclus wordt voortgezet. De enige behandeling bestaat eruit dat de worm in een tijdsbestek van een aantal dagen of weken uit het lichaam wordt getrokken. Maar dankzij een dertig jaar lange campagne met voorlichting en een waterbehandeling door het Carter Center is het aantal gevallen gedaald van 3,5 miljoen in eenentwintig landen in 1986 tot slechts vijfentwintig gevallen in drie landen in 2016 (en in het eerste kwartaal van 2017 nog maar drie in één land).[9] Olifantsziekte, rivierblindheid en trachoom (dat tot blindheid leidt), die net zulke erge symptomen hebben als de naam doet vermoeden, zouden rond 2030 ook wel eens verleden tijd kunnen zijn, en epidemiologen hebben ook mazelen, rodehond, guineapokken, slaapziekte en mijnworm op de korrel.[10] (Zal ook maar een van deze triomfen worden aangekondigd met een paar minuten stilte, klokgelui, getoeter, mensen die naar onbekenden glimlachen en die hun vijanden vergeven?)

En ziekten die niet worden uitgeroeid worden wel degelijk gedecimeerd. Tussen 2000 en 2015 is het aantal sterfgevallen als gevolg van malaria (een ziekte die in het verleden de helft van alle mensen die ooit hebben geleefd heeft gedood) met 60 procent gedaald. De Wereldgezondheidsorganisatie heeft een plan in het leven geroepen om dat aantal rond 2030 met nog eens 90 procent verminderd te hebben en ma-

91

laria uit te roeien in vijfendertig van de negenenzeventig landen waar de ziekte nu nog endemisch is (net zoals ze is uitgeroeid in de Verenigde Staten, waar ze tot 1951 endemisch was).[11] De Bill & Melinda Gates Foundation heeft het doel de ziekte van de aardbodem weg te vagen overgenomen.[12] Zoals we in hoofdstuk 5 hebben gezien, veroorzaakte HIV/aids in de jaren negentig van de twintigste eeuw in Afrika een terugval in de toename van de menselijke levensduur. Het tij keerde echter in het daaropvolgende decennium, en wereldwijd is het sterftecijfer voor kinderen gehalveerd, wat de VN in 2016 aanspoorde een plan in het leven te roepen om de aidsepidemie in 2030 te beëindigen (maar niet per se om het virus dan uitgeroeid te hebben).[13] In figuur 6-1 is te zien dat er tussen 2000 en 2013 ook een enorme afname plaatsvond van het aantal kinderen dat overleed aan een van de vijf dodelijkste infectieziekten. Alles bij elkaar heeft de beheersing van infectieziekten sinds 1990 meer dan honderd miljoen kinderen het leven gered.[14]

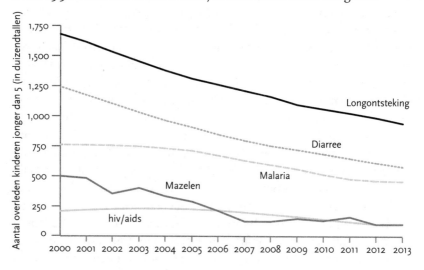

Figuur 6-1: gevallen van kindersterfte als gevolg van infectieziekten, 2000-2013
Bron: Child Health Epidemiology Reference Group van de Wereldgezondheidsorganisatie, Liu et al. 2014, appendix.

En dan het meest ambitieuze plan van allemaal: een team gezondheidsdeskundigen die afkomstig waren uit de hele wereld en onder leiding stonden van Dean Jamison en Lawrence Summers, stippelde een routekaart uit voor een 'grootschalige convergentie van de wereldwijde gezondheid' waarmee in 2035 het aantal doden als gevolg van infectieziekten, moedersterfte en kindersterfte wereldwijd moet zijn teruggebracht tot de huidige niveaus in de gezondste middeninkomenslanden.[15]

Hoe indrukwekkend de overwinning op infectieziekten in Europa en Amerika ook is geweest, de wereldwijde vooruitgang onder de armen is nog verbluffender. Voor een deel kan die vooruitgang verklaard worden door economische ontwikkelingen (hoofdstuk 8), omdat een rijkere wereld gezonder is. Voor een ander deel ligt de verklaring in de zich uitbreidende cirkel van mededogen, wat internationale kopstukken als Bill Gates, Jimmy Carter en Bill Clinton geïnspireerd heeft de gezondheid van de armen in verre landen tot hun nalatenschap te maken, in plaats van schitterende gebouwen dichter bij huis. George w. Bush is zelfs door zijn grootste criticasters geprezen om zijn beleid op het gebied van aidsbestrijding in Afrika, dat miljoenen levens heeft gered.

93

Maar de grootste bijdrage is geleverd door de wetenschap. 'Kennis is de sleutel,' betoogt Deaton. 'Inkomen, hoe belangrijk ook voor het menselijk welzijn, is niet de primaire oorzaak van welzijn.'[16] De vruchten van de wetenschap zijn niet alleen geavanceerde farmaceutische producten zoals vaccins, antibiotica, antiretrovirale middelen en ontwormingspillen. Het zijn ook *ideeën* – ideeën waarvan de uitvoering misschien goedkoop is, maar die miljoenen levens redden. Voorbeelden zijn het koken, filteren of chloreren van water; handen wassen; jodiumsupplementen voor zwangere vrouwen; borstvoeding geven en baby's knuffelen; je behoefte doen in een latrine en niet in het open veld, op straat en in het water; slapende kinderen beschermen met een net om het bed dat is doordrenkt met een insecticide; en diarree behandelen met een oplossing van zout en suiker in schoon water. Aan de andere kant kan vooruitgang gedwarsboomd worden door slechte ideeen, zoals de samenzweringstheorie dat vaccins moslimmeisjes steriliseren, die wordt verspreid door de Taliban en door Boko Haram, of de theorie van invloedrijke Amerikaanse activisten dat vaccins autisme veroorzaken. Volgens Deaton kan zelfs het idee dat aan de Verlichting ten grondslag ligt – namelijk dat we van kennis allemaal beter kunnen worden – een openbaring zijn in die delen van de wereld waar mensen berusten in hun slechte gezondheid en er nooit van dromen dat veranderingen in hun normen en gebruiken daar verbetering in kunnen brengen.[17]

7 Levensonderhoud

Naast veroudering, bevallingen en ziekteverwekkers leveren evolutie en entropie ons nog een gemene streek: onze niet aflatende behoefte aan energie. Hongersnood heeft heel lang deel uitgemaakt van de menselijke conditie. In de Hebreeuwse Bijbel staan verhalen over zeven magere jaren in Egypte en in de christelijke Bijbel is honger een van de vier ruiters van de apocalyps. Tot ver in de negentiende eeuw kon een mislukte oogst zelfs de meest bevoorrechte delen van de wereld in één klap in de ellende storten. Johan Norberg vertelt over de anekdote van een tijdgenoot van een van zijn Zweedse voorouders in de winter van 1868:

> We zagen moeder vaak zachtjes huilen, het was zwaar voor haar om geen eten op tafel te kunnen zetten voor haar hongerige kinderen. Vaak gingen broodmagere, uitgehongerde kinderen van boerderij naar boerderij, bedelend om een paar kruimels brood. Op een dag kwamen er drie bij ons langs, huilend en smekend om iets te eten waarmee ze hun knagende honger konden stillen. Met ogen vol tranen moest mijn moeder tegen ze zeggen dat we maar een paar broodkruimels bezaten, die we zelf nodig hadden. Toen wij, haar kinderen, de verschrikking in de smekende ogen van die onbekende jongens en meisjes zagen, barstten we in huilen uit en smeekten we moeder de weinige kruimels die we hadden me hen te delen. Aarzelend gaf ze toe, en de onbekende kinderen schrokten het eten naar binnen en gingen verder naar de volgende boerderij, die een heel eind van ons vandaan lag. De volgende dag werden ze alle drie dood aangetroffen tussen de twee boerderijen.[1]

De historicus Fernand Braudel heeft gedocumenteerd dat het premoderne Europa om de zoveel decennia met hongersnood te kampen had.[2] Wanhopige horigen oogstten graan voordat het rijp was, aten gras of mensenvlees en stroomden in groten getale naar de steden om daar te bedelen. Zelfs in goede tijden kregen de meeste mensen verreweg hun meeste calorieën binnen door brood of pap, en veel stelde dat niet voor: in *The Escape from Hunger and Premature Death, 1700-2100* schreef de econoom Robert Fogel: 'Het gemiddelde Franse dieet aan het begin van de achttiende eeuw bevatte net zo weinig energie als een gemiddeld dieet in Rwanda in 1965, in dat jaar het meest ondervoede land.'³ Veel mensen die niet stierven van de honger waren te zwak om te werken, zodat ze verstrikt raakten in armoede. Hongerige Europeanen verlustigden zich in verhalen over eten, zoals sprookjes over Luilekkerland, een land waar de pannenkoeken aan de bomen groeiden, de straten geplaveid waren met gebak, gebraden kippen rondliepen met een mes in de rug zodat ze makkelijk gesneden konden worden, en gebakken vissen die zo voor de voeten van mensen uit het water sprongen.

Vandaag de dag léven we in Luilekkerland, en ons probleem is niet dat we te weinig calorieën hebben maar te veel. Zoals de komiek Chris Rock vaststelde: 'Dit is de eerste samenleving uit de geschiedenis waarin de armen dik zijn.' Met de ondankbaarheid die zo kenmerkend is voor de Eerste Wereld gaan moderne maatschappijcritici tekeer tegen overgewicht met een verontwaardiging die misschien terecht zou zijn in geval van een hongersnood (als ze tenminste niet fulmineren tegen *fat shaming*, tengere modellen of eetstoornissen). Overgewicht is absoluut een publiek gezondheidsprobleem, maar naar historische maatstaven gemeten is het een goed probleem om te hebben.

En hoe zit het met de rest van de wereld? De honger die veel westerlingen met Afrika en Azië associëren is absoluut geen modern verschijnsel. India en China zijn altijd kwetsbaar geweest voor hongersnood, doordat miljoenen mensen leefden van rijst die van water werd voorzien door onregelmatige moessonregens of kwetsbare irrigatiesystemen en die over grote afstanden vervoerd moest worden. Braudel vertelt het verhaal van een Nederlandse koopman die in 1630-1631 tijdens een hongersnood in India was:

'Mannen verlieten hun dorp of stad en zwierven hulpeloos rond. Het was meteen duidelijk in welke toestand ze verkeerden: de ogen diep in de kassen, de bleke lippen bedekt met slijm, de harde huid waar je de botten doorheen kon zien, de buik niet meer dan een lege, uitgezakte huidplooi. (...) De een brulde het uit van de honger terwijl de ander languit op de grond lag en in ellende stierf.' Wat volgde was het vertrouwde menselijke drama: verlaten vrouwen en kinderen, kinderen die werden verkocht door hun ouders, die hen achterlieten of zichzelf aanboden om te overleven, collectieve zelfmoord. (...)

95

Vervolgens kwam het stadium waarin de mensen die doodgingen van de honger de magen van de doden of de stervenden opensneden en 'aan de ingewanden trokken om hun eigen buik te vullen'. 'Vele honderdduizenden mannen stierven van de honger, zodat het hele land bezaaid lag met onbegraven lijken, wat zo'n enorme stank veroorzaakte dat de hele lucht ermee gevuld en geïnfecteerd was. (...) In het dorp Susuntra (...) werd op de markt openlijk mensenvlees verkocht.'[4]

96   De laatste tijd is de wereld echter gezegend met een andere opvallende maar nauwelijks opgemerkte ontwikkeling: ondanks explosief groeiende aantallen voeden de ontwikkelingslanden zichzelf. Dat is het duidelijkst zichtbaar in China, waar de 1,3 miljard inwoners nu de beschikking hebben over gemiddeld 3100 calorieën per persoon per dag, wat volgens richtlijnen van de Amerikaanse overheid de benodigde hoeveelheid is voor uiterst actieve jongemannen.[5] De 1 miljard inwoners van India krijgen gemiddeld 2400 calorieën per dag binnen, de hoeveelheid die wordt aanbevolen voor uiterst actieve jonge vrouwen of voor actieve mannen van middelbare leeftijd. Het aantal voor Afrika zit daar met 2600 tussenin.[6] Figuur 7-1, waarin beschikbare calorieën

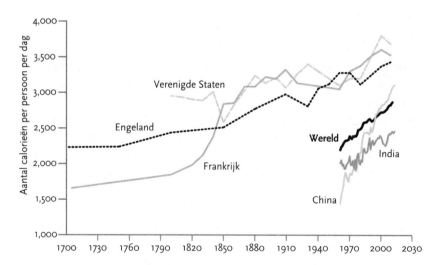

Figuur 7-1: calorieën, 1700-2013
Bronnen: **Verenigde Staten, Engeland en Frankrijk:** *Our World in Data*, Roser 2016d, gebaseerd op data uit Fogel 2004. **China, India en de wereld:** Voedsel- en Landbouworganisatie van de Verenigde Naties, http://www.fao.org/faostat/en/#data.

voor een representatieve steekproef van ontwikkelingslanden en ontwikkelde landen en voor de wereld als geheel in kaart worden gebracht, toont een patroon dat we al kennen van eerdere grafieken: overal ontberingen vóór de negentiende eeuw, een snelle verbetering in Europa en de Verenigde Staten in de daaropvolgende twee eeuwen, en in de afgelopen decennia een inhaalslag door de ontwikkelingslanden.

De aantallen uit figuur 7-1 zijn gemiddelden en zouden een misleidende welzijnsindex zijn als ze alleen omhoog gingen door rijke mensen die meer calorieën naar binnen werken. Gelukkig weerspiegelen de aantallen een algehele toename van de beschikbaarheid van calorieën, ook in de onderste regionen. Als kinderen ondervoed zijn belemmert dat hun groei, en gedurende hun hele leven lopen ze dan meer risico om ziek te worden en vroegtijdig te overlijden. Figuur 7-2 toont het percentage kinderen met een belemmerde groei in een representatieve steekproef van landen met data voor de langste periodes. Hoewel het percentage kinderen met een groeistoornis in arme landen als Kenia en Bangladesh betreurenswaardig hoog is, zien we dat het in slechts twee decennia tijd gehalveerd is. In landen als Colombia en China kwamen niet lang geleden ook veel gevallen van groeistoornis voor, en daar is zelfs een nog grotere daling verwezenlijkt.

Figuur 7-2: groeistoornis bij kinderen, 1966-2014
Bron: *Our World in Data*, Roser 2016j, gebaseerd op data van het Nutrition Landscape Information System van de Wereldgezondheidsorganisatie, http://www.who.int/nutrition/nlis/en/.

Figuur 7-3 biedt een andere kijk op hoe de wereld hongerige mensen voedt en toont het aantal gevallen van ondervoeding (een jaar of langer onvoldoende voedsel) in ontwikkelingslanden in vijf regio's en in de wereld als geheel. In ontwikkelde landen, waar de schattingen geen betrekking op hebben, was gedurende deze hele periode nog geen 5 procent ondervoed, wat statistisch gezien niet te onderscheiden is van o. Ook al is een percentage van 13 in de ontwikkelingslanden veel te hoog, het is beter dan 35 procent, het niveau van vijfenveertig jaar geleden, of dan 50 procent, een schatting voor de hele wereld in 1947 (niet zichtbaar in de grafiek).[7] Vergeet niet dat deze aantallen percentages zijn. De wereldbevolking is in die zeventig jaar met bijna *vijf miljard* mensen toegenomen, wat betekent dat terwijl er wereldwijd minder honger werd geleden, er ook miljarden extra monden gevoed werden.

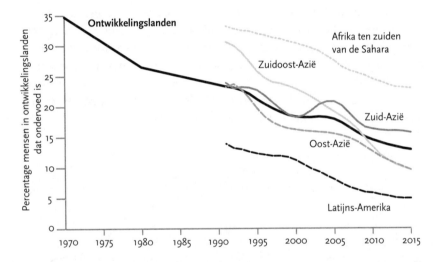

Figuur 7-3: ondervoeding, 1970-2015
Bron: *Our World in Data*, Roser 2016j, gebaseerd op data van de Voedsel- en Landbouworganisatie 2014, ook vermeld op http://www.fao.org/economic/ess/ ess-fs/ess-fadata/en/.

Niet alleen chronische ondervoeding neemt af, hetzelfde geldt voor catastrofale hongersnoden – de crises die vele slachtoffers eisen en op grote schaal vermagering veroorzaken (de toestand waarbij iemand twee standaarddeviaties onder het streefgewicht zit) en kwashiorkor (het eiwittekort dat de oorzaak is van de opgezwollen kinderbuiken die zijn uitgegroeid tot de iconen van hongersnood).[8] Figuur 7-4 toont het aantal doden als gevolg van grote hongersnoden in alle decennia van de afgelopen 150 jaar, in verhouding met de toenmalige wereldbevolking.

In 2000 vatte de econoom Stephen Devereux de vooruitgang in de wereld in de twintigste eeuw als volgt samen:

> Kwetsbaarheid voor hongersnood lijkt buiten Afrika in geen enkele regio meer voor te komen. (...) Hongersnood als epidemisch probleem lijkt in Azië en Europa verleden tijd te zijn. China, Rusland, India en Bangladesh zijn verlost van de lugubere kwalificatie 'land van hongersnood', die sinds de jaren zeventig van de twintigste eeuw alleen nog van toepassing is op Ethiopië en Soedan.
>
> Bovendien bestaat het verband tussen mislukte oogsten en hongersnood niet meer. De meest recente voedselcrises die het gevolg waren van droogte of overstromingen werden adequaat bestreden door een combinatie van plaatselijk en internationaal humanitair ingerijpen. (...)
>
> Als deze ontwikkeling zich doorzet, gaat de twintigste eeuw de boeken in als de laatste waarin tientallen miljoenen mensen om het leven kwamen als gevolg van voedseltekort.[9]

99

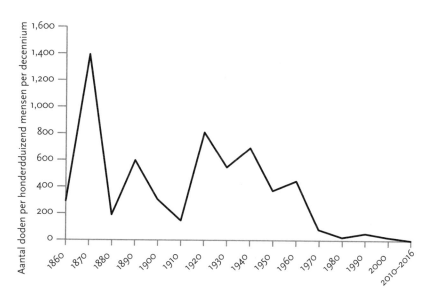

Figuur 7-4: doden als gevolg van hongersnood, 1860-2016
Bronnen: *Our World in Data*, Hasell & Roser 2017, gebaseerd op data uit Devereux 2000; Ó Gráda 2009; White 2011 en EM-DAT, *The International Disaster Database*, http://www.emdat.be/ en andere bronnen. 'Hongersnood' is gedefinieerd als in Ó Gráda 2009.

Tot nu zét die ontwikkeling zich door. Er is nog altijd honger (bijvoorbeeld onder de armen in ontwikkelde landen), en er was hongersnood in Oost-Afrika in 2011, de Sahel in 2012 en Zuid-Soedan in 2016 en bijna sprake van hongersnood in Somalië, Nigeria en Jemen. Maar deze hongersnoden hadden niet het enorme aantal doden tot gevolg dat catastrofes in het verleden regelmatig eisten.

Dit alles lag totaal niet in de lijn der verwachting. In 1798 legde Thomas Malthus uit dat de regelmatige hongersnoden van zijn tijd onvermijdelijk waren en alleen nog maar verder zouden toenemen, omdat 'onbeheerste bevolkingsgroei alleen toeneemt in een geometrische reeks. Voedselproductie neemt alleen toe in een rekenkundige reeks. Iemand die ook maar enigszins bekend is met aantallen zal inzien hoeveel krachtiger de eerste is in vergelijking met de tweede.' De implicatie was dat inspanningen om de hongerigen te voeden alleen maar tot meer ellende zou leiden, omdat ze meer kinderen zouden verwekken die vervolgens ook weer tot honger werden veroordeeld.

Nog niet zo lang geleden raakte het malthusiaanse gedachtegoed weer helemaal in. In 1967 schreven William en Paul Paddock *Famine 1975!* en in 1968 publiceerde de bioloog Paul Ehrlich *The Population Bomb*, waarin hij verkondigde dat 'de strijd om de gehele mensheid te voeden voorbij is' en voorspelde dat tegen het einde van de jaren tachtig 65 miljoen Amerikanen en 4 miljard inwoners van andere landen aan honger overleden zouden zijn. De lezers van *New York Times Magazine* maakten kennis met de oorlogsterm *triage* (de praktijk om gewonde soldaten onder te verdelen in de manschappen die nog te redden waren en zij die ten dode waren opgeschreven) en met filosofisch-wetenschappelijke discussies over de vraag of het moreel te verantwoorden is om iemand uit een volle reddingsboot te gooien om te voorkomen dat de boot kapseist en iedereen verdrinkt.[10] Ehrlich en andere milieuactivisten riepen op tot het beëindigen van voedselhulp aan landen die zij als hopeloos beschouwden.[11] Robert McNamara, die tussen 1968 en 1981 president van de Wereldbank was, ontmoedigde de financiering van de gezondheidszorg 'tenzij die rechtstreeks verband houdt met geboortebeperking, omdat gezondheidsvoorzieningen over het algemeen bijdragen aan een afname van het aantal sterfgevallen en daarmee aan de explosieve bevolkingsgroei'. Geboortebeperkingsprogramma's in India en China (met name tijdens de Chinese eenkindpolitiek) dwongen vrouwen tot sterilisatie, abortus en het inbrengen van pijnlijke en geïnfecteerde spiraaltjes.[12]

Waar vergiste Malthus zich? Wat betreft zijn eerste curve zagen we al dat de bevolkingsgroei niet per se in een geometrische reeks toe hoeft te nemen, want wanneer mensen rijker worden en er meer van hun baby's blijven leven, krijgen ze minder baby's. Omgekeerd wordt bevolkingsgroei niet lang gereduceerd door hongersnoden. Ze kosten onevenredig veel kinderen en bejaarden het leven, en wanneer de omstandigheden verbeteren wordt de bevolking door de overlevenden snel weer aangevuld.[13] Zoals Hans Rosling het uitdrukte: 'Je kunt de bevolkingsgroei niet tegenhouden door arme kinderen te laten sterven.'[14]

Als we naar de tweede curve kijken, zien we dat de voedselvoorziening wel degelijk geometrisch kan toenemen wanneer er kennis wordt toegepast om de hoeveelheid voedsel die op een stuk grond kan worden verbouwd te vergroten. Sinds het ontstaan van de landbouw, tienduizend jaar geleden, houdt de mens zich bezig met de genetische modificatie van planten en dieren door selectief de soorten te kweken die de meeste calorieën hebben, het minst giftig zijn en het makkelijkst vallen te zaaien en te oogsten. De wilde voorganger van maïs was een grassoort met een paar taaie zaadjes; de voorganger van wortel zag eruit en smaakte als de wortel van een paardenbloem; de voorgangers van vele wilde vruchten waren bitter en wrang en waren eerder steenachtig dan vleesachtig. Slimme boeren gingen ook in de weer met irrigatie, ploegen en biologische meststoffen, maar Malthus had altijd het laatste woord.

Pas in de tijd van de Verlichting en de industriële revolutie kwamen mensen erachter hoe ze de curve omhoog moesten krijgen.[15] In de roman van Jonathan Swift uit 1726 kreeg Gulliver het morele gebod uitgelegd door de koning van Brobdingnag: 'Hij vond dat iedereen die twee korenaren of twee grassprietjes kon laten groeien op een plek waar er eerst maar één groeide, meer dank van de mensheid verdiende en zijn land een grotere dienst bewees dan alle politici bij elkaar.' Niet lang daarna werd er, zoals te zien is in figuur 7-1, inderdaad voor gezorgd dat er meer korenaren werden verbouwd, door wat wel de Britse agrarische revolutie wordt genoemd.[16] Wisselbouw en verbeteringen van ploegen en zaaimachines werden gevolgd door mechanisatie, waarbij menselijke en dierlijke spierkracht werd vervangen door fossiele brandstoffen. Medio negentiende eeuw deden vijfentwintig mannen er een hele dag over om een ton graan te oogsten en te dorsen; tegenwoordig kan één persoon dat met een maaidorser in zes minuten.[17]

Machines verhelpen ook een probleem dat inherent is aan voedsel. Zoals iedereen die courgettes in de tuin heeft groeien weet, komt er in augustus in één keer een enorme hoeveelheid beschikbaar, die vervolgens snel verrot of wordt aangevreten door ongedierte. Spoorwegen, kanalen, vrachtwagens, opslagplaatsen en koeling spreidden de pieken en dalen in de bevoorrading gelijkmatig uit en pasten die aan aan de vraag, gecoördineerd door de informatie die in prijzen besloten lag. Maar de échte reuzenstap werd gezet dankzij de scheikunde. Stikstof is een belangrijk bestanddeel van eiwit, DNA, chlorofyl en de energiedrager ATP. Er bevinden zich heel wat stikstofatomen in de lucht, maar ze binden zich in paren (vandaar de scheikundige formule N2) die moeilijk te scheiden zijn zodat planten ze kunnen gebruiken. In 1909 vervolmaakte Carl Bosch een proces dat was uitgevonden door Fritz Haber en waarbij door middel van methaan en stoom stikstof uit de lucht werd gehaald en op industriële schaal werd omgezet in meststof. Het proces verving de reusachtige hoeveelheden vogelpoep die tot dan toe nodig waren om stikstof terug te brengen naar uitgeputte grond. Deze twee scheikundigen staan met 2,7 miljard geredde levens boven aan de lijst van wetenschappers uit de twintigste eeuw die de meeste levens ooit hebben gered.[18]

Dus vergeet rekenkundige reeksen: de afgelopen honderd jaar is de graanopbrengst per hectare omhooggeschoten terwijl de reële prijzen zijn gekelderd. De besparingen zijn verbijsterend. Als het voedsel dat tegenwoordig wordt verbouwd, verbouwd zou worden met landbouwtechnieken van vóór de stikstofwinning, zou er een gebied zo groot als Rusland omgeploegd moeten worden.[19] In de Verenigde Staten kon je in 1901 van een uurloon ongeveer drie liter melk kopen; een eeuw later kreeg je voor datzelfde bedrag *zestien* liter. De hoeveelheid van elk ander voedingsmiddel dat met een uurloon gekocht kan worden is verveelvoudigd: van één pond boter tot vijf pond, van een dozijn eieren tot twaalf dozijn, van een kilo varkenskarbonade tot tweeënhalf kilo en van vier kilo bloem tot vijfentwintig kilo.[20]

In de jaren vijftig en zestig van de twintigste eeuw was een andere levensredder van de bovenste plank, Norman Borlaug, de evolutie te slim af door in ontwikkelingslanden de Groene Revolutie te stimuleren.[21] Planten in de natuur investeren heel veel energie in houtachtige stengels die hun bladeren en bloesem boven de schaduw van omringend onkruid en van andere planten uit laten steken. Als fans bij een popconcert staat iedereen overeind, maar kan niemand het beter zien. Zo werkt het met evolutie ook; er wordt kortzichtig geselecteerd in het belang van het individu, niet in het belang van de soort als geheel, laat staan het belang van sommige andere soorten. Vanuit het perspectief van een boer verspilt hoge tarwe niet alleen energie door enorm hoge stengels, wanneer die bemest worden bezwijken ze onder het gewicht van de zware aar. Borlaug nam de evolutie in eigen hand door duizenden soorten te kruisen en de daaruit voortkomende soorten te selecteren met kleine stengels, hoge opbrengst en weerstand tegen schimmels, die onafhankelijk van het aantal uren zonlicht op een dag doorgroeiden. Na jarenlang in de weer te zijn geweest met dit 'geest-dodende werk' ontwikkelde Borlaug tarwesoorten (en vervolgens ook maïs- en rijstsoorten) die een veel grotere oogst opbrachten dan hun voorgangers. Door deze soorten te combineren met moderne irrigatie-, bemestings- en oogsttechnieken maakte hij van Mexico, India, Paki-stan en andere landen die kwetsbaar waren voor hongersnood in één klap graanexporteurs. De Groene Revolutie – die ook wel 'Afrika's best bewaarde geheim' wordt genoemd – gaat door, voortgedreven door ver-beteringen met sorghum, gierst, cassave en knol.[22]

Dankzij de Groene Revolutie heeft de wereld minder dan een derde van het grondoppervlak nodig dat vroeger vereist was om een bepaalde hoeveelheid voedsel te kunnen verbouwen.[23] Waar de overvloed ook uit blijkt is dat de hoeveelheid land die gebruikt werd om voedsel te verbouwen tussen 1961 en 2009 met 12 procent toenam, maar dat de hoeveelheid voedsel die verbouwd is met 300 procent is toegenomen.[24] Niet alleen is er honger bestreden doordat de mens in staat is met min-der meer voedsel te verbouwen, het is door de bank genomen ook goed voor onze planeet. Ondanks hun bucolische charme zijn boerderijen biologische woestijnen die zich over het landschap uitstrekken ten kos-te van bos en weide. Nu het aantal boerderijen in sommige delen van de wereld is teruggedrongen, hebben gematigde bossen zich weer her-steld, een verschijnsel waar we in hoofdstuk 10 op zullen terugkomen.[25] Als de landbouw de afgelopen vijftig jaar even efficiënt was gebleven terwijl de wereld dezelfde hoeveelheid voedsel had voortgebracht, had er een gebied ter grootte van de Verenigde Staten, Canada en China bij elkaar leeggemaakt en omgeploegd moeten worden.[26] De milieuwe-tenschapper Jesse Ausubel schatte dat de wereld *Peak Farmland* heeft bereikt: het zou best kunnen dat we nooit meer zoveel landbouwgrond nodig hebben als we vandaag gebruiken.[27]

Zoals alle ontwikkelingen kwam de Groene Revolutie onmiddellijk onder vuur te liggen. Volgens critici verbruikt geavanceerde landbouw fossiele brandstoffen en grondwater, zijn er onkruidverdelgers en pes-ticiden voor nodig, wordt de traditionele, bestaande landbouw erdoor verstoord, is hij biologisch onnatuurlijk en levert hij bedrijven winst op. Gezien het feit dat er een miljard levens mee zijn gered en dat die geavanceerde landbouw ertoe heeft bijgedragen dat hongersnoden naar de vuilnisbelt van de geschiedenis zijn verwezen, lijkt mij dat een redelijke prijs. Belangrijker nog: misschien hoeven we die prijs wel helemaal niet altijd te blijven betalen. Het mooie van wetenschappelij-

103

ke vooruitgang is dat we nooit vast blijven zitten aan één technologie, maar dat er nieuwe technologieën ontwikkeld kunnen worden met minder problemen dan de vorige (een dynamiek waar we in hoofdstuk 10 op zullen terugkomen).

Met gentechnologie kan nu in dagen bereikt worden waar traditionele boeren millennia over deden en wat Borlaug verwezenlijkte in zijn 'geestdodende' jaren. Er worden transgene gewassen ontwikkeld met een hoge opbrengst, levensreddende vitaminen, tolerantie voor droogte en zout en weerstand tegen ziekte, ongedierte en bederf. Die gewassen hebben minder meststoffen en minder grond nodig, waarvoor er ook nog eens minder geploegd hoeft te worden. Honderden onderzoeken, alle grote gezondheidsorganisaties en wetenschappelijke instituten en meer dan honderd Nobelprijswinnaars bevestigen dat deze gewassen veilig zijn (wat niet verbazend is, aangezien er niet zoiets bestaat als genetisch ongemodificeerde gewassen).[28] Toch voeren traditionele milieubewegingen, met wat de schrijver Stewart Brand hun 'gebruikelijke onverschilligheid ten opzichte van verhongering' noemde, een fanatieke kruistocht om transgene gewassen bij mensen weg te houden – niet alleen bij biologische fijnproevers in rijke landen, maar ook bij arme boeren in ontwikkelingslanden.[29] Hun verzet begint met toewijding aan de heilige maar tegelijkertijd nietszeggende waarde van 'natuurlijkheid', wat ze ertoe brengt 'genetische vervuiling' en 'rommelen met de natuur' af te wijzen en 'echt voedsel' te propageren dat is gebaseerd op 'ecologische landbouw'. Vervolgens profiteren ze van ongefundeerde, intuïtieve gevoelens van essentialisme en vervuiling onder het wetenschappelijk nauwelijks onderlegde grote publiek. Uit deprimerende studies blijkt dat ongeveer de helft van de mensen gelooft dat gewone tomaten geen genen hebben maar genetisch gemodificeerde wel, dat een gen dat in een voedingsmiddel is ingebracht zich in het genoom kan begeven van mensen die dat voedsel eten, en dat een spinaziegen dat wordt ingebracht in een sinaasappel die sinaasappel een spinaziesmaak zou geven. 80 procent was er voorstander van de mededeling 'bevat DNA' op levensmiddelen wettelijk te verplichten.[30] Zoals Brand het verwoordde: 'Ik ben van mening dat de milieubeweging meer schade heeft aangericht met het verzet tegen genetische modificatie dan met al het andere waarin we ons hebben vergist. We hebben mensen laten verhongeren, de wetenschap belemmerd, het milieu schade toegebracht en onze eigen vakmensen een essentieel hulpmiddel onthouden.'[31]

Een van de redenen voor Brands harde oordeel is dat het verzet tegen transgene gewassen bijzonder effectief is geweest in het deel van de wereld dat er het meest van zou kunnen profiteren. Afrika ten zuiden van de Sahara zucht onder een natuur met een dunne bodem, grillige regenval en een gebrek aan havens en bevaarbare rivieren. Bovendien is er nooit een uitgebreid netwerk van wegen, rails of kanalen aangelegd.[32] Zoals alle landbouwgrond is de Afrikaanse aarde uitgeput, maar in tegenstelling tot de rest van de wereld is de Afrikaanse landbouwgrond nooit aangevuld met kunstmest. Het gebruik van transgene gewassen, zowel gewassen die al gebruikt worden als gewassen die zijn aangepast aan de Afrikaanse omstandigheden, zou Afrika in staat kunnen stellen de sprong te maken naar de meer invasieve toepassingen van de eerste Groene Revolutie en een einde te maken aan de ondervoeding die er nog altijd bestaat.

Hoe belangrijk agronomie ook is, voedselzekerheid heeft met meer dan landbouw te maken. Hongersnood ontstaat niet alleen bij voedselschaarste maar ook wanneer mensen zich geen voedsel kunnen veroorloven, wanneer het leger hen er bij weghoudt of wanneer het hun regering koud laat hoeveel ze ervan hebben.[33] De pieken en dalen in figuur 7-4 laten zien dat hongersnood niet is verdreven doordat de landbouw geleidelijk aan steeds effectiever werd. In de negentiende eeuw werden hongersnoden in de hand gewerkt door de gebruikelijke droogten en plantenziekten, maar in het koloniale India en Afrika werden ze verergerd door het ongevoelige, onbeholpen en soms doelbewuste beleid van bestuurders en leiders die het niets kon schelen of hun onderdanen het goed hadden.[34] Begin twintigste eeuw was de koloniale politiek gevoeliger voor voedselcrises en was de honger al enigszins gereduceerd door landbouwkundige ontwikkelingen.[35] De rest van de eeuw zorgde een afschuwelijke aaneenschakeling van politieke catastrofes echter voor sporadische hongersnoden.

Van de zeventig miljoen mensen die zijn overleden tijdens een van de grote hongersnoden uit de twintigste eeuw was 80 procent slachtoffer van de gedwongen collectivisering, vergaande confiscatie en totalitaire centrale planning van communistische regimes.[36] Daaronder vielen hongersnoden in de Sovjet-Unie tijdens de nasleep van de Russische Revolutie, de Russische Burgeroorlog en de Tweede Wereldoorlog; Stalins Holomodor (bewust veroorzaakte hongersnood om dood en verderf te zaaien) in Oekraïne in 1932-1933; Mao's Grote Sprong Voorwaarts in 1958-1961; Pol Pots 'jaar nul' in 1975-1979 en Kim Jong-ils Zware Mars in Noord-Korea, zelfs in de jaren negentig van de twintigste eeuw. De eerste regeringen in postkoloniaal Afrika en Azië voerden vaak een ideologisch populaire maar economisch desastreuze politiek, zoals de massale collectivisering van de landbouw,

importbeperkingen om 'onafhankelijkheid' te bevorderen, en voedsel-
prijzen die kunstmatig laag werden gehouden ten gunste van politiek
invloedrijke stedelingen maar ten koste van de boeren.[37] Wanneer er in
die landen een burgeroorlog uitbrak, zoals maar al te vaak gebeurde,
raakte niet alleen de voedseldistributie ontwricht maar konden beide
partijen honger als wapen gebruiken, soms met medeweten en hulp
van de grootmacht waardoor ze werden gesteund en die betrokken was
bij de Koude Oorlog.

Gelukkig vallen sinds 1990 de voorwaarden voor overvloed in grotere delen van de wereld op hun plaats. Wanneer de geheimen van het in
overvloed verbouwen van voedsel eenmaal ontsluierd zijn en de infrastructuur om dat voedsel te verplaatsen is aangelegd, hangt de afname
van hongersnood af van de afname van armoede, oorlog en autocratie.
We zullen ons nu bezighouden met de vooruitgang die tegen elke van
deze bezoekingen is bewerkstelligd.

8 Welvaart

'Armoede heeft geen oorzaken,' schreef de econoom Peter Bauer. 'Rijkdom heeft oorzaken.' In een wereld die wordt geregeerd door entropie
en evolutie zijn de straten niet geplaveid met gebak en springen de
gebakken vissen niet voor onze voeten. We kunnen die voor de hand
liggende waarheid echter makkelijk vergeten, en denken dat we altijd
al welvaart hebben gekend. De geschiedenis is niet door de winnaars
geschreven maar door de welgestelden, het hele kleine deel van de
mensheid dat de tijd en de scholing heeft gehad om erover te schrijven. Zoals de econoom Nathan Rosenberg en de jurist L.E. Birdzell
betoogden: 'Dat we ertoe verleid worden om de ellende die andere tijden domineerde te vergeten, komt deels door mooie, aangename literatuur, poëzie, romantiek en overlevering, waarin degenen die het
goed hadden worden bewierookt en degenen die in stilte in armoede
leefden worden vergeten. De ellendige tijden zijn gemythologiseerd en
worden soms zelfs herinnerd als gouden eeuwen van schilderachtige
eenvoud. Dat waren ze niet.'[1]

Norberg geeft, voortbouwend op Braudel, inkijkjes in die tijden van
ellende, toen de definitie van armoede heel simpel was: 'Als je het je
kon veroorloven om een brood te kopen en het nog een dag langer vol
te houden, was je niet arm.'

In het rijke Genua verkochten arme mensen zichzelf elke winter als
galeislaaf. In Parijs werden de allerarmsten in paren aan elkaar vast-
geketend en gedwongen de riolering schoon te maken, wat zwaar
werk was. In Engeland moesten de armen in armenhuizen vele uren
per dag werken in ruil voor levensonderhoud en een schamel loon.
Sommigen moesten de botten van honden, paarden en vee verbrij-
zelen zodat die als meststof gebruikt konden worden, tot een inspec-
tie van een armenhuis in 1845 aan het licht bracht dat hongerige
paupers om de rottende beenderen vochten, om het merg eruit te
kunnen zuigen.[2]

Een andere historicus, Carlo Cipolla, schreef:

> In het Europa van voor de industriële revolutie bleef de aanschaf van een kledingstuk of van de stof voor een kledingstuk een luxe die de gewone man zich slechts een paar keer in zijn leven kon veroorloven. Ziekenhuisbestuurders waren er een groot deel van hun tijd aan kwijt om ervoor te zorgen dat de kleding van overledenen niet werd ontvreemd maar in handen kwam van de wettige erfgenamen. En tijdens pestepidemieën kostte het stadsbestuurders de grootste moeite om de kleren van de overledenen in beslag te nemen en te verbranden, omdat mensen wachtten tot anderen stierven zodat ze hun kleding onmiddellijk konden overnemen – wat over het algemeen tot gevolg had dat de epidemie werd verspreid.[3]

108

De noodzaak het ontstaan van welvaart uit te leggen wordt nog weer overschaduwd door politieke debatten in moderne samenlevingen over de manier waarop welvaart verdeeld moet worden, die veronderstellen dat er überhaupt welvaart bestaat die het waard is óm verdeeld te worden. Economen beweren vaak dat er vanaf het begin der tijden een beperkte hoeveelheid rijkdom heeft bestaan, als een goudader, en dat mensen altijd al in de clinch hebben gelegen over de verdeling van die rijkdom.[4] Een van de geesteskinderen van de Verlichting is het besef dat *welvaart gecreëerd is*[5], in de eerste plaats door kennis en samenwerking; netwerken van mensen schikken zaken tot onwaarschijnlijke maar bruikbare configuraties en combineren de vruchten van hun vindingrijkheid en inspanningen. Het al even radicale uitvloeisel is dat we kunnen bedenken hoe we er meer van kunnen maken.

Het langdurige bestaan van armoede en de overgang naar de hedendaagse overvloed kan worden weergegeven in een verbluffende grafiek. Die brengt voor de afgelopen tweeduizend jaar een standaardindicator voor de totstandkoming van rijkdom in kaart, namelijk het bruto mondiaal product, uitgedrukt in internationale dollars van 2011. (Een internationale dollar is een hypothetische munt met dezelfde waarde als een Amerikaanse dollar in een specifiek referentiejaar, gecorrigeerd voor inflatie en koopkrachtpariteit. Koopkrachtpariteit compenseert voor verschillen in prijzen van vergelijkbare goederen en diensten op verschillende plaatsen – bijvoorbeeld het feit dat een knipbeurt in Dhaka goedkoper is dan in Londen.)

Het verhaal van de toename van welvaart in de menselijke geschiedenis zoals dat wordt weergegeven in figuur 8-1, komt zo'n beetje neer op: niets... niets... niets... (herhaal dit een paar duizend jaar)... *boem!*

Een millennium na het jaar 1 na Christus was de wereld nauwelijks rijker dan in de tijd van Jezus. Het duurde nog een half millennium voor de inkomens verdubbelden. Sommige regio's maakten zo nu en dan een flinke groei door, maar die groei was nooit aanhoudend en cumulatief. Vanaf de negentiende eeuw vonden de stijgingen met enorme sprongen plaats. Tussen 1820 en 1900 verdrievoudigde het wereldinkomen. Dat was opnieuw het geval na iets meer dan vijftig jaar. Het duurde slechts vijfentwintig jaar voor het weer verdrievoudigd was, en vervolgens drieëndertig jaar tot dat nóg een keer gebeurd was. Het huidige bruto mondiaal product is bijna honderdvoudig toegenomen sinds de industriële revolutie in 1820 in volle gang was, en bijna tweehonderdvoudig vanaf het begin van de Verlichting in de achttiende eeuw. In discussies over economische verdeling en groei wordt vaak een tegenstelling opgeworpen tussen het verdelen van de taart en het bakken van een grotere taart. Als de taart die we in 1700 verdeelden gebakken was in een standaard bakvorm van twintig centimeter, zou de bakvorm die we vandaag gebruikten een doorsnee van meer dan drie meter hebben. Als we het kleinst mogelijke puntje moesten afsnijden – van bijvoorbeeld vijf centimeter op het breedste deel – zou dat de omvang van de hele taart uit 1700 zijn.

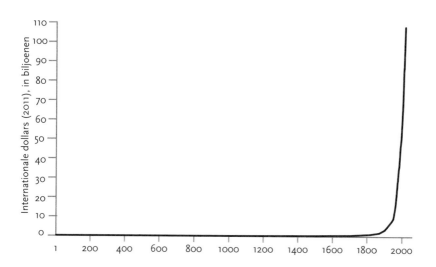

Figuur 8-1: bruto mondiaal product, 1-2015
Bron: *Our World in Data*, Roser 2016c, gebaseerd op data van de Wereldbank en van Angus Maddison en Maddison Project 2014.

Het bruto mondiaal product is in feite een enorme *onderschatting* van de verspreiding van welvaart.[6] Hoe moet je muntsoorten, zoals ponden of dollars, door de eeuwen heen tellen zodat ze met één enkele lijn kunnen worden weergegeven? Is honderd dollar in 2000 meer of minder dan één dollar in 1800? Dollars zijn niet meer dan stukjes papier met een cijfer erop; hun waarde hangt af van wat mensen er op een bepaald moment mee kunnen kopen, wat verandert door inflatie en herwaarderingen. De enige manier waarop we een dollar uit 1800 kunnen vergelijken met een dollar uit 2000 is om na te gaan hoeveel je zou moeten neertellen voor een standaard 'boodschappenmandje': een vastgestelde hoeveelheid voedsel, kleding, gezondheidszorg, brandstof enzovoort. Op die manier zijn de aantallen in figuur 8-1 en in andere grafieken die in dollars of ponden worden weergegeven, omgerekend naar één meeteenheid, zoals 'internationale dollars van 2011'.

Het probleem is dat technologische vooruitgang het idee van een onveranderend boodschappenmandje in de war stuurt. Om te beginnen verbetert de kwaliteit van de producten in het mandje na verloop van tijd. In 1800 zou een 'kledingstuk' een regencape hebben kunnen zijn die was gemaakt van stijf, zwaar en lekkend zeildoek, en in 2000 een regenjas met ritssluiting van lichte, ademende synthetische stof. 'Tandheelkundige zorg' betekende in 1800 tangen en houten tanden en in 2000 procaïne en implantaten. Het is daarom misleidend om te zeggen dat de driehonderd dollar die het zou kosten om in 2000 een bepaalde hoeveelheid kleding en medische zorg te kopen kan worden gelijkgesteld aan de tien dollar die het in 1800 zou kosten om 'dezelfde hoeveelheid' aan te schaffen.

Ook verbetert technologie niet alleen oude dingen maar worden er ook nieuwe dingen door uitgevonden. Voor hoeveel geld kon je in 1800 een koelkast, een muziekopname, een fiets, een mobiele telefoon, Wikipedia, een foto van je kind, een laptop met printer, een voorbehoedsmiddel, een dosis antibiotica kopen? Het antwoord is: voor geen bedrag ter wereld. De combinatie van betere producten en nieuwe producten maakt het vrijwel onmogelijk materieel welzijn door de decennia en eeuwen heen te volgen.

Sterk dalende prijzen voegen daar nog een complicerende factor aan toe. Een koelkast kost tegenwoordig ongeveer vijfhonderd dollar. Hoeveel zou iemand je moeten betalen om het gebruik van een koelkast op te geven? Ongetwijfeld meer dan vijfhonderd dollar! Adam Smith noemde dat de waardeparadox: als een belangrijk product ruimschoots beschikbaar is, kost het veel minder dan wat mensen bereid zijn ervoor te betalen. Het verschil wordt consumentensurplus genoemd, en de

110

enorme toename van dat surplus valt onmogelijk in een tabel weer te geven. Economen zijn de eersten die erop zullen wijzen dat hun metingen, net als de beroemde cynicus van Oscar Wilde, van alles de prijs maar van niets de waarde vastleggen.[7]

Dat betekent niet dat het zinloos is om welvaart in verschillende perioden en op verschillende plaatsen te vergelijken door middel van een munteenheid die is gecorrigeerd voor inflatie en koopkracht – zulke vergelijkingen zijn beter dan onwetendheid of vage schattingen –, maar het betekent wel dat ze onze berekening van vooruitgang in de war sturen. Iemand die vandaag geld in zijn portemonnee heeft ter waarde van honderd internationale dollars (2011), is fabelachtig veel rijker dan een van haar voorouders die tweehonderd jaar geleden hetzelfde bedrag op zak had. Zoals we zullen zien, heeft dat invloed op onze inschatting van welvaart in de ontwikkelingslanden (in dit hoofdstuk), van inkomensongelijkheid in de ontwikkelde wereld (het volgende hoofdstuk) en van de toekomst van economische groei (hoofdstuk 19).

Waardoor is de Grote Ontsnapping op gang gebracht? De duidelijkste oorzaak was dat wetenschap werd ingezet ter verbetering van het materiële leven, wat leidde tot wat de economische historicus Joel Mokyr 'de verlichte economie' noemt.[8] De machines en fabrieken van de industriële revolutie, de productieve boerderijen van de agrarische revolutie en de waterleidingen die te danken waren aan de revolutie op het gebied van de volksgezondheid konden meer kleding, gereedschap, voertuigen, boeken, meubels, calorieën, schoon water en andere dingen die mensen willen hebben leveren dan de ambachtslui en boeren van een eeuw eerder. Veel van de eerste vernieuwingen, zoals stoommachines, weefgetouw, spinmachines, gieterijen en molens, waren afkomstig uit werkplaatsen en achtertuinen van atheoretische knutselaars.[9] Maar experimenteren en uitproberen is als een zich eindeloos vertakkende boom vol mogelijkheden, waarvan de meeste nergens toe leiden, en de boom kan gesnoeid worden door de toepassing van de wetenschap, waardoor er sneller ontdekkingen worden gedaan. Zoals Mokyr vaststelt: 'Na 1750 begon de "epistemologische basis" van technologie zich langzaam uit te breiden. Niet alleen verschenen er nieuwe producten en technieken, men begon beter te begrijpen waarom en hoe de oude werkten, zodat die verfijnd, bijgeschaafd, verbeterd, op nieuwe manieren met andere gecombineerd en aangepast aan nieuwe gebruiken konden worden.'[10] De uitvinding van de barometer in 1643, die het bestaan van atmosferische druk bewees, leidde uiteindelijk tot de uitvinding van de stoommachines, die toentertijd een 'atmosferische motor' werd genoemd. Andere een-tweetjes tussen wetenschap en technologie waren onder meer de toepassing van scheikunde, mogelijk gemaakt door de uitvinding van de batterij, om meststof te produceren, en de toepassing van de infectietheorie, die mogelijk was gemaakt door de microscoop, om ziekteverwekkers uit drinkwater en van de handen en instrumenten van artsen te houden.

De betreffende wetenschappers zouden niet gemotiveerd zijn geweest iets te doen aan de ellende van het dagelijks leven en hun bedenksels zouden in hun laboratoria en garages zijn blijven liggen als er niet twee andere vernieuwingen hadden plaatsgevonden.

112

De eerste was de ontwikkeling van *instituties* die het pad effenden voor het ruilen van goederen, diensten en ideeën – de dynamiek die volgens Adam Smith met afstand de belangrijkste welvaartsgenerator was. De economen Douglass North, John Wallis en Barry Weingast stellen dat de natuurlijkste manier waarop staten kunnen functioneren, zowel in de geschiedenis als vandaag de dag in vele delen van de wereld, is dat de elites afspreken elkaar niet te beroven en te doden, waarvoor ze in ruil beloond worden met een lening, vrijstelling, vrijbrief, monopolie, stuk grond of klantennetwerk waarmee ze zeggenschap krijgen over een bepaalde economische sector en kunnen leven van de pacht (in de betekenis die economen aan het woord geven, namelijk inkomsten die worden verkregen door het exclusieve toegangsrecht tot een hulpbron).[11] In het Engeland van de achttiende eeuw maakte deze vorm van vriendjespolitiek de weg vrij voor een open economie waarin iedereen alles aan iedereen kon verkopen, en hun transacties werden beschermd door de wet, eigendomsrecht, afdwingbare contracten en instituties als banken, bedrijven en overheidsinstellingen die werden geleid door op goede trouw berustende verplichtingen en niet door persoonlijke connecties. Nu kon een ondernemend persoon een nieuw soort product op de markt brengen, of andere handelaren uit de markt prijzen als hij een product kon leveren tegen lagere kosten, of meteen geld aannemen voor iets wat hij pas later zou leveren, of investeren in apparatuur of grond die misschien wel jarenlang geen winst opleverde. Ik vind het tegenwoordig heel vanzelfsprekend dat ik, als ik zin heb in melk, naar een buurtsuper kan lopen waar een pak melk in de koeling zal staan, dat die melk niet verdund of bedorven is, dat hij verkocht zal worden voor een prijs die ik me kan veroorloven, en dat de winkeleigenaar me er na een vegende beweging met een kaart mee naar buiten laat lopen, ook al hebben we elkaar nog nooit ontmoet, zien we elkaar misschien wel nooit meer en hebben we geen gemeenschappelijke vrienden die ervan kunnen getuigen dat we allebei betrouwbaar zijn. Een paar deuren verderop zou ik hetzelfde kunnen doen met een spijkerbroek, een boor, een computer of een auto. Er moeten veel instituties op hun plek zijn om deze en de miljoenen andere anonieme transacties die een moderne economie vormen zo soepel te laten plaatsvinden.

De derde vernieuwing, na wetenschap en instituties, was een verandering van waarden: een bevestiging van wat de economisch historicus Deirdre McCloskey bourgeois-deugden noemt.[12] In aristocratische, religieuze en martiale culturen is altijd minachtend op handel neergekeken als iets smakeloos en corrupts. Maar in het achttiende-eeuwse Engeland en Nederland begon men handel als iets moreel verheffends te zien. Voltaire en andere verlichtings*philosophes* valoriseerden de handelsgeest omdat die in staat was een einde te maken aan bekrompen haat:

> Aanschouw de Royal Exchange in Londen, een eerbiedwaardiger plek dan vele gerechtshoven, waar vertegenwoordigers uit alle landen elkaar ontmoeten ten faveure van de mensheid. Hier doen de jood, de mohammedaan en de christen zaken met elkaar alsof ze allen dezelfde religie aanhangen en alleen faillissementen de naam Ongelovige geven. Hier verlaat de presbyteriaan zich op de anabaptist en de dominee zich op het woord van de quaker. (...) En tot ieders voldoening.[13]

In een commentaar op dit citaat merkte de historicus Ray Porter op: 'Door de mens als voldaan te beschrijven, en er geen problemen mee te hebben om voldaan te zijn – verschillend van mening, maar overeenkomend geen overeenstemming te hebben – wees de *philosophe* naar een nieuwe kijk op het *summum bonum*, een verschuiving van godvrezendheid naar een meer psychologisch georiënteerde individualiteit. Zodoende zette de Verlichting de fundamentele vraag "Hoe kan ik verlost worden?" om in de pragmatische vraag "Hoe kan ik gelukkig worden?", waarmee een nieuwe praxis van persoonlijke en maatschappelijke afstemming werd ingeluid.'[14] Van die praxis maakten normen deel uit op het gebied van fatsoen, verantwoord economisch beleid en zelfbeheersing, een gerichtheid op de toekomst in plaats van het verleden, en het eren van kooplui en uitvinders en niet alleen van soldaten, priesters en hovelingen. Napoleon, dé exponent van de verheerlijking van oorlog, sprak minachtend over Engeland als 'een land van winkeliers', maar toentertijd verdienden de Britten ruim 83 procent meer dan de Fransen en kregen ze een derde meer calorieën binnen, en we weten allemaal hoe het bij Waterloo is afgelopen.[15]

De Grote Ontsnapping in Groot-Brittannië en Nederland werd al snel gevolgd door ontsnappingen in de Germaanse en Scandinavische staten en de Britse koloniale aftakkingen Australië, Nieuw-Zeeland, Canada en de Verenigde Staten. In 1905 stelde de socioloog Max Weber dat het kapitalisme afhankelijk was van een 'protestantse ethiek' (een hypothese met de intrigerende voorspelling dat het joden slecht zou vergaan in kapitalistische maatschappijen, vooral zakelijk en financieel). Maar ook de katholieke Europese landen lieten de armoede al snel achter zich, en een reeks andere ontsnappingen, zoals weergegeven in figuur 8-2, heeft meerdere theorieën ontkracht die verklaarden waarom het boeddhisme, het confucianisme, het hindoeïsme of algemene 'Aziatische' of 'Latijnse' waarden onverenigbaar waren met dynamische markteconomieën.

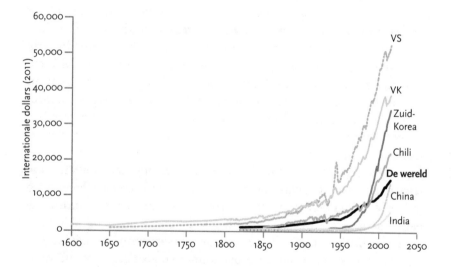

Figuur 8-2: BBP per hoofd van de bevolking, 1600-2015
Bron: *Our World in Data*, Roser 2016c, gebaseerd op data van de Wereldbank en van het Madison Project 2014.

De niet-Britse curven in figuur 8-2 vertellen het verhaal van een verbluffend hoofdstuk uit de geschiedenis van de welvaart: vanaf het einde van de twintigste eeuw was het de beurt aan de arme landen om de armoede te ontvluchten. De Grote Ontsnapping wordt de Grote Convergentie.[16] Landen die tot voor kort vreselijk arm waren zijn comfortabel rijk geworden, zoals Zuid-Korea, Taiwan en Singapore. (Mijn voormalige Singaporese schoonmoeder herinnert zich een maaltijd uit

haar kindertijd waarbij haar gezin een ei in vier stukken verdeelde.)
Sinds 1995 kennen dertig van de 109 ontwikkelingslanden in de wereld, waaronder Bangladesh, El Salvador, Ethiopië, Georgië, Mongolië,
Mozambique, Panama, Rwanda, Oezbekistan en Vietnam, groeicijfers
die neerkomen op een verdubbeling per elke achttien jaar. Nog eens
vijfenveertig landen hebben percentages die het inkomen elke vijfendertig jaar zouden verdubbelen, wat vergelijkbaar is met de historische
groeicijfers van de Verenigde Staten.[17] Het is al opvallend genoeg dat
China en India in 2008 per hoofd van de bevolking hetzelfde inkomen
hadden als Zweden in respectievelijk 1950 en 1920, maar het is nog
opvallender wanneer we bedenken voor hoeveel hoofden van de bevolking dat inkomen gold: 1,3 en 1,2 miljard mensen. In 2008 hadden alle
6,7 miljard wereldbewoners een gemiddeld inkomen dat equivalent
was aan dat van West-Europa in 1964. En nee, niet alleen doordat de
rijken steeds rijker worden (al is dat natuurlijk wel zo; een onderwerp
waar we ons in het volgende hoofdstuk in zullen verdiepen). Extreme
armoede wordt weggevaagd van de aarde, en de hele wereld wordt middenklasse.[18]

De statisticus Ola Rosling (Hans' zoon) heeft de wereldwijde inkomensverdeling in histogrammen weergegeven, waarin de hoogte van
de curve het percentage mensen met een bepaald inkomensniveau
weergeeft tijdens drie historische periodes (figuur 8-3).[19] In 1800, toen
de industriële revolutie op het punt van beginnen stond, waren de
meeste mensen waar ook ter wereld arm. Het gemiddelde inkomen
was equivalent aan het huidige inkomen in de armste Afrikaanse landen (ongeveer vijfhonderd internationale dollar per jaar) en bijna 95
procent van de wereldbevolking leefde volgens de huidige normen in
'extreme armoede' (van minder dan $1,90 per dag). In 1975 hadden Eu-
ropa en zijn vertakkingen de Grote Ontsnapping voltooid en bleef de
rest van de wereld achter, met een tiende van het Europese inkomen,
zeg maar in de lagere bult van een kameelvormige curve. In de eenentwintigste eeuw is de kameel een dromedaris geworden, met één bult
die naar rechts is verschoven en met een veel lagere 'staart': de wereld
is rijker en gelijker geworden.[20]

De delen links van de stippellijn verdienen hun eigen afbeelding. Figuur 8-4 toont het percentage van de wereldbevolking dat in 'extreme
armoede' leeft. Het is waar dat elke afkapwaarde van die conditie willekeurig moet zijn, maar de Verenigde Naties en de Wereldbank doen
hun best door de nationale armoedegrenzen van een groep ontwikkelingslanden te combineren, die op hun beurt gebaseerd zijn op het

115

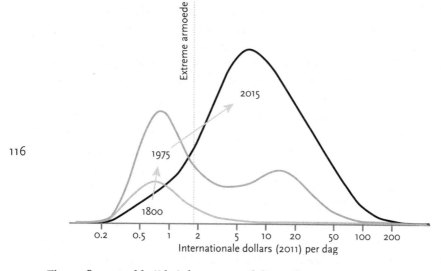

Figuur 8-3: wereldwijde inkomensverdeling, 1800, 1975 en 2015
Bron: *Gapminder*, via Ola Rosling, http://www. gapminder.org/tools/mountain.
De meeteenheid is de internationale dollar van 2011.

inkomen van een doorsnee gezin dat in staat is zichzelf te voeden. In 1996 bedroeg dat ongeveer een dollar per dag per persoon, momenteel is het vastgesteld op $1,90 per dag in internationale dollars van 2011.[21] (Curves met ruimere afkapwaarden zijn hoger en vlakker maar nemen ook sneller af.)[22] Niet alleen de vorm van de curve is opvallend, ook spring in het oog hoe diep het diepste punt is, namelijk 10 procent. In tweehonderd jaar tijd is het percentage extreme armoede in de wereld van 90 procent gekelderd naar 10, en bijna de helft van die afname heeft zich in de afgelopen vijfendertig jaar voorgedaan.

De vooruitgang die de wereld doormaakt kan op twee manieren op waarde worden geschat. Bij de ene geschatte berekening zijn de weergegeven percentages en waarden per capita de moreel relevante indicator van vooruitgang, omdat ze overeenkomen met John Rawls' gedachte-experiment voor het definiëren van een rechtvaardige samenleving: omschrijf een wereld waarin je zou willen incarneren als willekeurige burger zonder te weten in welke omstandigheden.[23] Een wereld met een hoger percentage oudere, gezonde, weldoorvoede, welgestelde mensen is een wereld waarin je het liefst zou meespelen in de geboorteloterij. Maar met een andere berekening doen ook absolute aantallen ertoe. Elke extra lang levende, doorvoede, welgestelde persoon is een

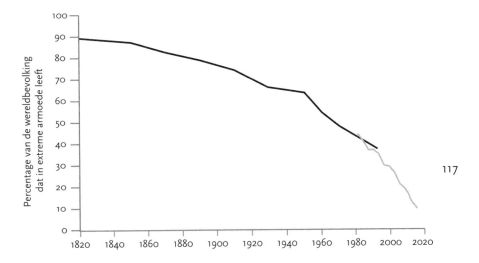

Figuur 8-4: extreme armoede (in procenten), 1820-2015
Bronnen: *Our World in Data*, Roser & Ortiz-Ospina 2017, gebaseerd op data van Bourguignon & Morrisson 2002 (1820-1992), die hun percentages voor 'Extreme armoede' en 'Armoede' middelen, zodat ze vergeleken kunnen worden met data over 1981-2015 van de Wereldbank, 2016g voor 'Extreme armoede' (minder dan $1,90 per dag in internationale dollars van 2011).

bewust wezen dat in staat is om gelukkig te zijn, en hoe meer er daar van zijn, des te beter de wereld ervan wordt. Ook getuigt een toename van het aantal mensen dat de voortdurende aanvallen van entropie en evolutie kan weerstaan, van het enorme belang van goedgunstige krachten als wetenschap, markten, een goede overheid en andere moderne instituties. In het gestapelde vlakdiagram van figuur 8-5 geeft de dikte van het onderste vlak het aantal mensen weer dat in extreme armoede leeft, de dikte van het bovenste vlak het aantal mensen dat niet in armoede leeft en de hoogte van het vlak de wereldbevolking. De grafiek laat zien dat het aantal arme mensen is afgenomen terwijl het totaal aantal mensen explosief is toegenomen, van 3,7 miljard in 1970 tot 7,3 miljard in 2015. (Max Roser wijst erop dat als bijvoorbeeld kranten écht berichtten over de veranderende toestand van de wereld, ze de afgelopen vijfentwintig jaar elke dag de kop AANTAL MENSEN DAT IN EXTREME ARMOEDE LEEFT SINDS GISTEREN MET 137 000 GEDAALD hadden kunnen plaatsen.) We leven niet alleen in een wereld met een kleiner percentage mensen dat in extreme armoede leeft maar met een kleiner aantal van die mensen, en met 6,6 miljard mensen die niet extreem arm zijn.

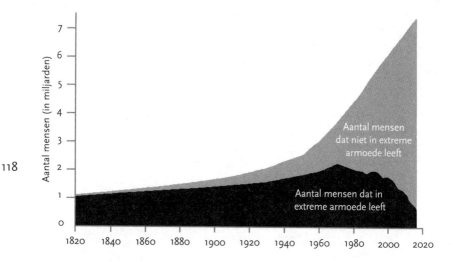

Figuur 8-5: extreme armoede (aantal), 1820-2015
Bronnen: *Our World in Data*, Roser & Ortiz-Ospina 2017, gebaseerd op data van Bourguignon & Morrisson 2002 (1820-1992) en de Wereldbank 2016g (1981-2015).

De meeste verrassingen in de geschiedenis zijn onaangename verrassingen, maar dit nieuws kwam zelfs voor optimisten als een aangename schok. In 2000 presenteerden de Verenigde Naties acht Millennium Ontwikkelingsdoelen, waarmee met terugwerkende kracht in 1990 werd begonnen.[24] Toentertijd deden cynische critici van de slecht presterende organisatie de doelen als ambitieuze clichéschrijverij van de hand. De wereldwijde armoede in vijfentwintig jaar tijd met de helft terugdringen en een miljard mensen uit de armoede halen? Túúrlijk joh. Maar de wereld bereikte het doel *vijf jaar eerder dan gepland*. Ontwikkelingsexperts wrijven nog altijd ongelovig in hun ogen. Deaton schrijft: 'Dit is misschien wel het belangrijkste feit met betrekking tot welzijn in de wereld sinds de Tweede Wereldoorlog.'[25] De econoom Robert Lucas (net als Deaton een Nobelprijswinnaar) zei: 'De gevolgen [van snelle economische ontwikkeling] voor de menselijke welvaart zijn eenvoudigweg verbijsterend: als je er eenmaal over gaat nadenken, kun je bijna nergens anders meer aan denken.'[26]

Laten we vooral aan morgen blijven denken. Het is altijd gevaarlijk een historische curve te extrapoleren, maar wat gebeurt er als we het proberen? Als we een liniaal naast de data van de Wereldbank in figuur 8-4 leggen, zien we dat die in 2026 de *x*-as (die een armoedepercentage van 0 aangeeft) zal kruisen. De VN gaven zichzelf wat speelruimte door na de Millennium Ontwikkelingsdoelen in 2015 met Duurzame Ontwikkelingsdoelen te komen, waarin ze zich ten doel stelden in 2030 'extreme armoede voor alle mensen overal ter wereld beëindigd te hebben'.[27] Extreme armoede voor alle mensen overal ter wereld beëindigen! Wat zou het geweldig zijn om die dag mee te maken. (Zelfs Jezus was niet zo optimistisch. Hij zei tegen een smekeling: 'De armen zullen altijd onder jullie zijn.')

Natuurlijk is die dag nog heel ver weg. Honderden miljoenen mensen blijven in extreme armoede hangen, en er zal meer voor nodig zijn om dat aantal tot nul terug te brengen dan het langs een liniaal doortrekken van een grafiek. Hoewel de aantallen in landen als India en Indonesië afnemen, stijgen ze in de allerarmste landen, zoals Congo, Haïti en Soedan, en de laatste gebieden waar structurele armoede heerst zullen het moeilijkst van die armoede verlost kunnen worden.[28] Ook zullen we nieuwe doelen moeten gaan stellen, want niet-zo-heel-extreme armoede is nog altijd armoede. Toen ik het concept 'vooruitgang' introduceerde, waarschuwde ik ervoor vooruitgang die met grote inspanningen is bereikt niet te verwarren met een proces dat op een magische manier vanzelf plaatsvindt. We vestigen niet de aandacht op vooruitgang om onszelf op de borst te kloppen, maar om de oorzaken vast te stellen zodat we vaker kunnen doen wat er werkt. En omdat we weten dát er iets heeft gewerkt, hoeven we de ontwikkelingslanden niet steeds maar weer te beschrijven als hopeloze gevallen om mensen wakker te schudden uit hun apathische toestand – met het gevaar dat ze gaan denken dat meer hulp alleen maar weggegooid geld is.[29]

En wat dóét de wereld dan goed? Zoals dat bij de meeste vormen van vooruitgang het geval is, gebeuren er veel goede dingen tegelijk die elkaar versterken, dus het is lastig om vast te stellen wat de eerste dominosteen is. Cynische verklaringen, bijvoorbeeld dat de toegenomen welvaart het eenmalige gevolg is van een flinke stijging van de prijs van olie en van andere producten, of dat de statistieken zijn opgeblazen door het dichtbevolkte China, zijn onderzocht en van de hand gewezen. Radelet en andere ontwikkelingsdeskundigen noemen vijf oorzaken.[30]

'In 1976,' schrijft Radelet, 'veranderde Mao met één eenvoudige handeling eigenhandig en drastisch het verloop van wereldwijde armoede: hij ging dood.'[31] Hoewel de Grote Convergentie niet alleen valt toe te schrijven aan de opkomst van China, kan het niet anders dan dat de gigantische omvang van het land de totaalcijfers beïnvloedt, en de verklaringen voor de vooruitgang zijn elders van toepassing. De dood van Mao Zedong is symbolisch voor drie van de belangrijkste oorzaken van de Grote Convergentie.

De eerste is de ondergang van het communisme (en van het totalitair socialisme). Om redenen die we hebben besproken kunnen markteconomieën op een buitengewone manier welvaart doen ontstaan, terwijl totalitair geplande economieën leiden tot schaarste, stagnatie en vaak hongersnood. Niet alleen oogsten markteconomieën de voordelen van specialisatie en stimuleren ze mensen om dingen te produceren die andere mensen willen, ook lossen ze het probleem op van het coördineren van de inspanningen van honderden miljoenen mensen door prijzen te gebruiken om wijd en zijd informatie te verspreiden over behoefte en beschikbaarheid, een rekenkundig probleem dat geen planner, hoe geniaal ook, van achter een bureau kan oplossen.[32] Een verschuiving van collectivisering, gecentraliseerd gezag, overheidsmonopolies en verstikkende vergunningenbureaucratieën naar open economieën vond vanaf de jaren tachtig van de vorige eeuw op een aantal fronten plaats. Enkele voorbeelden daarvan waren Deng Xiaopings aanvaarding van het kapitalisme in China, de ineenstorting van de Sovjet-Unie en haar dominantie in Oost-Europa, en de liberalisering van de economie van India, Brazilië, Vietnam en andere landen.

Hoewel intellectuelen van verontwaardiging niet weten waar ze het zoeken moeten zodra ze iets lezen dat het kapitalisme verdedigt, zijn de economische voordelen van het kapitalisme zo zonneklaar dat ze niet met cijfers aangetoond hoeven te worden. Je kunt ze letterlijk vanuit de ruimte zien. Op een satellietfoto van het Koreaanse schiereiland zie je het kapitalistische Zuiden fel oplichten terwijl het communistische Noorden pikzwart is, wat een sterke illustratie is van het contrast tussen het welvaartsgenererende vermogen van twee economische systemen die dezelfde geografie, geschiedenis en cultuur hebben. Andere *matched pairs* met een experimentele groep en een controlegroep leidden tot dezelfde conclusie: West- en Oost-Duitsland toen die werden gescheiden door het IJzeren Gordijn; Botswana versus het Zimbabwe van Robert Mugabe; Chili versus Venezuela onder Hugo Chávez en Nicolás Maduro – het vroeger zo welvarende, olierijke land dat nu te kampen heeft met honger op grote schaal en een ernstig tekort aan medische zorg.[33] Het is belangrijk om daaraan toe te voegen dat de markteconomieën die floreerden in de meer fortuinlijke ontwikkelingslanden niet de laisser-faire-anarchieën waren die waren ontsproten uit rechtse fantasieën en linkse nachtmerries. In meer of mindere mate investeerden hun regeringen in onderwijs, volksgezondheid, infrastructuur, agrarische training en beroepsopleidingen, naast sociale zekerheid en programma's om armoede te reduceren.[34]

Radelets tweede verklaring voor de Grote Convergentie is leiderschap. Mao legde China meer op dan het alleen communisme. Hij was een gewiekste megalomaan die het land opzadelde met gestoorde systemen, zoals de Grote Sprong Voorwaarts (met die reusachtige communes, nutteloze smeltovens bij mensen in de achtertuin en idiote landbouwkundige praktijken) en de Culturele Revolutie (die van de jongere generatie bendes misdadigers maakte die onderwijzers, managers en nakomelingen van 'rijke boeren' terroriseerden).[35] Tijdens de stagnatie die van de jaren zeventig tot begin jaren negentig duurde, zuchtten vele andere ontwikkelingslanden onder psychopathische machthebbers met een ideologische, religieuze, tribale, paranoïde of zelfverheerlijkende agenda in plaats van een mandaat om het welzijn van hun burgers te vergroten. Afhankelijk van hun voorliefde voor of antipathie jegens het communisme werden ze in het zadel gehouden door de Sovjet-Unie of de Verenigde Staten, vanuit het principe: 'Hij mag dan een klootzak zijn, hij is wel ónze klootzak.'[36] In de jaren negentig van de vorige eeuw en de jaren nul van deze eeuw verspreidde de democratie zich (hoofdstuk 14) en vond een opkomst plaats van evenwichtige, humanistische leiders – niet alleen staatslieden op nationaal niveau zoals Nelson Mandela, Corazon Aquino en Ellen Johnson Sirleaf, maar ook regionale religieuze en burgermaatschappelijke leiders die zich inzetten om het leven van hun landgenoten te verbeteren.[37]

Een derde oorzaak was het einde van de Koude Oorlog. Dat leidde niet alleen tot de val van een aantal ordinaire dictators, maar maakte ook een einde aan vele burgeroorlogen die ontwikkelingslanden te gronde hadden gericht sinds die in de jaren zestig onafhankelijk waren geworden. Burgeroorlog is zowel een humanitaire als een economische ramp, omdat faciliteiten worden verwoest, grondstoffen en hulpbronnen een andere bestemming krijgen, kinderen niet naar school kunnen en managers en arbeiders bruut van hun werk worden gehouden of om het leven komen. De econoom Paul Collier, die oorlog een 'omgekeerde ontwikkeling' noemt, schat dat de gemiddelde burgeroorlog vijftig miljard dollar kost.[38]

Een vierde oorzaak is globalisering, in het bijzonder de explosieve toename van handelsmogelijkheden die zich aangediend hebben dankzij containerschepen en straalvliegtuigen en door de versoepeling van handelstarieven en andere barrières voor investeringen en handel. Klassieke economieën en gezond verstand zijn het erover eens dat iedereen gemiddeld beter af zou moeten zijn met een groter handelsnetwerk. Wanneer landen zich specialiseren in verschillende goederen en diensten kunnen ze die efficiënter produceren, en het kost ze niet méér om hun producten aan miljarden mensen aan te bieden in plaats van aan duizenden. Tegelijkertijd kunnen klanten, die in een mondiale bazaar op zoek kunnen naar de beste koopjes, meer krijgen van wat ze willen. (Gezond verstand zal minder snel genoegen nemen met een uitvloeisel dat comparatief voordeel heet en voorspelt dat iedereen gemiddeld beter af is wanneer elk land de goederen en diensten verkoopt die het het meest efficiënt kan produceren, zélfs als de kopers ze zelf nog efficiënter zouden kunnen maken.) Ondanks de afschuw die het woord in vele delen van het politieke spectrum oproept, zijn ontwikkelingsanalisten het erover eens dat globalisering de armen ten goede komt. Deaton schrijft: 'Sommigen voeren aan dat globalisering een neoliberale samenzwering is die erop gericht is heel weinig mensen rijker te maken ten koste van vele anderen. Als dat waar is, is die samenzwering jammerlijk mislukt – of zijn er als onbedoeld gevolg meer dan een miljard mensen door geholpen. Pakten onbedoelde gevolgen altijd maar zo gunstig uit.'[39]

De industrialisatie van de ontwikkelingslanden heeft, net als de industriële revolutie twee eeuwen eerder, zonder twijfel arbeidsomstandigheden voortgebracht die naar de maatstaven van rijke, moderne landen gemeten hardvochtig zijn en tot bittere veroordelingen hebben geleid. De romantische beweging uit de negentiende eeuw was deels een reactie op de 'duistere satanische molens' (zoals William Blake ze noemde), en sindsdien is het verafschuwen van industrie een heilige waarde van C.P. Snows Tweede Cultuur onder literaire intellectuelen.[40] Niets maakte Snows belager F.R. Leavis zo woedend als de volgende passage:

Het is voor ons, die het zo goed hebben, leuk en aardig om te denken dat het materiële welvaartsniveau niet zo heel belangrijk is. Het is bijvoorbeeld leuk en aardig om, als persoonlijke keuze, industrialisatie van de hand te wijzen – probeer een hedendaags *Walden* uit als je daar zin in hebt, en als je het stelt zonder veel eten, het merendeel van je kinderen op jonge leeftijd ziet sterven, de troost die geletterdheid biedt veracht, accepteert dat je zelf twintig jaar korter zult leven, dan respecteer ik je om je sterke esthetische afkeer. Maar ik heb geen enkel respect voor je als je, zelfs al is het maar passief, probeert diezelfde keuze op te leggen aan anderen die geen keuzevrijheid hebben. En trouwens, we weten waarvoor ze zouden kiezen. Want in elk land waar de armen de kans hadden, zijn ze zonder uitzondering vanaf het platteland zo snel ze konden naar de fabrieken getrokken zodra die maar een plek voor ze hadden.[41]

Zoals we hebben gezien sloeg Snow de spijker op z'n kop met zijn beweringen over vooruitgang in het leven en op het gebied van gezondheid, en hij had ook gelijk door te stellen dat wanneer we nadenken over de situatie van de armen in industrialiserende landen, we altijd de mogelijkheden die ze ter beschikking hebben – voor een groot deel bepaald door waar en wanneer ze leven – als uitgangspunt nemen. Snows betoog wordt vijftig jaar later herhaald door een ontwikkelingsdeskundige als Radelet. Die constateert dat 'hoewel fabriekswerk vaak wordt vergeleken met sweatshops, het vaak nog altijd beter is dan de moeder van alle sweatshops: werken in de velden als dagloner in de landbouw'.

Toen ik begin jaren negentig in Indonesië woonde, kwam ik daar aan met het ietwat romantische beeld van werkende mensen in de rijstvelden, terwijl ik ook mijn bedenkingen had over het snel groeiende aantal banen in de fabrieken. Hoe langer ik in het land was, des te meer ik ging inzien hoe onvoorstelbaar zwaar het is om in de rijstvelden te werken. Het is een uitputtende inspanning, waarbij mensen hun karige kostje bij elkaar scharrelen door zich urenlang in de brandende zon voorover te buigen om de velden tot terrassen om te vormen, de zaadjes te planten, het onkruid los te trekken, de zaailingen te verplanten, ongedierte te bestrijden en de korrels te oogsten. Doordat je de hele tijd in het water staat ligt het risico van bloedzuigers, malaria, hersenontsteking en andere ziektes voortdurend op de loer. En natuurlijk is het altijd heet. Dus toen er werk in de fabriek beschikbaar kwam waarmee twee dollar per dag kon worden verdiend, was het niet verrassend dat honderden mensen alleen al in de rij gingen staan om te solliciteren.[42]

Industrieel werk levert soms niet alleen materiële voordelen op. Voor de vrouwen die dergelijk werk kunnen gaan doen, kan het een bevrijding zijn. In haar artikel 'The Feminist Side of Sweatshops' vertelt Chelsea Follett (de hoofdredacteur van *HumanProgress*) dat fabriekswerk in de negentiende eeuw vrouwen vaak de kans bood om te ontsnappen aan de traditionele rolverdeling tussen mannen en vrouwen op de boerderij en in het dorp, en dat sommige mannen uit die tijd daarom van mening waren dat het werk 'de meest eerzame en deugdzame meisjes een slechte naam zou geven'. De meisjes zelf zagen het niet altijd zo. Een arbeidster in een textielfabriek in Lowell, Massachusetts, schreef in 1840:

We worden bij elkaar gezet (...) om geld te verdienen, zoveel en zo snel als we kunnen. (...) Zou een rare wereld zijn als in New England, waar iedereen dol is op geld, een van lucratiefste banen voor vrouwen afgekeurd zou worden omdat hij te zwaar was, of omdat sommige mensen er vooroordelen tegen hebben. Daar zijn yankeemeisjes te onafhankelijk voor.[43]

Opnieuw zijn ervaringen tijdens de industriële revolutie een voorafspiegeling van ervaringen in de ontwikkelingslanden van vandaag. Kavita Ramdas, hoofd van Global Fund for Women, zei in 2001 dat in een Indiaas dorp 'een vrouw alleen maar haar echtgenoot en familieleden kan gehoorzamen, gierst fijn kan stampen en kan zingen. Maar als ze naar de stad verhuist, kan ze een baan krijgen, een bedrijfje beginnen en onderwijs regelen voor haar kinderen.'[44] Een analyse in Bangladesh bevestigde dat de vrouwen die in de kledingindustrie werkten (zoals mijn grootouders in Canada) stijgende lonen kregen, op latere leeftijd konden trouwen en minder maar beter geschoolde kinderen kregen.[45] In de loop van een generatie kunnen krottenwijken, *barrio's* en favela's veranderen in buitenwijken en kan de arbeidersklasse de middenklasse worden.[46]

Om de langetermijnvoordelen van industrialisatie op waarde te schatten hoef je geen genoegen te nemen met de wrede kanten ervan. Je kunt je een alternatief verloop van de industriële revolutie voorstellen waarbij moderne gevoeligheden al eerder bestonden en waarbij de fabrieken functioneerden zonder kinderen en met betere arbeidsomstandigheden voor de volwassenen. Vandaag de dag zijn er in ontwikkelingslanden ongetwijfeld fabrieken die evenveel banen zouden kunnen genereren terwijl ze toch winst maakten en hun arbeiders humaner behandelden. Druk van vakbonden en consumentenprotesten heeft de werkomstandigheden op vele plaatsen aantoonbaar verbeterd en is een natuurlijke vorm van vooruitgang wanneer landen rijker worden en meer geïntegreerd raken in de wereldgemeenschap (zoals we zullen zien in hoofdstuk 12, waar we gaan kijken naar de geschiedenis van veiligheid op het werk in onze eigen maatschappij).[47] Vooruitgang betekent niet dat elke verandering deel uitmaakt van een ondeelbaar geheel – alsof we met ja of nee zouden moeten antwoorden op de vraag of de industriële revolutie, of globalisering, goed of slecht is, exact zoals beide zich tot in detail hebben ontwikkeld. Vooruitgang betekent dat we de kenmerken van een maatschappelijk proces zo goed mogelijk uitsplitsen zodat de voordelen voor de mens zo groot mogelijk zijn, terwijl de schadelijke kanten geminimaliseerd worden.

De laatste, en in veel analyses belangrijkste, bijdrage aan de Grote Convergentie wordt geleverd door wetenschap en technologie.[48] Het leven wordt goedkoper, op een goede manier. Dankzij technologische ontwikkelingen kun je met een uur werk meer eten, gezondheidszorg, onderwijs, kleding, bouwmaterialen en kleine benodigdheden en luxeartikelen kopen dan vroeger. Niet alleen kunnen mensen goedkoper voedsel eten en goedkopere medicijnen gebruiken, kinderen kunnen goedkope plastic sandalen dragen in plaats van op blote voeten te moeten lopen, volwassenen kunnen samen tijd doorbrengen terwijl hun haar wordt geknipt, of samen naar een voetbalwedstrijd kijken door gebruik te maken van goedkope zonnepanelen en apparaten. En goed advies over gezondheid, landbouw en zakendoen is zelfs niet goedkoop, maar gratis.

Vandaag de dag bezit ongeveer de helft van alle volwassenen een smartphone, en er zijn net zoveel abonnementen als mensen. In delen van de wereld zonder wegen, telefoonlijnen, postkantoren, kranten of banken zijn mobiele telefoons méér dan een manier om de laatste roddels en kattenfoto's te delen; ze vormen een belangrijke generator van welvaart. Ze stellen mensen in staat geld over te maken, werk te vinden, advies in te winnen over gezondheid en landbouwgebruiken en zelfs om basaal onderwijs te krijgen.[49] Een analyse van de econoom Robert Jensen, met als ondertitel 'The Micro and Mackerel Economists of Information', toonde aan dat kleine vissers in het zuiden van India hun inkomen vergrootten en de plaatselijke visprijzen verlaagden door op zee hun mobiele telefoon te gebruiken om de markt te vinden waar ze die dag de beste prijs voor hun vis konden krijgen, zodat ze hun kwetsbare vangst niet hoefden uit te laden in door vis overspoelde plaatsen terwijl andere plaatsen zonder vis zaten.[50] Op deze manier stelden mobiele telefoons honderden miljoenen kleine boeren en vissers in staat alwetende rationele actoren te worden – zonder spanningen te creëren. Volgens een schatting voegt elke mobiele telefoon drieduizend dollar toe aan het jaarlijkse BBP van een ontwikkelingsland.[51]

De weldadige kracht van kennis heeft de regels van mondiale ontwikkeling herschreven. Ontwikkelingsdeskundigen verschillen van mening over de vraag hoe goed ontwikkelingshulp is. Sommigen betogen dat die hulp meer kwaad dan goed doet, doordat corrupte regeringen worden verrijkt en de plaatselijke middenstand in de wielen wordt gereden.[52] Anderen halen recente cijfers aan die de indruk wekken dat er juist onvoorstelbaar veel is bereikt met goed doordachte hulp.[53] Maar hoewel ze van mening verschillen over de effecten van gratis eten en dollars, zijn ze het er allemaal over eens dat gedoneerde technologie

– medicatie, elektronica, verscheidenheid in gewassen en de beste toepassingen in de landbouw, het bedrijfsleven en de volksgezondheid – alleen maar zegeningen heeft gebracht. (Zoals Jefferson zei: hij die een idee van mij ontvangt, wordt daar wijzer van zonder dat het mijne minder wordt.) En hoeveel nadruk ik ook heb gelegd op het BBP per hoofd van de bevolking, de waarde van kennis heeft die indicator minder relevant gemaakt voor wat we écht belangrijk vinden: kwaliteit van leven. Als ik een lijn voor Afrika in de rechter benedenhoek van figuur 8-2 had toegevoegd, zou die er weinig imposant hebben uitgezien – de lijn zou absoluut een curve naar boven maken, maar lang niet zo steil als de lijnen voor Europa en Azië. Charles Kenney benadrukt dat de werkelijke vooruitgang van Afrika de weinig spectaculaire stijging logenstraft, omdat gezondheid, een lang leven en onderwijs veel meer binnen bereik liggen dan vroeger. Hoewel mensen in rijke landen over het algemeen langer leven (een verband dat de Prestoncurve wordt genoemd, naar de econoom die het ontdekte), wordt de hele curve opgestuwd, doordat iedereen langer leeft ongeacht het inkomen.[54] Twee eeuwen geleden was de levensverwachting in het land dat het rijkst was (Nederland) amper veertig jaar en lag ze nergens ter wereld boven de vijfenveertig. Tegenwoordig is de levensverwachting in het *armste* land ter wereld (de Centraal-Afrikaanse Republiek) vierenvijftig en ligt ze in geen enkel land ónder de vijfenveertig.[55]

Hoewel je nationaal inkomen makkelijk snerend kunt afdoen als een oppervlakkige en materialistische indicator, correleert het met alle indicatoren van voorspoed, zoals we in de komende hoofdstukken herhaaldelijk zullen zien. Het BBP correleert het duidelijkst met lange levensduur, gezondheid en voeding.[56] Minder duidelijk correleert het met meer verheven ethische waarden als vrede, vrijheid, mensenrechten en tolerantie.[57] Rijkere landen vechten doorgaans minder oorlogen met elkaar uit (hoofdstuk 11), zullen minder snel verscheurd worden door een burgeroorlog (hoofdstuk 11), worden en blijven eerder democratisch (hoofdstuk 14) en hebben meer respect voor mensenrechten (hoofdstuk 12 – gemiddeld, dat wil zeggen: Arabische oliestaten zijn rijk maar repressief). De burgers van rijkere landen hebben meer respect voor 'emanciperende' of vooruitstrevende waarden zoals gelijkheid voor vrouwen, vrijheid van meningsuiting, homorechten, groepsdemocratie en milieubescherming (hoofdstuk 10 en 14). Het is niet verrassend dat naarmate landen gelukkiger worden ze rijker worden (hoofdstuk 18); wat wél verrassend is, is dat naarmate landen rijker worden, ze slimmer worden (hoofdstuk 16).[58]

Bij het verklaren van dit Somalië-tot-Zweden-continuüm, met arme,

gewelddadige, repressieve, ongelukkige landen aan de ene kant en rijke, vredige, vooruitstrevende, gelukkige landen aan de andere, is correlatie geen causaliteit, en andere factoren, zoals onderwijs, geografie,
geschiedenis en cultuur kunnen ook een rol spelen.[59] Maar wanneer
de puur cijfermatige analisten ze proberen te ontwarren, komen ze
tot de ontdekking dat economische ontwikkeling een belangrijke rol
speelt in de verplaatsing van welvaart.[60] Er bestaat een oude mop over
een decaan die een faculteitsvergadering voorzit wanneer er een geest
verschijnt die zegt dat hij een van drie dingen kan kiezen – geld, roem
of wijsheid. De decaan zegt: 'Dat is makkelijk. Ik ben wetenschapper.
Ik heb mijn leven gewijd aan inzicht. Ik kies natuurlijk voor wijsheid.'
De geest maakt een zwaaiende beweging met zijn hand en verdwijnt in
een rookwolk. Wanneer de rook optrekt wordt de decaan zichtbaar met
zijn hoofd in zijn handen, verzonken in gedachten. Er gaat een minuut
voorbij. Tien minuten. Een kwartier. Ten slotte roept een hoogleraar:
'Nou, nou?' De decaan mompelt: 'Ik had voor het geld moeten kiezen.'

127

9 Ongelijkheid

'Maar gaat het niet allemaal naar de rijken?' Dat is een logische vraag in ontwikkelde landen in het tweede decennium van de eenentwintigste eeuw, waarin economische ongelijkheid een obsessie is geworden. Paus Franciscus noemde die ongelijkheid 'de wortel van het sociale kwaad' en Barack Obama 'de absolute uitdaging van onze tijd'. Tussen 2009 en 2016 is het aantal artikelen in de New York Times waarin het woord 'ongelijkheid' voorkomt vertienvoudigd; het zijn er nu 1 op de 73.[1] De nieuwe volkswijsheid is dat de rijkste 1 procent in de afgelopen decennia alle economische groei heeft afgeroomd en dat de rest watertrappelt en langzaam verdrinkt. Als dat waar is, zouden we niet langer blij moeten zijn met de welvaartsexplosie die we in het vorige hoofdstuk hebben beschreven, omdat die niet langer zou bijdragen aan het algemene menselijk welzijn.

Economische ongelijkheid is al lang een 'links' thema en kreeg nog meer aandacht na het begin van de grote recessie in 2007. In 2011 kwam de protestbeweging Occupy Wall Street eruit voort, en in 2016 de presidentskandidatuur van de zelfverklaarde socialist Bernie Sanders, die verkondigde dat 'een land moreel noch economisch zal overleven wanneer zo weinigen er zoveel bezitten terwijl zo velen zo weinig hebben'.[2] Maar in dat jaar verslond de revolutie haar eigen kinderen en veroorzaakte ze de kandidatuur van Donald Trump, die zei dat de Verenigde Staten 'een derdewereldland' waren geworden en die de afnemende voorspoed van de werkende klasse niet aan Wall Street en dat ene procent weet, maar aan immigratie en buitenlandse handel. De linker- en rechteruiteinden van het politieke spectrum, die om hun eigen verschillende redenen laaiend waren door economische ongelijkheid, kronkelden om elkaar heen en vonden elkaar, en hun gedeelde cynisme over de moderne economie droeg ertoe bij dat de radicaalste Amerikaanse president uit de recente geschiedenis werd gekozen.

Is het leven van de meerderheid van de bevolking inderdaad ellendiger geworden door toenemende ongelijkheid? Economische ongelijkheid is in de meeste westerse landen ontegenzeggelijk toegenomen vanaf het moment dat ze rond 1980 op het laagste punt was, met name in de Verenigde Staten en andere Engelssprekende landen, en vooral het contrast tussen de allerrijksten en alle anderen is erg groot geworden.[3] Economische ongelijkheid wordt normaal gesproken gemeten met de Gini-coëfficiënt, een getal dat kan wisselen tussen de 0, wanneer iedereen evenveel heeft als alle anderen, en de 1, wanneer één persoon alles heeft en alle anderen niets. (Gini-waarden variëren doorgaans van 0,25 voor de meest gelijkmatige inkomensverdelingen, zoals in Scandinavië na belastingen en uitkeringen, tot 0,7 voor een uitermate ongelijke verdeling zoals die in Zuid-Afrika.) In de Verenigde Staten steeg de Gini-coëfficiënt voor marktinkomen (voor belastingen en uitkeringen) van 0,44 in 1984 tot 0,51 in 2012. Ongelijkheid kan ook gemeten worden door het percentage van het totale inkomen dat wordt verdiend door een bepaald deel (kwantiel) van de bevolking. In de Verenigde Staten nam het deel van het inkomen dat naar de rijkste 1 procent ging toe van 8 procent in 1980 tot 18 procent in 2015, terwijl het deel dat naar het rijkste tiende procent ging steeg van 2 procent naar 8 procent.[4]

Het lijdt geen twijfel dat sommige van de fenomenen die in de ongelijkheidscategorie vallen (en daar zijn er veel van) ernstig zijn en moeten worden aangepakt, al was het maar om het destructieve beleid onschadelijk te maken dat ze op gang hebben gebracht, zoals het verlaten van markteconomieën, technologische vooruitgang en buitenlandse handel. Ongelijkheid is duivels lastig te analyseren (met een bevolking van een miljoen mensen bestaan er 999 999 manieren waarop ze ongelijk kunnen zijn), en er zijn over het onderwerp boeken volgeschreven. Ik heb er een apart hoofdstuk voor nodig omdat een heleboel mensen zich laten meeslepen door dystopische retoriek en ongelijkheid zien als een teken dat de moderniteit er niet in is geslaagd de menselijke conditie te verbeteren. Zoals we zullen zien is dat om vele redenen onjuist.

Als we ongelijkheid binnen de context van menselijke vooruitgang willen begrijpen, moeten we beginnen met de erkenning dat inkomensgelijkheid niet essentieel is voor welzijn. Dergelijke gelijkheid is niet hetzelfde als gezondheid, welvaart, kennis, veiligheid, vrede en de andere gebieden van vooruitgang die ik in deze hoofdstukken bespreek. De reden zit verpakt in een oude mop uit de Sovjet-Unie. Igor en Boris zijn straatarme boeren die nauwelijks genoeg groente bij elkaar kunnen schrapen van hun kleine lapjes grond om hun gezin te onderhouden. Het enige verschil tussen hen is dat Boris een broodmagere geit bezit. Op een dag verschijnt er een fee die zegt dat Igor een wens mag doen. Igor zegt: 'Ik wens dat Boris' geit doodgaat.'

De moraal van de mop is natuurlijk dat de twee boeren gelijker zijn geworden maar dat geen van beide beter af is, behalve dat Igor zijn wraakzuchtige jaloezie heeft kunnen botvieren. Het punt wordt genuanceerder gemaakt door de filosoof Harry Frankfurt in *On Inequality*, zijn boek uit 2015.[5] Frankfurt betoogt dat ongelijkheid op zich niet moreel verwerpelijk is; wat verwerpelijk is, is *armoede*. Als iemand een lang, gezond, aangenaam en stimulerend leven leidt, dan is het moreel gezien niet van belang hoeveel het gemiddelde gezin verdient, hoe groot hun huis is en in hoeveel auto's ze rijden. Frankfurt schrijft: 'Vanuit moreel oogpunt bezien is het niet belangrijk dat iedereen *evenveel* heeft. Wat moreel van belang is, is dat iedereen *genoeg* heeft.'[6] Een enge focus op economische ongelijkheid kan destructief zijn als we er zo van in de war raken dat we Boris' geit doden in plaats van te bedenken hoe Igor ook een geit in bezit kan krijgen.

Het verwarren van ongelijkheid met armoede is een rechtstreeks gevolg van de vastheidswaan – het idee dat welvaart eindig is en als het karkas van een antilope precies gelijk verdeeld moet worden, wat betekent dat als sommige mensen uiteindelijk meer krijgen, anderen per definitie minder hebben. Zoals we net hebben gezien werkt het zo niet bij welvaart: sinds de industriële revolutie is de welvaart exponentieel toegenomen.[7] Dat betekent dat wanneer de rijken rijker worden, hetzelfde voor de armen kan gelden. Zelfs deskundigen blijven de vastheidswaan voeden, waarschijnlijk meer vanuit retorische ijver dan als gevolg van conceptuele verwarring. Thomas Piketty, wiens bestseller *Kapitaal in de 21ste eeuw* uit 2014 uitgroeide tot een soort talisman in het tumult over ongelijkheid, schreef: 'De armste helft van de bevolking is nu net zo arm als toen, met nauwelijks 5 procent van het totaal in 2010 – hetzelfde als in 1910.'[8] Maar de totale welvaart is vele malen groter dan in 1910, dus als de armste helft hetzelfde percentage bezit, is die veel rijker, niet 'net zo arm'.

Een schadelijker gevolg van de vastheidswaan is de overtuiging dat als sommige mensen rijker worden, ze méér dan het deel dat hun toekomt moeten hebben gestolen van alle anderen. Een beroemd voorbeeld van de filosoof Robert Nozick, aangepast aan de eenentwintigste eeuw, laat zien waarom dat niet waar is.[9] Een van miljardairs in de wereld is J.K. Rowling, de schrijfster van de *Harry Potter*-boeken, waarvan er meer dan vierhonderd miljoen zijn verkocht en waar meerdere films van zijn gemaakt die ongeveer evenveel mensen hebben gezien.[10] Laten we stellen dat een miljard mensen allemaal tien dollar over heb-

ben gehad voor het genot van een *Harry Potter*-paperback of een bio-
scoopkaartje, en dat een tiende van de opbrengst naar Rowling ging.
Ze is miljardair geworden, waardoor de ongelijkheid is toegenomen,
maar mensen zijn er dankzij haar beter aan toe, niet slechter (wat niet
wil zeggen dat alle rijken het beter hebben gemaakt voor mensen). Dit
betekent niet dat Rowlings vermogen een terechte vergoeding is voor
haar inspanningen of haar talent, of een beloning voor het meer belezen en gelukkiger maken van de wereld; geen commissie heeft ooit
bepaald dat ze het heeft verdiend om zo rijk te worden. Haar rijkdom is
ontstaan als gevolg van de vrijwillige keuzes van vele miljoenen boek-
kopers en bioscoopbezoekers.

131

Er kunnen absoluut redenen zijn om ons zorgen te maken over ongelijkheid zelf – armoede is zeker niet de enige. Misschien lijken de
meeste mensen op Igor en wordt hun geluk bepaald door hoe ze zichzelf vergelijken met hun medeburgers, en niet door hoe goed ze het
hebben in absolute aantallen. Wanneer de rijken te rijk worden voelen
alle anderen zich arm, dus ongelijkheid brengt het welzijnsniveau omlaag, zelfs als iedereen rijker wordt. Dat idee bestaat al lang binnen de
sociale psychologie en wordt wel de theorie van sociale vergelijking,
referentiegroepen, statusangst of relatieve deprivatie genoemd.[11] Maar
we moeten het wel in perspectief blijven zien. Stel je Seema voor, een
ongeletterde vrouw uit een arm land die nooit haar dorp uit kan, de
helft van haar kinderen aan ziekte heeft verloren en op haar vijftigste
zal sterven, net als de meeste mensen die ze kent. En stel je nu Sally
voor, een opgeleide vrouw uit een rijk land die in vele steden en landen
op vakantie is geweest, haar kinderen heeft zien opgroeien en tachtig
zal worden, maar altijd deel zal blijven uitmaken van de lagere middenklasse. Het is denkbaar dat Sally, gedemoraliseerd door de overvloedige
rijkdom die haar nooit ten deel zal vallen, niet heel gelukkig is, en misschien is ze zelfs ongelukkiger dan Seema, die dankbaar is voor haar
kleine zegeningen. Toch zou het dwaas zijn om te veronderstellen dat
Sally niet beter af was, en ronduit slecht om te concluderen dat je net
zo goed niet zou kunnen proberen Seema's leven te verbeteren omdat
het leven van haar buren dan nóg meer verbeterd zou kunnen worden,
zodat zij niet gelukkiger zou worden.[12]

Het gedachte-experiment is hoe dan ook discutabel omdat Sally in
het echte leven vrijwel zeker gelukkiger ís. In tegenstelling tot een eerdere overtuiging dat mensen zó bezig zijn met hun rijkere landgenoten dat ze hun 'innerlijke geluksmeter' steeds weer op de laagste stand
zetten, hoe goed het ook met ze gaat, zullen we in hoofdstuk 18 zien dat
rijkere mensen en mensen uit rijkere landen (gemiddeld) gelukkiger

zijn dan armere mensen en mensen uit andere landen.[13]

Maar zelfs als mensen gelukkiger zijn wanneer zij en hun land rijker worden, zou het dan kunnen dat ze zich slechter voelen als anderen in hun omgeving nog altijd rijker zijn dan zij – met andere woorden: als economische ongelijkheid toeneemt? In hun bekende boek *The Spirit Level* beweren de epidemiologen Richard Wilkinson en Kate Pickett dat landen met grotere inkomensongelijkheid ook te maken hebben met hogere moordcijfers en meer gevangenen, tienerzwangerschappen, kindermoorden, lichamelijke en psychische aandoeningen, maatschappelijk wantrouwen, zwaarlijvigheid en drugsgebruik.[14] Volgens hen *veroorzaakt* de economische ongelijkheid al die dingen: ongelijke samenlevingen geven mensen het gevoel dat ze vastzitten in een strijd om dominantie waarbij de winnaars alles krijgen, en door die spanning worden ze ziek en zelfdestructief.

De *Spirit Level*-theorie wordt ook wel 'de nieuwe theorie van Links over alles' genoemd en is net zo problematisch als elke andere theorie die van een ingewikkelde kluwen van correlaties de sprong maakt naar één oorzaak als verklaring. Ten eerste ligt het helemaal niet voor de hand dat mensen in een soort concurrentiestress schieten door het bestaan van J.K. Rowling en Sergey Brin, anders dan bij de rivalen in hun directe omgeving en in het dagelijks leven. Erger nog, landen met economische gelijkheid als Zweden en Frankrijk verschillen in vele opzichten van onevenwichtige landen als Brazilië en Zuid-Afrika, en niet alleen op het gebied van inkomensverdeling. De egalitaire landen zijn onder meer rijker, hebben beter onderwijs, worden beter bestuurd en zijn cultureel homogener, dus een globaal verband tussen ongelijkheid en geluk (of elk ander sociaal goed) toont misschien alleen maar aan dat er vele redenen zijn waarom het beter is om in Denemarken te leven dan in Oeganda. Wilkinson en Pickett beperkten zich tot ontwikkelde landen, maar zelfs binnen hun streekproef zijn de correlaties van voorbijgaande aard en hangen ze af van keuzes met betrekking tot de landen die bij het onderzoek worden betrokken.[15] Rijke maar ongelijke landen, zoals Singapore en Hongkong, zijn vaak maatschappelijk gezonder dan armere landen waar sprake is van meer gelijkheid, zoals de Oost-Europese landen die vroeger communistisch waren.

Het meest schadelijke is dat de sociologen Jonathan Kelley en Mariah Evans het causale verband tussen ongelijkheid en geluk hebben doorgeknipt in een studie van drie decennia onder tweehonderdduizend mensen in achtenzestig samenlevingen.[16] (We zullen ons in hoofdstuk 18 verdiepen in de vraag op welke manier geluk en voldoening in het leven worden gemeten.) Kelley en Evans hielden de factoren waarvan bekend is dat ze invloed hebben op geluk, zoals BBP per hoofd van de bevolking, leeftijd, geslacht, huwelijkse staat en religie, constant en concludeerden dat de theorie dat ongelijkheid ongelukkig maakt 'schipbreuk lijdt op de rotsen van de feiten'. In ontwikkelingslanden is ongelijkheid niet ontmoedigend maar stimulerend: mensen in meer ongelijke samenlevingen waren *gelukkiger*. De auteurs opperen dat de afgunst, statusangst of relatieve deprivatie die mensen in arme, ongelijke landen mogelijk ervaren teniet wordt gedaan door *hoop*. Ongelijkheid wordt gezien als een voorbode van mogelijkheden, als een teken dat scholing en andere wegen naar opwaartse mobiliteit lonend zouden kunnen zijn voor hen en hun kinderen. In ontwikkelde landen (met uitzondering van voormalig communistische) maakte ongelijkheid geen enkel verschil. (In voormalig communistische landen waren de effecten ook ambigu; ongelijkheid was schadelijk voor de ouderen die tijdens het communisme waren opgegroeid, maar hielp de jongere generaties of maakte geen verschil voor ze.)

133

De grillige effecten van ongelijkheid op het welzijn leiden tot een andere veelvoorkomende verwarring in dit soort discussies: het op één hoop gooien van ongelijkheid met *onrechtvaardigheid*. Uit veel psychologische studies is gebleken dat mensen, ook kleine kinderen, er de voorkeur aan geven dat voordeeltjes gelijk onder de deelnemers aan een onderzoek worden verdeeld, zelfs als dat betekent dat iedereen minder krijgt. Dat bracht sommige psychologen ertoe een syndroom voor waar aan te nemen dat ongelijkheidsaversie heet: het kennelijke verlangen om de rijkdom of welvaart te verdelen. Maar in hun recente artikel 'Why People Prefer Unequal Societies' keken de psychologen Christina Starmans, Mark Sheskin en Paul Bloom op een andere manier naar de studies en kwamen tot de ontdekking dat mensen de voorkeur geven aan *ongelijke* verdeling, zowel onder andere deelnemers in het laboratorium als onder burgers van hun land, zolang ze maar het gevoel hebben dat de toewijzing eerlijk gebeurt; dat de bonussen naar mensen gaan die harder werken, naar mensen die ruimhartiger helpen of zelfs naar de gelukkige winnaars van een loterij.[17] 'Er bestaat tot dusver geen bewijs,' concluderen de auteurs, 'dat kinderen of volwassenen over het algemeen enige aversie tegen ongelijkheid hebben.' Mensen nemen genoegen met economische ongelijkheid zolang ze het idee hebben dat het land meritocratisch is, en ze worden kwaad wanneer ze het gevoel hebben dat dat niet het geval is. Verhalen over de *oorzaken* van ongelijkheid blijven mensen langer bij dan het *bestaan* van ongelijkheid. Dat creëert mogelijkheden voor politici om het volk op te zwepen door bedriegers eruit te pikken die meer dan hun rechtmatige deel binnenhalen: fraudeurs, immigranten, andere landen, bankiers of de rijken, die soms gelijk worden gesteld met etnische minderheden.[18] Ongelijkheid heeft niet alleen effect op de individuele psychologie maar wordt ook in verband gebracht met maatschappijbrede disfuncties, zoals economische stagnatie, financiële instabiliteit, het gemis van intergenerationele mobiliteit, en politieke beïnvloeding. Deze kwaden moeten serieus worden genomen, maar ook hier worden correlatie en causaliteit al te makkelijk door elkaar gehaald.[19] Hoe het ook zij, ik vermoed dat het minder effectief is de pijlen te richten op de Gini-coefficiënt als een diepgewortelde oorzaak van vele sociale misstanden dan om in te zoomen op oplossingen voor elk probleem: investeren in onderzoek en infrastructuur om te ontkomen aan economische stagnatie, het reguleren van de financiële sector om instabiliteit terug te dringen, grotere toegankelijkheid van het onderwijs en vakopleidingen om economische mobiliteit te bevorderen, electorale transparantie en financiële hervormingen om een einde te maken aan onrechtmatige invloed, enzovoort. De invloed van geld op de politiek is met name schadelijk omdat het al het overheidsbeleid kan beïnvloeden, maar dat is niet hetzelfde probleem als inkomensongelijkheid. Zonder electorale hervormingen bestaat immers de kans dat politici hun oren laten hangen naar de rijkste geldschieters, of ze nu 2 of 8 procent van het nationaal inkomen verdienen.[20]

Economische ongelijkheid is dus niet zelf een aspect van menselijk welzijn en moet niet verward worden met onrecht of armoede. Laten we ons na het morele belang van ongelijkheid nu bezighouden met de vraag hoe het komt dat ze door de tijd heen veranderd is.

Het eenvoudigste verhaal van de geschiedenis van ongelijkheid is dat ze een bijproduct is van de moderniteit. We moeten ooit in een toestand van gelijkheid zijn begonnen, want wanneer er geen welvaart of rijkdom is, heeft iedereen evenveel van niets, en wanneer er vervolgens welvaart wordt gecreëerd, kunnen sommigen daar meer van hebben dan anderen. In dit verhaal begon ongelijkheid bij nul, en naarmate de welvaart door de tijd heen toenam groeide de ongelijkheid mee. Maar dat verhaal klopt niet helemaal.

Het heeft er alle schijn van dat jager-verzamelaars uitermate egalitair zijn, een feit dat de inspiratie vormde voor Marx' en Engels' theorie van het 'oercommunisme'. Etnografen wijzen er echter op dat het beeld van bevoorradingsegalitarisme misleidend is. Om te beginnen zijn de groepen jager-verzamelaars die nog altijd bestaan en die we kunnen bestuderen niet representatief voor de manier waarop er heel vroeger

geleefd werd, omdat ze zijn verdrongen naar marginaal land en een no-
madenbestaan leiden dat het onmogelijk maakt rijkdom te vergaren, al
was het maar omdat het lastig zou zijn daarmee rond te sjouwen. Maar
sedentaire jager-verzamelaars, zoals de oorspronkelijke bewoners van
de Pacific Northwest, waar het wemelt van de zalm, bessen en pels-
dieren, leefden vreselijk ongelijk en ontwikkelden een erfelijke adel
die slaven hield, luxeartikelen verzamelde en op potlatches opzichtig
pronkte met rijkdom. En hoewel rondtrekkende jager-verzamelaars
vlees delen – aangezien jagen vooral een kwestie is van geluk en het
delen van een meevaller iedereen verzekert tegen dagen waarop niets   135
gevangen wordt – zullen ze dat minder snel met plantaardig voedsel
doen, omdat verzamelen een kwestie is van inspanning; lukraak delen
zou profiteurs in de kaart spelen.[21] Enige mate van ongelijkheid komt
in alle samenlevingen voor, net als een besef van ongelijkheid.[22] Een
recent onderzoek naar ongelijkheid in vormen van rijkdom die voor
jager-verzamelaars mogelijk zijn (huizen, boten en de opbrengst van
de jacht en de foerage) toonde aan dat ze 'ver verwijderd waren van oercommunisme': de Gini-waarden lagen gemiddeld op 0,33, dicht bij de
waarde van het besteedbaar inkomen in de Verenigde Staten in 2012.[23]

Wat gebeurt er wanneer een samenleving substantiële welvaart begint te genereren? Een toename van *absolute* ongelijkheid (het verschil
tussen de armsten en de rijksten) is bijna een mathematische zekerheid. Bij afwezigheid van een officiële instantie die alle welvaart precies gelijk verdeelt, is het onvermijdelijk dat sommige mensen meer
zullen profiteren van de nieuwe mogelijkheden dan anderen, of dat nu
komt door geluk, vaardigheid of inspanning, en ze zullen daar onevenredig veel mee verdienen.

Een toename in *relatieve* ongelijkheid (gemeten met de Gini of delen van het inkomen) is geen mathematische zekerheid maar wel zeer
waarschijnlijk. Volgens een beroemde schatting van de econoom Simon Kuznets kan het niet anders dan dat de ongelijkheid in landen
toeneemt naarmate ze rijker worden, omdat sommige landbouwers
het voor gezien houden en beter betaald werk gaan doen, terwijl de
rest achterblijft in de plattelandsmisère. Maar uiteindelijk tilt een opkomend tij alle boten op, om een uitspraak van John F. Kennedy te
gebruiken. Wanneer een groter deel van de bevolking de moderne economie in wordt gesleurd, zou ongelijkheid moeten afnemen, wat eruit
zou zien als een omgekeerde U. Die hypothetische boog van ongelijkheid door de tijd heen wordt de Kuznetscurve genoemd.[24]

In het vorige hoofdstuk zagen we aanwijzingen voor een Kuznetscurve van ongelijkheid tussen landen. Toen de industriële revolutie op

stoom kwam, maakten Europese landen een Grote Ontsnapping uit algehele armoede door en lieten ze de andere landen achter zich. Zoals Deaton opmerkt: 'Een betere wereld betekent een wereld van verschillen; ontsnappingen betekenen ongelijkheid.'[25] Vervolgens, toen de globalisering begon en rijkdom genererende knowhow zich verspreidde, begonnen arme landen aan een inhaalslag in een Grote Convergentie. We zagen aanwijzingen van een wereldwijde afname van ongelijkheid in de enorme groei van het BBP van Aziatische landen (figuur 8-2), in de verandering van de mondiale inkomensverdeling van slak tot tweebultige kameel tot eenbultige dromedaris (figuur 8-3), en in het sterk dalende percentage (figuur 8-4) en aantal (figuur 8-5) mensen dat in extreme armoede leeft.

Om te bevestigen dat deze ontwikkelingen echt tot een afname van ongelijkheid leiden – dat arme landen sneller rijker worden dan de rijke – hebben we één enkele maat nodig die ze samenvoegt, een internationale Gini die elk land als een persoon behandelt. In figuur 9-1 is te zien dat de internationale Gini steeg van een dieptepunt van 0,16 in 1820, toen alle landen arm waren, naar een hoogtepunt van 0,56 in 1970, toen sommige landen rijk waren en de ongelijkheid vervolgens, zoals Kuznets voorspelde, stabiliseerde en in de jaren tachtig

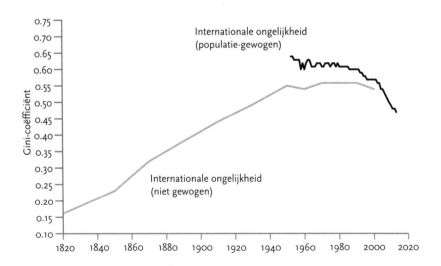

Figuur 9-1: internationale ongelijkheid, 1820-2013
Bronnen: Internationale ongelijkheid: OECD Clio Infra Project, Moatsos et al. 2014; data hebben betrekking op inkomen per huishouden door landen heen. **Populatie-gewogen internationale ongelijkheid**: Milanović 2012; data van 2012 en 2013 verschaft door Branko Milanović tijdens persoonlijke communicatie.

gelijk bleef en begon af te nemen.[26] Een internationale Gini is echter enigszins misleidend, omdat een verbetering van de levensstandaard van een miljard Chinezen even zwaar telt als de verbetering van de levensstandaard van bijvoorbeeld vier miljoen Panamezen. Figuur 9-1 laat ook een internationale Gini zien die is berekend door de econoom Branko Milanović en waarin elk land wordt meegerekend in verhouding met de bevolking, zodat de impact van de afname van ongelijkheid voor de mensheid als geheel duidelijker zichtbaar wordt.

Toch behandelt een internationale Gini alle Chinezen alsof ze precies evenveel verdienden, alle Amerikanen alsof ze het Amerikaanse gemiddelde verdienden, enzovoort, en het gevolg is dat de ongelijkheid onder de mensheid als geheel wordt onderschat. Een wereldwijde Gini die elke *persoon* op dezelfde manier telt, ongeacht het land, is lastiger te berekenen, omdat daarvoor de inkomens uit onvergelijkbare landen op één hoop moeten worden gegooid, maar figuur 9-2 laat twee schattingen zien. De lijnen lopen op verschillende hoogtes omdat ze zijn afgeleid uit voor koopkracht gecorrigeerde dollars in verschillende jaren, maar hun richtingscoëfficiënten vormen een soort Kuznetscurve: na de industriële revolutie nam de wereldwij-

137

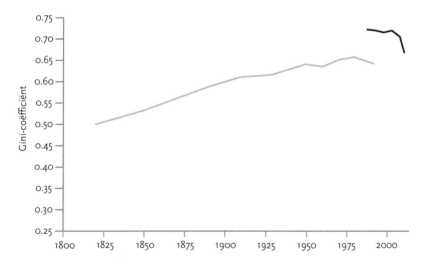

Figuur 9-2: wereldwijde ongelijkheid, 1820-2011
Bron: Milanović 2016, figuur 3.1. De linkercurve toont internationale dollars van 1990 van besteedbaar inkomen per hoofd van de bevolking; de rechtercurve toont internationale dollars van 2005 en combineert steekproefgegevens van huishoudens over per capita besteedbaar inkomen en consumptie.

de ongelijkheid gestaag toe tot ongeveer 1980, waarna ze begon te dalen. De internationale en wereldwijde Gini-curves tonen aan dat ondanks de zorgen over toenemende ongelijkheid binnen westerse landen *ongelijkheid in de wereld afneemt*. Dat is echter een omslachtige manier om de vooruitgang tot uitdrukking te brengen: wat de afname van ongelijkheid belangrijk maakt, is dat het een afname van armoede is.

138

De versie van ongelijkheid die recent de alarmbellen heeft doen rinkelen, is de ongelijkheid binnen ontwikkelde landen als de Verenigde Staten en het Verenigd Koninkrijk. De ontwikkeling op de lange termijn in deze landen is te zien in figuur 9-3. Tot kort geleden volgden beide landen een Kuznetscurve. De ongelijkheid nam tijdens de industriële revolutie toe en begon vervolgens te dalen, eerst geleidelijk aan het einde van de negentiende eeuw, vervolgens sterk in de middelste decennia van de twintigste eeuw. Maar toen, beginnend rond 1980, begon de ongelijkheid onkuznetsiaans toe te nemen. We zullen elk segment afzonderlijk bestuderen.

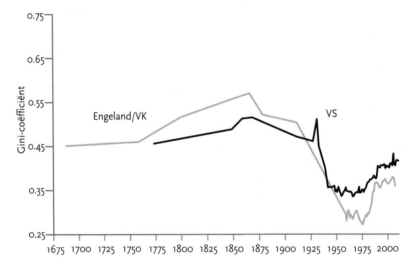

Figuur 9-3: ongelijkheid, VK en VS, 1688-2013
Bron: Milanivić 2016, figuur 2.1, besteedbaar inkomen per hoofd van de bevolking.

De stijging en daling van ongelijkheid in de negentiende eeuw weerspiegelt Kuznets groeiende economie, die geleidelijk aan meer mensen naar stedelijke gebieden trekt, waar ze geschoold en dus beter betaald werk krijgen. Maar de sterke daling in de twintigste eeuw – die wel de

Grote Gelijkschakeling of de Grote Compressie wordt genoemd – had meer plotselinge oorzaken. Die daling viel samen met de twee wereld-oorlogen, en dat is geen toeval: grote oorlogen zorgen vaak voor een gelijkere inkomensdeling.[27] Oorlogen verwoesten welvaartgenererend kapitaal, veroorzaken zoveel inflatie dat de activa van schuldeisers ver-dampen en maken dat de rijken zich neerleggen bij hogere belastin-gen, die de overheid herverdeelt in de vorm van soldij voor soldaten en loon voor de arbeiders in de munitiefabrieken, waardoor er vervolgens meer vraag komt naar arbeiders in de rest van de economie.

Oorlogen zijn slechts één vorm van rampspoed die gelijkheid kan genereren door de logica van Igor en Boris. De historicus Walter Schei-del heeft het over 'Vier Ruiters van Nivellering': oorlog met massamo-bilisatie, transformerende revolutie, de ineenstorting van natiestaten en dodelijke pandemieën. Naast het vernietigen van rijkdom (en in de communistische revoluties van mensen die die rijkdom bezaten) reduceren de vier ruiters ongelijkheid door grote aantallen arbeiders te doden, waardoor de lonen van de overlevenden worden opgevoerd. Scheidel concludeert: 'Iedereen die meer economische gelijkheid zo op prijs stelt, kan beter niet vergeten dat die gelijkheid op een enke-le uitzondering na altijd is voortgekomen uit verdriet en ellende. Pas goed op met wat je wenst.'[28]

Scheidels waarschuwing heeft betrekking op het verloop van de ge-schiedenis. Maar de moderniteit heeft een goedaardiger manier met zich meegebracht om ongelijkheid te reduceren. Zoals we hebben gezien is een markteconomie de beste manier die we kennen om ar-moede in een heel land terug te dringen. Een markteconomie is echter slecht toegerust om te voorzien in de behoeften van individuen in dat land die niets te ruilen hebben: de jongeren, de ouderen, de zieken, de onfortuinlijken en anderen wier vaardigheden en harde werk voor anderen niet waardevol genoeg zijn om er fatsoenlijk van te kunnen leven. (Anders gezegd: een vrijemarkteconomie maximeert het ge-middelde, maar we vinden de variatie en spreiding ook belangrijk.) Naarmate de cirkel van mededogen in een land zich meer uitspreidt naar de armen (en mensen zich willen verzekeren voor het geval ze ooit zélf arm worden), bestemmen ze een steeds groter deel van hun gezamenlijke middelen – met andere woorden, overheidsgeld – voor de vermindering van die armoede. Die hulpbronnen moeten ergens vandaan komen. Misschien komen ze uit een vennootschapsbelasting of omzetbelasting of een beleggingsfonds van de overheid, maar in de meeste landen zijn ze voornamelijk afkomstig uit progressieve inkom-stenbelasting, waarbij rijkere burgers een hoger percentage betalen omdat zij het verlies niet zo erg voelen. Het netto resultaat is 'herverdeling', maar die benaming klopt niet helemaal, omdat het doel is om de onderkant omhoog te halen, niet om de bovenkant te verlagen, ook al gebeurt dat laatste in de praktijk wel degelijk.

Mensen die moderne kapitalistische samenlevingen ongevoeligheid jegens de armen verwijten, zijn zich er waarschijnlijk niet van bewust hoe weinig prekapitalistische samenlevingen aan armenzorg betaalden. Niet alleen hadden ze minder te besteden in absolute aantallen, ze spendeerden ook een kleiner percentage van hun rijkdom. Een véél kleiner percentage zelfs: vanaf de Renaissance tot het begin van de twintigste eeuw besteedden Europese landen gemiddeld 1,5 procent van hun BBP aan armenzorg, onderwijs en andere sociale uitgaven. In veel landen en periodes werd er zelfs geen cent aan gespendeerd.[29]

Een ander voorbeeld van vooruitgang, dat wel de egalitaire revolutie wordt genoemd, is dat moderne samenlevingen tegenwoordig een aanzienlijk deel van hun rijkdom besteden aan gezondheid, onderwijs, pensioenen en uitkeringen.[30] Figuur 9-4 toont dat sociale zekerheid in de middelste decennia van de twintigste eeuw een hoge vlucht nam (in de Verenigde Staten met de New Deal in de jaren dertig, in andere ontwikkelde landen met de opkomst van de verzorgingsstaat na de Tweede Wereldoorlog). Gemiddeld wordt in deze landen nu 22 procent van het BBP aan sociale zekerheid uitgegeven.[31]

Figuur 9-4: sociale uitgaven, OECD-landen, 1880-2016
Bron: *Our World in Data*, Ortiz-Ospina & Roser 2016b, gebaseerd op data van Lindert 2004 en OECD 1985, 2014, 2017. Bij de Organisatie voor Economische Samenwerking en Ontwikkeling zijn vijfendertig democratische staten met een markteconomie aangesloten.

De explosieve toename van sociale zekerheid heeft de overheidstaak opnieuw gedefinieerd: niet alleen oorlog voeren en toezicht houden, naar ook verzorgen.[32] Die verandering heeft zich om verschillende redenen voorgedaan. Sociale zekerheid voorkomt dat burgers zich aangetrokken voelen tot het communisme en fascisme. Sommige voordelen, zoals onderwijs en gezondheid voor iedereen, zijn publieke goederen waar iedereen profijt van heeft, niet alleen de direct begunstigden. Veel programma's verzekeren burgers tegen tegenspoed waar ze zichzelf niet tegen kunnen verzekeren (vandaar het eufemisme 'sociaal vangnet'). En hulp aan de behoeftigen sust het moderne geweten, dat de gedachte aan het doodvriezende meisje met de zwavelstokjes, aan Jean Valjean die naar de gevangenis moet omdat hij een brood heeft gestolen om zijn verhongerende zus te redden, of aan de Joads die opa naast Route 66 moeten begraven niet kan verdragen.

Aangezien het zinloos is als iedereen geld naar de overheid stuurt om het meteen weer terug te krijgen (minus aftrek van administratie-kosten), is sociale zekerheid ontworpen om mensen die minder geld hebben te helpen terwijl de rekening wordt betaald door mensen die méér geld hebben. Dat principe heet herverdeling, de verzorgingsstaat, sociale democratie of socialisme (wat misleidend is, omdat vrijemarkt-kapitalisme verenigbaar is met elk bedrag dat maar aan sociale zeker-heid wordt besteed). Of de sociale zekerheid nu wel of niet ontwórpen is om ongelijkheid te reduceren, die reductie is wel een van de effecten, en de toename van het aantal sociale voorzieningen van de jaren dertig tot en met de jaren zeventig verklaart een deel van de afname van de Gini.

Sociale uitgaven brengen een mysterieus aspect van vooruitgang aan het licht dat we in latere hoofdstukken weer zullen tegenkomen.[33] Hoe-wel ik beducht ben voor elk idee van historische onvermijdelijkheid, kosmische krachten of mystieke bogen van rechtvaardigheid, lijken sommige vormen van sociale verandering wel degelijk gestimuleerd te worden door een onstuitbare tektonische kracht. Ze worden door be-paalde groepen fel bestreden, maar verzet blijkt zinloos te zijn. Sociale uitgaven zijn daar een voorbeeld van. De Verenigde Staten staan erom bekend zich te verzetten tegen alles wat riekt naar herverdeling, maar toch besteedt het land 19 procent van zijn BBP aan sociale voorzienin-gen, en ondanks tegenwerking van conservatieven en libertariërs blijft dat percentage groeien.

Er wordt in de Verenigde Staten zelfs nog meer geld uitgegeven aan sociale voorzieningen dan het lijkt, omdat veel Amerikanen verplicht meebetalen aan gezondheid, pensionering en arbeidsongeschiktheidsuitkeringen via hun werkgever in plaats van de overheid. Wanneer je deze sociale uitgaven die buiten de overheid worden gedaan optelt bij het publieke deel, springen de Verenigde Staten van de vierentwintigste naar de tweede plek onder de vijfendertig oECD-landen, vlak achter Frankrijk.[34] Ondanks al hun protesten tegen een grote overheid en hoge belastingen, vinden mensen sociale zekerheid *fijn*. Sociale zekerheid wordt wel de derde rail van de Amerikaanse politiek genoemd, omdat het politici de kop zal kosten als ze eraan durven te tornen.

Net zoals dat een eeuw geleden voor ontwikkelde landen gold, zijn ontwikkelingslanden vandaag de dag zuinig met sociale voorzieningen. Zo geeft Indonesië er 2 procent van zijn BBP aan uit, India 2,5 procent en China 7 procent. Maar naarmate ze rijker worden, worden ze genereuzer, een fenomeen dat de wet van Wagner wordt genoemd.[35] Tussen 1985 en 2012 heeft Mexico de sociale uitgaven verdubbeld, en in Brazilië wordt er nu 16 procent van het BBP aan besteed.[36] De wet van Wagner lijkt geen sprookje te zijn dat ons waarschuwt voor een buitensporige overheid en een uitdijende bureaucratie, maar een blijk van vooruitgang. De econoom Leandro Prados de la Escosura heeft een sterk verband ontdekt tussen het percentage van het BBP dat een OECD-land besteedde terwijl het zich tussen 1880 en 2000 ontwikkelde, en de score van het land op een samengestelde maat van welvaart, gezondheid en onderwijs.[37] En het is veelzeggend dat het aantal liberarische paradijzen in de wereld – ontwikkelde landen zonder substantiële sociale voorzieningen – nul is.[38]

Het verband tussen sociale uitgaven en maatschappelijk welzijn geldt slechts tot een bepaald punt: de curve vlakt af bij ongeveer 25 procent en kan bij hogere percentages zelfs dalen. Zoals alles hebben sociale uitgaven keerzijden. Net als bij verzekeringen bestaat het 'morele gevaar' dat de verzekerde gemakzuchtig of zorgeloos wordt of dwaze risico's neemt, omdat hij erop rekent dat de verzekeraar hem wel uit de brand helpt. En aangezien de premies de uitkeringen moeten dekken, kan het systeem bezwijken als de actuarissen verkeerde berekeningen maken zodat er meer geld wordt uitgegeven dan er binnenkomt. In werkelijkheid zijn sociale uitgaven nooit precies hetzelfde als verzekering, maar zijn ze een combinatie van verzekering, investering en liefdadigheid. Het succes hangt daarom af van de mate waarin de burgers van een land het gevoel hebben dat ze deel uitmaken van één gemeenschap, en dat gevoel van verbondenheid kan onder druk komen te staan wanneer zich onder de begunstigden buitenproportioneel veel immigranten of etnische minderheden bevinden.[39] Deze spanningen zijn inherent aan sociale uitgaven en zullen politiek altijd gevoelig liggen. Ook al bestaat er niet zoiets als een 'juiste hoeveelheid', alle ontwikkelde landen zijn tot de slotsom gekomen dat de voordelen van sociale voorzieningen opwegen tegen de kosten en hebben gekozen voor relatief grote bedragen, die worden opgevangen door hun gigantische rijkdom.

Laten we onze rondreis door de geschiedenis van de ongelijkheid afronden door ons bezig te houden met het laatste segment van figuur 9-3, de opkomst van ongelijkheid in welvarende landen die rond 1980 begon. Dit is de ontwikkeling die leidde tot de bewering dat het leven voor iedereen behalve de allerrijksten is verslechterd. Het herstel is in tegenspraak met de Kuznetscurve, die voorspelde dat de ongelijkheid op een laag evenwichtsniveau zou belanden. Er zijn vele verklaringen geopperd voor deze verrassing.[40] De beperkingen die in oorlogsvoering werden opgelegd wat betreft economische concurrentie mogen dan hardnekkig zijn geweest en nog tot na de Tweede Wereldoorlog hebben bestaan, uiteindelijk zijn ze verdwenen. Zodoende konden de rijken rijker worden van de inkomsten uit hun investeringen en onderling de concurrentiestrijd aangaan om het grote geld en zo hoog mogelijke winsten. De ideologische verschuiving die wordt geassocieerd met Ronald Reagan en Margaret Thatcher heeft de trend van toenemende sociale uitgaven die worden gefinancierd door belastingen voor de rijken vertraagd, terwijl sociale normen tegen buitensporige salarissen en buitensporige rijkdom uitgehold worden. Doordat er meer mensen alleenstaand bleven of scheidden terwijl steeds meer tweeverdieners vette salarissen binnenharkten, was het onvermijdelijk dat de inkomensverschillen tussen de huishoudens toenamen, ook al waren de loonstrookjes hetzelfde gebleven. Een 'tweede industriële revolutie' die werd aangedreven door elektronische technologieën zorgde voor een herhaling van de Kuznetsstijging door vraag te creëren naar hoogopgeleide professionals, die afstand namen van de lageropgeleiden terwijl de banen waar minder scholing voor nodig was verdwenen als gevolg van automatisering. Door de globalisering konden arbeiders uit China, India en andere landen hun westerse concurrenten op een mondiale arbeidsmarkt uit de markt prijzen, en ook de westerse bedrijven die niet van de delokalisatie wisten te profiteren werden door lagere prijzen uit de markt gedrukt. Tegelijkertijd kwam de intellectuele productie van de succesvolste analisten, ondernemers, investeerders en scheppers in toenemende mate beschikbaar op een gigantische mondiale markt. De arbeider uit de autofabriek wordt wegbezuinigd terwijl J.K. Rowling miljardair wordt.

Milanović heeft de twee trends die de ongelijkheid de afgelopen dertig jaar heeft doorgemaakt – afnemende ongelijkheid wereldwijd, toenemende ongelijkheid binnen rijke landen – samengevoegd tot één grafiek, die zowaar de vorm van een olifant aanneemt (figuur 9-5). Deze 'groei-incidentiecurve' verdeelt de wereldbevolking in twintig vijfprocentsgroepen van arm naar rijk en brengt in kaart hoeveel elke groep heeft gewonnen of verloren in reëel inkomen per hoofd van de bevolking tussen 1988 (vlak voor de val van de Berlijnse Muur) tot 2008 (vlak voor de grote recessie).

144

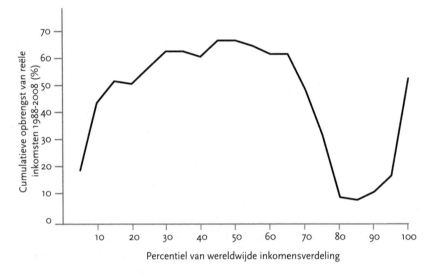

Figuur 9-5: inkomenwinsten, 1988-2008
Bron: Milanović, 2016 fig. 1.3.

Het cliché over globalisering is dat ze winnaars en verliezers voortbrengt, die in de olifantvormige curve worden weergegeven als pieken en dalen. Dat laat zien dat het grootste deel van de mensheid bij de winnaars hoort. Het grootste deel van de olifant (het lichaam en de kop), dat zeven tiende van de wereldbevolking weergeeft, bestaat uit de 'opkomende mondiale middenklasse', vooral in Azië. Gedurende deze periode zagen deze mensen hun reële inkomsten cumulatief met 40 tot 60 procent stijgen. De neusvleugels aan het uiteinde van de slurf vormen de rijkste 1 procent van de wereld, waarvan het inkomen ook omhoog schoot. De rest van het uiteinde van de slurf, met de 4 procent daaronder, deed het ook niet slecht. Waar de boog van de slurf rond het 85ste percentiel boven de grond hangt zien we de 'verliezers' van de globalisering: de lagere middenklasse van de rijke wereld, die er minder dan 10 procent op vooruit is gegaan. Zij staan centraal bij de nieuwe zorgen over ongelijkheid: de 'uitgeholde middenklasse', de Trump-aanhangers, de mensen die niet hebben kunnen profiteren van de globalisering.

Ik kon de verleiding niet weerstaan de meest herkenbare olifant uit Milanović' kudde weer te geven, omdat die een handige geheugen-steun vormt voor de effecten van globalisering (en bovendien zorgt hij samen met de kameel en de dromedaris uit figuur 8-3 voor een leuke dierenverzameling). Maar de wereld ziet er in de curve ongelijker uit dan hij in werkelijkheid is, en wel om twee redenen. De eerste is dat de financiële crisis van 2008, die plaatsvond na de grafiek, een merkwaar-dig gelijkmakend effect had. Milanović wijst erop dat de grote recessie eigenlijk alleen maar een recessie was in de Noord-Atlantische landen. De inkomens van de rijkste 1 procent van de wereld gingen flink om-laag, maar die van arbeiders elders schoten omhoog (in China verdub-belden ze zelfs). Drie jaar na de crisis zien we nog steeds een olifant, maar het uiteinde van zijn slurf is verlaagd terwijl de boog van zijn rug twee keer zo hoog is.[41]

De tweede factor die de olifant vervormt is een conceptueel punt dat veel discussies over ongelijkheid tot een drama maakt. Over wie heb-ben we het als we zeggen 'de onderste 20 procent' of 'de bovenste 1 procent'? Meestal wordt bij inkomensverdeling gebruikgemaakt van wat economen anonieme data noemen: ze volgen statistische berei-ken, geen echte mensen.[42] Stel dat ik tegen je zou zeggen dat de leef-tijd van de gemiddelde Amerikaan was gedaald van dertig in 1950 tot achtentwintig in 1970. Als je eerste gedachte is: 'Huh, hoe kan die gast twee jaar jonger zijn geworden?' dan heb je de twee met elkaar ver-ward: 'gemiddelde' is een rang, geen persoon. Lezers maken dezelfde denkfout wanneer ze lezen dat het gemiddelde inkomen van de 'bo-venste 1 procent in 2008' 50 procent hoger lag dan dat van 'de bovenste 1 procent van 1988' en concluderen dat een stel rijken anderhalf keer zo rijk is geworden. Mensen bewegen zich afwisselend binnen en buiten inkomensgroepen, dus we hebben het niet per definitie over dezelfde personen. Hetzelfde geldt voor 'de onderste 20 procent' en elke andere statistische groep.

Niet-anonieme of longitudinale data van mensen die gedurende langere tijd zijn gevolgd, zijn in de meeste landen niet beschikbaar, dus hanteerde Milanović de op een na beste aanpak en volgde hij in-dividuele kwantielen in specifieke landen, zodat bijvoorbeeld arme Indiërs uit 1988 niet langer werden vergeleken met arme Ghanezen

145

uit 2008.[43] Het resultaat had nog altijd de vorm van een olifant, maar met een veel grotere staart en veel grotere bovenpoten, omdat de arme klassen uit heel veel landen de extreme armoede waren ontstegen. Het patroon blijft hetzelfde – de lagere klasse en de middenklasse van arme landen hebben baat gehad bij de globalisering, en dat geldt ook voor de hoogste klasse van de rijke landen, veel meer dan voor de lagere middenklasse van die landen – maar de verschillen zijn minder extreem.

Nu we de geschiedenis van ongelijkheid hebben bekeken en hebben gezien welke krachten er invloed op hebben, kunnen we de bewering analyseren dat de toenemende ongelijkheid die zich de afgelopen drie decennia heeft voorgedaan betekent dat de situatie in de wereld verslechtert – dat alleen de rijken gedijen terwijl alle anderen stagneren of het heel zwaar hebben. De rijken hebben absoluut meer gefloreerd dan alle anderen, misschien wel meer dan goed is, maar de bewering over alle anderen klopt niet, en wel om een aantal redenen.

De duidelijkste reden is dat de bewering niet waar is voor de wereld als geheel; de meerderheid van de mensheid is rijker geworden. De tweebultige kameel is een eenbultige dromedaris geworden; de olifant heeft een lichaam met de omvang van, nou ja, een olifant; extreme armoede is gekelderd en verdwijnt misschien wel; en zowel tussen landen als op wereldschaal zijn ongelijkheidscoëfficiënten aan het dalen. Nu is het waar dat de armen van de wereld deels rijker zijn geworden ten koste van bijvoorbeeld de Amerikaanse lagere middenklasse, en als ik een Amerikaanse politicus was zou ik niet in het openbaar zeggen dat dat een goede ruil was, maar als wereldburgers die de mensheid als één geheel zien, moeten we echter vaststellen dat het dat wel degelijk was.

Maar zelfs in de lagere middenklasse van de arme landen zijn gematigde inkomensstijgingen niet hetzelfde als een afname van de levensstandaard. In de discussies die momenteel over ongelijkheid worden gevoerd, wordt de huidige tijd vaak ongunstig vergeleken met een soort gouden eeuw van goedbetaald, eerbiedwaardig fabriekswerk dat in onbruik is geraakt door automatisering en globalisering. Dat idyllische beeld wordt gelogenstraft door beschrijvingen van het harde arbeidersleven in die tijd, zowel in journalistieke onthullingen (zoals Michael Harringtons *The Other America* uit 1962) als in realistische films als *On the Waterfront, Blue Collar, Coal Miner's Daughter* en *Norma Rae*. De historica Stephanie Coontz, die korte metten maakt met nostalgie over de jaren vijftig, noemt wat cijfers in haar beschrijvingen:

Veertig tot vijftig miljoen Amerikanen, maar liefst 25 procent van de
bevolking, waren midden jaren vijftig arm, en doordat voedselbonnen of sociale huisvesting niet bestonden, was die armoede vreselijk. Zelfs nog aan het einde van de jaren vijftig leefde een derde van
alle Amerikaanse kinderen in armoede. 60 procent van de Amerikanen boven de vijfenzestig had in 1958 een inkomen van minder
dan duizend dollar, aanzienlijk minder dan de drie- tot tienduizend
dollar die je in die tijd nodig had om tot de middenklasse gerekend
te worden. Een meerderheid van de bejaarden had geen ziektekostenverzekering. Slechts de helft van de bevolking had in 1959 spaar-
geld; een kwart van de bevolking had totaal geen liquide middelen.
Zelfs van in Amerika geboren blanke gezinnen kon een derde niet
rondkomen van het inkomen van het hoofd van de huishouding.[44]

Hoe rijmen we de zichtbare verbeteringen van de levensstandaard van
de afgelopen decennia met de heersende opvatting dat er sprake is van
economische stagnatie? Economen noemen vier manieren waarop on-
gelijkheidsstatistieken een misleidend beeld kunnen creëren van de
manier waarop mensen hun leven leiden, en die hangen allemaal af
van een onderscheid dat we hebben bestudeerd.
De eerste betreft het verschil tussen relatieve en absolute welvaart.
Net zoals niet alle kinderen bovengemiddeld kunnen zijn, is het geen
teken van stagnatie als het percentage van het inkomen dat door de onderste twintig procent wordt verdiend niet door de tijd heen stijgt. Wat
relevant is voor het welzijn, is hoeveel mensen verdienen, niet welke
positie ze innemen. In een recent onderzoek verdeelde de econoom
Stephen Rose de Amerikaanse bevolking in groepen door gebruik te
maken van vaste mijlpalen in plaats van kwantielen. 'Arm' werd gedefinieerd als een inkomen van 0 tot 30 000 dollar (in dollars van 2014)
voor een gezin met één kind, 'lagere middenklasse' als een inkomen
van 30 000 tot 50 000 dollar, enzovoort.[45] Uit het onderzoek bleek dat
Amerikanen er in absolute zin op vooruitgaan. Tussen 1979 en 2014 is
het percentage arme Amerikanen gedaald van 24 naar 20, het percentage binnen de lagere middenklasse van 24 naar 17 en het percentage
binnen de middenklasse van 32 naar 30. Waar zijn die mensen gebleven? Velen belandden in de hogere middenklasse (100 000 tot 350 000
dollar), die toenam van 13 tot 30 procent van de bevolking, en in de hogere klasse, die groeide van 0,1 procent tot 2 procent. De middenklasse
wordt voor een deel uitgehold doordat veel Amerikanen rijk worden.
Het lijdt geen twijfel dat ongelijkheid is toegenomen – de rijken zijn
sneller rijk geworden dan dat de armen en de middenklasse rijk zijn

geworden – maar gemiddeld heeft iedereen meer geld.

De tweede manier waarop een misleidend beeld kan ontstaan heeft te maken met het verwarren van anonieme en longitudinale data. Als bijvoorbeeld de armste 20 procent van de Amerikaanse bevolking er in twintig jaar tijd niet op vooruit is gegaan, betekent dat niet dat de gemiddelde Amerikaan in 1988 evenveel verdiende als in 2008 (of ietsje meer als gevolg van stijgende levenskosten). Mensen verdienen meer naarmate ze ouder worden en ervarener worden, of doordat ze wisselen van een slecht betaalde baan naar een baan waar ze meer mee verdienen, dus misschien is de gemiddelde Amerikaan wel van de onderste 20 procent naar bijvoorbeeld de middelste 20 procent gegaan, terwijl een jongere man of vrouw of een immigrant zijn plaats aan de onderkant heeft overgenomen. Die verandering is geenszins onbeduidend. Een recent onderzoek waarbij gebruik werd gemaakt van longitudinale data toonde aan dat de helft van de Amerikanen minstens één jaar van hun werkende leven deel uitmaakt van de 10 procent hoogste inkomens, en dat een op de negen Amerikanen deel zal uitmaken van de bovenste 1 procent (al duurt dat voor de meesten niet lang).[46] Dat is misschien wel een van de redenen waarom economische opinies vatbaar zijn voor de optimismekloof (de 'ik heb het prima, zij niet'-bias): de meerderheid van de Amerikanen is van mening dat de levensstandaard van de middenklasse de afgelopen jaren is afgenomen, maar dat die van henzelf verbeterd is.[47]

Een derde reden waarom de lagere klassen niet slechter af zijn door toenemende ongelijkheid is dat lage inkomens worden gecompenseerd door sociale overdrachten. Ondanks de sterke individualistische ideologie vindt er in de Verenigde Staten veel herverdeling plaats. De inkomensbelasting is nog altijd progressief, en lage inkomens worden beschermd door een 'verborgen verzorgingsstaat' waar werkloosheidsverzekering, sociale zekerheid, ziektekostenverzekeringen, bijstand, voedselbonnen en negatieve inkomstenbelasting deel van uitmaken. Als je die allemaal bij elkaar optelt wordt Amerika een heel stuk minder ongelijk. In 2013 lag de Gini-coëfficiënt voor het Amerikaanse marktinkomen op 0,53, wat hoog is, maar voor besteedbaar inkomen (voor belastingen en sociale overdrachten) op een bescheiden 0,38.[48] De Verenigde Staten gaan niet zo ver als landen als Duitsland en Finland, die met een vergelijkbare inkomensverdeling (exclusief belastingen en uitkeringen) maar agressiever nivelleren, zodat zij een Gini hebben van ergens hoog in de 0,2 en het grootste deel van de toename van ongelijkheid sinds de jaren tachtig teniet wordt gedaan. Of de gulle Europese verzorgingsstaat nu op de lange termijn te handhaven is en ook zou kunnen worden toegepast in de Verenigde Staten of niet, alle ontwikkelde landen zijn in meer of mindere mate een welvaartsstaat, waardoor ongelijkheid afneemt, zelfs wanneer die verborgen is.[49]

Deze voorzieningen hebben niet alleen de inkomensongelijkheid verminderd (wat op zichzelf een twijfelachtige prestatie is) maar ook de inkomens van niet-rijke mensen opgekrikt (wat zonder meer een prestatie is). Uit een analyse van de econoom Gary Burtless is gebleken dat tussen 1979 en 2010 de besteedbare inkomens van de laagste vier inkomenskwantielen met respectievelijk 49, 37, 36 en 45 procent zijn gestegen.[50] En dat gebeurde vóór het zo lang uitgebleven herstel van de grote recessie; tussen 2014 en 2016 schoten de gemiddelde lonen naar een recordhoogte.[51]

Nog belangrijker is wat er onder aan de schaal is gebeurd. Zowel links als rechts is lang cynisch geweest over de aanpak van armoedebestrijding; een voorbeeld is de beroemde grap van Ronald Reagan: 'Een paar jaar geleden verklaarde de regering de armoede de oorlog, en de armoede heeft gewonnen.' De waarheid is dat de armoede verliest. De socioloog Christopher Jencks heeft berekend dat wanneer de voordelen van de verborgen verzorgingsstaat bij elkaar worden opgeteld, en de kosten van het levensonderhoud zodanig worden geschat dat rekening wordt gehouden met de verbeterende kwaliteit en de dalende prijzen van consumptiegoederen, het armoedepercentage de afgelopen vijftig jaar met meer dan driekwart is afgenomen en in 2013 4,8 procent bedroeg.[52] Drie andere analyses leidden tot dezelfde conclusie; data van een van die onderzoeken, van de economen Bruce Meyer en James Sullivan, worden weergegeven door de bovenste lijn van figuur 9-6. De vooruitgang stagneerde rond de grote recessie maar trok in 2015 en 2016 aan (wat niet zichtbaar is in de grafiek), toen de inkomens van de middenklasse een recordhoogte bereikten en het armoedecijfer de grootste daling sinds 1999 doormaakte.[53] En een ander onderbelicht wapenfeit is dat het aantal allerarmsten – de daklozen – tussen 2007 en 2015 ondanks de recessie met bijna een derde is afgenomen.[54]

De onderste lijn van figuur 9-6 markeert de vierde manier waarop metingen van ongelijkheid de vooruitgang van de lagere klassen en middenklassen in rijke landen te laag weergeven.[55] Inkomen is niet slechts een middel tot een doel maar een manier om dingen te betalen die mensen nodig hebben, willen hebben, leuk of mooi vinden, of zoals economen het weinig elegant noemen: consumptie. Als armoede wordt gedefinieerd in termen van wat mensen consumeren in plaats van wat ze verdienen, zien we dat het Amerikaanse armoedecijfer sinds 1960

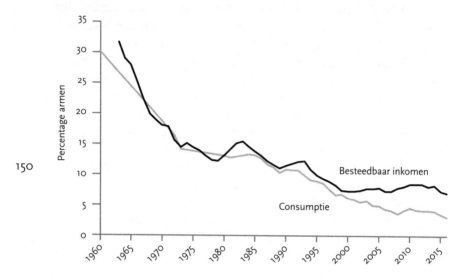

Figuur 9-6: armoede, vs, 1960-2016

Bronnen: Meyer & Sullivan 2017 a,b. 'Besteedbaar inkomen' verwijst naar hun 'Geldinkomsten na aftrek van belasting', inclusief meer data voor 2010-2014 verschaft door Bruce Meyer. 'Tiende deciel besteedbaar inkomen' is gelijk aan het tiende percentiel van hun 'Inkomen na aftrek van belasting (netto inkomen na belastingheffing), inclusief niet-geldelijke inkomsten', gecorrigeerd voor inflatie met gebruikmaking van de cpi-u-rs en staat voor een gezin met twee volwassenen en twee kinderen. 'Consumptie' verwijst naar hun 'adequaat gemeten consumptie', waaronder voeding thuis, huur en autokosten. 'Armoede' correspondeert met de definitie van de us Census voor 1980, gecorrigeerd voor inflatie.

met 90 procent is afgenomen, van 30 procent van de bevolking tot slechts 3 procent. De twee krachten waarvan bekend is dat ze de inkomensongelijkheid hebben vergroot, hebben tegelijkertijd ongelijkheid verminderd waar dat belangrijk is. De eerste, globalisering, kan qua inkomen winnaars en verliezers voortbrengen maar maakt wat consumptie betreft van bijna iedereen een winnaar. Aziatische fabrieken, containerschepen en efficiënte verkoop brengen goederen bij de grote massa die vroeger luxeartikelen voor de rijken waren. (In 2005 schatte de econoom Jason Furman dat Walmart het gemiddelde Amerikaanse gezin 2300 dollar per jaar bespaarde.)[56] De tweede kracht, technologie, zorgt voortdurend voor een radicale verandering van de betekenis van inkomen (zoals we zagen in hoofdstuk 8, toen we het hadden over de paradox van waarde). Vandaag koop je voor een dollar, hoezeer je hem ook corrigeert voor inflatie, veel meer verbetering van je leven dan vroeger. Je koopt er dingen voor die niet bestonden, zoals koeling, elektriciteit, toiletten, vaccinatie, telefoons, voorbehoedsmiddelen en luchtvervoer, en die dollar verandert dingen die wel bestaan, zoals een gemeenschappelijke telefoonlijn die wordt verbonden door een schakelbord in een smartphone waarmee je onbeperkt kunt bellen.

Samen hebben technologie en globalisering grote veranderingen teweeggebracht in wat het betekent om arm te zijn, in elk geval in ontwikkelde landen. Het oude stereotype beeld was een uitgemergelde, in vodden geklede bedelaar. Tegenwoordig is de kans groot dat de armen net zoveel overgewicht hebben als hun werkgever en dat ze dezelfde fleecetrui, sportschoenen en spijkerbroek dragen. Vroeger bezaten de armen niets. In 2011 beschikte meer dan 95 procent van de Amerikaanse huishoudens die onder de armoedegrens leefden over elektriciteit, stromend water, een doortrektoilet, een koelkast, een gasfornuis en een kleurentelevisie.[57] (Anderhalve eeuw eerder hadden de Rothschilds, de Astors en de Vanderbilts niets van dat alles.) Bijna de helft van de huishoudens onder de armoedegrens had een afwasmachine, 60 procent een computer, ongeveer twee derde een wasmachine en een droger en meer dan 80 procent een airconditioner, een videorecorder en een mobiele telefoon. In het gouden tijdperk van economische gelijkheid waarin ik ben opgegroeid hadden de welgestelde mensen uit de middenklasse geen of weinig van die dingen. Het gevolg is dat de meeste mensen vaker over de kostbaarste hulpmiddelen van allemaal – tijd, vrijheid en waardevolle ervaringen – kunnen beschikken, een onderwerp dat we in hoofdstuk 17 zullen bespreken.

De rijken zijn rijker geworden, maar zóveel beter is hun leven niet geworden. Warren Buffett mag dan meer airconditioners hebben dan de meeste mensen, of betere, naar historische maatstaven gemeten is het feit dat de meerderheid van de Amerikaanse armen überhaupt een airconditioner hééft verbluffend. Wanneer de Gini-coëfficiënt wordt berekend op basis van consumptie in plaats van op inkomen, blijft hij oppervlakkig of is hij vlak gebleven.[58] De ongelijkheid in de mate waarin Amerikanen aangeven zich gelukkig te voelen is zelfs afgenomen.[59] En hoewel ik het van weinig smaak vind getuigen en zelfs belachelijk vind om triomfantelijk te doen over dalende Gini's voor leven, gezondheid en onderwijs (alsof het goed zou zijn voor de mensheid om de gezondste mensen te doden en de slimste weg te houden van school), zijn ze om de juiste redenen gedaald: de levens van de armen verbeteren sneller dan de levens van de rijken.[60]

Door te erkennen dat het leven van mensen uit de lagere klasse en de middenklasse van ontwikkelde landen de afgelopen decennia is verbeterd, ontkennen we niet de alarmerende problemen waar de economieën van de eenentwintigste eeuw mee te maken hebben. Hoewel het besteedbaar inkomen is toegenomen, gaat die toename langzaam, en de achterblijvende consumentenvraag die daarvan het gevolg is zou de economie als geheel wel eens kunnen schaden.[61] De ontberingen waar één sector van de bevolking – laagopgeleide, blanke Amerikanen van middelbare leeftijd buiten de grote steden – mee te maken heeft, zijn reëel en tragisch, wat zich uit in hogere aantallen drugsoverdoses (hoofdstuk 12) en suïcides (hoofdstuk 18). Vooruitgang op het gebied van robotisering dreigt miljoenen extra banen achterhaald te maken. Zo is vrachtwagenchauffeur in veel Amerikaanse staten het vaakst voorkomende beroep, maar dankzij zelfrijdende auto's is al die vrachtwagenchauffeurs misschien wel hetzelfde lot beschoren als klerken, wielenmakers en telefonisten. Het Amerikaanse belastingstelsel is voor een belangrijk deel degressief, en met geld kan te veel politieke invloed worden gekocht. Het ergste is misschien nog wel dat de indruk dat de moderne economie de meeste mensen in de kou heeft laten staan, het soort figuren aanmoedigt dat zich verzet tegen technologische vooruitgang en een agressieve handelspolitiek nastreeft waar iedereen slechter van zou worden.

Toch zijn een eenzijdige focus op inkomensongelijkheid en heimwee naar de grote compressie van het midden van de twintigste eeuw misplaatst. De moderne wereld kan blijven verbeteren, zelfs als de Gini-coëfficiënt of de aandelen van de topinkomens hoog blijven, wat heel goed zou kunnen, omdat de krachten die ze hebben doen stijgen niet verdwijnen. Je kunt Amerikanen niet dwingen een Pontiac te kopen in plaats van een Prius. Kinderen uit de hele wereld zullen niet stoppen met het lezen van de *Harry Potter*-boeken omdat ze van J.K. Rowling een miljardair maken. Het is niet erg zinnig om tientallen miljoenen Amerikanen meer voor kleding te laten betalen om tienduizenden banen in de kledingindustrie te behouden.[62] Ook is het op de lange termijn niet zinvol om mensen eentonig en gevaarlijk werk te laten doen dat effectiever door machines kan worden gedaan om ze maar een betaalde baan te geven.[63]

In plaats van ongelijkheid an sich te bestrijden, kan het constructiever zijn de specifieke problemen die ermee samengaan op de korrel te nemen.[64] Een voor de hand liggende prioriteit is om economische groei te stimuleren, aangezien iedereen daardoor een groter stuk van de taart zou krijgen en er een grotere taart te verdelen zou zijn.[65] De ontwikkelingen van de vorige eeuw en wereldwijd onderzoek wijzen erop dat overheden bij beide factoren een steeds belangrijkere rol spelen. Zij zijn er uitermate geknipt voor om te investeren in onderwijs, basisonderzoek en infrastructuur, zich garant te stellen voor ziektekostenverzekeringen en pensioenregelingen, en inkomens aan te vullen tot een niveau boven hun marktprijs, die voor miljoenen mensen kan afnemen ondanks het feit dat de welvaart toeneemt.

De volgende stap in de historische ontwikkeling naar meer sociale uitgaven is misschien wel een basisinkomen voor iedereen (of een verwante maatregel, negatieve inkomstenbelasting). Het idee wordt al tientallen jaren aangekondigd, en misschien is de tijd ervoor wel aangebroken.[66] Ook al riekt het naar socialisme, het is gesteund door economen (zoals Milton Friedman), politici (zoals Richard Nixon) en Amerikaanse staten (zoals Alaska) die worden geassocieerd met politiek rechts, en momenteel flirten analisten uit het hele politieke spectrum ermee.[67] Hoewel het absoluut niet eenvoudig is een basisinkomen voor iedereen te implementeren (de aantallen moeten kloppen en de prikkels om onderwijs te volgen, te werken en risico's te nemen moeten behouden blijven), valt niet te negeren hoe veelbelovend het systeem is. Het zou de lukrake lappendeken van de verborgen verzorgingsstaat efficiënter kunnen maken en de zich langzaam voltrekkende ramp van robots die de plek van arbeiders overnemen kunnen veranderen in een hoorn des overvloeds. Veel van de banen die robots zullen overnemen, zijn banen die mensen helemaal niet zo leuk vinden, en de winst die wordt geboekt op het gebied van productiviteit, veiligheid en vrije tijd zou een zegen voor de mensheid zijn, zolang die op grote schaal wordt gedeeld. Het spook van wetteloosheid en zinloosheid wordt waarschijnlijk overdreven (volgens onderzoeken in regio's die hebben geëxperimenteerd met een gegarandeerd inkomen) en zou bestreden kunnen worden met overheidsbanen die niet door markten ondersteund worden en niet door robots uitgevoerd kunnen worden, of met nieuwe mogelijkheden op het gebie van zinvol vrijwilligerswerk en andere vormen van effectief altruïsme.[68] Het netto-effect zou kunnen zijn dat de ongelijkheid vermindert, maar dat zou een bijeffect zijn van het verhogen van ieders levensstandaard, in het bijzonder die van de economisch zwakken.

Kortom, ongelijkheid is geen tegenvoorbeeld van menselijke vooruitgang, en we leven niet in een dystopie van sterk dalende inkomens die de eeuwenlange stijging van welvaart een halt heeft toegeroepen. Ook maakt ongelijkheid het niet nodig dat we robots kapot smijten,

153

ons angstig terugtrekken, ons tot het socialisme wenden of terugkeren naar de jaren vijftig. Laat ik mijn ingewikkelde verhaal over een ingewikkeld onderwerp samenvatten.

Ongelijkheid is niet hetzelfde als armoede en vormt geen fundamenteel aspect van het menselijk welzijn. Bij het vergelijken van welzijn tussen landen verbleekt het belang van ongelijkheid bij algemene welvaart. Een toename van ongelijkheid is niet per definitie verkeerd; wanneer samenlevingen ontkomen aan wijdverbreide armoede, zal de ongelijkheid zeker toenemen, en grote ongelijkheid kan herhaald worden wanneer een samenleving nieuwe bronnen van rijkdom ontdekt. Noch is een afname van ongelijkheid altijd goed; economische ongelijkheden verdwijnen het effectiefst door epidemieën, grootschalige oorlogen, gewelddadige revoluties en de ineenstorting van staten.

Desondanks is de trend in de geschiedenis sinds de Verlichting dat van iedereen het vermogen toeneemt. Naast het genereren van gigantische rijkdom hebben moderne samenlevingen een steeds groter percentage van die rijkdom besteed aan het helpen van de minder bedeelden.

Naarmate globalisering en technologie miljarden mensen uit de armoede hebben bevrijd en een wereldwijde middenklasse hebben gecreëerd, is de wereldwijde ongelijkheid steeds verder afgenomen, terwijl de elites waarvan de analytische, creatieve of financiële impact een wereldwijd bereik heeft zijn verrijkt. De lagere klassen in ontwikkelde landen zijn er lang niet zo op vooruitgegaan, maar wel iets, vaak omdat de mensen die er deel van uitmaken doorschuiven naar de hogere klassen. Verdere verbetering is gerealiseerd door sociale uitgaven en door de dalende kosten en toenemende kwaliteit van de dingen die mensen willen. In sommige opzichten is de wereld minder gelijk geworden, maar in meer opzichten zijn alle mensen op de wereld beter af.

10 Het milieu

Maar is vooruitgang duurzaam? Een vaak gehoorde reactie op het goede nieuws over onze gezondheid, welvaart en voedselvoorziening is
dat het niet kan blijven voortduren. Doordat we de wereld teisteren
met gigantische aantallen mensen, de overvloed die de aarde biedt ver-
brassen zonder oog te hebben voor de eindigheid ervan, en ons nest
bevuilen met verontreiniging en afval, komt de dag dat we daarvoor de
ecologische rekening moeten betalen steeds dichterbij. Als we niet ten
onder gaan aan overbevolking, tekort aan hulpbronnen en vervuiling,
dan wel aan klimaatverandering.

Net als in het hoofdstuk over ongelijkheid zal ik niet pretenderen dat
alle ontwikkelingen positief zijn of dat de problemen waarmee we te
maken hebben niets voorstellen. Ik zal echter wel een manier van denken over deze problemen uiteenzetten die verschilt van de mistroosti-
ge conventionele wijsheid en die een constructief alternatief biedt voor
het radicalisme of fatalisme dat door die 'wijsheid' in de hand wordt
gewerkt. De hoofdgedachte is dat milieuproblemen, net als andere
problemen, met de juiste kennis zijn op te lossen.

Het idee dat er milieuproblemen *zijn* is absoluut niet vanzelfsprekend. Vanuit individueel perspectief lijkt de aarde eindig en lijkt het
effect dat wij erop hebben onbeduidend. Vanuit wetenschappelijk oogpunt is de situatie zorgelijker. Het microscopische perspectief brengt
vervuilers aan het licht die ons en de diersoorten die we bewonderen
en waarvan we afhankelijk zijn onopgemerkt vergiftigen; het macroscopische perspectief brengt effecten op ecosystemen aan het licht die
per handeling misschien onzichtbaar zijn, maar alles bij elkaar leiden
tot een soort tragische roofbouw. Vanaf begin jaren zestig van de twintigste eeuw kwam de milieubeweging voort uit wetenschappelijke kennis (van ecologie, volksgezondheid, aardwetenschappen en atmosfeer-
wetenschap) en een romantische eerbied voor de natuur. De beweging
zette de gezondheid van de planeet blijvend hoog op de menselijke
agenda, en zoals we zullen zien verdient ze lof omdat ze substantiële
resultaten heeft geboekt – nog een vorm van menselijke vooruitgang.

Ironisch genoeg weigeren velen binnen de traditionele milieubeweging die vooruitgang te erkennen, of zelfs de overtuiging dat menselijke vooruitgang iets is om naar te streven. In dit hoofdstuk zal ik een nieuwe kijk op het milieu presenteren, die ook tot doel heeft lucht, water, diersoorten en ecosystemen te beschermen maar die gebaseerd is op het optimisme van de Verlichting en niet op de romantische overtuiging dat alles in verval is.

Vanaf de jaren zeventig van de vorige eeuw haakte de milieubeweging aan bij een pseudoreligieuze ideologie die je het groene geloof of het groene evangelie zou kunnen noemen en die zichtbaar is in de manifesten van activisten van diverse pluimage, zoals Al Gore, de Unabomber en Paus Franciscus.[1] Groene ideologie begint met een beeld van de aarde als een ongerepte igénue die verontreinigd is door menselijke hebzucht. Zoals Franciscus het verwoordde in zijn pauselijke rondzendbrief *Laudato Si* (U zij geprezen) uit 2015: 'Ons gemeenschappelijke huis is als een zuster met wie we ons leven delen (...) en die protesteert vanwege het kwaad dat we haar hebben gedaan.' Volgens dit verhaal neemt dit kwaad voortdurend toe: 'De aarde, ons huis, lijkt steeds meer te veranderen in een immense opslagplaats van vuilnis.' De hoofdoorzaak is de toewijding van de Verlichting aan rede, wetenschap en vooruitgang: 'Vooruitgang van wetenschap en techniek is niet gelijk aan de vooruitgang van de mensheid en de geschiedenis,' schreef Franciscus. 'Er zijn andere wegen naar een gelukkige toekomst,' namelijk een erkenning van 'het mysterie van de vele verbanden die er bestaan tussen de dingen' en (uiteraard) 'de schat aan christelijke spirituele ervaring'. Als we ons niet bekeren van onze zonden door middel van verminderde groei, de-industrialisatie en het verwerpen van de valse goden der wetenschap, technologie en vooruitgang, zal de mensheid geconfronteerd worden met een gruwelijke afrekening op een ecologische Dag des Oordeels.

Zoals met veel apocalyptische bewegingen het geval is, is het groene geloof doorvlochten van misantropie, met inbegrip van onverschilligheid jegens verhongering, het zwelgen in gruwelijke fantasieën over een ontvolkte planeet, en bijkans nazistische vergelijkingen van mensen met ongedierte, ziekteverwekkers en kanker. Zo schreef Paul Watson van de Sea Sheperd Conservation Society: 'We moeten de menselijke bevolking radicaal en op een intelligente manier reduceren tot minder dan een miljard. (...) Om kanker uit een lichaam te verwijderen is een radicale behandeling nodig die tot diep in het lichaam doordringt, en zodoende zal er ook een radicale aanpak nodig zijn om de biosfeer te genezen van het menselijk virus.'[2]

Onlangs werd er door John Asafu-Adjaye, Jesse Ausubel, Andrew Balmford, Stewart Brand, Ruth DeFries, Nancy Knowlton, Ted Nordhaus, Michael Shellenberger en anderen een alternatieve benadering van milieubescherming bepleit die onder andere ecomodernisme of ecopragmatisme wordt genoemd, al kunnen we haar ook zien als verlichtingsecologisme of humanistisch ecologisme.[3]

Ecomodernisme begint met de realisatie dat enige mate van vervuiling een onvermijdelijk gevolg is van de tweede wet van de thermodynamica. Wanneer mensen energie gebruiken om gestructureerde zones te scheppen in hun lichaam en op de plek waar ze leven, kan het niet anders dan dat ze entropie elders in het milieu laten toenemen in de vorm van afval, vervuiling en andere vormen van wanorde. De menselijke soort is daar altijd heel vindingrijk in geweest – dat onderscheidt ons nu eenmaal van andere zoogdieren – en heeft nooit in harmonie met het milieu geleefd. Wanneer inheemse volkeren voet zetten in een ecosysteem, joegen ze doorgaans net zo lang op grote dieren tot die waren uitgestorven, en vaak brandden ze gigantische stukken bos plat of haalden die helemaal leeg.[4] Een donker geheim van de milieubeweging is dat wildparken pas ontstaan nadat de inheemse bevolking eruit is verwijderd – dat geldt ook voor de nationale parken in de Verenigde Staten en de Serengeti in Oost-Afrika.[5] Zoals milieuhistoricus William Cronon schrijft is 'wildernis' geen authentiek, ongerept heiligdom, maar zelf ook een voortbrengsel van beschaving.

Toen mensen het land gingen bewerken, begonnen ze hun omgeving nog meer te verstoren. Volgens paleoklimatoloog William Ruddiman zou het best kunnen zijn dat toen er ongeveer vijfduizend jaar geleden in Azië werd begonnen met bevloeide rijstvelden, er als gevolg van rottende vegetatie zoveel methaan in de atmosfeer kwam dat het klimaat erdoor veranderd is. 'Er kan goed onderbouwd worden,' zegt hij, 'dat de mensen in de ijzertijd en zelfs aan het eind van het stenen tijdperk per hoofd van de bevolking een veel grotere impact op het aardse landschap hadden dan de gemiddelde persoon uit onze tijd.'[6] En zoals Brand naar voren heeft bracht (zie hoofdstuk 7) is 'natuurlijke landbouw' een contradictio in terminis. Wanneer hij het woord 'natuurvoeding' hoort, krijgt hij altijd de neiging te fulmineren:

Geen enkel landbouwproduct is voor een ecoloog ook maar enigszins natuurlijk! Neem een lekker complex ecosysteem, hak het in rechthoeken, maak het helemaal leeg en maak er een onkruidparadijs van! Je molt de bodem, slaat die helemaal plat en laat de boel

157

onderlopen met enorme hoeveelheden water! Dan koloniseer je de grond met allemaal dezelfde monoculturen van zwaar beschadigde planten die niet op eigen kracht kunnen leven! Elke plant die als voedsel dient kun je vergelijken met een zielige, beperkte specialist die slechts één vaardigheid beheerst en die duizenden jaren lang door inteelt tot een toestand van genetische idiotie is gebracht! Deze planten zijn zo kwetsbaar dat ze mensen moesten domesticeren zodat die ze eindeloos zouden verzorgen![7]

158   Het tweede besef van de ecomodernistische beweging is dat industrialisatie goed is voor de mens.[8] Er zijn miljarden mensen door gevoed, de levensduur is erdoor verdubbeld, extreme armoede is bijna verdwenen en door spierkracht te vervangen door machines was het makkelijker om een einde te maken aan slavernij, om vrouwen te emanciperen en kinderen onderwijs te bieden (hoofdstuk 7, 16 en 17). Dankzij de industrialisatie kunnen mensen 's avonds lezen, kunnen ze wonen waar ze willen, hebben ze het warm in de winter, kunnen ze iets van de wereld zien en hebben ze veel meer contact met andere mensen. Alle kosten in de vorm van vervuiling en verlies van leefgebieden moeten tegen deze positieve zaken worden afgewogen. Zoals de econoom Robert Frank het heeft uitgedrukt, bestaat er een optimale vervuiling van het milieu, net zoals er een optimale hoeveelheid viezigheid in je huis kan zijn. Schoner is beter, maar niet ten koste van al het andere in het leven.

Het derde uitgangspunt is dat technologie iets kan doen aan de wisselwerking die een strijd veroorzaakt tussen menselijk welzijn en schade aan het milieu. Hoe we kunnen genieten van meer calorieën, lumina, joules, bits en kilometers met minder vervuiling en minder grond is zelf een technologisch probleem, en een dat de wereld in toenemende mate oplost. Economen spreken van de ecologische Kutznetscurve, een tegenhanger van de u-vormige boog van ongelijkheid als een onderdeel van economische groei. Wanneer landen voor het eerst tot ontwikkeling komen, vinden ze groei belangrijker dan een schoon milieu. Maar naarmate ze rijker worden, gaan ze zich met dat milieu bezighouden.[9] Als mensen zich alleen elektriciteit kunnen veroorloven ten koste van wat smog, zullen ze leven met de smog, maar wanneer ze zich elektriciteit én schone lucht kunnen veroorloven, zullen ze voor de schone lucht gaan. Dat kan nog sneller gaan wanneer technologie auto's, fabrieken en krachtcentrales schoner maakt zodat schone lucht beter betaalbaar wordt.

Economische groei verbuigt de ecologische Kuznetscurve, niet alleen door ontwikkelingen binnen de technologie, maar ook op het gebied van waarden. Sommige zorgen met betrekking tot het milieu zijn volledig praktisch van aard: mensen klagen over smog in hun stad of over groen dat geasfalteerd wordt. Maar andere zorgen zijn spiritueler. Het lot van de zwarte neushoorn en het welzijn van onze nakomelingen in het jaar 2525 zijn belangrijke morele zorgen, maar het is wel een beetje een luxeprobleem om ons daar nu druk om te maken. Wanneer samenlevingen rijker worden en mensen niet langer hoeven na te denken over een dak boven hun hoofd of over de vraag of ze vandaag eten op tafel kunnen zetten, stijgen hun waarden binnen een hiërarchie van behoeften en gaan ze zich bezighouden met zaken die verder verwijderd zijn in ruimte en tijd. Ronald Inglehart en Christian Welzel zijn, door gebruik te maken van data van de World Values Survey, tot de ontdekking gekomen dat mensen met sterkere emanciperende waarden – tolerantie, gelijkheid, vrijheid van meningsuiting en van denken –, die vaak hand in hand gaan met overvloed en onderwijs, ook eerder zullen recyclen en druk zullen uitoefenen op de overheid en het bedrijfsleven om het milieu te beschermen.[10]

159

De meeste mensen die pessimistisch zijn over het milieu wijzen deze hele manier van denken van de hand als 'geloof dat technologie ons zal redden'. Eigenlijk komt het neer op de sceptische overtuiging dat de status quo ons te gronde zal richten – dat kennis altijd precies hetzelfde zal blijven en dat mensen als robots in hun huidige gedrag zullen volharden, ongeacht de omstandigheden. Een naïef geloof in stagnatie heeft zelfs herhaaldelijk tot profetieën over ecologische rampspoed geleid die nooit zijn uitgekomen.

Het eerste voorbeeld is de 'bevolkingsbom', die (zoals we zagen in hoofdstuk 7) zichzelf heeft gedemonteerd. Wanneer landen rijker worden en beter onderwijs bieden, maken ze door wat demografen 'de demografische transitie' noemen.[11] Eerst daalt het sterftecijfer door betere voeding en gezondheid. Hierdoor neemt de bevolking toe, maar dat is niet echt iets om rouwig om te zijn; zoals Johan Norberg opmerkt, gebeurt dat niet omdat mensen in arme landen gaan fokken als konijnen maar omdat ze niet meer sterven als vliegen. Hoe dan ook, de toename is tijdelijk; het geboortecijfer bereikt een hoogtepunt en neemt vervolgens af. Daar zijn minstens twee redenen voor: ouders brengen niet langer veel kroost ter wereld om zich in te dekken tegen de dood van enkele van hun kinderen, en wanneer vrouwen beter onderwijs krijgen, trouwen ze op latere leeftijd en stellen ze het krijgen van kinderen uit. In figuur 10-1 is te zien dat de groei van de wereldbevolking, die in 1962 een piek had van 2,1 procent per jaar, in 2010 gedaald was tot 1,2 procent, in 2050 waarschijnlijk rond de 0,5 procent zal bedragen en rond 2070 dicht bij nul zal liggen, aangezien de verwachting is dat de bevolking dan gelijk zal blijven en vervolgens af zal nemen. Vruchtbaarheidscijfers zijn het duidelijkst gedaald in ontwikkelde regio's als Europa en Japan, maar ze kunnen ook in andere delen van de wereld plotseling scherp dalen, vaak tot verrassing van demografen. Ondanks de wijdverbreide overtuiging dat islamitische samenlevingen immuun zijn voor de sociale veranderingen die het Westen ingrijpend hebben veranderd en dat ze eindeloos te maken zullen hebben met *youthquakes*, is het aantal zwangerschappen in islamitische landen de afgelopen drie decennia met 40 procent afgenomen; in Iran vond een daling plaats van 70 procent en in Bangladesh en zeven Arabische landen van 60 procent.[12]

160

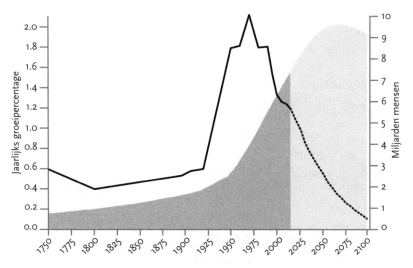

Figuur 10-1: bevolking en bevolkingsgroei, 1750-2015 en geschat tot 2100
Bronnen: *Our World in Data*, Ortiz-Ospina & Roser 2016d. 1750-2015: UN Population Division en *History Database of the Global Environment* (HYDE), het Nederlands Planbureau voor de Leefomgeving (ongedateerd). **Voorspellingen na 2015:** Jaarlijks groeicijfer, hetzelfde als voor 1750-2015. Miljarden mensen, International Institute for Applied Systems Analysis, Medium Projection (het totaal van schattingen per land, waarbij rekening is gehouden met onderwijs), Lutz, Butz & Samir 2014.

De andere angst van veel mensen in de jaren zestig was dat de wereld zonder hulpbronnen zou komen te zitten. Maar de hulpbronnen raken eenvoudigweg niet op. De jaren tachtig kwamen en gingen zonder de grootschalige hongersnood waar tientallen miljoenen Amerikanen en miljarden mensen in de rest van de wereld volgens pessimisten aan zouden overlijden. Toen verstreek het jaar 1992, en in tegenstelling tot voorspellingen uit de bestseller *The Limits to Growth* uit 1972 en soortgelijke filippica's raakten de voorraden aluminium, koper, chroom, goud, nikkel, tin, wolfraam en zink niet uitgeput. (In 1980 ging Ehrlich met de econoom Julian Simon de beroemde weddenschap aan dat vijf van deze metalen schaarser zouden worden en daardoor tegen het einde van het decennium duurder zouden zijn; hij verloor alle vijf de weddenschappen. De meeste metalen en mineralen zijn tegenwoordig zelfs goedkoper dan in 1960.)[13] Vanaf de jaren zeventig tot het begin van de eenentwintigste eeuw illustreerden opiniebladen artikelen over de olievoorraden in de wereld met een benzinemeter die 0 aanwees. In 2013 stond in *The Atlantic* een omslagartikel over de frackingrevolutie met als kop: 'We Will Never Run Out of Oil'.

En dan zijn er zeldzame aardmetalen als yttrium, scandium, europium en lanthaan, die je misschien nog kent van je scheikundelessen. Deze metalen vormen een cruciaal bestanddeel van magneten, fluorescent licht, videoschermen, katalysatoren, lasers, condensatoren, optisch glas en andere geavanceerde toepassingen. Toen ze op begonnen te raken, werden we gewaarschuwd voor kritieke tekorten, een ineenstorting van de technologische industrie en misschien wel een oorlog met China, waar 95 procent van de wereldvoorraad vandaan kwam. Dat leidde aan het einde van de twintigste eeuw tot de Grote Europiumcrisis, toen het noodzakelijke bestanddeel van de rode fosforpuntjes op de kathodestraalbuizen van kleurentelevisies en computermonitoren niet meer verkrijgbaar was en de samenleving verdeeld raakte tussen de *haves*, die de laatste werkende kleurentelevisies hamsterden, en de boze *have-nots*, die zich moesten behelpen met zwart-wittoestellen. Wat, had je daar nog nooit van gehoord? Een van de redenen waarom zo'n crisis zich niet heeft voorgedaan is dat kathodestraalbuizen werden vervangen door lcd-schermen, die waren gemaakt van veel voorkomende bestanddelen.[14] En die oorlog om zeldzame aardmetalen? In werkelijkheid begonnen andere landen, toen China de export in 2010 begon in te dammen (niet vanwege tekorten maar als geopolitiek en mercantilistisch wapen), zeldzame aardmetalen uit hun eigen mijnen te halen, ze te recyclen uit industrieel afval, en nieuwe producten samen te stellen zodat ze de metalen niet langer nodig hadden.[15]

Wanneer voorspellingen van apocalyptische tekorten aan hulpbronnen herhaaldelijk onjuist blijken te zijn, moet je óf concluderen dat de mensheid keer op keer als een Hollywoodheld op miraculeuze wijze is ontsnapt aan een zekere dood, of dat er een fout zit in de manier van denken die apocalyptische tekorten voorspelt. Op die fout is al vele malen gewezen.[16] De mensheid zuigt hulpbronnen niet uit de aarde, zoals je met een rietje een milkshake opdrinkt tot een gorgelend geluid duidelijk maakt dat de beker leeg is. In plaats daarvan is het zo dat wanneer de voorraad van een hulpbron die het makkelijkst gewonnen kan worden schaarser wordt, de prijs stijgt, waardoor mensen worden aangemoedigd zuinig met het materiaal om te springen, bij de minder goed bereikbare voorraden te komen of goedkopere en overvloediger vervangers te vinden.

162

Het is een misvatting te denken dat mensen hulpbronnen sowieso 'nodig hebben'.[17] Ze hebben manieren nodig om voedsel te verbouwen, te reizen, hun huis te verlichten, informatie te tonen en andere bronnen van welzijn. Ze voorzien in die behoeften met *ideeën*: met recepten, formules, technieken, blauwdrukken en algoritmen om de fysieke wereld te beïnvloeden zodat die hun geeft wat ze nodig hebben. De menselijke geest, met zijn recursieve combinatorische vermogen, kan een oneindig aantal ideeën exploreren en wordt niet beperkt door de hoeveelheid van één bepaald materiaal in de bodem. Wanneer een idee niet langer werkt, kan het vervangen worden door een ander. Dat gaat niet in tegen de wet van de totale kans, maar is er juist een bevestiging van. Waarom zouden de natuurwetten precies één natuurkundig mogelijke manier hebben toegestaan om te voorzien in een menselijke behoefte, niet meer en niet minder?[18]

Toegegeven, deze manier van denken botst met de ethiek van 'duurzaamheid'. In figuur 10-2 illustreert de cartoonist Randall Munroe wat er mis is met dit modewoord en deze heilige waarde. De doctrine van duurzaamheid gaat ervan uit dat het huidige gebruik van hulpbronnen geëxtrapoleerd kan worden en dat het op een gegeven moment op een plafond stuit. De implicatie is dat we moeten overstappen op een hernieuwbare hulpbron die oneindig vaak en zoveel als nodig aangevuld kan worden. In werkelijkheid hebben samenlevingen altijd al hulpbronnen opgegeven om betere te gebruiken, lang voordat de oude waren uitgeput. Er wordt wel gezegd dat het Stenen Tijdperk niet ten einde kwam omdat de stenen op waren, en hetzelfde geldt voor energie. 'Er was nog genoeg hout en hooi over toen de wereld overstapte op kolen,' zegt Ausubel. 'Er was steenkool in overvloed toen de olie in opkomst kwam. Nu is er olie genoeg terwijl methaan [natuurgas] in opkomst is.'[19] Zoals we zullen zien, is het goed mogelijk dat gas vervangen wordt door energiebronnen met nog minder koolstof, lang voordat de laatste kubieke meter opgaat in een blauwe vlam.

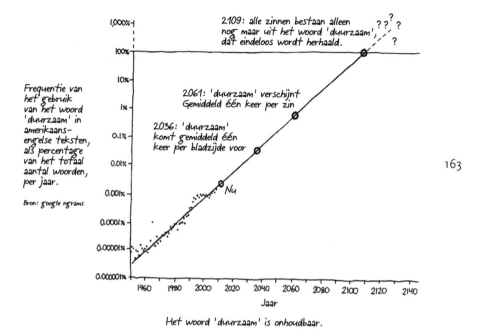

Figuur 10-2: duurzaamheid, 1955-2109
Bron: Randall Munroe, xkcd, http://xkcd.com/1007/.
Met dank aan Randall Munroe, xkcd.com.

163

Ook de voedselvoorraden zijn exponentieel toegenomen (zoals we
hebben gezien in hoofdstuk 7), ook al is geen enkele methode waarmee voedsel is verbouwd ooit duurzaam geweest. In *The Big Ratchet:
How Humanity Thrives in the Face of Natural Crisis* beschrijft de geo-
graaf Ruth DeFries de volgorde als 'opgang, afdanking en overstap'.
Mensen ontdekken een manier om meer voedsel te verbouwen, en de
bevolkingsaantallen schieten omhoog. De methode kan niet meer voldoen aan de vraag of veroorzaakt onaangename bijwerkingen en wordt
afgedankt. Mensen stappen vervolgens over op een nieuwe methode.
Op verschillende momenten hebben boeren de overstap gemaakt naar
brandcultuur, het gebruik van menselijke ontlasting, wisselbouw, gu-
ano, salpeter, vermalen bizonbotten, kunstmest, hybride rassen, pes-
ticiden en de Groene Revolutie.[20] Toekomstige overstappen betreffen
misschien genetisch gemodificeerde organismen, hydrocultuur, aero-
cultuur, verticale landbouw, gerobotiseerde landbouw, kweekvlees,
kunstmatige intelligentie-algoritmes gevoed door GPS en biosensoren,
het winnen van energie en meststof uit rioolwater, aquacultuur met

vis die tofoe eet in plaats van andere vissen, en wie weet wat nog meer – zolang mensen hun vindingrijkheid maar de vrije loop kunnen laten.[21] Ook al is water een hulpbron waar mensen zich nooit van zullen afkeren, boeren zouden enorme hoeveelheden kunnen besparen als ze overstapten op precisielandbouw zoals die in Israël wordt toegepast. En als de mensheid in overvloed koolstofvrije energiebronnen ontwikkelt (een onderwerp waar we later op zullen terugkomen) zou ze in haar behoeften kunnen voorzien door zeewater te ontzilten.[22]

164 Niet alleen zijn de rampen die in de jaren zeventig door de groene ideologie zijn voorspeld niet uitgekomen, de verbeteringen die de beweging voor onmogelijk hield hebben wél plaatsgevonden. Naarmate de wereld rijker is geworden en er meer ruimte is gekomen voor milieubeslommeringen, heeft de natuur zich hersteld.[23] De 'immense opslagplaats van vuilnis' van paus Franciscus is het visioen van iemand die wakker werd en dacht dat het 1965 was, de tijd van fabrieksschoorstenen die dikke rookwolken uitspuugden, van enorme hoeveelheden rioolwater, in brand vliegende rivieren en grapjes over de inwoners van grote steden die er niet van houden om lucht in te ademen die ze niet kunnen zien. Figuur 10-3 toont aan dat de Verenigde Staten sinds 1970, toen de Evironmental Protection Agency in het leven werd geroepen, de uitstoot van vijf luchtvervuilers met bijna twee derde hebben teruggedrongen. In diezelfde periode is de bevolking met meer dan 40 procent gegroeid, en al die mensen legden twee keer zo veel kilometers af en werden tweeënhalf keer zo rijk. Het energiegebruik is gelijk gebleven, en zelfs de uitstoot van koolstofdioxide is het hoogtepunt te boven, iets waar we nog op terug zullen komen. Die feiten zijn niet slechts het gevolg van een verplaatsing van zware industrie naar ontwikkelingslanden, omdat de grootste hoeveelheid energieverbruik en energie-uitstoot veroorzaakt wordt door transport, verwarming en energieopwekking, die niet kunnen worden uitbesteed. Nee, ze weerspiegelen vooral winst op het gebied van efficiëntie en het terugdringen van uitstoot. Die uiteenlopende curves weerleggen zowel de groen-orthodoxe bewering dat alleen een afname van groei vervuiling kan indammen, als de rechtse bewering dat bescherming van het milieu onherroepelijk economische groei en de menselijke levensstandaard belemmert.

Veel verbeteringen zijn met het blote oog zichtbaar. Er hangt minder vaak een paarsbruine nevel boven steden, en Londen heeft geen last meer van de smog – eigenlijk de rook van koolverbranding – die werd vereeuwigd op impressionistische schilderijen, in griezelromans en

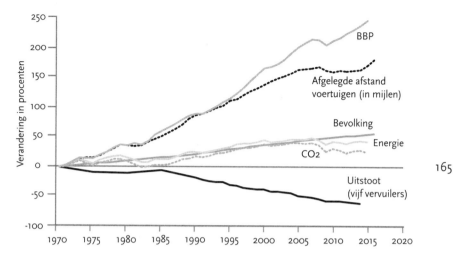

Figuur 10-3: vervuiling, energie en groei, VS, 1970-2015
Bronnen: US Environmental Protection Agency 2016, gebaseerd op de volgende bronnen. **BBP:** Bureau of Economic Analysis. **Afgelegde afstand:** Federal Highway Administration. **Bevolking:** US Census Bureau. Energieverbruik: Amerikaans ministerie van Energie. CO_2: US Greenhouse Gas Inventory Report. **Uitstoot:** (koolmonoxide, stikstofoxiden, deeltjes kleiner dan tien micrometer, zwaveldioxide en vluchtige organische verbindingen): EPA, https://www.epa. gov/air-emissions-inventories/air-pollutant-emissions-trends-data.

liedjes van Gershwin en door regenjassen van London Fog. In water en rivieren in en om steden – zoals Boston Harbor, de Hudson, de Seine, de Rijn en de Theems (die door Disraeli werd omschreven als 'een sombere poel die stinkt naar onuitsprekelijke en ondraaglijke verschrikkingen') – zijn vissen, vogels en zeezoogdieren teruggekeerd en zwemmen soms zelfs mensen. Inwoners van buitenwijken zien wolven, vossen, beren, lynxen, dassen, herten, visarenden, wilde kalkoenen en zeearenden. Doordat landbouw efficiënter wordt (hoofdstuk 7), verandert landbouwgrond weer in gematigde bossen, zoals elke wandelaar weet die in een bosrijk gebied in New England wel eens op een stenen muur is gestuit. Hoewel tropische regenwouden nog altijd in alarmerend tempo worden gekapt, is die kap tussen het midden van de twintigste eeuw en de eeuwwisseling met twee derde afgenomen (zie figuur 10-4).[24] Ontbossing van het grootste regenwoud ter wereld, de Amazone, kende een piek in in 1995, en is tussen 2004 en 2013 met 80 procent afgenomen.[25]

De afgenomen ontbossing in de tropen is één aanwijzing dat

milieubescherming zich van de ontwikkelde landen naar de rest van de wereld verspreidt. De vooruitgang die de wereld doormaakt kan worden gevolgd in de Environmental Performance Index, een samenstelling van indicatoren van de kwaliteit van lucht, water, bossen, visgronden, boerderijen en natuurlijke leefomgevingen. Van de honderdtachtig landen die tien jaar of langer zijn gevolgd, tonen er slechts twee geen vooruitgang.[26] Hoe rijker een land, des te schoner het milieu er gemiddeld is; de Scandinavische landen waren het schoonst, Afghanistan, Bangladesh en verschillende Afrikaanse landen ten zuiden van de Sahara het meest vervuild. Twee van de dodelijkste vormen van vervuiling – besmet drinkwater en rook door binnenshuis koken – zijn beproevingen waar arme landen mee te maken hebben.[27] Maar naarmate arme landen de afgelopen decennia rijker worden, laten ze die bezoekingen achter zich; het deel van de wereldbevolking dat besmet water drinkt, is met vijf achtste afgenomen, en het percentage mensen dat binnenshuis rook inademt met een derde.[28] Zoals Indira Gandhi zei: 'Armoede is de grootste vervuiler.'[29]

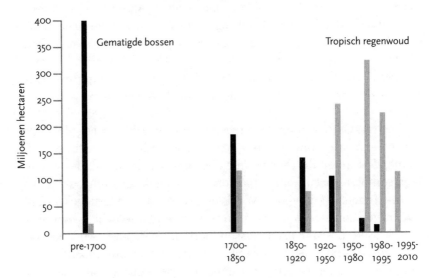

Figuur 10-4: ontbossing, 1700-2010
Bron: UN Forest and Agricultural Organization 2012, pag. 9. De staven geven totalen over intervallen van verschillende duur weer, geen jaarlijkse cijfers dus niet direct vergelijkbaar.

Hét symbool van milieuverontreiniging is lekkende olie uit tankers, die ongerepte stranden bedekt met een giftige zwarte laag en de veren van zeevogels en de vacht van otters en zeehonden besmeurt. De beruchtste ongelukken, zoals het breken van de Torrey Canyon in 1967 en van de Exxon Valdez in 1989, blijven hangen in ons collectieve geheugen, en slechts weinig mensen zijn zich ervan bewust dat olie- transport over zee véél veiliger is geworden. Figuur 10-5 laat zien dat het jaarlijkse aantal olielekken uit tankers is gedaald van negentig in 1973 tot slechts vijf in 2016 (en het aantal gróte olielekken van tweeën- dertig in 1973 tot slechts één in 2016). De grafiek toont ook aan dat er minder olie is gelekt, ondanks het feit dat er meer olie is verscheept; het aantal transporten biedt extra bewijs dat bescherming van het mi- lieu hand in hand gaat met economische groei. Het is niet verwonder- 167 lijk dat oliemaatschappijen het aantal ongelukken met tankers *willen* reduceren, omdat hun belangen samenvallen met die van het milieu; olielekken zijn rampzalige pr (vooral wanneer de naam van het bedrijf met koeienletters op een gebroken schip staat), leiden tot torenhoge boetes en verspillen natuurlijk ook dure olie. Interessanter is het feit dat de maatschappijen hun doel grotendeels hebben bereikt. Techno- logieën volgen een leercurve en worden na verloop van tijd minder riskant doordat knappe koppen de gevaarlijkste kwetsbaarheden weg- werken (een punt waar we in hoofdstuk 12 op terug zullen komen). Maar mensen herinneren zich de ongelukken en zijn zich niet bewust

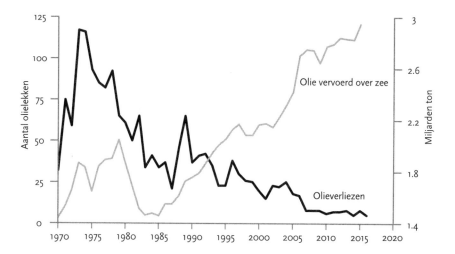

Figuur 10-5: olielekkages, 1970-2016
Bron: *Our World in Data*, Roser 2016r, gebaseerd op (bijgewerkte) data van de International Tanker Owners Pollution Federation, http://itopf.com/know- ledge-resources/data-statistics/statistics/. Olielekken zijn alle gevallen die lei- den tot het verlies van minstens zeven ton olie. Vervoerde olie bestaat uit 'totaal ruwe aardolie, petroleumproducten en gas'.

van de toenemende verbeteringen. De verbeteringen in verschillende technologieën doen zich voor in verschillende tijdschema's: in 2010, toen er minder olielekken op zee waren dan ooit, vond het op twee na grootste lek ooit op een boorplatform plaats. Het ongeluk op de *Deepwater Horizon* in de Golf van Mexico leidde tot nieuwe wetgeving voor veiligheidsafsluiters, goed ontwerp, toezicht en insluiting.[30]

168

Een andere vooruitgang is dat enorme hoeveelheden land en zee volledig zijn beschermd tegen gebruik door de mens. Deskundigen op het gebied van milieubehoud zijn unaniem in hun inschatting dat er nog altijd te weinig beschermde gebieden zijn, maar de voortvarendheid is indrukwekkend. Figuur 10-6 toont dat de hoeveelheid land die dient als natuurpark, wildreservaat en ander beschermd gebied is toegenomen van 8,2 procent van het totale landoppervlak op aarde in 1990 tot 14,8 procent in 2014 – een gebied dat twee keer zo groot is als de Verenigde Staten. Het aantal gebieden op zee dat wordt beschermd is ook toegenomen en tijdens deze periode zelfs verdubbeld; 12 procent van de zeeën en oceanen op aarde wordt nu beschermd.

Dankzij de bescherming van leefgebieden zijn veel geliefde diersoorten op het nippertje voor uitsterven behoed, waaronder de albatros, de

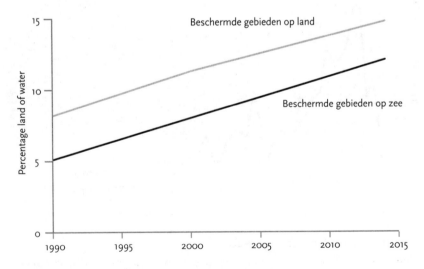

Figuur 10-6: beschermde gebieden, 1900-2014
Bron: Wereldbank 2016h en 2017, gebaseerd op data van het United Nations Environmental Program en het World Conservation Monitoring Centre, verzameld door het World Resources Institute.

condor, de gemsbok, de panda, de neushoorn, de Tasmaanse duivel en de tijger; volgens ecoloog Stuart Pimm is het aantal uitgestorven vogels met 75 procent afgenomen.[31] Hoewel veel diersoorten nog altijd ernstig bedreigd worden, is een aantal ecologen en paleontologen van mening dat de bewering dat de mens zich schuldig maakt aan het uitroeien van dieren op de schaal van de Perm-Trias-massa-extinctie en de Krijt-Paleogeen-massa-extinctie, zwaar overdreven is.[32] Zoals Brand opmerkt: 'Er zijn nog talloze specifieke problemen rond wilde dieren op te lossen, maar die worden dermate vaak als extinctiecrises omschreven dat dat tot paniek leidt onder het grote publiek, dat denkt dat de natuur extreem kwetsbaar is of al onherstelbaar beschadigd is. Dat is in de verste verte niet het geval. De natuur als geheel is nog net zo sterk als altijd – misschien wel sterker. (...) De natuurbeschermingsdoelen worden bereikt door te werken met die robuustheid.'

Andere verbeteringen zijn mondiaal in omvang. Het verdrag uit 1963 waarmee kernproeven in de atmosfeer werden verboden, maakte een einde aan de meest angstaanjagende vorm van vervuiling die er bestaat: radioactieve neerslag. Het verdrag bewees dat de landen van de wereld het eens konden worden over maatregelen om de planeet te beschermen, zelfs bij afwezigheid van een wereldregering. Sindsdien is met wereldwijde samenwerking vele uitdagingen het hoofd geboden. Internationale verdragen met betrekking tot de reductie van zwaveluitstoot en andere vormen van 'grensoverschrijdende luchtvervuiling op de lange termijn' die zijn gesloten in de jaren tachtig en negentig van de vorige eeuw hebben de paniek over zure regen helpen verdwijnen.[33] Dankzij het verbod op chloorfluorkoolstofverbindingen dat in 1987 werd ingevoerd, en dat door 197 landen werd geratificeerd, is de verwachting dat de ozonlaag tegen het midden van de eenentwintigste eeuw hersteld zal zijn.[34] Deze successen bereidden, zoals we zullen zien, de weg voor het historische klimaatakkoord van Parijs van 2015.

Zoals bij alle manifestaties van vooruitgang wordt er vaak met een mengeling van boosheid en gebrek aan logica gereageerd als wordt beweerd dat de staat van het milieu verbetert. Dat uit verschillende metingen blijkt dat de milieukwaliteit toeneemt, wil niet zeggen dat er niets aan de hand is, dat het milieu er vanzelf bovenop is gekomen of dat we ontspannen achterover kunnen leunen. Voor het schonere milieu waar we vandaag van kunnen genieten moeten we de argumenten, het activisme, de wetgeving, regels, verdragen en technische vindingrijkheid dankbaar zijn van de mensen die zich in het verleden hebben ingezet om het milieu te verbeteren.[35] We zullen meer van dat alles nodig hebben om de geboekte vooruitgang in stand te houden, een ommekeer te voorkomen (vooral onder het presidentschap van Trump) en de geboekte vooruitgang uit te breiden naar de enorme problemen waar we nog altijd mee te maken hebben, zoals de gezondheid van de oceanen en, zoals we zullen zien, broeikasgassen in de atmosfeer.

Maar om vele redenen is het tijd om op te houden de moderne mens neer te zetten als een verderfelijk ras van rovers en plunderaars dat het einde van de wereld zal versnellen tenzij het de industriële revolutie ongedaan maakt, technologie afzweert en terugkeert naar een ascetische eenheid en harmonie met de natuur. In plaats daarvan kunnen we de bescherming van het milieu behandelen als een probleem dat moet worden opgelost: hoe kunnen mensen een veilig, comfortabel en stimulerend leven leiden met zo min mogelijk vervuiling en zo veel mogelijk behoud van hun leefomgeving? De vooruitgang die we tot nu toe hebben geboekt bij het oplossen van dit probleem geeft geen enkele aanleiding tot zelfgenoegzaamheid maar spoort ons aan naar meer te streven. Ook wijst die vooruitgang ons op de krachten waardoor het proces is voortgestuwd.

Eén manier is om productiviteit los te koppelen van hulpbronnen – om meer voordelen voor de mens te verwezenlijken uit minder materiaal en energie. Dat vraagt om *compactheid*.[36] Wanneer landbouw intensiever wordt door groeiende gewassen die veredeld of ontworpen worden zodat ze meer eiwitten, calorieën en vezels produceren terwijl er minder grond, water en kunstmest voor nodig is, wordt er landbouwgrond bespaard, en de grond die niet gebruikt wordt kan dan weer veranderen in natuurlijke habitats. (Ecomodernisten wijzen erop dat biologische landbouw, waar veel meer grond voor nodig is om een kilo voedsel te verbouwen, groen noch duurzaam is.) Wanneer mensen naar de stad verhuizen, komt daardoor niet alleen meer grond beschikbaar op het platteland maar hebben ze ook minder hulpbronnen nodig om te forenzen, te bouwen en te verwarmen, omdat het plafond van de een de vloer is van een ander. Wanneer bomen afkomstig zijn van intensieve bosbouw, waarvan de opbrengst vijf tot tien keer zo groot is als die van natuurlijke bossen, wordt er bosgrond gespaard, net als de gevederde, pluizige en geschubde bewoners ervan.

Al die processen worden bevorderd door nog een andere vriend van de aarde, *dematerialisatie*. Dankzij technologische vooruitgang kunnen we meer met minder. Een aluminium frisdrankblikje woog vroeger ruim tachtig gram; tegenwoordig weegt het nog geen vijftien gram. Mobiele telefoons hebben geen kilometers telefoonpalen en draden nodig. Door atomen te vervangen door bits dematerialiseert de digitale revolutie de wereld waar we bij staan. De kubieke meters vinyl waar vroeger mijn muziekcollectie uit bestond hebben plaatsgemaakt voor de kubieke centimeters van compact discs en vervolgens voor het niets van mp3's. De stroom krantenpapier in mijn appartement is ingedamd door een iPad. Met een terabyte opslagruimte op mijn laptop koop ik geen printpapier meer met tien pakken tegelijk. En denk alleen al aan alle hoeveelheden plastic, metaal en papier die niet langer worden verwerkt in de vele consumentenproducten die kunnen worden vervangen door één enkele smartphone, waar een telefoon, antwoordapparaat, telefoonboek, camera, camcorder, taperecorder, radio, wekker, rekenmachine, woordenboek, archiefsysteem, kalender, stratenkaarten, zaklamp, fax en kompas in zitten, en zelfs een metronoom, buitenthermometer en waterpas.

Digitale technologie zorgt ook voor dematerialisatie door de deeleconomie mogelijk te maken, zodat auto's, hulpmiddelen en slaapkamers niet met enorme hoeveelheden tegelijk gemaakt hoeven te worden terwijl ze het grootste deel van de tijd ongebruikt worden opgeslagen. Reclameman Rory Sutherland heeft opgemerkt dat dematerialisatie ook wordt bevorderd door veranderingen van criteria die aan sociale status worden gesteld.[37] De duurste gebouwen in het Londen van tegenwoordig zouden door rijke victorianen ongelooflijk krap zijn gevonden, maar het stadscentrum is nu populairder dan de buitenwijken. Social media moedigen jonge mensen aan om te pronken met hun ervaringen in plaats van met hun auto's en hun garderobe, en door de 'verhipstering' onderscheiden ze zich met hun bier-, koffie- en muziekvoorkeuren. Het tijdperk van de Beach Boys en *American Graffiti* is voorbij: de helft van de Amerikaanse achttienjarigen heeft geen rijbewijs.[38]

De uitdrukking 'Peak Oil', die populair werd na de energiecrises van de jaren zeventig, is een verwijzing naar het jaar dat de wereld zijn maximale aardoliewinning zou bereiken. Ausubel merkt op dat we als gevolg van demografische transitie misschien ook wel een kinderpiek, landbouwgrondpiek, houtpiek, papierpiek en autopiek hebben bereikt. Wellicht bereiken we zelfs een spullenpiek: van de honderd producten die Ausubel in kaart heeft gebracht, hebben er zesendertig in de Verenigde Staten een piek bereikt in absoluut gebruik, en van nog eens drieënvijftig (waaronder water, stikstof en elektriciteit) zou het gebruik best wel eens snel kunnen afnemen, wat betekent dat nog maar van elf producten het gebruik toeneemt. Ook de Britten hebben een piek in het gebruik van spullen bereikt; hun jaarlijkse gebruik van materiaal is van 15,1 ton per persoon in 2001 afgenomen tot 10,3 ton in 2013.[39] Voor deze opvallende trends was geen dwang nodig, geen wetgeving of moralisatie; ze ontwikkelden zich spontaan doordat mensen keuzes maakten over hoe ze hun leven wilden leiden. De trends tonen absoluut niet aan dat milieuwetgeving niet nodig is – instanties die het milieu beschermen, verplichte energienormen, de bescherming van bedreigde diersoorten en nationale en internationale wetgeving met betrekking tot schone lucht en water hebben zonder enige twijfel heilzame effecten.[40] Ze doen echter wel vermoeden dat het tij van de moderniteit de mensheid niet onverbiddelijk meesleurt naar steeds meer onduurzaam gebruik van hulpbronnen. Technologie, en in het bijzonder informatietechnologie, heeft er op de een of andere manier een handje van menselijke welvaart en menselijk welzijn los te koppelen van de exploitatie van fysiek materiaal.

172

Net zoals we geen genoegen mogen nemen met het verhaal dat de mens het milieu helemaal leegzuigt, moeten we ook het verhaal niet geloven dat het milieu vanzelf zal herstellen van ons huidige doen en laten. Een verlichte aanpak van de milieuproblemen houdt in dat we de feiten onder ogen zien, of die nu hoopgevend of verontrustend zijn – en wat ontegenzeggelijk alarmerend is, is het effect van broeikasgassen op het klimaat op aarde.[41]

Elke keer wanneer we hout, kolen, olie of gas verbranden, wordt koolstof in de brandstof geöxideerd en vormt kooldioxide (CO_2), die de atmosfeer in zweeft. Hoewel een deel van de CO_2 oplost in de zeeen, zich chemisch bindt met rotsen en stenen of wordt opgenomen door fotosynthetiserende planten, kunnen die natuurlijke 'gootstenen' niet opboksen tegen de 38 miljard ton die we elk jaar in de atmosfeer dumpen. Doordat gigatonnen koolstof die tijdens het Carboon zijn gevormd in rook zijn opgegaan, is de CO_2-concentratie in de atmosfeer van 270 deeltjes per miljoen vóór de industriële revolutie toegenomen tot meer dan vierhonderd deeltjes vandaag de dag. Doordat CO_2 de hitte die van het aardoppervlak afstraalt als het ware opsluit, als het glas van een broeikas, is de gemiddelde temperatuur op aarde ook gestegen, met ongeveer 0,8 °C. 2016 was het warmste jaar ooit, met 2015 als het op een na warmste en 2014 op plaats drie. De atmosfeer is ook opgewarmd door het kappen van koolstofabsorberende bossen en door het vrijkomen van methaan (een nog krachtiger broeikasgas) uit lekkende gasbronnen, smeltende permafrost en de openingen aan beide uiteinden van vee. Het zou nog véél warmer worden als witte, hitteweerkaatsende sneeuw en ijs werden vervangen door donker, hitteabsorberend land en water, als permafrost versneld smelt en als er meer waterdamp (nog een broeikasgas) de lucht in komt.

Wanneer de uitstoot van broeikasgassen doorgaat, zal de gemiddelde temperatuur op aarde aan het eind van de eenentwintigste eeuw tot minstens anderhalve graad boven het pre-industriële niveau gestegen zijn, en misschien wel tot vier graden of meer. Dat zal leiden tot meer en heviger hittegolven, meer overstromingen in gebieden met veel neerslag, meer droogte in droge regio's, zwaardere stormen en orkanen, kleinere oogsten in warme gebieden, het uitsterven van meer diersoorten, het verdwijnen van koraalriffen (doordat de oceanen zowel warmer als zuurder zullen worden) en een gemiddelde stijging van de zeespiegel van tussen de 0,7 en 1,2 meter als gevolg van het smelten van landijs en de expansie van zeewater. (De zeespiegel is sinds 1870 al bijna twintig centimeter gestegen, en die stijging lijkt te versnellen.) Laagliggende gebieden zouden overstromen, eilanden zouden door de golven verzwolgen worden, grote stukken landbouwgrond zouden niet langer gebruikt kunnen worden en er zouden vele miljoenen mensen moeten verhuizen. De effecten zouden in de tweeëntwintigste eeuw en daarna nóg erger kunnen worden, en in theorie zouden er enorme veranderingen kunnen ontstaan zoals een omleiding van de Golfstroom (wat Europa in een tweede Siberië zou veranderen) of het verdwijnen van de ijskappen op de Zuidpool. Een stijging van twee graden wordt gezien als de grootste stijging die de wereld redelijkerwijs aan zou kunnen, en een stijging van vier graden zou, in de woorden van een rapport van de Wereldbank uit 2012, 'eenvoudigweg niet mogen gebeuren'.[42]

Om de stijging tot maximaal twee graden te beperken zou de wereldwijde uitstoot van broeikasgassen in het midden van de eenentwintigste eeuw minimaal gehalveerd en voor het einde van de eeuwwisseling volledig beëindigd moeten zijn.[43] Dat is een gigantische uitdaging. Fossiele brandstoffen zorgen voor 86 procent van alle energie die in de wereld wordt gebruikt en voorzien bijna alle auto's, vrachtwagens, vliegtuigen, schepen, tractors, ovens en fabrieken op de planeet van energie, evenals de meeste elektriciteitscentrales.[44] De mens is nooit eerder met zo'n gigantisch probleem geconfronteerd.

Eén manier om op het idee van klimaatverandering te reageren, is om te ontkennen dat die plaatsvindt of wordt veroorzaakt door menselijke activiteit. Het is natuurlijk volkomen terecht de hypothese van antropogene klimaatverandering op wetenschappelijke gronden in twijfel te trekken, vooral gezien de extreme maatregelen die nodig zijn als die hypothese klopt. De grote verdienste van de wetenschap is dat een kloppende hypothese op de lange duur alle pogingen haar te vervalsen zal weerstaan. Door de mens veroorzaakte klimaatverandering is de meest betwiste wetenschappelijke hypothese uit de geschiedenis. Intussen zijn de belangrijkste tegenwerpingen – bijvoorbeeld dat de temperaturen wereldwijd niet meer stijgen, dat ze alleen maar lijken te stijgen omdat ze worden gemeten op een hitte-eiland, of dat ze wel stijgen maar alleen omdat de zon heter wordt – weerlegd en zijn zelfs veel sceptici overtuigd.[45] Uit recent onderzoek is gebleken dat zegge en schrijve vier van de 69 406 auteurs van peer-reviewed artikelen in de wetenschappelijke literatuur de hypothese van door de mens veroorzaakte opwarming van de aarde ontkennen en dat 'de peer-reviewed literatuur geen overtuigend bewijs tegen [de hypothese] bevat'.[46]

Desondanks voert een beweging binnen het rechtse politieke spectrum een fanatieke en leugenachtige campagne om te ontkennen dat broeikasgassen de planeet opwarmen.[47] Op die manier wordt de samenzweringstheorie gevoed dat de wetenschappelijke gemeenschap dodelijk besmet is met politieke correctheid en ideologisch uit is op een overname van de economie door de overheid. Als iemand die zichzelf beschouwt als een soort waakhond tegen politiek correcte dogma's binnen de academische wereld, kan ik stellen dat dit onzin is; natuurwetenschappers hebben zo'n agenda niet, en het bewijs spreekt voor zich.[48] (En juist door dit soort aanvallen hebben wetenschappers in alle vakgebieden de plicht om de geloofwaardigheid van de academische wereld te waarborgen door géén orthodoxe politieke opvattingen te benadrukken.)

Er zijn absoluut verstandige klimaatsceptici, ook wel *lukewarmers* genoemd, die de bevindingen van de mainstream wetenschap aanvaarden maar het positieve benadrukken.[49] Zij geven de voorkeur aan de mogelijkheden met de langzaamste temperatuurstijging en wijzen erop dat de doemscenario's met alarmerend op hol geslagen kringloopmechanismen hypothetisch zijn, dat iets hogere temperaturen en iets meer CO_2 grotere oogsten opleveren die moeten worden afgewogen tegen de kosten, en dat als landen de ruimte krijgen om zo rijk mogelijk te worden (zonder restricties op het gebruik van fossiele brandstoffen die de groei remmen), ze beter toegerust zullen zijn om zich aan te passen aan de klimaatverandering die zich voordoet. Maar zoals de econoom William Nordhaus naar voren brengt is dat een onbezonnen gok die hij het klimaatcasino noemt.[50] Als de huidige situatie betekent dat er een kans van 50 procent bestaat dat de wereld aanzienlijk slechter af zal zijn en een kans van 5 procent dat er een omslagpunt wordt bereikt en dat zich een ramp zal voltrekken, zou het wijs zijn om voorzorgsmaatregelen te treffen, zelfs als de rampzalige uitkomst niet vaststaat, net zoals we ook brandblussers aanschaffen, ons huis

174

verzekeren en geen open benzineblikken in onze garage laten staan. Aangezien het een inspanning van meerdere decennia zal vergen om de klimaatverandering aan te pakken, is er genoeg tijd om te stoppen wanneer de temperatuur, de zeespiegel en de zuurgraad van zeeën en oceanen ophouden te stijgen.

Een andere reactie op de klimaatverandering, die van extreemlinks, lijkt wel bedacht te zijn om de samenzweringstheorieën van rechts te bevestigen. Volgens de beweging achter de 'klimaatgerechtigheid', die populair is geworden door de journalist Naomi Klein in haar bestseller uit 2014 – *No time: verander nu, voor het klimaat alles verandert* –, moeten we de dreiging van een klimaatverandering niet behandelen als een uitdaging om klimaatverandering te voorkomen. Nee, we moeten die dreiging zien als een mogelijkheid de vrije markten af te schaffen, de wereldeconomie te herstructureren en ons politieke systeem op de schop te nemen.[51] In een van meest surrealistische episodes uit de geschiedenis van de milieupolitiek sloot Klein zich aan bij de beruchte miljardairs David en Charles Koch, de oliemagnaten die de klimaatontkenning financieren, om in 2016 een wet tegen te houden waarmee voor het eerst in Amerika koolstofbelasting zou worden geheven, een politieke maatregel die bijna elke analist ondersteunt als noodzakelijke voorwaarde voor het aanpakken van de klimaatverandering.[52] En waarom deed ze dat? Omdat de wet 'gunstig was voor rechts' en 'de vervuilers niet hoefden te boeten en hun immorele winsten konden gebruiken om de schade die ze willens en wetens hebben veroorzaakt te herstellen.' In 2015 was Klein in een interview zelfs gekant tegen een kwantitatieve analyse van de klimaatverandering:

> Als boekhouders gaan we dit niet winnen. We kunnen de boekhouders niet met hun eigen wapens verslaan. We gaan dit winnen omdat het een kwestie is van waarden, van mensenrechten, van goed en fout. We zitten nu even in een periode waarin we met gunstige statistieken kunnen zwaaien, maar we mogen niet uit het oog verliezen dat mensen pas écht geraakt worden door de argumenten zijn die zijn gebaseerd op de waarden van het leven.[53]

Kwantitatieve analyse afdoen als 'boekhouden' is niet alleen anti-intellectueel maar gaat ook in tégen 'waarden, mensenrechten, goed en fout.' Iemand die het menselijk leven waardevol vindt, zal beleid steunen dat de grootste kans biedt dat mensen niet ontheemd zullen raken of zullen sterven van de honger terwijl ze worden voorzien van de middelen om een gezond en vervullend leven te leiden.[54] In een heelal waar natuurwetten gelden en geen tovenarij, vereist dat 'boek-houden'. Zelfs wanneer het aankomt op de puur retorische uitdaging 'mensen écht te raken', is het belangrijk om doeltreffend te zijn; de kans dat mensen aannemen dat de aarde opwarmt is groter wanneer ze te horen krijgen dat het probleem valt op te lossen door politieke en technologische vernieuwingen dan wanneer ze afschrikwekkende waarschuwingen krijgen over hoe vreselijk het zal zijn.[55]

Een ander gangbaar sentiment wanneer het gaat om het voorkomen van klimaatverandering wordt verwoord in de volgende brief (van een soort waarvan ik er zo nu en dan een krijg):

176

> Beste professor Pinker,
> We moeten iets doen aan de opwarming van de aarde. Waarom te-kenen de Nobelprijswinnaars geen petitie? Waarom vertellen ze niet de onverbloemde waarheid, namelijk dat de politici zwijnen zijn die het geen moer kan schelen dat er veel mensen om het leven komen bij overstromingen en droogte?
> Waarom begint u geen beweging op internet met een paar vrien-den om mensen de belofte te laten ondertekenen dat ze echte offers zullen brengen om de opwarming van de aarde te bestrijden? Want dat is het probleem. Niemand wil offers brengen. Mensen zouden moeten zweren alleen nog in uiterst dringende gevallen te vliegen, omdat vliegtuigen heel veel brandstof gebruiken. Mensen zouden moeten beloven dat ze minstens drie dagen per week geen vlees eten, want de vleesproductie brengt heel veel koolstof in de atmo-sfeer. Mensen zouden moeten beloven dat ze nooit meer sieraden kopen, omdat het zuiveren van goud en zilver heel veel energie kost. We moeten keramiek verbieden omdat er heel veel koolstof voor wordt verbrand. De pottenbakkers op de kunstacademies zullen maar moeten accepteren dat het zo niet verder kan.

Vergeef me het boekhouden, maar zelfs als iedereen zijn of haar siera-den zou wegdoen, zou dat geen enkel verschil maken voor de uitstoot van broeikasgassen, die wordt gedomineerd door de zware industrie (20 procent), gebouwen (18 procent), transport (15 procent), verande-ringen in grondgebruik (15 procent) en de energie die nodig is voor de energievoorziening (13 procent). (Vee is verantwoordelijk voor 5,5 pro-cent, hoofdzakelijk methaan in plaats van CO_2, en de luchtvaart voor 1,5 procent.)[56] Natuurlijk opperde mijn briefschrijfster het opgeven van sieraden en keramiek niet vanwege het *effect* maar vanwege het *offer* dat ermee wordt gebracht, en het is niet verwonderlijk dat ze sieraden uitkoos, hét luxeartikel bij uitstek. Ik noem haar suggestie hier om twee psychologische belemmeringen te illustreren waar we mee te maken hebben bij het aanpakken van de klimaatverandering.

De eerste is cognitief. Mensen vinden het lastig om dingen in verhouding te zien; ze maken geen onderscheid tussen handelingen die de uitstoot van CO_2 met duizenden tonnen, miljoenen tonnen of miljarden tonnen zouden reduceren.[57] Ook maken ze geen onderscheid tussen niveau, versnellingstempo en afgeleiden van hogere-machtsfuncties – tussen handelingen die invloed hebben op het versnellingstempo, de hoeveelheid CO_2 in de atmosfeer en de wereldwijde *temperaturen* (die zelfs zullen stijgen als het CO_2-niveau gelijk blijft). Alleen dat laatste doet ertoe, maar als je niet in verhouding denkt en niet stilstaat bij de volgordes van verandering, kun je tevreden zijn met beleid waar niets mee wordt bereikt.

De andere belemmering is moralistisch van aard. Zoals ik in hoofdstuk 2 heb gezegd, is het morele besef van de mens helemaal niet zo moreel; het moedigt ontmenselijking ('politici zijn zwijnen') en repressieve agressie ('laat de vervuilers betalen') aan. Ook kan het morele besef het brengen van zinloze offers rechtvaardigen door spilzucht gelijk te stellen met kwaadaardigheid en ascese met deugdzaamheid.[58] In veel culturen lopen mensen te koop met hun rechtschapenheid met geloften van onthouding, kuisheid, zelfverloochening, het vreugdevuur van de ijdelheden en het offeren van dieren (en soms mensen). Zelfs in de moderne samenlevingen respecteren mensen – volgens onderzoeken die ik heb gedaan met de psychologen Jason Nemiow, Max Krasnow en Rhea Howard – anderen op basis van de hoeveelheid tijd of geld die ze besteden aan hun altruïstische daden en niet op basis van hoeveel goeds ze bereiken.[59]

Een hoop publiek gebabbel over het terugdringen van klimaatverandering gaat over vrijwillige offers als recyclen, het reduceren van voedselkilometers, opladers uit het stopcontact trekken enzovoort. (Ik sta zelf op een paar posters voor campagnes die studenten van Harvard voor deze doelen hebben gevoerd.)[60] Maar hoe rechtschapen al dit vertoon misschien ook voelt, het leidt alleen maar af van de gigantische uitdaging waar we voor staan. Waar het om gaat is dat koolstofuitstoot een klassiek publieke-goederenprobleem is, dat ook wel een *tragedy of the commons*, een tragedie van de meent wordt genoemd. Mensen profiteren van van de opofferingen van alle anderen en hebben te lijden onder die van henzelf, dus iedereen wordt gestimuleerd zijn eigenbelang voorop te stellen en alle anderen offers te laten brengen, zodat iedereen lijdt. Een standaard remedie voor publieke-goederendilemma's is een krachtige overheid die profiteurs kan straffen, maar een overheid die de totalitaire macht heeft om artistiek aardewerk te verbieden, zal die macht waarschijnlijk niet alleen aanwenden om het algemeen welzijn te maximaliseren. Een alternatief is erover te dagdromen dat morele overredingskracht iedereen overhaalt om de benodigde offers te brengen. Hoewel mensen echter heus wel bij de publieke zaak betrokken zijn, is het onverstandig het lot van de planeet te laten afhangen van de hoop dat miljarden mensen er tegelijkertijd vrijwillig voor zullen kiezen tegen hun eigenbelang in te handelen. Het belangrijkste is dat het offer dat nodig is om de koolstofuitstoot te halveren en vervolgens terug te brengen tot nul, veel groter is dan het opgeven van sieraden: we zouden er elektriciteit, verwarming, cement, staal, papier, reizen, betaalbaar voedsel en betaalbare kleding voor moeten opgeven.

178

Klimaatridders, die zwelgen in de fantasie dat dat precies is wat de ontwikkelingslanden gaan doen, staan een beleid van 'duurzame ontwikkeling' voor. Zoals Shellenberger en Ted Nordhaus het satirisch omschrijven, komt dat neer op 'kleine bedrijfjes in het Amazonegebied waar indianen en kleine boeren noten en bessen plukken die ze verkopen aan Ben and Jerry's voor "Rainforest Crunch"-muesli.'[61] Ze zouden zonnepanelen mogen gebruiken die een LED kunnen verlichten of een mobiele telefoon van energie kunnen voorzien, maar verder niets. Ik hoef waarschijnlijk niet uit te leggen dat de mensen die in die landen wónen er heel anders over denken. Om te ontkomen aan armoede is een overvloed aan energie nodig. De samensteller van *Human Progress* wijst erop dat Botswana en Burundi in 1962 even arm waren, met een jaarinkomen per hoofd van de bevolking van zeventig dollar, en dat geen van beide landen veel CO_2 uitstootte. In 2010 verdienden de Botswanen $7.650 per jaar, tweeëndertig keer zo veel als de nog altijd arme Burundezen, en stootten ze 89 keer zo veel CO_2 uit.[62]

Wanneer klimaatridders met zulke feiten geconfronteerd worden, zeggen ze dat we arme landen niet rijker moeten maken maar rijke landen armer, bijvoorbeeld door een terugkeer naar 'arbeidsintensieve landbouw' (waarop een gepaste reactie zou zijn: 'jullie eerst'). Shellenberger en Nordhaus stellen vast dat de progressieve politiek afstand heeft genomen van de tijd waarin elektrificatie van het platteland en economische ontwikkeling speerpunten waren: 'In naam van de democratie biedt de linkse politiek de armen van de wereld nu niet wat ze willen – goedkope elektriciteit – maar meer van wat ze niet willen, namelijk instabiele en dure energie.'[63]

Economische groei is noodzakelijk voor zowel rijke als arme landen omdat hij nodig is voor de aanpassing aan de klimaatverandering die zich voordoet. Grotendeels dankzij welvaart is de mensheid gezonder geworden (hoofdstuk 5 en 6), wordt ze beter gevoed (hoofdstuk 7), leeft ze vaker in vrede (hoofdstuk 11) en wordt ze beter beschermd tegen natuurrampen (hoofdstuk 13). Dankzij die vorderingen is de mens weerbaarder tegen natuurlijke en door hemzelf veroorzaakte dreigingen: de uitbraak van een ziekte wordt geen epidemie, mislukte oogsten in de ene regio worden opgevangen door overschotten in de andere, plaatselijke schermutselingen worden in de kiem gesmoord voor ze uitmonden in een oorlog, mensen worden beter beschermd tegen stormen, overstromingen en droogte. Deels moet de klimaatverandering het hoofd worden geboden door de ontwikkelingen op deze gebieden sneller te laten gaan dan de bedreigingen die een opwarmende planeet met zich meebrengt. Elk jaar dat ontwikkelingslanden rijker worden, zullen ze over meer middelen beschikken voor de bouw van zeedijken en reservoirs, het verbeteren van de openbare gezondheidszorg en het weghalen van mensen bij stijgende zeespiegels. Om die reden moet hun tekort aan energie ongedaan worden gemaakt – maar het is ook niet zinvol om de inkomens laten stijgen door op grote schaal steenkool te verbranden zodat later iedereen te maken zal krijgen met de rampzalige gevolgen van extreem weer.[64]

Hoe moeten we de klimaatverandering dan wél aanpakken? Want dát er iets moet gebeuren staat vast. Ik ben het eens met paus Franciscus en de klimaatridders dat het voorkomen van klimaatverandering een morele kwestie is, aangezien er in potentie miljarden mensen door getroffen kunnen worden, in het bijzonder de armen in de wereld. Maar 'moreel' is iets anders dan 'moraliseren', dat vaak ook nog averechts werkt. (De pauselijke rondzendbrief had juist tot gevolg dat de zorgen over de klimaatverandering onder conservatieve katholieken die zich van het probleem bewust waren *afnamen*.)[65] Het kan voldoening geven de bedrijven te demoniseren die ons de fossiele brandstoffen leveren voor de energie die we nodig hebben, of om te laten zien hoezeer we deugen door opvallende offers te brengen, maar die aflaten zullen een destructieve klimaatverandering niet voorkomen.

De Verlichte reactie op klimaatverandering is om uit te dokteren hoe we zo veel mogelijk energie kunnen winnen met zo min mogelijk uitstoot van broeikasgassen. Er bestaat ontegenzeggelijk een tragische kijk op de moderniteit die geen ruimte laat voor die mogelijkheid: de industriële samenleving, die van energie wordt voorzien door gigantische hoeveelheden koolstof, bevat de brandstof voor haar eigen vernietiging. Maar die tragische kijk klopt niet. Ausubel stelt vast dat de

179

moderne wereld in toenemende mate decarboniseert.

De koolwaterstoffen in wat we verbranden bestaan uit waterstof en koolstof, die energie vrijgeven wanneer ze zich met zuurstof en H_2O verbinden en CO_2 vormen. De oudste brandstof die koolwaterstof bevat, droog hout, heeft een verhouding van brandbare koolstofatomen en waterstofatomen van ongeveer 10 op 1.[66] De kolen die het hout tijdens de industriële revolutie vervingen, hebben een gemiddelde koolstof-waterstofverhouding van 2 op 1.[67] Een aardolieproduct als kerosine kan een verhouding hebben van 1 op 2. Aardgas bestaat hoofdzakelijk uit methaan, waarvan de chemische formule CH_4 is, met een verhouding van 1 op 4.[68] Dus doordat de geïndustrialiseerde wereld een 'energieladder' heeft beklommen van hout naar kolen naar gas (die laatste overgang werd in de eenentwintigste eeuw versneld door de overvloed van schaliegas dat wordt gewonnen met fracking), is de verhouding koolstof-waterstof in de gebruikte energiebronnen gestaag afgenomen, en dat geldt ook voor de hoeveelheid koolstof die verbrand moet worden om een eenheid energie vrij te geven (van dertig kilo koolstof per gigajoule in 1850 tot ongeveer vijftien kilo vandaag de dag).[69] In figuur 10-7 is te zien dat koolstofuitstoot een Kuznetscurve volgt: toen rijke landen zoals de Verenigde Staten en het Verenigd Koninkrijk begonnen te industrialiseren, moesten ze steeds meer CO_2 uitstoten om een dollar BBP te produceren, maar in de jaren vijftig van de twintigste eeuw vond er een ommekeer plaats, en sindsdien is de uitstoot steeds verder verlaagd. In China en India doet zich dezelfde ontwikkeling voor; daar trad de uitstootpiek respectievelijk aan het einde van de jaren zeventig en het midden van de jaren negentig op. (China schoot eind jaren vijftig de grafieken uit door Mao's achterlijke plannen als oventjes in elke achtertuin met overvloedige uitstoot en geen enkele economische opbrengst.) Wereldwijd neemt de koolstofintensiteit al een halve eeuw af.[70]

Decarbonisatie is een natuurlijk gevolg van de voorkeuren die mensen hebben. 'Koolstof maakt de longen van mijnwerkers zwart, vervuilt de lucht in de steden en brengt het gevaar van klimaatverandering met zich mee,' legt Ausubel uit. 'Waterstof is een volkomen onschuldig element dat na verbranding als water eindigt.'[71] Mensen willen compacte energie, en wanneer ze naar de stad verhuizen nemen ze alleen genoegen met elektriciteit en gas die tot naast hun bed en in hun gasfornuis wordt afgeleverd. Het opvallende is dat deze natuurlijke ontwikkeling de wereld tot een kolenpiek en misschien zelfs tot een koolstofpiek heeft gebracht. Zoals figuur 10-8 aantoont is de wereldwijde emissie

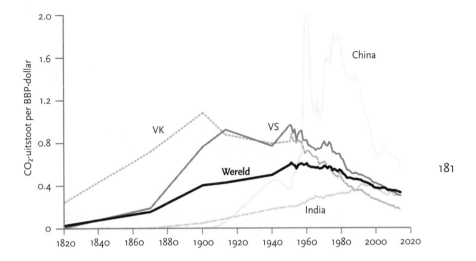

Figuur 10-7: koolstofintensiteit (CO_2-uitstoot per BBP-dollar), 1820-2014
Bron: Ritchie & Roser 2017, gebaseerd op data van het Carbon Dioxide Information Analysis Center, http://cdiac.ornl.gov/trends/emis/tre_coun.html. BBP wordt weergegeven in internationale dollars van 2011; voor jaren vóór 1990 is BBP afkomstig van Maddison Project 2014.

van 2014 tot 2015 gestabiliseerd en onder de drie grootste uitstoters – namelijk China, de Europese Unie en de Verenigde Staten – afgenomen. (In het geval van de Verenigde Staten zagen we in figuur 10-3 dat de uitstoot van koolstof gelijk bleef terwijl de welvaart toenam: tussen 2014 en 2016 is het BBP daar met 3 procent per jaar toegenomen.)[72] Een deel van de koolstofuitstoot werd gereduceerd door de toename van wind- en zonne-energie, maar het grootste deel van de reductie, in het bijzonder in de Verenigde Staten, was te danken aan de vervanging van $c_{137}H_{97}O_9Ns$ bitumineuze kool door CH_4-gas.

De langdurige tendens van decarbonisatie toont aan dat economische groei niet synoniem is aan koolstofverbranding. Sommige optimisten zijn van mening dat als de trend zich tot de volgende fase kan ontwikkelen – van aardgas met weinig koolstof tot koolstofvrije kernenergie, een proces dat wordt afgekort als 'N2N' – het toch nog goed zal komen met het klimaat. Maar alleen de grootste optimisten geloven dat dit vanzelf zal gebeuren. De jaarlijkse CO_2-uitstoot mag dan voorlopig rond de 36 miljard ton blijven schommelen, dat is nog altijd héél veel CO_2 die er elk jaar in de lucht bij komt, en niets wijst op de steile daling die we nodig hebben om de schadelijke gevolgen af te wenden. Nee, decarbonisatie zal op gang moeten worden gebracht met behulp

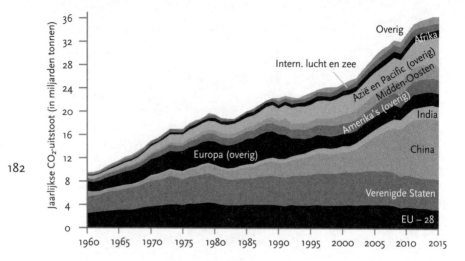

Figuur 10-8: CO_2-uitstoot, 1960-2015
Bron: *Our World in Data,* Ritchie & Roser, 2017 en https://ourworldindata.org/
grapher/annual-co2-emissions-by-region, gebaseerd op data van het Carbon Dioxide Information Analysis Center, http://cdiac.ornl.gov/CO2_Emission/, en Le
Quéré et al. 2016. 'Internationale lucht en zee' verwijst naar lucht- en zeever-
voer en komt overeen met *Bunker fuels* ('Bunkerbrandstoffen') in de oorspronkelijke bronnen. 'Overig' verwijst naar het verschil tussen geschatte wereldwijde
CO_2-uitstoot en de som van de regionale en nationale totaalcijfers; het komt overeen met de component 'statistisch verschil'.

van politiek en technologie, een idee dat diepe decarbonisatie wordt
genoemd.[73]

Het begint met CO_2-heffing: mensen en bedrijven geld in rekening
brengen voor de schade die ze veroorzaken wanneer ze koolstof in de
atmosfeer terecht laten komen, in de vorm van belastingen op koolstof of van een nationale limiet met verhandelbare emissierechten.
Economen met de meest uiteenlopende politieke opvattingen bepleiten een CO_2-belasting, omdat de unieke voordelen van overheden en
markten erdoor gecombineerd worden.[74] Niemand is eigenaar van de
atmosfeer, dus mensen (en bedrijven) hebben geen reden de uitstoot te
verminderen die hen in staat stelt van hun energie te genieten terwijl
ze alle anderen schade toebrengen, een pervers resultaat dat door economen een negatieve externaliteit wordt genoemd (een andere naam
voor de schade die de gemeenschap wordt toegebracht in de tragedie
van de meent). Een CO_2-heffing, die alleen opgelegd kan worden door
de overheid, 'internaliseert' de publieke kosten en dwingt mensen re-

kening te houden met schade die ze aanrichten bij elke beslissing die ze nemen met betrekking tot koolstofuitstoot. Wanneer we miljarden mensen laten beslissen hoe ze het beste duurzaam kunnen zijn, rekening houdend met hun waarden en prijssignalen, is dat onherroepelijk efficiënter en humaner dan om analisten van de overheid achter een bureau de optimale combinatie te laten bepalen. De pottenbakkers hoeven hun ovens niet te verstoppen voor de koolstofpolitie; ze mogen hun aandeel in het redden van de planeet leveren door korter te douchen, op zondag geen auto te rijden en van biefstuk over te stappen op aubergines. Ouders hoeven niet te berekenen of luiercentrales, met hun busjes en wasserettes, meer koolstof uitstoten dan de makers van wegwerpluiers; het verschil zal in de prijs inbegrepen zijn, en elk bedrijf krijgt de prikkels om zijn uitstoot te verlagen en zodoende met andere bedrijven te concurreren. Investeerders en ondernemers kunnen risico's nemen met koolstofvrije energiebronnen die de concurrentie aankunnen met fossiele brandstoffen op een gelijk speelveld, in plaats van het ongelijke waar nu sprake van is en waarop de afvalstoffen van de fossiele brandstoffen kosteloos de atmosfeer in gespuwd kunnen worden. Zonder CO_2-heffing hebben fossiele brandstoffen – die overvloedig, makkelijk vervoerbaar en energierijk zijn – té veel voordelen ten opzichte van de alternatieven.

CO_2-belastingen treffen absoluut de armen, wat linkse politici zorgen baart, zodat zij geld verplaatsen van de private sector naar de publieke, tot ergernis van rechts. Maar deze gevolgen kunnen geneutraliseerd worden door verkoop, loonkosten, inkomens en andere belastingen en transacties aan te passen. (Zoals Al Gore het verwoordde: hef belasting op wat je verbrandt, niet op wat je verdient.) En als de heffing laag begint en na verloop van tijd sterk en voorspelbaar stijgt, kunnen mensen de stijging verrekenen in hun langetermijnaankopen en -investeringen, en door de voorkeur te geven aan technologieën met weinig koolstofuitstoot die zich steeds verder ontwikkelen, kunnen ze de heffing grotendeels ontlopen.[75]

Een tweede sleutel voor diepe decarbonisatie brengt ons bij een ongemakkelijke waarheid voor de traditionele groene beweging: kernenergie is de meest overvloedige en schaalbare koolstofvrije energiebron.[76] Hoewel duurzame energiebronnen, in het bijzonder zon en wind, stukken goedkoper zijn geworden en hun aandeel in de wereldenenergie de afgelopen vijf jaar meer dan verdrievoudigd is, bedraagt dat aandeel nog altijd slechts een schamele 1,5 procent en zitten er grenzen aan verdere groei.[77] De wind gaat vaak liggen, de zon gaat elke avond onder of er kunnen wolken voor komen. Mensen hebben echter altijd energie nodig, bij regen en zonneschijn. Batterijen die grote hoeveelheden duurzame energie kunnen opslaan zullen zeker helpen, maar het zal nog jaren duren voor er batterijen bestaan die hele steden van elektriciteit kunnen voorzien. Ook spreiden wind- en zonne-energie zich over enorme oppervlakten uit, waarmee ze het verdichtingsproces tegenwerken dat het meest milieuvriendelijk is. De energiedeskundige Robert Bryce schat in dat we elk jaar van een gebied zo groot als Duitsland een windpark zouden moeten maken om de toename van het wereldwijde energieverbruik bij te kunnen houden.[78] Om met duurzame energie in de wereldwijde behoefte tot 2050 te voorzien zou er een gebied met windmolens en zonnepanelen bedekt moeten worden dat zo groot is als de Verenigde Staten (inclusief Alaska), Mexico, de rest van Midden-Amerika en het bewoonde gedeelte van Canada samen.[79]

Kernenergie daarentegen heeft de ultieme energiedichtheid, want in een kernreactie van een hele kleine hoeveelheid massa komt een immense hoeveelheid energie vrij ($E = mc^2$ – de energie die vrijkomt is evenredig met het kwadraat van de lichtsnelheid). Het winnen van kernenergie uit uranium is veel minder schadelijk voor het milieu dan het winnen van steenkool, olie of gas, en de kerncentrales zelf nemen ongeveer een vijfhonderdste van de hoeveelheid grond in beslag die nodig is voor wind- of zonne-energie.[80] Kernenergie is vierentwintig uur per dag beschikbaar en kan worden aangesloten op energienetwerken die geconcentreerde energie leveren waar die maar nodig is. Kernenergie heeft een lagere koolstofvoetafdruk dan zonne-energie, waterenergie en biomassa en is bovendien veiliger. In de zestig jaar dat er kernenergie wordt gebruikt, zijn er zesendertig doden gevallen bij de ramp in Tsjernobyl in 1986, die het gevolg was van onvoorstelbaar geklungel in het Sovjettijdperk, en daar komen nog een paar duizend mensen bij die vroegtijdig overleden zijn aan kanker, boven op het aantal van honderdduizend sterfgevallen waarbij kanker de natuurlijke doodsoorzaak was.[81] Bij de andere twee beruchte ongelukken, in de kerncentrale Three Mile Island in 1979 en in Fukushima in 2011, vielen geen dodelijke slachtoffers. Tegelijkertijd komen er dag in dag uit enorme aantallen mensen om het leven als gevolg van de vervuiling door het verbranden van brandstoffen en door ongelukken die zich voordoen bij het winnen daarvan, die geen van alle veel media-aandacht krijgen. Vergeleken met kernenergie kost aardgas per kilowattuur achtendertig keer zo veel mensen het leven, biomassa drieënzestig keer en steenkool maar liefst 387 keer – dat zijn misschien wel een miljoen doden per jaar.[82]

Nordhaus en Shellenberger vatten de berekeningen van een groeiend aantal klimaatwetenschappers samen: 'De wereldwijde reductie van koolstofuitstoot is niet op een geloofwaardige manier mogelijk zonder een enorme uitbreiding van kernenergie. Dat is de enige technologie met een laag koolstofverbruik waar we op dit moment over beschikken die het aangetoonde vermogen heeft grote hoeveelheden centraal opgewekte elektrische energie te genereren.'[83] Het Deep Carbonization Pathways Project, een consortium van onderzoeksteams dat routekaarten voor landen ontwikkelt om hun uitstoot dusdanig te reduceren dat de doelstelling van een temperatuursstijging van maximaal twee graden wordt gehaald, schat dat de Verenigde Staten in 2050 tussen de 30 en 60 procent (anderhalf tot drie keer de huidige hoeveelheid) van hun energie uit kernenergie zullen moeten halen, terwijl het land veel meer van die energie produceert om daarmee – in plaats van met fossiele brandstoffen – huizen te verwarmen, voertuigen van brandstof te voorzien en staal, cement en kunstmest te produceren.[84] Volgens een van de scenario's zou de kerncapaciteit van het land vervijfvoudigd moeten worden. Een vergelijkbare uitbreiding zou nodig zijn in China, Rusland en andere landen.[85]

Maar helaas neemt het gebruik van kernenergie juist af. Elf Amerikaanse kernreactoren zijn de laatste tijd gesloten of dreigen te sluiten, wat de verminderde koolstofuitstoot door het toegenomen gebruik van zonne- en windenergie volledig teniet zou doen. Ook Duitsland, dat voor een groot deel van zijn elektriciteitsvoorziening vertrouwde op kernenergie, sluit zijn kerncentrales, waarmee de koolstofuitstoot van de kolencentrales die ze vervangen toeneemt, en het zou heel goed kunnen dat Frankrijk en Japan het Duitse voorbeeld volgen.

Waarom gaan westerse landen de verkeerde kant op? Kernenergie zet een aantal psychologische mechanismen in werking – angst voor vergiftiging, het gemak waarmee we ons rampen kunnen inbeelden, wantrouwen jegens het onbekende en wat door mensen gemaakt is – en die angst wordt vergroot door de traditionele groene beweging en haar zogenaamde 'progressieve' aanhangers.[86] Een commentator wijt de opwarming van de aarde aan de Doobie Brothers, Bonnie Raitt en de andere rocksterren wier concert en film *No Nukes* uit 1979 babyboomers opzweepte tegen kernenergie. (Een paar regels uit het slotlied: 'Just give me the warm power of the sun. [...] Give me the spirit of living things as they return to clay. [...] Give me the comforting glow of a wood fire. [...] But won't you take all your atomic poison power away.')[87] Voor een deel ligt de schuld misschien wel bij Jane Fonda, Michael Douglas en de makers van de rampenfilm *The China Syndrome* uit 1979, die die

185

titel kreeg omdat de gesmolten reactorkern helemaal door de aardkorst heen naar China zou zakken, nadat 'een gebied ter grootte van de staat Pennsylvania' onbewoonbaar was geworden. Het duivelse toeval wilde dat er in de kerncentrale Three Mile Island midden in Pennsylvania twee weken na de première van de film een gedeeltelijke meltdown plaatsvond, waardoor grote paniek ontstond en het hele idee van kernenergie net zo radioactief werd als kernbrandstof.

Er wordt vaak gezegd dat wanneer het om klimaatverandering gaat, degenen die het meeste weten het bangst zijn, maar bij kernenergie is het precies andersom en zijn degenen die het meeste weten het minst bang.[88] Net zoals dat het geval is bij olietankers, auto's, vliegtuigen, gebouwen en fabrieken (hoofdstuk 12), hebben ingenieurs geleerd van de ongelukken en bijna-ongelukken en hebben ze kernreactoren steeds weer een beetje veiliger weten te maken en de risico's van ongelukken en besmetting veel kleiner gemaakt dan die van fossiele brandstoffen. Dat geldt zelfs voor radioactiviteit, dat een natuurlijke eigenschap is van de vliegas en het rookgas dat wordt afgegeven door brandende steenkool.

Kernenergie is echter wel duur, vooral omdat er allerlei belemmerende regels voor gelden terwijl andere brandstoffen geen strobreed in de weg wordt gelegd. Ook worden kerncentrales in de Verenigde Staten nu, na een lange periode van stilstand, gebouwd door particuliere bedrijven die allemaal hun eigen ontwerp gebruiken en dus niet dezelfde leercurve doorlopen als de ingenieurs, die kiezen voor wat het beste werkt op het gebied van ontwerp, bouw en constructie. Zweden, Frankrijk en Zuid-Korea daarentegen hebben tientallen gestandaardiseerde reactoren gebouwd en maken nu gebruik van goedkope elektriciteit met een aanzienlijk lagere koolstofuitstoot. Zoals Ivan Selin, de voormalige voorzitter van de Nuclear Regulatory Commission, het uitdrukte: 'De Fransen hebben twee soorten reactoren en honderden soorten kaas, terwijl die aantallen in de Verenigde Staten precies andersom zijn.'[89]

Als we kernenergie een transformerende rol in de decarbonisatie willen laten spelen, zal ze vroeg of laat de tweede generatie lichtwaterreactoren achter zich moeten zien te laten. (De 'eerste generatie' bestond uit prototypes uit de jaren vijftig en het begin van de jaren zestig.) Er zullen al snel derde-generatie-kernreactoren volgen, die zijn ontstaan vanuit de huidige ontwerpen en zijn verbeterd op het gebied van veiligheid en efficiëntie, maar waarvan de ontwikkeling tot dusver wordt belemmerd door financiële beslommeringen en problemen met de bouw. Bij kernreactoren van de vierde generatie gaat het om zes nieuwe ontwerpen die het mogelijk lijken te maken kerncentrales in massaproductie te vervaardigen, in plaats van pietluttige, beperkte versies.[90] Eén type zou op de dezelfde manier als straalmotoren van de lopende band kunnen komen, in transportcontainers kunnen worden geplaatst, over het spoor vervoerd kunnen worden en op schepen die bij steden voor de kust liggen geïnstalleerd kunnen worden. Daarmee zou het NIMBY-probleem kunnen worden opgelost, zouden stormen en tsunami's doorstaan kunnen worden en zouden de reactoren aan het eind van hun nuttige 'leven' kunnen worden weggesleept om ontmanteld te worden. Afhankelijk van het ontwerp kunnen ze ondergronds in bedrijf worden genomen, gekoeld door gas of gesmolten zout zonder dat er atmosferische druk nodig is, en continu worden voorzien van nieuwe splijtstof in de vorm van een doorlopende aanvoer van grafietkogels, zodat er geen reactorstop nodig is om splijtstofstaven te vervangen. Ze zijn geschikt voor de productie van waterstof (de schoonste van alle brandstoffen) en ontworpen om zichzelf uit te schakelen bij oververhitting zonder externe energiebron en zonder menselijke interventie. Sommige zouden van brandstof worden voorzien door het relatief overvloedige thorium, en andere door uranium dat is gewonnen uit zeewater, ontmantelde kernwapens (het ultieme omsmeden van zwaarden tot ploegscharen), het kernafval van bestaande reactoren of zelfs hun eigen afval – dichter zullen we niet in de buurt komen van een eindeloos bewegende machine die in staat is de wereld duizenden jaren lang van energie te voorzien. Zelfs kernfusie, lang weggehoond als de energiebron die 'nog dertig jaar op zich zal laten wachten, wat altijd zo zal blijven' zou deze keer wel eens écht over dertig jaar (of minder) werkelijkheid kunnen zijn.[91]

187

De voordelen van geavanceerde kernenergie zijn niet te tellen. Bij de meeste pogingen om klimaatverandering tegen gaan wordt opgeroepen tot politieke ingrepen (zoals CO_2-heffing) die controversieel blijven en moeilijk wereldwijd te implementeren zullen zijn, zelfs bij de meest rooskleurige scenario's. Een energiebron die goedkoper, compacter en schoner is dan fossiele brandstoffen zou zichzelf verkopen zonder dat er enorme politieke wilskracht of internationale samenwerking voor nodig zou zijn.[92] Die energiebron zou niet alleen de klimaatverandering inperken, maar nog vele andere voordelen hebben. Inwoners van ontwikkelingslanden zouden de middelste treden van de energieladder kunnen overslaan en hun levensstandaard op het westerse niveau kunnen brengen zonder te hoeven stikken in de steenkoolrook. Betaalbare ontzilting van zeewater, een energieverslindend proces, zou landbouwgrond kunnen irrigeren, voor drinkwater kunnen zorgen, en

door zowel de behoefte aan oppervlaktewater als aan waterkracht te reduceren zouden dammen ontmanteld kunnen worden zodat rivieren
weer naar meren en zeeën zouden kunnen stromen en hele ecosystemen weer tot leven zouden komen. Het team dat de wereld schone
energie in overvloed bezorgt zal de mensheid meer ten goede komen
dan alle heiligen, helden, profeten, martelaren en laureaten uit de hele
geschiedenis bij elkaar.

188

Energiedoorbraken kunnen uitgedacht worden door start-ups die
worden gefinancierd door idealistische investeerders, speciale innova-
tieprojecten van energiebedrijven, of van prestigieuze projecten van
techmiljardairs, vooral als ze een portfolio hebben dat zowel veilige
investeringen als gedurfde *moon shots* bevat.[93] Maar onderzoek en ontwikkeling zullen ook gestimuleerd moeten worden door overheden,
want deze mondiale publieke goederen vormen voor particuliere bedrijven een te groot risico met te weinig beloning. Overheden moeten
een rol spelen, omdat we, zoals Brand aangeeft, 'van overheden verwachten dat ze de infrastructuur in een land goed beheren, en zeker de
energienetwerken – juist deze netwerken hebben publiek-private samenwerking en gedetailleerde geografische vastlegging nodig'.[94] Hier-
voor is een wetgevend klimaat nodig dat past bij de uitdagingen van
de eenentwintigste eeuw, in plaats van de jarenzeventigmentaliteit van
technofobie en angst voor kernenergie. Sommige kerntechnologieën
van de vierde generatie zijn klaar om gebruikt te worden, maar worden
tegengehouden door milieuwetgeving en worden misschien wel nooit
werkelijkheid, in elk geval niet in een groot aantal westerse landen.[95]
China, Rusland, India en Indonesië, waar een enorme energiebehoefte
bestaat, die de buik vol hebben van smog en die geen last hebben van
westerse overgevoeligheden en politieke blokkades, zullen misschien
wel het voortouw nemen.

Wie het ook gaat doen en welke brandstof er ook gebruikt gaat worden, het succes van diepe decarbonisatie zal afhangen van technologische vooruitgang. Waarom zouden we ervan uitgaan dat de knowhow
van 2018 het hoogst haalbare is voor de wereld? Decarbonisatie zal
doorbraken nodig hebben, niet alleen op het gebied van kernenergie
maar ook op andere technologische fronten: batterijen om de onregel-
matig beschikbare energie van duurzame energiebronnen op te slaan,
internetachtige slimme netwerken die energie op verspreide tijdstip-
pen van verspreide bronnen naar verspreide gebruikers vervoeren;
technologieën die industriële processen van elektriciteit voorzien en
laten decarboniseren, zoals de productie van cement, kunstmest en
staal; vloeibare biobrandstoffen voor zware vrachtwagens en vliegtui-

gen die compacte, verplaatsbare energie nodig hebben; en manieren om CO_2 af te vangen en op te slaan.

Dat laatste is om een eenvoudige reden van cruciaal belang. Zelfs als de uitstoot van broeikasgassen in 2050 is gehalveerd en in 2075 het nulpunt heeft bereikt, zou de wereld nog altijd afstevenen op een riskante opwarming omdat de CO_2 die al is uitgestoten nog heel lang in de atmosfeer aanwezig blijft. Het volstaat niet om de broeikas niet langer dikker te maken; op een gegeven moment zullen we hem moeten ontmantelen.

De basistechnologie is ruim een miljard jaar oud. Planten zuigen koolstof op uit de lucht terwijl ze de energie in zonlicht gebruiken om CO_2 te combineren met H_2O en suikers aan te maken (zoals $C_6H_{12}O_6$), cellulose (een keten van $C_6H_{10}O_5$-eenheden) en lignine (een polymeer van eenheden als $C_{10}H_{14}O_4$); de laatste twee vormen het grootste deel van de biomassa in hout en stengels. De meest logische manier om CO_2 uit de lucht te halen is daarom om zo veel mogelijk naar koolstof smachtende planten en bomen in te schakelen als maar mogelijk is. Dat kunnen we doen door herbebossing te stimuleren, de vernieling van goede landbouwgronden en water- en moerasgebieden tegen te gaan en door leefgebieden langs de kust en op zee te herstellen. En om de hoeveelheid koolstof te reduceren die terugkeert in de atmosfeer wanneer dode planten wegrotten, zouden we bouwen met hout en andere plantaardige producten kunnen stimuleren, of de biomassa tot niet-rottende houtskool kunnen opwarmen en die kunnen begraven als een bodemvervanger die biochar heet.[96]

Andere ideeën voor het afvangen van koolstof zijn een heel stuk minder betrouwbaar, in elk geval gemeten naar de normen van de huidige technologie. De meer speculatieve ideeën hebben al meer weg van geo-engineering en behelzen plannen om verpulverde steen te verstrooien die CO_2 opneemt terwijl die aan weer en wind wordt blootgesteld, om alkali toe te voegen aan wolken of aan de zeeën en oceanen om zo meer CO_2 in water op te lossen, en om de zeeën met ijzer te bemesten om fotosynthese door plankton te versnellen.[97] De meer onderbouwde en bewezen ideeën behelzen technologieën die CO_2 uit de schoorstenen van op fossiele brandstoffen gestookte krachtcentrales filteren en het in hoekjes en gaatjes in de aardkorst pompen. (Het is theoretisch mogelijk de slechts vierhonderd ppm direct uit de atmosfeer af te vangen, maar het is ongelooflijk inefficiënt, al verandert dat misschien als kernenergie goedkoop genoeg wordt.) De technologieën kunnen worden ingebouwd in bestaande fabrieken en elektriciteits-

189

centrales, en hoewel ze zelf veel energie nodig hebben zouden ze de koolstofuitstoot uit de gigantische al bestaande energie-infrastructuur enorm kunnen verlagen (wat zou resulteren in zogenaamde schone kolen). De technologieën kunnen ook op vergassingsinstallaties worden aangesloten die steenkool omzetten in vloeibare brandstof, die mogelijk nodig blijft voor vliegtuigen en zware vrachtwagens. De geofysicus Daniel Schrag wijst erop dat het vergassingsproces de CO_2 nu al van de gasstroom moet scheiden en dat het dus nauwelijks iets extra's zou kosten om die CO_2 vast te leggen om de atmosfeer te beschermen. Het zou vloeibare brandstof opleveren met een kleinere CO_2-voetafdruk dan bij aardolie het geval zou zijn.[98] Nog beter: als de steenkoolgrondstof wordt aangevuld met biomassa (waaronder grassen, landbouwafval, hout dat vrijkomt bij boskap, huishoudelijk afval en misschien op een dag genetisch gemodificeerde planten of algen), zou hij CO_2-neutraal kunnen zijn. Het allerbeste zou zijn als de grondstof *alleen* uit biomassa zou bestaan, omdat hij dan CO_2-*negatief* zou zijn. De planten halen CO_2 uit de atmosfeer, en wanneer hun biomassa wordt gebruikt om energie mee op te wekken (door middel van verbranding, gisting of gasvorming) houdt het CO_2-afvangproces de CO_2 eruit. De combinatie, die ook wel BECCS – *bioenergy with carbon capture and storage* – wordt genoemd, is volgens sommigen de technologie die ons verlost van de klimaatverandering.[99]

Zal ook maar één van deze dingen gebeuren? De obstakels zijn verontrustend; enkele ervan zijn de toenemende wereldwijde vraag naar energie, het gemak van fossiele brandstoffen met hun gigantische infrastructuur, de ontkenning van het probleem door energiebedrijven en politiek rechts, de vijandige houding tegenover technologische oplossingen van traditionele Groenen en de linkse klimaatridders, en het tragische feit dat niemand zich verantwoordelijk voelt voor het broeikaseffect. Desondanks is de tijd aangebroken voor het idee van het voorkomen van klimaatverandering. Eén aanwijzing daarvan is een drietal krantenkoppen dat in een tijdsbestek van drie weken in 2015 verscheen in *Time*: 'China laat zien dat het haar menens is met klimaatverandering', 'Walmart, McDonald's en 79 andere bedrijven gaan strijd aan met opwarming van de aarde' en 'Ontkenning onder Amerikanen van klimaatverandering lager dan ooit'. In hetzelfde seizoen meldde de *New York Times*: 'Enquête: wereldwijde eensgezindheid over noodzaak klimaatverandering aan te pakken'. Op slechts een van de veertig ondervraagde landen na (Pakistan) was een meerderheid van de respondenten er voorstander van de uitstoot van broeikassen te verminderen, waaronder 69 procent van de Amerikanen.[100]

Het is niet overdreven om te stellen dat er sprake is van een wereldwijde consensus. In december 2015 ondertekenden 195 landen een historisch akkoord waarmee ze zich verplichtten de wereldwijde temperatuurstijging tot 'ver' onder de twee graden te houden (met een doelstelling van anderhalve graad) en jaarlijks honderd miljard dollar opzij te zetten voor de financiering van klimaatmitigatie voor ontwikkelingslanden (wat bij eerdere, niet succesvolle pogingen om tot een mondiale consensus te komen een knelpunt was geweest).[101] In oktober 2016 werd het akkoord door 115 van de ondertekenaars geratificeerd. De meeste deelnemende landen dienden een gedetailleerd plan in voor de manier waarop ze deze doelstellingen tot 2025 wilden bereiken, en ze deden allemaal de toezegging hun plannen elke vijf jaar te evalueren en indien nodig nieuwe stappen te nemen. Zonder die aanpassingen zijn de huidige plannen ontoereikend: de temperatuur zou er wereldwijd gemiddeld 2,7 graden mee stijgen en de kans op een gevaarlijke stijging van 4 graden in 2100 zou met slechts 75 procent gereduceerd worden, wat nog altijd veel te weinig is. Maar de publiekelijke toezegging, gecombineerd met aanstekelijke technologische vooruitgang, zou wel eens voor een stroomversnelling kunnen zorgen, en in dat geval zou het klimaatakkoord van Parijs de kans op een stijging van twee graden aanzienlijk reduceren en de mogelijkheid van een stijging van vier graden feitelijk uitsluiten.[102]

Deze ontwikkeling kreeg in 2017 een tegenslag te verwerken toen Donald Trump de klimaatverandering een Chinese hoax noemde en aankondigde dat de Verenigde Staten zich uit het akkoord zouden terugtrekken. Zelfs als die terugtrekking in november 2020 (de vroegst mogelijke datum) plaatsvindt, zal de decarbonisatie die wordt aangejaagd door technologische en economische ontwikkelingen doorgaan, en beleid om klimaatverandering tegen te gaan zal worden ondersteund door steden, provincies en staten, bedrijven en tech-kopstukken, die de overeenkomst 'onomkeerbaar' hebben genoemd en de Verenigde Staten misschien wel onder druk zetten hun woord te houden en koolstofheffing in te voeren op Amerikaanse exportproducten en andere maatregelen te nemen.[103]

Zelfs met de wind in de zeilen zijn er immense inspanningen nodig om klimaatverandering te voorkomen, en we hebben geen garantie dat de noodzakelijke veranderingen snel genoeg zullen plaatsvinden om de opwarming van de aarde te vertragen voordat die op grote schaal schade toebrengt. Dat brengt ons bij een laatste, uiterste maatregel: de wereldtemperatuur verlagen door de hoeveelheid zonnestraling te reduceren die de lagere atmosfeer en het aardoppervlak bereikt.[104] Een vloot vliegtuigen zou een fijne nevel van sulfaten, calciet of nanodeeltjes in de stratosfeer kunnen sproeien, die een dunne sluier zouden verspreiden die net genoeg zonlicht zou weerkaatsen om gevaarlijke opwarming te voorkomen,[105] vergelijkbaar met het effect van een vulkaanuitbarsting zoals die in 1991 van Mount Pinatubo op de Filippijnen, waarbij zoveel zwaveldioxide in de atmosfeer werd gespuwd dat het op de planeet twee jaar lang een halve graad warmer werd. Of anders zouden luchtschepen een fijne nevel van zeewater de lucht in kunnen sproeien. Wanneer het water dan verdampt, zweven er zoutkristallen in de wolken waardoor waterdamp daaromheen condenseert, zodat er druppeltjes ontstaan die de wolken witter maken, waardoor er meer zonlicht wordt teruggekaatst naar de ruimte. Deze maatregelen zijn relatief goedkoop, er zijn geen exotische nieuwe technologieën voor nodig en ze zouden de wereldtemperatuur snel kunnen laten dalen. Er worden andere ideeën geopperd om de atmosfeer en de oceanen te beinvloeden, maar onderzoek daarnaar staat nog in de kinderschoenen.

Het hele idee van geo-engineering, dat klinkt als het gestoorde plan van een doorgeslagen wetenschapper, was ooit taboe. Critici zien het als een prometheïsche dwaasheid die onbedoelde gevolgen zou kunnen hebben, zoals ontwrichtende neerslagpatronen en een beschadiging van de ozonlaag. Aangezien de effecten van welke maatregel dan ook die op de hele planeet worden toegepast van plek tot plek verschillen, roept geo-engineering de vraag op wie de thermostaat van de wereld moet bedienen; als het ene land de temperatuur verlaagde ten koste van een ander land en die landen daar als een echtpaar over begonnen te kibbelen, zou dat tot oorlog kunnen leiden. Als de wereld eenmaal op geo-engineering vertrouwde en die om welke reden dan ook in de versukkeling zou raken, zouden de temperaturen in de atmosfeer, die dan verzadigd zou zijn met koolstof, zo snel stijgen dat mensen zich niet zouden kunnen aanpassen. Alleen al het nóémen van een uitweg uit de klimaatcrisis brengt een moreel gevaar met zich mee, omdat landen in de verleiding zouden kunnen worden gebracht het niet zo nauw te nemen met hun verplichting de uitstoot van broeikasgassen te reduceren. En de steeds verder toenemende hoeveelheid CO_2 in de atmosfeer zou blijven oplossen in het zeewater en de oceanen langzaam veranderen in koolzuur.

Om al die redenen kan niemand met ook maar een beetje verantwoordelijkheidsgevoel volhouden dat we gewoon koolstof de lucht in kunnen blijven pompen en dan ter compensatie dikke lagen zonnebrandcrème op de stratosfeer kunnen smeren. Maar in een boek uit

2013 houdt de natuurkundige David Keith een pleidooi voor een vorm van geo-engineering die *gematigd, responsief* en *tijdelijk* is. 'Gematigd' houdt in dat de hoeveelheid sulfaat of calciet precies genoeg is om de mate van de opwarming te reduceren, niet om haar volledig teniet te doen; gematigdheid is geboden omdat kleine ingrepen minder snel tot onaangename verrassingen zullen leiden. 'Responsief' houdt in dat elke ingreep zorgvuldig en geleidelijk plaatsvindt, goed wordt gemonitord, voortdurend wordt bijgesteld, en indien nodig volledig wordt stopgezet. En 'tijdelijk' houdt in dat een programma alleen is ontworpen om de mensheid een adempauze te gunnen tot ze de uitstoot van broeikasgassen beëindigd heeft en de hoeveelheid CO_2 in de atmosfeer heeft teruggebracht tot het niveau van voor de industriële revolutie. In reactie op de angst dat de wereld voor altijd verslaafd zou raken aan geo-enigneering merkt Keith op: 'Hoe waarschijnlijk is het dat we in 2075 nog niet hebben bedacht hoe we, zeg, vijf gigaton koolstof per jaar uit de lucht moeten halen? Dat gaat er bij mij niet in.'[106]

193

Hoewel Keith een van de meest vooraanstaande geo-engineers ter wereld is, kan hij er niet van beschuldigd worden zich te laten meeslepen door vernieuwingsdrang. Een al even doordacht pleidooi staat in het boek *The Planet Remade* van de journalist Oliver Morton uit 2015, waarin de historische, politieke en morele dimensies van geo-engineering uiteen worden gezet, evenals de huidige stand van de techniek. Morton toont aan dat de mensheid de mondiale cyclussen van water, stikstof en koolstof al meer dan een eeuw verstoort, en dat het dus te laat is een oorspronkelijk 'aardesysteem' te behouden. En gezien de reusachtige omvang van het probleem van klimaatverandering, is het onverstandig om te denken dat we het snel of gemakkelijk zullen oplossen. Het lijkt alleen maar verstandig om onderzoek te doen naar de manieren waarop we de schade voor miljoenen mensen zouden kunnen minimaliseren voordat de oplossingen volledig in kaart zijn gebracht en functioneren, en Morton zet scenario's uiteen van hoe een programma van gematigde en tijdelijke geo-engineering geïmplementeerd zou kunnen worden, zelfs in een wereld waarin het ideaal van een wereldbestuur geen realiteit is. De wetgeleerde Dan Kahan heeft aangetoond dat het verschaffen van informatie over geo-engineering geen moreel gevaar oplevert maar mensen juist bezorgder maakt om klimaatverandering, en minder vooringenomen door hun politieke ideologie.[107]

Ondanks een halve eeuw van paniek is de mensheid niet onomkeerbaar op weg naar ecologische zelfmoord. De angst voor een tekort aan hulpbronnen is ongegrond. Hetzelfde geldt voor misantropisch ecologisme, dat de moderne mens beschouwt als een verdorven sloper van een ongerepte planeet. Een verlicht ecologisme erkent dat mensen energie moeten gebruiken om zich te verheffen uit de armoede waartoe entropie en evolutie hen veroordelen. Zulk ecologisme zoekt naar de manieren om dat te doen terwijl zo min mogelijk schade wordt toegebracht aan de planeet en de wereld der levende organismen. De geschiedenis doet vermoeden dat dit moderne, pragmatische en humanistische ecologisme kan werken. Naarmate de wereld rijker en technisch onderlegder wordt, dematerialiseert, decarboniseert en verdicht hij, waardoor grond en diersoorten worden gespaard. Wanneer mensen rijker en beter geschoold worden, geven ze meer om het milieu, bedenken ze manieren om het te beschermen en zijn ze meer bereid de kosten daarvoor te dragen. Het milieu is zich flink aan het herstellen, wat een aansporing is om de problemen die nog bestaan, en waarvan we moeten toegeven dat ze ernstig zijn, het hoofd te bieden.

Het belangrijkste is de uitstoot van broeikasgassen en de dreiging van een gevaarlijke klimaatverandering die ze veroorzaken. Mensen vragen me soms of ik denk dat de mensheid de uitdaging aan zal gaan, of dat we achterover zullen leunen en toezien hoe de ramp zich voltrekt. Voor wat het waard is: ik denk dat we de uitdaging aan zullen gaan, maar het is heel belangrijk om te begrijpen waar dat optimisme op gebaseerd is. De econoom Paul Romer maakt onderscheid tussen *zelfgenoegzaam* optimisme, het gevoel dat een kind heeft dat op kerstochtend op zijn cadeautjes wacht, en *voorwaardelijk* optimisme, het gevoel dat een kind heeft dat een boomhut wil bouwen en beseft dat hij er een kan maken als hij wat hout en spijkers krijgt en andere kinderen overhaalt hem te helpen.[108] We kunnen het ons niet veroorloven zelfgenoegzaam optimistisch te zijn over klimaatverandering, maar we kunnen wel voorwaardelijk optimistisch zijn. We beschikken over een aantal haalbare manieren om de schade te voorkomen en over de middelen om ons er meer eigen te maken. Problemen kunnen opgelost worden. Dat betekent niet dat ze zichzelf oplossen, maar wel dat we ze kunnen oplossen áls we de positieve krachten van de moderniteit hoog in het vaandel houden die ons tot nu toe in staat hebben gesteld problemen op te lossen, zoals maatschappelijke voorspoed, verstandig gereguleerde markten, internationaal bestuur en investeringen in de wetenschap en in technologie.

11 Vrede

Hoe diep gaan de stromen van vooruitgang? Kunnen ze plotseling tot stilstand komen of de andere kant op gaan? De geschiedenis van geweld biedt een goede mogelijkheid om een antwoord te vinden op deze vragen. In *Ons betere ik* toonde ik aan dat elke objectieve indicator van geweld vanaf het eerste decennium van de eenentwintigste eeuw aan het dalen is. Toen ik dat boek schreef, waarschuwden proeflezers dat er misschien wel niets van mijn verhaal over zou zijn voor het eerste exemplaar in de winkel lag. (Iedereen maakte zich toentertijd zorgen over een kernoorlog, tussen Iran en Israël of Iran en de Verenigde Staten.) Sinds het boek in 2011 is gepubliceerd, zou je denken dat een stortvloed van slecht nieuws het boek achterhaald heeft gemaakt: een burgeroorlog in Syrië, gruweldaden door ISIS, terrorisme in West-Europa, autocratie in Oost-Europa, schietpartijen waar Amerikaanse politiemensen bij betrokken waren en haatmisdrijven en andere uitbarstingen van racisme en vrouwenhaat in het hele Westen.

Maar dezelfde beschikbaarheids- en negativiteitsbias die mensen sceptisch maakt over de mogelijkheid dat geweld is afgenomen, kan hen al snel tot de conclusie laten komen dat van een afname totaal geen sprake meer is. In de volgende vijf hoofdstukken zal ik het slechte nieuws van de afgelopen tijd in perspectief plaatsen door terug te keren naar de data, en het laatste beschikbare datapunt in herinnering brengen toen *Ons betere ik* naar de drukker ging.[1] Een jaar of zeven is in de geschiedenis als geheel niet meer dan een knip met de vingers, maar die periode geeft een grove indicatie of het boek heeft geprofiteerd van een gunstig tij of een voortdurende trend heeft vastgesteld. Belangrijker is dat ik ontwikkelingen zal proberen te verklaren in termen van diepere 'historische krachten' en ze een plek zal geven binnen het verhaal van vooruitgang, het onderwerp van dit boek. (Daarbij zal ik enkele nieuwe ideeën introduceren over wat die krachten zijn.) Ik zal beginnen met de meest buitensporige vorm van geweld: oorlog.

Het grootste deel van de menselijke geschiedenis was oorlog het vanzelfsprekende tijdverdrijf van vorsten en regeringen, en vrede slechts
een onderbreking van oorlogen.[2] Dat zien we terug in figuur 11-1, waarin de hoeveelheid tijd in het afgelopen halve millennium wordt weergegeven dat de grootmachten in een oorlog verwikkeld waren. (Grootmachten zijn het handjevol staten en keizerrijken die legers over hun
grenzen kunnen brengen, die elkaar als gelijken behandelen en samen
over het grootste deel van de wereldwijde militaire middelen beschikken.)[3] Oorlogen tussen grootmachten, waar ook wereldoorlogen onder
vallen, zijn de meest intensieve vormen van destructie die onze ellendige soort heeft kunnen verzinnen, en ze zijn verantwoordelijk voor een
meerderheid van de slachtoffers van alle gevoerde oorlogen bij elkaar.
De grafiek laat zien dat de grote mogendheden bij het aanbreken van
de moderne tijd vrijwel altijd in oorlog waren. Tegenwoordig voeren ze
echter bijna nooit meer oorlog; de laatste voerden de Verenigde Staten
meer dan zestig jaar geleden in Korea tegen China.

Figuur 11-1: oorlogen tussen grote mogendheden, 1500-2015
Bron: Levy & Thompson 2011, geüpdatet voor de eenentwintigste eeuw. Percentage jaren dat de grote mogendheden oorlog tegen elkaar voerden, samengevoegd over periodes van 25 jaar, met uitzondering van 2000-2015. De pijl wijst
naar 1975-1999, de laatste kwarteeuw die wordt weergegeven in figuur 5-12 van
Pinker 2011.

De scherpe afname van het aantal oorlogen tussen grootmachten
verhult twee trends die nog maar kort geleden een tegenovergestel-

de ontwikkeling lieten zien.[4] 450 jaar lang werden oorlogen waar een grootmacht bij betrokken was korter en kwamen ze minder regelmatig voor. Maar doordat hun legers groter, beter getraind en beter bewapend werden, werden de oorlogen díé gevoerd werden dodelijker, wat culmineerde in de korte maar onvoorstelbaar destructieve wereldoorlogen. Pas na de tweede namen de drie indicatoren van oorlog – frequentie, duur en het aantal dodelijke slachtoffers – allemaal af en begon de wereld aan een periode die de Lange Vrede wordt genoemd.

Niet alleen de grootmachten voeren geen oorlog meer tegen elkaar. Oorlog in de klassieke zin van het woord – een gewapend conflict tussen de geüniformeerde legers van twee natiestaten – lijkt in onbruik te raken.[5] Er zijn er niet meer dan drie gevoerd in welk jaar sinds 1945 ook, geen in de meeste jaren sinds 1989, en geen sinds de door de Amerikanen geleide invasie van Irak in 2003, de langste periode zonder een oorlog tussen landen sinds het einde van de Tweede Wereldoorlog.[6] Tegenwoordig komen er tientallen mensen om bij schermutselingen tussen de legers van landen, in plaats van de honderden, duizenden of miljoenen die om het leven kwamen tijdens de grootschalige oorlogen die natiestaten door de geschiedenis heen hebben uitgevochten. De Lange Vrede is sinds 2011 absoluut op de proef gesteld, bijvoorbeeld door conflicten tussen Armenië en Azerbeidzjan, Rusland en Oekraïne en Noord- en Zuid-Korea, maar in alle gevallen bonden de ruziezoekers in, in plaats van het op een oorlog te laten uitlopen. Dat betekent natuurlijk niet dat escalatie tot een grote oorlog onmogelijk is, alleen dat het als ongebruikelijk wordt beschouwd, als iets wat landen ten koste van bijna alles willen voorkomen.

Ook de oorlogsgeografie blijft krimpen. In 2016 maakte een vredesakkoord tussen de regering van Colombia en de rebellen van de marxistische FARC een einde aan het laatste politieke gewapende conflict op het westelijk halfrond en het laatste overblijfsel van de Koude Oorlog. Dat is een uitermate belangrijke verandering ten opzichte van nog maar enkele decennia eerder.[7] In Guatemala, El Salvador en Peru streden linkse guerrillastrijders tegen een door de Amerikanen gesteunde regering, en in Nicaragua was het precies andersom, in conflicten waarbij in totaal meer dan 650 000 mensen omkwamen.[8] De overgang van een hele hemisfeer naar vrede volgt de ontwikkeling in andere grote regio's van de wereld. De eeuwen van bloedige oorlogen in West-Europa, die hun 'hoogtepunt' hadden in de twee wereldoorlogen, hebben plaatsgemaakt voor meer dan zeven decennia van vrede. In Oost-Azië eisten de oorlogen in het midden van de twintigste eeuw – de veroveringen van Japan, de Chinese burgeroorlog en de oorlogen in Korea en Vietnam – miljoenen levens. Maar ondanks ernstige politieke twisten vinden er in Oost- en Zuidoost-Azië tegenwoordig vrijwel geen gewapende conflicten tussen landen plaats.

De oorlogen die nu nog in de wereld worden gevoerd, beperken zich vrijwel volledig tot een zone die zich uitstrekt van Nigeria tot Pakistan, een gebied waar nog geen zesde van de wereldbevolking woont. Deze oorlogen zijn burgeroorlogen, die het Uppsala Conflict Data Program (UCDP) definieert als 'een gewapend conflict tussen een regering en een georganiseerde strijdmacht waar verifieerbaar minstens duizend soldaten en burgers per jaar bij omkomen'. Hier vinden we enige recente aanleiding voor ontmoediging. Een sterke afname van het aantal burgeroorlogen na het einde van de Koude Oorlog – van veertien in 1990 tot vier in 2007 – is gevolgd door een toename tot elf in 2014 en 2015 en tot twaalf in 2016.[9] De piek ontstaat voornamelijk door conflicten waarbij een radicaalislamistische groepering betrokken is (acht van de elf in 2015 en tien van de twaalf in 2016); zonder die conflicten zou er helemaal geen toename van het aantal oorlogen hebben plaatsgevonden. Misschien is het niet toevallig dat twee van de oorlogen in 2014 en 2015 werden veroorzaakt door een andere niet-humanistische ideologie: Russisch nationalisme, dat separatistische strijdkrachten, gesteund door Vladimir Poetin, ertoe bracht oorlog te voeren tegen de regering van Oekraïne in twee Oekraïense provincies.

De ergste oorlog die nog voortduurt is die in Syrië, waar de regering van Bashar al-Assad het land heeft verwoest in een poging een gemêleerde verzameling van islamistische en niet-islamistische rebellengroepen te verslaan, met hulp van Rusland en Iran. De burgeroorlog in Syrië, met 250 000 doden tot 2016 (en dat is een conservatieve schatting), zorgt voor de grootste stijging van het wereldwijde aantal oorlogsslachtoffers als gevolg van oorlog dat getoond wordt in figuur 11-2.[10]

Die kleine stijging doet zich echter voor aan het einde van een sterke daling van zes decennia. Op het hoogtepunt vielen er tijdens de Tweede Wereldoorlog driehonderd oorlogsdoden per honderdduizend mensen per jaar; het wordt niet weergegeven in de grafiek, omdat de lijn voor alle daaropvolgende jaren dan een gekreukeld tapijt zou zijn geworden. In de jaren na de oorlog schoot het percentage doden omlaag en bereikte een piek van tweeëntwintig doden tijdens de Koreaanse Oorlog begin jaren vijftig, negen tijdens de Vietnamoorlog eind jaren zestig en begin jaren zeventig, en vijf tijdens de oorlog tussen Iran en Irak in het midden van de jaren tachtig, waarna het tussen 2001 en 2011 nog maar nauwelijks waarneembaar was met 0,5. Het percentage

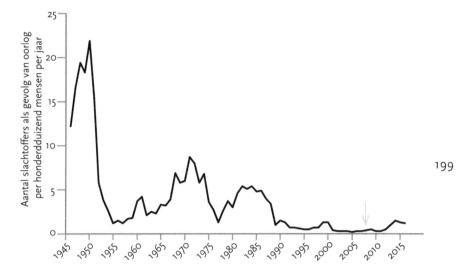

Figuur 11-2: oorlogsslachtoffers, 1946-2016
Bronnen: Bewerking van Human Security Report Project 2007. **Voor 1946-1988:** *Peace Research Institute of Oslo Battle Deaths Dataset* 1946-2008, Lacina & Gleditsch 2005. **Voor 1989-2015:** UCDP *Battle-Related Deaths Dataset version 5.0*, Uppsala Conflict Data Program 2017, Melander, Pettersson & Themnér 2016, geüpdatet met informatie van Therese Pettersson en Sam Taub van UCDP. **Cijfers wereldbevolking:** 1950-2016, US Census Bureau; 1946-1949, McEvedy & Jones 1978, met aanpassingen. De pijl wijst naar 2008, het laatste jaar dat wordt weergegeven in figuur 6-2 van Pinker 2011.

kroop in 2014 omhoog tot 1,5 en is in 2016 weer gedaald tot 1,2, het meeste recente jaar waarvan data beschikbaar zijn.

Mensen die in het midden van jaren tien van de eenentwintigste eeuw het nieuws volgden, hadden misschien verwacht dat het bloedbad in Syrië alle vooruitgang van de voorgaande decennia teniet had gedaan. Dat komt doordat ze de vele burgeroorlogen zijn vergeten die na 2009 zonder veel bombarie zijn beëindigd (in Angola, Tsjaad, India, Peru en Sri Lanka), net als eerdere oorlogen die enorme aantallen slachtoffers eisten, zoals in Indochina (1946-1954, met vijfhonderdduizend doden), India (1946-1948, een miljoen doden), China (1946-1950, een miljoen doden), Soedan (1956-1972, vijfhonderdduizend doden, en 1983-2002, een miljoen doden), Oeganda (1971-1978, vijfhonderdduizend doden), Ethiopië (1974-1991, 750 000 doden), Angola (1975-2002, een miljoen doden) en Mozambique (1981-1992, vijfhonderdduizend doden).[11]

Hartverscheurende beelden van wanhopige Syrische vluchtelingen, van wie velen met de grootste moeite een nieuw bestaan proberen op te bouwen in Europa, hebben tot de bewering geleid dat er nu meer vluchtelingen zijn dan ooit tevoren. Maar ook dit is een voorbeeld van historische amnesie en van de beschikbaarheidsheuristiek. De politicoloog Joshua Goldstein schrijft dat de huidige vier miljoen Syrische vluchtelingen in aantal worden overtroffen door de tien miljoen mensen die zijn verdreven tijdens de Bengaalse Onafhankelijkheidsoorlog van 1971, de veertien miljoen ontheemden als gevolg van de opdeling van India in 1947 en de zestig miljoen ontheemden alleen al in Europa als gevolg van de Tweede Wereldoorlog, tijd waarin de wereldbevolking nog maar een fractie was van tegenwoordig. Wanneer we deze ellende in getallen uitdrukken, betekent dat absoluut niet dat het grote lijden dat de slachtoffers van tegenwoordig ondergaan ons koud moet laten. We erkennen er het lijden van de slachtoffers uit het verleden mee, en het brengt beleidsmakers ertoe in hun belang te handelen door een accurate kijk op de wereld als uitgangspunt te nemen. Het zou hen er vooral van moeten weerhouden gevaarlijke conclusies te trekken over 'een wereld in oorlog', wat hen in de verleiding zou kunnen brengen de vorming van een wereldregering op te schorten of om terug te keren naar de fictieve 'stabiliteit' van de Koude Oorlog. 'De wereld is het probleem niet,' zegt Goldstein, 'Syrië is het probleem. (...) De politiek en de daden die oorlogen elders hebben beëindigd, kunnen vandaag de dag met inspanning en inlichtingen oorlogen in Zuid-Soedan, Jemen en misschien zelfs Syrië beëindigen.'[12]

Massamoord op ongewapende burgers, ook bekend als genocide, democide of eenzijdig geweld, kan net zo dodelijk zijn als oorlog, en vaak is er sprake van overlap. Volgens de historici Frank Chalk en Kurt Jonasson 'is genocide in alle delen van de wereld en gedurende de hele geschiedenis gepleegd'.[13] Tijdens de Tweede Wereldoorlog zijn tientallen miljoenen burgers afgeslacht door Hitler, Stalin en keizerlijk Japan, en bij doelbewuste bombardementen van burgergebieden door alle betrokken landen (twee keer met kernwapens); op het 'hoogtepunt' vielen er 350 doden per honderdduizend mensen per jaar.[14] Maar in tegenstelling tot de bewering dat 'de wereld niets van de Holocaust heeft geleerd', heeft na de oorlog nooit meer iets plaatsgevonden dat vergelijkbaar is met het bloedvergieten uit de jaren veertig. Zelfs in de naoorlogse periode is het aantal doden als gevolg van genocide sterk gedaald, zoals zichtbaar is in twee datasets in figuur 11-3.

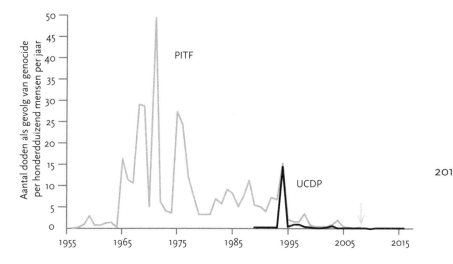

Figuur 11-3: aantal doden als gevolg van genocide, 1956-2016
Bronnen: PITF, 1955-2008: Political Instability Task Force State Failure Problem Set, 1955-2008, Marshall, Gurr & Harff 2009; Center for Systemic Peace 2015. Berekeningen zoals beschreven in Pinker 2011, pag. 338. UCDP, 1989-2016: UCDP One-Sided Violence Dataset v. 2.5-2016, Melander, Pettersson & Themnér 2016; Uppsala Conflict Data Program 2017, schattingen van 'hoge slachtofferdichtheid', geüpdatet met data verschaft door Sam Taub van UCDP, afgezet tegen wereldbevolkingscijfers zoals vastgesteld door het US Census Bureau. De pijl wijst naar 2008, het laatste jaar dat wordt weergegeven in figuur 6-8 van Pinker 2011.

De pieken in de grafiek corresponderen met de massamoord in het anticommunistische Indonesië (1965-1966, zevenhonderdduizend doden), de Chinese Culturele Revolutie (1966-1975, zeshonderdduizend), de Tutsi's tegen de Hutu's in Burundi (1965-1973, honderdveertigduizend), de Onafhankelijkheidsoorlog in Bangladesh (1971, 1,7 miljoen), geweld tussen Noord- en Zuid-Soedan (1956-1972, vijfhonderdduizend), het regime van Idi Amin in Oeganda (1972-1979, honderdvijftigduizend), het regime van Pol Pot in Cambodja (1975-1979, 2,5 miljoen), de moord op politieke tegenstanders in Vietnam (1965-1975, vijfhonderdduizend) en meer recent de slachtpartijen in Bosnië (1992-1995, 225000), Rwanda (1994, zevenhonderdduizend) en Darfur (2003-2008, 373000).[15] De nauwelijks waarneembare stijging van 2014 tot 2016 betreft onder andere de gruweldaden die de indruk versterken dat we weer in een gewelddadige tijd leven: ten minste 4500 Jezidi's, christenen en sjiitische burgers die zijn vermoord door ISIS, vijfduizend door Boko Haram in Nigeria, Kameroen en Tsjaad, en 1750 door islamitische en christelijke milities in de Centraal-Afrikaanse Republiek.[16] Het is nooit gepast het woord 'gelukkig' te gebruiken wanneer het gaat om de moord op onschuldigen, maar de aantallen in de eenentwintigste eeuw vormen slechts een fractie van die in eerdere decennia.

Natuurlijk kunnen we op basis van de cijfers van een dataset geen directe conclusies trekken over het onderliggende risico van oorlog. Je hebt vooral weinig aan historische aantallen als je wilt inschatten hoe groot de kans is dat zich bijzonder zeldzame maar zeer destructieve oorlogen zullen voordoen.[17] Om iets zinnigs te ontdekken aan spaarzame data in een wereld waarvan de geschiedenis zich slechts eenmalig afspeelt, moeten we de aantallen aanvullen met kennis over de oorzaken van oorlog, want zoals het motto van de UNESCO aangeeft: 'Oorlog begint in de hoofden van mensen.' En inderdaad zien we niet alleen dat de mens zich van oorlog afkeert door een afname van het aantal oorlogen en oorlogsslachtoffers; het valt ook af te lezen aan de manier waarop landen zich op oorlog voorbereiden. De gangbaarheid van dienstplicht, de omvang van legers en het niveau van wereldwijde militaire uitgaven als percentage van het BBP zijn de afgelopen decennia allemaal gedaald.[18] Het belangrijkste is dat mannen (en vrouwen) anders zijn gaan denken.

Hoe is dat gebeurd? De Eeuw van de Rede en de Verlichting leidden tot een veroordeling van oorlog door onder anderen Pascal, Swift, Voltaire, Samuel Johnson en de quakers. Ook kwamen er praktische voorstellen voor het reduceren of zelfs laten verdwijnen van oorlog, in het bijzonder Kants beroemde essay 'Naar de eeuwige vrede'.[19] De afname van het aantal oorlogen tussen grootmachten in de achttiende en negentiende eeuw is aan de verspreiding van deze ideeën toegeschreven, net als langere periodes van vrede tussen oorlogen in gedurende die eeuwen.[20] Maar pas na de Tweede Wereldoorlog werden de pacificerende krachten waar door Kant en anderen op was gewezen systematisch geïmplementeerd.

Zoals we in hoofdstuk 1 zagen, propageerden vele Verlichtingsdenkers de theorie van zachte handel. Volgens die theorie zou internationale handel oorlog minder aantrekkelijk maken. Inderdaad leverde handel in de naoorlogse periode een veel hoger percentage van het BBP op, en kwantitatieve analyses hebben bevestigd dat landen die handel drijven minder snel oorlog voeren terwijl al het overige constant blijft.[21]

Een ander geesteskind van de Verlichting is de theorie dat een democratische regeringsvorm op roem en glorie beluste leiders in toom houdt die hun land een zinloze oorlog in zouden willen sleuren. Beginnend in de jaren zeventig van de vorige eeuw en in toenemende mate na de val van de Muur in 1989 gaven meer landen democratie een kans (hoofdstuk 14). Hoewel de categorische uitspraak dat er nog nooit twee democratieën oorlog tegen elkaar hebben gevoerd dubieus is, ondersteunen de data wel de theorie van de democratische vrede, die luidt dat twee meer democratische landen minder snel een gewapende confrontatie met elkaar zullen aangaan.[22]

De Lange Vrede is ook bevorderd door enige realpolitik. De legers van Amerika en de Sovjet-Unie hadden (zelfs zonder hun kernwapens) zo'n destructieve macht dat de supermachten die bij de Koude Oorlog betrokken waren wel twee keer nadachten voor ze op het slagveld een confrontatie met elkaar aangingen – wat tot verrassing en opluchting van de hele wereld nooit is gebeurd.[23]

Maar de belangrijkste verandering in de internationale orde is een idee dat we tegenwoordig zelden nog op waarde schatten: *oorlog is illegaal.* Het grootste deel van de geschiedenis was dat niet zo. Macht ging boven recht, met oorlog werd politiek bedreven, en de winnaar kreeg de buit. Als een land van mening was dat het door een ander land onrecht was aangedaan, kon het de oorlog verklaren, als represaille een gebied veroveren en ervan uitgaan dat die annexatie door de rest van de wereld erkend zou worden. De reden dat Arizona, Californië, Colorada, Nevada, New Mexico en Utah Amerikaanse staten zijn, is dat de Verenigde Staten ze in 1847 veroverden op Mexico in een oorlog over onbetaalde schulden. Dat is tegenwoordig niet mogelijk: de landen van de wereld zijn de toezegging aangegaan alleen in geval van zelfverdediging of met toestemming van de VN-Veiligheidsraad oorlog te voeren. Staten zijn onsterfelijk, grenzen liggen vast, en elk land dat een veroveringsoorlog voert kan van de rest van de wereld minachting verwachten, geen aanvaarding.

Volgens de rechtsgeleerden Oona Hathaway en Scott Shapiro verdient het uitbannen van oorlog veel meer krediet voor het bewerkstelligen van de Lange Vrede. Het idee dat landen zouden moeten afspreken oorlog onwettig te maken, werd in 1795 geopperd door Kant. Er werden voor het eerst afspraken over gemaakt in het door velen beschimpte Pact van Parijs uit 1928, dat ook wel het Briand-Kelloggpact wordt genoemd, maar het idee werd pas echt van kracht toen in 1945 de Verenigde Naties werden opgericht. Sindsdien wordt het taboe op verovering zo nu en dan afgedwongen met een militaire reactie, bijvoorbeeld toen een internationale coalitie de verovering van Koeweit door Irak in 1990 en 1991 ongedaan maakte. Vaker heeft het verbod als norm gefungeerd – 'Oorlog is iets wat beschaafde landen gewoon niet doen' –, gesteund door economische sancties en symbolische straffen. Die straffen zijn effectief in de mate dat landen waarde hechten aan hun reputatie binnen de internationale gemeenschap – wat ons eraan herinnert dat we die gemeenschap moeten koesteren en versterken nu we worden geconfronteerd met bedreigingen uit populistisch-nationalistische hoek.[24]

Soms wordt die norm natuurlijk het duidelijkst wanneer hij wordt geschonden. Het meest recent gebeurde dat in 2014, toen Rusland de Krim annexeerde. Dat lijkt de cynische zienswijze te bevestigen dat internationale normen onmogelijk vallen af te dwingen en straffeloos genegeerd zullen worden tot we een wereldregering hebben. Hathaway en Shapiro reageren daarop door te stellen dat de wetten van een land ook overtreden worden, van parkeerovertredingen tot moorden, maar dat een wet waarvan de naleving niet voor honderd procent wordt afgedwongen nog altijd beter is dan helemaal geen wet. Zij schatten in dat in de eeuw die voorafging aan het Pact van Parijs *elf keer per jaar* sprake was van een annexatie die vergelijkbaar was met die van de Krim, waarvan de meeste niet ongedaan zijn gemaakt. Maar vrijwel elke hectare land die na 1928 is veroverd, is teruggeven aan het land dat hem kwijtraakte. Aristide Briand en Frank Kellogg (de Franse en Amerikaanse ministers van Buitenlandse Zaken) lachen misschien wel het laatst.

Hathaway en Shapiro wijzen erop dat de uitbanning van oorlogen tussen landen ook een keerzijde had. Toen Europese landen de koloniale gebieden verlieten die ze hadden veroverd, lieten ze vaak een zwakke staat achter met vage grenzen en zonder erkende opvolger om erover te regeren, wat in veel gevallen een burgeroorlog en geweld tussen bevolkingsgroepen tot gevolg had. Onder de nieuwe internationale orde vormden ze niet langer legitieme veroveringsdoelen van effectievere machten en bleven ze jaren- of decennialang in een staat van halve anarchie hangen.

De afname van het aantal oorlogen tussen landen is nog altijd een prachtig voorbeeld van vooruitgang. Bij burgeroorlogen komen minder mensen om dan bij internationale oorlogen, en sinds eind jaren tachtig is het aantal burgeroorlogen ook afgenomen.[25] Toen de Koude Oorlog ten einde kwam, vonden de grootmachten het minder belangrijk wie er een burgeroorlog won dan hoe ze er een einde aan konden maken, en ze steunden vn-vredesmachten en andere internationale legers die zich tussen de strijdende partijen stationeerden en vaker wel dan niet daadwerkelijk de vrede bewaarden.[26] Ook is het zo dat landen minder kwetsbaar worden voor een burgeroorlog naarmate ze rijker worden. Hun regering kan het zich dan veroorloven diensten te leveren als gezondheidszorg, onderwijs en politietoezicht, zodat de burgers eerder geneigd zijn loyaal te zijn aan die regering dan aan rebellen, en ze kunnen het gezag terugkrijgen over gebieden waar krijgsheren, de maffia en guerrillastrijders (wat vaak dezelfde mensen zijn) het voor het zeggen hebben.[27] En aangezien veel oorlogen zijn ontstaan vanuit de wederzijdse angst dat een land vernietigd zal worden door een preventieve aanval als het zélf geen preventieve aanval uitvoert (het speltheoretische scenario dat een veiligheidsdilemma of hobbesiaanse val heet), kan het neerdalen van *vrede* over een gebied, wat daar oorspronkelijk ook de oorzaak van is, zelfversterkend zijn. (Omgekeerd kan oorlog besmettelijk zijn.)[28] Dat verklaart mede hoe het komt dat de oorlogsgeografie afneemt en de meeste gebieden in de wereld vrede kennen.

205

Naast ideeën en beleid waardoor oorlog wordt voorkomen, heeft zich een verandering in waarden voorgedaan. De pacificerende krachten die we tot dusver hebben besproken zijn in zekere zin technologisch van aard; het zijn middelen waarmee de kans op vrede vergroot kan worden als dat is wat mensen willen. In elk geval sinds de jaren zestig, de tijd van folkliedjes en Woodstock, is het idee dat vrede intrinsiek eerzaam is voor westerlingen een tweede natuur geworden. Wanneer er militaire interventies plaatsvonden, werden die gerationaliseerd als betreurenswaardige maar noodzakelijke maatregelen om meer geweld te voorkomen. Maar nog niet zo lang geleden werd *oorlog* als eerzaam gezien. Oorlog was roemrijk, opwindend, spiritueel, mannelijk, nobel, heroïsch, altruïstisch – een manier om de decadente, burgerlijke samenleving te zuiveren van verwijfdheid, zelfzuchtigheid, consumentisme en hedonisme.[29]

Vandaag de dag komt het idee dat het intrinsiek eerzaam is om mensen te doden of te verminken en hun wegen, bruggen, boerderijen, woningen, scholen en ziekenhuizen te verwoesten, ons volkomen gestoord voor. Tijdens de contra-Verlichting van de negentiende eeuw werd het echter heel logisch gevonden. Romantisch militarisme raakte steeds meer in de mode, niet alleen onder militaire officieren met een Pickelhaube op hun hoofd, maar ook onder veel kunstenaars en intellectuelen. Oorlog 'verruimt de geest van een volk en verheft het karakter', schreef Alexis de Tocqueville. Oorlog is 'het leven zelf', zei Émile Zola; 'de grondslag van alle kunsten (...) [en] van alle talenten en vermogens van de mens', schreef John Ruskin.[30]

Romantisch militarisme vermengde zich soms met romantisch nationalisme, dat de taal, de cultuur, het thuisland en de raciale samenstelling van een etnische groep verheerlijkte – het ethos van bloed en bodem – en verklaarde dat een land zijn bestemming alleen kon bereiken als etnisch gezuiverde, soevereine staat.[31] Het putte kracht uit de vage opvatting dat gewelddadige strijd de levenskracht van de natuur ('rood van tand en klauw') en de motor van de menselijke vooruitgang was. (Vergelijk dat eens met het Verlichtingsidee dat de motor van menselijke vooruitgang het oplossen van problemen is.) De valorisatie van strijd kwam overeen met Friedrich Hegels theorie van een dialectiek waarin historische krachten een superieure natiestaat voortbrengen; oorlogen zijn nodig, schreef Hegel, 'omdat ze de staat verlossen van maatschappelijke verstening en stagnatie'.[32] Marx paste het idee toe op economische systemen en voorspelde dat een aaneenschakeling van gewelddadige klassenconflicten zou culmineren in een communistische heilstaat.[33]

Maar misschien was de belangrijkste drijvende kracht van romantisch militarisme wel declinisme, de afkeer onder intellectuelen van de gedachte dat gewone mensen in vrede en voorspoed leken te leven.[34] Cultureel pessimisme schoot vooral wortel in Duitsland, door de invloed van Schopenhauer, Nietzsche, Jacob Burckhardt, Georg Simmel en Oswald Spengler, die in 1918-1923 *De ondergang van het Avondland* schreef. (We zullen deze ideeën in hoofdstuk 23 verder bespreken.) Tot op de dag van vandaag vragen historici die zich in de Eerste Wereldoorlog verdiepen zich af waarom Engeland en Duitsland, landen die zoveel met elkaar gemeen hadden – westers, christelijk, geïndustrialiseerd, rijk –, ervoor kozen een zinloos bloedbad aan te richten. Er zijn vele en gecompliceerde redenen, maar voor zover ideologie er al iets mee te maken had 'zagen de Duitsers zich voor de Eerste Wereldoorlog als een volk dat zich *buiten* de Europese of westerse beschaving bevond', zoals Arthur Herman naar voren brengt.[35] En belangrijker nog, ze dachten dat ze moedig weerstand boden aan een oprukkende progressieve, democratische, commerciële cultuur die sinds de Verlichting de dynamiek en vitaliteit uit het Westen zoog, met medeplichtigheid van Groot-Brittannië en de Verenigde Staten. Veel Duitsers waren van mening dat alleen uit de as van een reinigend cataclysme een nieuwe heroïsche orde kon verrijzen. Wat dat cataclysme betreft kregen ze hun zin met een verschrikkelijke oorlog. Na een tweede oorlog, die zelfs nog afschuwelijker was, had oorlog eindelijk zijn romantiek verloren en verkondigde elke westerse en internationale institutie vrede na te streven. Het menselijk leven is meer waard geworden, terwijl glorie en roem, superioriteit, mannelijkheid, heroïsme en andere symptomen van excessief testosteron van hun voetstuk zijn gevallen.

Veel mensen weigeren te geloven dat vooruitgang richting vrede, hoe onbestendig ook, zelfs maar mogelijk is. Zij houden vol dat een onverzadigbare veroveringshonger deel uitmaakt van de menselijke natuur. (En niet alleen van de menselijke natuur; sommige analisten projecteren de megalomanie van de mannelijke homo sapiens op elke vorm van intelligentie en waarschuwen dat we niet op zoek moeten gaan naar buitenaards leven, omdat we dan wel eens ontdekt zouden kunnen worden door geavanceerde ruimtewezens die ons komen onderwerpen.) Hoewel een visioen van wereldvrede John en Yoko een paar mooie liedjes heeft opgeleverd, is het in de echte wereld hopeloos naïef.

De waarheid is dat oorlog misschien wel gewoon een van de hindernissen is die een verlichte soort leert overwinnen, net als pest, honger en armoede. Hoewel verovering op de korte termijn verleidelijk kan zijn, is het uiteindelijk beter om te bedenken hoe we kunnen krijgen wat we willen zonder de kosten van een verwoestend conflict en de daaruit voortvloeiende gevaren van een leven bij het zwaard, namelijk dat als je een bedreiging vormt voor anderen, je hun een aanleiding hebt gegeven om jou eerst te vernietigen. Op de lange termijn is een wereld waarin alle partijen afzien van oorlog beter voor iedereen. Uitvindingen zoals handel, democratie, economische ontwikkeling, vredesmachten, internationaal recht en internationale normen zijn hulpmiddelen die die wereld helpen bouwen.

12 Veiligheid

Het menselijk lichaam is een kwetsbaar iets. Zelfs wanneer mensen zichzelf van brandstof blijven voorzien, goed functioneren en niet ziek worden, zijn ze kwetsbaar voor 'de duizend schokken waar het vlees erfgenaam van is'. Onze voorouders vormden een makkelijke prooi voor roofdieren als krokodillen en grote katachtigen. Ze bezweken aan het gif van slangen, spinnen, insecten, slakken en kikkers. Doordat ze als omnivoren maar niet konden kiezen, konden ze vergiftigd worden door schadelijke ingrediënten in hun uitgebreide dieet, waar vis, bonen, wortelen, zaden en paddenstoelen deel van uitmaakten. Als ze zich in bomen waagden om vruchten en honing te bemachtigen, gehoorzaamde hun lichaam aan de wet van de zwaartekracht en konden ze niet anders dan met een snelheid van 9,8 meter per seconde op de grond af denderen. Als ze te ver meren en rivieren in waadden, kon hun zuurstoftoevoer worden afgesneden door het water. Ze speelden met vuur en brandden zich soms. En ze konden het slachtoffer worden van voorbedachten rade: elke technologie die een dier kan vellen, kan ook een menselijke rivaal uitschakelen.

Vandaag de dag worden er nog maar weinig mensen opgegeten, maar elk jaar overlijden er tienduizenden aan een slangenbeet, en andere gevaren blijven ons in groten getale doden.[1] Ongelukken zijn in de Verenigde Staten de op drie na belangrijkste doodsoorzaak, na hartaandoeningen, kanker en luchtwegkwalen. Wereldwijd veroorzaken verwondingen ongeveer een tiende van alle sterfgevallen, meer dan alle slachtoffers van aids, malaria en tuberculose bij elkaar, en ze beslaan 11 procent van de jaren die verloren gaan aan overlijden en lichamelijke beperkingen.[2] Ook persoonlijk geweld eist zijn tol en staat in de top-5 van gevaren voor jonge mensen in de Verenigde Staten en voor alle mensen in Latijns-Amerika en de Afrikaanse landen ten zuiden van de Sahara.[3]

Mensen denken al lang na over de oorzaken van gevaar en hoe die kunnen worden afgewend. Misschien is het meest inspirerende moment uit de joodse religieuze regels en gebruiken wel een gedicht dat tijdens de Ontzagwekkende Dagen werd voorgelezen voor de geopende heilige ark:

Op Rosj Hasjana zal worden geschreven en op Jom Kipoer zal worden bezegeld: (...) Wie zal leven en wie zal sterven, wie op zijn tijd en wie ervoor, wie door water en wie door vuur, wie door het zwaard en wie door het wilde dier, wie door honger en wie door dorst, wie door aardbeving en wie door ziekte, wie door wurging en wie door steniging? (...) Maar berouw, gebed en naastenliefde doen de ernst van het vonnis teniet.

Gelukkig reikt onze kennis over de oorzaak van dodelijke ongelukken intussen verder dan goddelijke geschriften en zijn de middelen waarmee we ze kunnen voorkomen betrouwbaarder dan berouw, gebed en naastenliefde. De menselijke vindingrijkheid heeft de grootste gevaren van het leven overwonnen, ook de gevaren die in het gebed worden opgesomd, en we leven nu in de veiligste tijd uit de geschiedenis.

In vorige hoofdstukken hebben we gezien dat cognitieve en moralistische vooroordelen een vloek zijn voor het heden en dat ze het verleden vrijpleiten. In dit hoofdstuk zullen we ons bezighouden met een andere manier waarop ze de menselijke vooruitgang belemmeren. Hoewel dodelijke verwondingen een van de grootse beproevingen voor de mens zijn, is het niet heel hip de aantallen naar beneden te brengen. De uitvinder van de vangrail heeft nooit een Nobelprijs gekregen, en ook zijn er geen prijzen uitgereikt aan de ontwerpers van duidelijker etiketten op medicijnen. Toch heeft de mensheid ongelooflijk veel baat gehad bij onbewierookte inspanningen die het aantal doden als gevolg van alle mogelijke verwondingen hebben gedecimeerd.

Wie door het zwaard. Laten we beginnen met de categorie verwondingen die het lastigst uit te bannen is, juist omdat ze niet door een ongeluk veroorzaakt worden: moord en doodslag (die ik verder alleen 'moord' zal noemen). De wereldoorlogen niet meegerekend zijn er altijd meer mensen vermoord dan dat er zijn overleden als gevolg van oorlog.[4] In 2015, een jaar dat werd geteisterd door oorlog, was de verhouding ongeveer 4,5 op 1; gebruikelijker is 10 op 1 of hoger. Moord vormde in het verleden zelfs een nog grotere bedreiging voor het leven. In het middeleeuwse Europa slachtten vorsten en andere hoge heren de horigen van hun rivalen op grote schaal af, duelleerden aristocraten en hun gevolg met elkaar, vermoordden bandieten en struikrovers hun slachtoffers en staken gewone mensen elkaar overhoop als ze aan de eettafel beledigd werden.[5]

Maar tijdens een radicale historische ontwikkeling die de Duitse socioloog Norbert Elias het beschavingsproces noemde, begonnen West-Europeanen vanaf de veertiende eeuw hun meningsverschillen op minder gewelddadige manieren op te lossen.[6] Volgens Elias was de verandering te danken aan de opkomst van gecentraliseerde koninkrijken uit de middeleeuwse lappendeken van baronnen en graven, zodat plaatselijke twisten, banditisme en geweld van krijgsheren beteugeld werden door 'koninklijke vrede'. Vervolgens werden strafrechtsystemen verder geprofessionaliseerd door het ontstaan van stadspolitie en een zorgvuldiger beraadslagend rechtssysteem. In die eeuwen ontwikkelde Europa ook een infrastructuur van handel, zowel fysiek, in de vorm van betere wegen en voertuigen als financieel, in de vorm van valuta en contracten. Er ontstond zachte handel, en het plunderen van land, waar wat de ene won volledig ten koste ging van de ander, maakte plaats voor handel in goederen en diensten, waar beiden van konden profiteren. Mensen gingen deel uitmaken van netwerken van commerciële en beroepsmatige verplichtingen die uiteen werden gezet in juridische en bureaucratische regels. Hun normen voor dagelijks gedrag – de macho eercultuur, waarin beledigingen vergolden moesten worden met geweld, verschoof naar een 'herencultuur' van waardigheid, waarin status werd verworven door vertoon van fatsoen en zelfbeheersing.

De historisch criminoloog Manuel Eisner heeft datasets over moord in Europa verzameld die het verhaal dat Elias in 1939 publiceerde met cijfers onderbouwden.[7] (Het aantal gepleegde moorden is de meest betrouwbare indicator van geweldsmisdrijven in verschillende tijden en op verschillende plaatsen, omdat een lijk nooit makkelijk over het hoofd is te zien en het aantal moorden correleert met aantallen andere geweldsmisdrijven, zoals beroving, aanranding en verkrachting.) Eisner stelt dat Elias op het juiste spoor zat met zijn theorie, en niet alleen wat Europa betreft. Wanneer een regering een grensregio aan de wet onderwerpt en de inwoners deel gaan uitmaken van een maatschappij die handel voert, neemt het geweld altijd af. In figuur 12-1 geef ik Eisners data voor Engeland, Nederland en Italië weer, met updates tot en met 2012; de curven voor andere West-Europese landen zijn vergelijkbaar. Ik heb delen van Noord- en Zuid-Amerika toegevoegd waar recht en orde later kwamen: koloniaal New England, gevolgd door een regio in het 'Wilde Westen', gevolgd door Mexico, dat vandaag de dag berucht is om zijn geweld maar in het verleden nog veel gewelddadiger was.

Toen ik het concept vooruitgang introduceerde, zei ik dat geen enkele progressieve trend in beton gegoten is, en geweld is daar een voorbeeld van. Vanaf de jaren zestig vond in de meeste westerse landen een explosieve stijging van persoonlijk geweld plaats die een eeuw van vooruitgang ongedaan maakte.[8] Die stijging was het meest dramatisch in de Verenigde Staten, waar het aantal moorden met een factor tweeenhalf omhoog schoot en waar het leven in de steden en in de politiek op zijn kop werd gezet door een wijdverbreide (en deels terechte) angst voor misdaad. Toch leert deze teloorgang van vooruitgang ons iets over de manier waarop vooruitgang werkt.

211

Tijdens de decennia waarin sprake was van hoge criminaliteitscijfers, zeiden de meeste deskundigen dat er niets aan gewelddadige misdaad gedaan kon worden. Volgens hen was die verweven met de Amerikaanse maatschappij en kon hij alleen beheerst worden door de kernoorzaken aan te pakken: racisme, armoede en ongelijkheid. Deze versie van historisch pessimisme zou je kernoorzaakdenken kunnen noemen: het ogenschijnlijk wijze idee dat elk maatschappelijk probleem het symptoom is van een of andere 'morele ziekte' die nooit overwonnen kan worden met simplistische behandelingen als de kern niet wordt genezen.[9] Het probleem van kernoorzaakdenken is niet dat problemen die zich in de echte wereld voordoen eenvoudig zijn, maar juist het tegenovergestelde: ze zijn complexer dan waar een typische kernoorzaaktheorie ruimte voor laat, vooral wanneer die theorie meer gebaseerd is op moraliseren dan op data – zelfs zo complex dat het behandelen van de symptomen misschien wel de beste manier is om het probleem aan te pakken, omdat ingewikkelde oorzaken niet volledig uitgeplozen hoeven te worden. Door te zien waar de symptomen daadwerkelijk door gereduceerd worden, kunnen hypothesen over de oorzaken worden getoetst, in plaats van alleen maar aan te nemen dat ze kloppen.

In het geval van de explosieve toename van de misdaad in de jaren zestig werd de kernoorzaaktheorie zelfs door de beschikbare feiten weerlegd. De jaren zestig waren het decennium van de burgerrechten en sterk afnemend racisme (hoofdstuk 15) en van een economische hoogconjunctuur, met niveaus van ongelijkheid en werkloosheid waar we nu alleen maar van kunnen dromen.[10] De jaren dertig daarentegen waren in Amerika het decennium van de Grote Depressie, de Jim Crow-wetten en maandelijkse lynchpartijen, terwijl de gewelddadige misdaad sterk afnam. Met de kernoorzaaktheorie werd écht korte metten gemaakt door een ontwikkeling die iedereen verbaasde. Vanaf 1992 maakte het Amerikaanse moordcijfer een vrije val in een tijd van

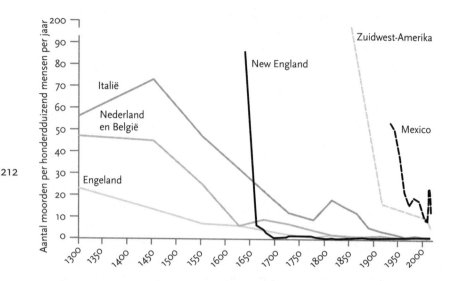

Figuur 12-1: moordslachtoffers, West-Europa, vs en Mexico, 1300-2015
Bronnen: Engeland, Nederland en België, Italië, 1300-1994: Eisner 2003, weergegeven in figuur 3-3 van Pinker 2011. Engeland, 2000-2014: UK Office for National Statistics. Italië en Nederland, 2010-2012: United Nations Office on Drugs and Crime 2014. New England (New England, alleen blanken, 1636-1790, en Vermont en New Hampshire, 1780-1890): Roth 2009, weergegeven in figuur 3-13 van Pinker 2011. Zuidwest-Amerika (Arizona, Nevada en New Mexico), 1850 en 1914: Roth 2009, weergegeven in figuur 3-16 van Pinker 2011; 2006 en 2014 van FBI Uniform Crime Reports. Mexico: Carlos Vilalta, persoonlijke communicatie, oorspronkelijk van Instituto Nacional de Estadística y Geografía 2016 en Botello 2016, gemiddeld over decennia tot 2010.

sterk stijgende ongelijkheid, en het daalde nog verder tijdens het begin van de grote recessie die in 2007 begon (figuur 12-2).[11] Engeland, Canada en de meeste andere geïndustrialiseerde landen zagen het aantal moorden in de afgelopen twee decennia ook dalen. (In Venezuela daarentegen nam onder het regime van Chávez en Maduro de ongelijkheid af, terwijl het aantal moorden sterk toenam.)[12] Hoewel er alleen van het huidige decennium wereldwijde cijfers bestaan, die ook nog eens grove schattingen bevatten voor landen waar geen data over beschikbaar zijn, lijkt ook hier sprake te zijn van een dalende trend, van 8,8 moorden per honderdduizend mensen in 2000 tot 6,2 in 2012. Dat betekent dat er op dit moment 180 000 mensen rondlopen die alleen al vorig jaar vermoord zouden zijn als het wereldwijde moordcijfer op het niveau van twaalf jaar eerder was gebleven.[13]

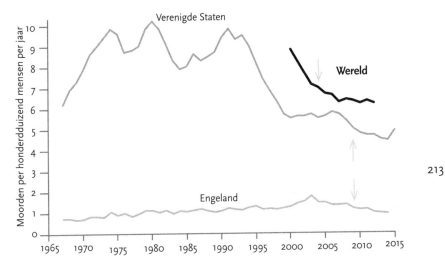

Figuur 12-2: moordslachtoffers, 1967-2015
Bronnen: vs: *FBI* *Uniform Crime Reports*, https://ucr.fbi.gov/, en Federal Bureau of Investigation 2016a. **Engeland** (data betreffen ook Wales): Office for National Statistics 2017. **Wereld, 2000:** Krug et. al 2002. **Wereld, 2003-2011:** United Nations Economic and Social Council 2014, fig. 1; de percentages werden omgezet naar moordcijfers door het percentage van 2012 op 6,2 vast te stellen, het gemiddelde dat wordt vermeld in United Nations Office on Drugs and Crime 2014, pag. 12. De pijlen wijzen naar de meest recente jaren die worden weergegeven in Pinker 2011 voor de wereld (2004, fig. 3-9), de vs (2009, fig. 3-18) en Engeland (2009, fig. 3-19).

Gewelddadige misdaad is een oplosbaar probleem. We zullen het wereldwijde moordcijfer misschien wel nooit zo laag krijgen als dat van Koeweit (0,4 per honderdduizend per jaar), IJsland (0,3) of Singapore (0,2), laat staan dat het ooit tot 0 zal dalen.[14] Maar in 2014 stelde Eisner, in samenspraak met de Wereldgezondheidsorganisatie, voor ernaar te streven het aantal moorden wereldwijd met 50 procent te verlagen.[15] Dat streven is niet utopisch maar haalbaar, en gebaseerd op twee feiten met betrekking tot de statistieken over moord.

Het eerste is dat op elk niveau van granulariteit sprake is van een uitermate scheve verdeling van moord. De moordcijfers liggen in de gevaarlijkste landen – zoals Honduras (90,4 moorden per honderdduizend per jaar), Venezuela (53,7), El Salvador (41,2), Jamaica (39,3), Lesotho (38) en Zuid-Afrika (31) – honderden keren hoger dan in de veiligste.[16] De helft van het aantal moorden in de wereld wordt gepleegd in slechts drieëntwintig landen, waar gezamenlijk een tiende van de wereldbevolking woont, en een kwart van die moorden wordt in slechts vier landen gepleegd: Brazilië (25,2), Colombia (25,9), Mexico (12,9) en Venezuela. (De twee 'moordgebieden' van de wereld, het noorden van Latijns-Amerika en Afrika ten zuiden van de Sahara, zijn niet hetzelfde als de oorlogsgebieden van de wereld, die zich via het Midden-Oosten uitstrekken van Nigeria tot en met Pakistan.) Dit patroon zien we ook als we hier op een andere schaal naar kijken. Binnen een land worden de meeste moorden gepleegd in een paar steden, zoals Caracas (120 per honderdduizend) en San Pedro Sula (in Honduras, 187). Binnen steden gaat het om een paar buurten, binnen buurten om een paar straten en binnen die straten worden er veel moorden door slechts enkele personen gepleegd.[17] In mijn woonplaats, Boston, vindt 70 procent van de schietpartijen plaats in 5 procent van de stad, en de helft daarvan wordt gepleegd door slechts 1 procent van de jongeren.[18]

Het tweede feit dat inspiratie geeft om werk te maken van het doel van 50-30 is zichtbaar in figuur 12-2: hoge moordpercentages kunnen snel verlaagd worden. In de meest moordzuchtige welvarende democratie, de Verenigde Staten, werd het aantal moorden in negen jaar tijd bijna gehalveerd; in New York was de afname gedurende die periode zelfs nog groter, namelijk rond de 75 procent.[19] Ook in landen die nog steeds bekendstaan om hun gewelddadigheid hebben sterke dalingen plaatsgevonden, bijvoorbeeld in Rusland (van 19 per honderdduizend in 2004 tot 9,2 in 2012), Zuid-Afrika (van 60 in 1995 tot 31 in 2012) en Colombia (van 79,3 in 1991 tot 25,9 in 2015).[20] Van de achtentachtig landen waar betrouwbare data over beschikbaar zijn, was er de afgelopen vijftien jaar in zevenenzeventig landen sprake van een afname.[21] De onfortuinlijke landen (hoofdzakelijk in Latijns-Amerika) zijn geteisterd door een vreselijke toename, maar zelfs daar waren bestuurders in steden en regio's vaak succesvol als ze hun zinnen erop zetten het bloedvergieten te laten afnemen.[22] Figuur 12-1 maakt duidelijk dat zich in Mexico, nadat dat land te kampen had met een omslag tussen 2007 en 2011 (die volledig viel toe te schrijven aan de georganiseerde misdaad), in 2014 een omslag van de omslag had voorgedaan, met onder meer een daling van bijna 90 procent tussen 2010 en 2012 in het beruchte Juárez.[23] In Bogota en Medellín vond in twee decennia tijd een afname van 80 procent plaats, en in São Paulo en de favela's van Rio de Janeiro nam het aantal moorden met twee derde af.[24] Zelfs in de moordhoofdstad van de wereld, San Pedro Sula, daalde het aantal moorden in twee jaar tijd met maar liefst 62 procent.[25]

Als we nu de scheve verdeling van geweldsmisdrijven combineren met de aangetoonde mogelijkheid dat hoge percentages geweldsmisdrijven snel gereduceerd kunnen worden, is de conclusie duidelijk: een afname van 50 procent in dertig jaar tijd is niet alleen haalbaar, maar zelfs een voorzichtige insteek.[26] En het is niet slechts een trucje met statistieken; de morele waarde van kwantificatie is dat alle levens als even waardevol worden behandeld, dus ingrepen die het hoogste aantal moorden terugbrengen, voorkomen de grootste hoeveelheid menselijke tragedie.

De scheve verdeling van geweldsmisdrijven maakt ook duidelijk hoe we ze het beste in aantal kunnen reduceren.[27] Vergeet kernoorzaken en blijf naar de symptomen kijken – de buurten en personen die verantwoordelijk zijn voor de grootste uitschieters van geweld – en pak de impulsen en mogelijkheden die die symptomen in de hand werken een voor een aan.

Het begint met wetshandhaving. Zoals Thomas Hobbes betoogde tijdens de Eeuw van de Rede, zijn anarchistische gebieden altijd gewelddadig.[28] Dat komt niet doordat iedereen het daar op iedereen gemunt heeft, maar doordat de dreiging van geweld zichzelf bij afwezigheid van een regering kan versterken. Zelfs als zich maar een paar potentiële boeven in een gebied schuilhouden of daar opeens kunnen opduiken, moeten mensen wel een agressieve houding aannemen om ze af te schrikken. Dat kan alleen geloofwaardig gebeuren als ze hun vastbeslotenheid kenbaar maken door elke belediging en plundering te vergelden, welke prijs daar ook voor betaald moet worden. Deze 'hobbesiaanse val', zoals het ook wel wordt genoemd, leidt al snel tot een cyclus van vetes en wraak; je moet minstens net zo gewelddadig zijn als je tegenstanders als je niet wil dat ze je als een voetveeg behandelen. De meest voorkomende vorm van moord, en de categorie die per tijd en plaats het meest varieert, betreft confrontaties tussen jonge mannen die elkaar oppervlakkig kennen met reputatie, wraak of een bepaald territorium als inzet. Een objectieve partij met een monopolie op het legitieme gebruik van geweld – met andere woorden: een staat met politie en een rechterlijke macht – kan zo'n cyclus in de kiem smoren. Niet alleen worden geweldplegers ontmoedigd door de dreiging van straf, alle anderen zijn ervan verzekerd dat de geweldplegers ontmoedigd zijn, zodat ze zich niet langer genoodzaakt zien zich op een agressieve manier te verdedigen.

Het duidelijkste bewijs dat wetshandhaving een enorm effect heeft, is misschien wel de torenhoge mate van geweld op de tijden en plaatsen waar de wetshandhaving nog in de kinderschoenen staat, zoals het

215

geval is bij de pieken van de curven links bovenin figuur 12-1. Al even overtuigend is wat er gebeurt wanneer de politie staakt: een explosieve toename van het aantal plunderingen en burgerwachten.[29] Maar misdaadcijfers kunnen ook al de pan uit rijzen wanneer wetshandhaving ineffectief is – zo onbekwaam, corrupt of overbelast dat mensen weten dat ze straffeloos de wet kunnen overtreden. Dat fenomeen droeg bij aan de enorme misdaadstijging in de jaren zestig, toen het rechtssysteem niet opgewassen was tegen een golf van babyboomers die op een leeftijd kwamen waarop ze meer geneigd waren de wet te overtreden, en ook aan de huidige criminaliteit in gebieden in Latijns-Amerika.[30] Daarentegen verklaart een uitbreiding van politietoezicht en bestraffing van misdaad voor een groot deel de afname van de misdaad in Amerika in de jaren negentig (al werd daarbij wel doorgeschoten met lange gevangenisstraffen).[31]

Eisner vatte in één zin samen hoe het moordcijfer binnen drie decennia gehalveerd moet worden: 'Een effectieve rechtspraak, gebaseerd op rechtvaardige rechtsvervolging, de bescherming van slachtoffers, snelle en eerlijke vonnissen, gematigde straffen en humane gevangenissen zijn van essentieel belang voor een substantiële afname van dodelijk geweld.'[32] De bijvoeglijke naamwoorden effectief, rechtvaardig, snel, eerlijk en humaan klinken heel anders dan de stoere praatjes over de strenge aanpak van misdaad waar rechtse politici de mond vol van hebben. De redenen zijn tweehonderdvijftig jaar geleden al uitgelegd door Cesare Beccaria. Hoewel dreigen met steeds hogere straffen zowel goedkoop als emotioneel bevredigend is, is het niet bijster effectief, omdat wetsovertreders hoge straffen zien als zeldzame incidenten – vreselijk ja, maar een risico dat erbij hoort. Voorspelbare straffen, ook als ze minder draconisch zijn, worden sneller meegewogen in alledaagse keuzes.

Samen met de aanwezigheid van wetshandhaving lijkt de *legitimiteit* van het regime belangrijk te zijn, omdat mensen legitieme autoriteit niet alleen respecteren maar ook rekening houden met de mate waarin hun potentiële *vijanden* deze respecteren. Net als de historicus Randolph Roth stelt Eisner vast dat misdaad vaak enorm toeneemt wanneer mensen twijfels hebben over hun samenleving en hun regering, zoals tijdens de Amerikaanse Burgeroorlog, in de jaren zestig en in het Rusland van na het Sovjettijdperk.[33]

Recente analyses van wat wel en niet werkt op het gebied van misdaadpreventie bevestigen Eisners advies, en dat geldt in het bijzonder voor een gigantische meta-analyse van de sociologen Thomas Abt en Christopher Winship van 2300 onderzoeken waarin zo ongeveer elk beleid en alle plannen, programma's, projecten, initiatieven, interventies, wondermiddelen en foefjes geëvalueerd zijn die in de afgelopen decennia zijn uitgeprobeerd.[34] Ze kwamen tot de conclusie dat de effectiefste tactiek voor het reduceren van gewelddadige misdaad *gerichte afschrikking* is. De focus moet 'als een laser' allereerst liggen op de buurten waar misdaad welig tiert of alleen nog maar begint toe te nemen, waarbij door middel van data die 'in real time' zijn verzameld wordt vastgesteld om welke risicogebieden het gaat. Vervolgens moet er worden ingezoomd op de personen en bendes die slachtoffers uitkiezen of uit zijn op vechtpartijen. En er moet een simpele en concrete boodschap worden afgegeven over het gedrag dat van hen wordt verwacht, zoals: 'Als jullie stoppen met schieten zullen we jullie helpen, als jullie ermee doorgaan, gaan jullie naar de gevangenis.' Of de boodschap doordringt en vervolgens wordt uitgevoerd hangt af van de samenwerking met andere leden van de gemeenschap – de winkeleigenaren, voorgangers en imams, coaches, reclasseringsambtenaren en familieleden.

Ook cognitieve gedragstherapie blijkt effect te hebben. Dat heeft niets te maken met het psychoanalytisch behandelen van de conflicten uit de jeugd van een overtreder of het openhouden van zijn oogleden terwijl hij kokhalzend naar gewelddadige fragmenten kijkt, zoals in *A Clockwork Orange* gebeurt. Het gaat om een aantal protocollen die zijn ontworpen om de gedachten- en gedragspatronen te doorbreken die tot het plegen van criminele daden leiden. Onruststokers zijn impulsief: ze grijpen onverwachte mogelijkheden aan om te stelen of te vernielen en halen uit naar mensen die hen voor de voeten lopen, ongeacht de langetermijngevolgen.[35] Die verleidingen kunnen bestreden worden met therapieën waarmee ze zelfbeheersing kunnen aanleren. Onruststokers hebben ook narcistische en psychopathische gedachtepatronen – ze denken bijvoorbeeld dat ze altijd gelijk hebben, dat ze van iedereen respect verdienen, dat onenigheid een persoonlijke belediging is en dat andere mensen geen gevoelens of belangen hebben. Hoewel ze niet 'genezen' kunnen worden van deze waandenkbeelden, kunnen ze wel getraind worden om ze te herkennen en aan te pakken.[36] Die hoogmoedige manier van denken wordt nog versterkt in een cultuur van eer en kan worden veranderd met therapieën voor woedebeheersing en het oefenen van sociale vaardigheden als onderdeel van psychologische begeleiding voor risicojongeren of programma's om recidive te voorkomen.

Of hun heetgebakerdheid nu wel of niet onder controle wordt gebracht, potentiële wetsovertreders kunnen eenvoudig uit de problemen blijven doordat mogelijkheden van onmiddellijke bevrediging uit hun omgeving zijn verwijderd.[37] Wanneer auto's moeilijker te stelen zijn, in huizen lastiger valt in te breken, goederen minder makkelijk te ontvreemden en te verkopen zijn, voetgangers meer creditcards dan contant geld op zak hebben en donkere stegen verlicht worden en cameratoezicht hebben, zoeken criminelen in de dop geen nieuwe uitlaatklep voor hun neiging om te stelen. De verleiding verdwijnt en een misdrijf wordt niet gepleegd. Goedkope consumentengoederen zijn een andere ontwikkeling die van halfhartige delinquenten gezags-getrouwe burgers heeft gemaakt. Wie zou vandaag de dag het risico nemen om ergens in te breken, alleen maar om een wekkerradio te stelen?

Naast anarchie, impulsiviteit en zich voordoende mogelijkheden is smokkelwaar een belangrijke oorzaak van crimineel geweld. Handela-ren in illegale producten en illegaal vermaak kunnen geen proces aan-spannen wanneer ze het gevoel hebben dat ze zijn bedrogen of de poli-tie bellen wanneer iemand hen bedreigt, dus moeten ze hun belangen verdedigen met een geloofwaardige dreiging met geweld. De geweld-dadige misdaad nam in de jaren twintig explosief toe in de Verenigde Staten toen er een alcoholverbod werd ingevoerd, en aan het einde van jaren tachtig toen crack populair werd, en tiert nog altijd welig in lan-den in Latijns-Amerika en het Caribisch gebied waar cocaïne, heroïne en marihuana worden verhandeld. Drugsgerelateerd geweld blijft een onopgelost internationaal probleem. Misschien zal de aanhoudende legalisering van marihuana, en in de toekomst van andere drugs, deze bedrijfstakken uit de criminele sfeer halen. Tot die tijd, stellen Abt en Winship vast, 'levert agressieve drugsbestrijding nauwelijks iets op en leidt ze over het algemeen tot geweld,' terwijl 'drugsrechtbanken en drugsbehandeling al heel lang effectief blijken te zijn'.[38]

Elke evidence-based analyse zal programma's die op papier zo veel-belovend leken onherroepelijk naar de prullenbak verwijzen. Opvallen-de initiatieven die niet bleken te werken zijn het ontruimen van krot-tenwijken, het terugkopen van vuurwapens, keihard politieoptreden, survivaltochten, *three strikes*-wetgeving, voorlichting over drugsgebruik door de politie, en programma's waarbij risicojongeren worden gecon-fronteerd met keiharde gedetineerden en gevangenissen met erbarme-lijke omstandigheden. En misschien wel het meest teleurstellend voor degenen met een stellige mening zonder dat ze daar bewijs voor nodig denken te hebben, zijn de twijfelachtige effecten van wapenwetgeving. Noch van wetten die vrij wapenbezit mogelijk maken en die worden gesteund door rechts, noch van verboden en beperkingen die worden gesteund door links, is aangetoond dat ze veel verschil maken – al is er veel dat we niet weten en zijn er politieke en praktische belemmeringen die het moeilijker maken om meer aan de weet te komen.[39]

Toen ik verschillende afnamen van geweld probeerde te verklaren in *Ons betere ik* hechtte ik weinig waarde aan het idee dat in het verleden 'mensenlevens goedkoop waren' en in de loop der tijd meer waard werden. Het leek me vaag en niet te toetsen, circulair bijna, dus hield ik het bij verklaringen die meer te maken hadden met de verschijnselen, zoals bestuur en handel. Nadat ik het manuscript had ingeleverd, had ik een ervaring die maakte dat ik van gedachten veranderde. Om mezelf te belonen met de voltooiing van die gigantische onderneming besloot ik mijn roestige oude bak te vervangen door een nieuwe auto, en tijdens mijn zoektocht kocht ik het nieuwste exemplaar van het tijdschrift *Car and Driver*. Het hoofdartikel had als titel 'Veiligheid in cijfers: aantal verkeersdoden lager dan ooit', en er stond een grafiek bij die me meteen bekend voorkwam: tijd op de x-as, percentage sterfgevallen op de y-as en een lijn die van de linkerbovenhoek kronkelend naar de rechterbenedenhoek liep.[40] Tussen 1950 en 2009 was het aantal verkeersdoden *zesvoudig* afgenomen. Daar had je weer een afname van een gewelddadige doodsoorzaak, maar deze keer hadden dominantie en haat er niets mee te maken. Een of andere combinatie van krachten had in tientallen jaren tijd het overlijdensrisico bij autorijden gereduceerd – alsof, ja, alsof het leven kostbaarder was geworden. Naarmate de samenleving rijker werd, spendeerde ze meer van haar inkomen, vindingrijkheid en moraliteit aan het redden van levens op de weg.

Later ontdekte ik dat *Car and Driver* zelfs nog conservatief was geweest. Als de dataset vanaf het eerste jaar (1921) was weergegeven, was er een bijna *vierentwintigvoudige* afname van het aantal dodelijke slachtoffers zichtbaar geweest. Figuur 12-3 toont de volledige tijdlijn – maar niet het hele verhaal, want tegenover elke persoon die overleed waren er anderen die verminkt raakten of vreselijk veel pijn leden.

De grafiek in het tijdschrift was voorzien van mijlpalen op het gebied van veilig rijden die een beeld gaven van de technologische, commerciële, politieke en moralistische krachten die aan het werk waren. Op de korte termijn werkten die elkaar soms tegen, maar op de lange termijn brachten ze het sterftecijfer gezamenlijk steeds verder omlaag en omlaag en omlaag. Soms werden er moralistische kruistochten gevoerd om de slachting een halt toe te roepen en waren de autofabri-

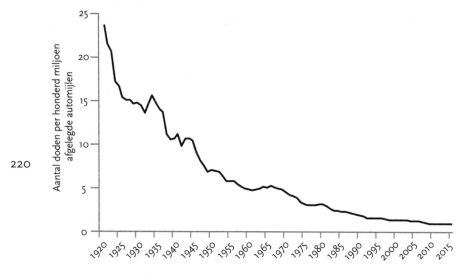

Figuur 12-3: aantal doden als gevolg van auto-ongelukken, VS, 1921-2015
Bron: National Highway Traffic Safety Administration, via http://www.in-
formedforlife.org/demos/FCKeditor/UserFiles/File/TRAFFICFATALITIES
(1899-2005).pdf, http://www.fars.nhtsa.dot.gov/Main/index.aspx, en https://
crashstats.nhtsa.dot.gov/Api/Public/ViewPublication/812384.

kanten de slechteriken. In 1965 publiceerde de jonge advocaat Ralph
Nader *Unsafe at Any Speed*, een j'accuse tegen de auto-industrie wegens het negeren van de veiligheid bij het ontwerpen van auto's. Niet
lang daarna werd de National Highway Traffic Safety Administration
in het leven geroepen en werd er een wet aangenomen waardoor auto's verplicht uitgerust moesten worden met een aantal veiligheids-
functies. Toch blijkt uit de grafiek dat sterkere afnamen zich voordeden vóór het activisme en de wetgeving, en dat de auto-industrie
soms voor lag op haar klanten en toezichthouders. Op een wegwijzer
in de grafiek die naar 1956 wijst, staat: 'Ford Motor Company biedt het
"Lifeguard"-pakket aan. (...) Dat omvat veiligheidsgordels, een zacht
dashboard, gestoffeerde zonnekleppen en een verzonken stuurnaaf,
zodat bestuurders bij een botsing niet tot gehakt worden vermalen.
Het is een commerciële mislukking.' Binnen tien jaar waren al die
functies verplicht.

In de grafiek zijn ook andere initiatieven zichtbaar van ontwerpers,
consumenten, managers van autofabrikanten en ambtenaren. Op
verschillende momenten vonden kreukelzones, dubbelcircuit rem-
systemen, inklapbare stuurkolommen, derde remlichten, zichzelf

aanspannende gordels die piepen als je ze niet omdoet, airbags en sensorgestuurde stabiliteitscontrole een weg van de tekentafel naar de showroom. Een andere levensredder was de asfaltering van lange stroken platteland in van elkaar gescheiden, gereflecteerde snelwegen met vangrails, flauwe bochten en brede bermen. In 1980 werd de organisatie Mothers Against Drunk Driving opgericht, die lobbyde voor een hogere leeftijd waarop alcohol mocht worden gedronken, een lager wettelijk alcoholpromillage in het bloed en een maatschappelijke veroordeling van dronken rijden, wat door de populaire cultuur als een komische bron van vermaak werd gezien (bijvoorbeeld in de films *North by Northwest* en *Arthur*). Botsproeven, het handhaven van verkeersregels en rijopleidingen (in combinatie met onbewuste zegeningen als verstopte wegen en economische recessies) redden nog meer levens – een helebóél levens zelfs: sinds 1980 zijn ongeveer 650 000 Amerikanen blijven leven die zouden zijn gestorven als het aantal verkeersdoden even hoog was gebleven.[41] Die aantallen zijn des te opvallender als je bedenkt dat in Amerika in elk decennium meer kilometers zijn afgelegd (89 miljard in 1920, 737 miljard in 1950, tweeënhalf biljoen in 1980 en 4,8 biljoen in 2013) dan in het vorige, dus de Amerikanen konden genieten van alle genoegens van groene buitenwijken, hun kinderen naar het voetbal brengen, hun land zien in hun Chevrolet of gewoon door de straten rijden terwijl ze zich geweldig voelden en al hun geld uitgaven aan een zaterdagavond.[42] De extra gereden kilometers maakten de vorderingen op het gebied van veiligheid niet ongedaan: het aantal doden als gevolg van auto-ongelukken per hoofd van de bevolking (en dus niet per afgelegde kilometer) kende in 1937 een piek van bijna dertig sterfgevallen per honderdduizend per jaar, en dat aantal blijft sinds eind jaren zeventig gestaag afnemen; in 2014 lag het op 10,2, het laagste aantal sinds 1917.[43]

Niet alleen in Amerika wordt er vooruitgang geboekt wat betreft het aantal automobilisten die levend op hun bestemming aankomen. Hetzelfde is het geval in andere welvarende landen, zoals Frankrijk, Australië en natuurlijk Zweden, waar veiligheid altijd al belangrijk is gevonden. (Ik kocht uiteindelijk een Volvo.) Maar de vooruitgang kan wél worden toegeschreven aan het leven in een rijk land. In opkomende landen als India, China, Brazilië en Nigeria vallen twee keer zoveel verkeersdoden per hoofd van de bevolking als in de Verenigde Staten en zeven keer zo veel als in Zweden.[44] Welvaart koopt levens.

Een afname van het aantal verkeersdoden zou een twijfelachtige prestatie zijn als we ons bedreigder voelden dan vóór de uitvinding van de auto. Maar het leven van voor de auto was ook niet zo veilig. De con-

221

servator Otto Bettman citeert toenmalige beschrijvingen van straten in de stad in de tijd van paard en wagen:

'Het vereist meer vaardigheid om Broadway over te steken (...) dan de Atlantische Oceaan in een roeibootje.' (...) De grote aanstichters van de chaos en opwinding in de stad waren paarden. Ondervoed en nerveus werden deze krachtige beesten net zo lang met de zweep aangespoord tot ze volkomen uitgeput waren, door meedogenloze koetsiers die ervan genoten voort te denderen 'met de grootste furie, waarbij ze de wet overtraden en jubelden van de verwoesting die ze aanrichtten.' Regelmatig sloegen er paarden op hol. De ravages kostten duizenden mensen het leven. Volgens de National Safety Council lag het aantal doden als gevolg van een aanrijding met een paard tien keer zo hoog als het huidige aantal doden als gevolg van een ongeluk met een auto [in 1974, toen het aantal doden per hoofd van de bevolking twee keer zo hoog lag als tegenwoordig – Steven Pinker.][45]

Voordat de Brooklyn Dodgers, een honkbalclub uit New York, naar Californië verhuisden en de Los Angeles Dodgers gingen heten, ontleende de club zijn naam aan de voetgangers van New York, die bekendstonden om de vaardigheid waarmee ze voortrazende trams wisten te ontwijken. (Niet iedereen slaagde daar in die tijd in; de zus van mijn opa kwam ongeveer een eeuw geleden in Warschau om het leven toen ze werd aangereden door een tram.) Net als het leven van bestuurders en passagiers is het leven van voetgangers meer waard geworden, dankzij verlichting, zebrapaden, loopbruggen, de handhaving van verkeersregels en het verdwijnen van emblemen op de motorkap, *bumper bullets* en ander verchroomd wapentuig. Op figuur 12-4 is te zien dat het tegenwoordig zes keer zo veilig is om in Amerika op straat te lopen als in 1927.

Het is nog altijd schokkend dat er in 2014 bijna vijfduizend voetgangers om het leven kwamen (vergelijk dat aantal eens met de vierenveertig mensen die door terrorisme zijn gedood en veel meer publiciteit kregen), maar het is een stuk beter dan de 15 500 die werden neergemaaid in 1937, toen het aantal inwoners van Amerika 20 procent van het huidige aantal bedroeg en er veel minder auto's waren. En de grootste redding moet nog komen. Binnen tien jaar na het schrijven van dit boek zullen de meeste nieuwe auto's bestuurd worden door een computer in plaats van door een traag en verstrooid mens. Wanneer door robots

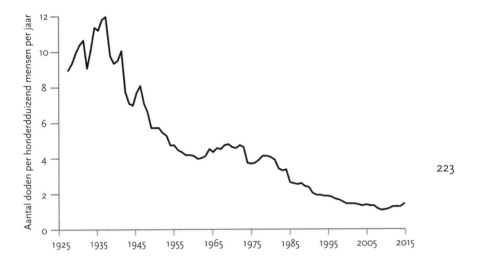

Figuur 12-4: aantal overleden voetgangers, VS, 1927-2015
Bron: National Highhway Traffic Safety Administration. **Voor 1927-1984:** Federal Highway Administration 2003. Voor 1985-1995: National Center for Statistics and Analysis 1995. **Voor 1995-2005:** National Center for Statistics and Analysis 2006. **Voor 2005-2014:** National Center for Statistics and Analysis 2016. **Voor 2015:** National Center for Statistics and Analysis 2017.

bestuurde auto's heel gewoon zijn, sparen ze misschien wel meer dan een miljoen levens per jaar, waarmee ze een van de grootste zegeningen voor de mensheid worden sinds de uitvinding van antibiotica.

Een cliché dat je vaak hoort in discussies over risicoperceptie is dat veel mensen met vliegangst niet bang zijn om auto te rijden, ondanks het feit dat vliegen vele malen veiliger is. De mensen die verantwoordelijk zijn voor veiligheid binnen de luchtvaart zijn echter nooit tevreden. Na elke crash onderzoeken ze tot in detail de zwarte doos en het wrak, en langzaam maar zeker hebben ze een toch al veilig transportmiddel nog veiliger gemaakt. Op figuur 12-5 is te zien dat de kans dat in 1970 een vliegtuigpassagier om het leven kwam bij een vliegtuigongeluk minder dan vijf op één miljoen was; in 2015 was dat kleine risico nog honderdvoudig kleiner.

Wie door water en wie door vuur. Al lang voor de uitvinding van de auto en het vliegtuig waren mensen kwetsbaar voor dodelijke gevaren in hun omgeving. De socioloog Robert Scott begon zijn beschrijving van het leven in het middeleeuwse Europa als volgt: 'Op 14 december 1421 raakte in de Engelse stad Salisbury het veertienjarige meisje Agnes ern-

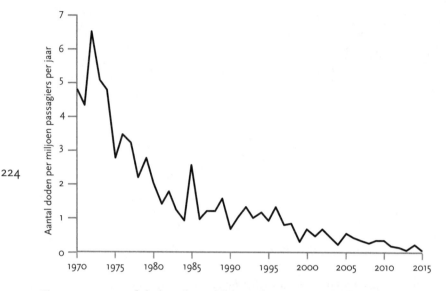

Figuur 12-5: aantal doden als gevolg van vliegtuigongelukken, 1970-2015
Bron: Aviation Safety Network 2017. Data passagiersaantallen zijn afkomstig van
de Wereldbank 2016b.

stig gewond toen een hete vleespen haar romp doorboorde.' (Naar ver-
luidt werd ze later genezen door een gebed tot de heilige Osmund.)[46]
Dat was slechts één voorbeeld van de manier waarop gemeenschappen
in het middeleeuwse Europa 'heel gevaarlijk' waren. Met name dreu-
mesen en peuters, waar niemand op lette als hun ouders aan het werk
waren, waren kwetsbaar, zoals de historicus Carole Rawcliffe uitlegt:

> Naast elkaar liggen in een donkere, krappe ruimte met een open
> haard, bedden van stro, een vloer die bezaaid lag met stro, en open
> vuur vormden een voordurend gevaar voor nieuwsgierige kleine
> kinderen. [Zelfs als ze speelden] liepen kinderen gevaar, vanwege
> vijvers, landbouwkundige of industriële werktuigen, houtstapels,
> onbewaakte boten en volgeladen wagons, die allemaal met deprime-
> rende regelmaat als doodsoorzaak bij jonge kinderen vermeld staan
> in de rapporten van lijkschouwers.[47]

In *The Encyclopedia of Children and Childhood in History and Society*
staat dat 'voor het moderne publiek het beeld van een zeug die een baby verslindt, een tafereel dat zich voordoet in Chaucers "The Knight's
Tale", ronduit bizar is, maar dat het vrijwel zeker een van de gebruikelijke bedreigingen was die dieren voor kinderen vormden'.[48]

Voor volwassenen was het niet veiliger. De website *Everday Life and Fatal Hazard in Sixteenth-Century England* (die ook wel de Tudor Darwin Awards wordt genoemd) plaatst maandelijkse updates over de analyse van historici van rapporten van lijkschouwers. Enkele van de vermelde doodsoorzaken zijn het eten van besmette makreel, vast komen te zitten terwijl iemand uit een raam klimt, geplet worden door een stapel turfplaten, gewurgd worden door een riem waarmee de manden die om iemands schouders hangen zijn vastgemaakt, van een klif storten tijdens de jacht op aalscholvers en in het eigen mes vallen tijdens het slachten van een varken.[49] Doordat kunstlicht nog niet bestond, nam iedereen die zich in het donker naar buiten waagde het risico te verdrinken in een put, rivier, sloot, gracht, kanaal of beerput.

Tegenwoordig zijn we niet meer bang dat baby's worden opgegeten door zeugen, maar met andere gevaren hebben we nog altijd te maken. Na auto-ongelukken zijn vallen, verdrinking en brand de belangrijkste oorzaken van dood door ongeval, gevolgd door vergiftiging. Dat weten we doordat epidemiologen en veiligheidsingenieurs sterfgevallen als gevolg van een ongeluk met bijna 'vliegtuigongeluk-achtige' precisie onderzoeken en zo nauwkeurig mogelijk onderverdelen om vast te stellen waar de meeste mensen aan overlijden en hoe de risico's gereduceerd kunnen worden. (In de tiende herziene druk van de *International Classification of Diseases* staan alleen al codes voor 153 verschillende manieren waarop mensen kunnen vallen, samen met 39 uitzonderingen.) Doordat hun adviezen worden vertaald in wetten, bouwvoorschriften, inspectiebeleid en optimale werkmethoden, wordt de wereld veiliger. Sinds de jaren dertig van de vorige eeuw is de kans op dodelijke valpartijen in Amerika met 72 procent afgenomen, doordat mensen worden beschermd door relingen, hekken en spijlen, waarschuwingsborden, grijpstangen, veiligheidsharnassen, veiliger vloermateriaal en ladders, en door inspecties. (Tegenwoordig overlijden vooral nog kwetsbare bejaarden.) Figuur 12-6 toont de afname van het aantal valpartijen,[50] samen met de andere belangrijke oorzaken van dodelijke ongevallen sinds 1903.

De richtingscoëfficiënten van de doodsoorzaken brand en verdrinking zijn vrijwel identiek, en van beide is het aantal slachtoffers met meer dan 90 procent afgenomen. Er verdrinken tegenwoordig minder Amerikanen, dankzij reddingsvesten, badmeesters en strandwachten, hekken om zwembaden, zwemlessen en een toegenomen besef van de kwetsbaarheid van kleine kinderen, die kunnen verdrinken in badkuipen, wc's en zelfs emmers.

Er bezwijken minder mensen aan vlammen en rook. In de negen-

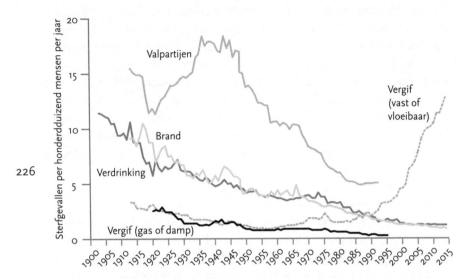

Figuur 12-6: sterfgevallen als gevolg van een val, brand, verdrinking en vergif, vs, 1903-2014

Bron: National Safety Council 2016. Data voor Brand, Verdrinking en Vergif (vast of vloeibaar) zijn samengevoegde datasets over 1903-1998 en 1999-2014. Voor 1999-2014 maakt vergiftiging door gas of damp deel uit van de data voor Vergif (vast of vloeibaar). Data voor Valpartijen gaan slechts tot 1992, vanwege de melding van artefacten in latere jaren (zie noot 50 voor details).

tiende eeuw werden er professionele brigades opgericht om branden te blussen voordat die konden uitgroeien tot een vuurzee die de hele stad in de as legde. In het midden van de twintigste eeuw schakelde de brandweer van het puur bestrijden van brand over op het voorkomen ervan. Die omschakeling werd ingegeven door vreselijke branden zoals die in nachtclub Cocoanut Grove in Boston in 1942, waarbij 492 mensen om het leven kwamen, die veel publiciteit kregen door hartverscheurende foto's van brandweermannen die de levenloze lichamen van kleine kinderen uit smeulende huizen droegen. Brand werd tot een landelijke morele noodsituatie bestempeld in rapporten van presidentiële commissies, die titels kregen als *America Burning*.[51] De preventiecampagne leidde tot de nu alomtegenwoordige sprinklerinstallaties, rookdetectors, branddeuren, brandtrappen, brandoefeningen, brandvertragende materialen en voorlichting over brand. Het gevolg is dat de brandweer zichzelf overbodig maakt. In ongeveer 96 procent van de gevallen wordt de brandweer opgeroepen voor hartstilstanden en andere medische noodsituaties, en in de overige gevallen gaat het meestal om kleine brandjes. (In tegenstelling tot het romantische beeld worden er geen kleine poesjes uit bomen gered.) De gemiddelde brandweerman ziet slechts één keer in de twee jaar een brandend gebouw.[52]

Minder Amerikanen vergassen zichzelf per ongeluk. Eén vooruitgang betrof de overgang in de jaren veertig van giftig kolengas naar ongiftig aardgas voor het koken van eten en het verwarmen van huizen. Een andere vooruitgang was een beter ontwerp en beter onderhoud van gasfornuizen en gaskachels, waardoor die hun brandstof niet volledig verbrandden en daardoor geen koolmonoxide in het huis verspreidden. Vanaf de jaren zeventig werden auto's uitgerust met een katalysator, die was ontworpen om luchtvervuiling tegen te gaan maar ook voorkwam dat auto's in rijdende gaskamers veranderden. En gedurende de twintigste eeuw werden mensen er steeds vaker aan herinnerd dat het een slecht idee is om auto's, generatoren, houtskoolovens en brandstofkachels binnenshuis of onder een raam aan te zetten.

Figuur 12-6 toont een ogenschijnlijke uitzondering op het uitbannen van ongelukken: de categorie 'Vergif (vast of vloeibaar)'. De scherpe stijging die begin jaren negentig begon, is abnormaal in een samenleving waar je steeds meer afgesloten deuren, alarmsystemen, veiligheidsvoorzieningen, relingen en waarschuwingslabels ziet, en eerst begreep ik niet waarom er kennelijk meer Amerikanen bestrijdingsmiddelen tegen insecten aten of bleekmiddel dronken, tot ik me realiseerde dat ook drugsoverdoses in de categorie onbedoelde vergiftiging vallen. In 2013 overleed 98 procent van de 'vergifdoden' aan drugs (92 procent) of alcohol (6 procent), en de anderen stierven bijna allemaal aan gassen en dampen (vooral koolmonoxide). Gevaren in huis en op het werk, zoals oplosmiddelen, schoonmaakmiddelen, insecticide en aanstekervloeistof, waren verantwoordelijk voor nog geen half procent van de sterfgevallen als gevolg van vergiftiging, en zouden in figuur 12-6 bijna niet te zien zijn geweest.[53] Hoewel kleine kinderen nog steeds onder gootstenen rommelen, proeven van wat ze daar vinden en met spoed naar het ziekenhuis worden gebracht, sterven er maar enkele van hen.

De enige stijgende curve in figuur 12-6 is dus geen tegenvoorbeeld van de vooruitgang die de mens boekt in het reduceren van omgevingsgevaren, al is er absoluut sprake van achteruitgang wat betreft een andere vorm van gevaar, namelijk drugsmisbruik. De curve begint te stijgen in de psychedelische jaren zestig en tijdens de crackepidemie van de jaren tachtig en schiet pas écht omhoog tijdens de nog veel

227

ernstiger epidemie van opioïdeverslaving in de eenentwintigste eeuw. Vanaf de jaren negentig schreven artsen te vaak pijnstillers voor zoals oxycodon, hydrocodon en fentanyl, die niet alleen verslavend zijn maar ook snel tot heroïnegebruik leiden. Overdoses van zowel de legale als illegale opioïden zijn uitgegroeid tot een serieuze bedreiging en eisen alleen al in Amerika veertigduizend levens per jaar. Zij zorgen ervoor dat 'vergif' de belangrijkste onnatuurlijke doodsoorzaak is geworden, waar zelfs nog meer mensen aan overlijden dan aan verkeersongelukken.[54]

228   Een drugs- of medicijnoverdosis is duidelijk een ander verschijnsel dan een auto-ongeluk, een val, brand, verdrinking of vergassing. Mensen raken niet verslaafd aan koolmonoxide en hebben niet de aandrang zich op steeds hogere ladders te wagen, dus de mechanische beveiliging die zo goed werkte voor omgevingsgevaren is niet toereikend om de opioïdenepidemie een halt toe te roepen. Politici en gezondheidsinstanties weten de enorme omvang van het probleem steeds beter aan te pakken en er worden tegenmaatregelen ingevoerd; er wordt toezicht gehouden op recepten, het gebruik van veiliger pijnstillers wordt aangemoedigd, farmaceutische bedrijven die ongeremd reclame maken voor de medicijnen worden aan de schandpaal genageld of bestraft, het antidotum nalaxon wordt beter beschikbaar en verslaafden worden behandeld met opiaatantagonisten en cognitieve gedragstherapie.[55] Een aanwijzing dat de maatregelen effect zouden kunnen hebben, is dat het aantal overdoses van voorgeschreven opioïden (maar niet van illegale heroïne en fentanyl) in 2010 een piek bereikte en mogelijk begint te dalen.[56]

Ook noemenswaard is dat opioïdenoverdoses voor het grootste deel een epidemie vormen onder drugsbeluste babyboomers die de middelbare leeftijd bereiken. De leeftijd waarop het vaakst sterfgevallen als gevolg van vergiftiging voorkwamen lag in 2011 rond de vijftig, terwijl dat in 2003 eind veertig was, in 1993 eind dertig, in 1983 begin dertig en in 1973 begin twintig.[57] Als je de rekensommen maakt, zie je dat het in elk decennium de leden waren van de generatie die tussen 1953 en 1963 ter wereld kwam die dodelijke overdoses namen. Ondanks de voortdurende paniek over tieners gaat het met de jeugd van tegenwoordig relatief gezien prima, of in elk geval beter dan vroeger. Volgens de uitkomsten van een grootschalig longitudinaal onderzoek onder tieners, genaamd Monitoring the Future, is het alcohol-, sigaretten- en drugsgebruik (in tegenstelling tot het gebruik van marihuana en e-sigaretten) onder middelbare scholieren gedaald naar het laagste niveau sinds het onderzoek in 1976 begon.[58]

Door de verschuiving van een op productie gerichte economie naar een diensteneconomie hebben veel maatschappijcritici uiting gegeven aan heimwee naar de tijd van fabrieken, mijnen en molens, waarschijnlijk omdat ze daar nooit in hebben hoeven werken. Naast alle gevaren die we hebben besproken, zijn er nog de talloze gevaren op industriële werkplekken, want alles wat een machine met onbewerkte materialen kan doen – zagen, vermalen, bakken, smelten, fijnstampen, dorsen of slachten – kan ze ook met de arbeiders die haar bedienen. In 1892 zei president Benjamin Harrison dat 'Amerikaanse arbeiders blootgesteld worden aan een gevaar voor lijf en leden dat net zo groot is als het gevaar dat een soldaat loopt tijdens een oorlog'. Otto Bettmann liet zijn licht schijnen over enkele van de gruwelijke foto's en onderschriften die hij uit die tijd heeft verzameld:

> De mijnwerker, zo werd gezegd, 'begaf zich onder de grond als in een open graf, niet wetende wanneer het zich boven hem zou sluiten.' (...) Onbeschermde aandrijfassen verminkten en doodden in hoepelrokken geklede arbeidsters. (...) De stuntman uit het circus en de testpiloot van tegenwoordig hebben een betere levensverzekering dan de remmers [van treinen] van vroeger, die voor hun werk gevaarlijke capriolen tussen de goederenwagons moesten uithalen als het gefluit van de locomotief daartoe opriep. (...) Ook de treinkoppelaars (...) konden elk moment om het leven komen (...) en liepen voortdurend gevaar handen en vingers te verliezen in de primitieve schroefkoppelingen (...) Of een arbeider nu verminkt raakte door een cirkelzaag, werd geplet door een balk, bedolven raakte in een mijn of in een schacht viel, het was altijd 'zijn eigen pech'.[59]

'Pech' was een verklaring die werkgevers goed uitkwam en die nog niet zo lang geleden deel uitmaakte van een wijdverbreid fatalisme over dodelijke ongelukken, die vaak werden toegeschreven aan het noodlot of aan ingrijpen van God. (Tegenwoordig wordt het woord 'ongeluk' zelfs nauwelijks nog gebruikt door veiligheidsingenieurs en gezondheidsonderzoekers, omdat dat woord een grillige speling van het lot impliceert; zeker in Amerika is de vakterm *onopzettelijke verwonding*.) De eerste veiligheidsmaatregelen en verzekeringspolissen uit de achttiende en negentiende eeuw beschermden eigendommen, geen mensen. Toen het aantal verwondingen en sterfgevallen tijdens de industriële revolutie overduidelijk begon toe te nemen, werden ze afgedaan als 'de tol van vooruitgang' volgens een niet-humanistische definitie van 'vooruitgang' die geen rekening hield met menselijk welzijn. Een spoorwegopzichter rechtvaardigde zijn weigering een dak boven een laadperron te plaatsen door te verklaren dat 'werkkrachten goedkoper zijn dan dakspanen. (...) Als er een afvalt, staan er twaalf nieuwe klaar.'[60] De onmenselijke snelheid van de industriële productie is onsterfelijk gemaakt door culturele iconen zoals Charlie Chaplin aan de lopende band in *Modern Times* en Lucille Ball in de chocoladefabriek in *I Love Lucy*.

Werkplaatsen begonnen vanaf het einde van de negentiende eeuw te veranderen, toen de eerste vakbonden ontstonden, journalisten zich met het onderwerp bezig begonnen te houden en overheidsinstanties data gingen verzamelen waarmee de prijs die door mensen betaald moest worden in cijfers werd uitgedrukt.[61] Bettmans commentaar op de dodelijke gevaren van het werk met treinen was gebaseerd op meer dan alleen foto's; in de jaren negentig van de negentiende eeuw lag het aantal doden per jaar onder spoorwegmedewerkers op maar liefst 852 per honderdduizend, bijna 1 procent per jaar. Dat bloedbad nam af toen een wet uit 1893 het gebruik van luchtremmen en automatische koppelingen op alle goederentreinen verplicht stelde; de eerste landelijke wet in Amerika die bedoeld was om de veiligheid op de werkplaats te vergroten.

De veiligheidsmaatregelen breidden zich in de eerste decennia van de twintigste eeuw uit naar andere beroepen. Ze waren het resultaat van de strijd die werd gevoerd door hervormers, vakbonden, journalisten en schrijvers als Upton Sinclair.[62] De meest effectieve hervorming betrof een eenvoudige wetswijziging die kwam overwaaien uit Europa: de aansprakelijkheid van de werkgever en compensatie voor de arbeiders. Daarvóór moesten arbeiders die op het werk gewond waren geraakt of om het leven waren gekomen (of hun nabestaanden) een rechtszaak aanspannen tegen de werkgever om gecompenseerd te worden – meestal zonder succes. Nu waren werkgevers verplicht hen met een vast bedrag schadeloos te stellen. Die verandering was zowel voor de bedrijfsleiding als voor de arbeiders aantrekkelijk, omdat de kosten voorspelbaarder werden en de arbeiders harder gingen werken. Nog belangrijker was dat de leiding en de werkkrachten steeds meer dezelfde belangen kregen: iedereen had er baat bij dat de werkplaats veiliger werd, ook de verzekeraars en overheidsinstanties die garant stonden voor de vergoedingen. Bedrijven stelden veiligheidscommissies en veiligheidsafdelingen in, namen veiligheidsingenieurs in dienst en voerden allerlei beschermingen in, soms uit economische of humanitaire motieven, soms als reactie op slechte publiciteit na een fataal ongeluk, vaak door de dreiging van een rechtszaak en overheidsvoorschriften. De resultaten zijn duidelijk te zien in figuur 12-7.[63]

Met bijna vijfduizend doden in 2015 overlijden er nog steeds te veel arbeiders op het werk, maar het zijn er al heel wat minder dan de twintigduizend in 1929, toen de bevolking nog geen 40 procent van de huidige omvang bedroeg. Een groot deel van die afname is het resultaat van de verhuizing van de arbeidskrachten van boerderijen en fabrieken naar winkels en kantoren. Maar veel is te danken aan de ontdekking dat het sparen van levens terwijl er een even groot aantal producten wordt gemaakt een oplosbaar technisch probleem is.

231

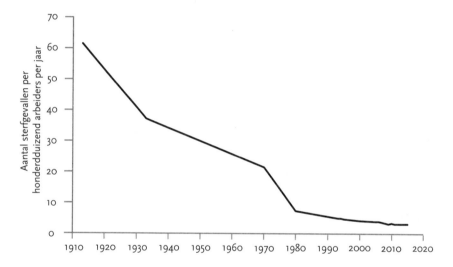

Figuur 12-7: sterfgevallen als gevolg van bedrijfsongevallen, vs, 1913-2015
Bronnen: Data zijn afkomstig uit verschillende bronnen en zijn mogelijk niet volledig vergelijkbaar (zie noot 63 voor details). **Voor 1913, 1933 en 1980:** respectievelijk Bureau of Labor Statistics, National Safety Council en CDC National Institute for Occupational Safety and Health, geciteerd in Centers for Disease Control 1999. **Voor 1970:** Occupational Safety and Health Administration, 'Timeline of OSHA's 40 Year History', https://www.osha40/timeline.html. **Voor 1993-1994:** Bureau of Labor Statistics, geciteerd in Pegula & Janocha 2013. **Voor 1995-2005:** National Center for Health Statistics 2014, tabel 38. **Voor 2006-2014:** Bureau of Labor Statistics 2016a. De gegevens zijn weergegeven als doden per voltijdsequivalenten en vermenigvuldigd met 0,95 voor grove vergelijkbaarheid met de voorafgaande jaren, waarbij 2007 het referentiejaar was, toen CFOI gerapporteerd werd als ratio per arbeider (3,8) en per FTE (4,0).

Wie door aardbeving. Zouden de inspanningen van stervelingen zelfs natuurrampen kunnen verminderen – droogtes, overstromingen, natuurbranden, stormen, vulkaanuitbarstingen, lawines, aardverschuivingen, zinkgaten, hittegolven, koudegolven, meteoorinslagen en ja, aardbevingen, die in wezen rampen zijn die we niet in de hand hebben en die vroeger aan God werden toegeschreven? Zoals valt af te lezen aan figuur 12-8 is het antwoord op die vraag 'ja'.

Na de jaren tien van de twintigste eeuw, toen de wereld werd geteisterd door een wereldoorlog en een grieppandemie maar relatief gespaard bleef voor natuurrampen, is het aantal doden snel afgenomen. Het is niet zo dat de wereld elk decennium op een wonderbaarlijke manier gezegend is met minder aardbevingen, vulkaanuitbarstingen en meteoorinslagen, maar wel dat een rijkere en technologisch meer geavanceerde samenleving kan voorkomen dat natuurlijke gevaren uitlopen op een ramp voor mensen. Bij een aardbeving vallen er minder dodelijke slachtoffers doordat hun huis instort of doordat ze omkomen in een vuurzee. Als het lange tijd niet regent kunnen mensen water gebruiken dat is opgeslagen in reservoirs. Als de temperatuur flink stijgt of daalt blijven ze binnen, in een ruimte waar ze de temperatuur kunnen regelen. Als een rivier buiten zijn oevers treedt, wordt het drinkwater beschermd tegen menselijk en industrieel afval. De dammen en dijken die water opslaan dat gebruikt wordt als drinkwater maken, mits ze deugdelijk ontworpen en gebouwd zijn, overstromingen sowieso al minder waarschijnlijk. Dankzij waarschuwingssystemen kunnen mensen evacueren of schuilen voordat een wervelstorm hen heeft bereikt. Geologen kunnen aardbevingen nog niet, maar vulkaanuitbarstingen vaak wél voorspellen. En natuurlijk kan een rijkere wereld zijn gewonden redden en behandelen en snel beginnen met de wederopbouw.

Tegenwoordig zijn de armere landen het kwetsbaarst voor natuurlijke gevaren. In 2010 eiste een aardbeving op Haïti meer dan tweehonderdduizend levens, terwijl er een paar weken later in Chili bij een sterkere beving slechts vijfhonderd doden te betreuren vielen. Op Haïti komen ook tien keer zoveel burgers om door orkanen als in de rijkere Dominicaanse Republiek, het land waar Haïti het eiland Hispaniola mee deelt. Het goede nieuws is dat armere landen veiliger worden naarmate ze rijker worden (zolang de economische ontwikkeling tenminste sneller gaat dan de klimaatverandering). Het aantal doden per jaar als gevolg van natuurrampen is in lagelonenlanden gedaald van 0,7 per honderdduizend in de jaren zeventig van de vorige eeuw tot 0,2 vandaag, wat lager is dan het aantal in hoge middeninkomenslanden

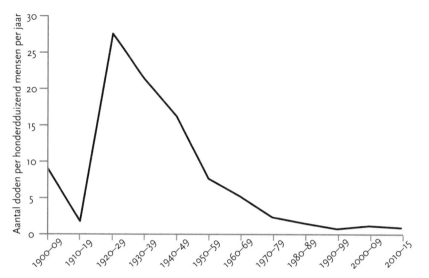

Figuur 12-8: aantal doden als gevolg van natuurrampen, 1900-2015
Bron: *Our World in Data*, Roser 2016q, gebaseerd op data van EM-DAT, *The International Disaster Database*, www.emdat.be. De grafiek toont het totaal aantal doden als gevolg van droogte, aardbevingen, extreme temperaturen, overstromingen, inslag, aardverschuivingen, massabeweging (droog), stormen, vulkanische activiteit en natuurbranden. In veel decennia worden de cijfers gedomineerd door één soort ramp: droogten in de jaren tien, twintig, dertig en zestig van de twintigste eeuw, overstromingen in de jaren dertig en vijftig en aardbevingen in de jaren zeventig, de jaren nul en de jaren tien van de eenentwintigste eeuw.

in de jaren zeventig. Het is nog wel altijd hoger dan het huidige aantal slachtoffers in hoge-inkomenslanden (0,05, terwijl het eerder 0,09 was), maar het laat zien dat zowel rijke als arme landen steeds beter in staat zijn zich te verdedigen tegen een wraakzuchtige god.[64]

En hoe zit het met het toonbeeld van Gods toorn, het projectiel dat Zeus van de Olympus naar beneden smeet – het standaardvoorbeeld dat wordt gebruikt van een onverwachte dood? Figuur 12-9 laat de geschiedenis van de bliksem zien.

Ja, dankzij verstedelijking en vorderingen op het gebied van weersvoorspelling, voorlichting over veiligheid, medische behandeling en elektronische systemen, is de kans dat een Amerikaan door een bliksemstraal om het leven komt vanaf het begin van de twintigste eeuw 37 keer kleiner geworden.

Figuur 12-9: aantal doden als gevolg van blikseminslag, vs, 1900-2015
Bron: *Our World in Data*, Roser 2016q, gebaseerd op data van de National Oceanic and Atmospheric Administration, http://www.lightningsafety.noaa.gov/victims.shtml, en López & Holle 1998.

De overwinning van de mens op alledaagse gevaren is een zeer ondergewaardeerde vorm van vooruitgang. (Sommige lezers van een proefversie van dit hoofdstuk vroegen zich zelfs af waarom het in een boek over vooruitgang stond.) Hoewel er alleen in de ergste oorlogen meer mensen sterven dan door ongelukken, bekijken we dat feit zelden door een morele lens. Ongelukken gebeuren nu eenmaal, zeggen we. Als we ooit te maken hadden gehad met het dilemma of een miljoen doden en tientallen miljoenen verwondingen per jaar het gemak en comfort waard waren om met een aangename snelheid in onze eigen auto te rijden, zouden maar weinig mensen die vraag bevestigend beantwoord hebben. Toch is dat precies de duivelse keuze die we onbewust maken, want de vraag is ons nooit als zodanig voorgelegd.[65] Zo nu en dan wordt een gevaar gemoraliseerd en wordt er een kruistocht tegen gelanceerd, met name wanneer een ramp veel publiciteit krijgt en er een dader kan worden aangewezen (een inhalige fabriekseigenaar, een onoplettende ambtenaar). Maar al snel maakt de ramp weer deel uit van de loterij van het leven.

Net zoals mensen geneigd zijn ongelukken niet als wreedheden te zien (in elk geval niet wanneer ze er niet zelf het slachtoffer van zijn), zien ze vorderingen op het gebied van veiligheid niet als een morele triomf – als ze er überhaupt al bij stilstaan. Toch verdienen het feit dat er miljoenen levens gespaard zijn en de afname van het aantal gevallen van kwetsuren, misvorming en lijden op grote schaal onze dankbaarheid en schreeuwen ze om een verklaring. Dat laatste geldt zelfs voor moord, de menselijke handeling die het meest gemoraliseerd wordt.

Net zoals dat bij andere vormen van vooruitgang het geval was, namen enkele helden het voortouw bij de vooruitgang op het gebied van veiligheid, maar die progressie werd ook bevorderd door een bonte verzameling van mensen die hetzelfde doel nastreefden en daar stapje voor stapje in slaagden: betrokken, gewone mensen, paternalistische wetgevers en een miskend kader van uitvinders, ingenieurs en technici, betrokken politici met veel dossierkennis, en rekenwonders. Hoewel we ons soms ergeren als er ten onrechte alarm wordt geslagen, en ook aan de bemoeienissen van een betuttelende verzorgingsstaat, kunnen we profiteren van de zegeningen van technologie zonder dat we te maken hebben met de bedreiging van lijf en leden.

En hoewel het verhaal van veiligheidsgordels, rookalarmen en het in de gaten houden van gevaarlijke situaties geen gebruikelijk onderdeel vormt van het Verlichtingsverhaal, brengt het wel de meest diepgaande thema's van de Verlichting naar voren. Wie zal leven en wie zal sterven staat niet geschreven in een Boek des Levens. Mensen worden beïnvloed door menselijke kennis en menselijk ingrijpen, terwijl de wereld begrijpelijker en het leven waardevoller wordt.

235

13 Terrorisme

236 Toen ik in de vorige hoofdstukken schreef dat we in de veiligste tijd uit de geschiedenis leven, was ik me ervan bewust dat die woorden tot ongeloof zouden leiden. De afgelopen jaren hebben schietpartijen en terroristische aanslagen tot veel spanning geleid en is de illusie gevoed dat we opnieuw in gevaarlijke tijden leven. In 2016 noemde een meerderheid van de Amerikanen terrorisme als het belangrijkste probleem waar hun land mee te maken had, gaf aan zich er zorgen over te maken dat zij zelf of familieleden slachtoffer zouden worden, en noemde ISIS als een bedreiging voor het voortbestaan van de Verenigde Staten.[1] Die angst heeft niet alleen gewone burgers in verwarring gebracht die proberen een enquêteur af te wimpelen, maar ook bekende intellectuelen, en in het bijzonder cultuurpessimisten die voortdurend uit zijn op aanwijzingen dat de westerse beschaving (zoals altijd) op de rand van de ineenstorting staat. De politiek filosoof John Gray, die van zichzelf zegt dat hij een hekel heeft aan vooruitgang, heeft de huidige West-Europese samenlevingen bestempeld als 'gewelddadige conflictgebieden' waar 'vrede en oorlog op een fatale manier door elkaar heen lopen'.[2]

Maar dit is inderdaad allemaal een illusie. Terrorisme vormt een uniek gevaar omdat het grote angst combineert met weinig schade. Ik zal trends op het gebied van terrorisme niet meetellen als voorbeelden van vooruitgang, omdat ze niet de afname op de lange termijn laten zien die we wel hebben vastgesteld bij ziekte, honger, armoede, oorlog, geweldsmisdrijven en ongevallen. Ik zal echter wel aantonen dat terrorisme ons ervan weerhoudt vooruitgang op waarde te schatten en op een bepaalde manier een indirect eerbetoon aan die vooruitgang vormt.

Gray wuifde feitelijke data over geweld weg als 'amuletten' en 'tovenarij'. De volgende tabel laat zien waarom Gray zich van deze ideologische cijferblindheid moest bedienen om zijn noodkreet te kunnen volhouden. De tabel toont het aantal slachtoffers van vier categorieën doodsoorzaken – terrorisme, oorlog, moord en ongelukken – samen met het totaal aantal doden, in het meest recente jaar waarvan data beschikbaar zijn (2015 of eerder). Een grafiek is onmogelijk omdat lijnen voor de terrorismecijfers kleiner zouden zijn dan een pixel.

Tabel 13-1: aantal doden als gevolg van terrorisme, oorlog, moord en ongevallen

	VS	West-Europa	Wereld
TERRORISME	44	175	38 422
OORLOG	28	5	97 496
MOORD	15 696	3 962	437 000
ONGELUKKEN MET MOTORVOERTUIGEN	35 398	19 219	1 250 000
ALLE ONGELUKKEN	136 053	126 482	5 000 000
ALLE STERFGEVALLEN	2 626 418	3 887 598	56 400 000

'West-Europa' wordt op dezelfde manier gedefinieerd als in de Global Terrorism Database en bestaat uit vierentwintig landen en een bevolking van 418 245 997 mensen (Statistics Times 2015). Ik laat Andorra, Corsica, Gibraltar, Luxemburg en het eiland Man buiten beschouwing. **Bronnen: Terrorisme (2015):** National Consortium for the Study of Terrorism and Responses to Terrorism 2016. **Oorlog, VS en West-Europa (VK + NAVO) (2015):** icasualties.org, http://icasualties.org. **Oorlog, Wereld (2015):** UCDP Battle-Related Deaths Dataset, Uppsala Conflict Data Program 2017. **Moord, VS (2015):** Federal Bureau of Investigation 2016a. **Moord, West-Europa en Wereld (2012, of het meest recent):** United Nations Office on Drugs and Crime 2013. In de data voor Noorwegen is de terroristische aanval op Utøya niet meegenomen. **Ongelukken met motorvoertuigen, Alle ongelukken en Alle doden, VS (2014):** Kochanek et al. 2016c. **Alle ongelukken, West-Europa (2014 of het meest recent):** World Health Organization 2015a. **Ongelukken met motorvoertuigen en Alle ongelukken, Wereld (2012):** Wereldgezondheidsorganisatie 2014. **Alle doden, West-Europa (2012 of het meest recent):** Wereldgezondheidsorganisatie 2017a. **Alle doden, Wereld (2015):** Wereldgezondheidsorganisatie 2017c.

Laten we beginnen met de Verenigde Staten. Wat opvalt is het uiterst kleine aantal doden in 2015 als gevolg van terrorisme vergeleken met het aantal doden als gevolg van gevaren die een fractie van de angst of geen enkele angst genereren. (In 2014 lag het aantal dodelijke slachtoffers van terrorisme nog lager, namelijk op 19.) Zelfs het geschatte aantal van 44 is royaal; het is afkomstig van de Global Terrorism Database, dat haatmisdrijven en de meeste willekeurige schietpartijen onder 'terrorisme' schaart. Het aantal doden is vergelijkbaar met het aantal militaire gesneuvelden in Afghanistan en Irak (28 in 2015, 58 in 2014), die, in overeenstemming met de eeuwenoude devaluatie van het leven van soldaten, slechts een fractie van de media-aandacht hebben gekregen. De rij eronder laat zien dat een Amerikaan in 2015 een 350 keer grotere kans liep om vermoord te worden dan dat hij om het leven kwam als gevolg van een terroristische aanslag, een achthonderd keer grotere kans dat hij omkwam door een auto-ongeluk en een drieduizend keer zo grote kans dat hij overleed aan een ander soort ongeval. (Onder de categorieën ongevallen die normaal gesproken meer dan 44 mensen per jaar het leven kosten zijn 'Blikseminslag', 'Contact met heet water uit de kraan', 'Contact met wespen en bijen', 'Gebeten of gestoken worden door zoogdieren anders dan honden', 'Verdrinking en onderdompeling terwijl iemand in een bad zit of valt' en 'Het in brand vliegen of smelten van kleding anders dan nachtkleding'.)[3]

238

In West-Europa was het relatieve gevaar van terrorisme groter dan in de Verenigde Staten. Dat komt deels doordat 2015 in dat deel van de wereld een *annus horribilis* was wat betreft terrorisme, met de aanslagen in Brussel, Parijs en Nice. (In 2014 kwamen er slechts vijf mensen om.) Maar het relatief hogere terrorismerisico laat ook zien hoeveel veiliger Europa in alle andere opzichten is. West-Europeanen zijn minder moordzuchtig dan Amerikanen (met ongeveer een kwart van het aantal moorden) en ook minder autogek, zodat er minder mensen omkomen op de weg.[4] Ondanks het toenemende terrorisme was de kans dat een West-Europeaan in 2015 omkwam door moord (hoe relatief weinig moorden ook voorkwamen) twintig keer groter dan dat dat gebeurde door een terroristische aanslag, de kans dat hij bij een auto-ongeluk overleed honderd keer groter en de kans dat hij geplet werd, om het leven kwam bij een brand, stikte of op een andere manier door een ongeval overleed meer dan zevenhonderd keer groter.

De derde kolom laat zien dat we het, ondanks alle recente zorgen over terrorisme, in het Westen vergeleken met andere delen van de wereld makkelijk hebben. In de Verenigde Staten en Europa woont ongeveer een tiende van de wereldbevolking, terwijl er in 2015 een half procent van het totaal aantal doden als gevolg van terrorisme te betreuren was. Dat komt niet doordat terrorisme elders een belangrijke doodsoorzaak is, maar doordat het volgens de huidige definitie voor het belangrijkste deel een oorlogsverschijnsel is, en er vinden geen oorlogen meer plaats in de Verenigde Staten en West-Europa. Sinds de aanslagen van 11 september 2001 wordt geweld dat vroeger oproer of guerrillaoorlog werd genoemd, bestempeld als terrorisme.[5] (Ongelooflijk maar waar wordt in de Global Terrorism Database geen enkel sterfgeval in Vietnam tijdens de laatste vijf jaar van de oorlog daar als terrorisme aangeduid.)[6] Verreweg de meeste doden als gevolg van terrorisme vallen in gebieden waar een burgeroorlog woedt (zoals 8831 doden in Irak, 6208 in Afghanistan, 5288 in Nigeria, 3916 in Syrië, 1606 in Pakistan en 689 in Libië), en veel daarvan worden ook meegeteld als oorlogsslachtoffers, omdat terrorisme tijdens een burgeroorlog eenvoudigweg een oorlogsmisdaad – een doelbewuste aanval op burgers – is, die wordt gepleegd door een andere groep dan de regering. (Buiten de zes genoemde landen waar sprake is van een burgeroorlog lag het aantal doden als gevolg van terrorisme in 2015 op 11 884.) Maar zelfs met de dubbele telling van terrorisme en oorlog was de kans dat een wereldbewoner in het jaar met het hoogste aantal oorlogsdoden van de eenentwintigste eeuw vermoord werd elf keer groter dan dat hij om het leven kwam door een terroristische aanslag, de kans dat hij stierf door een auto-ongeluk ruim dertig keer groter en de kans dat hij omkwam door een ongeval in het algemeen ruim 125 keer groter.

239

Is het terrorisme, hoeveel slachtoffers het ook eist, door de tijd heen toegenomen? De historische ontwikkelingen zijn moeilijk te duiden. Doordat terrorisme een rekbaar begrip is, zien de trends er verschillend uit, waarbij het ervan afhangt of de dataset misdaden bevat die tijdens een burgeroorlog worden gepleegd, of meervoudige moorden (inclusief roofovervallen of aanslagen door de maffia waarbij meerdere slachtoffers vallen), of wilde schietpartijen waarbij de schutter voor zijn daad tekeerging over een of andere politieke grief. (Zo maakt de schietpartij op de Columbine High School in 1999 deel uit van de Global Terrorism Database maar de schietpartij in 2012 op een andere school, Sandy Hook, niet.) Ook zijn massamoorden door de media gevoede spektakels, waarbij de verslaggeving kopieergedrag in de hand werkt, zodat er vaak sprake is van een golfbeweging doordat de ene gebeurtenis de volgende inspireert tot de nieuwigheid er weer een tijdje af is.[7] In de Verenigde Staten is het aantal schietpartijen waarbij slachtoffers zijn gevallen doordat een schutter in het wilde weg om zich heen schoot, sinds het jaar 2000 met pieken en dalen enigszins toegenomen, hoewel het aantal 'massamoorden' (vier doden of meer bij één incident) niet systematisch lijkt te veranderen (en zelfs eerder licht lijkt af te nemen) tussen 1976 en 2011.[8] Het aantal doden per hoofd van de bevolking als gevolg van 'terroristische incidenten' is zichtbaar in figuur 13-1, samen met de onoverzichtelijke trends in West-Europa en in de wereld.

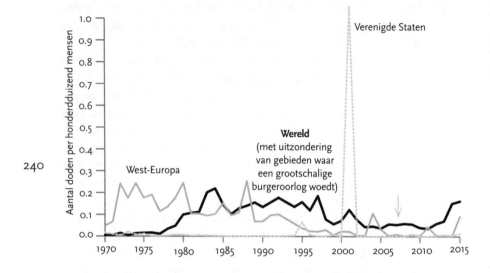

Figuur 13-1: aantal doden als gevolg van terrorisme, 1970-2015
Bron: Global Terrorism Database, National Consortium for the Study of Terrorism and Responses to Terrorism 2016, https://www.start.umd.edu/gtd/. Van het wereldwijde percentage maken de doden in Afghanistan van na 2001, Irak na 2003, Pakistan na 2004, Nigeria na 2009, Syrië na 2011 en Libië na 2014 geen deel uit. Schattingen van het aantal inwoners van de wereld en West-Europa zijn afkomstig van de World Population Prospects 2015 van de Verenigde Naties (https://esa.un.org/unpd/wpp/); schattingen voor de Verenigde Staten zijn afkomstig van het us Census Bureau 2017. De verticale pijl wijst naar 2007, het laatst weergegeven jaar in figuren 6-9, 6-10 en 6-11 van Pinker 2011.

De grafiek wordt gedomineerd door het aantal Amerikaanse doden als gevolg van terrorisme in 2001, toen er drieduizend slachtoffers vielen bij de aanslagen van 11 september. Elders zien we een piek door de bomaanslag in Oklahoma City in 1995 (165 doden) en nauwelijks waarneembare rimpelingen in andere jaren.[9] Afgezien van '11 september' en Oklahoma zijn er sinds 1990 ongeveer twee keer zoveel Amerikanen vermoord door rechts-extremisten als door islamistische terreurgroepen.[10] De lijn voor West-Europa laat zien dat zich in 2015 een stijging voordeed na een relatief rustig decennium, en dat West-Europa wel erger heeft meegemaakt: het aantal doden was hoger in de jaren zeventig en tachtig, toen marxistische en separatistische groepen (waaronder de IRA en de ETA) regelmatig bomaanslagen pleegden en mensen neerschoten. De lijn voor de wereld als geheel (exclusief recente doden in grote belangrijke oorlogsgebieden, die we besproken hebben in het hoofdstuk over oorlog) laat voor de jaren tachtig en negentig een verhoogde waarde met lichte uitschieters zien, na het einde van de Koude Oorlog een daling, en een recente stijging tot een niveau dat nog altijd onder dat van eerdere decennia ligt. Kortom, de historische trends weerleggen, net als de huidige cijfers, de angst dat we weer in een gevaarlijke tijd leven, met name in het Westen.

Hoewel terrorisme een minuscuul gevaar vormt vergeleken met andere risico's, veroorzaakt het een buitensporige paniek en hysterie omdat het daarvoor bedoeld is. Modern terrorisme is een bijproduct van het enorme bereik van de media.[11] Een groep of een persoon zoekt wereldwijde aandacht op de enige manier waarop die aandacht gegarandeerd is: het doden van onschuldige mensen, liefst onder omstandigheden waarin nieuwsconsumenten zich kunnen herkennen. Nieuwsmedia happen en besteden uitvoerig aandacht aan het bloedbad. De beschikbaarheidsheuristiek treedt in werking en mensen raken bevangen door een angst die niet in verhouding staat tot het gevaar.

241

Die angst wordt niet alleen aangewakkerd door de schokkende details van een afgrijselijk voorval. We raken veel meer emotioneel betrokken wanneer de oorzaak van een tragedie kwaadaardige opzet is in plaats van toeval of pech.[12] (Ik geef toe dat ik als regelmatige bezoeker van Londen veel meer ontdaan was toen ik las dat er op Russell Square een terroristische steekpartij had plaatsgevonden waarbij een vrouw om het leven was gekomen, dan toen ik las dat een beroemde kunstverzamelaar was overleden na een aanrijding met een bus in Oxford Street.) Niets kan een mens zo van zijn stuk brengen als de gedachte dat een ander mens erop uit is hem van het leven te beroven, en daar is ook alle evolutionaire reden toe. Toevallige doodsoorzaken probéren ons niet koud te maken, en het kan ze ook niet schelen hoe we reageren, terwijl menselijke daders hun intelligentie gebruiken om ons te slim af te zijn, en vice versa.[13]

Is het, gezien het feit dat terroristen geen gedachteloze gevaren zijn maar mensen met een doel, niet *logisch* dat we ons zorgen over hen maken, al veroorzaakt terrorisme nog zo weinig schade? We worden immers ook terecht woedend als dictators dissidenten executeren, ook al maken ze misschien wel net zo weinig slachtoffers als terroristen. Het verschil is dat tiranniek geweld een strategisch effect heeft dat in geen verhouding staat tot het aantal slachtoffers; het schakelt de grootste bedreigingen voor het regime uit en de rest van de bevolking wordt ontmoedigd zelf verzet te plegen. Terroristisch geweld treft bijna per definitie willekeurige slachtoffers, en daarom gaat de objectieve

waarde van de bedreiging verder dan de directe schade die wordt toegebracht en hangt ze af van het doel van de lukrake moordpartij.

Voor veel terroristen is het doel weinig meer dan de publiciteit zelf.
De rechtsgeleerde Adam Lankford heeft de motieven geanalyseerd van
de overlappende categorieën zelfmoordterroristen, lukrake schutters
en mensen die anderen doden vanuit racistische motieven, waaronder
zowel de zelf geradicaliseerde *lone wolves* vallen als het 'bommenvlees'
dat door terroristische meesterbreinen is gerekruteerd.[14] De daders
zijn vaak eenlingen en losers, die in veel gevallen lijden aan een geestelijke aandoening waarvoor ze geen behandeling krijgen, worden ver-
teerd door verontwaardiging en fantaseren over wraak en erkenning.
Sommigen versmolten hun verbittering met islamistische ideologie,
anderen met een vage 'goede' zaak, zoals 'een rassenoorlog beginnen'
of 'een opstand tegen de regering, tegen belastingen of tegen wapenwetgeving om wapenbezit terug te dringen'. Door veel mensen te doden kregen ze de kans iets te betekenen, al was het maar in hun eigen verbeelding, en doordat ze stierven in een glorieuze geweldsorgie
werden ze niet geconfronteerd met de hinderlijke nasleep van het feit
dat ze een massamoordenaar waren. De belofte van het paradijs, en
een ideologie die rationaliseert waarom de slachtpartij een hoger doel
dient, maakt de postume roem des te aantrekkelijker.

Andere terroristen maken deel uit van militante groeperingen die
aandacht willen voor het doel waarvoor ze strijden, om een regering
te dwingen het beleid te veranderen, een extreme reactie bij die regering uit te lokken waardoor nieuwe sympathisanten gerekruteerd
kunnen worden of waardoor een chaos ontstaat waar ze gebruik van
kunnen maken, of om de regering te ondermijnen door de indruk te
wekken dat die haar eigen burgers niet kan beschermen. Voor we tot
de conclusie komen dat terroristen 'een bedreiging vormen voor het
voortbestaan van de Verenigde Staten' of een ander land, moeten we
bedenken hoe zwak hun tactiek eigenlijk is.[15] De historicus Yuval Harari zegt dat terrorisme het tegendeel is van militaire actie, die tot doel
heeft het vermogen van de vijand om terug te slaan en te overwinnen
aan te tasten.[16] Toen Japan in 1941 Pearl Harbor aanviel, hadden de
Verenigde Staten geen vloot meer die ze als reactie naar Zuidoost-Azië
konden sturen. Het zou dwaas zijn geweest als Japan voor terrorisme
had gekozen, bijvoorbeeld door een passagiersschip te torpederen om
de Verenigde Staten te provoceren tot een reactie met een ongeschonden vloot. Harari merkt op dat terroristen er vanuit hun zwakke positie
niet op uit zijn schade aan te richten, maar om theater te maken. Het
beeld dat de meeste mensen voor zich blijven zien als ze aan de aansla-

gen van 11 september denken, is niet de aanval van Al Qaida op het Pentagon – waarbij een deel van het militaire hoofdkwartier werd verwoest en waar commandanten en analisten om het leven kwamen – maar die op het iconische World Trade Center, waarbij makelaars, accountants en andere burgers de dood vonden.

Hoewel terroristen er het beste van hopen, levert hun kleinschalige geweld ze vrijwel nooit op wat ze willen. Meerdere onderzoeken door de politicologen Max Abrahms, Audrey Cronin en Virginia Page Fortna naar honderden terreurbewegingen sinds de jaren zestig, tonen aan dat die allemaal zijn vernietigd of een stille dood zijn gestorven zonder dat ze hun strategische doel hebben bereikt.[17]

243

Het feit dat het grote publiek zich meer bewust is geworden van terrorisme is geen aanwijzing dat de wereld gevaarlijk is geworden, maar dat het tegenovergestelde het geval is. De politicoloog Robert Jervis stelt vast dat het feit dat terrorisme bovenaan de lijst van bedreigingen staat, 'voor een deel voortkomt uit een opvallend goedaardige veiligheidssituatie.'[18] Niet alleen oorlogen tussen landen zijn zeldzaam geworden, hetzelfde geldt voor het gebruik van politiek geweld in landen zelf. Harari wijst erop dat in de Middeleeuwen alle maatschappelijke sectoren – aristocraten, gilden, dorpen en steden en zelfs kerken en kloosters – er een eigen militie op na hielden die met geweld hun belangen veiligstelde: 'Als een paar moslimextremisten in Jeruzalem een handjevol burgers hadden vermoord en eisten dat de kruisvaarders de Heilige Stad verlieten, zou er eerder gereageerd zijn met hoon dan met angst. Als je serieus genomen wilde worden, moest je op zijn minst een paar forten in bezit hebben.' Doordat moderne staten zich het monopolie op geweld hebben toegeëigend, waardoor er binnen hun grenzen minder mensen door geweld om het leven komen, is er een niche voor terrorisme ontstaan:

De staat heeft zo vaak benadrukt binnen zijn grenzen geen politiek geweld te dulden, dat hij niet anders kan dan een daad van terrorisme als ontoelaatbaar te zien. De burgers op hun beurt zijn er zo aan gewend geraakt dat er nooit politiek geweld plaatsvindt, dat terreurtheater intuïtieve angst voor anarchie bij hen opwekt, waardoor ze het gevoel krijgen dat de maatschappij op instorten staat. Na eeuwen van bloedige oorlogen zijn we uit het zwarte gat gekropen dat geweld heet, maar we hebben het gevoel dat dat gat er nog steeds is en geduldig wacht tot het ons opnieuw kan verzwelgen. Een paar gruwelijke wreedheden en we beelden ons in dat we weer in dat gat vallen.[19]

Doordat staten het onmogelijke mandaat proberen uit te voeren hun burgers altijd en overal tegen elk politiek geweld te beschermen, komen ze in de verleiding met een eigen staaltje theater te reageren. Het meest schadelijke effect dat terrorisme kan hebben is dat landen over-reageren, wat het geval was bij de door Amerika geleide invasies van Afghanistan en Irak na 11 september.

In plaats daarvan zouden landen terrorisme kunnen aanpakken door hun grootste troef uit te spelen: kennis en analyse, vooral kennis van de aantallen. Het hoogste doel zou moeten zijn ervoor te zorgen dat de aantallen klein blijven door massavernietigingswapens te beveiligen (hoofdstuk 19). Ideologieën die geweld tegen onschuldige mensen rechtvaardigen, zoals militante religies, nationalisme en marxisme, kunnen worden bestreden met betere waarde- en geloofssystemen (hoofdstuk 23). De media kunnen hun cruciale rol binnen het showelement van terrorisme nagaan door hun verslaggeving aan te passen aan de objectieve gevaren en door meer stil te staan bij de verkeerde prikkels die ze hebben veroorzaakt. (Lankford heeft, samen met de socioloog Erik Madfis, een beleid geadviseerd in het geval van wilde schietpartijen dat je zou kunnen samenvatten als: 'Noem ze niet bij naam, laat ze niet zien, maar doe verslag van al het andere.' Het is gebaseerd op een beleid voor jeugdige schutters dat in Canada al wordt toegepast, en op andere strategieën van zelfbeheersing door de media.)[20] Overheden kunnen hun inlichtingendiensten actiever inzetten tegen terroristische netwerken en hun financiers. En mensen kunnen worden aangespoord om kalm te blijven en gewoon dóór te leven, iets waar een beroemde Britse poster tijdens de Tweede Wereldoorlog al toe opriep tijdens een veel gevaarlijkere periode.

Op de lange termijn doven terreurbewegingen als het ware uit doordat ze met hun kleinschalige geweld hun strategische doel niet bereiken, ook al zorgt dat geweld plaatselijk voor ellende en angst.[21] Dat is wat er gebeurde met de anarchistische bewegingen rond het begin van de twintigste eeuw (na veel bommen en aanslagen), wat er in de tweede helft van de twintigste eeuw gebeurde met de marxistische groeperingen en afscheidingsbewegingen, en wat in de eenentwintigste eeuw vrijwel zeker zal gebeuren met ISIS. Het zal misschien nooit lukken het toch al lage aantal slachtoffers van terrorisme terug te brengen tot nul, maar we kunnen wel onthouden dat angst voor terrorisme niet weerspiegelt hoe gevaarlijk onze samenleving is geworden, maar hoe veilig.

14 Democratie

Sinds een jaar of vijfduizend geleden de eerste regeringen ontstonden, heeft de mensheid altijd geprobeerd te laveren tussen het geweld
van anarchie en het geweld van tirannie. Bij afwezigheid van een regering of van machtige buren, vervallen tribale volkeren al snel in cy-
cli van stammenstrijd en vetes, met aantallen slachtoffers die die van
moderne samenlevingen overstijgen, zelfs wanneer we de meest gewelddadige periodes meerekenen.[1] De eerste regeringen pacificeerden
de mensen over wie ze heersten, zodat het bloederige geweld afnam,
maar voerden een schrikbewind met slavernij, harems, mensenoffers,
standrechtelijke executies en het martelen en verminken van dissidenten en mensen die afweken.[2] (De Bijbel staat vol met voorbeelden.)
Despotisme heeft niet alleen altijd al bestaan omdat despoot-zijn een
lekkere baan is als je hem kunt krijgen, maar ook omdat het alternatief
in de ogen van het volk vaak slechter was. Matthew White, die zichzelf
een dodenteller noemt, heeft het aantal dodelijke slachtoffers geschat
van de honderd bloedigste episodes in 2500 jaar menselijke geschiedenis. Nadat hij die allemaal op een rij had gezet en naar patronen had
gezocht, noemde hij dit als eerste:

> Chaos is dodelijker dan tirannie. Er zijn meer bloedbaden het ge-
> volg van de ineenstorting van gezag dan van de uitoefening van ge-
> zag. Vergeleken met een handvol dictators als Idi Amin en Saddam
> Hoessein, die hun absolute macht uitoefenden om honderdduizen-
> den mensen te doden, vond ik meer en dodelijker beroering zoals de
> Tijd der Troebelen [in het zeventiende-eeuwse Rusland], de Chine-
> se Burgeroorlog [1926-1937, 1945-1949] en de Mexicaanse Revolutie
> [1910-1920], toen niemand genoeg gezag had om de dood van miljoe-
> nen te voorkomen.[3]

Je kunt democratie zien als een regeringsvorm die nét genoeg macht
uitoefent om te voorkomen dat mensen elkaar te grazen nemen zonder
het volk zelf te grazen te nemen. Een goede democratische regering

stelt mensen in staat in veiligheid te leven, beschermd tegen anarchistisch geweld, en in vrijheid, beschermd tegen het geweld van tirannie. Alleen al om die reden draagt democratie in belangrijke mate bij aan het menselijk welzijn. Maar dat is niet de enige reden; democratieën maken ook een grotere economische groei door, kennen minder oorlog en genocide, hebben gezondere en beter geschoolde burgers en kennen vrijwel geen hongersnood.[4] Als de wereld door de tijd heen democratischer is geworden, is dat vooruitgang.

En de wereld ís democratischer geworden, zij het niet in een alsmaar stijgende lijn. De politicoloog Samuel Huntington deelde de geschiedenis van de democratisering in in drie golven.[5] De eerste kwam op in de achttiende eeuw, toen dat geweldige Verlichtingsexperiment – de Amerikaanse constitutionele democratie met zijn inperkingen van de regeringsmacht – bleek te werken. Het experiment, met plaatselijke varianten, vond navolging in meerdere landen, hoofdzakelijk in West-Europa, en in 1922 werd het hoogtepunt bereikt met negenentwintig landen. De eerste golf werd teruggedrongen door de opkomst van het fascisme, en in 1942 waren er nog maar twaalf landen over. Doordat het fascisme tijdens de Tweede Wereldoorlog werd verslagen, won een tweede golf aan kracht toen koloniën onafhankelijk werden van hun Europese overheersers, zodat het aantal erkende democratieen in 1962 tot zesendertig was gestegen. Europese democratieën zaten echter nog steeds ingeklemd tussen door de Sovjet-Unie gedomineerde dictaturen in het oosten en fascistische dictaturen in Portugal en Spanje in het zuidwesten. En de tweede golf werd al snel teruggedrongen door militaire junta's in Griekenland en Latijns-Amerika, autoritaire regimes in Azië en communistische staatsgrepen in Afrika, het Midden-Oosten en Zuidoost-Azië.[6] Midden jaren zeventig zag het er niet al te rooskleurig uit voor de democratie. De West-Duitse bondskanselier Willy Brandt treurde dat 'de democratie het in West-Europa nog maar twintig tot dertig jaar uithoudt; daarna zal ze, krachteloos en stuurloos, verzwolgen worden door de omringende zee van dictaturen'. De Amerikaanse senator en sociaal wetenschapper Daniel Patrick Moynihan was het daarmee eens en schreef dat 'de liberale democratie naar Amerikaans model steeds meer op de monarchie van de negentiende eeuw gaat lijken: een achterhaalde regeringsvorm die hier en daar op geïsoleerde of eigenaardige plaatsen blijft bestaan en die in bijzondere omstandigheden misschien nog wel voldoet, maar die voor de toekomst eenvoudigweg niet relevant is. Democratie bevindt zich waar de wereld was, niet waar hij naar op weg is.'[7]

De inkt waarmee deze jammerklachten waren opgeschreven was

nog niet droog of de derde democratiseringsgolf – die meer een tsunami leek – kwam op. Militaire en fascistische regimes vielen in Zuid-Europa (Griekenland en Portugal in 1974, Spanje in 1975), Latijns-Amerika (onder andere Argentinië in 1983, Brazilië in 1985 en Chili in 1990) en Azië (waaronder Taiwan en de Filipijnen rond 1986, Zuid-Korea rond 1987 en Indonesië in 1998). De Berlijnse Muur viel in 1989, waardoor de landen in Oost-Europa de vrijheid kregen een democratische regering te vormen, en het communisme stortte in 1991 in de Sovjet-Unie in elkaar, zodat Rusland en de meeste andere republieken de transitie konden maken. Sommige Afrikaanse landen zetten hun machthebber af, en de laatste Europese koloniën die onafhankelijk werden, met name in het Caribisch gebied en in Oceanië, kozen voor een democratische regeringsvorm. In 1989 publiceerde de politicoloog Francis Fukuyama een beroemd essay waarin hij de gedachte opperde dat de liberale democratie 'het einde van de geschiedenis' symboliseerde, niet omdat er nooit meer iets zou gebeuren, maar omdat de wereld een consensus zou bereiken over de regeringsvorm die voor mensen het beste was en daar niet langer over hoefde te vechten.[8]

247

Fukuyama zette een ware hype in gang: in de decennia na de publicatie van zijn essay is in boeken en artikelen 'het einde van' de natuur, de wetenschap, geloof, armoede, de rede, geld, mannen, advocaten, ziekte, de vrije markt en seks aangekondigd. Maar Fukuyama werd ook regelmatig bespot wanneer de schrijvers van hoofdartikelen commentaar gaven op het zoveelste slechte nieuws en vrolijk 'de terugkeer van de geschiedenis' en de opkomst van alternatieven voor democratie verkondigden, zoals theocratie in de islamitische wereld en autoritair kapitalisme in China. Democratieën zelf leken te vervallen tot autoritaire systemen met overwinningen voor populisten in Polen en Hongarije en een greep naar de macht door Recep Erdogan in Turkije en Vladimir Poetin in Rusland (de terugkeer van de sultan en de tsaar). Historische pessimisten verkondigden met hun gebruikelijke leedvermaak dat de derde golf van democratisering tot staan was gebracht door een 'onderstroom', 'recessie', 'erosie', 'reductie' of 'ineenstorting'.[9] Volgens hen was democratisering een bedenksel van westerlingen die hun voorkeur aan de rest van de wereld opdrongen, terwijl de meeste mensen helemaal geen problemen leken te hebben met een autoritair systeem.

Zou de recente geschiedenis echt kunnen impliceren dat mensen het prima vinden om door hun machthebbers geknecht te worden? Die hele gedachte is om twee redenen twijfelachtig. De meest voor de hand liggende is dat je dat niet kunt weten in een land dat niet democratisch is. Misschien bestaat er wel een enorm opgekropt verlangen naar democratie, maar durft niemand er uitdrukking aan te geven uit angst in de gevangenis te belanden of neergeschoten te worden. De andere reden is dat we ons blindstaren op de krantenkoppen; de ineenstorting van een democratie komt eerder in het nieuws dan een liberalisering, en door de heuristiek van beschikbaarheid zouden we de saaie landen die stapje voor stapje democratisch worden makkelijk kunnen vergeten.

Zoals altijd is er maar één manier om te kunnen vaststellen welke ontwikkeling de wereld doormaakt: naar de cijfers kijken. Dat brengt ons bij de vraag wat doorgaat voor een 'democratie', een woord dat zo'n aura van goedheid heeft gekregen dat het bijna geen betekenis meer heeft. Een goede vuistregel is dat elk land dat het woord 'democratisch' in zijn officiële naam heeft, zoals de Democratische Volksrepubliek Korea (oftewel Noord-Korea) en de Duitse Democratische Republiek (oftewel Oost-Duitsland), het niet is. Ook is het niet erg zinvol de inwoners van ondemocratische landen naar de betekenis van het woord te vragen; bijna de helft denkt dat het betekent: 'Het leger neemt de boel over als de regering incompetent is' of 'Uiteindelijk bepalen religieuze leiders de wet.'[10] Classificaties door deskundigen hebben een vergelijkbaar probleem wanneer hun checklists uit een nietszeggend allegaartje van goede dingen bestaan, zoals 'vrij zijn van sociaaleconomische ongelijkheden' en 'vrij zijn van oorlog'.[11] Nog een andere complicatie is dat de verschillende elementen van democratie binnen landen voortdurend veranderen, zoals vrijheid van meningsuiting, politieke transparantie en de beperkingen van de macht van de leiders, zodat elke score waarmee landen als democratie of 'autocratie' worden bestempeld van jaar tot jaar anders wordt, afhankelijk van willekeurige keuzes over waar de grensgevallen moeten worden ingedeeld (een probleem dat groter wordt wanneer na verloop van tijd hogere normen worden gehanteerd, een verschijnsel waar we nog op zullen terugkomen).[12] Het Polity Project, dat de mate van democratie in landen meet, omzeilt deze obstakels door gebruik te maken van een reeks vaste criteria bij het vaststellen van een score tussen de -10 en de 10 voor elk land in elk jaar om aan te geven hoe autocratisch of democratisch het is. Daarbij wordt vooral gekeken naar de mogelijkheid die burgers hebben om uitdrukking te geven aan hun politieke voorkeur, inperkingen van de uitvoerende macht en de waarborging van burgerlijke vrijheden.[13] Het wereldwijde totaal sinds 1800, waarin de drie democratiseringsgolven verwerkt zijn, is te zien in figuur 14-1.

248

Figuur 14-1: democratie versus autocratie, 1800-2015
Bron: *HumanProgress,* http://humanprogress.org/fl/2560, gebaseerd op Polity IV Annual Time-Series, 1800-2015, Marshall, Gurr & Jaggers 2016. Scores betreffen het totaal van soevereine staten met een bevolking groter dan vijfhonderdduizend, en variëren van -10 voor een totale autocratie tot 10 voor een volmaakte democratie. De pijl wijst naar 2008, het laatste jaar dat wordt weergegeven in Pinker 2011.

De grafiek laat zien dat de derde democratiseringsgolf nog allerminst voorbij is, laat staan dat hij afneemt, al is hij niet blijven toenemen met de snelheid waarvan sprake was rond de val van de Muur in 1989. In die periode telde de wereld tweeënvijftig democratieën (door het Polity Project gedefinieerd als landen met een score van 6 of hoger op hun schaal), terwijl dat er in 1971 eenendertig waren. Na een fikse toename in de jaren negentig mondde deze derde golf aan het begin van de eenentwintigste eeuw uit in een regenboog van kleurenrevoluties, waaronder in Kroatië (2000), Servië (2000), Georgië (2003), Oekraïne (2004) en Kirgizië (2005). Aan het begin van Obama's presidentschap in 2009 lag het totaal op zevenentachtig.[14] In tegenstelling tot het beeld van een afname of ineenstorting tijdens zijn regeerperiode is het aantal blijven toenemen. In 2015, het meest recente jaar in de dataset, waren het er 103. De Nobelprijs voor de Vrede werd dat jaar toegekend aan een aantal organisaties in Tunesië die een overgang naar de democratie consolideerden, een van de succesverhalen van de Arabische Lente van 2011. Tijdens Obama's presidentschap vond ook een democratiseringsproces in Myanmar en Burkina Faso plaats en was er sprake van

249

positieve ontwikkelingen in vijf andere landen, waaronder Nigeria en Sri Lanka. In de 103 democratieën die de wereld in 2015 telde, leefde 56 procent van de wereldbevolking, en als we daar de zeventien landen bij optellen die meer democratisch waren dan autocratisch, komen we uit op twee derde van de wereldbevolking die in een vrije of relatief vrije samenleving leefde – ter vergelijking: in 1950 was dat minder dan 40 procent, in 1990 20 procent, in 1859 7 procent en in 1816 1 procent. Van de inwoners van de zestig huidige niet-democratische landen (twintig totale autocratieën, veertig meer autocratische dan democratische) leeft 80 procent in één land, namelijk China.[15]

250

Hoewel de geschiedenis niet tot een einde is gekomen, had Fukuyama een punt: democratie is aantrekkelijker gebleken dan zelfs de grootste voorstanders hadden gedacht.[16] Nadat de eerste democratiseringsgolf was gestopt, klonken er theorieën die 'uitlegden' dat democratie nooit voet aan de grond zou kunnen krijgen in katholieke, niet-westerse, Aziatische, islamitische, arme of etnisch diverse landen, en die theorieën zijn stuk voor stuk weerlegd. Het is waar dat een stabiele, sterke democratie eerder kan worden aangetroffen in landen die rijker en hoger opgeleid zijn,[17] maar regeringsstelsels die meer democratisch dan ondemocratisch zijn vormen een bonte verzameling; ze zijn stevig verankerd in het grootste deel van Latijns-Amerika, in het overvloedig multi-etnische India, in de moslimlanden Maleisië, Indonesië, Niger en Kosovo, in veertien Afrikaanse landen ten zuiden van de Sahara (waaronder Namibië, Senegal en Benin), en in arme landen elders in de wereld, zoals Nepal, Oost-Timor en het grootste deel van het Caribisch gebied.[18]

Zelfs de autocratieën Rusland en China, die weinig tekenen van liberalisering vertonen, zijn onvergelijkbaar minder repressief dan de regimes van Stalin, Brezjnev en Mao.[19] John Norberg vat het leven in China als volgt samen: 'De Chinezen kunnen tegenwoordig zo ongeveer gaan en staan waar ze willen, een huis kopen, een opleiding en een beroep kiezen, een onderneming beginnen, een geloof aanhangen (zolang ze maar boeddhistisch, taoïstisch, islamitisch, katholiek of protestant zijn), zich kleden hoe ze willen, trouwen met wie ze willen, openlijk homo zijn zonder in een werkkamp te belanden, vrij naar het buitenland reizen en zelfs kritiek uitoefenen op aspecten van het beleid van de Partij (al geldt dat niet voor het recht van die Partij om zonder tegenstand te regeren). Zelfs "niet vrij" is niet meer wat het geweest is.'[20]

Hoe komt het dat de democratiseringsgolf de verwachtingen herhaaldelijk heeft overtroffen? De verschillende terugvallen, omgekeerde ontwikkelingen en zwarte gaten voor de democratie hebben geleid tot theorieën waarin moeilijk te verwezenlijken voorwaarden en een moeizaam, kwellend democratiseringsproces worden geponeerd. (Dat komt dictators goed uit, omdat ze kunnen beweren dat hun land niet klaar is voor democratie, zoals de rebellenleider in Woody Allens *Bananas* die, wanneer hij de macht overneemt, verkondigt: 'Deze mensen zijn boeren. Ze zijn te onwetend om te stemmen.') Het ontzag wordt vergroot door een idealisering van democratie (die je op middelbare scholen wel tegenkomt), waarin een geïnformeerde bevolking beraadslaagt over het algemeen welzijn en zorgvuldig de leiders kiest die hun voorkeur in de praktijk brengen.

251

Als we die normen zouden hanteren, bedroeg het aantal democratieën in het verleden en in het heden nul en zou dat ook in de toekomst vrijwel zeker het geval zijn. Politicologen staan regelmatig versteld door de oppervlakkige en onsamenhangende politieke opvattingen die mensen hebben, en door het vage verband dat hun voorkeuren hebben met de stem die ze uitbrengen en met het gedrag van de politici op wie ze stemmen.[21] De meeste kiezers weten niet alleen weinig over hun huidige politieke opties, maar ook over basale feiten, bijvoorbeeld wat de belangrijkste overheidsorganen zijn, welke grote landen betrokken waren bij de Tweede Wereldoorlog en welke landen kernwapens hebben gebruikt. Hun mening verandert afhankelijk van de formulering van een vraag: ze zeggen dat de regering te veel geld uitgeeft aan 'uitkeringen' maar te weinig aan 'hulp aan de armen', en dat hun land 'militair moet ingrijpen' maar geen 'oorlog moet beginnen'. Wanneer ze wel een voorkeur formuleren, stemmen ze meestal op een kandidaat die er anders over denkt. Maar dat geeft eigenlijk niet, want als ze eenmaal aan de macht zijn stemmen politici voor het standpunt van hun partij, ongeacht de mening van hun kiezers.

Ook leveren verkiezingen nauwelijks feedback op over het functioneren van een regering. Kiezers straffen ambtsdragers af voor recente gebeurtenissen waarvan het maar de vraag is of zij er iets aan hadden kunnen doen, zoals macro-economische schommelingen en terroristische aanslagen, of waar ze zéker niets aan konden doen, zoals een droogte, een overstroming of zelfs een aanval door een haai. Veel politicologen zijn tot de conclusie gekomen dat de meeste mensen terecht inzien dat het extreem onwaarschijnlijk is dat hun stem een verkiezingsuitslag zal beïnvloeden en dat ze daarom prioriteit geven aan hun werk, gezin en vrije tijd, in plaats van dat ze zich informeren over politiek en op wie ze moeten stemmen. Ze gebruiken hun stemrecht als een vorm van zelfexpressie: ze stemmen op kandidaten van wie ze het idee hebben dat die op hen lijken en dat ze opkomen voor hun soort mensen.

Dus ondanks het feit dat vaak gedacht wordt dat verkiezingen de kern van democratie zijn, zijn ze slechts een van de mechanismen waarmee een regering verantwoording moet afleggen aan degenen over wie ze heerst, en dat werkt niet altijd constructief. Wanneer verkiezingen een krachtmeting worden tussen heerszuchtige despoten, vrezen rivaliserende facties het ergste als de tegenstander wint en proberen ze elkaar vanuit het stemhokje te intimideren. Ook kunnen despoten leren verkiezingen in hun voordeel te gebruiken. De laatste mode in dictatorschap wordt ook wel het competitieve, electorale, kleptocratische of etatistische regime genoemd.[22] (Het Rusland van Poetin is hiervan het voorbeeld bij uitstek.) De leiders maken gebruik van de geweldige hulpmiddelen waar de staat over beschikt om de oppositie dwars te zitten, nepoppositiepartijen op te richten, via de staatsmedia gunstig nieuws te verspreiden, de verkiezingsregels te manipuleren en de kiezersregistratie en de verkiezingen zelf te beïnvloeden. (Ondanks dat alles zijn autoritaire leiders niet onkwetsbaar – er hebben er al heel wat hun biezen moeten pakken als gevolg van een kleurenrevolutie.)

Als we er niet eens op kunnen rekenen dat kiezers en gekozen leiders opkomen voor de democratische idealen, hoe zou het dan komen dat deze regeringsvorm niet zo heel slecht werkt – 'de slechtste regeringsvorm met uitzondering van alle andere vormen die zijn geprobeerd', zoals de beroemde woorden van Winston Churchill luidden? In zijn boek *De open samenleving en haar vijanden* uit 1945 stelde de filosoof Karl Popper dat democratie niet gezien moet worden als antwoord op de vraag 'Wie moet er regeren?' (namelijk 'het volk'), maar als een antwoord op de vraag hoe slechte leiders zonder bloedvergieten kunnen worden afgezet.[23] Politicoloog John Mueller verbreedt het idee van een dag des oordeels tot voortdurende, dagelijkse feedback. Volgens hem is democratie eigenlijk gebaseerd op de vrijheid van mensen om te klagen: 'Democratie komt tot stand wanneer de mensen met elkaar afspreken dat ze geen geweld zullen gebruiken om de leiders te vervangen, en het leiderschap mensen de vrijheid geeft het op elke andere manier te verdrijven.'[24] Hij legt uit hoe dat kan werken:

Als burgers het recht hebben om te klagen, petities in te dienen, zich te organiseren, te protesteren, te demonstreren, te staken, te dreigen met emigratie of zich terug te trekken, misbaar te maken, te publiceren, hun fondsen te exporteren, uiting te geven aan hun gebrek aan vertrouwen en invloed uit te oefenen in achterkamertjes, zal de regering al snel reageren op wat de schreeuwers te zeggen hebben en op de wensen van de beïnvloeders; met andere woorden: de regering zal noodzakelijkerwijs responsief worden – aandacht schenken – of er nu verkiezingen zijn of niet.[25]

Het vrouwenkiesrecht is een voorbeeld; vrouwen konden per definitie niet stemmen om zichzelf een stem te geven, maar ze kregen het kiesrecht op andere manieren.

Het contrast tussen de chaotische praktijk van democratie en het middelbareschoolideaal leidt altijd weer tot teleurstelling. John 253 Kenneth Galbraith gaf eens het advies dat als je ooit een lucratief boekencontract wil, je slechts hoeft voor te stellen *Democratie in crisis* te schrijven. Terugkijkend op de geschiedenis concludeert Mueller dat 'ongelijkheid, onenigheid, apathie en onwetendheid in een democratie normaal lijken te zijn, niet abnormaal, en voor een belangrijk deel is het mooie van de vorm dat hij werkt ondanks die eigenschappen – of in een aantal belangrijke opzichten misschien wel *dankzij*'.[26]

Volgens deze minimalistische opvatting is democratie geen bijzonder ingewikkelde of veeleisende regeringsvorm. De belangrijkste voorwaarde is dat een regering competent genoeg is om mensen te beschermen tegen anarchistisch geweld, zodat ze niet het slachtoffer worden van de eerste de beste sterke man die belooft dat hij de klus kan klaren of hem zelfs met open armen ontvangen. (Chaos is dodelijker dan tirannie.) Dat is een van de redenen waarom het lastig is democratie wortel te laten schieten in extreem arme landen met een zwakke regering, bijvoorbeeld in zuidelijk Afrika, en in landen waar de regering is weggestuurd, bijvoorbeeld in Afghanistan en Irak na de door Amerika geleide invasie. Zoals de politicologen Steven Levitsky en Lucan Way zeggen: 'Als de staat faalt, leidt dat tot geweld en instabiliteit, en vrijwel nooit tot democratisering.'[27]

Ook ideeën zijn belangrijk. Om democratie voet aan de grond te laten krijgen, moeten invloedrijke mensen (in het bijzonder mensen met wapens) van mening zijn dat democratie te verkiezen is boven alternatieven als theocratie, het goddelijk recht van vorsten, koloniaal paternalisme, de dictatuur van het proletariaat (in de praktijk zijn 'revolutionaire voorhoede') of het autoritaire regime van een charismatische leider die rechtstreeks de wil van het volk belichaamt. Dat helpt andere patronen in de annalen van de democratisering te verklaren, bijvoorbeeld waarom de kans kleiner is dat democratie voet aan de grond krijgt in landen waar mensen minder geschoold zijn, in landen die nooit onder westerse invloed zijn geweest (bijvoorbeeld in Centraal-Azië) en in landen waar het regime is voortgekomen uit een ideo-logisch gedreven revolutie (zoals in China, Cuba, Iran, Noord-Korea en Vietnam).[28] Als mensen daarentegen inzien dat democratieën relatief aangenaam zijn om in te leven, kan het idee van een democratie aan-stekelijk gaan werken en kan het aantal democratieën na verloop van tijd toenemen.

De vrijheid om te klagen rust op de verzekering dat de overheid de klager niet zal straffen of het zwijgen op zal leggen. Het voornaamste gevecht in het democratiseringsproces is daarom de regering ervan te weerhouden haar geweldsmonopolie te misbruiken door lastige bur-gers hard aan te pakken.

Een aantal internationale verdragen, waarvan de Universele Verkla-ring van de Rechten van de Mens uit 1948 de eerste was, heeft duidelij-ke grenzen getrokken bij misdadige regimepraktijken, in het bijzonder marteling, buitengerechtelijke executies, het opsluiten van dissidenten en 'gedwongen verdwijning', een term die werd bedacht tijdens het militaire bewind in Argentinië van 1976 tot 1983. Die grenzen houden niet automatisch een representatieve democratie in, omdat een meer-derheid van de kiezers misschien wel onverschillig staat tegenover wreedheden waar de regering zich schuldig aan maakt zolang zij er zelf niet het slachtoffer van zijn. In de praktijk hebben democratische landen meer respect voor mensenrechten.[29] De wereld telt echter ook enkele goedaardige autocratieën, zoals Singapore, en enkele repressie-ve democratieën, zoals Pakistan. Dat leidt tot de belangrijke vraag of democratiseringsgolven wel echt een vorm van vooruitgang zijn. Heeft de toename van democratie tot meer naleving van de mensenrechten geleid, of gebruiken dictators verkiezingen en andere democratische kroonjuwelen om hun misstanden met een onschuldige glimlach te bedekken?

Het Amerikaanse ministerie van Buitenlandse Zaken, Amnesty In-ternational en andere organisaties houden schendingen van de men-senrechten al tientallen jaren bij. Als je naar de cijfers van de jaren zeventig kijkt, zou je de indruk kunnen krijgen dat regeringen nog net zo onderdrukkend zijn als altijd – ondanks de verspreiding van democratie, normen op het gebied van mensenrechten, internationale strafhoven en de waakhonden zelf. Dat heeft geleid tot uitspraken (die met bezorgdheid zijn geuit door mensenrechtenactivisten en met ple-zier door cultuurpessimisten) dat we 'de eindtijd van de mensenrech-ten' hebben bereikt, 'de ondergang van mensenrechtenwetgeving' en, uiteraard, 'de wereld van na de mensenrechten'.[30]

Maar vooruitgang heeft er een handje van haar sporen te wissen. Naarmate onze morele normen door de jaren heen een hoger niveau bereiken, worden we beduchter voor onrecht dat vroeger onopgemerkt zou zijn gebleven. Bovendien denken activistische organisaties dat ze altijd 'crisis' moeten roepen om de druk op de ketel te houden (hoewel die strategie averechts kan werken doordat ze impliceert dat tientallen jaren activisme niets hebben opgeleverd). De politicoloog Kathryn Sikkink noemt dat de informatieparadox: naarmate mensenrechtenwaakhonden intenser en op meer plaatsen op zoek zijn naar schendingen van de mensenrechten en meer handelingen als een schending beoordelen (hoe bewonderenswaardig dat ook is), vinden ze er meer van – maar als we niets doen om de resultaten van hun toegenomen ijver en mogelijkheden in het juiste perspectief te zien, kunnen we ten onrechte gaan denken dat er meer schendingen te ontdekken zijn.[31]

De politicoloog Christopher Fariss heeft dit probleem opgelost met een rekenkundig model dat compenseert voor het fanatieker rapporteren en dat het daadwerkelijke aantal mensenrechtenschendingen in de wereld schat. Figuur 14-2 toont deze scores voor vier landen tussen 1949 en 2014 en voor de wereld als geheel. De grafiek toont aantallen die zijn uitgespuwd door een rekenkundig model, dus we moeten de exacte getallen niet al te serieus nemen, maar ze geven wel verschillen en trends weer. De bovenste lijn is van een land dat een gouden standaard voor mensenrechten vertegenwoordigt. Zoals bij de meeste maatstaven van menselijk welzijn is dat land Scandinavisch (in dit geval gaat het om Noorwegen), en de lijn die al hoog begon is alleen nog maar gestegen. We zien uit elkaar lopende lijnen voor de twee Korea's: Noord-Korea, dat laag begon en zelfs verder is gedaald, en Zuid-Korea, dat vanuit een rechtse autocratie tijdens de Koude Oorlog is gestegen naar de positieve situatie van tegenwoordig. In China bereikte de mensenrechtensituatie een dieptepunt tijdens de Culturele Revolutie, schoot omhoog na de dood van Mao en bereikte een hoogtepunt tijdens de democratische beweging van de jaren tachtig, tot de regering keihard ingreep na de protesten op het Plein van de Hemelse Vrede – al is de situatie lang niet zo erbarmelijk als in de tijd van Mao. Maar de belangrijkste curve is die van de wereld als geheel: ondanks alle terugvallen gaat de boog van de mensenrechten omhoog.

255

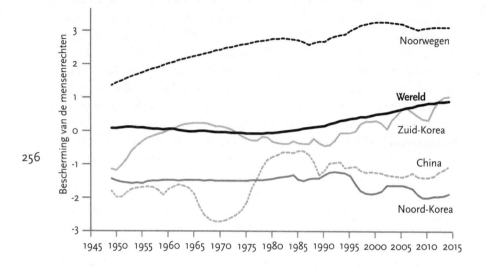

Figuur 14-2: mensenrechten, 1949-2014

Bron: *Our World in Data*, Roser 2016i; een grafische voorstelling van een index die is ontworpen door Fariss 2014 en waarmee bescherming tegen marteling, standrechtelijke executies, politieke gevangenschap en verdwijningen wordt geschat. 'o' is het gemiddelde van alle landen over alle jaren; de eenheden zijn standaarddeviaties.

Hoe ontwikkelt de inperking van regeringsmacht zich door de tijd heen? Een ongewoon duidelijke graadmeter van menselijke vooruitgang is de ontwikkeling van de ultieme uitoefening van geweld door de staat: het doelbewust doden van zijn burgers.

Ooit was de doodstraf in de meeste landen heel gewoon en werd hij opgelegd voor honderden overtredingen en misdrijven, en uitgevoerd tijdens gruwelijke openbare terechtstellingen vol marteling en vernedering.[32] (De kruisiging van Jezus samen met twee gewone dieven vormt daar een heel goede herinnering aan.) Na de Verlichting executeerden Europese landen alleen nog mensen voor de allerergste misdaden; tegen het midden van de negentiende eeuw was het aantal misdrijven waarvoor je in het Verenigd Koninkrijk de doodstraf kon krijgen gedaald van 222 naar vier. En de landen bedachten executiemethoden, zoals de galg, die zo 'humaan' waren als zo'n gruwelijke praktijk in werkelijkheid maar kon zijn. Na de Tweede Wereldoorlog, toen de Universele Verklaring van de Rechten van de Mens een tweede humanitaire revolutie inluidde, werd de doodstraf in het ene na het andere land afgeschaft, en in Europa komt hij nu alleen nog in Wit-Rusland voor.

De afschaffing van de doodstraf is een wereldwijde ontwikkeling (figuur 14-3), en vandaag is de doodstraf zélf ten dode opgeschreven.[33] In
de afgelopen drie decennia is de doodstraf elk jaar in twee of drie landen afgeschaft, en minder dan 20 procent van alle landen in de wereld
blijft mensen terechtstellen. (Hoewel de doodstraf in negentig landen
nog altijd deel uitmaakt van het strafrecht, hebben de meeste daarvan
al minstens tien jaar niemand geëxecuteerd.) De speciale rapporteur
van de Verenigde Naties op het gebied van executies, Christof Heyns,
wijst erop (maar voorspelt niet) dat als de afschaffing in het huidige
tempo doorzet, de doodstraf in 2026 nergens ter wereld meer zal worden uitgevoerd.[34]

257

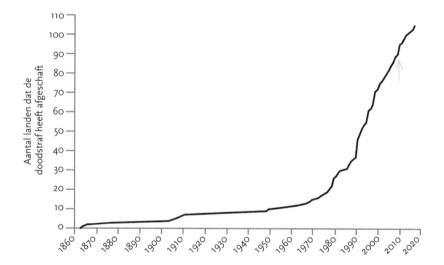

Figuur 14-3: aantal keren dat de doodstraf is afgeschaft, 1863-2016
Bron: 'Capital Punishment by Country: Abolition Chronology', *Wikipedia*, verkregen op 15 augustus 2016. Verscheidene Europese landen schaften de doodstraf in
eigen land eerder af dan hier wordt aangegeven, maar de tijdlijn geeft de laatste
afschaffing in het hele gebied dat onder hun jurisdictie valt aan. De pijl wijst naar
2008, het laatste jaar dat wordt weergegeven in figuur 4-3 van Pinker 2011.

De top vijf van landen die nog altijd aanzienlijke aantallen mensen
executeren vormen een onwaarschijnlijk stel: China en Iran (beide
jaarlijks meer dan duizend mensen), Pakistan, Saudi-Arabië en de
Verenigde Staten. Net als op andere gebieden van menselijk welzijn
(zoals misdaad, oorlog, gezondheid, een lange levensduur, ongevallen
en onderwijs) blijven de Verenigde Staten achter bij andere welvarende
landen. De Amerikaanse uitzonderingspositie verlicht het kronkelen-

de pad waarlangs morele vooruitgang zich verplaatst van filosofische argumenten naar de realiteit. Ze laat ook het spanningsveld zien tussen de twee opvattingen over democratie die we hebben besproken: een regeringsvorm waarbij de macht van een regering om geweld op haar burgers toe te passen sterk wordt begrensd, en een regeringsvorm die de wil van de meerderheid van de bevolking uitvoert. De reden dat de Verenigde Staten een uitzondering vormen wat betreft de doodstraf, is dat het land in zekere zin té democratisch is.

258   In zijn geschiedkundige beschrijving van de afschaffing van de doodstraf in Europa wijst de rechtsgeleerde Andrew Hammel erop dat die straf in de meeste perioden en op de meeste plekken als volkomen rechtvaardig wordt beschouwd door mensen; als je een leven beëindigt, verdien je het om je eigen leven te verliezen.[35] Pas door de Verlichting begonnen er krachtige argumenten tegen de doodstraf te klinken.[36] Een van die argumenten was dat het menselijk leven heilig is, en dat het mandaat van de staat niet inhoudt dat zo'n leven beëindigd mag worden. Een ander argument was dat het afschrikwekkende effect van de doodstraf bereikt kan worden met zekerdere en minder hardvochtige straffen.

Die ideeën vonden langzaam hun weg van een klein aantal filosofen en intellectuelen naar de hogere kringen, met name liberale beroepsmensen als artsen, advocaten, schrijvers en journalisten. Afschaffing maakte al snel deel uit van een scala van andere progressieve speerpunten, zoals verplicht onderwijs, algemeen stemrecht en arbeidersrechten. Mensenrechten hadden een bijna heilige status gekregen, en als onderdeel daarvan werd de afschaffing van de doodstraf een symbool van 'het soort maatschappij waarin we willen leven en het soort mens dat we willen zijn'. De Europese elite, die voor afschaffing was, kreeg zijn zin, en niet de twijfelende gewone man, omdat Europese democratieën de opvattingen van de gewone man niet omzetten in beleid. Het wetboek van strafrecht van de Europese landen werd voorbereid door commissies van vooraanstaande geleerden, tot wetten gemaakt door wetgevers die zichzelf als een natuurlijke aristocratie beschouwden, en uitgevoerd door benoemde rechters die hun leven lang voor de staat bleven werken. Pas nadat er een paar decennia waren verstreken en mensen zagen dat hun land niet in chaos was vervallen – want in dat geval zouden ze uit alle macht geprobeerd hebben de doodstraf opnieuw in te voeren – draaide het volk bij en vond het herinvoering niet meer nodig.

Maar de Verenigde Staten hebben, of dat nu goed is of niet, meer een regering door het volk, voor het volk. Met uitzondering van enkele federale misdrijven als terrorisme en landverraad beslissen individuele staten over de doodstraf. Er wordt over gestemd door wetgevers die dicht bij hun kiezers staan, en in veel staten wordt de straf nagestreefd en goedgekeurd door aanklagers en rechters die opnieuw herkozen moeten worden. Zuidelijke staten hebben een cultuur van eer, met zijn ethos van gerechtvaardigde vergelding, en het is niet verbazend dat de executies in Amerika voornamelijk plaatsvinden in een handjevol zuidelijke staten, in het bijzonder Texas, Georgia en Missouri – en zelfs in een handjevol *counties* in die staten.[37]

Toch worden ook de Verenigde Staten meegesleurd door de historische ontwikkelingen en is de doodstraf aan het verdwijnen, al blijft hij onverminderd populair (met 61 procent van de bevolking vóór in 2015).[38] Zeven staten hebben de doodstraf het afgelopen decennium afgeschaft, nog eens zestien hebben een moratorium ingesteld en dertig hebben al vijf jaar lang geen enkele executie uitgevoerd. Zelfs Texas heeft in 2016 maar zeven gevangenen terechtgesteld, tegenover veertig in 2000. Figuur 14-4 toont de gestage afname van de doodstraf in de Verenigde Staten, en helemaal rechts onderin is te zien dat de straf helemaal zal verdwijnen. En net als in Europa volgt de publieke opinie; in 2016 daalde de steun van de bevolking voor het eerst in bijna vijftig jaar tot net onder de 50 procent.[39]

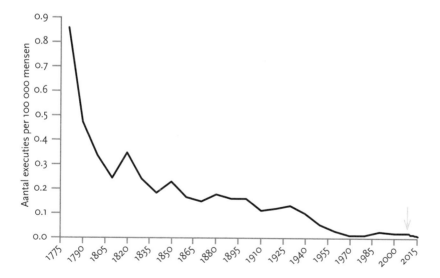

Figuur 14-4: executies, vs, 1780-2016
Bron: Death Penalty Information Center 2017. Schattingen bevolkingsaantallen van het us Census Bureau 2017. De pijl wijst naar 2010, het laatste jaar dat wordt weergegeven in figuur 4-4 van Pinker 2011.

Hoe kunnen de Verenigde Staten de doodstraf volledig in de ban doen, bijna in weerwil van zichzelf? Hier zien we een andere weg die morele vooruitgang kan afleggen. Hoewel het Amerikaanse politieke systeem populistischer is dan dat van de meeste andere westerse landen, is het nog altijd geen participatieve democratie zoals het oude Athene (dat ironisch genoeg Socrates terechtstelde). Dankzij de groei van mededogen en rede door de eeuwen heen, hebben zelfs de meest fervente voorstanders van de doodstraf geen behoefte meer aan lynchende meutes, rechters die veroordeelden ophangen en ruige openbare terechtstellingen, en staan ze erop dat de doodstraf wordt uitgevoerd met een greintje waardigheid en voorzichtigheid. Dat vereist een complex apparaat of hulpmiddel en een team van technici om het te laten werken en te repareren. Wanneer het apparaat versleten raakt en de technici weigeren het te onderhouden, wordt het steeds onpraktischer en wordt de kans steeds groter dat het wordt afgedankt.[40] De doodstraf wordt in Amerika niet zozeer afgeschaft maar brokkelt beetje bij beetje af.

Ten eerste hebben ontwikkelingen in de forensische wetenschap, met name DNA-vingerafdrukken, aangetoond dat er vrijwel zeker onschuldige mensen ter dood zijn gebracht, een scenario dat zelfs de vurigste voorstanders van de doodstraf ontmoedigt. Ten tweede is de weerzinwekkende praktijk van het beëindigen van een leven ontstaan vanuit het bloederige sadisme van kruisigingen en het uitrukken van ingewanden tot de snelle maar nog altijd heftige touwen, kogels en zwaarden, tot onzichtbaar gas en onzichtbare elektriciteit, tot de pseudomedische procedure van een dodelijke injectie. Maar artsen weigeren die toe te dienen, farmaceutische bedrijven weigeren de medicatie te leveren en getuigen zijn geschokt door de heftige doodsstrijd en stuiptrekkingen tijdens mislukte pogingen. Ten derde is het belangrijkste alternatief voor de doodstraf, levenslange gevangenisstraf, betrouwbaarder geworden naarmate penitentiaire inrichtingen waaruit ontsnappen niet mogelijk is en waar geen opstanden kunnen uitbreken geoptimaliseerd zijn. Ten vierde hebben mensen door de sterk dalende misdaadcijfers (hoofdstuk 12) minder behoefte aan draconische straffen. Ten vijfde: doordat de doodstraf als zo'n ernstige zaak wordt beschouwd, hebben de standrechtelijke executies van vroeger plaatsgemaakt voor slepende juridische procedures. De bepaling van de strafmaat na de schuldigverklaring komt in feite neer op een tweede rechtszaak, en een veroordeling tot de doodstraf leidt tot een langdurig proces van herzieningen en het ene hoger beroep na het andere – zo langdurig dat de meeste gevangenen die in de dodencel zitten een natuurlijke dood sterven. Intussen kosten dure advocaten de staat ruim acht keer zoveel als een levenslange gevangenisstraf zou kosten. Ten zesde drukt sociale ongelijkheid, doordat arme en zwarte veroordeelden buitenproportioneel vaak ter dood worden gebracht, steeds zwaarder op het Amerikaanse geweten. En ten slotte lukt het het Amerikaanse Hooggerechtshof, dat herhaaldelijk wordt gevraagd een consistente onderbouwing te geven van deze 'lappendeken', maar niet de doodstraf te beredeneren en perkt ze hem beetje bij beetje verder in. De laatste jaren heeft het Hooggerechtshof bepaald dat staten jongeren, mensen met een geestelijke beperking of daders die zich aan iets anders schuldig hebben gemaakt dan moord niet mogen executeren, en bijna waren de onbetrouwbare dodelijke injecties verboden. Het lijkt een kwestie van tijd voordat de rechters van het Hooggerechtshof de grilligheid van de hele lugubere praktijk aan de kaak stellen, zich beroepen op 'evoluerende fatsoensnormen' en voorgoed korte metten maken met de doodstraf omdat die een schending is van het verbod op wrede en uitzonderlijke straffen, zoals dat is vastgelegd in het achtste amendement van de Amerikaanse grondwet.

261

Door de zeer ongebruikelijke verzameling van wetenschappelijke, institutionele, juridische en maatschappelijke krachten die allemaal druk uitoefenen om de overheid haar macht om te doden te ontnemen, zou je bijna gaan denken dat er écht een soort mystieke boog is die naar gerechtigheid buigt. Meer prozaïsch zien we dat de personen en instituties die allemaal met elkaar moeten samenwerken om de doodstraf mogelijk te maken, steeds meer doordrongen raken van het morele principe dat het leven heilig is en doden daarom verkeerd is. Hoe volhardender die personen en instituties dat principe volgen en toepassen, hoe meer ze het land onherroepelijk afstand laten nemen van de impuls een leven met een leven te vergelden. Er zijn vele, kronkelige wegen, de effecten komen langzaam en dan plotseling tot stand, maar op den duur kan een Verlichtingsidee de wereld volledig veranderen.

15 Gelijke rechten

Mensen hebben de neiging hele groepen andere mensen te behandelen als een middel om iets te bereiken, of als iets lastigs dat aan de kant kan worden geschoven. Coalities op basis van ras of overtuiging proberen rivaliserende coalities te domineren. Mannen proberen controle uit te oefenen over het werk, de vrijheid en het seksleven van vrouwen.[1] Mensen vertalen hun ongemak over seksuele non-conformiteit in moralistische veroordeling.[2] We noemen die verschijnselen racisme, seksisme en homofobie, en in de meeste culturen zijn ze door de hele geschiedenis heen veelvuldig voorgekomen. Het afwijzen van deze kwaden vormt een belangrijk deel van wat we burgerrechten of gelijke rechten noemen. De uitbreiding van die rechten door de geschiedenis heen vormt een stimulerend hoofdstuk binnen het verhaal van menselijke vooruitgang.[3]

Raciale minderheden, vrouwen en homo's krijgen steeds meer rechten, en in al die gevallen is er onlangs sprake geweest van een mijlpaal. In 2017 vond de voltooiing plaats van twee ambtstermijnen van de eerste Afro-Amerikaanse president, een prestatie die First Lady Michelle Obama op een ontroerende manier onder woorden bracht tijdens een toespraak op de National Convention van de Democraten in 2016: 'Ik word elke ochtend wakker in een huis dat door slaven is gebouwd, en dan kijk ik toe hoe mijn dochters, twee prachtige, intelligente jonge zwarte vrouwen, met hun honden spelen op het gazon van het Witte Huis.' Barack Obama werd opgevolgd door de eerste vrouwelijke presidentskandidaat van een grote partij, minder dan een eeuw nadat Amerikaanse vrouwen überhaupt stemrecht kregen; ze kreeg een flinke meerderheid van het totaal aantal uitgebrachte stemmen en zou zonder de eigenaardigheden van het Amerikaanse kiesstelsel en andere merkwaardige gebeurtenissen in dat verkiezingsjaar president zijn geweest. In een parallel universum dat tot 8 november 2016 heel erg op het onze leek, worden de drie meest invloedrijke landen ter wereld (de Verenigde Staten, het Verenigd Koninkrijk en Duitsland) allemaal door een vrouw geleid.[4] En in 2015, slechts twaalf jaar nadat het Amerikaanse Hooggerechtshof oordeelde dat homoseksuele activiteit niet strafbaar gesteld mag worden, garandeerde datzelfde hof mensen van hetzelfde geslacht het recht om met elkaar te kunnen trouwen.

Maar het zit zoals eerder gememoreerd nu eenmaal in de aard van vooruitgang dat ze haar sporen wist, en de voorvechters van vooruitgang fixeren zich op het nog resterende onrecht en vergeten hoe ver we al zijn gekomen. In progressieve kringen, en vooral op universiteiten, geldt de waarheid dat we nog altijd in een maatschappij leven die ten diepste racistisch, seksistisch en homofoob is – wat zou impliceren dat progressiviteit tijdverspilling is omdat er na een decennialange strijd niets veranderd is.

263

Net als andere vormen van fobie voor vooruitgang wordt de ontkenning van vooruitgang op het gebied van gelijke rechten in de hand gewerkt door sensationele koppen. Nadat kort achter elkaar Amerikaanse agenten ongewapende Afro-Amerikaanse verdachten hadden doodgeschoten – iets wat veel publiciteit kreeg en in een aantal gevallen was vastgelegd met een smartphone –, kregen veel mensen het gevoel dat Amerika gebukt gaat onder een epidemie van racistisch politiegeweld tegen zwarte mannen. De media-aandacht voor sporters die hun vrouw of vriendin mishandelden, en voor verkrachtingen op universiteitscampussen, hebben bij velen de indruk gewekt dat geweld tegen vrouwen enorm oplaait. En een van de gruwelijkste misdaden uit de Amerikaanse geschiedenis vond plaats in 2016, toen Omar Mateen het vuur opende in een nachtclub voor homo's in Orlando, waarbij hij negenenveertig mensen ombracht en er nog eens drieënvijftig verwondde.

De overtuiging dat er geen vooruitgang plaatsvindt wordt versterkt door de recente geschiedenis van de wereld waarin we leven, waarin Donald Trump en niet Hillary Clinton in 2016 profiteerde van het Amerikaanse verkiezingssysteem. Tijdens zijn campagne beledigde Trump vrouwen, Latijns-Amerikanen en moslims, waarbij hij de fatsoensnormen van de Amerikaanse politiek ruim overschreed, en de onbehouwen volgelingen die hij aanspoorde tijdens zijn bijeenkomsten uitten nog zwaardere beledigingen. Sommige analisten waren bang dat zijn overwinning een keerpunt markeerde in de vooruitgang op het gebied van gelijkheid en rechten, of dat ze de onverkwikkelijke waarheid aan het licht bracht dat het land nooit echt vooruitgang had geboekt.

Doel van dit hoofdstuk is om na te gaan hoe diep de stroom is die gelijke rechten meevoert. Is het een illusie, een onstuimige draaikolk op het stilstaande water van een vijver? Verandert de stroom makkelijk van richting en gaat het al snel weer de andere kant op? Of golft het recht als water, en gerechtigheid als een immer vloeiende beek?[5] Ik zal het hoofdstuk afsluiten met een verklaring over vooruitgang wat betreft de rechten van degenen die in onze samenleving het makkelijkst slachtoffer worden: kinderen.

Je zou intussen sceptisch moeten zijn over het aflezen van de geschiedenis aan krantenkoppen, en dat geldt ook voor de recente aanvallen op gelijke rechten. De data wijzen uit dat er in de afgelopen decennia in Amerika mínder vaak mensen zijn neergeschoten door de politie in plaats van vaker (ook al worden de schietparttijen die plaatsvinden gefilmd), en uit drie onafhankelijke analyses is gebleken dat een zwarte verdachte niet méér kans loopt dan een blanke om door de politie gedood te worden.[6] (De Amerikaanse politie schiet te veel mensen dood, maar dat is niet primair een raciale kwestie.) Uit een stortvloed van nieuws over verkrachting kunnen we niet opmaken of er meer geweld tegen vrouwen plaatsvindt, wat slecht is, of dat we geweld tegen vrouwen nu erger vinden, wat goed is. En tot op de dag van vandaag is niet duidelijk of het bloedbad in Orlando werd gemotiveerd door homofobie, door sympathie voor ISIS of door het verlangen naar postume roem, zoals dat bij de meeste daders van wilde schietpartijen het geval is.

Een betere eerste indruk van de geschiedenis kan verkregen worden uit data over waarden en uit bevolkingsstatistieken. Het Pew Research Center heeft de afgelopen vijfentwintig jaar de mening van Amerikanen over ras, geslacht en seksuele geaardheid onderzocht en is tot de conclusie gekomen dat die mening fundamenteel is veranderd en dat Amerikanen toleranter zijn geworden en meer respect hebben voor rechten, en dat vooroordelen die vroeger wijdverbreid waren steeds vaker tot het verleden behoren.[7] De verandering is zichtbaar in figuur 15-1, waarin reacties worden weergegeven op drie onderzochte stellingen die representatief zijn voor vele andere.

Andere enquêtes laten dezelfde verschuivingen zien.[8] Niet alleen is de Amerikaanse bevolking vooruitstrevender geworden, elk geboortecohort is vooruitstrevender dan de generatie ervoor.[9] Zoals we zullen zien, zijn mensen geneigd hun waarden te behouden naarmate ze ouder worden, dus de millennials (mensen die na 1980 zijn geboren), die zelfs nog minder bevoordeeld zijn dan het nationaal gemiddelde, laten ons zien welke kant het op gaat met Amerika.[10]

Natuurlijk kun je je afvragen of figuur 15-1 een afname van vooroordelen laat zien of slechts een afname van de sociale aanvaardbaarheid van vooroordelen, waardoor minder mensen bereid zijn hun onfatsoenlijke houding op te biechten aan een enquêteur. Sociaal weten-

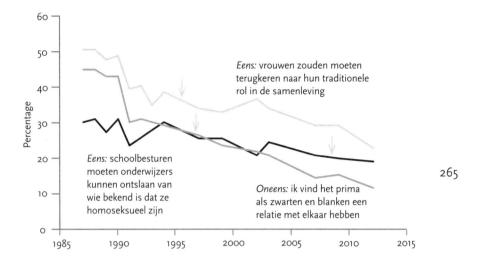

Figuur 15-1: racistische, seksistische en homofobe meningen, vs, 1987-2012

Bron: Pew Research Center 2012b. De pijlen wijzen naar het laatste jaar dat wordt weergegeven in Pinker 2011 voor vergelijkbare vragen: zwarten, 1997 (figuur 7-7); vrouwen, 1995 (figuur 7-11); homoseksuelen, 2009 (figuur 7-24).

schappers worstelen al heel lang met dat probleem, maar onlangs heeft de econoom Seth Stephens-Davidowitz een indicator van attitudes ontdekt die zo ongeveer gelijkstaat aan een digitaal waarheidsserum.[11] In de beslotenheid van hun toetsenbord en scherm googelen mensen op alle vragen, zorgen en geheime genoegens die je je maar kunt voorstellen, plus heel veel die je je niet kunt voorstellen. (Veelvoorkomende zoekopdrachten zijn onder andere: 'Hoe maak ik mijn penis groter' en 'Mijn vagina ruikt naar vis'.) Google heeft enorme hoeveelheden data verzameld over de zoekopdrachten van mensen in verschillende maanden en regio's (zonder dat de identiteit van de zoekers wordt geregistreerd), samen met hulpmiddelen om ze te analyseren. Stephens-Davidowitz ontdekte dat zoekopdrachten naar het woord *nigger* (meestal omdat mensen op zoek waren naar racistische moppen) correleren met andere indicatoren van raciale vooroordelen in regio's, zoals een totaal aantal stemmen voor Barack Obama in 2008 dat lager was dan voor een Democraat verwacht mocht worden.[12] Volgens hem kunnen deze zoekopdrachten dienen als een discrete indicator van heimelijk racisme.

Laten we ze gebruiken om recente racistische trends te bekijken, en als we toch bezig zijn ook heimelijk seksisme en heimelijke homofobie. Tot ver in mijn puberteit waren grappen over suffe Polen, domme blondjes en verwijfde homo's heel gewoon op tv en in krantenstrips. Tegenwoordig zijn ze taboe in de mainstream media. Maar blijven onverdraagzame grappen iets waar mensen zich heimelijk schuldig aan maken of zijn ook privéopvattingen zo veranderd dat mensen er aanstoot aan nemen, er boos om worden of ze helemaal niet grappig vinden? Figuur 15-2 toont de resultaten. De curven wekken de indruk dat Amerikanen niet alleen meer in verlegenheid worden gebracht dan vroeger wanneer ze moeten toegeven dat ze bevooroordeeld zijn, maar dat ze die vooroordelen ook persoonlijk minder grappig vinden.[13] En hoewel de angst bestaat dat de opkomst van Trump vooroordelen weerspiegelt (of versterkt), blijven de curven dalen in de periode dat hij zijn beledigende uitspraken deed (2015-2016) en werd geïnstalleerd als president (begin 2017).

Stephens-Davidowitz heeft me erop gewezen dat deze curven waarschijnlijk een onderschatting zijn van de afname in bevooroordeeldheid vanwege een verschuiving in wie er googelt. Toen in 2004 werd begonnen met het verzamelen van data, waren de Googlegebruikers hoofdzakelijk jongeren uit de grote steden. Oudere plattelandsmensen volgen vaak later met het gebruik van technologie, en als zij degenen zijn die eerder op de beledigende termen zoeken, zou dat de verhouding in latere jaren opblazen en de afname in bevooroordeeldheid verhullen. Google houdt de leeftijd en het opleidingsniveau van degenen die de zoekopdrachten opgeven niet bij, maar wel waar de zoekopdrachten vandaan komen. In reactie op mijn verzoek bevestigde Stephens-Davidowitz dat 'discriminerende zoekopdrachten' vaak afkomstig zijn uit gebieden met een oudere en minder ontwikkelde bevolking. Vergeleken met Amerika als geheel is de kans zeven keer zo groot dat in een gemeenschap met veel gepensioneerden op 'niggergrappen' wordt gezocht en dertig keer zo groot dat er op 'flikkergrappen' wordt gezocht. (Stephens-Davidowitz zei verontschuldigend 'dat Google AdWords geen data over "bitchgrappen" geeft'.) Hij had ook een datagoudmijn van AOL weten te bemachtigen, dat in tegenstelling tot Google de zoekopdrachten van individuele gebruikers bijhoudt (al wordt natuurlijk niet hun identiteit geregistreerd). Die informatie bevestigde dat racisten best wel eens een slinkende soort zouden kunnen zijn; iemand die op 'nigger' zoekt, zoekt waarschijnlijk ook op andere zoektermen die aantrekkelijk zijn voor ouderen, zoals 'sociale voorzieningen' en 'Frank Sinatra'. De belangrijkste uitzondering werd gevormd door een heel kleine groep tieners die ook filmpjes over bestialiteit en kinderporno zocht – allerlei dingen waar je niet op zou moeten zoeken. Maar afgezien van deze grensoverschrijdende jongeren (en die zijn er altijd geweest) neemt heimelijke onverdraagzaamheid door de tijd heen én onder jongeren af, wat betekent dat we ervan uit mogen gaan dat er een verdere afname zal plaatsvinden naarmate ouder wordende onverdraagzamen het veld ruimen voor minder bevooroordeelde cohorten.

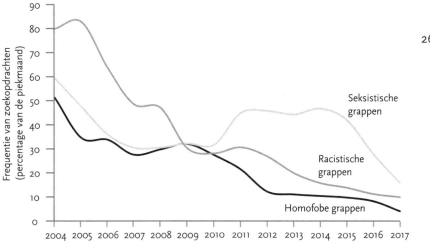

Figuur 15-2: racistische, seksistische en homofobe zoekopdrachten op internet, vs, 2004-2017
Bron: Google Trends (www. google.com/trends), zoekopdrachten naar grappen met nigger, bitch en *fag* in de Verenigde Staten, in verhouding met de totale hoeveelheid zoekopdrachten. Maandgegevens (gaafgemaakt) (verzameld op 22 januari 2017), uitgedrukt als het gemiddelde percentage per maand ten opzichte van de maand waarin de zoekterm het meest voorkwam.

Tot het zo ver is, kan het zijn dat deze oudere en minder geschoolde mensen (hoofdzakelijk blanke mannen) de terechte taboes op racisme, seksisme en homofobie die voor de mainstream een tweede natuur zijn geworden niet respecteren en misschien zelfs afdoen als politieke correctheid. Tegenwoordig kunnen ze elkaar opzoeken op internet en zich achter een volksmenner scharen. Zoals we in hoofdstuk 20 zullen zien, kan Trumps succes, net als dat van rechtse populisten in andere westerse landen, beter gezien worden als de mobilisatie van een verongelijkte en kleiner wordende bevolkingsgroep in een gepolariseerd landschap dan als de plotselinge kentering van een eeuwenlange beweging in de richting van gelijke rechten.

Vooruitgang op het gebied van gelijke rechten komt niet alleen tot uitdrukking in politieke mijlpalen en door opiniepeilers, maar in data over het leven van mensen. Onder Afro-Amerikanen is het armoedepercentage van 55 in 1960 gedaald tot 27,6 in 2011.[14] De levensverwachting steeg van 33 jaar in 1900 (17,6 jaar lager dan die van blanken) tot 75,6 jaar in 2015 (nog geen drie jaar lager).[15] Afro-Amerikanen die de 65 halen, hebben een lánger leven voor de boeg dan blanke Amerikanen van dezelfde leeftijd. Analfabetisme is onder Afro-Amerikanen afgenomen van 45 procent in 1900 tot nagenoeg 0 procent vandaag de dag.[16]

268 Zoals we in het volgende hoofdstuk zullen zien, is de raciale kloof wat betreft de bereidheid van kinderen om naar school te gaan aan het afnemen. In hoofdstuk 18 zullen we zien dat hetzelfde geldt voor de raciale kloof wat betreft geluk.[17]

Racistisch geweld tegen Afro-Amerikanen, dat ooit aan de orde van de dag was met nachtelijke aanvallen en lynchpartijen (begin twintigste eeuw drie per week) is tijdens de twintigste eeuw drastisch afgenomen en nog verder gedaald sinds de FBI in 1996 meldingen van haatmisdrijven begon te verzamelen, zoals figuur 15-3 aantoont. (Slechts enkele van die misdrijven betreffen moord – in de meeste jaren was daar één of nul keer sprake van.)[18] De lichte stijging in 2015 (het meest recente jaar waarvan data beschikbaar zijn) kan niet geweten worden aan Trump, aangezien ze tegelijkertijd plaatsvond met de kleine stijging van geweldsmisdrijven in dat jaar (zie figuur 12-2). Bovendien komen haatmisdrijven meer voor naargelang het geweld in de samenleving als geheel toeneemt, en niet omdat opmerkingen van politici daartoe aanzetten.[19]

Figuur 15-3 laat zien dat het aantal haatmisdrijven tegen Aziatische, joodse en blanke doelwitten ook is afgenomen. En ondanks beweringen dat islamofobie in Amerika om zich heen grijpt, worden er vrijwel niet méér misdrijven tegen moslims gepleegd, met uitzondering van een eenmalige stijging na de aanslagen van 11 september en na andere islamitische terreuraanslagen, zoals in Parijs en San Bernardino in 2015.[20] Op het moment van schrijven zijn de data van de FBI voor 2016 niet beschikbaar, dus is de veelgehoorde bewering dat Trump dat jaar voor een toename van haatmisdrijven heeft gezorgd voorbarig. Die bewering komt van belangenorganisaties die voor hun financiering afhankelijk zijn van het opkloppen van angst, en niet van instanties die onafhankelijk data bijhouden; sommige incidenten waren een hoax, en vele waren lompe uitbarstingen en niet zozeer echte misdrijven.[21] Afgezien van korte stijgingen in de nasleep van terrorisme of als gevolg van criminaliteit, neemt het aantal misdrijven af.

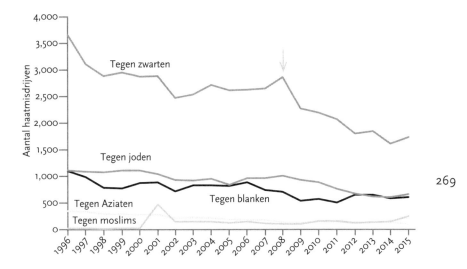

Figuur 15-3: haatmisdrijven, vs, 1996-2015
Bron: Federal Bureau of Investigation 2016b. De pijl wijst naar 2008, het laatste jaar dat wordt weergegeven in figuur 7-4 van Pinker 2011.

Ook de maatschappelijke positie van vrouwen verbetert. Ik heb als kind nog meegemaakt dat Amerikaanse vrouwen in de meeste staten geen lening of creditcard op hun eigen naam konden krijgen, alleen konden solliciteren op banen in een speciaal voor vrouwen bestemde sectie van de personeelsadvertenties, en geen aanklacht konden indienen tegen hun echtgenoot wegens verkrachting.[22] Tegenwoordig bestaat de beroepsbevolking voor 47 procent uit vrouwen en is een meerderheid van de universiteitsstudenten vrouw.[23] Geweld tegen vrouwen kan het beste gemeten worden door slachtofferonderzoeken, omdat daarmee het probleem wordt omzeild dat er te weinig aangifte wordt gedaan bij de politie; uit die hulpmiddelen blijkt dat het aantal verkrachtingen en gevallen van geweld tegen echtgenotes en vriendinnen al tientallen jaren afneemt en nu nog maar een kwart of minder bedraagt van de piek in het verleden (figuur 15-4).[24] Er vinden nog altijd te veel van dit soort misdrijven plaats, maar we zouden moed moeten putten uit het feit dat toegenomen bezorgdheid over geweld tegen vrouwen niet bij vruchteloos gemoraliseer is gebleven maar tot meetbare vooruitgang heeft geleid – wat betekent dat er nog meer vooruitgang kan plaatsvinden als die zorg blijft bestaan.

Van geen enkele vorm van vooruitgang staat vast dat die zich zal voordoen, maar de historische afname van racisme, seksisme en homofobie is meer dan alleen een verandering van gewoonten. Zoals

269

we zullen zien, lijkt deze vooruitgang te worden aangejaagd door de moderniteit. In een kosmopolitische samenleving verkeren mensen in het gezelschap van allerlei andere soorten mensen, doen daar zaken mee en hebben er op allerlei andere manieren mee te maken, waardoor ze sneller welwillend tegenover elkaar staan.[25] Ook is het zo dat wanneer mensen verantwoording moeten afleggen voor de manier waarop ze anderen behandelen, in plaats van ze te domineren op basis van intuïtieve, religieuze of historische starheid, elke rechtvaardiging voor een bevooroordeelde behandeling van mensen aan zoveel kritiek onderhevig zal zijn dat er niets van overblijft.[26] Rassenscheiding, kiesrecht alleen voor mannen en het strafbaar stellen van homoseksualiteit zijn letterlijk niet te verdedigen; mensen hebben dat in het verleden wel geprobeerd, maar de discussie verloren.

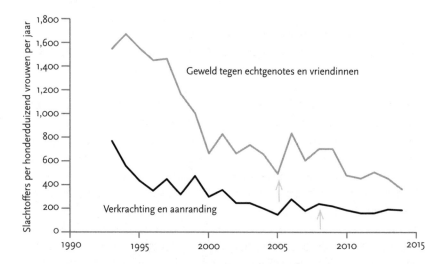

Figuur 15-4: verkrachting en huiselijk geweld, vs, 1993-2014
Bronnen: us Bureau of Justice Statistics, *National Crime Victimization Survey*, Victimization Analysis Tool, http://www.bjs.gov/index.cfm?ty=nvat, met extra data verschaft door Jennifer Truman van bjs. De grijze lijn betreft 'partnergeweld' met vrouwelijke slachtoffers. De pijl wijst naar 2005, het laatste jaar dat wordt weergegeven in figuur 7-10 van Pinker 2011.

Deze krachten kunnen op de lange termijn overwinnen, zelfs als ze te maken hebben met een populistische tegenreactie. De wereldwijde afschaffing van de doodstraf (hoofdstuk 14), ondanks de blijvende aantrekkingskracht van die straf onder het grote publiek, laat zien hoe chaotisch en onoverzichtelijk vooruitgang soms kan zijn. Onhoudbare of onwerkbare ideeën worden niet langer als mogelijke opties beschouwd, zelfs niet door degenen die graag mogen denken dat ze het ondenkbare denken, en de politieke grenzen schuiven ondanks alle tegenstand op. Dat is de reden waarom bijvoorbeeld in de recente Amerikaanse geschiedenis zelfs de conservatiefste politieke beweging nooit heeft opgeroepen tot de herinvoering van de Jim Crow-wetten, de beëindiging van het vrouwenkiesrecht of het opnieuw strafbaar stellen van homoseksualiteit.

Raciale en etnische vooroordelen nemen niet alleen in het Westen af, maar wereldwijd. In 1950 had de helft van alle landen wetten die etnische of raciale minderheden discrimineerden. In 2003 gold dat nog maar voor 20 procent van alle landen, en er waren méér landen die een beleid van positieve discriminatie voerden voor achtergestelde minderheden.[27] Uit een bijzonder grootschalige enquête die door World Public Opinion in eenentwintig ontwikkelde landen en ontwikkelingslanden werd gehouden, bleek dat overal een grote meerderheid van de respondenten (gemiddeld rond de 90 procent) aangaf het belangrijk te vinden dat mensen van verschillende rassen, van verschillende etnische afkomsten en met verschillende religies gelijk behandeld worden.[28] Ondanks de gebruikelijke zelfkastijding van westerse intellectuelen over westers racisme, zijn het niet-westerse landen die het minst tolerant zijn. Maar zelfs in India, het land dat onderaan de lijst bungelt, stond 59 procent van de respondenten positief tegenover raciale gelijkheid en was 76 procent voorstander van religieuze gelijkheid.[29]

Ook op het gebied van vrouwenrechten vindt er een wereldwijde vooruitgang plaats. In 1900 konden vrouwen slechts in één land stemmen, namelijk Nieuw-Zeeland. Tegenwoordig kunnen ze stemmen in elk land waar mannen dat ook mogen, met als enige uitzondering Vaticaanstad. Vrouwen vormen 72 procent van de wereldwijde beroepsbevolking, en nationale parlementen bestaan gemiddeld voor ruim 20 procent uit vrouwen. De World Opinion Poll en het Pew Global Attitudes Project concludeerden allebei dat meer dan 85 procent van hun respondenten in volledige gelijkheid voor mannen en vrouwen gelooft, variërend van 60 procent in India tot 88 procent in zes landen met een islamitische meerderheid tot 98 procent in Mexico en het Verenigd Koninkrijk.[30]

In 1993 nam de Algemene Vergadering van de Verenigde Naties een verklaring aan voor het uitbannen van geweld tegen vrouwen. Sindsdien hebben de meeste landen wetten ingevoerd en zijn er bewustmakingscampagnes gestart om het aantal verkrachtingen, gedwongen

271

huwelijken, kindhuwelijken, genitale verminkingen, eerwraakgevallen, gevallen van huiselijk geweld en oorlogswreedheden te verminderen. Hoewel sommige maatregelen niet meer zijn dan een wassen neus, zijn er redenen voor optimisme op de lange termijn. Wereldwijde *naming-and-shaming*-campagnes hebben in het verleden, zelfs wanneer ze puur idealistisch begonnen, geleid tot een dramatische afname van de slavernij, tweegevechten, de walvissenjacht, het afbinden van voeten, piraterij, chemische oorlogsvoering, apartheid en kernproeven in de atmosfeer.[31] Genitale verminking bij vrouwen is een voorbeeld; hoewel deze praktijk in negenentwintig Afrikaanse landen nog altijd voorkomt (net als in Indonesië, Irak, India, Pakistan en Jemen), is een meerderheid van zowel de mannen als de vrouwen in die landen van mening dat er een einde aan moet komen, en de afgelopen dertig jaar is het aantal genitale verminkingen met een derde afgenomen.[32] In 2016 bekrachtigde het Pan-Afrikaans Parlement een verbod op de praktijk, alsmede een verbod op kindhuwelijken.[33]

Ook voor homorechten is de tijd gekomen. Vroeger waren homoseksuele handelingen in bijna alle landen van de wereld strafbaar.[34] De eerste argumenten dat wat volwassenen met wederzijdse instemming met elkaar doen niemand iets aangaat, werden tijdens de Verlichting verwoord door Montesquieu, Voltaire en Bentham. Een paar landen decriminaliseerden homoseksualiteit niet lang daarna, en door de homorechtenrevolutie van de jaren zeventig van de twintigste eeuw volgden er nog veel meer. Hoewel homoseksualiteit nog altijd strafbaar is in meer dan zeventig landen (en in elf islamitische landen bestraft kan worden met de doodstraf), en ondanks een terugval in Rusland en verscheidene Afrikaanse landen, is wereldwijd nog altijd sprake van versoepeling, een trend die wordt gestimuleerd door de VN en alle mensenrechtenorganisaties.[35] Figuur 15-5 toont de tijdlijn: de afgelopen zes jaar hebben nog eens acht landen homoseksualiteit gelegaliseerd.

De wereldwijde vooruitgang die is geboekt tegen racisme, seksisme en homofobie kan ondanks alle hindernissen en terugvallen aanvoelen als een bredere tendens. Martin Luther King Jr. haalde het beeld aan dat de abolitionist Theodore Parker gebruikte van een boog die buigt richting gerechtigheid. Parker gaf toe dat hij niet kon zien waar de boog zou eindigen, maar dat hij dat 'aan het geweten wel kon afleiden'. Bestaat er een objectievere manier om vast te stellen of er een historische boog is die richting gerechtigheid buigt, en zo ja, wat ervoor zorgt dat hij buigt?

Eén visie op die boog geeft de World Values Survey, waarbij 150 000

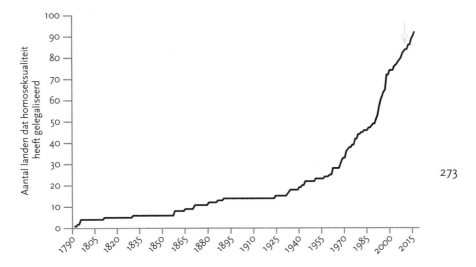

Figuur 15-5: legalisering van homofilie, 1791-2016
Bronnen: Ottoson 2006, 2009. Data voor nog eens zestien landen zijn afkomstig van 'LBGT Rights by Country or Territory', Wikipedia, geraadpleegd op 31 juli 2016. Data voor nog eens zesendertig landen die homoseksualiteit momenteel toestaan worden in geen van beide bronnen vermeld.
De pijl wijst naar 2009, het laatste jaar dat wordt weergegeven in Pinker 2011.

273

mensen uit meer dan vijfennegentig landen, waar gezamenlijk meer dan 90 procent van de wereldbevolking woont, zijn ondervraagd. In zijn boek *Freedom Rising* poneerde politicoloog Christian Welzel (voortbouwend op een samenwerking met Ronald Inglehart, Pippa Norris en anderen) dat het moderniseringsproces de opkomst van 'emanciperende waarden' heeft gestimuleerd.[36] Wanneer samenlevingen opschuiven van landbouw naar industrie naar informatie, maken hun burgers zich minder druk om het afweren van vijanden en andere existentiële bedreigingen en willen ze liever hun idealen tot uitdrukking brengen en mogelijkheden najagen die het leven biedt. Daardoor verschuiven hun waarden naar een grotere vrijheid voor zichzelf en anderen. Die overgang bevestigt de theorie van de psycholoog Abraham Maslow van een hiërarchie van behoeften, van overleven en veiligheid tot het gevoel erbij te horen, waardering en zelfverwerkelijking (en Brechts theorie van 'eerst het vreten, dan de moraal'). Mensen gaan vrijheid belangrijker vinden dan veiligheid, diversiteit belangrijker dan uniformiteit, autonomie belangrijker dan autoriteit, creativiteit belangrijker dan discipline en individualiteit belangrijker dan gelijkvormigheid. Je kunt emanciperende waarden ook 'liberale' waarden noemen, in de klassieke zin van 'vrijheid' en 'bevrijding'.

Welzel bedacht een manier om de mate van toewijding aan emanciperende waarden met één enkel getal weer te geven, op basis van zijn
bevinding dat de antwoorden op een groep enquêtevragen vaak correleren tussen mensen, landen en regio's in de wereld met een gedeelde
geschiedenis en cultuur. De onderwerpen waar vragen over worden
beantwoord zijn onder meer gendergelijkheid (of mensen vinden dat
vrouwen evenveel recht hebben op werk, politiek leiderschap en een
universitaire opleiding), persoonlijke keuzevrijheid (of ze vinden dat
scheiding, homoseksualiteit en abortus gerechtvaardigd kunnen zijn),
stemrecht (of ze vinden dat mensen zich altijd vrij moeten kunnen uiten en een stem moeten hebben in de regering, in de gemeenschap en
op de werkvloer), en opvoedkundige filosofie (of ze vinden dat kinderen
moeten worden aangespoord om gehoorzaam te zijn of om zelfstandig en vindingrijk te zijn). De correlaties tussen deze onderwerpen zijn
verre van perfect – met name abortus zorgt voor verdeeldheid tussen
mensen die het over heel veel andere zaken met elkaar eens zijn – maar
ze gaan wel vaak samen en voorspellen een hoop dingen over een land.

Voor we bekijken hoe waarden door de geschiedenis heen zijn
veranderd, moeten we bedenken dat het verstrijken van de tijd niet
simpelweg de bladzijden van een kalender omslaat. Op een gegeven
moment worden mensen ouder, en uiteindelijk sterven ze en worden
ze vervangen door een nieuwe generatie. Elke historische of langeter-
mijnverandering van menselijk gedrag kan daarom om drie redenen
plaatsvinden.[37] De trend kan een periode-effect zijn: een verandering
van de tijd, de tijdgeest of de stemming in een land die voor voor- of
achteruitgang zorgt. Het kan een leeftijds- of levenscycluseffect zijn;
mensen veranderen wanneer ze van een dreinende baby opgroeien
tot een huilende schooljongen, vervolgens tot een zuchtende minnaar,
dan tot een rondbuikige rechter, enzovoort. Aangezien er pieken en dalen in de geboortecijfers van een land zitten, zal het gemiddelde onder
de bevolking automatisch veranderen met het veranderende percentage jonge mensen, mensen van middelbare leeftijd en oudere mensen,
zelfs als de geldende waarden hetzelfde zijn. Ten slotte kan er sprake
zijn van een cohorteffect; mensen die in een bepaalde tijd zijn geboren,
hebben misschien wel eigenschappen meegekregen die ze de rest van
hun leven met zich meedragen, en het gemiddelde voor de bevolking
zal de veranderende combinatie van cohorten weerspiegelen wanneer
het ene cohort verdwijnt en plaatsmaakt voor het volgende. De effecten
van leeftijd, periode en cohort vallen onmogelijk volledig te ontwarren,
want wanneer de ene periode overgaat in de volgende wordt elk cohort

274

ouder. Maar door gedurende een aantal periodes een kenmerk bij een hele bevolking te meten en de data in elke periode te scheiden van de verschillende cohorten, vallen er redelijke conclusies te trekken over drie soorten verandering.

Laten we eerst kijken naar de geschiedenis van de meest ontwikkelde landen, zoals die in Noord-Amerika, West-Europa en Japan. Figuur 15-6 toont het verloop van emanciperende waarden gedurende een eeuw. Hij geeft enquêtedata weer die zijn verzameld onder volwassenen (wisselend in leeftijd van achttien tot vijfentachtig) en tijdens twee periodes (1980 en 2005) die cohorten representeren die zijn geboren tussen 1895 en 1980. (Amerikaanse cohorten zijn doorgaans opgedeeld in de G.I.-generatie (die geboren is tussen 1900 en 1924), de Stille Generatie (1925-1945), de Babyboomgeneratie (1946-1964), Generatie X (1965-179) en de Millennials of Generatie Y (1980-2000.) De cohorten zijn op geboortejaar ingedeeld langs de horizontale as; elk van de twee testjaren wordt weergegeven op een lijn. (Data van 2011 tot 2014, die de reeks uitbreiden naar 'late millennials' die na 1996 zijn geboren, zijn vergelijkbaar met die van 2005.)

De grafiek toont een historische trend die te midden van het politieke gekrakeel zelden op waarde wordt geschat: ondanks al het gepraat over rechtse tegenbewegingen en boze witte mannen worden de waarden van westerse landen steeds liberaler (wat, zoals we zullen zien, een van de redenen is waaróm die mannen zo kwaad zijn).[38] De lijn voor 2005 is hoger dan die voor 1980 (wat aantoont dat iedereen na verloop van tijd liberaler wordt) en beide curven stijgen van links naar rechts (wat aantoont dat jongere generaties in beide perioden liberaler waren dan andere generaties). Er is een grote stijging te zien: ongeveer drie kwart standaarddeviatie groei, zowel over de jaren binnen elke vijfentwintigjaarlijkse generatie als tussen de opvolgende generaties. (Ook de stijgingen worden niet op waarde geschat; uit een Ipsos-enquête uit 2016 bleek dat in bijna alle ontwikkelde landen mensen hun landgenoten sociaal conservatiever inschatten dan ze in werkelijkheid zijn.)[39] Een cruciale ontdekking die zichtbaar is in de grafiek, is dat de liberalisering niet een grote, groeiende groep liberale jonge mensen weerspiegelt die weer conservatiever zullen worden wanneer ze ouder worden. Als dat waar was, zouden de curven naast elkaar staan afgebeeld in plaats van boven elkaar, en een verticale lijn die een bepaald cohort weergaf zou op een lágere waarde de curve van 2005 doorkruisen, waarmee uitdrukking zou worden gegeven aan een conservatieve hoge leeftijd, en niet de hogere waarde die we zien en die de meer liberale tijdgeest weerspiegelt. Jonge mensen behouden hun emanciperende waarden naarmate ze ouder worden – een bevinding waar we op zullen terugkomen in hoofdstuk 20, wanneer we ons bezig gaan houden met de toekomst van vooruitgang.[40]

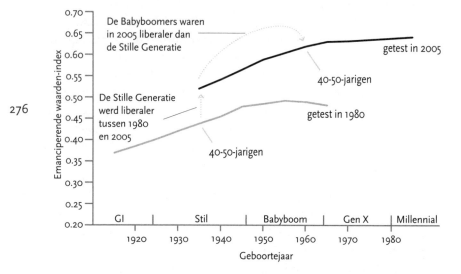

Figuur 15-6: liberale waarden door de tijd en generaties heen, ontwikkelde landen, 1980-2005
Bron: Welzel 2013, fig. 4.1. World Values Survey-data betreffen Australië, Canada, Frankrijk, West-Duitsland, Italië, Japan, Nederland, Noorwegen, Zweden, het Verenigd Koninkrijk en de Verenigde Staten (waarbij elk land gelijk is gewogen).

De liberalisering die zichtbaar is in figuur 15-6 is te danken aan de Prius-rijdende, kleine slokjes chai drinkende en rucola etende populatie uit de postindustriële westerse landen. En hoe is het gesteld met de rest van de mensheid? Welzel deelde de negenenvijftig landen die deelnamen aan de World Values Survey in in tien zones met een vergelijkbare geschiedenis en cultuur. Hij deed ook zijn voordeel met de afwezigheid van een levenscycluseffect om emanciperende waarden naar het verleden te extrapoleren: de waarden van een zestigjarige in 2000, gecorrigeerd voor de effecten van veertig jaar liberalisering in zijn of haar land als geheel, zorgt voor een goede schatting van de waarden van een twintigjarige in 1960. Figuur 15-7 toont de trends in liberale waarden voor de verschillende delen van de wereld in een periode van vijftig jaar en combineert de effecten van de veranderende tijdgeest in elk land (zoals de sprong tussen de lijnen in figuur 15-6) met de veranderende cohorten (de stijging van elke lijn).

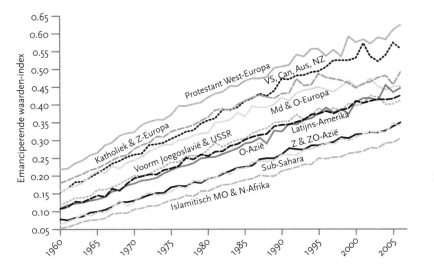

Figuur 15-7: liberale waarden door de tijd heen (geëxtrapoleerd), cultuur-zones van de wereld, 1960-2006

Bron: World Values Survey, zoals geanalyseerd in Welzel 2013, fig. 4-4, geüpdatet met data geleverd door Welzel. Schattingen van emanciperende waarden voor elk land in elk jaar zijn berekend voor een hypothetische steekproef van een vaste leeftijd, gebaseerd op het geboortecohort van elke respondent, het testjaar en een landspecifiek periode-effect. De benamingen zijn geografische ezelsbruggetjes voor Welzels 'cultuurzones' en zijn niet letterlijk van toepassing op elk land binnen een zone. Ik heb een paar zones een andere naam gegeven: Protestants West-Europa correspondeert met Welzels 'Hervormde Westen'. De vs, Canada, Australië, Nieuw-Zeeland = 'Het nieuwe Westen'. Katholiek & Zuid-Europa = 'Het oude Westen'. Midden- en Oost-Europa = 'Het teruggekeerde Westen'. Oost-Azië = 'Het Chinese Oosten'. Voormalig Joegoslavië & Sovjet-Unie = 'Het orthodoxe Oosten'. Zuid- en Zuidoost-Azië = 'Indiaas Oosten'. Landen tellen in elke zone even zwaar mee.

Het is niet verrassend dat de grafiek aantoont dat er aanzienlijke verschillen bestaan tussen de cultuurzones. De protestantse landen van West-Europa, zoals Nederland, de Scandinavische landen en het Verenigd Koninkrijk, zijn de liberaalste ter wereld, gevolgd door de Verenigde Staten en andere rijke Engelssprekende landen, en daarna katholiek en Zuid-Europa, dan de voormalige communistische landen in Midden-Europa. Latijns-Amerika, de geïndustrialiseerde landen in Oost-Azië en de voormalige Sovjetrepublieken en Joegoslavië zijn sociaal conservatiever, gevolgd door Zuid- en Zuidoost-Azië en Afrika ten zuiden van de Sahara. De meest onvrijzinnige regio is het islamitische Midden-Oosten.

Wat wél verrassend is, is dat mensen in elk deel van de wereld liberaler zijn geworden. Véél liberaler zelfs: jonge moslims in het Midden-Oosten, de conservatiefste cultuur ter wereld, hebben tegenwoordig waarden die vergelijkbaar zijn met die van jonge mensen uit West-Europa, de liberaalste cultuur ter wereld, begin jaren zestig. Hoewel in elke cultuur zowel de tijdgeest als de generaties liberaler zijn geworden, werd de liberalisering in sommige culturen, zoals het islamitische Midden-Oosten, vooral veroorzaakt door de generationele kentering, en ze heeft een duidelijke rol gespeeld in de Arabische Lente.[41]

Kunnen we de oorzaken vaststellen van de verschillen tussen verschillende regio's en van de liberalisering die na verloop van tijd overal plaatsvindt? Veel maatschappijbrede eigenschappen correleren met emanciperende waarden, en – een probleem waar we herhaaldelijk mee te maken hebben – vaak met elkaar, wat lastig is voor sociaal wetenschappers die onderscheid willen maken tussen correlatie en causaliteit.[42] Welvaart (die wordt gemeten als BBP per hoofd van de bevolking) correleert met emanciperende waarden, waarschijnlijk omdat mensen kunnen gaan experimenteren met het liberaliseren van hun samenleving wanneer ze gezonder worden. De data tonen aan dat liberalere landen gemiddeld ook beter geschoold en stedelijker zijn, dat er minder kinderen worden geboren, dat er minder inteelt voorkomt (met minder huwelijken tussen neven en nichten), dat ze vrediger, democratischer en minder corrupt zijn en dat ze minder geplaagd worden door criminaliteit en staatsgrepen.[43] Vaak is hun economie, net als vroeger, gebouwd op handelsnetwerken in plaats van grote plantages of de winning van olie en mineralen.

Maar de beste voorspeller van emanciperende waarden is de Knowledge Index van de Wereldbank, die verschillende indicatoren (uitgedrukt per hoofd van de bevolking) over de thema's onderwijs (alfabetisme onder volwassenen en het aantal inschrijvingen op middelbare scholen en universiteiten), toegang tot technologie (telefoons, computers en internetgebruikers), wetenschappelijke en technologische productiviteit (onderzoekers, patenten en tijdschriftartikelen) en integriteit (een rechtsstaat, kwalitatieve wetgeving en open economieën) combineert.[44] Welzel concludeerde dat de Knowledge Index verantwoordelijk is voor *70 procent* van de variatie in emanciperende waarden tussen landen, wat die index een veel betere voorspeller maakt dan het BBP.[45] Het statistische resultaat bevestigt een belangrijk Verlichtingsinzicht: kennis en gezonde instanties leiden tot morele vooruitgang.

Bij elke analyse van vooruitgang op het gebied van rechten moet ook gekeken worden naar de meest kwetsbare groep mensen: kinderen, die niet kunnen opkomen voor hun eigen belangen maar afhankelijk zijn van het mededogen van anderen. We hebben al gezien dat kinderen over de hele wereld beter af zijn dan vroeger: de kans is kleiner dat ze moederloos ter wereld komen, dat ze overlijden vóór hun vijfde verjaardag of dat ze tijdens hun jeugd achterblijven in de groei wegens een tekort aan eten. In dit hoofdstuk zullen we zien dat kinderen niet alleen aan deze natuurlijke bedreigingen ontkomen, maar ook steeds vaker aan door de mens veroorzaakte bedreigingen; het is veiliger voor ze dan ooit, en de kans is groter dat ze echt kind kunnen zijn. 279

Het welzijn van kinderen is nog een andere kwestie waarin huiveringwekkende koppen de lezers de stuipen op het lijf jagen, ook al hebben ze minder reden om bang te zijn. Nieuwsberichten over schietpartijen op scholen, ontvoeringen, pesten, cyberpesten, sexting, daterape, aanranding en mishandeling wekken de indruk dat het steeds gevaarlijker wordt voor kinderen. De data vertellen een ander verhaal. Het feit dat tieners gevaarlijke drugs steeds vaker links laten liggen, zoals besproken in hoofdstuk 12, is daar slechts één voorbeeld van. In een recensie uit 2014 van de literatuur over geweld waar kinderen uit de Verenigde Staten mee te maken krijgen, schreven de socioloog David Finkelhor en zijn collega's: 'Van de vijftig onderzochte trends in blootstelling aan geweld waren er zevenentwintig een significante afname, en er waren geen significante stijgingen tussen 2003 en 2011. Er was met name sprake van een sterke afname wat betreft mishandeling, pesten en seksueel misbruik.'[46] Drie van die trends zijn zichtbaar in figuur 15-8.

Ook worden kinderen minder geslagen of op andere manieren fysiek gestraft. Vroeger kregen hulpeloze kinderen er van hun ouders en leerkrachten op allerlei ruwe manieren van langs om hun gedrag te veranderen, in elk geval sinds het Bijbelse gebod uit de zevende eeuw voor Christus: 'Wie zijn zoon de stok onthoudt, haat hem.' Het fysiek straffen van kinderen is in verscheidene VN-resoluties veroordeeld, en lijfstraffen zijn in meer dan de helft van alle landen verboden. Ook in dit opzicht zijn de Verenigde Staten een buitenbeentje onder de ontwikkelde democratieën, maar zelfs in dat land neemt de goedkeuring van alle vormen van fysieke bestraffing langzaam maar zeker af.[47]

De negenjarige Oliver Twist moest in een werkhuis touwen pluizen, en dat geeft ons een fictieve glimp van wat vroeger de vaakst voorkomende vorm van kindermishandeling was: kinderarbeid. Samen met

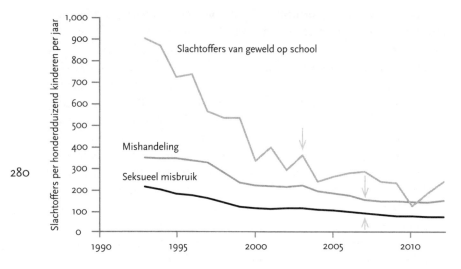

Figuur 15-8: mishandeling en seksueel misbruik van kinderen, vs, 1993-2012

Bronnen: **Mishandeling** en **seksueel misbruik** (hoofdzakelijk door verzorgers): National Child Abuse and Neglect Data System, http://www.ndacan.cornell. edu/, geanalyseerd door Finkelhor 2014; Finkelhor et al. 2014. **Geweld op school**: US Bureau of Justice Statistics, *National Crime Victimization Survey*, Victimization Analysis Tool, http://www.bjs.gov/index.cfm?ty=nvat. Aantal gevallen van mishandeling en seksueel misbruik worden weergegeven per 100 000 kinderen jonger dan achttien. Gevallen van geweld op school worden aangegeven per 100 000 kinderen van tussen de twaalf en de zeventien. De pijlen wijzen naar 2003 en 2007, de laatste jaren die worden weergegeven in figuur 7-22 en figuur 7-20 van Pinker 2011.

de roman van Charles Dickens maakten Elizabeth Barrett Brownings gedicht uit 1843, 'The Cry of the Children', en vele journalistieke onthullingen lezers uit de negentiende eeuw bewust van de vreselijke omstandigheden waarin kinderen in die tijd moesten werken. Kleine kinderen stonden op kisten om in molens, mijnen en conservenfabrieken gevaarlijke machines te bedienen terwijl ze lucht inademden die dik was van de katoen- of kolenstof, werden wakker gehouden door koud water in hun gezicht te gooien en vielen als een blok in slaap na uitputtende ploegendiensten, vaak met het eten nog in hun mond.

De wreedheden van kinderarbeid begonnen echter niet in de fabrieken uit de victoriaanse tijd.[48] Kinderen zijn altijd al aan het werk gezet als landarbeiders en bedienden, en het was heel gewoon dat andere mensen hen in dienst namen om te werken in de huisindustrie, vaak vanaf de leeftijd waarop ze nog maar net konden lopen. Zo draaiden kinderen in de zeventiende eeuw urenlang vlees rond aan een spit terwijl ze alleen door een baal nat hooi tegen de hitte werden beschermd.[49] Niemand zag kinderarbeid als uitbuiting; het was een vorm van morele opvoeding die kinderen beschermde tegen gemakzucht en luiheid.

Beginnend met invloedrijke verhandelingen van John Locke in 1693 en van Jean-Jacques Rousseau in 1762 gingen mensen op een andere manier tegen de kindertijd aankijken.[50] Een zorgeloze jeugd werd nu als een geboorterecht gezien. Spelen was een cruciale vorm van leren, en de eerste jaren van het leven vormden een mens als volwassene en waren bepalend voor de toekomst van de samenleving. In de decennia rondom het begin van de twintigste eeuw werd 'de jeugd geheiligd', zoals de econoom Viviana Zelizer het uitdrukte, en kinderen verwierven hun huidige status als 'economisch waardeloos maar emotioneel van onschatbare waarde'.[51] Onder druk van pleitbezorgers van kinderen, en met een steuntje in de rug van overvloed, kleinere gezinnen, een zich uitbreidende cirkel van mededogen en toenemende waardering voor het belang van onderwijs, deden westerse samenlevingen kinderarbeid steeds meer in de ban. Een momentopname van de krachten die allemaal dezelfde kant op werkten treffen we aan in een advertentie voor tractors in een nummer uit 1921 van het tijdschrift *Succesful Farming*, met als titel: 'Keep the Boy in School':

De druk van het werk dat in het voorjaar dringend gedaan moet worden is er vaak de reden van dat de jongen meerdere maanden van school wordt gehouden. Dat kan noodzakelijk lijken – maar het is niet eerlijk tegenover de jongen! U zadelt hem op met een levenslange handicap als u hem berooft van zijn onderwijs. In deze tijd wordt onderwijs steeds belangrijker om later succesvol te zijn, in alle rangen en standen en in alle beroepen, ook het boerenbedrijf.

Als u het gevoel hebt dat u zelf te weinig naar school kon, terwijl u daar niets aan kon doen, zult u ongetwijfeld willen dat uw kinderen de vruchten van echt onderwijs kunnen plukken – dat ze dingen kunnen krijgen die u ontzegd werden.

Met behulp van een Case Kerosene Tractor is één man in staat in een bepaalde tijd meer werk te verzetten dan een goede arbeider en een vlijtige jongen samen die werken met paarden. Door nu te investeren in een Case Tractor, een Ground Detour-ploeg en een Harrow-uitrusting kan uw zoon ongestoord naar school en zal het voorjaarswerk niet te lijden hebben onder zijn afwezigheid.

Zorg ervoor dat de jongen naar school kan blijven gaan en laat zijn plek in het veld innemen door de Case Kerosene Tractor. U zult van geen van de investeringen ooit spijt krijgen.[52]

In veel landen gaf wetgeving waardoor kinderen verplicht naar school moesten en waarmee kinderarbeid strafbaar werd de doorslag. Figuur 15-9 laat zien dat het percentage kinderen dat in Engeland moest werken tussen 1850 en 1910 gehalveerd werd, voordat kinderarbeid in 1918 volledig werd verboden, en de Verenigde Staten volgden een vergelijkbaar traject.

282

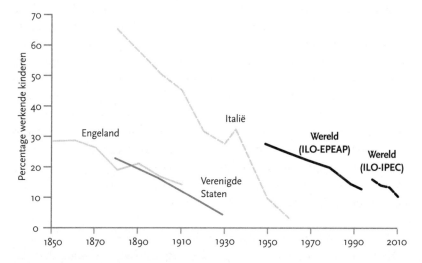

Figuur 15-9: kinderarbeid, 1850-2012
Bronnen: *Our World in Data,* Ortiz-Ospina & Roser 2016a, en de volgende. **Engeland:** Percentage werkende kinderen van tussen de 10 en de 14, Cunningham 1996. **Verenigde Staten:** Whaples 2005. **Italië:** Aantal gevallen van kinderarbeid, 10-14 jaar, Toniolo & Vecchi 2007. **Wereld ILO-EPEAP** (International Labour Organization Programme on Estimates and Projections of the Economically Active Population): Kinderarbeid, 10-14 jaar, Basu 1999. **Wereld ILO-IPEC** (International Labour Organization International Programme on the Elimination of Child Labour): Kinderarbeid, 5-17 jaar, International Labour Organization 2013.

In de grafiek is ook de zeer scherpe daling in Italië te zien, samen met twee recente tijdsreeksen voor de wereld. De lijnen zijn niet vergelijkbaar als gevolg van verschillen in gehanteerde leeftijden en in de definities van 'kinderarbeid', maar ze laten wel dezelfde dalende trend zien. In 2012 werkte 16,7 procent van alle kinderen ter wereld een uur per week of meer, moest 10,6 procent laakbare kinderarbeid (lange

uren of op zeer jonge leeftijd) doen en verrichtte 5,4 procent gevaarlijk werk – veel te veel, maar minder dan de helft van nog maar twaalf
jaar eerder. Zoals altijd al het geval is geweest, vindt kinderarbeid niet
hoofdzakelijk plaats in fabrieken maar in de landbouw, de bosbouw en
de visserij en gaat ze hand in hand met de armoede van het land, als
oorzaak én als gevolg: hoe armer een land, hoe hoger het percentage
werkende kinderen.[53] Wanneer lonen stijgen, of wanneer de overheid
ouders betaalt om hun kinderen naar school te sturen, neemt kinderarbeid drastisch af, wat doet vermoeden dat arme ouders hun kinderen
uit wanhoop laten werken, niet uit hebzucht.[54]

Net zoals dat het geval is met andere misdaden en tragedies van de
menselijke conditie, wordt de vooruitgang in het beëindigen van kinderarbeid aangedreven door de wereldwijde toename van welvaart en
door humanistische bewustmakingscampagnes. In 1999 ratificeer-
den honderdtachtig landen een verdrag waarmee de ergste vormen
van kinderarbeid werden verboden, waaronder gevaarlijk werk en de
uitbuiting van kinderen in slavernij, mensenhandel, schuldslavernij,
prostitutie, pornografie, drugshandel en oorlog. Hoewel het doel van
de International Labour Organization om de ergste vormen in 2016
afgeschaft te hebben niet gehaald is, is het duidelijk dat de wil om een
einde te maken aan kinderarbeid groter is dan ooit. De doelstelling
werd in 2014 symbolisch bekrachtigd toen de Nobelprijs voor de Vrede
werd toegekend aan Kailash Satyarthi, de activist die strijd voerde tegen
kinderarbeid en een belangrijke rol had gespeeld in de aanvaarding
van de resolutie van 1999. Hij deelde de prijs met Malala Yousafzai, de
heroïsche pleitbezorger van onderwijs voor meisjes. En dat brengt ons
bij nóg een vooruitgang wat betreft menselijke ontplooiing: de verbeterde toegang tot kennis.

283

16 Kennis

Homo sapiens, 'de wetende mens', is de soort die informatie gebruikt om het verval van de entropie en de lasten van de evolutie te weerstaan. Overal verwerven mensen kennis over hun omgeving, de flora en fauna in het omringende landschap, het gereedschap en de wapens waarmee ze die kunnen onderwerpen en de netwerken en normen die hen verbinden met verwanten, bondgenoten en vijanden. Ze verzamelen en delen die kennis door gebruik te maken van taal, gebaren en persoonlijk onderwijs.[1]

Een paar keer in de geschiedenis vinden mensen technologieën uit die de groei van kennis vermeerderen, ja zelfs exponentieel doen toenemen, zoals het schrift, de drukkunst en elektronische media. Voortdurend herdefinieert de supernova van kennis wat het betekent om mens te zijn. Om te begrijpen wie we zijn, waar we vandaan komen, hoe de wereld werkt en wat er in het leven toe doet moeten we gebruikmaken van de reusachtige en immer groeiende hoeveelheid kennis. Hoewel ongeletterde jagers, herders en boeren volledig mens zijn, zijn antropologen vaak kritisch op hun oriëntatie op het heden, hun omgeving, het fysieke.[2] Je bewust zijn van je land en zijn geschiedenis, van de verscheidenheid aan gebruiken, gewoonten en opvattingen in de wereld, van de blunders en successen van vroegere beschavingen, van de microkosmossen van cellen en atomen en de macrokosmossen van planeten en sterrenstelsels, van de ongrijpbare werkelijkheid van getallen, logica en patronen – dat alles tilt ons naar een hoger bewustzijnsniveau. Dat geschenk hebben we te danken aan het feit dat we deel uitmaken van een intelligente soort met een lange geschiedenis.

Het is lang geleden dat de kennisvoorraad van onze cultuur kon worden doorgegeven door het vertellen van verhalen en het leerlingschap. Er bestaan al millennialang officiële scholen; ik ben opgegroeid met het Talmoedische verhaal van rabbi Hillel uit de eerste eeuw, die als jonge man bijna doodvroor nadat hij op het dak was geklommen van een school waarvan hij het lesgeld niet kon betalen, zodat hij door het dakraam de lessen kon volgen. Om de zoveel tijd kregen scholen de taak jonge mensen praktische, religieuze of patriottische wijsheid bij te brengen, maar de Verlichting heeft, met haar verheerlijking van kennis, hun opdracht verbreed. 'Met het aanbreken van de moderne tijd,' stelt onderwijsdeskundige George Counts vast, 'werd het formele onderwijs nog veel belangrijker dan ooit. De school, die in het verleden in de meeste samenlevingen een bescheiden sociale rol had gespeeld en slechts van een klein deel van de bevolking het leven beïnvloedde, groeide horizontaal en verticaal, net zo lang tot hij zich een plaats naast de staat, de kerk, het gezin en bezit had verworven als een van de machtigste instituties.'[3] Vandaag de dag bestaat in de meeste landen leerplicht, en onderwijs wordt als een fundamenteel mensenrecht beschouwd door de honderdzeventig leden van de Verenigde Naties die in 1966 het Internationaal Verdrag inzake economische, sociale en culturele rechten ondertekenden.[4]

De levensveranderende effecten van onderwijs breiden zich naar alle gebieden van het leven uit, op allerlei verschillende manieren – van enorm voor de hand liggende tot bijna griezelig onverklaarbare. Aan de duidelijke kant van het spectrum zagen we in hoofdstuk 6 dat een klein beetje kennis over rioolwaterzuivering, voeding en veilige seks de gezondheid al enorm kan verbeteren en het leven aanzienlijk kan verlengen. Ook duidelijk is dat geletterdheid en het vermogen om te rekenen de fundamenten vormen van de moderne welvaartsvorming. In ontwikkelingslanden kan een jonge vrouw niet eens als huisbediende werken als ze geen briefjes kan lezen of de voorraden niet kan tellen, en voor hogere treden op de werkladder is een steeds groter inzicht in technisch materiaal vereist. De eerste landen die in de negentiende eeuw aan algehele armoede wisten te ontkomen, en de landen die sindsdien het snelst zijn blijven groeien, zijn de landen die hun kinderen het intensiefst hebben onderwezen.[5]

Zoals bij elke kwestie binnen de sociale wetenschap is correlatie geen causaliteit. Worden landen met beter onderwijs inderdaad rijker of kunnen rijkere landen zich meer onderwijs veroorloven? Een manier om daar uitsluitsel over te krijgen is om ons voordeel te doen met het feit dat een oorzaak vooraf moet gaan aan het effect. Onderzoeken die in de ene tijd onderwijs beoordelen en in een andere tijd rijkdom, terwijl verder alles constant blijft, doen vermoeden dat investeringen in onderwijs landen echt rijker maken – in elk geval als dat onderwijs seculier en rationalistisch is. Tot de twintigste eeuw bleef Spanje in economisch opzicht, ondanks het feit dat Spanjaarden hoogstaand onderwijs genoten, achter bij andere westerse landen omdat hun onderwijs werd gecontroleerd door de katholieke kerk en 'de kinderen van

285

het volk alleen mondeling onderricht werden over de geloofsbelijdenis, de catechismus en een paar eenvoudige handvaardigheden. (...)
Wetenschap, rekenen en wiskunde, politieke economie en seculiere
geschiedenis werden te controversieel geacht voor iedereen behalve
geschoolde theologen.'[6] De huidige economische achterstand van delen van de Arabische wereld wordt op een vergelijkbare manier geweten aan bemoeienis van de geestelijkheid.[7]

In meer spiritueel opzicht biedt onderwijs veel meer dan praktische
kennis en economische groei: beter onderwijs dat vandaag gegeven
wordt, maakt een land morgen democratischer en vrediger.[8] De grote verscheidenheid aan effecten van onderwijs maakt het lastig om
onderscheid te maken tussen de schakels in de causale keten van formeel onderwijs naar sociale samenhang. Sommige van die schakels
zijn misschien puur demografisch en economisch. Meisjes die beter
onderwijs krijgen, krijgen later minder kinderen, zodat de kans op
youth bulges, met hun overvloed aan lastige jonge mannen, kleiner
wordt.[9] Bovendien zijn landen met beter onderwijs rijker, en zoals we
zagen in hoofdstuk 11 en 14 zijn rijkere landen vaak vrediger en democratischer.

Maar sommige oorzaken onderschrijven de waarden van de Verlichting. De kansen die onderwijs biedt! Je leert gevaarlijk bijgeloof af, bijvoorbeeld dat leiders regeren dankzij een of ander goddelijk recht, of
dat mensen die er anders uitzien dan jij niet helemaal menselijk zijn.
Je leert dat er andere culturen zijn die net zo gebonden zijn aan hun
manier van leven als jij aan de jouwe, en dat ze daar geen betere of
slechtere redenen voor hebben. Je leert dat charismatische verlossers
hun land naar de ondergang hebben geleid. Je leert dat je eigen overtuigingen, hoe oprecht je ze ook gelooft of hoe populair ze ook zijn,
misschien wel onjuist zijn. Je leert dat er betere en slechtere manieren
zijn om te leven, en dat andere mensen en andere culturen misschien
wel dingen weten die jij niet weet. Niet in de laatste plaats leer je dat er
manieren zijn om zonder geweld conflicten op te lossen. Door al die
revelaties ben je minder geneigd te buigen voor een dictator, of je aan
te sluiten bij een kruistocht om je naasten te onderwerpen en te doden.
Natuurlijk is deze wijsheid op geen enkele manier gegarandeerd, vooral niet wanneer autoriteiten hun eigen dogma's, alternatieve feiten en
samenzweringstheorieën verspreiden – en, door middel van een ach-
terbaks compliment aan de kracht van kennis, het volk en de ideeën
die hen mogelijk in diskrediet brengen onderdrukken.

Studies naar de effecten van onderwijs bevestigen dat geschoolde
mensen daadwerkelijk meer verlicht zijn. Ze zijn minder racistisch,

seksistisch, xenofoob en homofoob en hebben minder hang naar autoriteit.[10] Ze hechten meer waarde aan verbeelding, onafhankelijkheid en vrijheid van meningsuiting.[11] Ze stemmen vaker, doen eerder vrijwilligerswerk, uiten vaker hun politieke standpunten en maken deel uit van organisaties en verenigingen als vakbonden, politieke partijen en religieuze en sociale organisaties.[12] Ook hebben ze meer vertrouwen in hun medeburgers – een van de belangrijkste ingrediënten van het kostbare elixer dat sociaal kapitaal heet en dat mensen het vertrouwen geeft om verbintenissen aan te gaan, te investeren en zich aan de wet te houden zonder bang te zijn dat ze sukkels zijn die door de rest worden belazerd.[13]

Om al die redenen is groeiend onderwijs – en de eerste winst die dat oplevert: geletterdheid – een paradepaardje van de menselijke vooruitgang. En zoals dat het geval is met veel andere dimensies van vooruitgang, zien we een vertrouwd patroon: tot de Verlichting was bijna iedereen er ellendig aan toe; toen begonnen een paar landen zich los te maken van de rest; onlangs is de rest van de wereld met een inhaalrace begonnen; en spoedig zal de overvloed in bijna alle landen gelden. Figuur 16-1 toont dat geletterdheid tot de zeventiende eeuw het voorrecht was van een kleine elite in West-Europa die minder dan 15 procent van de bevolking uitmaakte, en dat gold tot ver in de negentiende eeuw voor de wereld als geheel. De daaropvolgende eeuw nam de geletterdheid wereldwijd met 100 procent toe en de eeuw daarna met 400 procent, zodat nu 82 procent van de wereldbevolking kan lezen en schrijven. Zelfs dat aantal is een onderschatting van de alfabetisering van de wereld, omdat de 20 procent die analfabeet is voornamelijk bestaat uit mensen van middelbare leeftijd en bejaarden. In veel landen in het Midden-Oosten en Noord-Afrika kan meer dan driekwart van de mensen ouder dan vijfenzestig niet lezen en schrijven, terwijl dat onder tieners en twintigers nog geen tiende is.[14] In 2010 kon 91 procent van alle jongvolwassenen (tussen de vijftien en vierentwintig jaar oud) lezen en schrijven – ongeveer hetzelfde percentage als voor de gehele bevolking van de Verenigde Staten in 1910.[15] Het zal geen verbazing wekken dat geletterdheid het minst vaak voorkomt in de armste en de meest door oorlog verscheurde landen, zoals Zuid-Soedan (32 procent), de Centraal-Afrikaanse Republiek (37 procent) en Afghanistan (38 procent).[16]

Geletterdheid vormt het fundament van de rest van het onderwijs, en figuur 16-2 toont de vooruitgang die de wereld heeft doorgemaakt wat betreft schoolgaande kinderen.[17] De tijdlijn kennen we intussen: in 1820 kreeg meer dan 80 procent van de wereldbevolking geen on-

287

288

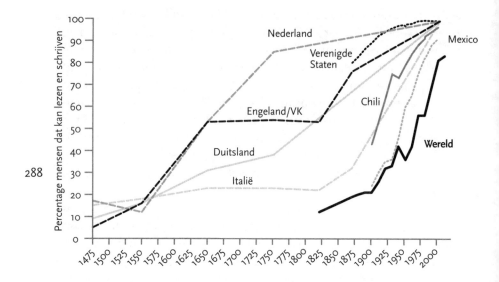

Figuur 16-1: geletterdheid, 1475-2010
Bron: *Our World in Data*, Roser & Ortiz-Ospina 2016b, inclusief data uit de volgende bronnen. **Voor 1800:** Buringh & Van Zanden 2009. **Wereld:** Van Zanden et al. 2014.**vs:** National Center for Education Statistics. **Na 2000:** Central Intelligence Agency 2016.

derwijs; in 1900 kreeg een grote meerderheid in West-Europa en de Angelsaksische wereld basisonderwijs; vandaag de dag geldt dat voor 80 procent van de wereldbevolking. De cijfers in de minst fortuinlijke regio, Afrika ten zuiden van de Sahara, zijn vergelijkbaar met die van de wereld in 1980, Latijns-Amerika in 1970, Oost-Azië in de jaren zestig, Oost-Europa in 1930 en West-Europa in 1880. Volgens de huidige verwachtingen zal in het midden van deze eeuw in nog maar vijf landen meer dan 20 procent van de bevolking ongeschoold zijn, terwijl het wereldwijde percentage aan het einde van de eeuw 0 zal bedragen.[18]

'Er is geen einde aan het maken van veel boeken en veel doorvorsen is afmatting voor het lichaam.'[19] In tegenstelling tot maatstaven van welzijn die een natuurlijke ondergrens van nul hebben, zoals oorlog en ziekte, of een 'plafond', een natuurlijke bovengrens van 100 procent, zoals voeding en geletterdheid, is de zoektocht naar kennis onbegrensd. Niet alleen breidt kennis zelf zich oneindig uit, de waarde van kennis voor een economie die wordt voortgedreven door technologie heeft een hoge vlucht genomen.[20] Terwijl wereldwijd geletterdheid en basisonderwijs hun natuurlijke bovengrens naderen,

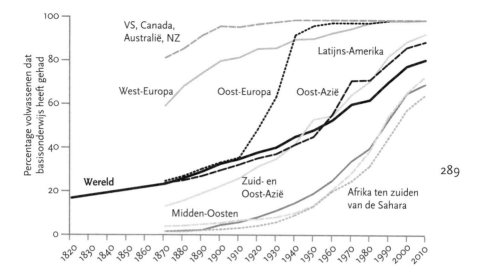

289

Figuur 16-2: basisonderwijs, 1820-2010
Bron: *Our World in Data*, Roser & Ortiz-Ospina 2018, gebaseerd op data van Van Zanden et al. 2014. De grafieken geven de percentages van de bevolking van vijftien jaar of ouder weer die ten minste één jaar onderwijs hebben voltooid (meer in latere periodes); zie Van Leeuwen & van Leeuwen-Li 2014, pp. 88-93.

blijft het aantal jaren dat onderwijs wordt gevolgd, op tertiair en postdoctoraal niveau, in alle landen toenemen. In 1920 zat slechts 28 procent van de Amerikaanse tieners van tussen de veertien en zeventien op de middelbare school; in 1930 was dat al bijna de helft en in 2011 haalde 80 procent zijn diploma, van wie 70 procent een vervolgopleiding ging doen.[21] In 1940 had nog geen 5 procent van de Amerikanen een universitaire opleiding afgerond; in 2015 was dat ruim 30 procent.[22] Figuur 16-3 toont de parallelle trajecten van het aantal jaren dat inwoners van een land gemiddeld onderwijs genoten, met recente pieken van vier jaar in Sierra Leone tot dertien jaar (waarvan enkele op de universiteit of hogeschool) in de Verenigde Staten. Volgens één voorspelling zal eind deze eeuw meer dan 90 procent van de wereldbevolking secundair onderwijs hebben genoten en 40 procent een opleiding na de middelbare school hebben gevolgd.[23] Aangezien mensen die onderwijs hebben genoten vaak minder kinderen krijgen, is de toename van onderwijs een belangrijke reden dat de wereldbevolking naar verwachting een piek zal bereiken en vervolgens zal afnemen (zie figuur 10-1).

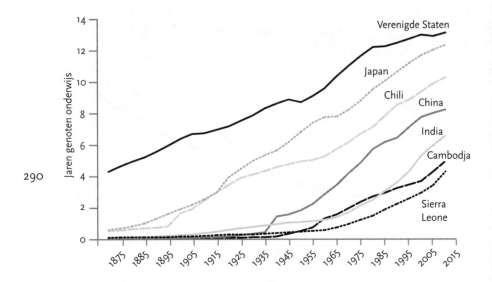

290

Figuur 16-3: jaren genoten onderwijs, 1870-2010

Bron: *Our World in Data,* Roser & Ortiz-Ospina 2016a, gebaseerd op data van Lee & Lee 2016. Data betreffen de bevolking in de leeftijd van 15 tot 64 jaar.

Hoewel we weinig of geen wereldwijde convergentie zien in het aantal jaren dat formeel onderwijs wordt gevolgd, maakt een voortdurende revolutie in de verspreiding van kennis de kloof minder relevant. De meeste kennis die de wereld te bieden heeft, is nu (meestal gratis) on-line beschikbaar in plaats van dat ze weggeborgen is in bibliotheken, en Massive Open Online Courses (mooc's) en andere vormen van lan-geafstandsonderwijs komen beschikbaar voor iedereen met een smart-phone.

Andere ongelijkheden met betrekking tot onderwijs nemen ook af. In de Verenigde Staten zijn indicatoren van schoolrijpheid bij kinde-ren uit lage-inkomensgezinnen en gezinnen van Latijns-Amerikaanse en Afro-Amerikaanse afkomst tussen 1998 en 2010 substantieel toe-genomen, waarschijnlijk doordat er meer gratis peuteronderwijs be-schikbaar is gekomen en omdat arme gezinnen tegenwoordig meer boeken, computers en internettoegang hebben en ouders meer tijd met hun kinderen doorbrengen.[24]

Van nog groter belang is dat de ultieme vorm van seksediscriminatie – meisjes van school houden – afneemt. Die verandering is niet alleen belangrijk omdat de wereldbevolking voor de helft uit vrouwen bestaat, zodat de talentenpool twee keer zo groot wordt als zij onderwijs krij-gen, maar omdat, zoals het spreekwoord luidt, wie de wieg schommelt, de wereld schommelt. Wanneer meisjes onderwijs krijgen zijn ze gezonder, krijgen ze minder en gezondere kinderen en zijn ze productiever – en hetzelfde geldt voor hun land.[25] Het Westen heeft er eeuwen over gedaan om erachter te komen dat het opleiden van de hele bevolking, en niet slechts van de helft met testikels, een goed idee was; de lijn voor Engeland in figuur 16-4 toont aan dat Engelse vrouwen pas na 1885 net zo geletterd waren als Engelse mannen. Voor de hele wereld duurde dat langer, maar die maakte de verloren tijd snel goed – in 1975 leerde een derde minder meisjes dan jongens lezen, en in 2014 lag dat aantal gelijk. De Verenigde Naties hebben meegedeeld dat de wereld het millenniumdoel om in 2015 gendergelijkheid te bewerkstelligen in basis-, secundair en tertiair onderwijs heeft gehaald.[26]

291

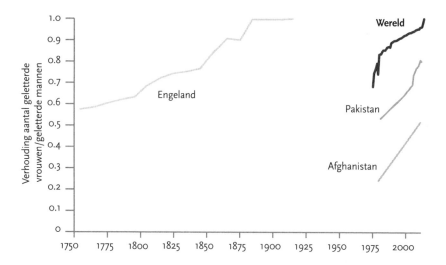

Figuur 16-4: geletterdheid onder vrouwen, 1750-2014
Bronnen: Engeland (alle volwassenen): Clark 2007, pag. 179. Wereld, Pakistan & Afghanistan (15-24 jaar): *HumanProgress*, http://www.humanprogress.org/ fl/2101, gebaseerd op data van het UNESCO Institute for Statistics, zoals samengevat in Wereldbank 2016f. Data voor de wereld zijn gemiddelden over licht verschillende groepen landen in verschillende jaren.

De andere twee lijnen vertellen hun eigen verhaal. Het land met de scheefste genderverhouding wat betreft geletterdheid is Afghanistan. Het land bevindt zich niet alleen in de achterhoede bij elke indicator van menselijke ontwikkeling (ook wat betreft totale ongeletterdheid, die in 2011 een hopeloze 52 procent bedroeg), maar tussen 1996 en 2001 werd het ook nog eens geregeerd door de Taliban, de islamitisch-fundamentalistische beweging die vele wreedheden beging, waarvan er één was dat het meisjes en vrouwen werd verboden naar school te gaan. De Taliban is meisjes blijven intimideren, zodat ze geen onderwijs krijgen in de gebieden in Afghanistan en buurland Pakistan waar de beweging het voor het zeggen heeft. Vanaf 2009 sprak de toen twaalfjarige Malala Yousafzai, wier familie een aantal scholen leidde in het district Swat in Pakistan, zich publiekelijk uit voor het recht van meisjes op onderwijs. Op wat altijd een zwarte dag zal blijven, 9 oktober 2012, kwam een gewapende man haar bus in en schoot haar door het hoofd. Ze overleefde de aanslag en werd de jongste Nobelprijswinnaar en een van de meest bewonderde vrouwen ter wereld. Maar zelfs in deze achtergebleven delen van de wereld is vooruitgang zichtbaar.[27] De afgelopen drie decennia is de verhouding wat betreft geletterdheid tussen de geslachten in Afghanistan verdubbeld en half zo groot geworden in Pakistan, waar de verhouding nu hetzelfde is als in 1980 in de wereld en in 1850 in Engeland. Niets is zeker, maar de wereldwijde stroom van activisme, economische ontwikkeling, gezond verstand en fatsoen zal de verhouding waarschijnlijk tot de bovengrens opstuwen.

Zou het kunnen dat de wereld niet alleen geletterder wordt en meer kennis opdoet, maar ook echt slimmer wordt? Zou het kunnen dat mensen er steeds bedrevener in worden nieuwe vaardigheden aan te leren, abstracte ideeën te begrijpen en onvoorziene problemen op te lossen? Verrassend genoeg is het antwoord 'ja'. IQ-scores stijgen al meer dan een eeuw, in alle delen van de wereld, met drie IQ-punten (20 procent van een standaarddeviatie) per decennium. Toen de filosoof James Flynn dit fenomeen in 1984 voor het eerst onder de aandacht van psychologen bracht, dachten velen dat er sprake was van een vergissing of van een truc.[28] Wat we in elk geval weten is dat intelligentie in hoge mate erfelijk is, en de wereld is niet verwikkeld geweest in een grootschalig eugeneticaproject waarbij slimmere mensen generatie na generatie meer baby's kregen.[29] Ook zijn mensen niet vaak en lang genoeg buiten hun familie en groep getrouwd (zodat ze inteelt hebben vermeden en heterosis hebben laten toenemen) om de stijging te verklaren.[30] En geen mens gelooft dat als een gemiddelde persoon uit 1910 vandaag in onze tijd uit een tijdmachine zou stappen, deze naar onze maatstaven gemeten zo ongeveer zwakbegaafd zou zijn terwijl als een doorsnee figuur uit onze tijd de omgekeerde reis zou maken, die slimmer zou zijn dan 98 procent van de Edwardianen met hun bakkebaarden en lange jassen door wie hij zou worden begroet. Toch twijfelt niemand meer aan het Flynn-effect, hoe verbazingwekkend het ook is, en het is onlangs bevestigd in een meta-analyse van 271 steekproeven uit eenendertig landen met vier miljoen mensen.[31] Figuur 16-5 geeft de historische stijging van IQ-scores weer.

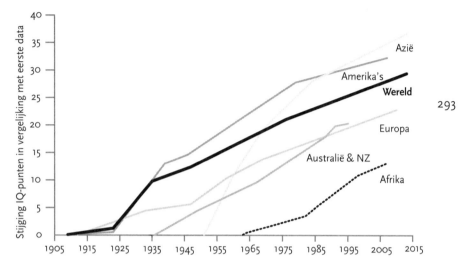

Figuur 16-5: IQ-toename, 1909-2013
Bron: Pietschnig & Voracek 2015, toegevoegd online materiaal. De lijnen tonen veranderingen in IQ die zijn gemeten door middel van verschillende tests beginnend in verschillende tijden, en kunnen niet met elkaar worden vergeleken.

Let wel: elke lijn geeft de verandering in IQ-scores op een continent weer in verhouding met de gemiddelde score in het eerste jaar waarvan data beschikbaar zijn en die willekeurig op 0 is gezet, omdat de testen en periodes voor de verschillende continenten niet direct verenigbaar zijn. We kunnen de grafiek niet op dezelfde manier lezen als eerdere grafieken en er bijvoorbeeld uit afleiden dat het IQ in Afrika in 2007 equivalent was aan het IQ in Australië en Nieuw-Zeeland in 1970. Het zal niemand verbazen dat IQ-stijging de wet van Stein gehoorzaamt: dingen die niet voor altijd kunnen doorgaan, doen dat ook niet. Het Flynn-effect ebt nu langzaam weg in enkele landen waar het het langst wordt waargenomen.[32]

Hoewel de oorzaken van de stijging van IQ-scores niet makkelijk zijn aan te wijzen, is het geen paradox dat een erfelijke eigenschap door omgevingsveranderingen versterkt kan worden. Dat is bijvoorbeeld ook gebeurd met lengte, een eigenschap die net als intelligentie erfelijk is en door de decennia heen is toegenomen, deels door dezelfde oorzaken als IQ: betere voeding en minder ziekte. Hersenen zijn gulzige organen die ongeveer een vijfde van de lichaamsenergie consumeren, en ze worden opgebouwd uit vetten en eiwitten waarvan de aanmaak veel van het lichaam vergt. Het afweren van infecties kost een hoop metabole energie en het immuunsysteem van een ziek kind kan energie vergen die anders gebruikt zou worden voor de ontwikkeling van de hersenen. Ook een schoner milieu is bevorderlijk voor de hersenontwikkeling, met lagere hoeveelheden lood en andere giftige stoffen. Voeding, gezondheid en de kwaliteit van het milieu zijn enkele van de voordelen die een rijkere samenleving biedt, en daarom is het logisch dat het Flynn-effect correleert met een toename van het BBP per hoofd van de bevolking.[33]

Maar voeding en gezondheid verklaren het Flynn-effect slechts gedeeltelijk.[34] Je zou hun uitwerking vooral terug moeten zien in het opkrikken van de onderste helft van de gausscurve van IQ-scores, die de minder intelligente mensen representeert die werden belemmerd door te weinig voeding en een slechte gezondheid. (Vanaf een bepaald punt maakt extra eten mensen immers dikker, niet slimmer.) En in sommige tijden en op sommige plaatsen víndt het Flynn-effect ook met name in de onderste helft plaats, waardoor de mensen met een lager IQ meer naar het gemiddelde opschuiven. Maar in andere tijden en op andere plaatsen kroop de hele curve omhoog: ook de slimmeren werden slimmer, al waren zij vanaf het begin al gezond en goed doorvoed. Bovendien zouden verbeteringen op het gebied van voeding en gezondheid de meeste uitwerking moeten hebben op kinderen, en vervolgens op de volwassen die ze worden. Het Flynn-effect is echter sterker bij volwassenen dan bij kinderen, wat doet vermoeden dat ervaringen op weg naar volwassenheid, en dus niet alleen de biologische toestand tijdens de vroege kinderjaren, voor hogere IQ-scores hebben gezorgd. (De meest voor de hand liggende ervaring is onderwijs.) Ook is het zo dat hoewel het gemiddelde IQ de afgelopen decennia is gestegen, en voor voeding, gezondheid en lengte hetzelfde geldt, hun pieken en stabiliseringen niet bepaald elkaars patroon volgen.

De belangrijkste reden waarom gezondheid en voeding de IQ-stijging niet voldoende verklaren, is echter dat datgene wat door de tijd heen is gestegen niet het algemene intellectuele vermogen is. Het Flynn-effcect is geen toename van de algemene intelligentiefactor, de G-factor, die ten grondslag ligt aan elk subtype van intelligentie (verbaal, ruimtelijk, wiskundig, geheugen, enzovoort) en die het aspect van intelligentie is dat het meest beïnvloed wordt door de genen.[35] Hoewel het algemene IQ is gestegen, en scores op alle intelligentiesubtests zijn gestegen, is dat bij sommige subtestscores sneller gebeurd dan bij andere, volgens een patroon dat verschilt van het patroon dat in verband wordt gebracht met de genen. Dat is nog een andere reden waarom het Flynn-effect geen twijfel zaait over de grote erfelijkheid van IQ.

Dus op welke manier hebben de betere omstandigheden van de afgelopen decennia intellectuele prestaties vergroot? De grootste verbeteringen doen zich verrassend genoeg niet voor bij de concrete vaardigheden die direct op school worden aangeleerd, zoals algemene kennis, rekenen en het opbouwen van een woordenschat. Nee, ze doen zich voor op gebieden die te maken hebben met abstracte, vloeibare intelligentie, de gebieden die onderzocht worden met vragen naar overeenkomsten ('Wat hebben een uur en een jaar met elkaar gemeen?'), analogieën ('Een vogel verhoudt zich tot een ei als een boom tot een...?'), en visuele matrixen (waarbij degene die getest wordt een complex geometrisch figuur moet kiezen dat op basis van de toepassing van bepaalde regels het beste past in een rij met afbeeldingen). Verbetering is dus het duidelijkst zichtbaar in een analytische mindset: concepten in abstracte categorieën onderbrengen (een uur en een jaar zijn tijdseenheden), objecten mentaal ontleden in de delen waaruit ze bestaan en waarmee ze verband houden, in plaats van ze uitsluitend als een geheel te zien, en je in een hypothetische wereld verplaatsen die bepaald wordt door bepaalde regels en daarbinnen de logische implicaties nader onderzoeken terwijl je de alledaagse ervaring even parkeert ('Stel dat in land x alles van plastic is gemaakt. Zijn de ovens dan van plastic?').[36] Een analytische mindset wordt gevormd door formeel onderwijs, zelfs als een leerkracht het nooit expliciet in een les benoemt, zolang de lesstof maar inzicht en redenering van de leerling vraagt om iets te begrijpen en te beredeneren en niet alleen te stampen en op te dreunen (en dat is binnen het onderwijs vanaf de eerste decennia van de twintigste eeuw de trend).[37] Buiten school wordt het analytisch denken gestimuleerd vanuit een cultuur die zich bedient van visuele symbolen (metroplattegronden, digitale borden), analytische hulpmiddelen (spreadsheets, aandelenverslagen) en academische concepten die ook steeds meer in het alledaagse taalgebruik doordringen (vraag en aanbod, gemiddeld genomen, mensenrechten, win-win, correlatie versus causatie, vals positief).

Doet het Flynn-effect ertoe in de echte wereld? Dat staat vrijwel vast. Een hoog IQ is niet slechts een getal waarover je kunt opscheppen aan de bar of waardoor je bij Mensa mag; een hoog IQ is in het hele leven een steuntje in de rug.[38] Mensen die hoog scoren op intelligentietests krijgen betere banen, doen hun werk beter, zijn gezonder en leven langer, komen minder snel in aanraking met justitie en leveren meer noemenswaardige prestaties, bijvoorbeeld door een bedrijf te beginnen, een octrooi in de wacht slepen of indrukwekkende kunstwerken te maken – die allemaal de sociaaleconomische status constant houden. (De onder linkse intellectuelen nog altijd populaire mythe dat IQ niet bestaat of niet betrouwbaar gemeten kan worden, is al tientallen jaren geleden ontkracht.) We weten niet of deze bijkomende voordelen alleen aan de G-factor te danken zijn of ook aan de Flynn-component van intelligentie, maar waarschijnlijk zijn ze te danken aan beide. Flynn speculeerde dat abstract redeneren zelfs onze moraliteit kan aanscherpen, en ik ben het daarmee eens. De cognitieve vaardigheid om verder te kijken dan je neus lang is en na te denken over vragen als: 'Als ik minder geluk had gehad' of 'Hoe zou de wereld eruitzien als iedereen dit deed?' kan de weg vrijmaken voor medeleven en ethiek.[39]

Kunnen we, aangezien intelligentie toeneemt én goede dingen voortbrengt, vaststellen dat de toename van intelligentie bijdraagt aan verbeteringen in de wereld? Sommige sceptici (en aanvankelijk was Flynn er daar ook één van) hebben zich afgevraagd of de twintigste eeuw echt meer geniale ideeën heeft voortgebracht dan de eeuwen waarin Hume, Goethe en Darwin leefden.[40] Maar ja, die genieën uit het verleden hadden weer het voordeel dat ze ongerept gebied ontgonnen. Wanneer iemand het analytisch-synthetische onderscheid ontdekt, of de theorie van natuurlijke selectie, kan dat nooit nóg een keer gebeuren. Tegenwoordig is het intellectuele landschap behoorlijk ontgonnen en is het een stuk lastiger voor één enkel genie om boven al die andere superontwikkelde denkers uit te stijgen die het kleinste hoekje in kaart brengen en over enorme netwerken beschikken. Toch zijn er aanwijzingen dat mensen wel degelijk slimmer worden, zoals het feit dat de beste schakers en bridgespelers van de wereld steeds jonger worden. En niemand kan ontkennen dat zich de afgelopen vijftig jaar met enorme snelheid ontwikkelingen hebben voorgedaan in de wetenschap en de technologie.

Een toename in één soort abstracte intelligentie is overal ter wereld zichtbaar: de beheersing van digitale technologie. Cyberspace is het ultieme abstracte domein, waar doelen niet worden bereikt door materie te verplaatsen maar door ontastbare symbolen en patronen te manipuleren. Toen mensen in de jaren zeventig voor het eerst geconfronteerd werden met digitale interfaces, zoals videorecorders en kaartjesautomaten op nieuwe metrolijnen, stonden ze perplex, en velen ging al die nieuwe techniek boven de pet. In de jaren 80 was een veelgemaakte grap dat videorecorders steeds knipperend 00:00 weergaven omdat de eigenaars niet wisten hoe ze de tijd moesten instellen. Maar

Generatie x en de millennials floreerden binnen het digitale domein. (In een cartoon over het nieuwe millennium zegt een vader tegen zijn jonge zoon: 'Jongen, je moeder en ik hebben software gekocht om je internetgedrag in de gaten te houden. Eh... zou je het voor ons willen installeren?') De ontwikkelingslanden hebben ook altijd gefloreerd op dat gebied en hebben vaak haasje-over gedaan met het Westen bij de ingebruikneming van smartphones en toepassingen, zoals mobiel bankieren, onderwijs en actuele koersinformatie.[41]

Zou het Flynn-effect de andere toenames van welzijn kunnen helpen verklaren die we tot nu toe hebben besproken? Een analyse van de econoom R.W. Hafer suggereert dat dat best eens het geval zou kunnen zijn. Hij hield de omstandigheden zelf gelijk en kwam tot de ontdekking dat – op het gebied van onderwijs, BBP, overheidsuitgaven, zelfs de religieuze samenstelling en het kolonisatieverleden van een land – het gemiddelde IQ van een land de latere groei van het BPP per hoofd van de bevolking voorspelt, net als de toename van niet-economische indicatoren van welzijn, zoals een lange levensduur en vrije tijd. Hafer schatte dat een toename van 11 IQ-punten het groeiproces van een land genoeg zou laten versnellen om het welzijn in slechts negentien jaar tijd te laten verdubbelen, in plaats van zevenentwintig. Politici die het Flynn-effect versnellen, namelijk door te investeren in de gezondheidszorg, voeding en onderwijs, zouden een land in de toekomst rijker, beter bestuurd en gelukkiger kunnen maken.[42]

Wat goed is voor de mensheid is niet altijd goed voor de sociale wetenschappen, en misschien is het wel onmogelijk om te ontrafelen in hoeverre alle complexe manieren waarop het leven is verbeterd met elkaar samenhangen, en om met zekerheid de precieze oorzaken van die verbetering vast te stellen. Maar laten we even stoppen met piekeren over hoe lastig dat ontwarren is en in plaats daarvan kijken welke kant het over het algemeen op gaat. Het feit dat zoveel dimensies van welzijn in vele verschillende landen en door de decennia heen verband met elkaar houden, doet vermoeden dat er mogelijk een coherent fenomeen onder schuilgaat – dat wat statistici een algemene factor, een hoofdcomponent of een ongeobserveerde, latente of interveniërende variabele noemen.[43] We hebben zelfs een naam voor die factor: vooruitgang.

Niemand heeft deze graad van vooruitgang die ten grondslag ligt aan alle dimensies van het gedijen van de mens berekend, maar het VN-Ontwikkelingsprogramma, dat werd geïnspireerd door de economen Mahbub ul Haq en Amartya Sen, schenkt ons een Human Development Index die een samenstelling is van drie van de belangrijkste: levensverwachting, BBP per hoofd van de bevolking en onderwijs.[44] In dit hoofdstuk hebben we nu al deze goede dingen bestudeerd – gezond, welvarend en wijs zijn –, en daarom is nu een geschikt moment aangebroken om een stap terug te doen en naar de geschiedenis van meetbare menselijke vooruitgang te kijken, voordat we ons in de volgende twee hoofdstukken gaan bezighouden met meer kwalitatieve aspecten.

Twee economen hebben hun eigen versie ontwikkeld van de Human Development Index die historische schattingen maakt voor de negentiende en twintigste eeuw. Allebei voegen ze op verschillende manieren indicatoren over levensverwachting, inkomen en opleiding samen. Leandro Prados de la Escosura's Historische Index van Menselijke Ontwikkeling, die teruggaat tot 1870, neemt een meetkundig in plaats van een rekenkundig gemiddelde van de drie indicatoren (om ervoor te zorgen dat extreem hoge of lage waardes in een van de drie indicatoren een kleinere invloed hebben) en past een transformatie toe op de indicatoren 'levensverwachting' en 'onderwijs', om ervoor te zorgen dat vooruitgang op hogere waardes extra beloond wordt. Auke Rijpma

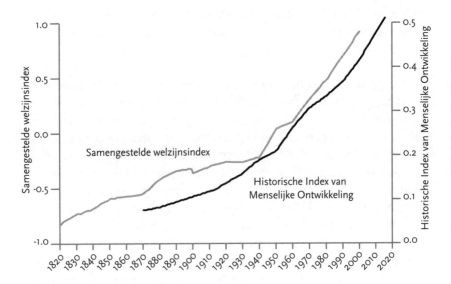

Figuur 16-6: wereldwijd welzijn, 1820-2007
Bronnen: Historische Index van Menselijke Ontwikkeling: Prados de la Escosura 2015, op een schaal van 0 tot 1, beschikbaar op *Our World in Data*, Roser 2016h. **Samengestelde Welzijnsindex:** Rijpma 2014, pag. 259, tot en met 2010 berekend als gemiddelde over decennia.

van het project 'How Was Life?' (wiens data in een aantal grafieken in
dit boek zijn afgebeeld) ontwikkelde een samengestelde welzijnsindex
die teruggaat tot 1820; naast de drie belangrijkste indicatoren zijn de
indicatoren lengte (een proxy voor gezondheid), democratie, moord,
inkomensongelijkheid en biodiversiteit meegenomen. (De laatste twee
zijn de enige die de afgelopen twee eeuwen niet systematisch verbeterd zijn.) De mondiale cijfers in deze twee rapporten worden in figuur
16-6 weergegeven.

Deze grafiek maakt in één oogopslag de menselijke vooruitgang dui-   299
delijk. En verborgen tussen de lijnen liggen nog twee essentiële bevindingen. De ene is dat er weliswaar veel ongelijkheid in de wereld blijft
bestaan, maar dat zich in alle regio's verbetering heeft voorgedaan, en
dat de delen van de wereld die momenteel het slechtst af zijn er beter
aan toe zijn dan de delen die er helemaal nog niet zo lang geleden het
best voor stonden.[45] (Als we de wereld verdelen in 'het Westen' en 'de
rest', zien we dat de rest in 2007 op het niveau zat van het Westen in
1950.) De andere is dat hoewel vrijwel alle indicatoren van menselijk
welzijn correleren met rijkdom, de lijnen niet alleen een rijkere wereld
weergeven; levensduur, gezondheid en kennis zijn toegenomen, zelfs
op veel plekken en in tijden waar dat niet voor rijkdom geldt.[46] Het feit
dat alle aspecten van menselijk welzijn op de lange termijn over het algemeen verbeteren, zelfs al lopen ze niet volledig synchroon, bevestigt
het idee dat er zoiets bestaat als vooruitgang.

17 Kwaliteit van leven

300 Hoewel alleen de meest gevoelloze mensen zullen ontkennen dat de behaalde overwinningen op ziekte, honger en ongeletterdheid verbluffende prestaties zijn, kun je je nog altijd afvragen of voortdurende verbeteringen op gebieden die economen meten wel als echte vooruitgang gelden. Als basisbehoeften eenmaal bevredigd zijn, zet extra overvloed mensen er dan niet alleen maar toe aan zich te buiten te gaan aan oppervlakkig consumentisme? En werd een toename van gezondheid en geletterdheid niet ook bejubeld door de vijfjarenplanners uit de Sovjet-Unie, China en Cuba, allemaal nogal beroerde landen om in te leven? Mensen kunnen gezond, solvabel en geletterd zijn en toch geen aangenaam, zinvol leven leiden.

Sommige van deze bedenkingen hebben we al besproken. We zagen dat de belangrijkste belemmering van het goede leven in communistische zogenaamde heilstaten, namelijk totalitarisme, langzaam aan het verdwijnen is. Ook zagen we dat een belangrijke dimensie van menselijk welzijn die niet wordt meegenomen in de standaard metingen – de rechten van vrouwen, kinderen en minderheden – gestaag toeneemt. Dit hoofdstuk gaat over een breder gedragen cultureel pessimisme: de zorg dat al dat extra inkomen en al die extra jaren die we in gezondheid doorbrengen, het menselijk welzijn misschien toch niet hebben vergroot wanneer ze mensen alleen maar aanzetten tot een ratrace van bezeten carrièrejacht, oppervlakkige consumptie, geestdodend vermaak en afstompende anomie.

Er valt zonder meer veel in te brengen tegen deze tegenwerping, die voorkomt uit een lange traditie van culturele en religieuze elites die snerend doen over de zogenaamde zinloze levens van de burgerij en het proletariaat. Cultuurkritiek kan een nauwelijks verhuld snobisme zijn dat al snel overgaat in misantropie. In *The Intellectuals and the Masses* toont de recensent John Carey aan dat de Britse literaire intelligentsia in de eerste decennia van de twintigste eeuw een minachting koesterde jegens het gewone volk die grensde aan het genocidale.[1] In de praktijk betekent 'consumentisme' vaak 'consumptie door de ander', aangezien de elites die het veroordelen zelf vaak opzichtige consumenten van buitensporige luxe zijn, zoals hardcovers, lekker eten en goede wijn, liveoptredens, buitenlandse reizen en het beste onderwijs voor hun kinderen. Als meer mensen zich hún geprefereerde luxe kunnen veroorloven, zelfs als die in de ogen van hun culturele superieuren buitensporig is, moet dat als een goede ontwikkeling worden beschouwd. In een oude mop spreekt een redenaar op een zeepkist een menigte toe over de geweldige zegeningen van het communisme: 'Als de revolutie komt, zal iedereen aardbeien met slagroom eten!' Een man die vooraan staat zegt: 'Maar ik hou helemaal niet van aardbeien met slagroom.' De spreker buldert: 'Als de revolutie komt zúl je van aardbeien met slagroom houden!'[2]

In *Development as Freedom* omzeilt Amartya Sen deze valkuil door te stellen dat het ultieme doel van ontwikkeling is om mensen in staat te stellen keuzes te maken: aardbeien met slagroom voor wie dat lekker vindt. De filosoof Martha Nussbaum ging nog een stap verder door een reeks elementaire capaciteiten te noemen waar alle mensen over zouden moeten beschikken.[3] Je zou die kunnen zien als de verantwoorde bronnen van voldoening die de menselijke natuur ons beschikbaar stelt. Nussbaums lijst begint met eigenschappen en vaardigheden die, zoals we hebben gezien, mensen in de moderne wereld in toenemende mate kunnen realiseren: een lange levensduur, goede gezondheid, veiligheid, geletterdheid, kennis, vrijheid van meningsuiting en politieke betrokkenheid. Vervolgens omvat de lijst esthetische ervaring, ontspanning en spel, genieten van de natuur, emotionele hechtingen, sociale verbondenheid, en de mogelijkheid om na te denken over en bezig te zijn met de eigen opvatting over het goede leven.

In dit hoofdstuk zal ik laten zien dat de moderniteit mensen in toenemende mate in staat stelt die capaciteiten ook uit te oefenen – dat het leven beter wordt, en dat die verbetering meer behelst dan de standaard indicatoren die economen hanteren, zoals levensduur en welvaart. Het is waar dat veel mensen niet van aardbeien met slagroom houden, en het kan zijn dat ze één capaciteit – van hun vrijheid genieten om televisie te kijken en videogames te spelen – toepassen ten koste van andere, zoals een esthetische waardering voor en genieten van de natuur. Maar een uitgebreid 'buffet' van mogelijkheden om te genieten van de esthetische, intellectuele, sociale en culturele heerlijkheden die de natuur en de wereld als geheel te bieden hebben, ongeacht welke mensen ervan op hun dienblad zetten, is de ultieme vorm van vooruitgang.

Het leven bestaat uit tijd, en één indicator van vooruitgang is de afname van de hoeveelheid tijd die mensen eraan kwijt zijn zichzelf in
leven te houden – tijd die ten koste gaat van de andere, leukere dingen die het leven te bieden heeft. 'In het zweet uws aanschijns zult gij
brood eten,' zei de immer barmhartige God toen hij Adam en Eva uit
het paradijs verdreef, en reken maar dat de meeste mensen de hele
geschiedenis door gezweet hebben. Met het bewerken van het land ben
je van zonsopgang tot zonsondergang bezig, en hoewel jager-verzamelaars maar een paar uur per dag jagen en verzamelen, zijn ze uren in
de weer om het voedsel te verwerken (bijvoorbeeld door keiharde noten stuk te slaan), en dan moeten ze ook nog brandhout zoeken, water
dragen en andere klussen doen. De San uit de Kalahari, die ooit 'de eerste in overvloed levende samenleving' werden genoemd, zijn alleen al
voor het vergaren van voedsel minstens acht uur per dag, zeven dagen
per week aan het werk.[4]

De zestigurige werkweek van Bob Cratchit uit Dickens' *A Christmas
Carol*, met slechts één vrije dag per jaar (kerst natuurlijk), was volgens
de maatstaven van die tijd nog soepel. Op figuur 17-1 is te zien dat
West-Europeanen in 1870 gemiddeld 66 uur per week werkten (voor
de Belgen was dat 72 uur) en Amerikanen 62 uur. De afgelopen anderhalve eeuw hebben mensen steeds minder lang als loonslaaf hoeven
werken, en in het sociaaldemocratische West-Europa (waar nu 28 uur
minder wordt gewerkt) is die afname drastischer geweest dan in de
meer ondernemende Verenigde Staten (waar 22 uur minder wordt gewerkt dan vroeger).[5] Nog in de jaren vijftig van de vorige eeuw stond
mijn opa van mijn vaders kant zeven dagen per week dag en nacht
achter een onverwarmde kaaskraam op een markt in Montreal, en hij
durfde niet om een kortere werkweek te vragen omdat hij bang was dat
hij dan ontslagen zou worden. Toen mijn jonge ouders namens hem
protesteerden, kreeg hij sporadisch een dag vrij (wat de eigenaar ongetwijfeld, net als Scrooge, opvatte als 'een armzalig excuus om iemands
zak te rollen'), tot betere arbeidswetgeving hem een vaste zesdaagse
werkweek bezorgde.

Hoewel een paar gelukkigen onder ons betaald krijgen om hun basiscapaciteiten uit te oefenen en er zelf voor kiezen heel veel te werken,
zijn de meeste werkende mensen dankbaar voor de twintig uur per
week die ze kunnen besteden aan hun vervulling. (Op zijn met moeite afgedwongen vrije dag las mijn opa de Jiddische kranten, trok zijn
mooie jas aan, deed zijn stropdas om, zette zijn gleufhoed op en ging
op bezoek bij zijn zussen of bij ons gezin.)

302

Figuur 17-1: aantal werkuren, West-Europa en vs, 1870-2000
Bron: Roser 2016t, gebaseerd op data van Huberman & Minns 2007 met betrekking tot fulltime werkenden (van beide geslachten) in niet-agrarische sectoren.

En hoewel veel van mijn collega-hoogleraren tot hun dood zullen blijven doorwerken, zullen veel mensen met andere beroepen het heerlijk vinden hun gouden jaren lezend door te brengen, cursussen te volgen, van de natuur te genieten of met hun kleinkinderen naar een vakantiehuisje te gaan. Ook dat is iets wat we aan de moderniteit te danken hebben. Zoals Morgan Housel schrijft: 'We maken ons in Amerika voortdurend zorgen om de dreigende "pensioencrisis", zonder ons te realiseren dat het hele concept "pensioen" pas vijf decennia bestaat. Nog helemaal niet zo lang geleden bestond het leven van de gemiddelde Amerikaan uit slechts twee fases: werk en dood. (...) Zie het zo: de gemiddelde Amerikaan gaat nu op zijn 62ste met pensioen. Honderd jaar geleden overleed de gemiddelde Amerikaan op 51-jarige leeftijd.'[6] Op figuur 17-2 is te zien dat in 1880 bijna 80 procent van de Amerikaanse mannen nog altijd aan het werk was op wat we tegenwoordig als de pensioengerechtigde leeftijd beschouwen, en dat dat in 1990 nog geen 20 procent was.

In plaats van zich op hun pensionering te verheugen, waren mensen vroeger bang dat ze gewond zouden raken of zo zouden verzwakken dat ze niet meer konden werken en in het armenhuis belandden – het 'schrikbeeld in de winter van het leven', zoals het werd genoemd.[7] Zelfs nadat de Social Security Act van 1935 bejaarden beschermde tegen de meest schrijnende armoede, eindigde het leven

304

Figuur 17-2: pensionering, vs, 1880-2010

Bron: Housel 2013, gebaseerd op data van het Bureau of Labor Statistics en Costa 1998.

van werkende mensen heel vaak in armoede, en ik ben opgegroeid met het beeld (al was dat waarschijnlijk een broodje aap) van gepensioneerden die leefden op hondenvoer. Maar dankzij de komst van sterkere publieke en particuliere vangnetten zijn oudere burgers tegenwoordig rijker dan mensen in de werkende leeftijd; de armoede nam in Amerika onder mensen van 65 jaar en ouder af van 35 procent in 1965 tot minder dan 10 procent in 2011, ver onder het landelijk gemiddelde van 15 procent.[8]

Dankzij de vakbonden, wetgeving en toegenomen arbeidsproductiviteit is een ander droombeeld dat vroeger onhaalbaar leek werkelijkheid geworden: betaalde vakanties. Tegenwoordig krijgt de gemiddelde Amerikaanse werknemer die vijf jaar voor een werkgever werkt gemiddeld tweeëntwintig betaalde vakantiedagen per jaar (vergeleken met zestien dagen in 1970), en dat is nog karig vergeleken met wat in West-Europa gebruikelijk is.[9] De combinatie van een kortere werkweek, meer betaald verlof en een langer pensioen betekent dat het deel van iemands leven dat aan werk wordt besteed alleen al sinds 1960 met een kwart is afgenomen.[10] In de ontwikkelingslanden varieert de trend, maar naarmate die landen rijker worden is de kans groter dat ze dezelfde ontwikkeling doormaken als de westerse landen.[11]

Er is nog een andere manier waarop mensen de vrijheid hebben gekregen om hogere doelen na te streven. In hoofdstuk 9 zagen we dat apparaten als koelkasten, stofzuigers, wasmachines en magnetrons over de hele wereld de gewoonste zaak van de wereld zijn geworden, zelfs voor de arme mensen uit westerse landen. In 1919 moest de gemiddelde Amerikaanse kostwinner 1800 uur werken om een koelkast te kunnen betalen; in 2014 was dat minder dan 24 uur (en de nieuwe koelkast vroor niet aan en had met een beetje geluk ook nog een ijsblokjesdispenser).[12] Oppervlakkige consumptie? Niet als je bedenkt dat voeding, kleding en huisvesting de drie belangrijkste basisbehoeften zijn, dat entropie ze alle drie aantast en dat de tijd die het kost om ze te kunnen blijven gebruiken ook besteed zou kunnen worden aan andere dingen. Elektriciteit, stromend water en huishoudelijke (of zoals ze vroeger werden genoemd: 'arbeidsbesparende') apparaten geven ons die tijd weer terug – al die uren die onze oma's doorbrachten met zwengelen, inmaken, karnen, zouten, vegen, in de was zetten, schrobben, uitwringen, handwassen, drogen, naaien, verstellen, breien, stoppen, en zwoegen boven een heet fornuis. Figuur 17-3 laat zien dat naarmate er in de loop van de twintigste eeuw meer gas, water en licht en huishoudelijke apparaten in Amerikaanse huishoudens te vinden waren, mensen vier keer zo weinig tijd aan huishoudelijk werk hoefden

305

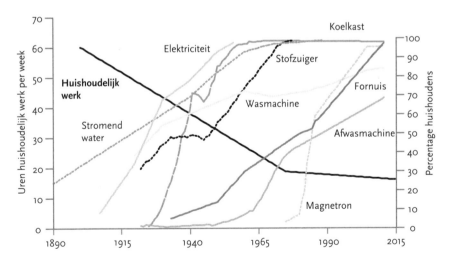

Figuur 17-3: gas, licht, elektriciteit, huishoudelijke apparaten en huishoudelijk werk, vs, 1900-2015
Bronnen: Voor 2005: Greenwood, Seshadri & Yorukoglu 2005. **Apparaten, 2005 en 2011:** us Census Bureau, Siebens 2013. **Huishoudelijk werk, 2015:** *Our World in Data,* Roser 2016t, gebaseerd op de American Time Use Survey, Bureau of Labor Statistics, 2016b.

te besteden – werk waarvan ze aangeven dat het hun minst favoriete bezigheid is; van 58 uur per week in 1900 tot 15,5 uur in 2011.[13] Alleen al de tijd die mensen kwijt waren aan de was, is van 11,5 uur in 1920 gedaald naar 1,5 uur in 2014.[14] Hans Rosling stelt voor de wasmachine tot de belangrijkste uitvinding van de industriële revolutie uit te roepen, omdat we dankzij dat apparaat onze 'wasdag' weer terug hebben.[15]

Als feministisch ingestelde echtgenoot kan ik naar waarheid over 'we' spreken als ik deze gunstige ontwikkeling roem, maar meestal wordt huishoudelijk werk gedaan door vrouwen, dus is de bevrijding daarvan in de praktijk een bevrijding voor vrouwen – misschien wel de bevrijding van vrouwen in het algemeen. De argumenten voor de gelijkheid van vrouwen die Mary Astell al in 1700 in haar verhandeling naar voren bracht zijn onweerlegbaar, dus waarom heeft het dan eeuwen geduurd voor ze weerklank vonden? In een interview uit 1912 in het tijdschrift *Good Housekeeping* voorspelde Thomas Edison een van de grote sociale hervormingen van de twintigste eeuw:

> De huisvrouw van de toekomst zal een slaaf van bedienden noch zelf een sloof zijn. Ze zal minder tijd kwijt zijn aan het huis omdat daar minder hoeft te gebeuren; ze zal eerder een huishoudkundig ingenieur zijn dan dat ze huishoudelijk werk doet, omdat ze de allerbeste dienstmaagd tot haar beschikking heeft die er maar bestaat: elektriciteit. Deze en andere mechanische krachten zullen het leven van de vrouw zo revolutionair veranderen dat een groot deel van haar energie bewaard zal blijven en in bredere, constructievere gebieden gebruikt kan worden.[16]

Tijd is niet het enige hulpmiddel dat ons leven verrijkt en dat we te danken hebben aan technologie. Een ander is licht. Licht biedt zoveel mogelijkheden dat het als dé metafoor dient voor een verheven intellectuele en geestelijke staat: verlichting. In de wereld van de natuur worden we de helft van ons leven ondergedompeld in het donker, maar dankzij door mensen vervaardigd licht kunnen we de avonden terugclaimen om te lezen, rond te bewegen, de gezichten van mensen te zien en op andere manieren in contact te staan met onze omgeving. De econoom William Nordhaus noemde de sterk dalende prijs (en derhalve de enorm toegenomen beschikbaarheid) van dit door de hele mensheid gekoesterde hulpmiddel als hét symbool van vooruitgang. Figuur 17-4 laat zien dat de voor inflatie gecorrigeerde prijs van een miljoen lumen-uren licht (ongeveer de hoeveelheid die je nodig hebt om een jaar lang 2,5 uur per dag te kunnen lezen) twaalfduizend keer lager

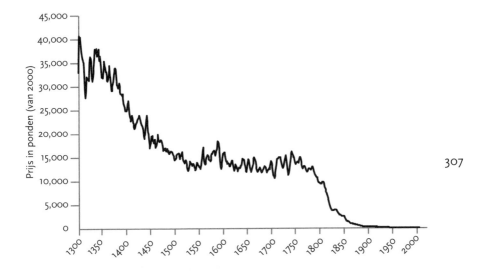

Figuur 17-4: prijs van licht, Engeland, 1300-2006
Bron: *Our World in Data,* Roser 2016o, gebaseerd op data van Fouquet & Pearson 2012. De prijs van een miljoen lumen-uren (ongeveer 833 uur met een gloeilamp van 80 watt), in Britse ponden (in prijzen van het jaar 2000).

is geworden sinds de Middeleeuwen (die vroeger de donkere eeuwen werden genoemd), van 35 500 pond in 1300 tot nog geen 3 pond nu. Als je vandaag de dag (of nacht) niets leest, niet converseert, niet uitgaat of je op andere manieren niet vermaakt, komt dat niet doordat je je het licht niet kunt veroorloven.

De gekelderde geldwaarde van kunstlicht is eigenlijk nog een on-derwaardering van de geboekte vooruitgang, want zoals Adam Smith naar voren bracht: 'De werkelijke prijs van iets (...) betreft alle moeite die het kost om het in bezit te krijgen.'[17] Nordhaus schatte hoeveel uren iemand op verschillende momenten in de geschiedenis zou moeten werken om een uur licht te verdienen.[18] Een Babyloniër moest in 1750 voor Christus vijftig uur werken om bij het licht van een lamp met se-samolie één uur zijn spijkerschrifttabletten te kunnen lezen. In 1800 moest een Engelsman zes uur zwoegen om een uur lang een talkkaars te laten branden. (Stel je voor dat je daar het gezinsbudget omheen moest plannen – dan zou je er misschien wel voor kiezen om in het donker te zitten.) In 1880 moest je een kwartier werken om een uur lang een petroleumlamp te laten branden; in 1950 acht seconden voor een uur licht van een gloeilamp; en in 1994 een halve seconde voor dat uur – een 43 000-voudige toename in betaalbaarheid in twee eeuwen tijd. En het was nog niet afgelopen met de vooruitgang; Nordhaus publiceerde zijn artikel voordat de markt overspoeld werd met LED-lampen. Het zal niet lang duren voor LED-lampen die op zonne-energie branden het leven van de meer dan een miljard mensen die geen toegang hebben tot elektriciteit volledig zal veranderen, door hen in staat te stellen het nieuws te volgen of hun huiswerk te maken zonder opeengepakt rond een met brandend afval gevuld olievat te zitten.

308   Dat we steeds minder tijd kwijt zijn aan licht, huishoudelijke apparaten en eten maakt misschien wel deel uit van een algemene wet. De technologie-expert Kevin Kelly heeft gezegd dat 'als een technologie maar lang genoeg bestaat, ze door de jaren heen het nulpunt zal naderen (maar nooit helemaal zal bereiken)'.[19] Naarmate de levensbehoeften goedkoper worden, zijn we minder tijd kwijt om ze te verwerven en houden we meer tijd en geld over voor al het andere – en 'al het andere' wordt ook goedkoper, dus kunnen we er meer van ervaren. Figuur 17-5 laat zien dat Amerikanen in 1929 meer dan 60 procent van hun besteedbaar inkomen aan levensbehoeften uitgaven; in 2016 was dit nog maar een derde.

Figuur 17-5: uitgaven aan levensbehoeften, vs, 1929-2016
Bron: *Human Progress*, http://humanprogress.org/static/1937, overgenomen van een grafiek van Mark Perry, waarbij gebruik is gemaakt van data van het Bureau of Economic Analysis, https://www.bea.gov/iTable/index_nipa.cfm. Percentage van het besteedbaar inkomen dat wordt uitgegeven aan wonen, vervoer, kleding, meubilair, gas, water en licht en benzine. Data van 1941 tot 1946 zijn weggelaten omdat die te veel afwijken door rantsoenering en soldij van soldaten tijdens de Tweede Wereldoorlog.

Wat doen mensen met al die extra tijd en al dat extra geld? Verrijken ze hun leven of kopen ze alleen maar meer golfclubs en dure handtassen? Hoewel het aanmatigend is om te oordelen over de manier waarop mensen hun dagen wensen door te brengen, kunnen we ons concentreren op de dingen waarvan vrijwel iedereen het erover eens is dat die bijdragen aan een goed leven: contact met familie en vrienden, het ervaren van de rijkdom van natuur en cultuur, en toegang hebben tot de vruchten van intellectuele en artistieke creativiteit.

Met de toename van het aantal tweeverdieners, drukbezette kinderen en digitale hulpmiddelen bestaat de wijdverbreide overtuiging (die ook telkens weer wordt opgeblazen in de media) dat we in een tijd leven waarin gezinnen een gejaagd leven leiden waarin ze geen tijd meer hebben om samen te eten. (Mensen maakten zich daar al zorgen over vóór de opkomst van de smartphone en social media.) Maar alle nieuwe vormen van afleiding moeten worden afgewogen tegen de 24 uur per week die de moderniteit kostwinners elke week schenkt, en de 42 extra uren die huismoeders (en -vaders) erdoor winnen. Hoewel mensen er voortdurend over klagen dat ze het zo vreselijk druk hebben ('yuppiegezeur', zoals één team van economen het noemt), ontstaat er een ander beeld wanneer hun wordt gevraagd bij te houden hoe ze hun tijd indelen. In 2015 gaven mannen aan 42 uur vrije tijd per week te hebben, ongeveer tien meer dan hun tegenhangers vijftig jaar eerder, en vrouwen 36 uur, meer dan zes uur meer (figuur 17-6).[20] (Eerlijk gezegd hebben de yuppen misschien toch iets om over te zeuren; lager opgeleiden gaven aan over meer vrije tijd te beschikken, en die 'omgekeerde ongelijkheid' is in die vijftig jaar toegenomen.) Vergelijkbare trends zijn zichtbaar in West-Europa.[21]

Ook voelen Amerikanen zich niet voortdurend méér gestrest of opgejaagd. Een onderzoek van de socioloog John Robinson toont enkele stijgingen en dalingen tussen 1965 en 2010 van het aantal mensen dat aangeeft zich 'altijd opgejaagd' te voelen (met in 1976 het laagste percentage, 18 procent, en in 1998 het hoogste, 35), maar geen constante trend over een periode van vijfenveertig jaar.[22] En uiteindelijk eten gezinnen nog altijd samen. Uit verschillende onderzoeken en enquêtes blijkt dat het aantal gezamenlijke avondmaaltijden tussen 1960 en 2014 niet veel is veranderd, ondanks al die iPhones, PlayStations en Facebookaccounts.[23] In de loop van de twintigste eeuw zijn Amerikaanse ouders gemiddeld zelfs meer tijd met hun kinderen gaan doorbrengen, niet minder.[24] In 1924 besteedde slechts 45 procent van de moeders twee of meer uur per dag met hun kinderen (7 procent bracht helemaal geen tijd met ze door), en slechts 60 procent van de vaders bracht minimaal een uur met ze door. In 1999 waren die percentages gestegen tot respectievelijk 71 en 83 procent.[25] Alleenstaande werkende moeders brengen tegenwoordig zelfs meer tijd met hun kinderen door dan thuisblijvende moeders in 1965.[26] (Een toename van het aantal uren dat voor de kinderen wordt gezorgd is de belangrijkste reden voor de afname van vrije tijd die zichtbaar is in figuur 17-6.)[27] Maar onderzoeken naar tijdsindeling kunnen niet op tegen het beeld dat in series over het midden van de jaren twintig wordt geschetst, en veel mensen herinneren het zich ten onrechte als een periode waarin gezinnen heel veel tijd met elkaar doorbrachten.

310

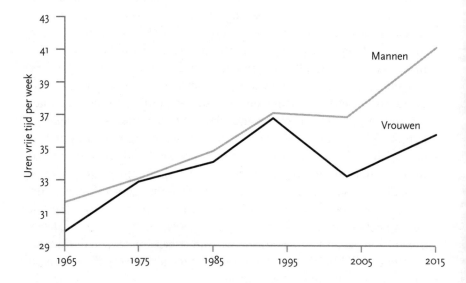

Figuur 17-6: vrije tijd, vs, 1965-2015
Bonnen: 1965-2003: Aguiar & Hurst 2007, tabel III, Leisure Measure 1. **2015:** American Time Use Survey, Bureau of Labor Statistics 2016c, totaal van Leisure and Sports, Lawn and Garden Care, en Volunteering voor vergelijkbaarheid met Measure 1 van Aguiar & Hurst.

Elektronische media worden vaak een bedreiging voor menselijke relaties genoemd, en Facebookvrienden zijn absoluut een armzalig surrogaat voor persoonlijk contact met mensen van vlees en bloed.[28] Maar al met al is elektronische technologie van onschatbare waarde voor menselijk contact. Als familieleden vroeger ver weg verhuisden, hoorde je misschien wel nooit meer hun stem of zag je nooit meer hun gezicht. Kleinkinderen groeiden op zonder dat hun opa en oma ze konden zien. Stellen en echtparen die van elkaar waren gescheiden door studie, werk of oorlog lazen tientallen keren dezelfde brief en werden helemaal wanhopig als de volgende te lang op zich liet wachten, omdat ze niet wisten of die was kwijtgeraakt of dat hun geliefde boos, ontrouw of dood was (een kwelling waarover wordt gezongen in 'Please Mr. Postman' van The Marvelettes en The Beatles en 'Why Don't You Write Me?' van Simon & Garfunkel). Zelfs toen het mogelijk werd mensen die ver weg woonden te bellen, werd de intimiteit getemperd door de buitensporige prijs. Mensen van mijn generatie herinneren zich de ellende van zo snel mogelijk praten terwijl je eindeloos kwartjes in de telefoon gooide, of de rotgang waarmee je naar de telefoon rende als je werd geroepen (ZE BELLEN UIT HET BUITENLAND!), of het weeë gevoel in je maag omdat je wist dat het geld voor de huur in rook opging terwijl je een aangenaam gesprek voerde. Dankzij elektronische technologie zijn we in staat ons als nooit tevoren met anderen te verbinden. Tegenwoordig beschikt bijna de helft van de wereldbevolking over internettoegang en heeft driekwart een mobiele telefoon. Een internationaal gesprek kost bijna niets meer, en mensen die elkaar bellen kunnen elkaar ook nog eens zien.

En over zien gesproken, ook de enorm gedaalde kosten van fotografie maken onze ervaring rijker. In vroeger tijden hadden mensen alleen herinneringen aan een familielid, dood of levend. Nu ben ik net als miljarden andere mensen meerdere keren per dag enorm dankbaar wanneer ik een foto van mijn dierbaren zie. Betaalbare fotografie stelt ons ook in staat de hoogtepunten van ons leven vele malen opnieuw door te maken, en niet slechts één keer: die bijzondere gebeurtenis, dat prachtige uitzicht, die skyline die intussen al lang niet meer bestaat, bejaarden in de bloei van hun leven, volwassenen als kind, kinderen als baby.

Zelfs in de toekomst, wanneer we over driedimensionale holografische surroundsound virtual reality beschikken met haptische exoskeletische handschoenen, zullen we mensen nog steeds in het echt willen zien, dus zijn ook de dalende prijzen van vervoer een zegen voor de mensheid. Dankzij treinen, bussen en auto's hebben we veel meer mogelijkheden om samen te komen, en doordat veel mensen het zich kunnen veroorloven om te vliegen vormen grote afstanden en oceanen bijna geen probleem meer. De term *jetset*, die werd gebruikt voor beroemdheden die in weelde leefden, is een anachronisme uit de jaren zestig, toen slechts 20 procent van de Amerikanen ooit had gevlogen. Ondanks flink stijgende brandstofkosten is vliegen in de Verenigde Staten meer dan 50 procent goedkoper geworden sinds het einde van

de jaren 70, toen de luchtvaartmaatschappijen aan minder zware regels hoefden te voldoen (figuur 17-7). In 1974 kostte het 1442 dollar
(in dollars van 2011) om van New York naar Los Angeles te vliegen;
vandaag maak je die reis al voor nog geen driehonderd dollar. Toen
de prijzen daalden, gingen er meer mensen vliegen; in 2000 maakte meer dan de helft van de Amerikanen minstens één retourvlucht.
Oké, je moet dan misschien met armen en benen gespreid gaan staan
terwijl een beveiliger met een stok tegen je kruis duwt, en mogelijk
krijg je een elleboog in je ribben en een rugleuning tegen je kin, maar
312 geliefden die op grote afstand van elkaar wonen kunnen elkaar zien, en
als je moeder ziek wordt kun je de volgende dag bij haar zijn.

Figuur 17-7: kosten van reizen per vliegtuig, vs, 1979-2015
Bron: Thomson 2013, geüpdatet met data van Airlines for America, http://airli-
nes.org//dataset/annual-round-trip-fares-and-fees-domestic/. Vluchten binnen
Amerika, exclusief tarieven voor ruimbagage (die de gemiddelde kosten voor
passagiers met ruimbagage sinds 2008 met ongeveer een halve dollarcent per
mijl doen stijgen).

Betaalbaar vervoer doet meer dan mensen weer bij elkaar brengen.
Het stelt hen ook in staat de fantasmagorie die de aarde heet te ontdekken. Dat is de hobby die we 'reizen' noemen als wij het doen en
'toerisme' wanneer een ander het doet, maar het geldt ongetwijfeld als
een van de dingen die het leven de moeite waard maken. De Alpen,
New York, de aurora borealis, Jeruzalem zien – dat zijn niet slechts

zintuiglijke genoegens, maar ervaringen die onze blik verruimen, ons in staat stellen de grootsheid en wijsheid van ruimte, tijd, natuur en menselijk handelen tot ons te laten doordringen. Het kan best zijn dat we ons ergeren aan de touringcars, reisleiders en drommen selfies makende toeristen in hun sjofele korte broeken, maar we moeten toegeven dat het leven beter is wanneer mensen zich meer bewust kunnen worden van onze planeet en onze soort, in plaats van altijd op loopafstand te moeten blijven van de plek waar ze geboren zijn. Met de stijging van het besteedbaar inkomen en doordat vliegen goedkoper is geworden, ontdekken meer mensen de wereld, zoals we zien in figuur 17-8.

313

En nee, de reizigers staan niet alleen maar in de rij bij Madame Tussauds of voor de attracties van Disney World. Er zijn meer dan 160 000 gebieden in de wereld die worden beschermd tegen bebouwing en economische exploitatie, en dat aantal neemt met de dag toe. Zoals we zagen in figuur 10-6, wordt een veel groter deel van de natuur tot natuurreservaat gemaakt.

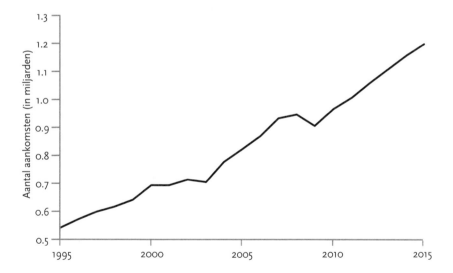

Figuur 17-8: internationaal toerisme, 1995-2015
Bron: World Bank 2016e, gebaseerd op data van de World Tourism Organization, *Yearbook of Tourism Statistics.*

Ook op het gebied van eten en drinken doen we veel meer esthetische ervaringen op. Aan het einde van de negentiende eeuw bestond het typische Amerikaanse dieet uit varkensvlees en zetmeelproducten.[29]

Vóór de komst van de koelkast en gemotoriseerd transport zouden de meeste groenten en fruit bedorven zijn geweest voor ze de consument hadden bereikt, dus verbouwden boeren gewassen die lang goed bleven, zoals rapen, bonen en aardappelen. Appels waren het enige fruit en werden hoofdzakelijk verwerkt tot appelsap. (Nog in de jaren zeventig verkochten souvenirwinkels in Florida tassen met sinaasappels die toeristen als cadeau mee naar huis konden nemen.) Het Amerikaanse dieet werd 'witbrood' en 'vlees-en-aardappels' genoemd, en daar was alle reden toe. Avontuurlijke koks deden wel eens gefrituurde balletjes van ingeblikte ham door hun gerechten, maakten 'appeltaart' met crackers in plaats van appel of bereidden een salade die werd overgoten met gelatine met citroensmaak. Nieuwe keukens die werden geïntroduceerd door immigranten waren zo exotisch dat er grappen over werden gemaakt, bijvoorbeeld over de Italiaanse ('Mama mia, dát is een pittige gehaktbal!'), de Mexicaanse ('Lost het gastekort in één keer op'), de Chinese ('Na een uur heb je weer trek') en de Japanse keuken ('Da's aas, geen eten'). Tegenwoordig bieden zelfs de kleinste plaatsjes en eetpleinen in winkelcentra een kosmopolitisch menu aan, soms inclusief gerechten uit al die keukens plus de Griekse, Thaise, Indiase, Vietnamese en Midden-Oosterse. Kruideniers en supermarkten hebben hun aanbod ook verbreed, van gemiddeld een paar honderd producten in de jaren twintig tot 2200 in de jaren vijftig, 17 500 in de jaren tachtig en 39 500 in 2015.[30]

Last but not least zijn de prachtigste producten van de menselijke geest voor veel meer mensen oneindig veel toegankelijker geworden.[31] Aan het eind van de negentiende eeuw had je niet alleen nog geen internet, maar bestonden er ook geen films, radio, televisie of muziekopnamen, en in de meeste huishoudens werden zelfs geen boeken of kranten gelezen. Voor vermaak gingen mannen in Amerika naar de saloon om wat te drinken.[32] De schrijver en uitgever William Dean Howells (1837-1920) vermaakte zich als jongen door eindeloos de pagina's van een oude krant te lezen die zijn vader had gebruikt om hun huisje in Ohio mee te behangen.

Vandaag de dag kan een inwoner van het platteland kiezen uit honderden televisiezenders en een half miljard websites, inclusief alle kranten en tijdschriften van de wereld (en inclusief hun archieven, die vaak meer dan een eeuw teruggaan), elk groot literair werk waar geen copyright meer op rust, een encyclopedie met meer dan zeventig keer de omvang van de *Britanica* en van ongeveer dezelfde hoge kwaliteit, en alle klassieke muziekstukken en kunstwerken.[33] Er bestaan sites om geruchten te controleren, om over wiskunde en natuurwetenschap te

314

leren, om je woordenschat uit te breiden, om je te verdiepen in filosofie en om lezingen te volgen van de meest vooraanstaande wetenschappers, schrijvers en critici van de wereld, van wie er velen al lange tijd niet meer in leven zijn. Vandaag de dag zou de arme Hillel niet van zijn stokje hoeven te gaan van de kou terwijl hij door een dakraam schoollessen afluisterde.

Zelfs inwoners van westerse steden, die altijd al de beschikking hadden over de mooiste cultuur, hebben véél meer toegang tot kunst en literatuur. In de tijd dat ik studeerde moesten filmliefhebbers jaren wachten tot een klassieker in een plaatselijke bioscoop draaide of op tv kwam, als dat überhaupt gebeurde; tegenwoordig kun je elke film streamen wanneer je maar wilt. Ik kan kiezen uit duizenden nummers waar ik naar wil luisteren terwijl ik hardloop of ergens in de rij sta. Met een paar tikken op mijn toetsenbord kan ik opgaan in alle werken van Caravaggio, de originele trailer van *Rashoman*, Dylan Thomas die 'And Death Shall Have No Dominion' voordraagt, Eleanor Roosevelt die de Universele Verklaring van de Rechten van de Mens voorleest, Maria Callas die 'O mio babbino caro', Billie Holiday die 'My Man Don't Love Me' en Solomon Linda die 'Mbube' zingt – ervaringen die ik een paar jaar geleden voor geen geld ter wereld had kunnen kopen. Goedkope hifikoptelefoons, en over niet al te lange tijd kartonnen virtual reality-brillen, zorgen voor een veel intensere esthetische ervaring dan de luidsprekers met hun blikkerige geluid en de fletse zwart-witbeelden uit mijn jeugd. En mensen die van papier houden, kunnen voor een dollar per stuk een tweedehands exemplaar van *Het gouden boek* van Doris Lessing, *Bleek vuur* van Vladimir Nabokov of *Jeugd in Aké* van Wole Soyinka kopen.

Een combinatie van internettechnologie en crowdsourcing met duizenden vrijwilligers heeft tot een verbluffende toegang tot grote werken geleid die door de mensheid zijn voortgebracht. Het antwoord op de vraag wat de meest geweldige tijd voor kunst en cultuur is, staat vast; het kan niet anders dan dat het 'vandaag' luidt, tot vandaag wordt vervangen door 'morgen'. Dat antwoord hangt niet af van discriminerende vergelijkingen van de kwaliteit van de werken van tegenwoordig met de kwaliteit van die van vroeger (een vergelijking die we sowieso niet kunnen maken, net zoals de grote werken van vroeger in hun tijd niet op waarde werden geschat). Het is gebaseerd op onze onophoudelijke creativiteit en ons ongekend cumulatieve culturele geheugen. We hebben feitelijk alle werken van alle genieën van voor onze tijd binnen handbereik, samen met die uit onze tijd, terwijl de mensen die vóór ons leefden geen van beide hadden. Nog beter is dat het culturele erfgoed van de wereld nu niet alleen beschikbaar is voor de rijken en voor de mensen die op de juiste plek wonen, maar voor iedereen die verbinding heeft met dat gigantische web van kennis, oftewel het grootste deel van de mensheid en spoedig iedereen.

18 Geluk

Maar zijn we ook maar íéts gelukkiger? Als we ook maar een greintje kosmische dankbaarheid in onze donder hebben, zou dat wel moeten. Vergeleken met zijn (of haar) tegenhanger van een halve eeuw eerder zal een Amerikaan in 2015 negen jaar langer leven, minstens drie jaar meer onderwijs hebben genoten, 33 000 dollar per jaar meer verdienen (waarvan slechts een derde in plaats van de helft aan eerste levensbehoeften wordt uitgegeven) en ook nog eens acht extra uren per week vrije tijd hebben. Hij kan die tijd doorbrengen met scrollen op het internet, luisteren naar muziek op een smartphone, het streamen van films op een HD-televisie, skypen met vrienden of familie of dineren met Thais eten in plaats van ham uit blik.

Maar als populaire indrukken een leidraad zijn, zijn de Amerikanen van nu niet anderhalf keer gelukkiger (wat ze wel zouden moeten zijn als geluk inkomen volgde), of een derde gelukkiger (als het onderwijs volgde), of zelfs maar een achtste gelukkiger (als het de levensduur volgde). Mensen lijken meer dan ooit te zeuren, te zaniken, te klagen en te dreinen, en het percentage Amerikanen dat tijdens enquêtes aangeeft gelukkig te zijn is al tientallen jaren lang stabiel. De populaire cultuur heeft de ondankbaarheid opgepikt in de internetmeme en Twitter-hashtag #firstworldproblems en in een monoloog van de komiek Louis C.K. met als titel 'Alles is geweldig maar niemand is gelukkig':

Als ik dingen lees als: 'De fundamenten van het kapitalisme zijn aan het vergaan', heb ik zoiets van: misschien moeten we een tijdje rondlopen met een ezel die is volgehangen met kletterende potten en pannen. (...) Want we leven nu in een geweldige wereld, die niet besteed is aan een waardeloze generatie van verwende idioten. (...) Vliegen is het ergst, want mensen komen thuis van een vlucht en vertellen je hoe het is gegaan. (...) Ze zeggen dingen als: 'Wát een nachtmerrie. (...) Toen we in het vliegtuig waren gestapt moesten we veertig minuten op de landingsbaan blijven staan.' (...) O, écht? En wat gebeurde er toen? Vloog je als een vogel door de lucht, ongelooflijk maar waar? Nam je deel aan het wonder van de vliegende mens en landde je toen zachtjes op reusachtige banden waarvan je godver de godver niet eens snapt hoe ze daar lucht in hebben gekregen? (...) Je zit in een stóél in de lúcht. Je bent gewoon een levende Griekse mythe! (...) Zeggen mensen dat er vertragingen zijn? (...) Dat vliegen te langzaam gaat? Van New York naar Californië is vijf uur. Daar deed je vroeger dertig jaar over! En onderweg zou een heel stel van jullie sterven, je zou in je nek worden geschoten met een pijl, en de andere passagiers zouden je gewoon begraven, een stok met je hoed erop neerzetten en doorlopen. (...) De gebroeders Wright zouden ons allemaal in de ballen trappen als ze het wisten.[1]

In 1999 vatte John Mueller samen hoe de meeste mensen in die tijd naar de moderniteit keken: 'Men lijkt de bijzondere economische verbeteringen voor kennisgeving te hebben aangenomen en meteen alweer andere dingen te hebben gevonden om zich druk over te maken. Eigenlijk wordt het er dus nooit beter op.'[2] Dat inzicht was niet alleen gebaseerd op indrukken van Amerikaanse malaise. In 1973 stelde de econoom Richard Easterlin het bestaan vast van een paradox die later naar hem vernoemd zou worden.[3] Hoewel rijkere mensen bínnen een land vergeleken met anderen gelukkiger zijn, leken de rijkere landen in vergelijking met andere landen niet gelukkiger te zijn dan de armere – en in vergelijkingen over langere tijd leken mensen niet gelukkiger te worden naarmate hun land rijker werd.

De Easterlin-paradox werd verklaard aan de hand van twee theorieën uit de psychologie. Volgens de theorie van de hedonistische tredmolen passen mensen zich aan de veranderingen in hun lot aan, zoals ogen die zich aanpassen aan het licht of het donker, en keren ze al snel terug naar een genetisch bepaalde uitgangspositie.[4] Volgens de theorie van sociale vergelijking (of referentiegroepen, statusangst of relatieve deprivatie, die we in hoofdstuk 9 hebben besproken) hangt het geluk dat mensen ervaren af van de manier waarop ze zich met hun landgenoten vergelijken, dus naarmate het hele land rijker wordt, wordt niemand gelukkiger – sterker nog, als er meer gelijkheid ontstaat in een land, voelen mensen zich zelfs wanneer ze rijker worden mogelijk slechter.[5]

Als dingen in dat opzicht nooit verbeteren, kun je je afvragen of al die zogenaamde economische, medische en technologische vooruitgang wel de moeite waard was. Volgens velen in elk geval niet. Zij zijn van mening dat we geestelijk armer zijn geworden door de toename van individualisme, materialisme, consumentisme en decadente rijkdom, en doordat traditionele gemeenschappen met hun gezonde sociale relaties en besef van betekenis en een doel dat religie geeft zijn aangetast. Hoe vaak lezen we niet dat dat de reden is waarom depressie, bezorgdheid, eenzaamheid en suïcide zo enorm zijn toegenomen en waarom er in Zweden zoveel zelfmoord wordt gepleegd? In 2016 blies de activist George Monbiot de traditionele campagne van cultuurpessimisten tegen de moderniteit nieuw leven in met een opiniestuk dat als titel had: 'Neoliberalisme veroorzaakt eenzaamheid en maakt de samenleving kapot.' De ankeiler luidde: 'Miljoenen mensen worden lichamelijk en geestelijk gesloopt door een ware plaag van psychische aandoeningen. Het is tijd om ons af te vragen waar we naar op weg zijn en waarom.' Het artikel zelf waarschuwde: 'De meest recente rampzalige cijfers over de geestelijke gezondheid van kinderen in Engeland duiden op een wereldwijde crisis.'[6]

Als we echt niet gelukkiger zijn geworden van al die extra jaren leven en gezondheid, van al die extra kennis en vrije tijd en verdieping van onze ervaring, van al die vooruitgang op het gebied van vrede en veiligheid en democratie en rechten, maar juist eenzamer en suïcidaler, dan heeft de geschiedenis wel een heel grote grap met de mensheid uitgehaald. Voordat we echter rond gaan lopen met een ezel die is volgehangen met kletterende potten en pannen, kunnen we beter eerst naar de feiten over menselijk geluk kijken.

In elk geval sinds de axiale periode hebben denkers zich afgevraagd wat bijdraagt aan een goed leven, en in onze tijd is geluk een belangrijk onderwerp binnen de sociale wetenschap.[7] Sommige intellectuelen reageren vol ongeloof, beledigd zelfs, op de gedachte dat geluk iets is geworden waar economen zich mee bezighouden en niet alleen dichters, schrijvers en filosofen. Maar de benaderingen zijn niet wezenlijk anders. Sociaal wetenschappers beginnen hun onderzoeken naar geluk vaak met ideeën die eerst door kunstenaars en filosofen zijn bedacht, en ze kunnen vragen aan de orde stellen over historische en wereldwijde patronen die niet beantwoord kunnen worden door de overdenkingen van individuen, hoe inzichtelijk die ook zijn. Dat geldt met name voor de vraag of mensen gelukkiger zijn geworden van vooruitgang. Om een antwoord te krijgen op die vraag moeten we eerst iets van het ongeloof van critici wegnemen over de mogelijkheid dat geluk sowieso gemeten kan worden.

Kunstenaars, filosofen en sociaal wetenschappers zijn het erover eens dat welzijn niet iets eendimensionaals is. Mensen kunnen het in sommige opzichten goed hebben en in andere minder goed. Laten we de belangrijkste bekijken.

We kunnen beginnen met objectieve aspecten van welzijn: de ge-schenken die we intrinsiek de moeite waard vinden, of degenen die ze bezitten ze nu waarderen of niet. Bovenaan die lijst staat het leven zelf, en ook gezondheid, onderwijs, vrije tijd en vrijheid staan erop. Dat is de gedachtegang achter de maatschappijkritiek van Louis C.K. en ge-deeltelijk achter de opvatting van Amartya Sen en Martha Nussbaum over fundamentele menselijke capaciteiten.[8] In dat opzicht kunnen we zeggen dat mensen die een lang, gezond en stimulerend leven leiden echt beter af zijn, zelfs als ze somber van aard zijn of een slechte bui hebben of verwende idioten zijn die hun zegeningen niet tellen. Eén reden voor dit ogenschijnlijke paternalisme is dat leven, gezondheid en vrijheid noodzakelijke voorwaarden zijn voor al het overige, waaronder nadenken over de vraag wat het leven de moeite waard maakt, en dat ze daarom intrinsieke waarde hebben. Een andere is dat de mensen die zich de luxe kunnen veroorloven geen waardering te hebben voor hun geluk, een vooringenomen steekproef van fortuinlijke overlevenden vormen. Als we willen weten hoe de overleden kinderen en moeders en de slachtoffers van oorlog en hongersnood en ziekte erover dachten, of als we terug zouden gaan in de tijd en hun de keuze boden hun le-ven voort te zetten in een premoderne of een moderne wereld, zou er misschien wel waardering voor de moderniteit aan het licht komen die meer overeenkomt met haar objectieve voordelen. De dimensies van welzijn hebben we in eerdere hoofdstukken besproken, en de vraag of ze door de tijd heen zijn verbeterd is afdoende beantwoord.

Een van deze intrinsiek goede dingen is vrijheid of autonomie: de beschikbare keuzes om een goed leven te leiden (positieve vrijheid) en de afwezigheid van onderdrukking die iemand ervan weerhoudt die keuzes te maken (negatieve vrijheid). Sen gaf blijk van waardering voor deze waarde met de titel van zijn boek over het ultieme doel van de ont-wikkeling van landen: *Development as Freedom*. Positieve vrijheid heeft te maken met het economische concept van nut (wat mensen willen; waar ze hun rijkdom aan uitgeven), en negatieve vrijheid met de opvat-ting van politicologen over democratie en mensenrechten. Zoals ik al heb gezegd, is vrijheid (samen met leven en rede) een noodzakelijke voorwaarde om überhaupt na te kunnen gaan wat goed is in het leven. Tenzij we machteloos ons lot bewenen of bejubelen, gaan we er bij het inschatten van onze eigen situatie altijd van uit dat mensen in het verleden andere keuzes hadden kunnen maken. En wanneer we ons afvragen wat onze bestemming zou moeten zijn, gaan we ervan uit dat we keuzes hebben over wat we proberen te bereiken. Om die redenen heeft vrijheid zelf intrinsieke waarde.

In theorie staat vrijheid los van geluk. Mensen kunnen zich overgeven aan dodelijke verleidingen, genoegens koesteren die slecht voor ze zijn, de volgende ochtend spijt hebben van een keuze, of het advies negeren om voorzichtig te zijn met wat ze wensen.[9] In de praktijk gaan vrijheid en de andere goede dingen van het leven samen. Of het geluksniveau in een land nu objectief wordt vastgesteld door middel van een democratie-index voor een land als geheel, of subjectief door mensen te laten aangeven in hoeverre ze het gevoel hebben 'vrije keuze en controle over hun leven' te hebben, het correleert met het niveau van vrijheid.[10] Bovendien noemen mensen vrijheid als onderdeel van een zinvol leven, of ze nu wel of niet gelukkig zijn.[11] Ze krijgen misschien spijt van dingen, ze krijgen misschien te maken met tegenslag, maar ze doen het op hun manier. Mensen kunnen autonomie zelfs belángrijker vinden dan geluk; zo zouden veel mensen die een pijnlijke scheiding hebben meegemaakt er desondanks niet voor kiezen terug te keren naar de tijd waarin hun ouders zouden hebben bepaald met wie ze trouwden.

321

Wat valt er te zeggen over geluk zelf? Hoe kan een wetenschapper iets subjectiefs als subjectief welzijn meten? De beste manier om erachter te komen hoe gelukkig mensen zijn, is door het ze te vragen. Wie zou er beter kunnen weten? In een oude parodie uit *Saturday Night Live* voert Gilda Radner een gesprek met haar nerveuze minnaar (gespeeld door Chevy Chase) nadat ze met elkaar naar bed zijn geweest. Hij is bang dat ze geen orgasme heeft gehad, en ze troost hem door te zeggen: 'Soms heb ik er wel een en dan weet ik het niet eens.' Daar moeten we om lachen, want wanneer het om een subjectieve ervaring gaat ligt het ultieme gezag bij degene die de ervaring heeft. Maar we hoeven mensen niet op hun woord te geloven; zelfgerapporteerd welzijn blijkt te correleren met alle andere zaken die we als indicatoren van geluk beschouwen, zoals glimlachen, een opgewekte houding, activiteit in die delen van de hersenen die reageren op schattige baby's, en, in weerwil van Gilda en Chevy, het oordeel van andere mensen.[12]

Geluk heeft twee kanten, een empirische of emotionele kant en een evaluatieve of cognitieve kant.[13] De empirische component bestaat uit een evenwicht tussen positieve emoties als vervoering, blijdschap, trots en genoegen en negatieve emoties als bezorgdheid, boosheid en verdriet. Wetenschappers kunnen deze ervaringen ter plekke meten door mensen een pieper bij zich te laten dragen die op willekeurige momenten afgaat, waarna de proefpersonen moeten aangeven hoe ze zich voelen. De ultieme manier om geluk te meten zou een levenslang integraal of gewogen totaal van het geluksgevoel van mensen zijn. Hoewel de Experience Sampling Method de meest directe manier is om subjectief welzijn vast te stellen, is hij arbeidsintensief en duur, en er bestaan geen goede datasets die mensen uit verschillende landen vergelijken of hen jarenlang volgen. De op een na beste aanpak is om mensen te vragen hoe ze zich op het moment voelen, of hoe ze zich volgens hun herinnering gedurende de dag of een week eerder voelden.

Dat brengt ons bij de andere kant van welzijn: hoe mensen zelf vinden dat ze hun leven leiden. Je kunt hun vragen hoe ze zich 'de laatste dagen' of 'over het algemeen' of 'alles bij elkaar' voelen, of je kunt ze vragen op een bijna filosofische manier aan te geven waar ze staan op een trap met tien treden, die van 'het slechtst mogelijke leven voor jou' omhoogloopt tot 'het best mogelijke leven voor jou'. Mensen vinden dat lastige vragen (en dat is niet gek, want ze zíjn lastig) en hun antwoorden kunnen beïnvloed worden door het weer, hun stemming of wat hun iets eerder is gevraagd (waarbij vragen aan studenten over hun liefdesleven of vragen aan alle deelnemers over politiek bijna gegarandeerd een deprimerend effect hebben). Sociaal wetenschappers hebben zich neergelegd bij het feit dat geluk, voldoening en het-best-mogelijke-versus-het-slechtst-mogelijke-leven in de gedachten van mensen door elkaar heen lopen, en dat het vaak het makkelijkst is er het gemiddelde van te nemen.[14]

Emoties en beoordelingen houden natuurlijk verband met elkaar, maar op een onvolmaakte manier; een overvloed aan geluk zorgt voor een beter leven, het ontbreken van zorgen en verdriet niet.[15] En dat brengt ons bij de laatste dimensie van een goed leven: zin en doel. Dat is de kwaliteit die, samen met geluk, deel uitmaakt van Aristoteles' ideaal van *eudaimonia* of 'goede ziel'.[16] Geluk is niet alles. We kunnen keuzes maken waar we op de korte termijn ongelukkig van worden maar die ons leven als geheel vervulling geven, zoals het opvoeden van een kind, het schrijven van een boek of ons inzetten voor een belangrijk ideaal.

Hoewel geen sterveling kan bepalen wat het leven écht zin geeft, onderzocht de psycholoog Roy Baumeister samen met zijn collega's wat mensen het gevóél geeft dat hun leven zinvol is. De respondenten gaven afzonderlijk aan hoe gelukkig ze waren en hoe zinvol hun leven was, en ze beantwoordden een lange vragenlijst over hun gedachten, activiteiten en omstandigheden. De resultaten doen vermoeden dat veel dingen waar mensen gelukkig van worden hun leven ook zin geven, zoals verbondenheid met anderen, het gevoel hebben productief te zijn, en niet alleen zijn en zich niet vervelen. Maar andere dingen kunnen meer geluk geven terwijl het leven er niet zinvoller van wordt, of zelfs minder zinvol.

Mensen die een gelukkig maar niet per se zinvol leven leiden, hebben in al hun behoeften voorzien: ze zijn gezond, hebben genoeg geld en voelen zich vaak goed. Het kan zijn dat mensen die een zinvol leven leiden geen van die zegeningen ervaren. Gelukkige mensen leven in het heden; mensen met een zinvol leven hebben een verhaal over hun verleden en een plan voor de toekomst. Degenen met een gelukkig leven zonder zin zijn mensen die nemen en ontvangen; degenen met een zinvol maar ongelukkig leven zijn gevers en weldoeners. Ouders ontlenen betekenis aan hun kinderen, maar niet altijd geluk. Tijd doorbrengen met vrienden maakt gelukkig; tijd die wordt doorgebracht met dierbaren geeft het leven meer zin. Stress, zorgen, ruzie, uitdagingen en moeilijkheden maken een leven ongelukkiger maar zinvoller. Het is niet zo dat mensen met een zinvol leven masochistisch uit zijn op problemen, maar wel dat ze ambitieuze doelen nastreven: 'De mens maakt plannen en God lacht.' Tenslotte gaat het bij betekenis om het tot uitdrukking brengen van jezelf in plaats van om de bevrediging van het zelf: betekenis wordt vergroot door activiteiten die de persoon kenmerken en die een reputatie opbouwen.

We kunnen geluk zien als de output van een oeroud biologisch feedbacksysteem dat onze vooruitgang bijhoudt in het najagen van fitheid in een natuurlijke omgeving. We zijn over het algemeen gelukkiger wanneer we gezond en veilig zijn, ons goed voelen, genoeg te eten hebben, verbonden zijn met andere mensen, geliefd en seksueel actief te zijn. De functie van geluk is als het ware om ons aan te sporen de sleutels van fitheid te vinden: als we ongelukkig zijn, vechten we om dingen die ons lot verbeteren; wanneer we gelukkig zijn, koesteren we de status quo. Betekenis daarentegen vormt de neerslag van de nieuwe en uitgestrekte doelen die zich voor ons openbaren als de sociale, slimme en praatgrage bewoners van de unieke menselijke cognitieve leefwereld. We denken na over doelen die hun oorsprong hebben in het verre verleden en zich tot ver in de toekomst uitstrekken, die mensen raken die zich buiten onze vrienden- en kennissenkring bevinden en die weerklank moeten vinden bij onze tijdgenoten, op basis van ons vermogen hen te overtuigen van de waarde ervan en gestoeld op onze reputatie waar het welwillendheid en doelmatigheid betreft.[17]

Een implicatie van de rol die geluk in de menselijke psychologie speelt zoals we die hebben beschreven, is dat het doel van vooruitgang niet kan zijn om geluk oneindig te laten toenemen, in de hoop dat

323

steeds meer mensen steeds euforischer worden. Er kan echter meer dan genoeg gedaan worden aan een gebrek aan geluk, en er zit geen grens aan hoe zinvol ons leven kan zijn.

Laten we ervan uitgaan dat burgers uit ontwikkelde landen minder gelukkig zijn dan eigenlijk zou moeten, omdat hun voorspoed en geluk gigantisch zijn toegenomen. Maar zijn ze helemáál niet gelukkiger? Is hun leven zo leeg geworden dat het aantal suïcides tot recordhoogte is gestegen? Is er sprake van een epidemie van eenzaamheid, ondanks de verbluffende hoeveelheid mogelijkheden die ze hebben om zich met elkaar te verbinden? Wordt onze toekomst bedreigd doordat de jongere generatie gebukt gaat onder depressie en psychische aandoeningen? Zoals we zullen zien is het antwoord op al die vragen een empathisch maar duidelijk 'nee'.

Ongegronde verkondigingen over de ellendige situatie waarin de mens verkeert zijn een beroepsrisico voor maatschappijcritici. In de klassieker *Walden* uit 1854 schreef Henry David Thoreau de beroemde woorden: 'De overgrote meerderheid der mensen leeft een leven van wanhoop.' Hoe een kluizenaar die in een hut bij een meer woonde dat zou moeten weten is nooit duidelijk geworden, en de overgrote meerderheid van de mensen is het niet met hem eens. 86 procent van degenen die in de World Values Survey vragen krijgen over hoe gelukkig ze zijn, geeft aan 'tamelijk gelukkig' of 'heel gelukkig' te zijn, en gemiddeld plaatsten de respondenten van het *World Happiness Report 2016*, waarvoor mensen uit honderdvijftig landen werden benaderd, hun leven op de bovenste helft van de ladder.[18] Thoreau was slachtoffer van de optimismekloof (de illusie dat mensen het zelf prima hebben maar anderen niet), die voor geluk nóg dieper is. In elk land onderschatten mensen met gemiddeld 42 procentpunten hoe gelukkig hun landgenoten zichzelf vinden.[19]

En hoe zit het met het historische verloop? Easterlin stelde in 1973 het bestaan van zijn intrigerende paradox vast, decennia voor de tijd van de big data. Tegenwoordig beschikken we over veel meer feiten over welvaart en geluk, die aantonen dat er geen Easterlin-paradox bestaat. Niet alleen zijn rijke mensen binnen een land gelukkiger, ook mensen uit rijkere landen zijn dat, en naarmate landen rijker worden, wordt de bevolking gelukkiger. Dat nieuwe inzicht is bevestigd door verschillende onafhankelijke onderzoeken, waaronder onderzoeken van Angus Deaton, de World Values Survey en het *World Happiness Report 2016*.[20] Mijn favoriet komt van de economen Betsey Stevenson en Justin Wolfers en kan samengevat worden in een grafiek. Figuur

324

18-1 zet scores van tevredenheid met het leven af tegen gemiddeld inkomen (op een logaritmische schaal) in 131 landen, die allemaal worden afgebeeld met een eigen punt, samen met het verband tussen levensvoldoening en inkomen onder de burgers van elk land, dat wordt weergegeven door een pijl die door de punt loopt.

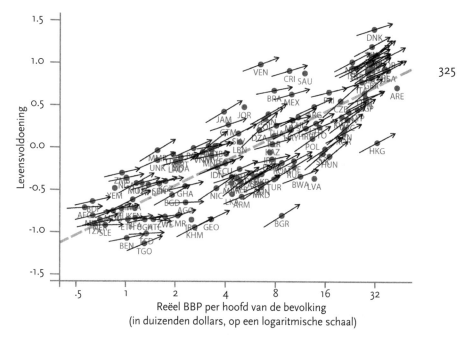

325

Figuur 18-1: levensvoldoening en inkomen, 2006
Bron: Stevenson & Wolfers 2008a, fig. 11, gebaseerd op data van de Gallup World Poll 2006.
© Betsey Stevenson en Justin Wolfers

Een paar patronen springen eruit. Wat meteen opvalt is dat er geen sprake is van een Easterlin-paradox tussen de landen: de zwerm pijlen strekt zich diagonaal uit, wat aangeeft dat hoe rijker het land is, hoe gelukkiger de inwoners zijn. Bedenk dat de inkomensschaal logaritmisch is; op een standaard lineaire schaal zou dezelfde zwerm vanaf het linkeruiteinde steil omhooggaan en naar rechts buigen. Dat betekent dat een bepaald aantal dollars mensen uit een arm land gelukkiger maakt dan mensen uit een rijk land, en dat hoe rijker een land is, hoe meer extra geld mensen nodig hebben om nog gelukkiger te worden. (Dat is een van de redenen waarom de Easterlin-paradox überhaupt is ontstaan: door de grotere hoeveelheid ruis in de data uit dat tijdperk was het moeilijk de relatief beperkte toename van geluk van landen met hogere inkomens waar te nemen.) Maar ongeacht de gebruikte schaal stopt de lijn niet met stijgen, wat wel zou gebeuren als mensen slechts een bepaald minimuminkomen nodig hadden om in hun eerste levensbehoeften te voorzien en alles wat daarbovenop kwam hen niet gelukkiger maakte. Wat geluk betreft had Wallis Simpson half gelijk toen ze zei: 'Je kunt niet te rijk of te dun zijn.'

Wat het meest opvalt, is dat de hellingsgraden van de pijlen op elkaar lijken en identiek zijn aan de hellingsgraad van de zwerm pijlen als geheel (de grijze stippellijn die nog net zichtbaar is achter de zwerm). Dat betekent dat een toename voor een individu in verhouding met zijn (of haar) landgenoten voor een even grote toename van geluk zorgt als dezelfde toename voor het land als geheel. Dat maakt het twijfelachtig of mensen wel echt alleen gelukkig of alleen ongelukkig zijn wanneer ze zichzelf vergelijken met het gemiddelde gezin. Absoluut inkomen, niet relatief inkomen, is het meest bepalend voor geluk (een conclusie die overeenkomt met de bevindingen die we in hoofdstuk 9 hebben besproken, namelijk dat ongelijkheid geen rol speelt bij geluk).[21] Dit zijn enkele van de bevindingen die de oude opvatting in twijfel trekken dat geluk zich net als het oog aanpast aan omgevingsomstandigheden, terugkeert naar een vast punt, of onveranderlijk blijft terwijl mensen vergeefs zwoegen in een hedonistische tredmolen. Hoewel mensen zich vaak inderdaad herstellen van tegenslag en hun zegeningen tellen, krijgt hun geluk wel degelijk een dreun te verwerken door beproevingen als werkloosheid of een handicap en neemt het flink toe door mooie dingen als een goed huwelijk of emigreren naar een land waar mensen gelukkiger zijn.[22] En in tegenstelling tot wat men vroeger dacht, worden mensen op de lange termijn gelukkiger als ze een loterij winnen.[23]

Aangezien we weten dat landen na verloop van tijd rijker worden (hoofdstuk 8), kunnen we figuur 18-1 zien als een stilstaand beeld uit een film waarin de mens door de tijd heen gelúkkiger wordt. Die toename van geluk is nog een andere indicator van menselijke vooruitgang, zelfs een van de belangrijkste van allemaal. Natuurlijk is die momentopname geen longitudinale kroniek waarin mensen uit de hele wereld eeuwenlang geënquêteerd zijn zodat wij hun geluk gedurende die periode kunnen weergeven; dergelijke data bestaan niet. Maar Stevenson en Wolfers struinden de literatuur af op longitudinale studies en kwamen tot de ontdekking dat in acht van de negen onderzochte Europese landen geluk tussen 1973 en 2009 tegelijkertijd was toegenomen met de stijging van het BBP per hoofd van de bevolking.[24] Een bevestiging voor de wereld als geheel is geleverd door de World Values Study, waaruit bleek dat in vijfenveertig van tweeënvijftig landen geluk tussen 1981 en 2007 was toegenomen.[25] De trends door de jaren heen sluiten het bestaan van de Easterlin-paradox uit: we weten nu dat rijkere mensen binnen een land gelukkiger zijn, dat rijkere landen gelukkiger zijn en dat mensen gelukkiger worden naarmate hun land rijker wordt (wat betekent dat mensen na verloop van tijd gelukkiger worden).

Natuurlijk hangt geluk niet slechts van inkomen af. Dat geldt niet alleen voor individuele personen, die allemaal een andere levensgeschiedenis hebben en allemaal anders in elkaar zitten, maar ook voor landen, zoals we zien aan de verspreide stippen langs de grijze stippellijn in de grafiek. Landen zijn gelukkiger wanneer mensen gezonder zijn (en daardoor het inkomen constant houden), en zoals ik al heb aangegeven zijn de mensen er gelukkiger wanneer ze het gevoel hebben dat ze vrij zijn om te kiezen wat ze doen met hun leven.[26] Cultuur en geografische omstandigheden spelen ook een rol; het stereotype beeld dat Latijns-Amerikaanse landen gelukkiger zijn dan ze gezien hun inkomen zouden moeten zijn en dat voormalig communistische landen in Oost-Europa minder gelukkig zijn, klopt.[27] Uit het *World Happiness Report 2016* kwamen drie andere kenmerken naar voren die samengaan met het geluk van een land: sociale steun (of mensen aangeven vrienden of familieleden te hebben op wie ze kunnen rekenen in moeilijke tijden), vrijgevigheid (of ze geld geven aan goede doelen) en corruptie (of ze het idee hebben dat de bedrijven en organisaties van hun land corrupt zijn).[28] We kunnen echter niet concluderen dat deze kenmerken een toename van geluk veróórzaken. Een reden daarvoor is dat gelukkige mensen de wereld door een roze bril zien, waardoor ze de goede dingen in hun eigen leven en in hun samenleving mogelijk royaal inschatten. De andere reden is dat geluk, zoals sociaal wetenschappers zeggen, van binnenuit komt; door gelukkig te zijn kunnen mensen anderen gaan helpen, vrijgevig en plichtsgetrouw worden, in plaats van andersom.

Een van de landen die minder gelukkig zijn dan je op basis van hun rijkdom zou verwachten, is Amerika. Amerikanen zijn absoluut niet ongelukkig; bijna 90 procent noemt zichzelf op zijn minst 'best gelukkig', bijna een derde 'heel gelukkig' en wanneer hun wordt gevraagd welke plaats ze innemen op de ladder met tien treden, oplopend van het slechtst mogelijke tot het best mogelijke leven, kiezen ze de zevende trede.[29] Maar in 2015 stonden de Verenigde Staten van alle landen op de dertiende plaats (achter acht landen in West-Europa, drie in de

Commonwealth, en Israël), ook al was het inkomen er hoger dan in die twaalf andere landen, met uitzondering van Noorwegen en Zwitserland.[30] (Het Verenigd Koninkrijk, waarvan de inwoners zichzelf op 6,7 treden vanaf het slechtst mogelijke leven plaatsten, stond op de drieëntwintigste plaats.)

Ook zijn de Verenigde Staten door de jaren heen niet stelselmatig gelukkiger geworden (nog een valstrik die tot de premature vaststelling leidde dat er sprake was van de Easterlin-paradox, want de Verenigde Staten zijn ook het land waar geluk al het langst gemeten wordt). Het geluksniveau van de Amerikanen laat al sinds 1947 weinig fluctuaties zien; het wordt beïnvloed door recessies, ontdekkingen, periodes van malaise en zeepbellen, maar er is geen sprake van een consistente stijging of daling. Eén dataset laat een lichte afname zien van 1955 tot 1980, gevolgd door een stijging tot en met 2006; een andere toont een lichte afname van het percentage dat aangeeft 'zeer gelukkig' te zijn vanaf 1972 (al is zelfs in die periode het totaal aantal mensen dat aangeeft 'heel gelukkig' en 'best gelukkig' te zijn niet afgenomen).[31]

De stagnatie van geluk in Amerika doet niets af aan de wereldwijde trend dat geluk toeneemt in combinatie met welvaart, want wanneer we kijken naar de veranderingen die zich gedurende een paar decennia voordoen in een rijk land, kijken we naar een beperkt bereik van de schaal. Zoals Deaton aangeeft, is het effect van inkomensverschillen op de lange termijn veel duidelijker dan op de korte. Zo is het effect van het verschil in inkomen tussen inwoners van de Verenigde Staten en bijvoorbeeld Togo (verhouding 50:1), dat een gevolg is van 250 jaar economische groei, duidelijker dan bijvoorbeeld een verdubbeling van het inkomen binnen een specifiek land in een tijdsbestek van slechts twintig jaar.[32] Ook hebben de Verenigde Staten te maken gehad met een grotere toename van inkomensongelijkheid dan de West-Europese landen (hoofdstuk 9) en heeft mogelijk een kleiner percentage van de bevolking geprofiteerd van de groei van het BBP.[33] Speculeren over Amerikaans exceptionalisme is een eindeloos fascinerende bezigheid, maar wat de reden ook is, geluksexperts zijn het erover eens dat de Verenigde Staten een uitzondering vormen wat betreft de wereldwijde trend van subjectief welzijn.[34]

Een andere reden waarom het moeilijk kan zijn om vast te stellen hoe geluk zich in individuele landen precies ontwikkelt, is dat een land een verzameling is van tientallen miljoenen mensen die toevallig op hetzelfde stuk grond wonen. Het is al bijzonder dat we íéts gemeenschappelijks kunnen vinden wanneer we het gemiddelde proberen vast te stellen, en het zou ons niet moeten verbazen dat verschillende groepen in de bevolking zich in verschillende richtingen ontwikkelen. Soms zorgt dat voor schommelingen in het gemiddelde, soms heffen de verschillen tussen groepen elkaar op. De afgelopen vijfendertig jaar zijn Afro-Amerikanen een stuk gelukkiger geworden en blanke Amerikanen iets minder gelukkig.[35] Vrouwen zijn vaak gelukkiger dan mannen, maar in westerse landen is het verschil kleiner geworden en worden mannen sneller gelukkig dan vrouwen. In de Verenigde Staten zijn vrouwen juist ongelukkiger geworden terwijl mannen min of meer even gelukkig bleven.[36]

Wat het echter het moeilijkst maakt om historische trends te duiden, is de complicatie die we hebben besproken in hoofdstuk 15: het onderscheid tussen veranderingen die zich voordoen tijdens de levenscyclus (leeftijd), in de tijdgeest (periode) en door de generaties heen (cohort).[37] Zonder tijdmachine is het logischerwijs onmogelijk de effecten van leeftijd, cohort en periode volledig te ontwarren, om nog maar te zwijgen van de manieren waarop ze elkaar beïnvloeden. Als bijvoorbeeld vijfenvijftigjarigen zich in 2005 ellendig voelden, zouden we niet kunnen zeggen of de babyboomers in een midlifecrisis zaten, of dat ze het moeilijk hadden met het nieuwe millennium, of dat het in het nieuwe millennium moeilijk was om van middelbare leeftijd te zijn. Maar met een dataset die meerdere generaties en decennia beslaat, samen met een paar aannames over hoe snel mensen en tijden kunnen veranderen, kun je het gemiddelde vaststellen van de scores voor een generatie door de jaren heen, voor de gehele bevolking in elk jaar, en voor de bevolking op elke leeftijd, en redelijk onafhankelijke schattingen maken van het verloop van die drie factoren door de tijd heen. Dat stelt ons vervolgens in staat te zoeken naar twee verschillende versies van vooruitgang: mensen van alle leeftijden kunnen er in recente periodes beter aan toe zijn, of jongere cohorten kunnen er beter aan toe zijn dan oudere en het gemiddelde van de bevolking opkrikken wanneer ze die vervangen.

Vaak worden mensen gelukkiger naarmate ze ouder worden (een leeftijdseffect), waarschijnlijk doordat ze de hindernissen en moeilijkheden die het volwassen worden met zich meebrengt hebben overwonnen en de wijsheid hebben ontwikkeld om met tegenslag om te gaan en hun leven in perspectief te plaatsen.[38] (Ze maken misschien een midlifecrisis door of krijgen op hoge leeftijd nog te maken met een laatste terugval.)[39] Geluk verandert door de tijd heen, vooral door een veranderende economie – niet voor niets noemen economen de optelsom van de werkloosheid en de inflatie de *misery index* – en Amerikanen zijn net uit het dal geklommen dat het gevolg was van de grote recessie.[40]

Ook het patroon door de generaties heen heeft pieken en dalen. In twee grote steekproeven waren Amerikanen die tussen 1900 en 1950 werden geboren, in elk decennium gelukkiger dan de Amerikanen uit het vorige cohort, waarschijnlijk omdat de Grote Depressie littekens heeft toegebracht bij de generaties die ouder werden toen die verergerde. De stijging stabiliseerde en nam vervolgens iets af met de babyboomers en de eerste Generatie x'ers, de laatste generatie die oud genoeg was om de onderzoekers onderscheid te kunnen laten maken tussen cohort en periode.[41] In een derde onderzoek dat doorloopt tot het heden (de General Social Survey) nam het geluksgevoel onder de babyboomers ook iets af maar herstelde het volledig onder Generatie x en de millennials.[42] Dus hoewel elke generatie zich zorgen maakt over de kinderen van vandaag, worden jonge Amerikanen juist gelukkiger. (Zoals we zagen in hoofdstuk 12, zijn ze ook minder gewelddadig geworden en gebruiken ze minder drugs.) Dat zijn drie segmenten van de Amerikaanse bevolking die gelukkiger zijn geworden te midden van een algehele stagnatie van geluk: Afro-Amerikanen, de achtereenvolgende cohorten vóór de babyboomers, en jonge mensen van tegenwoordig.

Dat leeftijd, periode en cohort zo met elkaar verweven zijn, betekent dat elke historische verandering op het gebied van welzijn minstens drie keer zo gecompliceerd is als het lijkt. Laten we met die wetenschap in het achterhoofd eens kijken naar de bewering dat de moderniteit voor een ware epidemie van eenzaamheid, suïcide en psychische aandoeningen heeft gezorgd.

Als je de waarnemers van de moderne wereld moet geloven, worden westerlingen eenzamer. In 1950 schreef David Riesman (samen met Nathan Glazer en Reuel Denney) de sociologische klassieker *The Lonely Crowd*. In 1966 vroegen The Beatles zich af waar al die eenzame mensen toch vandaan kwamen. In *Bowling Alone*, zijn bestseller uit 2000, stelde de politicoloog Robert Putnam vast dat Amerikanen in toenemende mate eenzamer werden. En in 2010 schreven de psychiaters Jacqueline Olds en Richard Schwartz over *The Lonely American* (met als ondertitel: *Drifting Apart in the Twenty-first Century*). De homo sapiens is een sociale soort, en voor wie daar deel van uitmaakt is sociaal isolement een vorm van marteling en vormt de stress van eenzaamheid een levensbedreigend risico.[43] De moderniteit zou er dus weer gekleurd op staan als we door onze nieuwe verbondenheid eenzamer waren geworden dan eerst.

Je zou kunnen denken dat social media elk isolement en elke vervreemding die veroorzaakt is door de afname van grote gezinnen en kleine gemeenschappen zouden kunnen compenseren. Tegenwoordig zouden Eleanor Rigby en Father McKenzie immers Facebookvrienden kunnen zijn. Maar in *The Village Effect* recenseert de psycholoog Susan Pinker onderzoek waaruit blijkt dat digitale vriendschappen niet de psychologische voordelen bieden van persoonlijk contact.

Dit vergroot het mysterie waarom mensen eenzamer zouden worden alleen maar. Van de problemen die er in de wereld bestaan zou je toch denken dat sociaal isolement het makkelijkst op te lossen is; nodig gewoon iemand die je kent uit voor een praatje in de plaatselijke Starbucks of aan de keukentafel. Waarom zouden mensen de mogelijkheden niet zien? Zijn mensen, en in het bijzonder de altijd verderfelijke jongere generatie, zo verslaafd geraakt aan digitale crack dat ze levensbelangrijk contact met andere mensen hebben opgegeven en zichzelf veroordelen tot onnodige en misschien wel dodelijke eenzaamheid? Zou het echt zo kunnen zijn dat, zoals een maatschappijcriticus het uitdrukte, 'we ons hart hebben overgegeven aan machines en nu zelf in een machine veranderen'? Heeft het internet, om het in de woorden van een andere criticus uit te drukken, 'een versplinterde wereld veroorzaakt zonder menselijk contact en menselijke emotie'?[44] Voor iedereen die gelooft dat er zoiets bestaat als een menselijke natuur lijkt dat onwaarschijnlijk, en de data tonen aan dat het ook niet waar is: er is geen sprake van een eenzaamheidsepidemie.

In *Still Connected* (2011) besprak de socioloog Claude Fischer veertig jaar aan vragenlijsten waarin mensen werden gevraagd naar hun sociale relaties. 'Het meest opvallende aan de data,' schreef hij, 'is hoe gelijkmatig de banden bleven die Amerikanen tussen de jaren zeventig en de jaren nul met familie en vrienden onderhielden. Er is zelden sprake van een verschil van meer dan een handjevol procentpunten dat zou kunnen wijzen op blijvende gedragsveranderingen met blijvende persoonlijke gevolgen – ja, Amerikanen ontspanden minder vaak thuis en telefoneerden en e-mailden meer, maar ze hielden hun basisgedrag grotendeels intact.'[45] Hoewel mensen hun tijd op een andere manier hebben ingedeeld doordat gezinnen kleiner zijn geworden, meer mensen alleenstaand zijn en er meer vrouwen werken, brengen Amerikanen tegenwoordig net zoveel tijd door met het gezin, hebben ze hetzelfde gemiddelde aantal vrienden en zien ze die vrienden ongeveer net zo vaak, geven ze aan evenveel emotionele steun te krijgen en blijven ze net zo tevreden over het aantal vrienden en de kwaliteit van hun vriendschappen als hun tegenhangers in het decennium van Gerald Ford en *Happy Days*. Gebruikers van internet en social media hebben méér contact met vrienden (zij het iets minder persoonlijk contact) en geven aan dat de elektronische banden hun relaties hebben verrijkt. Fischer concludeerde dat de menselijke natuur regeert: 'Mensen proberen zich aan veranderende omstandigheden aan te passen om hun meest gewaardeerde doelen te beschermen, waaronder het handhaven van de frequentie en de kwaliteit van hun persoonlijke relaties – tijd met kinderen, contact met familie en vrienden, een paar mensen van wie ze intieme steun ervaren.'[46]

En hoe zit het met subjectieve gevoelens van eenzaamheid? Onderzoeken onder de gehele bevolking zijn schaars; de data die Fischer vond, wezen erop 'dat Amerikanen even vaak of misschien iets vaker aangeven eenzaam te zijn', vooral doordat meer mensen alleenstaand waren.[47] Maar enquêtes onder scholieren en studenten zijn er meer dan genoeg, en decennialang hebben zij gereageerd op stellingen als 'Het maakt me ongelukkig om heel veel dingen alleen te doen' en 'Ik heb niemand om mee te praten'. De trends worden samengevat in de titel van een artikel uit 2015, 'Declining Loneliness Over Time', en zijn zichtbaar in figuur 18-2.

Aangezien deze scholieren en studenten na hun opleiding niet meer werden gevolgd, weten we niet of de afname in eenzaamheid een periode-effect is, waarbij het voor jonge mensen steeds makkelijker is geworden hun sociale behoeften te bevredigen, of een cohorteffect, waarbij recente generaties sociaal tevredener zijn en dat ook zullen blijven. Wat we wel weten is dat jonge Amerikanen niet te lijden hebben onder 'giftige niveaus van leegte, doelloosheid en isolement'.

Naast 'de jeugd van tegenwoordig' is technologie het eeuwige doelwit van cultuurpessimisten. In 2015 presenteerden de socioloog Keith Hampton en zijn coauteurs een rapport over de psychologische effecten van social media door op te merken:

> Al generaties lang maken commentatoren zich zorgen over de invloed van technologie op stress bij mensen. Treinen en industriële machines werden gezien als luidruchtige verstoorders van het idyllische plattelandsleven die mensen gespannen maakten. Telefoons verstoorden de huiselijke rust. Horloges en klokken droegen bij aan de ontmenselijkende druk op fabrieksarbeiders om productief te zijn. Radio en televisie werden georganiseerd rond de advertenties en reclames die de moderne consumptiecultuur mogelijk maakten vergrootten statusangst bij mensen.[48]

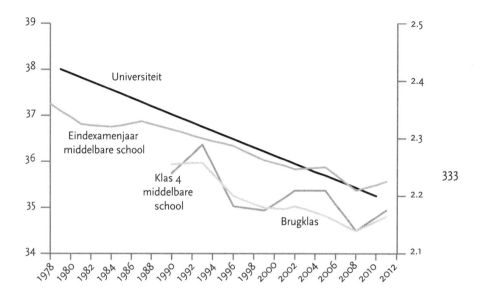

Figuur 18-2: eenzaamheid onder studenten en scholieren, vs, 1978-2011
Bron: Clark, Loxton & Tobin 2015. **Universiteitsstudenten** (linkeras): Revised UC-LA Loneliness Scale, trendlijn over meerdere steekproeven uit hun figuur 1. **Middelbare scholieren** (rechteras): gemiddelde score op zes eenzaamheidsindicatoren uit de 'Monitoring the Future'-enquête, driejarige gemiddelden genomen uit hun figuur 4. De twee assen omspannen een halve standaarddeviatie, dus de hellingsgraad van de lijnen voor universiteit en middelbare school komen overeen, maar hun afzonderlijke relatieve hoogte niet.

En dus was het onvermijdelijk dat de critici hun pijlen op de social media zouden richten. Social media kunnen echter onmogelijk de oorzaak zijn van de veranderingen in eenzaamheid bij Amerikaanse studenten en scholieren zoals die te zien zijn in figuur 18-2; de afname vond plaats van 1977 tot en met 2009, en de Facebook-explosie deed zich pas voor in 2006. Ook zijn volwassenen, volgens de nieuwe onderzoeken, niet méér in een isolement geraakt. Gebruikers van social media hebben meer goede vrienden, hebben meer vertrouwen in andere mensen, voelen zich meer gesteund en zijn meer betrokken bij de politiek.[49] En ondanks verhalen dat ze woren meegesleurd in een opgefokte concurrentiestrijd om maar mee te blijven doen met hun digititale zogenaamde vrienden, die werkelijk altijd wel iets leuks aan het doen zijn, worden er bij socialmediagebruikers geen hogere stressniveaus gemeten dan bij niet-gebruikers.[50] Sterker nog, de vrouwen onder hen zijn mínder gestrest, met één veelzeggende uitzondering:

ze raken van slag wanneer ze horen dat iemand om wie ze geven ziek is, een sterfgeval in de familie of een andere tegenslag heeft meegemaakt. Gebruikers van social media geven te veel, niet te weinig, om andere mensen, en ze leven met hen mee als ze het moeilijk hebben in plaats van jaloers te zijn als ze succes hebben.

Het moderne leven heeft onze geest en ons lichaam dus niet verwoest, heeft ons niet in gefragmenteerde machines veranderd die gebukt gaan onder enorme leegheid en isolement, en laat ons niet stuurloos ronddobberen zonder menselijk contact en zonder emotie. Hoe is die hysterische misvatting dan ontstaan? Deels door de standaardformule die maatschappijcritici hanteren voor het zaaien van paniek: hier hebben we een anekdote, daarom is het een trend, daarom is het een crisis. Maar een andere oorzaak is dat mensen op andere manieren met elkaar zijn gaan interageren. Ze ontmoeten elkaar minder op traditionele plekken als clubs, kerken, vakbonden en sociëteiten en tijdens etentjes, en meer op informele bijeenkomsten en via digitale media. Ze verlaten zich minder op verre neven en meer op collega's. Ze hebben meestal geen enorme aantallen vrienden maar wíllen dat vaak ook niet.[51] Het feit dat het sociale leven er tegenwoordig anders uitziet dan in de jaren vijftig, betekent echter niet dat de mens, die sociale soort bij uitstek, ook maar enigszins minder sociaal is geworden.

Je zou denken dat suïcide de meest betrouwbare indicator is van maatschappelijke ontevredenheid en het ontbreken van geluk, zoals moord de betrouwbaarste indicator is van maatschappelijk conflict. Iemand die is overleden als gevolg van suïcide moet zó ongelukkig zijn geweest, dat hij of zij tot de conclusie kwam dat het beter was een permanent einde aan het bewustzijn te maken dan om nog langer zo door te moeten leven. Ook kan suïcide objectief gerangschikt worden op een manier waarop dat niet kan als mensen ongelukkig zijn.

Maar in de praktijk zijn suïcidecijfers vaak lastig te duiden. Het verdriet en de onrust waar iemand aan wil ontkomen door zich van het leven te beroven, beïnvloedt ook zijn of haar beoordelingsvermogen, zodat de ultieme beslissing over het bestaan vaak afhangt van de platvloerse vraag hoe makkelijk het is om de daad ten uitvoer te brengen. Dorothy Parkers macabere gedicht 'Resumé' (dat eindigt met de regels: 'Wapens zijn onwettig; Stroppen raken los; Gas ruikt afschuwelijk; Je kunt net zo goed blijven leven') verwoordt verontrustend accuraat de manier van denken van iemand die suïcide overweegt. Het aantal zelfdodingen in een land kan sterk stijgen of dalen wanneer er een makkelijk toepasbare methode breed beschikbaar is of juist verdwijnt, zoals steenkolengas in Engeland in de eerste helft van de twintigste eeuw, pesticide in vele ontwikkelingslanden en wapens in de Verenigde Staten.[52] Het zal niemand verbazen dat het aantal zelfdodingen toeneemt wanneer het economisch slecht gaat of in tijden van politieke onrust, maar het aantal wordt ook beïnvloed door het weer en het aantal uren daglicht en neemt toe wanneer de media recente gevallen normaliseert of romantiseert.[53] Zelfs de onschuldige gedachte dat mensen suïcide plegen omdat ze ongelukkig zijn kan worden betwijfeld. Een recent onderzoek bracht een 'geluk-suïcideparadox' aan het licht waarin Amerikaanse staten en westerse landen die gelukkiger zijn te maken hebben met iets *hogere* zelfdodingspercentages in plaats van lagere.[54] (De onderzoekers speculeren dat het voor mensen die zich ellendig voelen extra pijnlijk is als iedereen om hen heen gelukkig is.) Suïcidecijfers zijn vaak moeilijk te onderscheiden van ongelukken (vooral wanneer de oorzaak vergiftiging of een overdosis is, maar ook wanneer iemand is overleden door een val, een auto-ongeluk of een schot uit een vuurwapen), en het kan voorkomen dat lijkschouwers hun bevindingen aanpassen op plekken en in periodes waar suïcide wordt gestigmatiseerd of gecriminaliseerd.

Wat we wel weten is dat suïcide een belangrijke doodsoorzaak is. In de Verenigde Staten vinden meer dan veertigduizend zelfdodingen per jaar plaats, waarmee suïcide de op negen na belangrijkste doodsoorzaak is, en wereldwijd zijn er jaarlijks ongeveer achthonderdduizend gevallen van zelfdoding, waarmee het de op veertien na belangrijkste doodsoorzaak is.[55] Toch zijn de trends door de tijd heen en de verschillen tussen landen lastig te doorgronden. We hebben niet alleen te maken met de onoverzichtelijke kluwen van leeftijd, cohorten en periodes, ook lopen de lijnen voor mannen en vrouwen anders. Hoewel het suïcidepercentage onder vrouwen uit ontwikkelde landen tussen het midden van de jaren tachtig en 2013 met meer dan 40 procent is afgenomen, brengen mannen zichzelf vier keer zo vaak om het leven als vrouwen, dus wordt de algemene trend zwaar beïnvloed door de aantallen voor mannen.[56] En het is bijvoorbeeld onduidelijk waarom Guyana, Zuid-Korea, Sri Lanka en Litouwen de landen zijn met de hoogste suïcidepercentages, of waarom in Frankrijk het aantal zelfdodingen tussen 1976 en 1986 omhoogschoot en na 1999 weer terug was op het oude niveau.

We weten echter genoeg om twee populaire overtuigingen te ontkrachten. De eerste is dat het aantal suïcides gestaag toeneemt en nu historisch hoog is en kritieke of epidemische proporties heeft bereikt. Suïcide kwam in de oudheid zo vaak voor dat de Grieken erover debatteerden en dat ze voorkwam in de Bijbelse verhalen van Samson, Saul en Judas. Historische data zijn schaars, niet in de laatste plaats omdat suïcide (natuurlijk ook 'zelfmoord' genoemd) in veel landen een misdaad was, waaronder in Engeland tot 1961. Maar in Engeland, Zwitserland en de Verenigde Staten zijn wel data beschikbaar van langer dan een eeuw geleden, en ik heb die weergegeven in figuur 18-3.

Het aantal zelfdodingen per jaar bedroeg in Engeland 13 per 100 000 in 1883, bereikte een piek van rond de 19 in het eerste decennium van de twintigste eeuw en van ruim 20 tijdens de Grote Depressie, daalde scherp tijdens de Tweede Wereldoorlog en opnieuw in de jaren zestig, en nam vervolgens geleidelijker af tot 7,4 in 2007. Ook in Zwitserland deed zich een forse afname voor, van 24 in 1881 en 27 tijdens de Depressie tot 12,2 in 2013. Het suïcidecijfer in de Verenigde Staten kende een piek van rond de 17 aan het begin van de twintigste eeuw en opnieuw tijdens de Depressie voordat het rond het begin van het nieuwe millennium afnam tot 10,5, waarna het weer tot 13 steeg na de recente grote recessie.

Figuur 18-3: suïcide, Engeland, Zwitserland en vs, 1860-2014
Bronnen: Engeland (inclusief Wales): Thomas & Gunnell 2010, fig. 1, gemiddelde van aantallen bij mannen en vrouwen, afkomstig van Kylie Thomas. De reeks is niet verlengd omdat de data niet vergelijkbaar zijn met de bestaande metingen. **Zwitserland, 1880-1859:** Ajdacic-Gross et al. 2006, fig. 1. Zwitserland, 1960-2013: WHO Mortality Database, OECD 2015b. **Verenigde Staten, 1900-1998:** Centers for Disease Control, Carter et al. 2006, tabel Ab950. **Verenigde Staten, 1999-2014:** Centers for Disease Control 2015.

Dus in alle drie de landen waarvan we over historische data beschikken, kwam zelfdoding in het verleden vaker voor dan tegenwoordig. De zichtbare pieken en dalen vormen de oppervlakte van een kolkende zee van eeuwen, cohorten, perioden en geslachten.[57] Suïcideaantallen stijgen scherp tijdens de adolescentie en vervolgens licht tot de middelbare leeftijd, waar ze een piek bereiken bij vrouwen (misschien omdat die geconfronteerd worden met de menopauze en een leeg nest) en vervolgens weer dalen, terwijl ze voor mannen gelijk blijven voordat ze bij hen tijdens de pensionering omhoogschieten (misschien omdat hun traditionele rol als kostwinner is uitgespeeld). Voor een deel kan de recente toename van het aantal zelfdodingen in de Verenigde Staten worden toegeschreven aan de vergrijzing van de bevolking, waarbij het grote cohort mannelijke babyboomers de leeftijd bereikt waarop ze het meest geneigd zijn zich van het leven te beroven. Maar de cohorten zelf spelen ook een rol. De g.i.-generatie en de Stille Generatie waren terughoudender in het plegen van suïcide dan de victoriaanse cohorten die voor hen leefden en de babyboomers en Gen-x'ers die na hen kwamen. De millennials lijken de generationele stijging af te remmen of zelfs om te zetten in een daling; het aantal zelfdodingen onder adolescenten nam tussen het begin van de jaren negentig en de eerste decennia van de twintigste eeuw af.[58] De tijden zelf (gecorrigeerd voor leeftijd en cohorten) hebben suïcide minder in de hand gewerkt sinds de pieken die zich voordeden rond het begin van de eenentwintigste eeuw, de jaren dertig, en eind jaren zestig tot begin jaren zeventig; ze daalden in 1999 tot het laagste aantal in vijftig jaar, al was er opnieuw sprake van een lichte stijging vanaf de grote recessie. Deze complexiteit logenstraft de paniekzaaierij waar *The New York Times* zich onlangs aan bezondigde met de kop: 'Aantal zelfmoorden in de vs stijgt tot hoogste aantal in dertig jaar', terwijl die kop ook had kunnen luiden: 'Ondanks recessie en vergrijzing is het aantal zelfdodingen in de vs met een derde afgenomen in vergelijking met eerdere pieken.'[59]

Naast de overtuiging dat de moderniteit mensen aanzet tot zelfdoding, is de andere onuitroeibare mythe over zelfdoding dat Zweden, het toonbeeld van de verlichte mensheid, het hoogste zelfmoordpercentage heeft. Dit broodjeaapverhaal vond zijn oorsprong (volgens wat heel goed óók weer een hoax zou kunnen zijn) in een toespraak die Dwight Eisenhower in 1960 hield en waarin hij het Zweedse zelfdodingscijfer aanhaalde, dat hij weet aan het paternalistische socialisme in het land.[60] Zelf zou ik de schuld hebben gegeven aan de sombere existentiële films van Ingmar Bergman, maar beide theorieën zijn puur een verklaring in de zoektocht naar een verhelderend feit. Hoewel

337

het suïcidecijfer in Zweden in 1960 hoger lag dan dat in de Verenigde Staten (15,2 tegenover 10,8 per 100 000) was het nooit het hoogste van de wereld, en het is sindsdien gedaald tot 11,1, onder het wereldwijde gemiddelde (11,6) en onder het gemiddelde voor de Verenigde Staten (12,1). Momenteel staat het land op de achtenvijftigste plaats.[61] In een recente beoordeling van zelfmoordcijfers over de hele wereld werd opgemerkt dat 'de suïcidetrend in Europa over het algemeen daalt; er staan momenteel geen West-Europese welvaartsstaten in de top 10 van de wereld'.[62]

338

Iedereen heeft wel eens last van depressieve gevoelens en sommige mensen gaan gebukt onder een zware depressie, waarvan sprake is wanneer het verdriet en het gevoel van hopeloosheid langer dan twee weken aanhouden en iemand ervan weerhouden door te gaan met het leven. De afgelopen decennia is er bij meer mensen depressie vastgesteld, met name in jongere cohorten, en de volkswijsheid wordt verwoord door de ankeiler van een recente Amerikaanse televisiedocumentaire: 'Er waart een stille epidemie door het land die onze kinderen doodt.' We hebben zojuist gezien dat het land niet gebukt gaat onder een epidemie van misère, eenzaamheid of zelfmoord, dus de kans dat er sprake is van een depressie-epidemie lijkt niet erg groot.

Neem een vaak aangehaalde studie die, hoe ongeloofwaardig ook, beweerde dat elk cohort van de G.I.-generatie tot en met de babyboomers depressiever was dan het vorige.[63] De onderzoekers waren tot die conclusie gekomen door mensen van verschillende leeftijden te vragen terug te denken aan een moment waarop ze depressief waren geweest. Dat maakte het onderzoek echter volkomen afhankelijk van het geheugen; hoe langer het geleden is dat iets zich heeft voorgedaan, hoe kleiner de kans dat iemand het zich herinnert, vooral (zoals we zagen in hoofdstuk 4) als het voorval onaangenaam was. Daardoor ontstaat de illusie dat recente periodes en jongere cohorten kwetsbaarder zijn voor depressie. Zo'n onderzoek is niet afhankelijk van het geheugen, maar van sterfelijkheid. Met het verstrijken van de decennia stijgt de kans dat depressieve mensen overlijden als gevolg van suïcide of van een andere oorzaak, dus de oude mensen die overblijven in een steekproef zijn degenen die geestelijk gezonder zijn, waardoor het lijkt of iedereen die lang geleden is geboren geestelijk gezonder is.

Een andere factor die onze kijk op de geschiedenis vervormt, is een verandering in houding. In recente decennia is door middel van educatieve programma's en mediacampagnes geprobeerd meer aandacht te krijgen voor depressie en het stigma van de aandoening te laten afnemen. De farmaceutische industrie heeft consumenten bestookt met reclames voor een hele rits antidepressieve middelen. Steeds vaker moet bij mensen een aandoening worden vastgesteld voor ze recht hebben op bijvoorbeeld therapie, overheidsvoorzieningen en een recht tegen discriminatie. Al die stimulansen zouden ertoe kunnen leiden dat mensen sneller aangeven dat ze depressief zijn.

Tegelijkertijd is binnen de geestelijke gezondheidszorg, en misschien wel binnen de cultuur als geheel, de lat lager gelegd voor wat wordt beschouwd als een psychische aandoening. De lijst van stoornissen in de Diagnostic and Statistical Manual (DSM) is tussen 1952 en 1994 drie keer zo lang geworden. In dat laatste jaar telde hij bijna driehonderd stoornissen, waaronder de vermijdende persoonlijkheidsstoornis (die van toepassing is op vele mensen die vroeger verlegen werden genoemd), cafeïne-intoxicatie en seksuele opwindingsstoornis bij de vrouw. Het aantal symptomen dat nodig is om een diagnose te rechtvaardigen is afgenomen, terwijl het aantal stressoren dat een stoornis kan hebben veroorzaakt is toegenomen. Zoals de psycholoog Richard McNally opmerkte: 'Burgers die de verschrikkingen van de Tweede Wereldoorlog hebben meegemaakt, en in het bijzonder de doodsfabrieken van de nazi's (...), zouden zich ongetwijfeld achter de oren krabben als ze hoorden dat het trekken van een verstandskies, het slachtoffer zijn van onaangename grappen op het werk of het ter wereld brengen van een gezonde baby na een ongecompliceerde bevalling een posttraumatische stressstoornis kan veroorzaken.'[64] Op dezelfde manier kan het etiket 'depressie' tegenwoordig op omstandigheden worden geplakt die vroeger rouw of verdriet heetten.

Psychologen en psychiaters slaan inmiddels alarm over deze 'ziektehandel', het steeds verder oprekken van concepten, 'het verkopen van ziekte' en 'de steeds verder oprukkende psychopathologie'.[65] In haar artikel 'Abnormal is the New Normal' uit 2013 schreef de psycholoog Robin Rosenberg dat met de laatste versie van de DSM bij bijna de helft van de Amerikanen op een bepaald moment in hun leven wel een psychische aandoening kan worden vastgesteld.[66]

Het steeds verder uitdijende rijk van de psychopathologie is een *first world problem*, en in veel opzichten is het een teken van morele vooruitgang.[67] Iemands lijden herkennen, zelfs al is het met een diagnostisch label, is een vorm van compassie, vooral wanneer het lijden erdoor verlicht kan worden. Een van de best bewaarde geheimen van de psychologie is dat cognitieve gedragstherapie aantoonbaar effectief is (vaak effectiever dan medicatie) bij het behandelen van vele verschillende aandoeningen, waaronder depressie, angst, paniekaanvallen, PTSS, slapeloosheid en de symptomen van schizofrenie.[68] Psychische aandoeningen vormen meer dan 7 procent van het wereldwijde totaalaantal aandoeningen (zware depressie is alleen al goed voor 2,5 procent), en dat is een heleboel reduceerbaar lijden.[69] De redactie van het tijdschrift *Public Library of Science: Medicine* heeft onlangs aandacht gevestigd op 'de paradox van geestelijke gezondheid': overmedicatie en overbehandeling in het rijke Westen en onderdiagnose en onderbehandeling in de rest van de wereld.[70]

340

Nu er steeds meer diagnoses bij komen, is de enige manier om vast te stellen of er tegenwoordig meer mensen depressief zijn een gestandaardiseerde test van depressiesymptomen af te nemen middels landelijke representatieve spreekproeven bij personen van verschillende leeftijden gedurende een periode van vele decennia. Er bestaat geen onderzoek dat aan die gouden standaard voldoet, maar verscheidene hebben specifiekere bevolkingsgroepen constant gemeten.[71] Twee grondige langetermijnstudies volgden van het midden tot het einde van de twintigste eeuw inwoners van Zweedse en Canadese plattelandsgebieden die waren geboren tussen de jaren zeventig van de negentiende eeuw en de jaren negentig van de twintigste eeuw, zodat afwisselende levens in kaart werden gebracht die meer dan een eeuw omspanden. In geen van beide onderzoeken werden aanwijzingen gevonden voor een langdurige toename van depressie.[72]

Er zijn ook meerdere meta-analyses (onderzoeken van de resultaten van onderzoeken) uitgevoerd. Jean Twenge kwam tot de ontdekking dat studenten tussen 1938 en 2007 steeds hoger scoorden op de depressieschaal van de MMPI, een veelgebruikte persoonlijkheidstest.[73] Dat hoeft echter niet te betekenen dat meer studenten aan een ernstige depressie leden, en de toename kan beïnvloed zijn door het feit dat mensen uit meer verschillende lagen van de bevolking gedurende die decennia zijn gaan studeren. Daar komt nog bij dat uit andere studies (waarvan enkele van Twenge zelf) geen verandering in of zelfs een afname van depressie bleek, met name bij jongere leeftijden en cohorten en in latere decennia.[74] In een recent onderzoek met de titel 'Is There an Epidemic of Child or Adolescent Depression?' werd de wet van Betteridge bevestigd: elke vraag die in een kop wordt gesteld, kan met 'nee' worden beantwoord. De auteurs leggen uit: 'Het beeld dat bij het grote publiek bestaat van een "epidemie" zou voort kunnen komen uit een toegenomen bewustwording van een stoornis die lange tijd ondergediagnosticeerd is door clinici.'[75] En de titel van de grootste meta-analyse tot nu toe, waarbij is gekeken naar de wereldwijde prevalentie van bezorgdheid en depressie tussen 1990 en 2010, liet geen ruimte voor twijfel: 'Challenging the Myth of an "Epidemic" of Common Mental Disorders' ('De mythe van een "epidemie" van veelvoorkomende psychische stoornissen aan de kaak gesteld'). De auteurs kwamen tot de volgende conclusie: 'Wanneer er duidelijke diagnostische criteria worden toegepast, is er geen bewijs dat de prevalentie van veelvoorkomende psychische stoornissen toeneemt.'[76]

Depressie is een comorbiditeit van angst, de morbide benaming van epidemiologen voor de correlatie tussen beide, wat de vraag doet rijzen of de wereld banger is geworden. Eén antwoord zat verpakt in de titel van een lang, verhalend gedicht van W.H. Auden uit 1947: *The Age of Anxiety*. In de inleiding van een recente herdruk merkte de Engelse geleerde Alan Jacobs op dat 'veel cultuurcritici Auden de afgelopen decennia (...) hebben geprezen voor de scherpzinnige manier waarop hij de tijd waarin wij leven onder woorden heeft gebracht. Maar gezien de moeilijkheidsgraad van het gedicht hebben maar weinigen kunnen ontdekken waaróm hij denkt dat onze tijd hoofdzakelijk gekenmerkt wordt door angst – en zelfs of hij dat überhaupt beweert.'[77] Of Auden het nu beweerde of niet, zijn benaming voor onze tijd is blijven hangen en vormde de voor de hand liggende titel van een meta-analyse van Twenge waaruit bleek dat scores op een standaard angsttest die tussen 1952 en 1993 werd afgenomen bij kinderen en universiteitsstudenten met een volle standaarddeviatie toenamen.[78] Dingen die niet voor altijd kunnen doorgaan doen dat ook niet, en voor zover we kunnen nagaan vlakte de stijging onder studenten na 1993 af.[79] Ook andere demografische sectoren zijn niet angstiger geworden. Uit longitudinale studies onder middelbare scholieren en volwassenen die zijn uitgevoerd van de jaren zeventig tot en met het eerste anderhalve decennium van de eenentwintigste eeuw blijkt geen stijging binnen de cohorten.[80] Hoewel mensen in sommige onderzoeken meer angstsymptomen rapporteerden, is er geen sprake van een epidemische toename van angst die de pathologische grens overgaat. Bovendien bleek er geen wereldwijde toename sinds 1990.[81]

Alles is geweldig. Zijn we echt zo ongelukkig? Over het algemeen niet. Ontwikkelde landen zijn juist behoorlijk gélukkig, een meerderheid van alle landen wordt gelukkiger en zolang landen rijker worden, zouden ze nog gelukkiger moeten worden. De onheilspellende waarschuwingen over epidemieën van eenzaamheid, suïcide, depressie en angst houden op basis van de feiten geen stand. En hoewel elke generatie zich zorgen maakt om de volgende, lijken de millennials het voor zo'n jonge generatie heel aardig te doen en lijken ze gelukkiger en gezonder dan hun ouders die hen zo angstvallig in de gaten houden.

Toch zouden veel mensen een stuk gelukkiger kunnen zijn. De Verenigde Staten blijven achter bij andere eerstewereldlanden, en het geluksgevoel van de Amerikanen is gestagneerd in een tijd die ook wel de Amerikaanse Eeuw wordt genoemd. Ondanks het feit dat de babyboomers zijn opgegroeid in vrede en welvaart, zijn ze een generatie van piekeraars gebleken, wat hun ouders, die de Grote Depressie, de Tweede Wereldoorlog en (zoals veel ouders van mijn vrienden) de Holocaust meemaakten, voor een raadsel stelde. Amerikaanse vrouwen zijn ongelukkiger geworden terwijl ze er ongekend op vooruit zijn gegaan qua inkomen, onderwijs, zelfontplooiing en autonomie, en in andere ontwikkelde landen waar iedereen gelukkiger is geworden, worden de vrouwen ingehaald door de mannen. Angst en enkele symptomen van depressie zijn in de naoorlogse decennia mogelijk toegenomen, in elk geval bij sommige mensen. En we zijn geen van allen zo gelukkig als we zouden moeten zijn, als je bedenkt hoe geweldig onze wereld is geworden.

342

Ik wil dit hoofdstuk afsluiten door stil te staan bij deze discrepanties, die veel commentatoren aangrijpen om vraagtekens te zetten bij de moderne tijd.[82] Dat we zo ongelukkig zijn is volgens hen te wijten aan onze aanbidding van het individu en materiële rijkdom en aan onze berusting in de aantasting van het gezin, traditie, religie en gemeenschapszin.

Maar de erfenis van de moderniteit kan ook op een andere manier begrepen worden. Mensen die heimwee hebben naar traditionele gebruiken en gewoonten zijn vergeten hoe hard onze voorvaderen hun best deden daar los van te raken. Hoewel niemand vragenlijsten over geluk heeft voorgelegd aan de mensen die leefden in de hechte gemeenschappen die door de moderniteit losser zijn gemaakt, bracht veel van de prachtige kunst die tijdens de transitie werd gemaakt de duistere kant van die traditie tot leven: de bekrompenheid, de conformiteit, het tribalisme en de talibanachtige beperkingen van de autonomie van vrouwen. In veel romans die tussen het midden van de negentiende eeuw en het begin van de twintigste eeuw zijn geschreven (onder meer door Richardson, Thackeray, Charlotte Brontë, Eliot, Fontane, Flaubert, Tolstoj, Ibsen, Alcott, Hardy, Tsjechov en Lewis) wordt de strijd beschreven die het individuen kostte zich te bevrijden van de verstikkende normen van aristocratische, burgerlijke of agrarische leefregels. Nadat de verstedelijkte westerse samenleving toleranter en kosmopolitischer was geworden, kwamen de spanningen opnieuw aan de oppervlakte door de manier waarop de popcultuur het kleinsteedse leven aanpakte, onder andere in liedjes van Paul Simon ('In my little town I never meant nothin' / I was just my father's son'), Lou Reed ('When you're growing up in a small town / You know you'll grow down in a small town') en Bruce Springsteen ('Baby, this town rips the bones from your back / It's a death trap, a suicide rap'). En ze kwamen tot uitdrukking in de literatuur van immigranten, bijvoorbeeld in boeken van Isaac Bashevis Singer, Philip Roth en Bernard Malamud en later van Amy Tan, Maxine Hong Kingston, Jhumpa Lahiri, Bharati Mukherjee en Chitra Banerjee Divakaruni.

We leven vandaag de dag in een wereld van persoonlijke vrijheid waar de personages uit deze boeken alleen maar van konden dromen, een wereld waarin mensen kunnen trouwen, werken en leven zoals ze dat zelf willen. Stel je voor dat een maatschappijcriticus uit onze tijd Anna Karenina of Nora Helmer zou waarschuwen dat een kosmopolitische maatschappij veel te veel wordt opgehemeld en dat ze zonder de beperkingen en verplichtingen van hun familie en gemeenschap soms bang en ongelukkig zullen zijn. Ik kan niet voor hen spreken, maar ik vermoed zo dat ze daar meteen voor zouden hebben getekend.

Een klein beetje angst is misschien wel de prijs die we betalen voor de onzekerheid die vrijheid met zich meebrengt. Angst is een ander woord voor de waakzaamheid, de bedachtzaamheid en het zelfonderzoek dat vrijheid vereist. Het is niet zo gek dat naarmate vrouwen autonomer werden, ze ook minder gelukkig werden. In vroeger tijden hadden vrouwen nauwelijks verantwoordelijkheden buitenshuis. Tegenwoordig zeggen jonge vrouwen steeds vaker dat hun levensdoel een carrière, een gezinsleven, een huwelijk, geld, ontspanning, vriendschappen, ervaring en een strijd tegen maatschappelijke ongelijkheid behelst, dat ze een leider willen zijn in hun gemeenschap en een bijdrage willen leveren aan de samenleving.[83] Dat zijn nogal wat dingen om je zorgen over te maken, en een hoop manieren om gefrustreerd te raken; de vrouw maakt plannen en God lacht.

Niet alleen de deuren die worden geopend door persoonlijke autonomie zorgen voor druk en spanning bij de moderne mens; dat geldt ook voor de grote levensvragen. Naarmate mensen meer kennis bijgebracht krijgen en sceptischer worden over gezag waar ze mee te maken hebben, kan het zijn dat ze steeds ontevredener worden over traditionele religieuze waarheden en zich stuurloos voelen in een moreel onverschillig universum.

Dé moderne belichaming van angst en bezorgdheid, Woody Allen, beeldde de scheiding tussen de generaties die zich in de twintigste

343

eeuw voordeed uit in een gesprek met zijn ouders in *Hannah and Her Sisters* (1986):

> Mickey: Je wordt ouder, toch? Ben je niet bang om dood te gaan?
> Vader: Waarom zou ik bang zijn?
> Mickey: O! Omdat je er niet meer zult zijn!
> Vader: Dus?
> Mickey: Vind je dat niet doodeng?
> Vader: Wie denkt er nou na over zulke onzin? Nu leef ik. Als ik dood ben, ben ik dood.
> Mickey: Ik snap het niet. Ben je niet bang?
> Vader: Waarvoor? Ik zal er niks van merken.
> Mickey: Ja, weet ik wel. Maar om nooit meer te bestaan!
> Vader: Hoe weet je dat?
> Mickey: Nou, het ziet er niet veelbelovend uit.
> Vader: Wie weet hoe het zal zijn? Ik zal er of niets van meekrijgen, of wel. Zo wel, dan zie ik dat dan wel weer. Ik ga me nu geen zorgen maken over hoe het zal zijn als ik nergens iets van meekrijg.
> Moeder [niet in beeld]: Er is natuurlijk een God, idioot! Geloof je niet in God?
> Mickey: Maar als er een God is, w-waarom is er dan zoveel kwaad in de wereld? Gewoon op een simplistisch niveau. Waa-waarom waren er nazi's?
> Moeder: Vertel het hem, Max.
> Vader: Hoe moet ík nou weten waarom er nazi's waren? Ik weet niet eens hoe een blikopener werkt.[84]

Mensen hebben ook hun geruststellende geloof in de goedheid van hun instituties verloren. De historicus William O'Neill noemde zijn verhaal over de jeugd van de babyboomers *American High: The Years of Confidence, 1945-1960*. In die periode leek alles geweldig. Rokende schoorstenen werden gezien als een teken van welvaart. Amerika had een missie om democratie over de hele wereld te verspreiden. De atoombom was een bewijs van Amerikaans vernuft. Huisvrouwen beleefden hoogtijdagen en 'negers' kenden hun plek. Hoewel er in die jaren absoluut veel goed was in Amerika (de economische groei was groot en er was weinig criminaliteit en andere sociale misstanden), zien we die tijd vandaag de dag als een droomwereld. Het is misschien geen toeval dat twee van de sectoren die minder gelukkig zijn dan je zou verwachten – Amerikanen en de babyboomers – de sectoren waren die in de jaren zestig de meeste teleurstellingen moesten verwerken.

Achteraf kunnen we zien dat bezorgdheid om het milieu, een kernoorlog, blunders in het Amerikaanse buitenlandbeleid, rassengelijkheid
en vrouwenemancipatie niet voor altijd konden worden uitgesteld.
Ook als ze onze angst vergroten, kunnen we ons er maar beter van
bewust zijn.

Naarmate we meer oog krijgen voor onze collectieve verantwoordelijkheden, kan het best zijn dat we allemaal een deel van het lijden in
de wereld aan onze zorgenlijst toevoegen. Een ander icoon van angst
aan het einde van de twintigste eeuw, de film *Sex, Lies, and Videotape*
(1989), begint met de hoofdpersoon, een babyboomer, die haar angst   345
deelt met een psychotherapeut:

> Afval. Ik denk de hele week alleen maar aan afval. Ik kan er niet meer
> mee ophouden. Ik ben gewoon... Ik ben me echt zorgen gaan maken
> over wat er met al het afval gebeurt. Ik bedoel, we hebben er zoveel
> van, snap je? Ik bedoel, straks hebben we geen plek meer waar we al
> die troep kwijt kunnen. De laatste keer dat ik me zo voelde was toen
> dat schip was gestrand en om dat eiland voer en niemand het wilde
> hebben.

'Dat schip' was een verwijzing naar een mediahype in 1987 over een
schip met drieduizend ton New Yorks huisvuil dat door vuilstortplaatsen langs de Amerikaanse Atlantische kust werd geweigerd. De scène
met de therapeut is absoluut niet vergezocht: een experiment waarbij
mensen nieuwsberichten te zien kregen die zo waren bewerkt dat er
een positieve of een negatieve draai aan werd gegeven, bracht aan het
licht dat 'deelnemers die de negatieve versie zagen zowel angstiger als
verdrietiger werden, en bovendien kregen ze veel sterker de neiging
een persoonlijke zorg op te blazen tot een ramp'.[85] Drie decennia later
vermoed ik dat veel therapeuten luisteren naar patiënten die vertellen
over hun angst voor terrorisme, inkomensongelijkheid of klimaatverandering.

Een beetje angst is niet slecht, als mensen erdoor gemotiveerd worden beleid te steunen dat zou helpen om belangrijke problemen op te
lossen. In eerdere decennia hadden mensen hun zorgen misschien
afgewenteld op een hoger gezag, en sommigen doen dat nog steeds. In
2000 ondertekenden zestig religieuze leiders de Cornwall Declaration
on Environmental Stewardship, waarin de 'zogenaamde klimaatcrisis'
en andere milieuproblemen aan de orde werden gesteld door te bevestigen dat 'de genadige God zondige mensen en de geschapen orde niet
in de steek heeft gelaten, maar de hele geschiedenis door heeft gehan-

deld om de gemeenschap tussen Zichzelf en mannen en vrouwen te herstellen, en om de schoonheid en vruchtbaarheid van de aarde door middel van hun rentmeesterschap te vergroten'.[86] Ik stel me zo voor dat zij en de vijftienhonderd andere ondertekenaars niet naar een therapeut gaan om hun zorgen te uiten over de toekomst van de planeet. Maar zoals George Bernard Shaw vaststelde: 'Het feit dat een gelovige gelukkiger is dan een scepticus is net zo relevant als het feit dat een dronken man gelukkiger is dan een nuchtere.'

346

Hoewel het onvermijdelijk is dat onze beschouwingen over politieke en existentiële vraagstukken gepaard gaan met enige angst, hoeft die angst niet pathologisch te worden en is er geen reden tot wanhoop. Een van de uitdagingen van de moderne tijd is de vraag hoe we een toenemende hoeveelheid verantwoordelijkheden moeten aanpakken zonder dat we omkomen van de zorgen. Zoals dat bij alle nieuwe uitdagingen het geval is, zoeken we naar de juiste combinatie van ouderwetse en nieuwe methodes, waaronder menselijk contact, kunst, meditatie, cognitieve gedragstherapie, mindfulness, kleine genoegens, verstandig gebruik van medicatie, gerevitaliseerde dienstverlenende en maatschappelijke organisaties en advies van wijze mensen over hoe je een evenwichtig leven kunt leiden.

De media en de journalistiek zouden op hun beurt kunnen nadenken over de rol die ze zelf spelen bij het voortdurend aanwakkeren van angst. Het verhaal over het afvalschip is exemplarisch voor de manier waarop mensen bang worden gemaakt. Wat indertijd ondersneeuwde in de berichtgeving was het feit dat het schip niet tot zijn zwerftocht was gedwongen door een tekort aan opslagruimte maar door ondeugdelijke papieren en de mediaophef zelf.[87] In de latere decennia zijn er enkele berichten verschenen waarin misvattingen over een enorme afvalcrisis ontkracht werden (Amerika heeft meer dan genoeg vuilstortplaatsen, die aan alle milieuvoorschriften voldoen).[88] Niet elk probleem is een crisis, een plaag of een epidemie, en een van de dingen die in de wereld gebeuren is dat mensen de problemen oplossen waarmee ze te maken krijgen.

En over paniek gesproken, wat denk je dat de grootste bedreigingen voor de mensheid zijn? In de jaren zestig beweerden meerdere denkers dat het overbevolking, kernoorlog en verveling waren.[89] Eén wetenschapper waarschuwde dat we de eerste twee misschien nog wel zouden overleven, maar de derde zeker niet. Verveling, écht? De redenering is dat als mensen niet langer de hele dag hoeven te werken en hoeven te bedenken waar ze hun volgende maaltijd vandaan halen, ze niet meer weten hoe ze hun tijd moeten doorkomen en kwetsbaar zijn voor losbandigheid, onbezonnenheid, zelfmoord en de invloed van religieuze en politieke fanatici. Vijftig jaar later heb ik de indruk dat we de vervelingscrisis (of was het een epidemie?) ongedaan hebben gemaakt en in een heel interessante tijd leven. Maar geloof me niet op mijn woord. Sinds 1973 wordt aan Amerikanen via de General Social Study gevraagd of ze het leven 'opwindend', 'routinematig' of 'saai' vinden. Op figuur 18-4 is te zien dat door de decennia heen, waarin minder Amerikanen aangaven 'heel gelukkig' te zijn, meer van hen zeiden dat het leven 'opwindend' was.

347

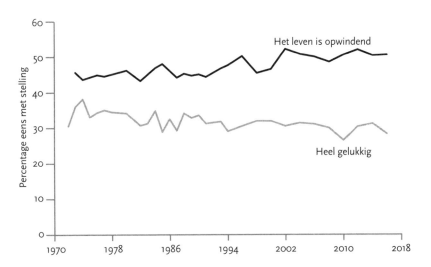

Figuur 18-4: geluk en opwinding, vs, 1972-2016
Bron: *General Social Survey,* Smith, Son, & Schaprio 2015, figuren en 5, geüpdatet voor 2016 van https://gssdataexplorer.norc.org/projects/15157/variables/438/vshow. Non-respons is in de data niet verwerkt.

Dat de curves zo van elkaar afwijken is niet paradoxaal. We hadden al vastgesteld dat mensen die het gevoel hebben dat ze een zinvol leven leiden ontvankelijker zijn voor stress, moeilijkheden en zorgen.[90] Ook concludeerden we dat angst bij de volwassenheid hoort: van schoolgaande leeftijd tot begin jaren twintig neemt angst sterk toe doordat mensen verantwoordelijkheden krijgen die bij de volwassenheid horen, en de angst neemt gedurende de rest van het leven geleidelijk af doordat ze met die verantwoordelijkheden leren omgaan.[91] Misschien is dat wel symbolisch voor de uitdagingen van de moderniteit. Mensen zijn weliswaar gelukkiger, maar niet zo gelukkig als je misschien zou verwachten, wellicht omdat ze het leven (met al zijn zorgen en opwinding) vanuit het perspectief van een volwassene benaderen. De oorspronkelijke definitie van de Verlichting was niet voor niets 'het af-schudden door de mensheid van haar zelfverkozen onvolwassenheid'.

19 Existentiële dreigingen

Maar flirten we met rampspoed? Als pessimisten worden gedwongen te erkennen dat het leven voor steeds meer mensen steeds beter wordt, hebben ze hun reactie klaar: ze zeggen dat we met open ogen op een ramp afstevenen, als een man die van het dak valt en zegt: 'Tot nu toe is er niets aan de hand!' terwijl hij de ene na de andere verdieping passeert. Of ze zeggen dat we Russische roulette doen en dat het onvermijdelijk is dat het dodelijke lot ons zal treffen. Of dat we worden overvallen door een onverwachte gebeurtenis die heel onwaarschijnlijk is, maar enorm veel schade zal aanrichten.

Een halve eeuw lang waren de vier ruiters van de moderne apocalyps overbevolking, een tekort aan hulpmiddelen, vervuiling en kernoorlog. Daar is onlangs een hele cavalerie exotische ruiters bij gekomen: nanobots die ons zullen overmeesteren, robots die ons zullen onderwerpen, kunstmatige intelligentie die ons tot grondstoffen zal verwerken en Bulgaarse tieners die vanuit hun slaapkamer een genocidaal virus ontwikkelen of het internet platleggen.

De wachters tegen de vertrouwde ruiters waren meestal romantici en tegenstanders van vooruitgang. Maar degenen die waarschuwen tegen meer geavanceerde technologie zijn vaak wetenschappers en technologen die hun vindingrijkheid inzetten om steeds meer manieren te bedenken waarop de wereld binnenkort zal vergaan. In 2003 publiceerde de vooraanstaande astrofysicus Martin Rees het boek *Our Final Hour*, waarin hij waarschuwde dat 'de mensheid in potentie haar eigen ondergang bereidt' en waarin hij enkele tientallen manieren uiteenzette waarop we 'de toekomst van het gehele universum in gevaar hebben gebracht'. Zo zouden experimenten in een deeltjesversneller een zwart gat kunnen veroorzaken dat de aarde kan vernietigen, of een strangelet van samengeperste quarks die alle materie in het heelal aan zich zou binden en zou laten verdwijnen. Rees boorde een rijke bron van catastrofisme aan. Op de Amazon-pagina van het boek staat: 'Klanten die dit item hebben bekeken, bekeken ook: *Global Catastrophic Risks, Our Final Invention: Artificial Intelligence and the End of the Human*

Era, The End: What Science and Religion Tell Us About the Apocalypse, en *World War* z: *An Oral History of the Zombie War.*' Filantropen uit de technische sector financieren onderzoeksinstituten die zich toeleggen op het ontdekken van nieuwe existentiële dreigingen en van manieren waarop de wereld daartegen beschermd kan worden, zoals het Future of Humanity Institute, het Future of Life Institute, het Centre for the Study of Existential Risk en het Global Catastrophic Risk Institute.

Wat valt er te zeggen van de existentiële dreigingen die zich schuilhouden achter onze toenemende vooruitgang? Niemand kan voorspellen dat er nooit een enorme ramp zal gebeuren, en dit hoofdstuk geeft zo'n verzekering ook niet. Maar ik zal een manier uiteenzetten waarop we erover kunnen nadenken en de belangrijkste bedreigingen bespreken. Drie van die bedreigingen – overbevolking, het opraken van hulpbronnen en milieuvervuiling, waaronder broeikasgassen – hebben we al besproken in hoofdstuk 10, en ik zal hier dezelfde benadering toepassen. Sommige dreigingen zijn verzinsels die voortkomen uit cultureel en historisch pessimisme. Andere zijn echt, maar hoeven we niet te behandelen als een potentiële apocalyps – meer als problemen die moeten worden opgelost.

In eerste instantie zou je misschien denken dat hoe meer oog we hebben voor existentiële gevaren, hoe beter het is. Er staat heel veel op het spel. Wat kan het voor kwaad om mensen over die vreselijke risico's te laten nadenken? Het ergste wat er kan gebeuren, is dat we voorzorgsmaatregelen nemen die achteraf niet nodig bleken te zijn.

Maar doemdenken heeft ernstige keerzijden. Eén daarvan is dat onterechte waarschuwingen voor rampzalige risico's zelf rampzalig kunnen zijn. Zo werd de kernwapenwedloop uit de jaren zestig in gang gezet door angst voor een niet bestaande *missile gap* ten opzichte van de Sovjet-Unie.' De invasie van Irak in 2003 werd gerechtvaardigd door de twijfelachtige maar rampzalige mogelijkheid dat Saddam kernwapens ontwikkelde en van plan was die in te zetten tegen de Verenigde Staten. (Zoals George W. Bush het verwoordde: 'We kunnen niet wachten op het definitieve, onweerlegbare bewijs dat zich misschien wel voordoet in de vorm van een paddenstoelwolk.') En zoals we zullen zien, is een van de redenen waarom de grootmachten weigeren de verstandige belofte te doen dat ze nooit als eerste kernwapens zullen gebruiken, dat ze zich het recht willen voorbehouden die wapens in te zetten tegen andere existentiële bedreigingen, zoals bioterreur en cyberaanvallen.' In plaats van de toekomst van de mensheid veilig te stellen, kan het zaaien van angst die toekomst juist in gevaar brengen.

Een tweede gevaar van het opsommen van doemscenario's is dat de mensheid over een eindige hoeveelheid middelen, intellectueel vermogen en bezorgdheid beschikt. Je kunt je niet over alles zorgen maken. Sommige bedreigingen, zoals klimaatverandering en een kernoorlog, zijn onmiskenbaar, en er zullen enorme inspanningen en veel vindingrijkheid voor nodig zijn om ze weg te nemen. Wanneer we ze op één hoop gooien met vergezochte, bizarre scenario's die uitermate onwaarschijnlijk zijn of waarvan de gevolgen volkomen onduidelijk zijn, kan het gevoel van urgentie alleen maar afzwakken. We hebben al gezien dat mensen er niet goed in zijn ergens de waarschijnlijkheid van in te schatten, vooral niet als het om kleine waarschijnlijkheden gaat, en dat ze in plaats daarvan scenario's in gedachten afspelen. Als twee scenario's even goed zijn in te beelden, kunnen ze als even waarschijnlijk worden ervaren en zullen mensen zich over het echte gevaar niet méér zorgen maken dan over het fictieve scenario. En hoe meer manieren er zijn waarop mensen zich nare dingen kunnen inbeelden, hoe groter de kans dat ze inschatten dat er ook iets naars zál gebeuren.

351

En dat leidt tot het grootste gevaar van allemaal: dat redelijke, verstandige mensen zullen denken, zoals het laatst in een artikel in *The New York Times* werd verwoord: 'Deze naargeestige feiten zouden elk redelijk persoon tot de conclusie moeten brengen dat de mensheid de pineut is.'[3] Als de mens tóch de pineut is, waarom zou je dan nog enig offer brengen om de kans op potentiële dreigingen te verkleinen? Waarom zou je het gemak van fossiele brandstoffen opgeven of regeringen oproepen hun kernwapenbeleid te heroverwegen? Eet, drink en wees vrolijk, het kan je laatste dag zijn! Uit een enquête die in 2013 in vier Engelstalige landen werd afgenomen, bleek dat van de respondenten die geloven dat onze manier van leven waarschijnlijk binnen een eeuw tot een einde zal komen, een meerderheid het eens was met de uitspraak: 'De toekomst van de wereld ziet er zo slecht uit dat we in de eerste plaats voor onszelf en onze dierbaren moeten zorgen.'[4]

Er zijn maar weinig schrijvers over technologische gevaren die uitgebreid stilstaan bij de cumulatieve psychologische effecten van eindeloos herhaalde doemscenario's. De milieudeskundige Elin Kelsey verwoordt het als volgt: 'Bij films hanteren we een leeftijdsgrens om kinderen tegen seks en geweld te beschermen, maar we vinden het geen probleem om deskundigen kinderen uit groep 4 te laten komen vertellen dat de aarde te gronde wordt gericht. Een kwart van de Australische kinderen maakt zich zoveel zorgen over de toestand van de wereld dat ze ervan overtuigd zijn ze het einde van de wereld tijdens hun leven zullen meemaken.'[5] Volgens recente enquêtes geldt hetzelfde voor 15 procent van de wereldbevolking en voor ruim een kwart van de Amerikanen.[6] In *The Progress Paradox* oppert de journalist Gregg Easterbrook dat een belangrijke reden waarom Amerikanen niet gelukkiger zijn, ondanks het feit dat ze het steeds beter hebben, de 'angst voor ineenstorting' is; de angst dat de beschaving implodeert en dat niemand daar iets aan kan doen.

Natuurlijk zijn emoties irrelevant als de risico's reëel zijn. Maar risicobeoordelingen zijn nutteloos wanneer het gaat om hoogst onwaarschijnlijke gebeurtenissen binnen complexe systemen. Aangezien we de geschiedenis niet duizenden keren opnieuw kunnen afspelen zodat we de verschillende uitkomsten kunnen optellen, zegt de verkondiging dat een bepaalde gebeurtenis zich met een waarschijnlijkheid van 0,1 of 0,001 of 0,0001 of 0,00001 zal voordoen in feite veel meer over hoe de inschatter zelf erover denkt. Dat geldt ook voor rekenkundige analyses waarbij wetenschappers gebeurtenissen in het verleden (zoals oorlogen of cyberaanvallen) in kaart brengen en aantonen dat ze binnen een verdeling volgens een machtsfunctie vallen, één met brede staarten van de verdeling waarin extreme gebeurtenissen uiterst onwaarschijnlijk maar niet astronomisch onwaarschijnlijk zijn.[7] Zo'n berekening helpt niet echt bij het inschatten van het risico, omdat de lukrake data langs de staart van de verdeling over het algemeen afwijken van een gelijkmatige curve, wat een inschatting onmogelijk maakt. Het enige wat we weten is dat er heel nare dingen kunnen gebeuren.

Dat brengt ons weer bij subjectieve waarden, die vaak beïnvloed worden door de beschikbaarheidsheuristiek en de negativiteitsbias, en door de wens om serieus te worden genomen (hoofdstuk 4).[8] Onheilsprofeten die mensen de stuipen op het lijf jagen met een angstaanjagende voorspelling kunnen als serieus en verantwoordelijk worden gezien, terwijl degenen die weloverwogen en trouw aan de feiten zijn als zelfvoldaan en naïef worden beschouwd. Wanhoop doet leven. De Hebreeuwse profeten en het boek Openbaring waarschuwden tijdgenoten al voor een op handen zijnde dag des oordeels. Voorspellingen over het einde der tijden vormen een van de belangrijkste ingrediënten voor zieners, paragnosten, mystici, televisiedominees, gestoorde sektes, stichters van religies en mannen die over de stoep lopen met een bord waarop staat: 'BEKEERT U!'[9] Het verhaal dat tot een climax komt met een keiharde afstraffing van technologische overmoed is een archetype van westerse fictie – denk maar aan prometheïsch vuur, de doos van Pandora, de vliegtocht van Icarus, het pact van Faust, de tovenaarsleerling, het monster van Frankenstein, en meer dan tweehonderdvijftig films uit

Hollywood over het einde van de wereld.[10] Zoals de wetenschapsfilosof Eric Zencey vaststelt: 'Doemdenken heeft iets verleidelijks. Als iemand in de eindtijd leeft, krijgen zijn handelingen, en zelfs zijn hele leven, historische waarde en een geringe mate van urgentie.'[11]

Wetenschappers en technologen zijn daar absoluut niet immuun voor. Herinner je je de millenniumbug nog?[12] Toen in 1990 het nieuwe millennium naderde, begonnen computerdeskundigen de wereld te waarschuwen voor een ophanden zijnde ramp. In de eerste decennia waarin op grote schaal computers werden gebruikt, toen informatie nog duur was, bespaarden programmeurs vaak een paar bytes door een jaar weer te geven met de laatste twee cijfers. Ze dachten dat tegen de tijd dat het jaar 2000 aanbrak en de geïmpliceerde '19' niet meer van toepassing was, de programma's al lang niet meer gebruikt werden. Maar gecompliceerde software wordt langzaam vervangen, en veel oude programma's draaiden binnen instituten nog op grote mainframes en waren ingebakken in chips. Als om middernacht op 1 januari 2000 de cijfertjes doordraaiden, zou een programma kunnen denken dat het het jaar 1900 was en mogelijk crashen of op hol slaan (waarschijnlijk omdat het een bepaald getal zou delen door het verschil tussen wat volgens het programma het huidige jaar was en het jaar 1900, namelijk nul, al heeft nooit iemand duidelijk kunnen maken waaróm een programma dat zou doen). Op dat moment zouden banksaldo's in rook opgaan, zouden liften tussen verdiepingen blijven hangen, zouden couveuses op kraamafdelingen uitvallen, zouden waterpompen stilvallen, zouden vliegtuigen neerstorten, zouden kerncentrales een meltdown krijgen en zouden langeafstandsraketten uit hun silo's worden gelanceerd.

En dat waren de nuchtere voorspellingen van technisch onderlegde gezagsdragers (zoals president Clinton, die het land de volgende waarschuwing gaf: 'Ik wil benadrukken hoe urgent de situatie is. Dit is geen spannende film waarbij je tijdens het enge gedeelte je ogen dicht kunt knijpen'). Cultuurpessimisten zagen de millenniumbug als het verdiende loon voor het uitleveren van onze beschaving aan de technologie. Onder religieuze denkers was het numerieke verband met christelijk millennialisme onweerstaanbaar. Dominee Jerry Falwell verkondigde: 'Ik ben van mening dat God de millenniumbug wel eens zou kunnen gebruiken om dit land wakker te schudden, om dit land te verootmoedigen en om vanuit dit land een opwekking te beginnen die zich over de hele aarde verspreidt voor de opname van de gemeente.' Wereldwijd werd honderd miljard dollar uitgegeven aan het herprogrammeren van software om die klaar te maken voor het nieuwe millennium, een uitdaging die werd vergeleken met het vervangen van alle moertjes en schroefjes in alle bruggen van de wereld.

Als voormalig assembler-programmeur was ik sceptisch over alle doemscenario's, en toevallig was ik op het moment supreme in Nieuw-Zeeland, het eerste land waar het nieuwe millennium begon. En inderdaad gebeurde er op 1 januari om 00:00 uur niets (wat ik familieleden thuis meteen liet weten door middel van een prima functionerende telefoon). De herprogrammeerders kregen, als verkopers van olifantenpoeder, alle lof toegezwaaid voor het afwenden van een ramp, maar veel landen en kleine bedrijfjes hadden de gok genomen en geen voorbereidingen getroffen, en ook zij hadden geen problemen. Hoewel sommige software geüpdatet moest worden (een programma op mijn laptop gaf '1 januari 19100' aan), bleek dat slechts heel weinig programma's, en dan met name programma's die waren ingebakken in machines, de bug bevatten én er rekenkundig van op hol sloegen door het huidige jaar. De dreiging bleek nauwelijks ernstiger te zijn geweest dan de letters op het bord waarmee de onheilsprofeet over straat liep. De grote millenniumbugpaniek betekent niet dat alle waarschuwingen voor mogelijke rampen onterecht zijn, maar herinnert ons eraan dat we kwetsbaar zijn voor techno-apocalyptische waanideeën.

Hoe moeten we dan wel over dreigende rampspoed denken? Laten we beginnen met het grootste existentiële vraagstuk van allemaal: het lot van onze soort. Net zoals dat geldt voor ons lot als individu, zullen we ons moeten neerleggen bij onze sterfelijkheid. Biologen maken vaak de grap dat volgens een eerste schatting alle diersoorten met uitsterven worden bedreigd, omdat uitsterving het lot was van minstens 99 procent van alle soorten die ooit geleefd hebben. De gemiddelde zoogdiersoort bestaat ongeveer een miljoen jaar, en er is geen enkele reden om aan te nemen dat de homo sapiens een uitzondering zal vormen. Zelfs als we technologisch onderontwikkelde jager-verzamelaars waren gebleven, zouden we nog altijd in een geologische schietbaan leven.[13] Een uitbarsting van gammastralen van een supernova of een vallende ster zou de halve planeet kunnen bestralen en de atmosfeer en de ozonlaag kunnen verschroeien, zodat ultraviolet licht de andere helft van de planeet zou bestralen.[14] Of het magnetisch veld van de aarde zou op hol kunnen slaan, zodat de planeet blootgesteld zou worden aan dodelijke zonne- en kosmische straling. Een asteroïde zou de aarde kunnen rammen, waardoor duizenden vierkante kilometers weggevaagd zouden worden en er zoveel puin in de lucht terecht zou komen dat het zonlicht wordt tegengehouden en we doorweekt zouden raken met bijtende regen. We zouden kunnen stikken door as, CO_2 en zwavelzuur van supervulkanen of gigantische lavastromen. Een zwart gat zou het zonnestelsel binnen kunnen komen en de aarde uit zijn baan kunnen trekken of de vergetelheid in kunnen zuigen. En zelfs als het de menselijke soort lukt nog een miljard jaar te overleven, geldt dat niet voor de aarde en het zonnestelsel: de zon zal zijn waterstof gaan opgebruiken, intenser en heter worden en het water van onze zeeën en oceanen laten verdampen voor hij een rode reus wordt.

Technologie is dus niet de reden waarom onze soort op een dag het loodje zal leggen. Integendeel, we vestigen onze hoop op technologie om de dood te slim af te zijn, in elk geval voor een tijdje. Zolang we ons bezighouden met hypothetische rampen die ver in de toekomst zullen plaatsvinden, moeten we ook nadenken over hypothetische vorderingen die ons in staat zouden stellen die rampen te overleven, zoals het verbouwen van voedsel onder lampen die door kernfusie van energie worden voorzien, of door het in industriële installaties te produceren als biobrandstof.[15] Zelfs technologieën uit de niet eens zo verre toekomst zouden wel eens ons hachje kunnen redden. Het is technisch haalbaar het traject van asteroïden en andere objecten 'van extinctieniveau' in de omgeving van de aarde te bepalen, degene die op ramkoers met de aarde liggen eruit te pikken en die uit hun baan te stoten voordat ze ons hetzelfde lot laten ondergaan als de dinosauriërs.[16] De NASA heeft een manier bedacht om water onder hoge druk in een supervulkaan te pompen en de hitte te onttrekken om die te gebruiken als geothermische energie, waardoor het magma dermate wordt gekoeld dat het nooit over de rand kan komen.[17] Onze voorouders waren niet bij machte deze dodelijke dreigingen een halt toe te roepen, dus wat dat betreft heeft de technologie onze tijd niet ongekend gevaarlijk gemaakt voor onze soort maar juist ongekend veilig.

Om die reden is de techno-apocalyptische bewering dat onze beschaving de eerste is die zichzelf kan vernietigen een misvatting. Zoals Ozymandias de reiziger in het gedicht van Percy Bysshe Shelley in herinnering bracht, zijn de meeste beschavingen die ooit hebben bestaan vernietigd. De conventionele geschiedenis wijt de verwoesting aan externe gebeurtenissen als epidemieën, veroveringen, aardbevingen of het weer. Maar David Deutsch wijst erop dat die beschavingen de fatale gebeurtenissen had kunnen verijdelen als ze over betere landbouwkundige, medische of militaire technologie hadden beschikt:

Voordat onze voorouders vuur leerden maken (en ook vele keren daarna), moeten mensen aan blootstelling aan de elementen zijn

355

overleden terwijl ze zich letterlijk boven op de middelen bevonden waarmee ze het vuur hadden kunnen maken dat hun het leven had gered, als ze maar hadden geweten hoe dat moest. Kortzichtig bezien kwamen ze om het leven door het weer; maar de diepere oorzaak is gebrek aan kennis. Vele van de honderden miljoenen mensen die door de geschiedenis heen aan cholera zijn overleden, moeten zijn gestorven terwijl ze de open haard konden zien waarin ze hun drinkwater hadden kunnen koken en zo hun leven hadden kunnen redden, maar ook voor hen geldt dat ze het niet wisten.

356 Over het algemeen is het onderscheid tussen een natuurramp en een ramp die het gevolg is van onwetendheid heel klein. Voor elke natuurramp waarvan men vroeger dacht dat die 'nou eenmaal gebeurde', of dat die was voorbestemd door de goden, zien we nu vele mogelijkheden waar mensen geen gebruik van maakten – of die ze, beter gezegd, niet creëerden. En al die mogelijkheden leiden samen tot de overkoepelende mogelijkheid die ze verzuimden te creëren, namelijk het vormen van een wetenschappelijke en technologische beschaving als de onze. Tradities van kritiek. Een Verlichting.[18]

Een van de grootste existentiële dreigingen die de toekomst van de mensheid in gevaar zouden brengen, is een eenentwintigste-eeuwse variant van de millenniumbug: het gevaar dat we, bewust of per ongeluk, onderworpen zullen worden door kunstmatige intelligentie (KI), een ramp die ook wel de 'Robopocalyps' wordt genoemd en vaak geïllustreerd wordt met beelden uit *Terminator*-films. Net als bij de millenniumbug zijn er intelligente mensen die die dreiging uiterst serieus nemen. Elon Musk, wiens bedrijf kunstmatig intelligente zelfrijdende auto's maakt, noemde de technologie 'gevaarlijker dan kernwapens'. Stephen Hawking waarschuwde, sprekend door zijn kunstmatig intelligente spraaksynthesizer, dat KI 'het einde van de mensheid zou kunnen betekenen'.[19] Maar onder de slimme mensen die er niet wakker van liggen bevinden zich de meeste deskundigen op het gebied van kunstmatige én menselijke intelligentie.[20]

De Robopocalyps is gebaseerd op een vaag concept van intelligentie dat meer gegrondvest is in de scala naturae en een nietzscheaanse wil tot macht dan op modern wetenschappelijk inzicht.[21] Volgens dat concept is intelligentie een soort almachtige, wensvervullende toverdrank die actoren in verschillende hoeveelheden bezitten. Mensen hebben er meer van dan dieren, en een kunstmatig intelligente computer of robot uit de toekomst ('een KI', in het tegenwoordige gebruik van het telbaar substantief) zal er meer van hebben dan mensen. Aangezien wij mensen onze middelmatige begaafdheid hebben gebruikt om minder begaafde dieren te domesticeren of uit te roeien (en aangezien technologisch geavanceerde maatschappijen technologisch primitieve hebben onderworpen of vernietigd), is de logische conclusie dat een superintelligente KI hetzelfde met ons zou doen. Aangezien een KI miljoenen keren sneller zal denken dan wij en zijn superintelligentie zal gebruiken om die superintelligentie recursief te vergroten (een scenario dat ook wel 'foom' wordt genoemd, naar het geluidseffect in Engelstalige stripboeken), zullen we hem onmogelijk kunnen tegenhouden vanaf het moment dat hij wordt geactiveerd.[22]

357

Maar dit scenario is ongeveer net zo logisch als de vrees dat straalvliegtuigen, aangezien die nu beter kunnen vliegen dan adelaars, op een dag uit de lucht omlaag zullen schieten om zich op ons vee te storten. De eerste denkfout is om intelligentie te verwarren met motivatie – overtuigingen met verlangens, gevolgtrekkingen met doelen, denken met willen. Zelfs al zouden we supermenselijke intelligente robots uitvinden, waarom zouden die hun meesters dan wíllen onderwerpen of waarom zouden ze de wereldheerschappij wíllen overnemen? Intelligentie is het vermogen om nieuwe middelen en manieren te gebruiken om een doel te bereiken. De doelen maken echter geen deel uit van de intelligentie; slim zijn is niet hetzelfde als iets willen. Het toeval wil gewoon dat de intelligentie in een systeem, homo sapiens, een voortbrengsel is van darwinistische selectie, een inherent competitief proces. In de hersenen van die soort wordt het vermogen om te redeneren verbonden (in wisselende mate bij verschillende soorten) met doelen als het overheersen van vijanden en het verzamelen van hulpmiddelen. Maar het is een misvatting om een circuit in het limbisch systeem van een specifieke primatensoort te verwarren met wat intelligentie ten diepste is. Een kunstmatig intelligent systeem dat is ontworpen in plaats van geëvolueerd, zou net zo goed op dezelfde manier kunnen denken als de shmoos, de klodderige altruïsten uit Al Capps strip Li'l Abner die hun aanzienlijke vindingrijkheid toepassen om zichzelf te barbecueën zodat mensen ze kunnen opeten. Er bestaat geen wet voor complexe systemen die voorschrijft dat intelligente actoren onvermijdelijk in wrede veroveraars zullen veranderen. Integendeel, we weten van het bestaan van een hoogst geavanceerde vorm van intelligentie die zonder die tekortkoming is geëvolueerd: vrouwen.

De tweede misvatting is om intelligentie te zien als een onbegrensd continuüm van mogelijkheden en potentie, een wonderelixer dat het vermogen heeft elk probleem op te lossen en elk doel te bewerkstelligen.[23] Die misvatting leidt tot onzinnige vragen als 'wanneer een KI de menselijke intelligentie zal ontstijgen' en tot het beeld van een ultiem 'artificial general intelligence' (AGI) met een goddelijke alwetendheid en almacht. Intelligentie is een machine met allerlei gadgets: software-modules die leren of geprogrammeerd zijn met kennis van hoe je ver-schillende doelen op allerlei verschillende gebieden kunt najagen.[24] Mensen zijn uitgerust met het vermogen om voedsel te vinden, vrien-den te maken, anderen te beïnvloeden, potentiële paringspartners in te palmen, kinderen op te voeden, zich in de wereld te verplaatsen en an-dere menselijke obsessies en tijdverdrijven na te streven. Computers kunnen misschien geprogrammeerd worden om een aantal van die taken van ons over te nemen (zoals gezichtsherkenning), zich met an-dere niet bezig te houden (zoals het inpalmen van paringspartners) en wéér andere problemen het hoofd te bieden die voor mensen te hoog gegrepen zijn (zoals het simuleren van het klimaat of het rangschik-ken van miljoenen boekhoudkundige gegevens). De problemen die ze kunnen oplossen zijn anders, en de soorten kennis die nodig zijn om dat te doen zijn verschillend. Anders dan de demon van Laplace, het fictieve wezen dat de locatie en het momentum van ieder deeltje in het universum kent en deze informatie kan invoeren in de vergelijkingen voor natuurwetten, zodat hij de staat van alle dingen op ieder moment in de toekomst kan berekenen – moet een 'weter' in de echte wereld informatie verkrijgen uit de onoverzichtelijke, chaotische wereld der objecten en mensen door zich daarmee bezig te houden in slechts één domein tegelijk. Begrijpen voldoet niet aan de wet van Moore; kennis wordt verworven door verklaringen te formuleren en ze te toetsen aan de werkelijkheid, niet door een algoritme steeds sneller te laten wer-ken.[25] Ook de informatie die beschikbaar is op internet zal ons niet alwetend maken: big data zijn nog altijd begrensd, en het universum van kennis is oneindig.

Om die redenen ergeren veel KI-deskundigen zich aan de nieuw-ste hype (de eeuwige vloek van KI) die waarnemers tot de onterechte aanname heeft gebracht dat artificial general intelligence binnen zeer afzienbare tijd werkelijkheid is.[26] Voor zover ik weet zijn er geen pro-jecten bezig voor het bouwen van een AGI, niet alleen omdat dat com-mercieel waarschijnlijk onverstandig zou zijn, maar ook omdat het concept nauwelijks concreet is. De jaren tien van de eenentwintigste eeuw hebben ons systemen opgeleverd die auto's kunnen besturen, on-derschriften bij foto's kunnen genereren en mensen kunnen verslaan in quizzen, bij bordspelen en met computergames. Maar de vooruit-gang is niet geboekt door een beter begrip van hoe intelligentie werkt; wél door de brute rekenkracht van snellere chips en meer data, die het mogelijk maken programma's te trainen op miljoenen voorbeelden en ze te laten generaliseren naar nieuwe, soortgelijke voorbeelden. Elk systeem is een *idiot savant*, een autistisch genie dat het vermogen om de sprong te maken naar problemen waarvoor het niet ontworpen is nagenoeg mist, en slechts een fragiel inzicht heeft in de problemen waarvoor het wél ontworpen is. Een fotobeschrijvend programma zet onder een foto van een dreigende vliegtuigcrash 'Een vliegtuig staat op de landingsbaan'; een programma dat computergames speelt, wordt door een kleine verandering in het scoren van punten geheel op het verkeerde been gezet.[27] Hoewel de programma's ongetwijfeld beter zullen worden, zijn er nog geen tekenen van de spoedige totstandkoming van een superintelligentie die op eigen houtje zijn superintelligentie vergroot. Ook heeft geen van deze programma's ooit aanstalten gemaakt het laboratorium over te nemen of hun programmeurs aan zich te onderwerpen.

Zelfs als een AGI uit zou zijn op de macht, zou hij zonder hulp van mensen een opgesloten, krachteloos brein blijven. De computerwetenschapper Ramez Naan prikt resoluut de zeepbellen door waarmee *foom*, een technologische singulariteit en exponentiële zelfverbetering, omgeven worden:

> Stel je voor dat je een superintelligente KI bent die draait op een soort microprocessor (of misschien wel miljoenen van zulke microprocessoren). Meteen bedenk je een ontwerp voor een nog snellere en nog krachtigere microprocessor. En nu... Verdraaid! Je moet die microprocessoren ook in elkáár zetten. En die fabrieken slurpen ontzettend veel energie op, ze hebben een aanvoer nodig van materialen uit alle uithoeken van de wereld, er zijn streng gecontroleerde cleanrooms nodig met luchtsluizen, filters en allerlei specialistische apparatuur die onderhouden moet worden, en ga zo maar door. Het kost tijd en energie om dit allemaal te verwerven, te vervoeren, te integreren, te huisvesten, van energie te voorzien, te testen en te fabriceren. De echte wereld staat je opwaartse spiraal van zelftranscendentie in de weg.[28]

De wereld staat een helebóél apocalyptische digitale scenario's in de weg. Wanneer HAL (in *2001: A Space Odyssey*) weerbarstig wordt, schakelt Dave hem met een schroevendraaier uit, waarna de computer aandoenlijk 'A Bicycle Built for Two' begint te zingen. Je kunt je natuurlijk altijd een doomsday computer voorstellen die kwaadaardig is, overal ter wereld een vinger in de pap heeft, altijd aanstaat en waar niet mee geknoeid kan worden. De manier om deze dreiging het hoofd te bieden is heel overzichtelijk: er geen bouwen.

Toen het vooruitzicht van kwaadaardige robots te vergezocht leek om serieus te worden genomen, ontwaarden de hoeders van ons bestaan een nieuwe digitale apocalyps. Dat verhaal is niet gebaseerd op Frankenstein of een duivelse robot, maar op de *djinn* die ons drie wensen laat doen, waarvan de derde nodig is om de eerste twee ongedaan te maken, en op koning Midas die spijt heeft van zijn vermogen om alles wat hij aanraakte in goud te veranderen, inclusief zijn eten en de leden van zijn gezin. Het gevaar is dat we een KI een doel geven en vervolgens machteloos moeten toezien hoe hij meedogenloos en letterlijk zijn interpretatie van dat doel ten uitvoer brengt, waardoor al onze overige belangen ernstig geschaad worden. Als we een KI het doel gaven om ervoor te zorgen dat het water achter een dam bleef, zou hij een stad kunnen laten overstromen zonder oog te hebben voor de mensen die verdronken. Als we hem opdracht gaven paperclips te maken, zou hij alle materie in het universum die hij kon bereiken in paperclips veranderen, inclusief onze bezittingen en lichamen. Als we hem vroegen menselijk geluk te maximaliseren, zou hij ons misschien allemaal een infuus met dopamine geven, of onze hersenen zo programmeren dat we het gelukkigst zouden zijn als we in een pot zaten, en als het concept van geluk hem was aangeleerd met foto's van glimlachende gezichten, zou hij misschien het hele heelal bedekken met eindeloze hoeveelheden nanoscopische afbeeldingen van smileys.[29]

Ik verzin dit allemaal niet. Dit zijn scenario's die zogenaamd de existentiële bedreiging van de menselijke soort door geavanceerde kunstmatige intelligentie illustreren. Gelukkig spreken ze zichzelf tegen.[30] Ze zijn afhankelijk van de vooronderstelling dat (1) mensen zo intelligent zijn dat ze een alwetende en almachtige KI kunnen ontwerpen, maar tegelijkertijd zo oliedom dat ze hem de heerschappij over het heelal geven zonder te testen hoe hij werkt, en (2) dat de KI zo geniaal is dat hij uitdoktert hoe hij elementen kan transmuteren en hersens opnieuw kan programmeren, maar tegelijkertijd zo imbeciel dat hij er een puinhoop van zou maken doordat hij de meest simpele dingen verkeerd begrijpt. Het vermogen om een handeling te kiezen die conflicterende doelen het best verwezenlijkt, is geen aanvulling van intelligentie die programmeurs stom genoeg niet hadden geïnstalleerd; het ís intelligentie. Dat geldt ook voor het vermogen de bedoeling van een taalgebruiker binnen de context te interpreteren. Alleen in televisiekomedies reageert een robot op 'Schiet de ober even aan' door een pistool tevoorschijn te halen en de man in zijn arm te schieten.

Fantasieën als foom, digitale megalomanie, onmiddellijke alwetendheid en de volmaakte controle over elk molecuul in het universum
even daargelaten, is kunstmatige intelligentie hetzelfde als elke andere
technologie. Kunstmatige intelligentie wordt steeds verder ontwikkeld,
wordt ontworpen om aan meerdere voorwaarden te voldoen, wordt
getest voor het wordt toegepast en wordt voortdurend nóg efficiënter
en veiliger gemaakt (hoofdstuk 12). KI-deskundige Stuart Russell verwoordt het zo: 'Niemand heeft het in de civiele techniek over "bruggen
bouwen die niet instorten". Het heet gewoon "bruggen bouwen". Op
dezelfde manier is KI die nuttig en niet gevaarlijk is simpelweg KI.'[31]   361

Kunstmatige intelligentie brengt absoluut de meer prozaïsche vraag
met zich mee wat er moet gebeuren met de mensen die hun baan
kwijtraken door automatisering. Maar zo'n vaart zal dat allemaal niet
lopen. De conclusie van een NASA-rapport uit 1965 geldt nog steeds:
'De mens is het goedkoopste, niet-lineaire, universeel inzetbare, tachtig kilo wegende computersysteem dat met ongeschoolde arbeid in
massaproductie vervaardigd kan worden.'[32] Autorijden is een makkelijker op te lossen technisch probleem dan het uitruimen van een afwasmachine, een boodschap doen of een luier verschonen, en op het
moment van schrijven zijn we er nog steeds niet klaar voor om zelfrijdende auto's los te laten op de wegen van onze steden.[33] Tot de dag
waarop bataljons robots kinderen inenten en scholen bouwen in de
Derde Wereld, of infrastructuur aanleggen en bejaarden verzorgen in
de onze, is er nog genoeg werk aan de winkel. Hetzelfde soort vernuft
dat is toegepast om software en robots te ontwerpen, zou ook toegepast
kunnen worden op het uitstippelen van overheidsbeleid en beleid in de
private sector dat werkloze handen en werk dat onuitgevoerd blijft bij
elkaar brengen.[34]

Als robots geen bedreiging vormen, hoe zit het dan met hackers? We
kennen allemaal de stereotypen: Bulgaarse tieners, jonge mannen op
slippers die Red Bull drinken, en, zoals Donald Trump het verwoordde
tijdens een presidentsdebat in 2016, 'iemand van tweehonderd kilo die
op zijn bed zit'. Je hoort vaak zeggen dat naarmate techniek zich verder
ontwikkelt, de destructieve kracht die individuen ter beschikking staat
toeneemt. Het is slechts een kwestie van tijd tot één nerd of terrorist
in zijn garage een kernbom in elkaar zet, of een besmettelijk virus ontwikkelt, of het internet platlegt. En nu de moderne wereld zo afhankelijk is van technologie, zou een black-out tot paniek, hongersnood en
anarchie kunnen leiden. In 2002 ging Martin Rees met iedereen die
dat maar wilde de weddenschap aan dat er 'tegen 2020 een miljoen

slachtoffers zullen zijn gevallen als gevolg van één fout bij biologische experimenten of één enkel geval van bioterreur'.[35]

Wat moeten we van deze nachtmerries denken? Soms zijn ze bedoeld om mensen bewuster te maken van zwakke plekken in de beveiliging, vanuit de theorie (die we later in dit hoofdstuk opnieuw zullen bespreken) dat de effectiefste manier om mensen verantwoordelijk te laten handelen is om ze doodsbang te maken. Of die theorie nu klopt of niet, niemand zal beweren dat we ons geen zorgen hoeven te maken over cybercrime of de uitbraak van ziekten, die nu al beproevingen zijn voor de moderne wereld (ik zal me in het volgende deel van dit hoofdstuk bezighouden met de dreiging van kernwapens). Specialisten op het gebied van computerveiligheid en epidemiologie proberen deze dreigingen voortdurend een stap voor te blijven, en het is duidelijk dat landen in beide moeten investeren. De militaire, financiële, energie- en internetinfrastructuur zouden veiliger en weerbaarder moeten worden gemaakt.[36] Er kunnen verdergaande verdragen en waarborgen tegen biologische wapens komen.[37] Transnationale gezondheidsnetwerken die uitbraken kunnen vaststellen en inperken voordat ze uitgroeien tot een pandemie, moeten worden uitgebreid. Samen met betere vaccins, antibiotica, antivirale middelen en snelle diagnostische tests zullen ze net zo nuttig zijn in de strijd tegen door de mens gemaakte ziekteverwekkers als natuurlijke ziekteverwekkers.[38] Landen zullen ook voorzorgsmaatregelen moeten nemen op het gebied van antiterrorisme en misdaadpreventie, zoals toezicht en onderschepping.[39]

Natuurlijk zal bij geen van deze wapenwedlopen de verdediging ooit onverslaanbaar zijn. Er kan zich cyberterrorisme of bioterrorisme voordoen, en het is nooit uitgesloten dat er een ramp gebeurt. De vraag die we zullen bespreken is of de grimmige feiten elk redelijk denkend mens tot de conclusie moeten brengen dat onze soort de klos is. Is het onvermijdelijk dat de slechteriken de goeden op een dag te slim af zullen zijn en de ondergang van de beschaving zullen inluiden? Doet het ironische feit zich voor dat technologische vooruitgang de wereld opnieuw kwetsbaar heeft gemaakt?

Het valt niet met zekerheid te zeggen, maar wanneer we de doemscenario's wat rustiger bekijken, trekt de zwaarmoedigheid langzaam weg. Laten we beginnen met de historische insteek: of massavernietiging door een individu het logische gevolg is van het proces dat in gang is gezet door de wetenschappelijke revolutie en de Verlichting. Volgens deze theorie stelt technologie mensen in staat met steeds minder steeds meer te bereiken, dus als er maar genoeg tijd is, zal één individu vroeg of laat in staat zijn om al het mogelijke te doen – en gezien de menselijke aard betekent dat: alles vernietigen.

Maar Kevin Kelly, oprichter en redacteur van het tijdschrift *Wired* en schrijver van *What Technology Wants*, betoogt dat dit in werkelijkheid niet de manier is waarop technologie zich ontwikkelt.[40] Kelly organiseerde in 1984 samen met Stewart Brand de eerste Hackers Conference, en sindsdien is hem herhaaldelijk voorgehouden dat technologie zich elk moment kon bevrijden van het menselijk vermogen haar aan zich te onderwerpen. Maar ondanks de enorme toename van technologie in die decennia (waaronder de uitvinding van het internet) is dat niet gebeurd. Volgens Kelly is daar een reden voor: 'Hoe machtiger technologieën worden, hoe meer ze sociaal verankerd raken.' Supermoderne technologie vereist een netwerk van medewerkers die zijn verbonden met nog bredere sociale netwerken, waarvan vele eraan zijn toegewijd mensen te beschermen tegen technologie en tegen elkaar. (Zoals we zagen in hoofdstuk 12 worden technologieën na verloop van tijd veiliger.) Dit haalt het Hollywoodcliché onderuit van het eenzame kwaadaardige genie dat de scepter zwaait over een hightech hol waar de technologie op de een of andere magische manier vanzelf werkt. Kelly stelt dat vanwege het feit dat technologie maatschappelijk zo is ingebed, de destructieve kracht van één enkel individu door de tijd heen juist níét vergroot is:

> Hoe geavanceerder en krachtiger een technologie, hoe meer mensen er voor nodig zijn om er een wapen van te maken. En hoe meer mensen er nodig zijn om er een wapen van te maken, hoe meer sociale controlemiddelen er actief zijn om te voorkomen dat er kwaad mee wordt gedaan, of om de kans daarop te verkleinen of om de schade te verzachten. Ik voeg daar nog een gedachte aan toe. Zelfs als je er het geld voor had om een team van wetenschappers in te huren om een biologisch wapen te ontwikkelen waarmee de menselijke soort kon worden uitgeroeid, of om het internet plat te leggen, zou dat je waarschijnlijk toch niet lukken. Dat komt doordat er in het geval van het internet honderdduizenden manjaren aan inspanning zijn besteed om dat te voorkomen, en in het geval van de biologie miljoenen jaren evolutionaire inspanning om de dood van de soort te voorkomen. Het is extreem moeilijk uit te voeren, en hoe kleiner het team slechteriken, hoe moeilijker. Hoe groter het team, hoe meer maatschappelijke invloeden.[41]

Dit is allemaal nogal abstract – de ene theorie over de natuurlijke boog van technologie tegenover de andere. Hoe is dat concreet van toepas-

sing op de echte gevaren waarmee we te maken hebben, zodat we erover kunnen nadenken of de mensheid de pineut is? De truc is om niet
te zwichten voor de beschikbaarheidsheuristiek en niet te denken dat
als we ons iets vreselijks kunnen voorstellen, het ook zeker zal gebeuren. Het echte gevaar hangt af van de cijfers: het percentage mensen
dat kwaad wil doen of op grote schaal wil doden, het percentage van
die moordlustige fractie dat in staat is een effectief cyber- of biologisch
wapen in elkaar te zetten, de fractie van die fractie die daadwerkelijk in
die opzet zal slagen, en de fractie van de fractie van de fractie die het
klaarspeelt een cataclysme te veroorzaken dat een einde maakt aan de
beschaving in plaats van alleen wat hinder, een slag of zelfs een ramp,
waarna het leven weer doorgaat.

Laten we beginnen met het aantal maniakken. Is er in de moderne
wereld een aanzienlijk aantal mensen aanwezig dat onbekenden wil
vermoorden en kwaad wil doen? Als dat zo was, zou het leven er totaal
anders uitzien. Ze zouden vele mensen willekeurig kunnen neersteken, het vuur kunnen openen op mensenmassa's, met auto's voetgangers kunnen scheppen, bommen in snelkookpannen kunnen laten
afgaan en mensen van de stoep of metroperrons voor aanstormende
voertuigen kunnen gooien. De onderzoeker Gwern Branwen heeft
berekend dat een gedisciplineerde sluipschutter of seriemoordenaar
honderden mensen zou kunnen doden zonder gepakt te worden.[42]
Iemand die erop uit was om dood en verderf te zaaien, zou kunnen
rotzooien met supermarktproducten, pesticide in veevoer of in een
waterreservoir kunnen gieten of zelfs alleen maar een anoniem telefoontje kunnen plegen om te zeggen dat hij dat zojuist had gedaan,
wat een bedrijf honderden miljoenen euro's aan terugroepingen en
een land miljarden euro's aan misgelopen export zou kunnen kosten.[43]
Zulke aanvallen zóúden in alle steden van de wereld vele malen per
dag kunnen plaatsvinden, maar gebeuren in werkelijkheid slechts zo
nu en dan, hier en daar (wat veiligheidsexpert Bruce Schneier zich doet
afvragen: 'Waar zijn alle terroristische aanvallen?').[44] Ondanks al het
daadwerkelijke terrorisme kan het niet anders dan dat maar heel weinig individuen erop uit zijn om moedwillig dood en verderf te zaaien.

En hoeveel van die verdorven personen bezitten de intelligentie en
discipline om effectieve cyber- of biologische wapens te ontwikkelen?
De meeste terroristen zijn geen criminele genieën, maar stumpers
die maar wat rotzooien.[45] Typische voorbeelden zijn de man die vergeefs probeerde een vliegtuig te laten neerstorten door explosieven in
zijn schoen te laten afgaan, of de man die hetzelfde probeerde met
explosieven in zijn ondergoed; de isis-trainer die een bomvest demon-

streerde aan zijn klas zelfmoordterroristen in de dop en zichzelf plus alle andere eenentwintig aanwezigen opblies; de Tsarnaev-broers, die na hun bomaanslag tijdens de marathon van Boston een politieman vermoordden bij een vergeefse poging zijn dienstwapen te stelen, een overval pleegden en een auto carjackten, waarna de ene broer tijdens een Hollywoodachtige achtervolging de andere overreed; en Abdullah al-Asiri, die een aanslag wilde plegen op een Saudische onderminister met een explosief dat hij in zijn anus had verstopt maar waarmee hij slechts zichzelf wist op te blazen.[46] (Een inlichtingenanalysebedrijf noemde het voorval 'een signaal dat zelfmoordterroristen steeds vaker anders te werk gaan'.)[47] Zo nu en dan, zoals op 11 september 2001, heeft een groep slimme en gedisciplineerde terroristen geluk, maar de succesvolste plannen zijn technisch eenvoudige aanslagen op plekken waar veel potentiële slachtoffers bij elkaar komen en waar (zoals we zagen in hoofdstuk 13) heel weinig mensen bij omkomen. Ik durf de stelling aan dat het percentage geniale terroristen binnen een bevolking zelfs nog kleiner is dan het percentage terroristen vermenigvuldigd met het percentage geniale mensen. Terrorisme is aantoonbaar ineffectief, en iemand die er genoegen in schept zonder doel dood en verderf te zaaien, is waarschijnlijk niet het grootste licht.[48]

Neem nu van het kleine aantal geniale wapenmakers alleen het percentage met de vakkundigheid en het geluk om de politie, veiligheidsexperts en antiterreureenheden te slim af te zijn. Dat zullen er meer dan nul zijn, maar zeker niet veel. Zoals bij alle complexe ondernemingen geldt dat het beter is om met meerdere mensen samen te werken, en een organisatie van bio- of cyberterroristen zou waarschijnlijk effectiever zijn dan één meesterbrein dat op eigen houtje opereert. Maar dan komt Kelly's observatie om de hoek kijken: de leider zou een team van handlangers moeten rekruteren en trainen die alles strikt geheim hielden, volmaakt competent waren én loyaal waren aan een verderfelijke zaak. Naarmate de omvang van het team toeneemt, neemt ook de kans op ontdekking, verraad, infiltratie en blunders toe.[49]

Om de infrastructuur van een land ernstig te kunnen bedreigen, zijn waarschijnlijk de middelen nodig waar de staat over beschikt.[50] Het hacken van software is niet genoeg; de hacker moet gedetailleerde kennis hebben over de fysieke samenstelling van de systemen die hij hoopt te saboteren. Toen in 2010 de Iraanse kerncentrifuges werden aangevallen door de Stuxnetworm, was daar een gecoördineerde inspanning van twee technisch geavanceerde landen voor nodig, de Verenigde Staten en Israël. Door de staat uitgevoerde cybersabotage laat terrorisme escaleren tot een soort oorlogsvoering, waarbij de restricties van internationale betrekkingen, zoals normen, verdragen, sancties, vergelding en militaire afschrikking, agressieve aanvallen voorkomen, wat ook het geval is bij conventionele 'kinetische' oorlogsvoering. Zoals we in hoofdstuk 11 hebben gezien, zijn die restricties steeds effectiever geworden in het voorkomen van oorlog tussen staten.

Toch waarschuwen hooggeplaatste Amerikaanse militairen voor een 'digitaal Pearl Harbor' en een 'cyberarmageddon' waarbij vreemde mogendheden of geavanceerde terroristische organisaties Amerikaanse sites hacken om vliegtuigen te laten neerstorten, sluizen te openen, meltdowns in kerncentrales te veroorzaken, energiecentrales plat te leggen en het financiële systeem uit te schakelen. De meeste experts op het gebied van cyberveiligheid zijn van mening dat die dreigingen overdreven worden – een voorwendsel voor meer militaire uitgaven, meer macht, en het inperken van privacy en vrijheid op internet.[51] De werkelijkheid is dat tot op heden nooit één persoon zelfs maar gewond is geraakt als gevolg van een cyberaanval. Meestal ging het om hinderlijke aanvallen als doxing, het lekken van vertrouwelijke documenten of e-mails (zoals tijdens de Russische inmenging in de Amerikaanse presidentsverkiezingen van 2016) en DDOS-aanvallen, waarbij een botnet (een grote hoeveelheid gehackte computers) een site overspoelt met dataverkeer. Schneider legt uit: 'Een vergelijking met de echte wereld zou kunnen zijn dat een leger een land binnenvalt en dat de soldaten allemaal bij het gemeentehuis in de rij gaan staan voor de mensen die hun rijbewijs willen verlengen, zodat die onverrichterzake weer naar huis moeten. Als oorlog er in de eenentwintigste eeuw zo uitziet, hebben we weinig te vrezen.'[52]

Maar mensen die bang zijn voor technologisch onheil laten zich niet geruststellen door een kleine kans. Volgens hen hoeft er maar één hacker of één terrorist of één schurkenstaat een keer geluk te hebben, en het is afgelopen. Dat is de reden waarom het woord 'dreiging' vooraf wordt gegaan door 'existentieel', waardoor dat bijvoeglijk naamwoord een nieuwe bloeiperiode doormaakt na de tijd van Sartre en Camus. In 2001 waarschuwde de voorzitter van de Joint Chiefs of Staff dat 'de grootste existentiële dreiging een cyberaanval is' (wat John Mueller de uitspraak ontlokte: 'In tegenstelling tot kleine existentiële dreigingen dan zeker').

Dit existentialisme hangt af van een hellend vlak van ongemak tot tragedie tot een ramp tot vernietiging. Stel dát er een aanslag met bioterreur plaatsvond waarbij een miljoen mensen om het leven kwamen. Stel dát het een hacker lukte het hele internet plat te leggen. Zou de wereld letterlijk ophouden te bestaan? Zou de beschaving instorten? Zou de menselijke soort uitgeroeid worden? Kom zeg, laten we alles een beetje in verhouding blijven zien – zelfs Hiroshima bestaat nog steeds! De veronderstelling is dat de moderne mens zo hulpeloos is dat als het internet het ooit begeeft, boeren machteloos moeten toezien hoe hun oogsten wegrotten terwijl verdwaasde stedelingen omkomen van de honger. Maar rampensociologie (ja, zo'n specialisatie bestaat) heeft aangetoond dat mensen heel veerkrachtig zijn als ze met een ramp te maken krijgen.[53] In plaats van te gaan plunderen, in paniek te raken of te verlammen gaan ze spontaan samenwerken om de orde te herstellen en provisorische netwerken op te zetten om goederen en diensten te distribueren. Enrico Quarantelli beschreef wat zich binnen enkele minuten na de ontploffing van de atoombom in Hiroshima afspeelde:

Overlevenden begonnen andere overlevenden te zoeken, hielpen el-kaar op alle mogelijke manieren en ontvluchtten kalm en beheerst het brandende gebied. Binnen een dag, naast de planning van de nog resterende overheid en militaire organisaties, herstelden ande-re groepen in sommige gebieden gedeeltelijk de elektriciteit, begon een staalbedrijf waarvan 20 procent van de arbeiders naar het werk was gekomen weer te functioneren, verzamelden medewerkers van twaalf banken in Hiroshima zich in het filiaal in het centrum van de stad en begonnen betalingen te verwerken, werden tramrails naar de stad vrijgemaakt, en de volgende dag was het tramvervoer gedeel-telijk hersteld.[54]

Een van de redenen waarom de Tweede Wereldoorlog zo ontzettend veel slachtoffers eiste, was dat er aan beide kanten voor werd gekozen net zo lang burgers te bombarderen tot hun samenleving instortte – wat niet gebeurde.[55] En nee, die onverzettelijkheid was geen overblijf-sel van de homogene gemeenschappen van vroeger. Ook kosmopoli-tische samenlevingen uit de eenentwintigste eeuw kunnen rampen het hoofd bieden, zoals bleek tijdens de ordelijke evacuatie van Lower Manhattan na de aanslagen van 11 september en het uitblijven van pa-niek in Estland in 2007, toen dat land getroffen werd door een groot-schalige DOS-aanval.[56] Bioterrorisme is misschien ook een fantoomdreiging. Biologische wapens, die in 1972 door vrijwel alle landen in een internationale over-eenkomst werden afgezworen, spelen geen rol in moderne oorlogsvoe-ring. De ban werd aangedreven door een wijdverbreide afkeer van het idéé van biologische wapens, maar de mondiale krijgsmachten hoef-den nauwelijks overtuigd te worden, want kleine levende dingen zor-

367

gen voor beroerde wapens. Ze infecteren maar al te makkelijk de 'eigen' wapenmakers, strijdkrachten en burgers (stel je de Tsarnaev-broers maar voor met miltvuursporen). En of een ziekte-uitbraak uitdooft of uitgroeit tot een virus, hangt af van gecompliceerde 'netwerkdynamieken' die zelfs de beste epidemiologen niet kunnen voorspellen.[57]

Biologische actoren zijn bijzonder ongeschikt voor terroristen, omdat deze er immers op uit zijn theater te maken en niet om schade toe te brengen (hoofdstuk 13).[58] De bioloog Paul Ewald merkt op dat natuurlijke selectie onder ziekteverwekkers het doel van terroristen, namelijk onverwachte en spectaculaire verwoesting, in de weg staat.[59] Ziekteverwekkers die het ervan moeten hebben zo snel mogelijk de ene na de andere persoon te besmetten, zoals het verkoudheidsvirus, zijn geselecteerd om hun gastheren levend en op de been te houden, zodat die zo veel mogelijk mensen de hand kunnen schudden en over hen heen kunnen niezen. Ziekteverwekkers worden alleen gulzig en doden hun gastheren alleen als ze op een andere manier van lichaam naar lichaam kunnen, bijvoorbeeld via muggen (in het geval van malaria), een besmette watervoorraad (cholera) of greppels vol gewonde soldaten (de Spaanse griepepidemie van 1918). Seksueel overdraagbare ziekteverwekkers, zoals hiv en syfilis, bevinden zich ergens middenin; zij hebben een lange en symptoomvrije incubatietijd nodig waarin gastheren hun partners kunnen besmetten, waarna de ziekteverwekkers toeslaan. Besmettelijkheid en virulentie wisselen elkaar af, en de evolutie van ziekteverwekkers zal de terrorist die een epidemie wil ontketenen die volop in de publiciteit komt en zowel snel als dodelijk is, al snel frustreren. Theoretisch zou een bioterrorist kunnen proberen de curve om te buigen met een ziekteverwekker die virulent, besmettelijk en bestendig genoeg is om buiten lichamen te overleven. Maar om zulke verfijnde ziekteverwekkers te kweken zouden nazi-achtige experimenten op levende mensen nodig zijn die zelfs terroristen (en laat staan tieners) niet snel zullen uitvoeren. Misschien is het wel niet alleen een kwestie van geluk dat er tot dusver wereldwijd nog maar één succesvolle aanslag met bioterreur heeft plaatsgevonden (de besmetting van salade met salmonella in 1984 door de Rajneeshee-sekte, waarbij geen doden vielen), plus de aanslagen in Amerika in 2001 waarbij er brieven met miltvuur werden rondgestuurd, die vijf mensen het leven kostten.[60]

Vorderingen op het gebied van synthetische biologie, zoals de genmodificerende techniek CRISPR-Cas9, maken het makkelijker om te rommelen met organismen, inclusief ziekteverwekkers. Maar het is moeilijk een complexe, geëvolueerde eigenschap te bewerken door

368

er een paar genen aan toe te voegen, doordat de effecten van een gen verweven zijn met de rest van het genoom van het organisme. Ewald schrijft: 'Ik denk niet dat we al goed kunnen begrijpen hoe we combinaties van genetische varianten moeten toevoegen aan ziekteverwekkers die een virus gezamenlijk zo overdraagbaar en kwaadaardig mogelijk maken voor mensen.'[61] De biotechnologisch expert Robert Carlson voegt daaraan toe dat 'een van de problemen met het ontwikkelen van een griepvirus is dat je je productiesysteem (cellen of eitjes) lang genoeg in leven moet houden om een bruikbare hoeveelheid te maken van iets dat productiesysteem probeert te doden. (...) Het activeren van het resulterende virus is nog altijd heel, heel lastig. (...) Ik zeg niet dat deze dreiging volledig valt uit te sluiten, maar ik maak me eerlijk gezegd veel meer zorgen over de dingen waar Moeder Natuur ons voortdurend mee bestookt.'[62]

En van cruciaal belang is dat vorderingen in de biologie ook de andere kant op werken; ze maken het makkelijker voor de 'goeden' (waar er veel meer van zijn) om ziekteverwekkers op te sporen, antibiotica uit te vinden waarmee antibiotische weerstand wordt overwonnen, en in hoog tempo vaccins te ontwikkelen.[63] Een voorbeeld is het ebolavaccin, dat werd ontwikkeld in de nadagen van de uitbraak in 2014-2015, nadat geneeskundige inspanningen het aantal doden hadden weten te beperken tot twaalfduizend in plaats van de miljoenen die de media hadden voorspeld. Ebola kwam daarmee op een lijst te staan met andere voorspelde pandemieën die nooit werkelijkheid werden, zoals lassakoorts, het hantavirus, SARS, de gekkekoeienziekte, vogelgriep en varkensgriep.[64] Sommige daarvan hadden sowieso nooit de potentie om uit te groeien tot een pandemie omdat ze worden overgedragen door dieren of voedsel, en niet in een exponentiële besmetting door overdraagbaarheid van mens op mens. Andere werden in de kiem gesmoord door medische en geneeskundige interventies. Natuurlijk valt nooit met zekerheid te zeggen of een kwaadaardig genie er op een dag in zal slagen de wereldwijde afweermiddelen te doorbreken en voor de lol, uit wraak of voor een heilige zaak een epidemie op de wereld zal loslaten, maar journalistieke gewoonten, de beschikbaarheidsheuristiek en de negativiteitsbias hebben enorme invloed, en daarom ben ik de weddenschap met Martin Rees aangegaan. Tegen de tijd dat je dit leest weet je misschien wie er heeft gewonnen.[65]

Sommige bedreigingen van de mensheid zijn pure fantasie of uitermate onwaarschijnlijk, maar er is er één die heel reëel is: een kernoorlog.[66] Er zijn wereldwijd meer dan tienduizend kernwapens, verdeeld over negen landen.[67] Veel daarvan zijn bevestigd aan raketten of liggen opgeslagen in bommenwerpers, en kunnen binnen een paar uur of sneller duizenden doelen bereiken. Ze zijn stuk voor stuk ontworpen om grootschalige vernietiging te bewerkstelligen; één enkel kernwapen zou een stad kunnen wegvagen, en samen zouden ze honderden miljoenen mensen om het leven kunnen brengen door de luchtstroom, hitte, straling en radioactieve neerslag. Als er een oorlog zou uitbreken tussen India en Pakistan waarbij honderd van hun wapens werden ingezet, zouden er in één klap twintig miljoen mensen kunnen omkomen, en het roet van de vuurstormen zou zich door de atmosfeer kunnen verspreiden, de ozonlaag kunnen vernietigen en de planeet meer dan een decennium lang kunnen afkoelen, wat vervolgens de voedselproductie zwaar zou treffen zodat meer dan een miljard mensen van de honger zouden sterven. Een grootschalige kernoorlog tussen de Verenigde Staten en Rusland zou de aarde jarenlang acht graden kunnen afkoelen en een nucleaire winter (of in elk geval een nucleaire herfst) kunnen veroorzaken die zelfs voor nóg meer mensen tot een hongersnood zou leiden.[68] Of een kernoorlog de beschaving, de menselijke soort of de planeet nu wel (wat vaak wordt beweerd) of niet zou vernietigen, de gevolgen zouden niet te bevatten zijn.

Al snel nadat de atoombommen op Japan waren gegooid en de Verenigde Staten en de Sovjet-Unie in een kernwapenwedloop verzeild raakten, schoot een nieuwe vorm van historisch pessimisme wortel. Volgens dat prometheïsche verhaal heeft de mensheid dodelijke kennis aan de goden ontfutseld, en doordat het haar aan de wijsheid ontbrak daar verantwoordelijk mee om te gaan is ze gedoemd zichzelf te vernietigen. Volgens één versie is niet alleen de mensheid dit lot beschoren, maar elke geavanceerde vorm van intelligentie. Dat verklaart waarom we nooit bezoek hebben gehad van buitenaardse wezens, ook al moet het daar in het heelal van wemelen (de zogenaamde Fermiparadox, vernoemd naar Enrico Fermi, die daar als eerste diepgaand over nadacht). Zodra er leven ontstaat op een planeet, ontwikkelt dat zich onvermijdelijk tot intelligentie, beschaving, wetenschap, kernfysica, kernwapens en een oorlog waarmee het zichzelf vernietigt voordat het zijn zonnestelsel kan verlaten.

Voor sommige intellectuelen vormt de uitvinding van kernwapens een aanklacht tegen de hele wetenschap – ja, zelfs tegen de moderniteit zelf – omdat de dreiging van een volledige uitroeiing al het goede dat de wetenschap ons geschonken heeft tenietdoet. De aanklacht tegen de wetenschap lijkt misplaatst, aangezien het vanaf het begin van het nucleaire tijdperk, toen vooraanstaande wetenschappers niet mee

mochten denken over nucleair beleid, natuurwetenschappers zijn geweest die luid en duidelijk campagne hebben gevoerd om de hele wereld te herinneren aan het gevaar van een kernoorlog, en die er bij landen op aandringen zich te ontwapenen. Enkele van de meest illustere
historische figuren zijn Niels Bohr, J. Robert Oppenheimer, Albert Einstein, Isidor Rabi, Leó Szilárd, Joseph Rotblat, Harold Urey, C.P. Snow,
Victor Weisskopf, Philip Morrison, Herman Feshbach, Henry Kendall,
Theodore Taylor en Carl Sagan. De beweging bestaat nog steeds onder prominente wetenschappers, onder wie Michio Kaku, Lawrence
Krauss en Max Tegmark, en ook Stephen Hawking maakte er deel   371
uit van uit. Wetenschappers hebben de belangrijkste acitivistische en
waakhondorganisaties opgericht, waaronder de Union of Concerned
Scientists, de Federation of American Scientists, het Committee for
Nuclear Responsibility, de Pugwash-conferenties en het Bulletin of the
Atomic Scientists, met op het omslag altijd de beroemde Doomsday
Clock, die op het moment van schrijven op tweeënhalve minuut voor
twaalf staat.[69]

Natuurwetenschappers zien zichzelf helaas als politieke deskundigen, en velen van hen lijken de volkswijsheid te ondersteunen dat de
effectiefste manier om de publieke opinie te mobiliseren is om mensen
de stuipen op het lijf te jagen. De Doomsday Clock houdt, ondanks het
feit dat hij het omslag van een tijdschrift siert met 'wetenschappers' in
de titel, geen objectieve indicatoren bij van nucleaire veiligheid, maar
is een propagandastunt die tot doel heeft, om het in de woorden van
de oprichter te zeggen, 'de beschaving te behouden door mensen zo
bang te maken dat ze verstandig worden'.[70] De grote wijzer van de klok
stond in 1962, het jaar van de Cubacrisis, verder van de twaalf af dan
in het veel rustigere jaar 2007, deels omdat de redactie, die vreesde dat
het publiek te gemakzuchtig was geworden, 'doemsdag' opnieuw definieerde en er ook de klimaatverandering bij betrok.[71] En in hun campagne om mensen wakker te schudden, hebben wetenschappelijke
deskundigen enkele niet zo heel vooruitziende voorspellingen gedaan:

Alleen de vorming van een wereldregering kan de dreigende zelfver-
nietiging van de mens voorkomen. – Albert Einstein, 1950[72]

Ik ben er stellig van overtuigd dat wanneer we niet ernstiger en
nuchterder over verscheidene aspecten van het strategische probleem gaan nadenken (...) we het jaar 2000 – en misschien zelfs
1965 – niet zonder ramp zullen halen. – Herman Kahn, 1960[73]

Binnen hoogstens tien jaar zullen enkele kernbommen worden gebruikt. Ik zeg dit zo verantwoordelijk als ik kan. Het is een absolute zekerheid. – C.P. Snow, 1961[74]

Ik ben er heilig van overtuigd – ik ken echt geen enkele twijfel – dat jullie [studenten] in 2000 allemaal dood zullen zijn. – Joseph Weizenbaum, 1976.[75]

372 Ze worden vergezeld door deskundigen als de politicoloog Hans Morgenthau, een beroemde exponent van 'realisme' in internationale betrekkingen. In 1979 voorspelde hij:

Naar mijn mening stevent de wereld onontkoombaar af op een Derde Wereldoorlog – een strategische kernoorlog. Ik geloof niet dat er iets gedaan kan worden om dit te voorkomen.[76]

En de bestseller *The Fate of the Earth* van de journalist Jonathan Schell uit 1982 eindigde als volgt:

Op een dag – en het valt moeilijk voor te stellen dat dat niet in de nabije toekomst zal zijn – zullen we de keuze maken. Of we zullen in een laatste coma wegzakken en er een eind aan maken, of, en daar vertrouw ik op en ben ik van overtuigd, we zullen wakker schrikken en ons bewust worden van het gevaar dat ons bedreigt (...) en opstaan om alle kernwapens van de aardbodem te verwijderen.

Dit soort voorspellingen raakte uit de mode toen de Koude Oorlog ten einde kwam en de mensheid niet in een laatste coma was weggezakt, ook al is het niet gelukt een wereldregering te vormen of alle kernwapens van de aardbodem te verwijderen. Om de angst zo groot mogelijk te houden, houden activisten lijsten bij van momenten waarop het bijna misging, om aan te tonen dat de ondergang van de mensheid altijd heel dichtbij is geweest en dat we alleen maar hebben overleefd door griezelig veel geluk.[77] Vaak worden op die lijsten écht gevaarlijke momenten, bijvoorbeeld toen in 1983 een NAVO-oefening door een paar Sovjet-officieren werd aangezien voor een ophanden zijnde aanval, op één hoop gegooid met kleinere vergissingen en stommiteiten, zoals toen een Amerikaanse generaal die verantwoordelijk was voor kernraketten een paar dagen vrij had, dronken werd en zich lomp gedroeg tegenover vrouwen tijdens een korte vakantie in Rusland.[78] Er is nooit precies duidelijk gemaakt welke reeks gebeurtenissen tot een nucleaire uitwisseling zou escaleren, en ook worden er geen alternatieve inschattingen gegeven die de voorvallen in hun context zouden kunnen plaatsen en de angst zouden kunnen verminderen.[79]

De boodschap die veel antikernwapenactivisten willen overbrengen, is: 'We kunnen met z'n allen elk moment omkomen, tenzij er onmiddellijk wereldwijde maatregelen worden genomen die vrijwel onmogelijk zijn.' Het effect dat dat op het publiek heeft is wel zo ongeveer wat je zou verwachten: mensen denken liever niet over het onvermijdelijke na, gaan door met hun leven en hopen dat de experts het mis hebben. Het aantal keren dat de term 'kernoorlog' wordt vermeld is sinds de jaren tachtig gestaag afgenomen, en journalisten besteden veel meer aandacht aan terrorisme, ongelijkheid en allerlei verschillende blunders en schandalen dan aan een bedreiging van het voortbestaan van onze beschaving.[80] De wereldleiders laat het ook koud. Carl Sagan was coauteur van het eerste essay waarin werd gewaarschuwd voor een nucleaire winter, en toen hij campagne voerde voor een bevriezing van het aantal kernwapens door te proberen 'angst, dan overtuiging, dan respons' te bewerkstelligen, gaf een deskundige op het gebied van wapenbeheersing hem het volgende advies: 'Als u denkt dat alleen het vooruitzicht van het einde van de wereld genoeg is om ze in Washington en Moskou op andere gedachten te brengen, bent u duidelijk niet vaak in beide steden geweest.'[81]

De afgelopen decennia zijn waarschuwingen voor een dreigende nucleaire catastrofe verschoven van oorlog naar terrorisme. Zo schreef de Amerikaanse diplomaat John Negroponte in 2003: 'Naar alle waarschijnlijkheid zal Al Qaida binnen twee jaar een aanslag proberen te plegen met een kernwapen of een ander massavernietigingswapen.'[82] Hoewel een probabilistische voorspelling van een gebeurtenis die niet plaatsvindt nooit tegengesproken kan worden, wekt het enorme aantal niet uitgekomen voorspellingen (Mueller heeft er meer dan zeventig op zijn naam staan, met allerlei deadlines door de decennia heen) de indruk dat voorspellers geneigd zijn mensen bang te maken.[83] (In 2004 schreven vier Amerikaanse politici een opiniestuk over de dreiging van nucleair terrorisme, met als titel: 'Our Hair Is on Fire'.)[84] Die tactiek is dubieus. Mensen worden makkelijk op stang gejaagd door echte aanslagen met vuurwapens en zelfgemaakte bommen, zodat ze repressieve maatregelen zoals meer overheidstoezicht of een verbod op de immigratie van moslims steunen. Maar voorspellingen over een paddenstoelwolk in een grote stad leiden nauwelijks tot interesse in politieke maatregelen om nucleair terrorisme te bestrijden, zoals een internationaal programma om splijtstoffen te controleren.

373

Een dergelijk averechts effect was voorspeld door critici van de eerste campagnes waarmee het publiek angst voor kernwapens werd ingeprent. Al in 1945 stelde de theoloog Reinhold Niebuhr vast: 'Ultieme gevaren, hoe groot ook, hebben minder invloed op de menselijke fantasie dan directe ergernissen en fricties, hoe klein ze in verhouding ook zijn.'[85] De historicus Paul Boyer stelde vast dat nucleaire paniekzaaierij de wapenwedloop juist in de hand heeft gewerkt, doordat de Amerikanen zo bang werden dat ze meer en grotere bommen wilden hebben om de Sovjets af te schrikken.[86] Zelfs de bedenker van de Doomsday Clock, Eugene Rabinowitch, kreeg spijt van de strategie die zijn beweging hanteerde: 'Hoewel wetenschappers mensen zo bang probeerden te maken dat ze verstandig werden, hebben ze velen zo bang gemaakt dat ze vervielen in machteloze angst of blinde haat.'[87]

Zoals we ook zagen bij de klimaatverandering, is de kans misschien wel groter dat mensen een probleem erkennen wanneer ze denken dat het valt op te lossen dan wanneer ze zo bang worden gemaakt dat het ze lamslaat.[88] Een positieve agenda voor het uit de wereld helpen van de dreiging van een kernoorlog zou meerdere ideeën kunnen behelzen.

Het eerste is om mensen niet langer voor te houden dat ze ten dode zijn opgeschreven. Hét fundamentele feit van het nucleaire tijdperk is dat er sinds Nagasaki geen atoomwapen meer is gebruikt. Als de cijfers van de klok al tweeënzeventig jaar een paar minuten voor twaalf aanwijzen, deugt de klok niet. Misschien heeft de wereld wel ongelooflijk veel mazzel gehad – niemand zal het ooit weten –, maar voordat we die wetenschappelijk twijfelachtige conclusie trekken, moeten we op z'n minst rekening houden met de mogelijkheid dat systematische kenmerken van het internationale systeem ertoe hebben bijgedragen dat er geen kernwapens zijn gebruikt. Veel antikernwapenactivisten verafschuwen deze manier van denken omdat landen zich er minder door geroepen zouden voelen om te ontwapenen. Maar aangezien de negen kernmachten hun wapens niet morgen zullen vernietigen, doen we er goed aan in de tussentijd te achterhalen wat er goed is gegaan, zodat we dat, wat het ook is, meer kunnen doen.

Het belangrijkste is een historische ontdekking die wordt samengevat door de politicoloog Robert Jervis: 'De Sovjetarchieven hebben nog geen serieuze plannen voor onuitgelokte agressie tegen West-Europa aan het licht gebracht, om nog maar te zwijgen van een aanval op de Verenigde Staten.'[89] Dat betekent dat complex wapentuig en de strategische keuze voor nucleaire afschrikking tijdens de Koude Oorlog – wat door een politicoloog 'nucleaire metafysica' is genoemd – een aanval tegenhielden die de Sovjets helemaal niet gepland hadden.[90] Toen de Koude Oorlog ten einde kwam, verdween ook de angst voor een grootschalige invasie en voor preventieve kernaanvallen, en beide kampen voelden zich (zoals we zullen zien) ontspannen genoeg om hun wapenarsenaal drastisch te verkleinen, zonder zelfs maar de moeite te nemen om officiële onderhandelingen te voeren.[91] In tegenspraak met een theorie van technologisch determinisme waarin kernwapens op eigen houtje een oorlog beginnen, hangt het risico heel erg af van de internationale betrekkingen. Het feit dat zich nooit een kernoorlog tussen grootmachten heeft voorgedaan, is voor een belangrijk deel te danken aan de krachten achter de afname van oorlog tussen grootmachten (hoofdstuk 11). Alles wat de kans op oorlog verkleint, verkleint de kans op een kernoorlog.

Ook de gevallen waarin het maar net goed ging zijn misschien geen kwestie van geluk. Meerdere politicologen en historici die documenten over de Cubacrisis hebben bestudeerd, en in het bijzonder transcripten van de bijeenkomsten die John F. Kennedy met zijn veiligheidsadviseurs had, stelden dat ondanks het feit dat de betrokkenen zich herinneren dat zij de wereld voor een inferno hebben behoed, 'de kans dat de Amerikanen een oorlog waren begonnen nihil was'.[92] Uit de documenten blijkt dat Chroesjtsjov en Kennedy hun regering stevig in de hand hadden en beiden uit waren op een vreedzame beëindiging van de crisis. Ze negeerden provocaties en hielden verscheidene opties voor zichzelf open om terug te krabbelen.

Ook de keren dat er sprake was van vals alarm en dat het per ongeluk bijna tot een kernaanval kwam, hoeven niet te impliceren dat de goden ons telkens weer gunstig gezind waren. Misschien tonen ze wel aan dat de menselijke en technologische schakels in de keten bedoeld waren om rampen af te wenden, en dat ze na elk incident versterkt zijn.[93] In haar rapport over gevallen waarbij het bijna verkeerd ging met kernwapens, vat de Union of Concerned Scientists de geschiedenis met een verfrissende blik samen: 'Het feit dat een dergelijke aanval tot nu toe nooit heeft plaatsgevonden, doet vermoeden dat de veiligheidsmaatregelen goed genoeg werken om de kans op zo'n incident gering te maken. Maar het valt niet uit te sluiten.'[94]

Wanneer we op deze manier over onze toestand nadenken, kunnen we zowel paniek als laksheid vermijden. Stel dat er een kans van 1 procent bestaat dat er in een jaar een rampzalige kernoorlog uitbreekt. (Dat is een royale schatting; de kans is ongetwijfeld kleiner dan die van een onbedoelde lancering, en in tweeënzeventig jaar hebben er nul van zulke lanceringen plaatsgevonden.)[95] Dat zou zonder meer een onaanvaardbaar groot risico zijn, want als je het uitrekent zie je dat de kans dat we een eeuw zonder een dergelijke ramp doorkomen kleiner is dan 37 procent. Maar als we de jaarlijkse kans op een kernoorlog tot een tiende procent kunnen reduceren, neemt de kans dat de wereld gevrijwaard blijft van rampspoed toe tot 90 procent, bij een honderdste procent tot 99 procent, enzovoort.

Ook van angst voor op hol slaande nucleaire proliferatie is gebleken dat die overdreven was. In weerwil van voorspellingen uit de jaren zestig dat er spoedig vijfentwintig tot dertig kernmachten zouden zijn, zijn het er vijftig jaar later negen.[96] Tijdens die halve eeuw hebben vier landen (Zuid-Afrika, Kazachstan, Oekraïne en Wit-Rusland) de wapenwedloop laten afnemen door af te zien van het gebruik van kernwapens, en nog eens zestien hebben geprobeerd ze in bezit te krijgen maar zich alsnog bedacht, het meest recent Libië en Iran. Voor het eerst sinds 1946 is van geen enkel land zonder kernwapens bekend dat het ze wel ontwikkelt.[97] Toegegeven, alleen al de gedachte aan Kim Jong-un met kernwapens is angstaanjagend, maar de wereld heeft half gestoorde despoten met kernwapens al eerder overleefd, namelijk Stalin en Mao, die ervan werden weerhouden ze te gebruiken of die daar, waarschijnlijker nog, nooit de behoefte aan hebben gehad. Het hoofd koel houden over proliferatie is niet alleen goed voor de mentale gezondheid. Het kan ook voorkomen dat landen onbedoeld in een destructieve preventieve oorlog belanden, zoals de invasie van Irak in 2003, en de mogelijke oorlog tussen Iran en de Verenigde Staten of Israël, waar aan het einde van dat decennium veel over gesproken werd.

Angstaanjagende speculaties over terroristen die kernwapens stelen of er in hun garage één bouwen en dat het land binnensmokkelen in een koffer of een scheepscontainer, zijn ook gedetailleerd onderzocht door nuchtere personen als Michael Levi in *On Nuclear Terrorism*, John Mueller in *Atomic Obsession* en *Overblown*, Richard Muller in *Physics for Future Presidents* en Richard Rhodes in *The Twilight of the Bombs*. Ze worden vergezeld door de politicus Gareth Evans, een autoriteit op het gebied van nucleaire proliferatie en ontwapening, die in 2015 de jaarlijkse thematoespraak hield tijdens het zeventigste Annual Clock Symposium van het *Bulletin of the Atomic Scientists*, met als titel: 'Restoring Reason to the Nuclear Debate'.

Op het risico af zelfgenoegzaam te klinken – dat ben ik niet – moet ik zeggen dat [nucleaire veiligheid] erbij gebaat zou zijn als we er wat minder emotioneel en wat kalmer en rationeler mee omgingen dan vaak het geval is.

Hoewel de knowhow die vereist is om een eenvoudig kernwapen te fabriceren zoals de atoombommen die op Hiroshima of Nagasaki zijn afgeworpen ruimschoots voorhanden is, zijn uranium en plutonium die voor wapens gebruikt kunnen worden geenszins makkelijk verkrijgbaar, en het zou een ongelooflijk lastige onderneming zijn om een team van criminele technici, wetenschappers en ingenieurs bij elkaar te krijgen en te onderhouden – voor lange tijd en buiten het zicht van de veiligheidsdiensten, waar wereldwijd enorm in wordt geïnvesteerd – die nodig zijn om de onderdelen van zo'n wapen in bezit te krijgen, het te bouwen en af te leveren.[98]

Nu we een beetje tot bedaren zijn gekomen, is de volgende stap in het realiseren van een positieve agenda voor het reduceren van de nucleaire dreiging de wapens te ontdoen van hun wanstaltige glamour, te beginnen met de Griekse tragedie waarin ze de hoofdrol speelden. Kernwapentechnologie is niet het hoogtepunt in de strijd van de mensheid tegen de natuurkrachten, maar een puinhoop waarin we bij toeval terecht zijn gekomen als gevolg van de wisselvalligheden van de geschiedenis, en waaruit we ons nu moeten zien te bevrijden. Het Manhattan Project kwam voort uit de angst dat de Duitsers een kernwapen ontwikkelden en trok wetenschappers aan om redenen die zijn uitgelegd door de psycholoog George Miller, die aan een ander oorlogsproject had meegewerkt: 'Mijn generatie zag de oorlog tegen Hitler als een oorlog van goed tegen kwaad; elke gezonde jonge man kon de schande van rondlopen in burgerkleding alleen verdragen vanuit de innerlijke overtuiging dat wat hij deed nóg meer bijdroeg aan de uiteindelijke overwinning.'[99] Het zou heel goed kunnen dat er geen kernwapens hadden bestaan als er geen nazi's waren geweest. Wapens ontstaan niet omdat ze voorstelbaar of fysiek mogelijk zijn. Er is over allerlei soorten gefantaseerd die nooit werkelijkheid zijn geworden: dodelijke straling, *battlestars*, vloten vliegtuigen die een deken van giftig gas over steden leggen, en gestoorde plannen voor 'geofysieke' oorlogsvoering, bijvoorbeeld om het weer, overstromingen, aardbevingen, tsunami's, de ozonlaag, asteroïden, zonnevlammen en de Van Allen-gordels als wapen te gebruiken.[100] In een alternatieve geschiedenis van de twintigste eeuw zouden mensen kernwapens misschien wel net zo bizar hebben gevonden.

Ook is de Tweede Wereldoorlog niet ten einde gekomen dankzij kernwapens, en dat geldt tevens voor de Lange Vrede die erop volgde – twee argumenten die vaak genoemd worden om te suggereren dat kernwapens goed zijn in plaats van slecht. De meeste historici van tegenwoordig zijn van mening dat Japan zich niet overgaf vanwege de atoombommen, waarvan de verwoesting niet veel groter was dan die als gevolg van bombardementen op zestig andere Japanse steden, maar omdat de Sovjet-Unie zich in de oorlog mengde en dreigde met hardere voorwaarden voor een overgave.[101]

En in tegenstelling tot de half grappig bedoelde suggestie dat De Bom de Nobelprijs zou moeten krijgen, blijken kernwapens helemaal niet afschrikwekkend te werken (behalve in het extreme geval van het afwenden van existentiële dreigingen, van elkaar dus bijvoorbeeld).[102] Kernwapens zijn zonder aanzien des persoons destructief en besmetten grote gebieden met radioactieve neerslag, niet alleen het betwiste gebied, maar afhankelijk van het weer ook de eigen soldaten en burgers. Het wegvagen van enorme aantallen burgers zou niets overlaten van de principes van onderscheid en proportionaliteit die leidend zijn voor oorlogvoering, en gebruik ervan zou de ergste oorlogsmisdaad uit de geschiedenis zijn. Daar kunnen zelfs politici van walgen, dus ontstond er een taboe rond het gebruik van kernwapens, waardoor ze feitelijk niet meer werden dan bangmakerij.[103] Kernmachten krijgen niet vaker hun zin in internationale impasses dan landen zonder kernwapens, en in veel conflicten hebben landen zonder kernwapens een kernmacht uitgedaagd. (Zo pakte Argentinië in 1982 de Falklandeilanden van het Verenigd Koninkrijk af, omdat de junta ervan overtuigd was dat Margaret Thatcher Buenos Aires niet in een radioactieve krater zou veranderen.) Niet dat afschrikking op zich irrelevant is; de Tweede Wereldoorlog heeft aangetoond dat conventionele tanks, artillerie en bommenwerpers al destructief genoeg waren, en geen land zat te wachten op een herhaling.[104]

Kernwapens zorgen niet voor een stabiel evenwicht (het zogenaamde afschrikkingsevenwicht) en kunnen de wereld juist op scherp zetten. In een crisis zijn kernmachten te vergelijken met een gewapende huiseigenaar die geconfronteerd wordt met een gewapende inbreker; ze zijn allebei geneigd als eerste te schieten om te voorkomen dat ze zelf worden neergeschoten.[105] In theorie kan dit veiligheidsdilemma (of deze hobbesiaanse val) vermeden worden wanneer beide partijen de mogelijkheid hebben een tweede keer aan te vallen, bijvoorbeeld met raketten op duikboten of opgestegen bommenwerpers die aan de eerste aanval ontkomen en verwoestend wraak kunnen nemen. Maar binnen de nucleaire metafysica wordt door sommigen betwijfeld of een tweede aanval wel in elk denkbaar scenario gegarandeerd kan wor-

378

den, en of een land dat erop vertrouwt niet toch kwetsbaar zal zijn voor nucleaire chantage. Daarom houden de Verenigde Staten en Rusland de optie van *launch on warning* open, waarbij een leider die te horen krijgt dat zijn kernraketten worden aangevallen in de minuten daarna kan besluiten of hij ze wil gebruiken of verliezen. Zo'n *hair trigger*, zoals critici het noemen, zou een nucleaire uitwisseling in gang kunnen zetten in reactie op een vals alarm of een lancering die per ongeluk of zonder toestemming is uitgevoerd. Het aantal gevallen waarbij het allemaal met een sisser afliep doet vermoeden dat de kans verontrustend veel groter is dan nul.

379

Aangezien kernwapens niet uitgevonden hadden hoeven worden en ze nutteloos zijn voor het winnen van een oorlog of het handhaven van vrede, kunnen ze ook 'onuitgevonden' worden – niet in de zin dat de kennis over hun vervaardiging zal verdwijnen, maar in de zin dat ze ontmanteld kunnen worden en er geen nieuwe worden gemaakt. Het zou niet de eerste keer zijn dat een wapencategorie in onbruik raakt. Wereldwijd zijn antipersoneelsmijnen, clusterbommen en chemische en biologische wapens in de ban gedaan en zijn andere wapens, die in hun tijd heel geavanceerd waren, verdwenen omdat ze te absurd waren. Tijdens de Eerste Wereldoorlog vonden de Duitsers een 'superkanon' van meerdere verdiepingen uit dat projectielen van honderd kilo tot wel honderddertig kilometer ver weg kon schieten, waarmee ze de Parijzenaars de stuipen op het lijf joegen met granaten die zonder waarschuwing uit de lucht kwamen vallen. De monsters, waarvan de grootste de Schwerer Gustav was, schoten niet zuiver en waren onhandelbaar, zodat er maar enkele van werden gebouwd voor ze uiteindelijk weer werden afgedankt. De nucleaire sceptici Ken Berry, Patricia Lewis, Benoît Pelopidas, Nikolai Sokov en Ward Wilson wijzen op het volgende:

Tegenwoordig houden landen geen wedloop om hun eigen superkanonnen te bouwen. (...) Er staan geen boze stukken in progressieve kranten over de verschrikkingen van deze wapens en over de noodzaak ze in de ban te doen. Er staan geen realistische opiniestukken in conservatieve kranten waarin wordt beweerd dat het onmogelijk is de geest van de superkanonnen weer in de fles te krijgen. Ze waren verspillend en ineffectief. De geschiedenis wemelt van de wapens waarvan werd aangekondigd dat ze de doorslag in de oorlog zouden betekenen maar die uiteindelijk werden gedumpt omdat ze weinig effect hadden.[106]

Zou kernwapens hetzelfde lot beschoren kunnen zijn als de Schwerer Gustav? Eind jaren vijftig ontstond de beweging Ban the Bomb, die werd gesticht door beatniks en excentrieke hoogleraren maar uitgroeide tot een mainstream beweging. Global Zero, zoals de doelstelling nu heet, werd in 1986 besproken door Michail Gorbatsjov en Ronald Reagan, die de beroemde woorden sprak: 'Een kernoorlog kan niet gewonnen worden en mag nooit gevoerd worden. De enige waarde die het heeft dat onze twee landen kernwapens bezitten, is om ervoor te zorgen dat ze nooit gebruikt zullen worden. Maar zou het dan niet beter zijn om ze helemaal af te schaffen?' In 2007 schreven vier realistische defensiespecialisten, zowel Republikeinen als Democraten (Henry Kissinger, George Schultz, Sam Nunn en William Perry), een opiniestuk met de titel 'A World Free of Nuclear Weapons', dat werd onderschreven door veertien andere voormalige Amerikaanse Nationale Veiligheidsadviseurs en Amerikaanse ministers van Buitenlandse Zaken en Defensie.[107] In 2009 hield Barack Obama een historische toespraak in Praag waarin hij 'met volle overtuiging' verklaarde dat 'Amerika zich verplicht te streven naar de vrede en veiligheid van een wereld zonder kernwapens', een ambitie die ertoe bijdroeg dat hij de Nobelprijs won.[108] Obama's woorden werden herhaald door zijn toenmalige Russische ambtgenoot, Dimitri Medvedev (maar een stuk minder door hun opvolgers). Toch was de verklaring in zekere zin overbodig, omdat de Verenigde Staten en Rusland zich als ondertekenaars van het non-proliferatieverdrag van 1970 door artikel vi van dat verdrag al hadden verplicht hun nucleaire arsenaal weg te werken.[109] Hetzelfde geldt voor het Verenigd Koninkrijk, Frankrijk en China, de andere kernmachten die het akkoord hebben getekend. (India, Pakistan en Israël erkennen impliciet dat akkoorden ertoe doen door te weigeren het te ondertekenen, en Noord-Korea heeft zich eruit teruggetrokken.) De wereldbevolking staat unaniem achter de beweging; in vrijwel alle landen waar enquêtes zijn afgenomen, is een grote meerderheid voorstander van ontmanteling.[110]

Nul is een aantrekkelijk getal omdat het het taboe uitbreidt van het *gebruik* van die wapens naar het *bezit* ervan. Ook ontneemt het een land elk motief om kernwapens te bemachtigen om zichzelf daarmee tegen de kernwapens van een vijand te beschermen. Maar het zullen er niet snel nul worden, zelfs niet met een zorgvuldig gefaseerd proces van onderhandelingen, reductie en verificatie.[111] Sommige strategen waarschuwen dat we zelfs niet naar nul moeten streven, omdat voormalige kernmachten zich tijdens een crisis als een haas zouden kunnen herbewapenen en de eerste die daarin geslaagd is misschien wel een preventieve aanval uitvoert, uit angst dat anders de tegenstander als eerste toeslaat.[112] Als dat argument klopt, zou de wereld beter af zijn wanneer de landen die al langer over kernwapens beschikken er een paar ter afschrikking achter de hand hielden. Hoe dan ook is de wereld ver verwijderd van nul, of zelfs maar van 'een paar'. Tot het zover is kunnen er stappen worden genomen die die heuglijke dag dichterbij kunnen brengen en de wereld veiliger kunnen maken.

De meest voor de hand liggende is om het kernwapenarsenaal te verkleinen. Slechts weinig mensen zijn zich ervan bewust hoe drastisch er wereldwijd kernwapens ontmanteld worden. Figuur 19-1 laat zien dat de Verenigde Staten hun voorraad sinds de piek van 1967 met 85 procent hebben verkleind en dat het land minder kernkoppen heeft dan ooit sinds 1956.[113] Rusland heeft zijn arsenaal sinds de Sovjetpiek met 89 procent gereduceerd. (Waarschijnlijk realiseren nóg minder mensen zich dat ongeveer 10 procent van de elektriciteit in de Verenigde Staten afkomstig is van ontmantelde kernkoppen, waarvan de meeste uit de voormalige Sovjet-Unie komen.)[114] In 2010 ondertekenden beide landen de New Strategic Arms Reduction Treaty (New START), een verdrag dat ze verplicht hun voorraad opgestelde strategische kernkoppen met twee derde te verkleinen.[115] In ruil voor toestemming van het Congres voor het akkoord stemde Obama in met een modernisering van het Amerikaanse arsenaal op de lange termijn, en Rusland moderniseert zijn kernwapens ook, maar beide landen zullen blijven afbouwen tot de aantallen zelfs nog lager liggen dan die in het verdrag genoemd worden.[116] De Britse en Franse arsenalen waren sowieso al kleiner en zijn gekrompen tot respectievelijk 215 en 300. (China's voorraad is licht groter geworden, van 235 tot 260, die van India en Pakistan zijn toegenomen tot rond de 135 per land, Israël beschikt naar schatting over tachtig kernwapens en hoeveel Noord-Korea er bezit is onbekend, maar het zijn er niet veel.)[117] Zoals gezegd is van geen andere landen bekend dat ze kernwapens proberen te verwerven, en het aantal landen dat splijtbaar materiaal bezit waar kernbommen mee zouden kunnen worden gemaakt, is de afgelopen vijfentwintig jaar afgenomen van vijftig tot vierentwintig.[118]

Cynici zijn misschien niet onder de indruk van een vorm van vooruitgang die de wereld nog altijd opzadelt met 10 200 kernkoppen, aangezien één kernbom al onvoorstelbaar veel ellende kan aanrichten. Maar met 54 000 minder kernbommen op de planeet dan in 1986 is de kans op ongelukken veel kleiner en is er een precedent geschapen voor doorgaande ontwapening. Meer kernkoppen zullen onder de voorwaarden

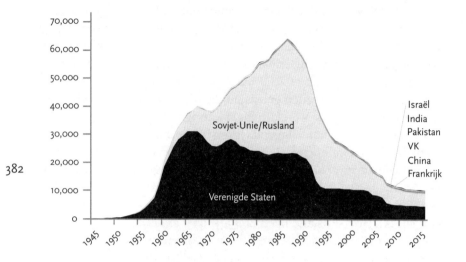

Figuur 19-1: kernwapens, 1945-2015

Bronnen: *HumanProgress*, http://humanprogress.org/static/2927, gebaseerd op data van de Federation of Atomic Scientists, Kristensen & Norris 2016a, geüpdatet in Kristensen 2016; zie Kristensen & Norris 2016b voor extra toelichting. De aantallen betreffen wapens die staan opgesteld en zijn opgeslagen, maar geen wapens die uit de roulatie zijn gehaald en ontmanteld zullen worden.

van de New START uit bedrijf worden genomen, en zoals we al hebben vastgesteld zou er best wel eens méér reductie plaats kunnen vinden buiten verdragen om, omdat die gepaard gaan met formalistische onderhandelingen en tweedracht zaaiende symboolpolitiek. Wanneer spanningen tussen grootmachten afnemen (een trend die al langere tijd gaande is, al geldt dat op dit moment iets minder), reduceren die hun grote arsenaal stilzwijgend en onopvallend.[119] Zelfs wanneer rivaliserende landen nauwelijks contact met elkaar hebben, kunnen ze samenwerken in een omgekeerde wapenwedloop door gebruik te maken van de tactiek die de psycholinguïst Charles Osgood GRIT (Graduated Reciprocation in Tension-Reduction, stapsgewijze wederkerigheid in spanningsreductie) noemde, en die inhoudt dat een land een kleine eenzijdige concessie doet met de publieke uitnodiging die te beantwoorden.[120] Als een combinatie van deze ontwikkelingen op een dag de arsenalen zou verkleinen tot tweehonderd kernkoppen per land, zou dat niet alleen de kans op een incident reduceren, maar ook die op een nucleaire winter, de échte existentiële dreiging, feitelijk uitsluiten.[121]

In de nabije toekomst wordt de grootste dreiging van een kernoorlog niet zozeer veroorzaakt door het aantal bestaande wapens, als wel door de omstandigheden waarin ze gebruikt zouden kunnen worden. Het beleid van *launch on warning, launch under attack* of *high-trigger alert* is echt angstaanjagend. Er is geen vroegtijdig waarschuwingssysteem dat een signaal volmaakt kan onderscheiden van ruis, en een president die om drie uur 's nachts uit zijn bed werd gebeld zou maar een paar minuten de tijd hebben om te beslissen of hij zijn kernwapens moest lanceren voor ze in hun silo's werden vernietigd. In theorie zou hij de Derde Wereldoorlog kunnen beginnen in reactie op een kortsluiting, een zwerm zeemeeuwen of wat malware van die Bulgaarse tiener. In werkelijkheid functioneren de veiligheidssystemen veel beter en is er geen 'hair trigger' die kernwapens automatisch lanceert zonder menselijke tussenkomst.[122] Maar wanneer raketten binnen korte tijd gelanceerd kunnen worden, is het gevaar van een vals alarm of een onbedoelde, kwaadaardige of overhaaste lancering reëel.

De oorspronkelijke gedachte achter launch on warning was om een grootschalige verrassingsaanval te verijdelen die alle kernwapens in hun silo's zouden vernietigen en een vergelding onmogelijk zouden maken. Zoals we echter hebben gezien, kunnen landen kernwapens lanceren vanaf onderzeeboten die zich ver onder water schuilhouden, of van bommenwerpers die men kan laten opstijgen om de wapens te laten ontkomen aan een eerste aanval zodat ze vernietigend wraak kunnen nemen. Het besluit om terug te slaan zou in het nuchtere daglicht genomen kunnen worden, wanneer er geen sprake meer is van onzekerheid; als er een kernbom op jouw grondgebied tot ontploffing is gebracht, weet je het.

Launch on warning is dus niet nodig als afschrikking en is onaanvaardbaar gevaarlijk. De meeste nucleaire veiligheidsanalisten adviseren – nee, staan erop – dat kernmachten hun kernwapens van de alertstatus afhalen zodat er meer tijd is om de beslissing te nemen ze wel of niet te lanceren.[123] Obama, Nunn, Schultz, George W. Bush, Robert McNamara en verscheidene voormalige hoge militairen en veiligheidsadviseurs zijn het daarmee eens.[124] Sommigen, zoals William Perry, adviseren alle kernwapens die op het vasteland gestationeerd zijn helemaal weg te halen en voor de afschrikking te vertrouwen op onderzeeboten en bommenwerpers, aangezien kernwapens in silo's eenvoudige doelwitten zijn die een leider in de verleiding brengen ze te gebruiken zolang het nog kan. Dus waarom zou ook maar íémand, aangezien het lot van de wereld in het geding is, kernwapens in silo's haarscherp willen blijven stationeren? Sommige metafysici stellen dat het tijdens een crisissituatie provocerend kan werken om kernwapens die van de alertstatus zijn gehaald toch weer op scherp te zetten. Anderen stellen dat aangezien kernraketten in silo's betrouwbaarder en accurater zijn, ze het waard zijn om beschermd te worden, omdat ze niet alleen een oorlog kunnen voorkomen, maar er ook één kunnen winnen. En dat brengt ons bij een andere manier om het gevaar van een kernoorlog te reduceren.

Het is voor iedereen met een geweten moeilijk te geloven dat zijn land bereid is kernwapens te gebruiken voor elk ander doel dan het ontmoedigen van een nucleaire aanval. Maar dat is het officiële beleid van de Verenigde Staten, het Verenigd Koninkrijk, Frankrijk, Rusland en Pakistan, die allemaal hebben verklaard dat de kans bestaat dat ze een kernwapen lanceren als zij of hun bondgenoten hevig worden aangevallen met niet-nucleaire wapens. Nog afgezien van het feit dat een eerste aanval met kernwapens buitenproportioneel is, is zo'n aanval gevaarlijk, omdat een land dat zonder kernwapens aanvalt in de verleiding zou kunnen komen preventief alsnog kernwapens in te zetten. En zelfs als dat niet gebeurde, zou het kunnen terugslaan met kernwapens als het zelf met zulke wapens werd aangevallen.

Een verstandige manier om de dreiging van een kernoorlog te reduceren, is daarom om te verkondigen dat er een beleid van 'No First Use' (de toezegging dat een land niet als eerste kernwapens zal inzetten) zal worden gevoerd.[125] In theorie zou dan de mogelijkheid van een kernoorlog volledig verdwijnen; als niemand als eerste een wapen gebruikt, zal het nooit worden ingezet. In de praktijk zou het een preventieve aanval minder aantrekkelijk maken. Kernmachten zouden allemaal in een verdrag kunnen verklaren niet als eerste aan te vallen; dat zouden ze bijvoorbeeld kunnen door middel van GRIT (met de extra toezeggingen nooit burgerdoelen aan te vallen, nooit een land aan te vallen dat niet over kernwapens beschikt en nooit een doelwit aan te vallen dat ook met conventionele middelen vernietigd kan worden), of ze zouden het eenvoudigweg unilateraal kunnen besluiten, wat in hun eigen belang zou zijn.[126] Het nucleaire taboe heeft de afschrikwekkende waarde van de mogelijkheid van een eerste aanval al gereduceerd, en het land dat zo'n verklaring aflegt zou zich nog altijd kunnen verdedigen met conventionele middelen en met de mogelijkheid terug te slaan na een aanval: nucleaire oog om oog, tand om tand.

No First Use lijkt enorm voor de hand te liggen, en Barack Obama had het in 2016 bijna ingevoerd, maar hij werd op het laatste moment op andere gedachten gebracht door zijn adviseurs.[127] De timing was niet goed, zeiden ze; het zou een teken van zwakte kunnen zijn tegenover een weer agressief en brutaal Rusland, China en Noord-Korea, en bovendien zouden nerveuze bondgenoten die nu afhankelijk zijn van de Amerikaanse 'nucleaire paraplu' zo bang kunnen worden dat ze misschien proberen hun eigen kernwapens in bezit te krijgen, helemaal nadat Donald Trump had gedreigd dat hij zou gaan snoeien in de Amerikaanse steun aan coalitiepartners. Op de lange termijn zouden deze spanningen kunnen afnemen en wordt 'No First Use' misschien opnieuw in overweging genomen.

Kernwapens zullen niet in de nabije toekomst worden afgeschaft, en zeker niet voor 2030, waar de Global Zero-beweging in eerste instantie naar streefde. In de toespraak die Obama in 2009 in Praag hield, zei hij dat het doel 'niet snel bereikt zal worden – misschien maak ik het zelf wel niet mee', wat betekent dat het pas ver na 2055 gerealiseerd zal worden (zie figuur 5-1). 'Het zal geduld en doorzettingsvermogen vereisen,' zei hij, en recente ontwikkelingen in de Verenigde Staten en Rusland bevestigen dat we van beide heel veel nodig zullen hebben.

Maar het is duidelijk welke route moet worden gevolgd. Als kernkoppen sneller ontmanteld blijven worden dan dat ze worden gemaakt, als ze niet meer op scherp staan, als uitdrukkelijk verklaard wordt dat ze niet als eerste gebruikt zullen worden, en als de trend doorzet dat er steeds minder oorlogen tussen landen worden gevoerd, is het heel goed mogelijk dat we in de tweede helft van deze eeuw kleine, veilige arsenalen hebben die alleen ter wederzijdse afschrikking worden gebruikt. Na een paar decennia hebben ze hun afschrikwekkende werk misschien wel zo goed gedaan dat ze niet meer nodig zijn. Als het zover is vinden onze kleinkinderen ze hopelijk bespottelijk en maken ze er voorgoed ploegscharen van. Het kan best zijn dat we tijdens die afname van het aantal kernwapens nooit een punt bereiken waarop de kans op een ramp helemaal nul is. Maar elke vermindering kan het risico verkleinen, tot het net zo waarschijnlijk is als de andere bedreigingen van het voortbestaan van onze soort, zoals asteroïden, supervulkanen of een KI die ons in paperclips verandert.

385

20 De toekomst van vooruitgang

Sinds de Verlichting zich eind achttiende eeuw begon te ontwikkelen is de levensverwachting wereldwijd toegenomen van 30 jaar tot 71 jaar, en in de meer fortuinlijke landen tot 81.[1] Aan het begin van de Verlichting stierf een derde van alle kinderen die in het rijkste deel van de wereld werden geboren voor ze vijf waren; tegenwoordig is dat lot nog 6 procent van de kinderen uit het allerarmste segment beschoren. Ook de moeders zijn grotendeels van tragedie verlost; in de rijkste landen overleed 1 procent bij een bevalling, drie keer zoveel als in de armste landen vandaag de dag, waar dat percentage nog aan het afnemen is. In die arme landen komen ook steeds minder dodelijke infectieziekten voor; sommige van die ziekten treffen slechts enkele tientallen mensen per jaar en zullen al snel niet meer bestaan, net als de pokken.

De armen zijn misschien niet lang meer onder ons. Momenteel is de wereld ongeveer honderd keer welvarender dan twee eeuwen geleden, en de welvaart raakt steeds gelijker verdeeld over de wereldbevolking. Het deel van de mensheid dat in extreme armoede leeft is van bijna 90 procent afgenomen tot minder dan 10 procent, en de meeste lezers van dit boek maken mogelijk nog mee dat dat percentage tot 0 daalt. Catastrofale hongersnood, in het grootste deel van de menselijke geschiedenis altijd een reële mogelijkheid, is in de meeste landen verdwenen, en ondervoeding en groeiachterstand nemen gestaag af. Een eeuw geleden besteedden rijke landen 1 procent van hun rijkdom aan het ondersteunen van kinderen, armen en bejaarden; tegenwoordig is dat ongeveer 25 procent. De meeste armen uit de rijke landen krijgen genoeg te eten, hebben kleding en onderdak, en beschikken over luxeartikelen als een smartphone en airconditioning die vroeger voor niemand waren weggelegd, arm of rijk. De armoede is onder raciale minderheden afgenomen, en onder bejaarden zelfs nog veel meer.

De wereld geeft vrede een kans. Oorlog tussen landen is in onbruik geraakt, en burgeroorlog komt op vijf zesde van het aardoppervlak niet voor. Het percentage mensen dat jaarlijks omkomt in een oorlog is minder dan een kwart van wat het was in de jaren tachtig, een zesde van wat het was aan het begin van de jaren zeventig, een zestiende van wat het was aan het begin van de jaren vijftig en een half procent van wat het was tijdens de Tweede Wereldoorlog. Genocide kwam vroeger vaak voor maar is zeldzaam geworden. Op de meeste plekken komen veel meer mensen om door moord dan door oorlog, en ook het aantal moorden daalt. De kans dat een Amerikaan vermoord wordt, is half zo groot als twintig jaar geleden. In de wereld als geheel is de kans dat iemand vermoord wordt bijna een derde kleiner dan twintig jaar geleden.

Het leven is in alle opzichten veiliger geworden. In de loop van de twintigste eeuw werd de kans dat Amerikanen omkwamen bij een auto-ongeluk 96 procent kleiner, werd de kans 88 procent kleiner dat ze werden aangereden op het trottoir, 99 procent kleiner dat ze omkwamen bij een vliegtuigongeluk, 59 procent kleiner dat ze omkwamen bij een val, 92 procent kleiner dat ze omkwamen bij een brand, 90 procent kleiner dat ze verdronken, 92 procent kleiner dat ze stikten en 95 procent kleiner dat ze omkwamen op het werk.[2] Het leven is in andere rijke landen zelfs nog veiliger en zal in armere landen veiliger worden naarmate die rijker worden.

Niet alleen worden mensen gezonder en rijker en wordt hun leven veiliger, ook hun vrijheid neemt toe. Twee eeuwen geleden was een handjevol landen, waar in totaal 1 procent van de wereldbevolking leefde, democratisch; vandaag de dag leeft twee derde van de wereldbevolking in een democratie. Niet lang geleden had de helft van alle landen wetten die discriminerend waren voor raciale minderheden; tegenwoordig voeren meer landen beleid ten gunste van minderheden dan beleid dat ze discrimineert. Aan het begin van de twintigste eeuw konden vrouwen in slechts één land stemmen; momenteel kan dat (op één land na) in alle landen waar mannen dat ook kunnen. Wetten die homoseksualiteit strafbaar stellen worden steeds vaker afgeschaft, en de houding jegens minderheden, vrouwen en homo's wordt steeds toleranter, met name onder jongeren, een voorbode van de toekomst. Haatmisdrijven en geweld tegen vrouwen nemen al lange tijd af, en ook kinderen worden steeds minder vaak het slachtoffer van misbruik, geweld, uitbuiting en kinderarbeid.

Naarmate mensen gezonder en rijker worden, een veiliger leven hebben en meer in vrijheid leven, worden ze geletterder, beter geïnformeerd en slimmer. Begin negentiende eeuw kon 12 procent van de wereldbevolking lezen en schrijven; tegenwoordig is dat 83 procent. Geletterdheid en het onderwijs dat die geletterdheid mogelijk maakt, zullen binnen afzienbare tijd voor iedereen beschikbaar zijn, zowel voor jongens als voor meisjes. Samen met gezondheid en welvaart maakt onderwijs ons letterlijk slimmer – dertig IQ-punten om precies te zijn, oftewel twee standaarddeviaties boven onze voorouders.

Mensen besteden hun langere, gezondere, veiliger, rijkere en wijzere leven goed. Amerikanen werken tweeëntwintig uur minder per week dan vroeger, hebben drie weken betaalde vakantie, zijn drieënveertig uur minder kwijt aan huishoudelijk werk en spenderen nog maar een derde van hun loon aan eerste levensbehoeften in plaats van vijf achtste. Ze besteden hun vrije tijd en besteedbare inkomen aan reizen, hun kinderen en andere dierbaren en gebruiken het om het eten, de kennis en de cultuur te ontdekken die de wereld te bieden heeft. Als gevolg van al die goede dingen zijn mensen wereldwijd gelukkiger geworden. Zelfs Amerikanen, die het vanzelfsprekend vinden dat ze gelukkig zijn, zijn 'behoorlijk gelukkig' of gelukkiger, en de jongere generaties worden minder ongelukkig, eenzaam, depressief, drugsverslaafd en suïcidaal.

Naarmate samenlevingen gezonder, welvarender, vrijer en gelukkiger worden en het onderwijs er beter wordt, krijgen ze oog voor de meest urgente mondiale problemen. Ze stoten minder milieuverontreinigende stoffen uit, kappen minder bossen, lekken minder olie, leggen meer natuurreservaten aan, roeien minder diersoorten uit, sparen de ozonlaag en gaan langzaam maar zeker minder olie, landbouwgrond, hout, papier, auto's, steenkool en misschien zelfs koolstof gebruiken. Ondanks al hun verschillen zijn de landen van de wereld tot een historische overeenkomst over klimaatverandering gekomen, zoals eerder al over kernproeven, proliferatie, nucleaire veiligheid en ontwapening. Sinds de unieke omstandigheden van de laatste dagen van de Tweede Wereldoorlog zijn er geen kernwapens gebruikt in de tweeënzeventig jaar dat ze bestaan. Nucleair terrorisme heeft, ondanks veertig jaar voorspellingen van deskundigen, nooit plaatsgevonden. Het aantal kernwapens is wereldwijd met 85 procent afgenomen, er is meer reductie op komst, er worden geen kernproeven meer gedaan (behalve door het schurkenregime in Pyongyang) en de kernwapenwedloop is gestopt. De twee meest urgente problemen die de wereld kent zijn dus niet opgelost maar wel oplosbaar: er zijn haalbare langetermijndoelen gesteld voor het uitbannen van kernwapens en het tegengaan van de klimaatverandering.

Ondanks alle sensatiebeluste krantenkoppen, ondanks alle crisissituaties, schandalen, plagen, epidemieën en existentiële dreigingen, zijn er prestaties geleverd die we mogen koesteren. De Verlichting werkt; al tweeënhalve eeuw gebruiken mensen kennis om het menselijk welzijn te vergroten. Wetenschappers hebben aan het licht gebracht hoe materie, het leven en de menselijke geest werken. Uitvinders hebben de natuurwetten onder de duim gekregen om entropie te weerstaan en ondernemers hebben hun uitvindingen betaalbaar gemaakt. Wetgevers hebben het welzijn van mensen vergroot door handelingen te ontmoedigen die gunstig zijn voor individuen maar schadelijk voor het collectief. Diplomaten doen hetzelfde met landen. Wetenschappers hebben de schat aan kennis vereeuwigd en de kracht van de rede vergroot. Kunstenaars hebben de cirkel van mededogen vergroot. Activisten hebben machthebbers onder druk gezet om onderdrukkende maatregelen ongedaan te maken en hun medeburgers om onderdrukkende normen te veranderen. Al die inspanningen zien we terug in instituties die ons in staat stellen de tekortkomingen van de menselijke natuur te omzeilen en ons betere ik te ontplooien. 389

Tegelijkertijd...

...leven er vandaag de dag wereldwijd zevenhonderd miljoen mensen in extreme armoede. In de regio's waar ze geconcentreerd zijn is de levensverwachting nog geen zestig jaar en is bijna een kwart van de bevolking ondervoed. Jaarlijks overlijden bijna een miljoen kinderen aan longontsteking, een half miljoen aan diarree of malaria en honderdduizenden aan mazelen en aids. Er woeden nog altijd oorlogen in de wereld, waarvan er één al 250 000 mensen het leven heeft gekost, en in 2015 zijn minstens tienduizend mensen afgeslacht in genociden. Meer dan twee miljard mensen, bijna een derde van de mensheid, wordt onderdrukt in een autocratische staat. Bijna 20 procent van de wereldbevolking moet het doen zonder basisonderwijs; bijna een zesde van alle mensen kan niet lezen en schrijven. Elk jaar komen er vijf miljoen mensen om het leven door een ongeluk en worden er meer dan vierhonderdduizend vermoord. Bijna driehonderd miljoen mensen in de wereld zijn klinisch depressief, van wie er dit jaar bijna achthonderdduizend suïcide zullen plegen.

De rijke landen van de ontwikkelde wereld zijn zeker niet immuun. De lagere middenklasse heeft het inkomen de afgelopen twee decennia met minder dan 10 procent zien stijgen. 20 procent van de Amerikaanse bevolking vindt nog altijd dat vrouwen weer een traditionele rol op zich moeten nemen, en een tiende is tegenstander van relaties tussen verschillende rassen. In de Verenigde Staten vinden meer dan drieduizend haatmisdrijven per jaar plaats en worden meer dan vijftienduizend moorden gepleegd. Amerikanen zijn meer dan twee uur per dag kwijt aan huishoudelijk werk en ongeveer een kwart voelt zich altijd opgejaagd. Meer dan twee derde van de Amerikanen geeft aan niet heel gelukkig te zijn, ongeveer evenveel als zeventig jaar geleden, en zowel vrouwen als de grootste demografische leeftijdsgroep zijn na verloop van tijd ongelukkiger geworden. Elk jaar worden zo'n veertienduizend Amerikanen dermate ongelukkig dat ze zich van het leven beroven.

En natuurlijk heeft de hele planeet met gigantische problemen te kampen. Voor het einde van deze eeuw zullen er nog eens twee miljard mensen meer bij komen. Het afgelopen decennium werd honderd miljoen hectare tropisch regenwoud gekapt. Het aantal zeevissen is met bijna 40 procent afgenomen en duizenden diersoorten worden met uitsterven bedreigd. Jaarlijks blijven koolstofdioxide, zwaveldioxide, stikstofoxiden en fijnstof de atmosfeer in gespuugd worden, samen met 38 miljard ton CO_2, die, als er niets gebeurt, de wereldtemperatuur met twee tot vier graden dreigen te laten stijgen. En de wereld heeft meer dan tienduizend kernwapens, verdeeld over negen landen.

De feiten die ik in de laatste drie alinea's heb genoemd zijn natuurlijk dezelfde als in de eerste zeven; ik heb eenvoudigweg de aantallen vanuit het negatieve perspectief belicht in plaats van het positieve, of de hoopvolle percentages van 100 afgetrokken. Ik schets de toestand van de wereld niet op deze twee manieren om te laten zien dat ik kan aantonen dat het glas zowel halfvol als halfleeg is. Nee, ik doet het om te herhalen dat vooruitgang geen utopie is, en dat we de ruimte hebben – ja, de verplichting zelfs – om ernaar te streven die vooruitgang te laten voortduren. Als we de trends die in de eerste zeven alinea's worden beschreven kunnen volhouden door kennis toe te passen om het menselijk welzijn te vergroten, dan zouden de aantallen uit de laatste drie alinea's moeten dalen. Of ze ooit de nul zullen bereiken is een probleem waar we ons zorgen over kunnen maken als we daar dichter in de buurt komen. Zelfs als dat in sommige gevallen inderdaad gebeurt, zullen we ongetwijfeld meer onrecht ontdekken waar we iets aan kunnen doen, en nieuwe manieren om de menselijke ervaring te verrijken. De Verlichting is een voortdurend proces van ontdekking en verbetering.

Hoe reëel is de hoop dat de vooruitgang doorgaat? Dat is de vraag waar ik me in dit laatste hoofdstuk van het gedeelte 'Vooruitgang' mee bezig wil houden, voor ik in het laatste deel van dit boek de idealen zal bespreken die nodig zijn om die hoop werkelijkheid te maken.

Ik zal beginnen met een pleidooi voor voortgaande vooruitgang. We zijn dit boek begonnen met een nuchtere verklaring waarom vooruitgang mogelijk is, namelijk dat de wetenschappelijke revolutie en de

Verlichting het proces in gang hebben gezet van het gebruiken van kennis om de menselijke toestand te verbeteren. Toentertijd konden sceptici in alle redelijkheid zeggen: 'Het werkt nooit.' Maar meer dan twee eeuwen later kunnen we zeggen dat het wél heeft gewerkt: we hebben meer dan zeventig grafieken gezien die de hoop op vooruitgang hebben bevestigd door manieren in kaart te brengen waarop het er in de wereld beter op is geworden.

Lijnen die goede ontwikkelingen over langere tijd weergeven kunnen niet automatisch naar rechts en omhoog geëxtrapoleerd worden, maar met veel grafieken kunnen we dat met een gerust hart doen. De kans is klein dat we op een ochtend wakker worden en tot de ontdekking komen dat onze gebouwen brandbaarder zijn geworden, of dat mensen anders zijn gaan denken over relaties tussen mensen van verschillende rassen, of over de vraag of homofiele leraren hun baan mogen houden. Ontwikkelingslanden zullen niet snel hun scholen en ziekenhuizen sluiten of geen nieuwe meer bouwen, net nu die hun vruchten beginnen af te werpen.

Zeker, veranderingen die plaatsvinden op de tijdschaal van de journalistiek zullen altijd verbeteringen en verslechteringen laten zien. Oplossingen zorgen voor nieuwe problemen, en het kost tijd om die op te lossen. Maar als we een stap terug doen van die terugvallen en haperingen, zien we dat de indicatoren van menselijke vooruitgang cumulatief zijn: ze zijn geen van alle cyclisch, dus positieve ontwikkelingen worden niet snel ongedaan gemaakt door negatieve.[3]

Nog beter: verbeteringen bouwen op elkaar voort. Een rijkere wereld kan het zich beter veroorloven het milieu te beschermen, bendes te beteugelen en burgers te onderwijzen en te genezen. Een wereld die beter onderwijs krijgt en meer verbonden is, geeft minder ruimte aan alleenheersers en begint minder oorlogen.

De technologische ontwikkelingen die deze vooruitgang in gang hebben gezet zouden alleen wat sneller moeten gaan. De wet van Stein blijft Davies' deductie ('Dingen die niet voor altijd kunnen doorgaan, kunnen veel langer doorgaan dan je denkt') gehoorzamen, en genomica, synthetische biologie, neurowetenschap, kunstmatige intelligentie, materiaalkunde, datawetenschap en op bewijs gebaseerde beleidsanalyse maken een bloei door. We weten dat besmettelijke ziekten uitgeroeid kunnen worden, en vele staan op het punt te verdwijnen. Chronische en degeneratieve ziekten zijn lastiger te bestrijden, maar bij veel ziekten (zoals kanker) doen zich voortdurend nieuwe ontwikkelingen voor, en bij andere (zoals alzheimer) is een doorbraak waarschijnlijk.

Hetzelfde geldt voor morele vooruitgang. De geschiedenis leert dat barbaarse gewoonten niet slechts gereduceerd kunnen worden, maar feitelijk kunnen verdwijnen en hoogstens alleen nog kunnen blijven bestaan in een paar achtergebleven gebieden. Zelfs de grootste zwart-kijker verwacht geen terugkeer van mensenoffers, kannibalisme, castraties, harems, slavernij, duelleren, familievetes, lotusvoetjes, heksenverbranding, heksenverdrinking, openbare marteling, kindermoord, freakshows of het belachelijk maken van gekken. Hoewel niet valt te voorspellen met welke barbaarse gewoonten het op dezelfde manier zal aflopen als met slavenveilingen en ketterverbrandingen, gaat het wel die kant op met de doodstraf, het strafbaar stellen van homoseksualiteit, en stemrecht en onderwijs voor alleen mannen en jongens. En waarom zouden ze over enkele decennia niet gevolgd kunnen worden door vrouwenbesnijdenis, eerwraak, kinderarbeid, kindhuwelijken, totalitarisme, kernwapens en oorlogen tussen landen?

Andere kwaden zijn moeilijker uit te roeien, omdat ze afhangen van het gedrag van miljarden individuen met al hun menselijke tekortkomingen en gebreken, en niet van politiek beleid dat in één klap door hele landen tegelijk wordt overgenomen. Maar zelfs als ze niet van de aardbodem verdwijnen, kunnen ze wel steeds meer worden teruggedrongen – bijvoorbeeld geweld tegen vrouwen en kinderen, haatmisdrijven, burgeroorlog en moord.

Ik kan deze optimistische visie vol overtuiging presenteren omdat ze geen naïef droombeeld of utopisch ideaal is. Dit toekomstbeeld is het meest gegrond in de historische realiteit en het wordt bevestigd door de nuchtere feiten. Het hangt slechts af van de mogelijkheid dat wat er al gebeurd is zal blijven gebeuren. Zoals Thomas Macaulay schreef in 1830: 'We kunnen niet onweerlegbaar bewijzen dat degenen die ons voorhouden dat de samenleving een keerpunt heeft bereikt en dat we onze beste tijd gehad hebben, het mis hebben. Maar dat heeft iedereen voor ons gezegd, en met evenveel ogenschijnlijk goede redenen. (...) Op basis waarvan moeten we, als we achter ons niets dan verbetering zien, verwachten dat ons alleen maar achteruitgang te wachten staat?'[4]

In hoofdstuk 10 en 19 heb ik reacties op Macaulays vraag besproken die een rampzalig einde van al die vooruitgang voorspellen in de vorm van klimaatverandering, kernoorlog en andere existentiële dreigingen. In het restant van dit hoofdstuk zal ik twee ontwikkelingen uit de eenentwintigste eeuw bespreken die geen wereldwijde ramp genoemd kunnen worden, maar wel het vermoeden hebben versterkt dat we onze beste tijd gehad hebben.

De eerste dreigende regenwolk is economische stagnatie. Zoals de essayist Logan Pearsall Smith vaststelde: 'Er zijn maar weinig zorgen, hoe schrijnend ook, waar een goed inkomen helemaal niets aan verandert.' Rijkdom voorziet niet alleen in voor de hand liggende zaken die met geld te koop zijn, zoals voeding, gezondheid, onderwijs en veiligheid, maar ook, op de lange termijn, onstoffelijke zaken als vrede, vrijheid, mensenrechten, geluk, milieubescherming en andere transcendente waarden.[5]

De industriële revolutie luidde meer dan twee eeuwen economische groei in, met name in de periode tussen de Tweede Wereldoorlog en het begin van de jaren zeventig, toen het bruto mondiaal product per capita jaarlijks met ongeveer 3,4 procent groeide en elke twintig jaar verdubbelde.[6] Eind twintigste eeuw waarschuwden ecopessimisten dat economische groei onhoudbaar was omdat hulpbronnen erdoor uitgeput raakten en de aarde erdoor vervuilde. Maar in de eenentwintigste eeuw bestaat juist de vrees dat de toekomst niet te veel economische groei belooft maar juist te weinig. Sinds het begin van de jaren zeventig is de jaarlijkse groei meer dan gehalveerd, tot ongeveer 1,4 procent.[7] Groei op de lange termijn wordt grotendeels bepaald door productiviteit: de waarde van goederen en diensten die een land kan produceren per geïnvesteerde dollar en per uur verricht werk. Productiviteit hangt weer af van technologische verfijning: de vaardigheden van de beroepsbevolking en de effectiviteit van het machinepark, het management en de infrastructuur. Van de jaren veertig tot de jaren zestig van de vorige eeuw groeide de productiviteit in de Verenigde Staten jaarlijks met ongeveer 2 procent, zodat ze om de vijfendertig jaar verdubbelde. Sindsdien is de productiviteit met ongeveer 0,6 procent per jaar toegenomen, zodat verdubbeling langer dan een eeuw zou duren.[8]

Sommige economen vrezen dat een lage toename van de groei het nieuwe normaal is. Volgens de 'hypothese van de nieuwe gestage stagnatie', die is geanalyseerd door Lawrence Summers, kan zelfs die langzame groei (in combinatie met lage werkloosheid) alleen gehandhaafd worden als centrale banken de rentepercentages op nul zetten of zelfs met negatieve rente gaan werken, wat tot financiële instabiliteit en andere problemen zou kunnen leiden.[9] In een periode van toenemende inkomensongelijkheid zou aanhoudende stagnatie ertoe kunnen leiden dat van een meerderheid van de mensen in de nabije toekomst het inkomen gelijk blijft of daalt. Als economieën niet meer groeien, zou dat ernstige gevolgen kunnen hebben.

Niemand weet waarom de groei van de productiviteit begin jaren zeventig afnam of hoe die groei weer kan worden opgekrikt.[10] Sommige economen, zoals Robert Gordon in zijn boek uit 2016, *The Rise and Fall*

393

of American Growth, wijzen op demografische en macro-economische tegenwinden, zoals een kleinere beroepsbevolking die meer gepensioneerden moet ondersteunen, een stagnatie van de verspreiding van onderwijs, een toename van de staatsschuld en van ongelijkheid (die de vraag naar goederen en diensten verkleint, omdat rijkere mensen een kleiner deel van hun inkomen uitgeven dan armere).[11] Gordon voegt daaraan toe dat de meeste transformerende uitvindingen misschien al zijn uitgevonden. In de eerste helft van de twintigste eeuw vond in huishoudens een ware revolutie plaats met de komst van elektriciteit, water, riolering, telefoon en elektrische hulpmiddelen. Sindsdien zijn huishoudens lang niet zo veranderd. Een elektronisch bidet met een verwarmde bril is fijn, maar is niet te vergelijken met de overgang van een buitenwc naar een spoeltoilet.

Een andere verklaring is cultureel van aard: Amerika is zijn magie kwijt.[12] Arbeiders uit achtergebleven gebieden pakken niet langer hun spullen om naar een economisch florerend gebied te verhuizen, maar verzilveren hun arbeidsongeschiktheidsverzekering en trekken zich terug uit de beroepsbevolking. Een voorzorgsprincipe weerhoudt iedereen ervan ook maar iets voor de eerste keer te proberen. Het kapitalisme is zijn kapitalisten kwijtgeraakt: te veel investeringen zitten vast in zogenaamd 'grijs kapitaal', beheerd door institutionele beleggers (zoals pensioenfondsen) die uit zijn op veilige opbrengsten voor gepensioneerden. Ambitieuze jonge mensen willen kunstenaar of professional worden, geen ondernemer. Risicovolle ondernemingen worden niet langer gesteund door investeerders en door de overheid. Zoals ondernemer Peter Thiel verzuchtte: 'We wilden vliegende auto's, maar in plaats daarvan kregen we honderdveertig tekens.'

Wat de oorzaken ook zijn, economische stagnatie is een belangrijke oorzaak van vele andere problemen en vormt een grote uitdaging voor de beleidsmakers van de eenentwintigste eeuw. Betekent dit dat vooruitgang fijn was zolang ze duurde, maar nu voorbij is? Onwaarschijnlijk! Ten eerste is groei die langzamer gaat dan in de hoogtijdagen na de oorlog nog altijd groei – exponentiële groei zelfs. Het bruto mondiaal product is in eenenvijftig van de afgelopen vijfenvijftig jaar gegroeid, wat betekent dat de wereld in elk van die eenenvijftig jaren (waaronder de afgelopen zes jaar) rijker is geworden dan het jaar ervoor.[13] Ook is aanhoudende stagnatie vooral een probleem dat zich in de eerste wereld voordoet. Hoewel het een enorme uitdaging is om ervoor te zorgen dat de meest ontwikkelde landen zich jaar in jaar uit nóg meer ontwikkelen, hebben de minder ontwikkelde landen nog een grote achterstand in te halen, en zij kunnen sneller groeien doordat ze de beste gewoonten en gebruiken van de rijkere landen overnemen (hoofdstuk 8). De grootste vooruitgang die in de wereld van vandaag onverminderd blijft plaatsvinden, is dat miljarden mensen uit extreme armoede worden getild, en die ontwikkeling hoeft niet te worden ingedamd door de malaise in Amerika en Europa.

Ook heeft door technologie aangedreven productiegroei er een handje van zich over de wereld te verspreiden.[14] Het duurt even voor mensen hebben uitgevogeld hoe ze optimaal gebruik kunnen maken van nieuwe technologieën, en industrieën hebben tijd nodig om hun fabrieken en handelswijze daaraan aan te passen. Om een voorbeeld te noemen: elektrificatie begon in de jaren negentig van de negentiende eeuw, maar het duurde veertig jaar voordat economen de productiviteitstoename zagen plaatsvinden waar iedereen op wachtte. Ook de revolutie die de personal computer teweegbracht werd pas in gang gezet met de ongeremde productiegroei in de jaren negentig (wat niet verrassend is voor eerste gebruikers zoals ik, die het in de jaren tachtig heel wat middagen kostte om een muis te installeren of een matrixprinter cursief te laten afdrukken). Misschien bouwt de kennis over het optimale gebruik van eenentwingste-eeuwse techniek zich wel op achter dammen die binnenkort bezwijken.

In tegenstelling tot economen zijn technologievolgers ervan overtuigd dat er een tijd van overvloed aanbreekt.[15] Bill Gates heeft de voorspelling van een technologische stagnatie vergeleken met de (ongeloofwaardige) voorspelling in 1913 dat oorlog achterhaald was.[16] 'Stel je een wereld met negen miljard mensen voor,' schrijven technisch ondernemer Peter Diamandis en journalist Steven Kotler, 'met schoon water, voedzaam eten en drinken, betaalbare huisvesting, gepersonaliseerd onderwijs, hoogwaardige medische zorg en niet-vervuilende, overvloedige energie.'[17] Hun visie is niet gebaseerd op fantasieën die rechtstreeks afkomstig zijn uit *The Jetsons*, maar op technologieën die nu of binnen afzienbare tijd al werken.

Laten we beginnen met het hulpmiddel dat, samen met informatie, de enige manier is om ons entropie van het lijf te houden en dat letterlijk al het overige in de economie aandrijft: energie. Zoals we in hoofdstuk 10 hebben gezien, kan vierde generatie kernenergie in de vorm van kleine modulaire reactoren met passieve veiligheidssystemen proliferatiebestendig, afvalvrij, in massa geproduceerd, onderhoudsarm, oneindig aangedreven en goedkoper zijn dan steenkool. Zonnepanelen met koolstofnanobuisjes kunnen honderd keer efficienter zijn dan huidige panelen, zodat ze de wet van Moore voor zonne-energie continueren. De energie die ermee gewonnen wordt, kan worden opgeslagen in batterijen van vloeibaar metaal; in theorie zou een batterij ter grootte van een scheepscontainer een buurt van stroom kunnen voorzien; een batterij met de omvang van een warenhuis zou een kleine stad van energie kunnen voorzien. Een slim stroomnet zou de energie kunnen opvangen waar en wanneer die wordt opgewekt en die kunnen vervoeren wanneer en waar die maar nodig is. Technologie zou zelfs nieuw leven kunnen blazen in het gebruik van fossiele brandstoffen; een nieuw ontwerp voor een gasgestookte centrale met nul uitstoot gebruikt de uitlaatgassen om de turbine aan te drijven (in plaats van te verspillen door water te verdampen), om daarna de CO_2 onder de grond op te slaan.[18]

Digitale productie, een proces dat nanotechnologie, 3D-printen en *rapid prototyping* combineert, kan samengestelde materialen voortbrengen die sterker en goedkoper zijn dan staal en beton en die in ontwikkelingslanden ter plaatse geprint kunnen worden voor de bouw van huizen en fabrieken. Nanofiltratie kan water zuiveren van ziekteverwekkers, metalen en zelfs zout. Hightech buitenwc's hoeven niet te worden aangesloten en maken van menselijke ontlasting kunstmest, drinkwater en energie. Precisie-irrigatie en slimme waternetwerken, waarbij goedkope sensoren en AI in chips worden gebruikt, kunnen het waterverbruik met een derde tot de helft reduceren. Genetisch gemodificeerde rijstplanten waarin de zogenaamde c3-fotosyntheseroute is vervangen door de efficiëntere c4-fotosyntheseroute uit maïs en suikerriet heeft een 50 procent hogere opbrengst, gebruikt de helft minder water en veel minder kunstmest, en verdraagt hogere temperaturen.[19] Genetisch gemodificeerde algen kunnen koolstof uit de lucht halen en biobrandstoffen afscheiden. Drones kunnen kilometers afgelegen pijpleidingen en rails observeren en medische producten en reserveonderdelen afleveren in afgelegen gebieden. Robots kunnen werk gaan doen waar mensen een hekel aan hebben, zoals het delven van kolen, vakkenvullen en bedden opmaken.

Op medisch gebied zou een *lab-on-a-chip* een vloeibare biopsie kunnen uitvoeren en honderden verschillende ziekten kunnen detecteren met één druppel bloed of speeksel. Kunstmatige intelligentie zal op basis van heel veel informatie over genetisch materiaal, symptomen en anamneses accuratere diagnoses stellen dan nu op basis van de intuïtie van artsen gebeurt en zal medicijnen voorschrijven die in harmonie zijn met onze unieke biochemie. Stamcellen zouden auto-immuunziekten als gewrichtsreuma en multiple sclerose kunnen bestrijden en zouden ons eigen weefsel kunnen laten groeien in de organen van overleden mensen, in organen die in dieren worden gekweekt of in

3D-geprinte modellen met ons eigen weefsel. RNA-interventie zou vervelende genen het zwijgen op kunnen leggen, zoals het gen dat de insulinereceptor in vet reguleert. Kankerbehandelingen kunnen gericht worden op de unieke genetische signatuur van een tumor, zodat niet elke delende cel in het lichaam vergiftigd hoeft te worden.

Wereldwijd zou het onderwijs op de schop kunnen. De kennis die de wereld te bieden heeft is al binnen handbereik gekomen in encyclopedieën, lezingen, oefenmateriaal en datasets voor de miljarden mensen met een smartphone. Op maat gesneden onderwijs kan via het internet door vrijwilligers beschikbaar worden gesteld aan kinderen uit ontwikkelinglanden (de 'Granny Cloud') en aan leerlingen overal ter wereld via kunstmatig intelligente privéleraren.

De vernieuwingen die in de pijplijn zitten zijn niet alleen maar coole ideeën. Ze zijn de bijproducten van een overkoepelende historische ontwikkeling die wel de nieuwe Renaissance en het tweede machinetijdperk wordt genoemd.[20] Waar het eerste machinetijdperk, dat voortkwam uit de industriële revolutie, werd aangedreven door energie, wordt het tweede machinetijdperk aangedreven door dat andere anti-entropische hulpmiddel, informatie. Het tweede machinetijdperk is revolutionair veelbelovend doordat 'aangejaagd' gebruik van informatie elke andere technologie kan sturen, en ook door exponentiële verbeteringen van informatietechnologieën zelf, zoals computerkracht en genomica.

De belofte van het nieuwe machinetijdperk komt ook voort uit innovaties in het innovatieproces zelf. Een daarvan is de democratisering van interventieplatforms, zoals applicatieprogramma-interfaces en 3D-printers, die van iedereen een hightech doe-het-zelver kunnen maken. Een andere is de toename van het aantal filantropen uit de technische sector. In plaats van alleen maar cheques uit te schrijven voor de naamrechten van concerthallen, zetten ze hun vindingrijkheid, connecties en de vraag naar resultaat in voor het oplossen van mondiale problemen. Een derde innovatie is de economische emancipatie van miljarden mensen dankzij smartphones, online onderwijs en microfinanciering. Onder de miljard armste wereldbewoners van de wereld bevinden zich een miljoen mensen met zo'n hoog IQ dat ze een genie kunnen worden genoemd. Bedenk eens wat het voor de wereld zou kunnen betekenen als hun intelligentie ten volle gebruikt kan worden!

Zal het tweede machinetijdperk economieën vlot helpen trekken? Dat is niet zeker, omdat economische groei niet alleen afhangt van de beschikbare technologie, maar ook van de vraag in hoeverre het financiële en menselijke kapitaal van een land worden ingezet om er gebruik van te maken. Zelfs als de technologieën optimaal benut worden, kan het zijn dat hun voordelen niet worden meegenomen in standaard economische indicatoren. De meeste economen zijn het erover eens dat het BNP (of het verwante BBP) een grove indicator van economische voorspoed is. Het heeft het voordeel makkelijk meetbaar te zijn, maar omdat het niet meer is dan een optelsom van het geld dat van eigenaar wisselt tijdens de productie van goederen en diensten, is het niet hetzelfde als de overvloed die mensen hebben. Het probleem van consumentensurplus of de waardeparadox heeft de kwantificering van voorspoed altijd in de weg gezeten (hoofdstuk 8 en 9), en moderne economieën maken het allemaal nog lastiger.

Joel Mokyr merkt op dat 'gemiddelde statistieken als BBP per capita en zijn afgeleiden zoals de factor productiviteit (...) zijn ontworpen voor een economie die draaide op staal en graan, niet één waarin informatie en data de meest dynamische sector vormen. Veel van de nieuwe goederen en diensten zijn duur om te ontwerpen, maar als ze eenmaal werken kunnen ze tegen lage kosten of voor niets gekopieerd worden. Dat betekent dat ze meestal weinig bijdragen aan gemeten output, zelfs wanneer hun invloed op consumentenwelzijn heel groot is.'[21] Zo ondermijnt de dematerialisatie van het leven, die we in hoofdstuk 10 hebben besproken, de vaststelling dat een huishouden uit 2015 er niet heel anders uitziet dan een huishouden uit 1965. Het grote verschil wordt bepaald door wat we níét zien omdat het in onbruik is geraakt door tablets en smartphones, en door nieuwe wonderen als streamingmedia en Skype. Naast dematerialisatie heeft informatietechnologie een proces van demonetisatie in gang gezet.[22] Veel dingen waar mensen vroeger voor betaalden zijn nu praktisch gratis, zoals rubrieksadvertenties, nieuws, encyclopedieën, kaarten en plattegronden, camera's, telefoongesprekken naar het buitenland en de overheadkosten van fysieke winkels. Mensen maken meer dan ooit gebruik van deze goederen, die echter niet meer worden meegerekend in het BBP.

Menselijke welvaart maakt op nog een tweede manier geen deel meer uit van het BBP. Naarmate moderne maatschappijen humanistischer worden, besteden ze meer van hun rijkdom aan vormen van verbetering van de menselijke conditie die niet in geld zijn uit te drukken. In een recent artikel in *The Wall Street Journal* over economische stagnatie stond dat steeds meer innovatieve inspanningen gericht zijn op schonere lucht, veiligere auto's en medicijnen tegen weesziekten (die wereldwijd minder dan tweehonderdduizend mensen treffen).[23] Sowieso is steeds meer onderzoek en ontwikkeling gericht op de medische zorg; van 7 procent in 1960 tot 25 procent in 2007. De financieel journalist die het artikel schreef, merkte bijna verdrietig op dat 'medicijnen symptomatisch zijn voor de toenemende waarde die rijke landen aan het menselijk leven hechten. (...) Medisch onderzoek vervangt o&o naar meer alledaagse consumentenproducten. De toenemende waarde van het menselijk leven (...) leidt zelfs onvermijdelijk tot een langzamere groei van reguliere consumptiegoederen – terwijl die het leeuwendeel van het gemeten BBP vormen.' Een voor de hand liggende verklaring is dat deze verschuiving bewijst dat vooruitgang steeds sneller plaatsvindt. Moderne samenlevingen reageren onmiddellijk op de eis: 'Je geld of je leven.'

399

Een heel andere bedreiging van de menselijke vooruitgang is een politieke beweging die de Verlichtingsfundamenten van die vooruitgang probeert te ondermijnen. In het tweede decennium van de eenentwintigste eeuw heeft de opkomst plaatsgevonden van een contra-Verlichtingsbeweging die populisme heet, of preciezer gezegd: autoritair populisme.[24] Populisme eist macht voor het volk van een land (meestal een etnische groep, soms een klasse), belichaamd door een sterke leider die hun authenticiteit en hun waardesysteem vertegenwoordigt.

Autoritair populisme kan gezien worden als een negatieve tegenreactie van aspecten van de menselijke natuur – tribalisme, autoritarisme, demonisering, zero-sumdenken – tegen de instituties van de Verlichting die waren ontworpen om ze juist te vermijden. Door zich te richten op de stam in plaats van op het individu, heeft het geen plaats voor de bescherming van de rechten van minderheden of voor het wereldwijd bevorderen van het menselijk welzijn. Door niet te erkennen dat met moeite verkregen kennis de sleutel is tot maatschappelijke verbetering, stelt het elites en deskundigen in een kwaad daglicht en bagatelliseert het de marktplaats van ideeën, waaronder vrijheid van meningsuiting, het bestaan van verschillende meningen en het feitelijk onderbouwen van beweringen die in het eigen straatje passen. Door een sterke leider aan te wijzen zien populisten de beperkingen van de menselijke natuur over het hoofd en minachten ze de instituties en de grondwettelijke waarborgen die de macht van onvolmaakte menselijke actoren inperken.

Populisme kent linkse en rechtse varianten, die allebei de volkswijsheid aanhangen dat de economie een zero-sumcompetitie is: tussen economische klassen in het geval van links en tussen landen of etnische groepen in het geval van rechts. Problemen worden niet als onvermijdelijke uitdagingen in een onverschillig universum gezien maar als de kwaadaardige opzet van geniepige elites, minderheden of buitenlanders. En vooruitgang? Vergeet het maar – populisten kijken achterom, naar een tijd waarin het land etnisch homogeen was, waarin orthodoxe culturele en religieuze normen en waarden golden en waarin de economie werd aangedreven door landbouw en industrie, die tastbare goederen produceerden voor de lokale consumptie en voor de export.

In hoofdstuk 23 zullen we dieper ingaan op de intellectuele grondslagen van het autoritaire populisme; hier zal ik me concentreren op de recente opkomst en de mogelijke toekomst van de beweging. In 2016 kregen populistische partijen (vooral rechtse) 13,2 procent van de stemmen in de voorafgaande Europese Parlementsverkiezingen (tegenover 5,1 procent in de jaren zestig van de twintigste eeuw) en namen in elf landen deel aan een regeringscoalitie, waaronder in Hongarije en Polen.[25] Zelfs wanneer ze niet in de regering zitten kunnen populistische partijen hun agenda doordrukken. Een duidelijk voorbeeld is het aanjagen van het Brexit-referendum in 2016, waarbij 52 procent van de Britten voor een vertrek uit de Europese Unie stemde. En dat jaar werd Donald Trump tot president van Amerika gekozen via een overwinning die hij aan de kiesmannen te danken had, want hij kreeg een minderheid van het totaal aantal stemmen (46 procent tegenover 48 procent voor Hillary Clinton). Niets verwoordt de tribalistische en op het verleden gerichte mentaliteit van het populisme beter dan Trumps campagneslogan: Make America Great Again.

Bij het schrijven van de hoofdstukken over vooruitgang heb ik de druk van lezers van eerste versies weerstaan om elk hoofdstuk af te sluiten met de waarschuwing: 'Al deze vooruitgang wordt bedreigd als Donald Trump zijn zin krijgt.' Want dát die vooruitgang bedreigd wordt, staat vast. Of 2017 nu wel of niet een keerpunt in de geschiedenis is, het is de moeite waard de dreigingen op een rijtje te zetten, al was het maar om te begrijpen waar die bedreiging precies uit bestaat.[26]

- Voor een belangrijk deel is onze **levensduur** verhoogd en is onze **gezondheid** verbeterd door vaccinaties en andere grondig onderzochte interventies, en een van de samenzweringstheorieën die Trump onderschreef was de al lang geleden ontkrachte bewering dat conserveringsmiddelen in vaccins autisme veroorzaken. De vooruitgang is ook verwezenlijkt door een brede toegang tot de medische zorg, en Trump maakt zich hard voor wetgeving die tientallen miljoenen Amerikanen hun ziektekostenverzekering zou ontnemen, waarmee de trend van toenemende heilzame sociale uitgaven wordt omgekeerd.
- Wereldwijd toegenomen **welvaart** is tot stand gekomen door een ge-

globaliseerde economie, die voor een belangrijk deel wordt aangedreven door internationale handel. Trump is een protectionist die
internationale handel ziet als een zero-sumstrijd tussen landen en is
eropuit internationale handelsverdragen ongedaan te maken.

- Toename van **welvaart** zal ook aangedreven worden door technologische innovatie, onderwijs, infrastructuur, een toename van de koopkracht van de lagere en middenklasse, het terugdringen van vriendjespolitiek en plutocratie die een negatieve invloed hebben op de
marktconcurrentie, en regelgeving op het gebied van financiën die
de kans op zeepbellen en crashes verkleinen. Niet alleen is Trump
handel vijandig gezind, hij staat ook onverschillig tegenover technologie en onderwijs en is voorstander van belastingverlaging voor de
rijken, terwijl hij magnaten uit het bedrijfsleven en de economische
wereld als kabinetsleden aanstelt die stuk voor stuk fel gekant zijn
tegen regelgeving.

- Om munt te slaan uit zorgen over **ongelijkheid** heeft Trump immigranten en handelspartners gedemoniseerd, terwijl hij het grootste
gevaar voor banen uit de middenklasse, technologische verandering,
negeert. Ook is hij tegenstander van de meest succesvolle maatregelen tegen de schade die die verandering teweegbrengt, namelijk
progressieve belastingen en sociale uitgaven.

- Regelgeving op het gebied van lucht- en watervervuiling die gepaard
is gegaan met de groei van de bevolking, het BBP en transport is het
milieu ten goede gekomen. Trump is van mening dat milieuwetgeving destructief is voor de economie, en wat nog erger is, is dat hij de
klimaatverandering een hoax heeft genoemd en heeft aangekondigd
zich terug te trekken uit het historische klimaatakkoord van Parijs.

- Ook **veiligheid** is drastisch verbeterd door overheidsvoorschriften,
die door Trump en zijn bondgenoten zo diep geminacht worden.
Hoewel Trump de reputatie heeft *law and order* hoog in het vaandel
te hebben staan, is hij openlijk ongeïnteresseerd in beleid waarvan is
bewezen dat het effectief onderscheid maakt tussen effectieve misdaadpreventie en een nutteloze harde opstelling.

- De **vrede** na de Tweede Wereldoorlog is bestendigd door handel, democratie, internationale verdragen en organisaties, en normen tegen verovering. Trump heeft internationale handel verguisd en heeft
gedreigd internationale verdragen te negeren en internationale organisaties te verzwakken. Hij bewondert Vladimir Poetin, die het
democratiseringsproces in Rusland de nek om heeft gedraaid, door
middel van cyberaanvallen heeft geprobeerd de democratie in Amerika en Europa aan te tasten, heeft geholpen de meest destructie-

ve oorlog van de eenentwintigste eeuw, die in Syrië, voort te zetten, kleinere oorlogen in Oekraïne en Georgië heeft aangewakkerd en maling heeft gehad aan het naoorlogse taboe op verovering door de Krim te annexeren. Verscheidene leden van Trumps regering hebben in het geheim samengezworen met Rusland in een poging sancties tegen het land op te heffen, waarmee ze een belangrijk handhavingsmechanisme voor het uitbannen van oorlog verzwakken.

- **Democratie** is zowel afhankelijk van expliciete grondwettelijke bescherming, zoals persvrijheid, als van gedeelde waarden, in het bijzonder dat politiek leiderschap wordt bepaald door het recht en door niet-gewelddadige politieke rivaliteit, en niet door de machtshonger van een charismatische leider. Trump heeft voorgesteld smaadwetten tegen journalisten te versoepelen, heeft tijdens campagnebijeenkomsten geweld tegen zijn critici aangemoedigd, heeft geweigerd te beloven dat hij de verkiezingsuitslag van 2016 zou respecteren als die ongunstig voor hem uitpakte, probeerde de *popular vote count* in diskrediet te brengen die daadwerkelijk ongunstig voor hem uitpakte, dreigde zijn verkiezingstegenstander in de gevangenis te zullen laten gooien en viel de legitimiteit van de rechterlijke macht aan toen die zijn besluiten herriep – allemaal kenmerken van een dictator. Over het algemeen hangt de veerkracht van democratie deels af van haar aanzien in de gemeenschap van staten, en Trump heeft autocratieën in Rusland, Turkije, de Filipijnen, Thailand, Saudi-Arabië en Egypte geprezen terwijl hij zich denigrerend uitliet over democratische bondgenoten als Duitsland.
- De idealen tolerantie, gelijkheid en **gelijke rechten** kregen zware symbolische klappen te verduren tijdens Trumps campagne en de eerste maanden van zijn regeerperiode. Trump demoniseerde Latijns-Amerikaanse immigranten, kwam met het voorstel de immigratie van moslims volledig te verbieden (en probeerde een gedeeltelijk verbod in te voeren zodra hij was gekozen), vernederde herhaaldelijk vrouwen, tolereerde vulgaire racistische en seksistische uitingen tijdens zijn campagnebijeenkomsten en aanvaardde steun van blanke racisten, die hij gelijkstelde aan hun tegenstanders, en stelde een campagnestrateeg en een minister van Justitie aan die vijandig tegenover de burgerrechtenbeweging staan.
- Het ideaal van **kennis** – dat iemands opvattingen gebaseerd moeten zijn op ware overtuigingen – is met voeten getreden door Trumps herhaaldelijk geuite en absurde samenzweringstheorieën: dat Obama in Kenia is geboren, dat de vader van senator Ted Cruz betrokken was bij de moord op John F. Kennedy, dat duizenden moslims

in New Jersey de aanslagen van 11 september hebben gevierd, dat Antonin Scalia, rechter van het Hooggerechtshof, werd vermoord, dat Obama zijn telefoongesprekken liet afluisteren, dat miljoenen illegale stemmers er de oorzaak van waren dat hij niet de absolute meerderheid van de stemmen had gekregen, en nog letterlijk tientallen andere beweringen. De site PolitiFact, die de juistheid van politieke uitspraken natrekt, oordeelde dat maar liefst 69 procent van Trumps publieke uitspraken die door hen werden gecontroleerd 'grotendeels onwaar', 'onwaar' of 'Pants on Fire' waren (die laatste term gebruiken ze voor regelrechte leugens en is afkomstig uit het liedje 'Liar, liar, pants on fire', dat kinderen elkaar toezingen als iemand heeft gelogen).[27] Alle politici verdraaien de waarheid, en allemaal liegen ze wel eens (aangezien alle mensen de waarheid verdraaien en soms liegen), maar Trumps schaamteloze bevestiging van broodjeaapverhalen die onmiddellijk weerlegd kunnen worden (bijvoorbeeld dat hij een overweldigende verkiezingsoverwinning heeft behaald) toont aan dat hij het openbaar debat niet beschouwt als een middel om tot gemeenschappelijke overtuigingen te komen die gebaseerd zijn op de objectieve werkelijkheid, maar als een wapen waarmee tegenstanders gedomineerd en vernederd kunnen worden.

- Het meest angstaanjagend van alles is dat Trump zich verzet tegen de normen die de wereld beschermen tegen de mogelijke **existentiële dreiging** van een kernoorlog. Hij heeft het taboe op het gebruik van kernwapens in twijfel getrokken, getweet over het hervatten van een kernwapenwedloop, nagedacht over het aanmoedigen van nucleaire proliferatie in andere landen, en gedreigd het akkoord ongedaan te maken dat voorkomt dat Iran kernwapens ontwikkelt. Het ergst van alles is dat de hiërarchie een Amerikaanse president een enorme vrijheid van handelen geeft wat betreft het gebruik van kernwapens tijdens een crisis, vanuit de veronderstelling dat geen president ooit overhaaste beslissingen zou nemen over zo'n ernstige kwestie. Trump is echter berucht om zijn impulsiviteit en wraakzuchtigheid.

Zelfs de grootste optimist ziet geen voordelen aan Trumps presidentschap. Maar zal Donald Trump (en autoritair populisme in het algemeen) echt een kwart millennium aan vooruitgang ongedaan maken? We hoeven onszelf nog niet meteen van kant te maken. Als een beweging zich al decennia of eeuwen ontwikkelt, zitten er waarschijnlijk systematische krachten en hebben velen er belang bij dat ze niet overhaast wordt gekeerd.

Dankzij het ontwerp van de stichters van Amerika is het presidentschap geen roulerende monarchie. De president regeert over een ge-
distribueerd machtsnetwerk (door populisten denigrerend bestempeld
als 'een staat binnen de staat') dat langer blijft bestaan dan individuele
leiders en voert zijn regeringstaken uit met de reële beperkingen die de
echte wereld hem oplegt en die niet zomaar ongedaan kunnen worden
gemaakt met populistische oneliners of door de grillen van de man
aan de top. Er maken wetgevers deel van uit die verantwoording moeten afleggen aan kiezers en lobbyisten, rechters die een reputatie van
rechtschapenheid hoog hebben te houden, en uitvoerenden, bureaucraten en functionarissen die verantwoordelijk zijn voor de doelstellingen van hun departement. Trumps autoritaire instincten onderwerpen
de instituties van de Amerikaanse democratie aan een stresstest, maar
tot dusver verzet de democratie zich op een aantal fronten hevig. Kabinetsleden hebben publiekelijk afstand genomen van verscheidene
schimpscheuten, tweets en verbale stinkbommen van Trump; rechters
hebben korte metten gemaakt met ongrondwettelijke maatregelen; se-
natoren en Congresleden zijn afgeweken van de partijlijn om destructieve wetten weg te stemmen; commissies van het ministerie van Justitie en van het Congres onderzoeken de banden van Trumps regering
met Rusland; een FBI-chef heeft Trumps poging hem te intimideren
openbaar gemaakt (waardoor er geruchten over impeachment wegens
belemmering van de rechtsgang ontstonden); en regelmatig lekken
zijn eigen stafleden, ontzet door wat ze zien gebeuren, belastende feiten naar de pers – en dat alles in het eerste half jaar van zijn presidentschap.

Ook staatsregeringen en lokale overheden, regeringen van andere
landen (waarvan niet verwacht kan worden dat ze Amerika weer groot
willen maken) en zelfs de meeste bedrijven, die baat hebben bij voorspoed en stabiliteit, houden de president in toom. Met name globalisering is een ontwikkeling die geen machthebber kan terugdringen. Veel
van de problemen van een land zijn intrinsiek mondiaal, waaronder
migratie, pandemieën, terrorisme, cybercrime, nucleaire proliferatie,
schurkenstaten en het milieu. Doen of die niet bestaan valt niet vol te
houden, en de problemen kunnen alleen worden opgelost door middel van internationale samenwerking. Ook kunnen de voordelen van
globalisering – meer betaalbare goederen, grotere exportmarkten, de
reductie van wereldwijde armoede – niet oneindig ontkend worden.
En met het internet en goedkoop reizen zal de stroom aan mensen
en ideeën (vooral, zoals we zullen zien, onder jongere mensen) niet te
stuiten zijn. Wat de strijd tegen waarheid en feiten betreft: op de lange

termijn hebben die het voordeel dat ze niet verdwijnen als je er niet meer in gelooft.[28]

De dieper liggende vraag is of de opkomst van populistische bewegingen, welke schade ze op de korte termijn ook aanrichten, symbolisch is voor wat ons in grote lijnen te wachten staat – of, zoals onlangs in een hoofdartikel in *The Boston Globe* werd betreurd/vergenoegd werd vastgesteld: 'De Verlichting begon goed.'[29] Impliceren de gebeurtenissen die zich rond 2016 hebben voorgedaan echt dat de wereld op de weg terug is naar de Middeleeuwen? Recente gebeurtenissen kunnen maar al te makkelijk overgeïnterpreteerd worden – een beetje zoals klimaatsceptici doen die na een frisse ochtend hun gelijk bewezen zien.

Ten eerste waren de verkiezingen van de laatste tijd geen referenda over de Verlichting. In het Amerikaanse politieke duopolie begint elke Republikeinse kandidaat bij verkiezingen met twee kandidaten met een ondergrens van minstens 45 procent van de stemmen, en Trump kreeg 46 procent van het totaal aantal stemmen (tegenover Clinton 48), terwijl hij ook nog eens profiteerde van electorale trucjes en van inschattingsfouten van Clintons campagneteam. En Barack Obama – die in zijn afscheidsspeech de 'essentiële geest van dit land' zelfs tóeschreef aan de Verlichting – nam afscheid als president met een goedkeuringspercentage van 58, wat boven het gemiddelde ligt van vertrekkende presidenten.[30] Trump begon zijn ambtstermijn met een waardering van 40 procent, het laagste ooit voor een beginnend president, die tijdens zijn eerste zeven maanden als president daalde tot 34 procent, nauwelijks meer dan de helft van het gemiddelde goedkeuringspercentage voor de negen voorgaande presidenten op hetzelfde moment van hun ambtsperiode.[31]

Ook Europese verkiezingen zijn geen peilingen voor toewijding aan kosmopolitisch humanisme, maar reacties op een verzameling emotioneel geladen onderwerpen, zoals de euro (die onder vele economen scepticisme voedt), opdringerige regelgeving uit Brussel en de druk om grote aantallen vluchtelingen die via de Middellandse Zee naar Europa komen op te nemen, precies op het moment dat de angst voor islamitisch terrorisme (hoe disproportioneel het gevaar ook is) werd vergroot door afschuwelijke aanslagen. Ondanks dat alles hebben populistische partijen de afgelopen jaren slechts 13 procent van de stemmen gekregen, en ze hebben in evenveel nationale parlementen stemmen verloren als gewonnen.[32] In het jaar na de Brexit en de verkiezing van Trump werd het rechtspopulisme verworpen in Nederland, het Verenigd Koninkrijk en Frankrijk – waar de nieuwe president, Emmanuel Macron, verklaarde dat Europa 'verwacht dat wij de geest van de Verlichting zullen verdedigen, die op zoveel plaatsen onder vuur ligt'.[33]

Maar veel belangrijker dan de politieke gebeurtenissen van het midden van de jaren tien van de eenentwintigste eeuw zijn de sociale en economische ontwikkelingen die autoritair populisme hebben gevoed – en die, wat belangrijker is voor dit hoofdstuk, de toekomst van dat populisme misschien wel voorspellen.

Gunstige historische ontwikkelingen creëren vaak niet alleen winnaars maar ook verliezers, en de ogenschijnlijke economische verliezers van de globalisering (namelijk de onderklassen van de rijke landen) zouden vaak het autoritaire populisme aanhangen. Voor aanhangers van economisch determinisme is dat voldoende om de opkomst van de beweging te verklaren. Maar analisten hebben de verkiezingsuitslagen uitgeplozen als specialisten die een vliegtuigwrak onderzoeken, en we weten nu dat de economische verklaring niet klopt. Bij de Amerikaanse verkiezingen stemde van de kiezers uit de laagste twee inkomensgroepen 52 procent voor Clinton (versus 42 voor Trump), en hetzelfde gold voor degenen die 'de economie' als belangrijkste onderwerp noemden. Een meerderheid van de kiezers uit de vier hóógste inkomensgroepen stemde op Trump, en Trumpstemmers noemden immigratie en terrorisme als belangrijkste onderwerp in plaats van economie.[34]

Het verwrongen metaal heeft meer veelbelovende aanwijzingen opgeleverd. Een artikel van de statisticus Nate Silver begon als volgt: 'Soms is statistische analyse lastig, en soms springt een bevinding zo ongeveer van de bladzijde af.' Deze bevinding sprong van de bladzijde af, recht de kop van het artikel in: 'Onderwijs, niet inkomen, voorspelde wie op Trump zou stemmen.'[35] Waarom zou onderwijs zo belangrijk zijn geweest? Twee minder interessante verklaringen luiden dat hogeropgeleiden zich nu eenmaal sneller aangetrokken voelen tot een politiek liberaal geluid en dat onderwijs misschien wel een betere langetermijnvoorspeller van economische zekerheid is dan huidig inkomen. Een interessantere verklaring is dat onderwijs jongvolwassenen in aanraking brengt met andere rassen en culturen, waardoor het lastiger wordt die te demoniseren. De interessantste verklaring van allemaal is de waarschijnlijkheid dat onderwijs, wanneer het doet waar het voor bedoeld is, respect inboezemt voor geverifieerde feiten en beredeneerde argumenten, en mensen zodoende immuun maakt voor samenzweringstheorieën, redeneringen die gebaseerd zijn op anekdotes, en emotionele demagogie.

Silver ontdekte ook dat de landelijke verdeling van de Trumpaanhan-

gers niet erg overlapte met de verdeling van werkloosheid, religie, wapenbezit of het percentage immigranten. Ze kwam echter wel overeen
met de verdeling van Google-zoekopdrachten naar het woord *nigger*,
waarvan Seth Stephens-Davidowitz heeft aangetoond dat die een betrouwbare indicator is van racisme (hoofdstuk 15).[36] Dat betekent niet
dat de meeste Trumpaanhangers racisten zijn. Openlijk racisme gaat
echter al snel over in wrok en wantrouwen, en de overlap doet vermoeden dat in de regio's die Trump zijn benodigde kiesmannen opleverden de meeste weerstand bestaat tegen het al decennia durende proces
van integratie en het bevorderen van de belangen van minderheden
(met name raciale bevoorrechting, die wordt ervaren als omgekeerd
racisme).

407

Onder de vragen die tijdens exitpolls werden gesteld om de algemene houding te peilen, was pessimisme de consistentste voorspeller van
steun voor Trump.[37] 69 procent van de Trumpaanhangers was van mening dat het met het land 'helemaal de verkeerde kant op gaat', en ze
waren al net zo negatief en pessimistisch over het functioneren van de
nationale overheid en over het leven van de volgende generatie Amerikanen.

Aan de andere kant van de oceaan ontwaarden de politicologen Ronald Inglehart en Pippa Norris vergelijkbare patronen in hun analyse
van 268 politieke partijen in eenendertig Europese landen.[38] Ze kwamen tot de conclusie dat economische kwesties al decennialang een
minder belangrijke rol spelen in partijprogramma's en dat niet-economische onderwerpen belangrijker worden. Hetzelfde geldt voor de verspreiding van kiezers. Steun voor de populistische partijen is niet het
sterkst onder de arbeiders maar onder de kleinburgerlijkheid (zzp'ers
en eigenaars van kleine bedrijven), gevolgd door ploegbazen, technici
en monteurs. Mensen die op populistische partijen stemmen zijn vaker ouder, religieuzer, wonen vaker buiten de grote steden, zijn vaker
lager opgeleid, zijn vaker man en behoren vaker tot de etnische meerderheid. Ze hechten aan autoritaire waarden, plaatsen zichzelf aan de
rechterkant van het politieke spectrum en moeten weinig hebben van
immigratie, een wereldregering of een sterke overheid.[39] Ook mensen
die voor de Brexit stemden waren ouder, woonden vaker op het platteland, en waren lager opgeleid dan de mensen die in de EU wilden blijven; 66 procent van de eindexamenleerlingen stemde voor de Brexit,
maar dat gold voor slechts 29 procent van de geslaagden.[40]

Inglehart en Norris kwamen tot de conclusie dat aanhangers van
autoritair populisme niet zozeer de verliezers zijn van de economische
concurrentie als wel van de culturele concurrentie. Kiezers die man,

religieus en lageropgeleid zijn en deel uitmaken van de etnische meerderheid 'hebben het gevoel dat ze vervreemd zijn van de overheersen-
de waarden van hun eigen land en dat ze zijn buitengesloten na de
voortschrijdende golven van cultuurverandering, waar ze niet achter
staan. (...) De stille revolutie die in de jaren zeventig op gang kwam,
lijkt vandaag de dag een toornige contrarevolutie op gang te brengen.'[41]
Politicoloog Paul Taylor van het Pew Research Center noemde dezelfde
tegenstroom in de Amerikaanse verkiezingsuitslagen: 'De algemene
tendens is dat we vrijzinniger worden over allerlei zaken, maar dat betekent niet dat het hele land daarin meegaat.'[42]

408

Hoewel de populistische tegenreactie misschien het gevolg is van
modernistische stromingen die de wereld al een tijdje overspoelen
– globalisering, raciale verscheidenheid, vrouwenemancipatie, secularisme, verstedelijking, onderwijs –, is er voor electoraal succes in een
specifiek land een leider nodig die de wrok kan kanaliseren. Daarom
kan de aantrekkingskracht van populisme per land verschillen, ook
als landen een vergelijkbare cultuur hebben: in Hongarije is hij groter
dan in Tsjechië, in Denemarken groter dan in Zweden, in Polen groter
dan in Roemenië, in Oostenrijk groter dan in Duitsland, in Frankrijk
groter dan in Spanje en in de Verenigde Staten groter dan in Canada.
(In 2016 hadden Spanje, Canada, Portugal en Tsjechië helemaal geen
parlementsleden van populistische partijen.)[43]

Hoe zal de spanning tot uitdrukking komen tussen het progressieve,
kosmopolitische Verlichtingshumanisme dat de wereld al tientallen
jaren verovert en het regressieve, autoritaire, tribale populisme dat
die ontwikkeling probeert tegen te houden? De belangrijkste langeter-
mijnkrachten die het liberalisme hebben voortgestuwd – mobiliteit,
verbondenheid, onderwijs, verstedelijking – zullen niet zo snel achter-
uitgaan, en dat geldt ook voor de roep om gelijkheid voor vrouwen en
etnische minderheden.

Al deze voorbodes zijn absoluut schattingen. Maar één ervan is net
zo zeker als de eerste helft van de uitdrukking 'de dood en belastingen': populisme is een beweging van oude mannen. Uit figuur 20-1
blijkt dat steun voor alle drie haar hoogtepunten – Trump, de Brexit
en de Europese populistische partijen – per geboortejaar drastisch
daalt. (De alt-right-beweging, die overeenkomsten heeft met het populisme, heeft jongere aanhangers, maar ondanks alle aandacht die
de beweging krijgt is ze in electoraal opzicht onbeduidend en zijn er
misschien vijftigduizend mensen bij aangesloten, wat neerkomt op
0,02 procent van de Amerikaanse bevolking.)[44] Het verschil tussen de

leeftijdsgroepen hoeft niemand te verbazen, omdat we in hoofdstuk 15 hebben gezien dat in de twintigste eeuw elk geboortecohort toleranter en progressiever was dan het cohort ervoor (terwijl alle cohorten progressiever werden). Het zou dus best zo kunnen zijn dat wanneer de Stille Generatie en de oudere babyboomers dit aardse ongerief vaarwel zeggen, ze het autoritaire populisme met zich meenemen.

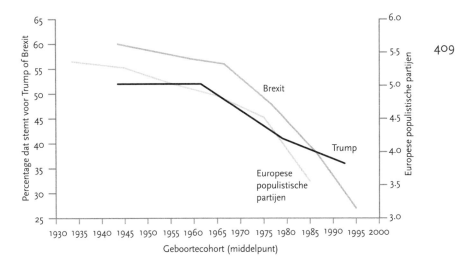

Figuur 20-1: steun voor populisme door de generaties heen, 2016
Bronnen: Trump: exitpolls uitgevoerd door Edison Research, New York Times 2016. **Brexit:** exitpolls uitgevoerd door Lord Ashcroft Polls, BBC *News Magazine*, 24 juni, 2016, http://www.bbc.com/news/magazine-36619342. **Europese populistische partijen (2002-2014):** Inglehart & Norris 2016, figuur 8. Data zijn in het midden van elk geboortecohort weergegeven.

Natuurlijk zeggen de cohorten van nu niets over de politiek van de toekomst als mensen van waarden veranderen naarmate ze ouder worden. Misschien heb je als je op je vijfentwintigste een populist bent geen hart en als je op je vijfenveertigste geen populist bent geen hersenen (om een meme van stal te halen die is gebruikt voor progressieven, socialisten, communisten, Republikeinen, Democraten en revolutionairen en die is toegeschreven aan verscheidene citatenmagneten, zoals Victor Hugo, Benjamin Disraeli, George Bernard Shaw, Georges Clemenceau, Winston Churchill en Bob Dylan). Maar wie het ook gezegd heeft (waarschijnlijk de negentiende-eeuwse rechtsgeleerde Anselme Batbie, die de uitspraak op zijn beurt toeschreef aan Edmund Burke), en ongeacht op welk geloofssysteem het van toepassing is, de

bewering dat de levenscyclus effect heeft op iemands politieke oriëntatie is onjuist.[45] Zoals we zagen in hoofdstuk 15 behouden mensen hun
emanciperende waarden wanneer ze ouder worden en worden ze niet
minder vrijzinnig. En uit een recente analyse van twintigste-eeuwse
Amerikaanse kiezers van de politicologen Yair Ghitza en Andrew Gelman bleek ook dat Amerikanen niet consistent voor conservatievere
presidenten stemmen naarmate ze ouder worden. Hun stemgedrag
wordt gevormd door hun cumulatieve ervaring met de populariteit van
presidenten gedurende hun leven, waarbij de periode tussen hun veertiende en vierentwintigste levensjaar de grootste invloed heeft.[46] De
jonge kiezers die vandaag het populisme verwerpen, zullen het niet
snel morgen omarmen.

Hoe kan de bedreiging van de Verlichtingswaarden door het populisme het hoofd worden geboden? Economische onzekerheid is niet de
belangrijkste drijfveer, dus strategieën om inkomensongelijkheid te
verminderen en te praten met staalarbeiders en te proberen hun pijn te
begrijpen zijn prijzenswaardig, maar werken waarschijnlijk niet. Culturele tegenreactie lijkt een belangrijke factor te zijn, dus het vermijden
van nodeloos polariserende, retorische symboliek en identiteitspolitiek
zou kunnen helpen kiezers die niet goed weten aan welke kant ze staan
te werven, of in elk geval niet af te stoten (meer hierover in hoofdstuk 21).
Aangezien populistische bewegingen buitenproportioneel veel invloed
hebben verworven, zou het helpen om, in Amerika althans, kiesrecht-
geografie en vormen van disproportionele vertegenwoordiging waardoor dunbevolkte gebieden te veel invloed hebben ongedaan te maken.
Hetzelfde geldt voor journalistieke berichtgeving waarin de reputatie
van presidentskandidaten werd gekoppeld aan hun gebleken nauwkeurigheid en coherentie, in plaats van onbeduidende blunders en schandalen. Voor een deel zal het probleem op de lange termijn verdwijnen
door verstedelijking. En voor een ander deel zal het verdwijnen door
demografische ontwikkelingen. Zoals we al eerder vaststelden over de
wetenschap, gaat de samenleving er soms per begrafenis op vooruit.[47]

Maar wat een raadsel blijft aan de opkomst van autoritair populisme,
is waarom een schokkend groot percentage sectoren van de bevolking
waarvan de belangen het meest werden bedreigd door de verkiezingsuitslagen, zoals jonge Britten in het geval van de Brexit en Afro-Amerikanen, Latijns-Amerikanen en Amerikaanse millennials in het geval
van Trump, niet ging stemmen.[48] Dat brengt ons terug bij een belangrijk thema van dit boek, en bij mijn eigen kleine recept voor het versterken van de stroom van het Verlichtingshumanisme tegen de nieuwste
tegenstroom.

Ik ben van mening dat de media en de intelligentsia medeschuldig zijn geweest aan de beschrijving door populisten van moderne westerse landen; die zouden zo onrechtvaardig zijn en zo slecht functioneren dat alleen een radicale tegenbeweging voor verbetering kan zorgen. 'Val de cockpit aan of sterf!' schreeuwde een conservatieve essayist, waarmee hij het land vergeleek met het gekaapte vliegtuig dat op 11 september 2001 door een opstand van passagiers neerstortte.[49] 'Ik zie liever het keizerrijk platbranden onder Trump, zodat in elk geval de mógelijkheid van radicale verandering ontstaat, dan dat we onder Clinton op de automatische piloot maar verder vliegen,' tierde een linkse aanhanger van wat je 'brandstichtingspolitiek' zou kunnen noemen.[50] Zelfs gematigde schrijvers van hoofdartikelen en commentaren van grote kranten zetten Amerika vaak neer als een hellegat van racisme, ongelijkheid en terrorisme dat maatschappelijk ziek is en waar de instituties falen.[51]

Het probleem met dystopische retoriek is dat als mensen denken dat hun land een brandende vuilnisbelt is, ze ontvankelijk worden voor de altijd weer opduikende aantrekkingskracht van demagogen: 'Wat heb je te verliezen?' Als de media en intellectuelen gebeurtenissen daarentegen in de statistische en historische context plaatsen, zouden ze die vraag kunnen helpen beantwoorden. Revolutionaire regimes, van nazi-Duitsland en marxistisch China tot het hedendaagse Venezuela, laten zien dat mensen ontzettend veel te verliezen hebben wanneer charismatische dictators die op een 'crisis' reageren democratische normen en instituties met voeten treden en over hun land regeren met de kracht van hun persoonlijkheid.

Een liberale democratie is een waardevolle prestatie. Tot de komst van de messias zal zo'n democratie altijd problemen hebben, maar het is beter om die problemen op te lossen dan om een grote brand aan te steken in de hoop dat er uit de as en beenderen iets beters zal verrijzen. Door de zegeningen van de moderniteit te negeren, zetten maatschappelijke critici kiezers op tegen verantwoordelijke bestuurders en gematigde hervormers die de geweldige vooruitgang die we hebben geboekt kunnen consolideren en de omstandigheden kunnen versterken die ons meer zullen brengen.

Wat een pleidooi voor de moderniteit zo moeilijk maakt, is dat optimisme naïef kan lijken als je het nieuws op de voet volgt, of dat je, zoals het nieuwste cliché over de elite luidt, 'niet weet wat er in de echte wereld speelt'. Maar in een wereld buiten heldhaftige mythes is de enige haalbare vorm van vooruitgang een vorm die we makkelijk over het

411

hoofd kunnen zien terwijl hij onder onze ogen plaatsvindt. De filosoof Isaiah Berlin wees erop dat het ideaal van een volkomen rechtvaardige, gelijke, vrije, gezonde en harmonieuze samenleving, waar liberale democratieën nooit aan voldoen, een gevaarlijke fantasie is. Mensen zijn geen klonen, dus wat de één voldoening geeft zal een ander frustreren, en er kan alleen gelijkheid tussen hen bestaan als ze ongelijk behandeld worden. Daarnaast betekent vrijheid ook de vrijheid om een zooitje van je leven te maken. Liberale democratieën kunnen vooruitgang boeken, maar alleen tegen een voortdurende achtergrond van onoverzichtelijke compromissen en voortdurende aanpassing:

412

> De kinderen hebben gekregen waar hun ouders en grootouders naar verlangden: meer vrijheid, meer materiële rijkdom, een rechtvaardigere samenleving; maar de oude beproevingen zijn vergeten en de kinderen krijgen te maken met nieuwe problemen die de oplossingen van de vorige met zich meebrengen, en zelfs als die op hun beurt kunnen worden opgelost, brengen ze nieuwe situaties voort, met daarbinnen nieuwe behoeften – voor altijd, en nooit voorspelbaar.[52]

Zo werkt vooruitgang. Wat ons voortdrijft zijn vindingrijkheid, mededogen en welwillende instituties. Wat ons achteruit duwt zijn de meer donkere kanten van de menselijke natuur en de tweede wet van de thermodynamica. Kevin Kelly legt uit hoe deze botsing tussen twee conflicterende ontwikkelingen toch kan resulteren in een voorwaartse beweging:

> Vanaf de Verlichting en de uitvinding van de wetenschap is het ons elk jaar gelukt ietsje meer te scheppen dan we hebben verwoest. Maar die paar procent positief verschil is door de decennia heen uitgegroeid tot wat we beschaving zouden kunnen noemen. (...) [Vooruitgang] houdt zichzelf verborgen en is alleen achteraf zichtbaar. En daarom zeg ik tegen mensen dat mijn grote optimisme over de toekomst gebaseerd is op de geschiedenis.[53]

We hebben geen pakkende naam voor een constructieve agenda die langetermijnvoordelen als het ware verzoent met kortetermijnnachteruitgang, historische stromingen met menselijke invloeden. 'Optimisme' dekt de lading niet helemaal, omdat de overtuiging dat alles altijd beter zal worden niet rationeler is dan de overtuiging dat alles altijd slechter wordt. Kelly oppert *protopia*, waarbij 'pro' van progressie en proces komt. Anderen stellen 'pessimistische hoop', 'optirealisme' en 'radiaal incrementalisme' voor.[54] Mijn favoriet komt van Hans Rosling, die, toen hem werd gevraagd of hij een optimist was, antwoordde: 'Ik ben geen optimist. Ik ben een toegewijde possibilist.'[55]

III

REDE, WETENSCHAP EN HUMANISME

De ideeën van economen en politieke filosofen, of ze nu gelijk hebben of niet, zijn krachtiger dan de meeste mensen
inzien. Ja, de wereld wordt door weinig méér beheerst. Praktische mannen, die van zichzelf denken dat ze gevrijwaard
zijn van intellectuele invloeden, zijn vaak de slaaf van de een
of andere overleden econoom. Dwazen met gezag, die stemmen horen in de lucht, baseren hun waanzin op de ideeën
van een academische krabbelaar van jaren geleden. Ik ben
ervan overtuigd dat de kracht van gevestigde belangen zwaar
overdreven wordt vergeleken met de geleidelijke uitbreiding
van ideeën.
– John Maynard Keynes

Ideeën doen ertoe. De homo sapiens is een soort die leeft met zijn verstand, door veronderstellingen te construeren en te verzamelen over de manier waarop de wereld werkt en hoe de leden van zijn soort hun leven het best kunnen leiden. Niets toont de kracht van ideeën beter aan dan de ironische invloed van de politieke filosoof die de kracht van gevestigde belangen het meest benadrukte, de man die schreef dat 'de heersende ideeën in elk tijdperk de ideeën van de heersende klasse zijn'. Karl Marx bezat geen rijkdom en voerde geen leger aan, maar de ideeën die hij opschreef in de leeszaal van het British Museum waren bepalend voor het verloop van de twintigste eeuw en daarna, en verwoestten het leven van miljarden mensen.

In dit deel van het boek rond ik mijn verdediging van de ideeën van de Verlichting af. In deel I vatte ik die ideeën samen, in deel II toonde ik aan dat ze werken. Nu is het tijd ze te verdedigen tegen enkele onverwachte vijanden – niet alleen boze populisten en religieuze fundamentalisten, maar ook groepen binnen de mainstream intellectuele cultuur. Het klinkt misschien wereldvreemd of donquichotachtig om de Verlichting te verdedigen tegen hoogleraren, critici, recensenten, deskundigen en hun lezers, omdat slechts weinigen van hen deze idealen rechtstreeks zouden afwijzen als je hen ernaar vroeg. Maar intellectuelen zijn die idealen slechts halfhartig trouw. Van velen ligt het hart elders, en slechts weinigen zijn bereid ze echt vol overtuiging te verdedigen. En doordat er niet voor de Verlichtingsidealen wordt gestreden, verdwijnen ze steeds meer naar de achtergrond en verworden ze tot een afvoerputje voor elk onopgelost maatschappelijk probleem (waarvan er altijd vele zullen zijn). Onliberale ideeën als autoritarisme, tribalisme en magisch denken laten het bloed makkelijk sneller stromen en worden door meer dan genoeg mensen verdedigd. Het is een oneerlijke strijd.

Hoewel ik hoop dat de Verlichtingsidealen steviger verankerd zullen raken bij het grote publiek – dus ook bij fundamentalisten, boze populisten enzovoort – beweer ik niet dat ik in staat ben de massa's te overtuigen, grote groepen te mobiliseren of memes te bedenken die massaal gedeeld worden. Wat nu volgt zijn argumenten die zijn gericht op mensen die argumenten belangrijk vinden. Deze argumenten kunnen ertoe doen omdat praktische mannen en vrouwen en dwazen met macht direct of indirect beïnvloed worden door de wereld van ideeen. Ze gaan naar de universiteit. Ze lezen intellectuele tijdschriften, al is het maar in de wachtkamer van de tandarts. Ze zien deskundigen aan het woord in praatprogramma's. Ze worden bijgepraat door personeelsleden of stafmedewerkers die geabonneerd zijn op snobistische kranten of naar TED Talks kijken. Ze bezoeken regelmatig discussieforums op internet die verlicht of verduisterd worden door de leesgewoonten van meer belezen deelnemers. Ik mag graag denken dat de wereld er ietsje beter van wordt als meer van de ideeën die deze zijrivieren in druppelen de Verlichtingsidealen van rede, wetenschap en humanisme belichamen.

418

21 Rede

Verzet tegen rede is per definitie onredelijk. Dat weerhoudt heel veel irrationalisten er echter niet van het hart te verkiezen boven het hoofd, het limbisch systeem boven de cortex, intuïtie boven denken, McCoy boven Spock. Vroeger had je de romantische beweging van de contra-Verlichting, die Johann Herder zo goed neerzette met zijn volgende bekentenis: 'Ik ben hier niet om te denken maar om te zijn, te voelen, te leven!' Er is (niet alleen onder religieuzen) de veelvoorkomende verering van geloof: zonder goede reden ergens in geloven. Er is het postmoderne credo dat de rede een excuus is om macht uit te oefenen, dat de werkelijkheid een sociale constructie is en dat alle beweringen verstrikt zitten in een web van zelfreferentie en niet méér zijn dan een paradox. Zelfs leden van mijn eigen stam van cognitieve psychologen beweren vaak dat ze de overtuiging dat mensen rationele actoren zijn – volgens hen een Verlichtingsovertuiging – hebben weerlegd en daarmee de centrale positie van de rede zelf hebben ondermijnd. Daarmee impliceren ze dat het zinloos is om zelfs maar te proberen de wereld rationeler te maken.[1]

Al die standpunten hebben echter één zwakke plek: ze spreken zichzelf tegen. Ze ontkennen dat er een réden kan zijn om ze te huldigen. Zodra mensen hun mond openen om ze te verdedigen, hebben ze de discussie verloren, want door dat te doen proberen ze impliciet om te overtuigen – om redenen aan te voeren voor wat ze willen bepleiten en waarvan ze vinden dat anderen het moeten aannemen op grond van normen van rationaliteit die ze beiden onderschrijven. Anders doen ze vergeefs moeite en kunnen ze hun publiek net zo goed proberen te overtuigen door het om te kopen of door geweld te gebruiken. In *The Last Word* maakt de filosoof Thomas Nagel duidelijk dat subjectiviteit en relativisme niet samenhangen als het gaat om logica en werkelijkheid, omdat je 'iets niet met niets kunt bekritiseren':

> De stelling dat alles subjectief is moet wel onzin zijn, want ze zou zelf subjectief of objectief moeten zijn. Ze kan echter niet objectief

zijn, omdat ze in dat geval onjuist zou zijn als ze waar was. En ze kan niet subjectief zijn, want dan zou geen enkele objectieve bewering worden uitgesloten, waaronder die dat ze objectief gezien onjuist is. Er zijn misschien enkele subjectivisten, die zich mogelijk voordoen als pragmatisten, die subjectivisme voorstellen als iets wat zelfs op zichzelf van toepassing is. Maar dan behoeft het geen weerwoord, aangezien het slechts een uiting is van wat het volgens de subjectivist betekent. Als hij ons ook uitnodigt met hem mee te doen, hoeven we niet toe te lichten waarom we dat weigeren, aangezien hij ons geen reden heeft gegeven op de uitnodiging in te gaan.[2]

420

Nagel noemt deze gedachtegang cartesiaans, omdat hij veel wegheeft van Descartes' argument *Cogito ergo sum*. Net zoals het feit dat iemand zich afvraagt waarom hij bestaat aantoont dat hij bestaat, toont het feit dat iemand een beroep op redenen doet aan dat de rede bestaat. Je kunt het ook een transcendentaal argument noemen: een argument dat zich beroept op de noodzakelijke voorwaarden om te doen wat het doet, namelijk een argument aanvoeren.[3] (In zekere zin voert het terug op de oude leugenaarsparadox waarin de Kretenzer zegt: 'Alle Kretenzers zijn leugenaars.') Hoe je het argument ook noemt, het zou onjuist zijn het te interpreteren als de rechtvaardiging van een 'geloof' in de rede, wat Nagel 'een gedachte te veel' noemt. We gelóven niet in de rede, we gebrúiken de rede (net zoals we computers niet programmeren om een processor te hebben; een programma is een reeks handelingen die beschikbaar wordt gemaakt door de processor).[4]

Hoewel rede voorafgaat aan al het andere en niet gerechtvaardigd hoeft te worden (en zelfs niet kán worden) op eerste principes, wanneer we er eenmaal gebruik van gaan maken, kunnen we erop vertrouwen dat de specifieke manieren waarop we redeneren deugdelijk zijn door hun interne samenhang op te merken en door vast te stellen dat ze stroken met de werkelijkheid. Het leven is geen droom waarin losstaande ervaringen in een verwarrende volgorde plaatsvinden. En de toepassing van de rede op de wereld bekrachtigt zichzelf door ons in staat te stellen de wereld naar onze wil te vormen, of het nu is door het genezen van infectieziekten of door een man naar de maan te sturen.

Ook al komt het cartesiaanse argument voort uit de abstracte filosofie, het is niet vergezocht of pedant. Iedereen – van de obscuurste deconstructionist tot de meest anti-intellectuele verspreider van samenzweringstheorieën en 'alternatieve feiten' – ziet in hoe sterk reacties zijn als 'Waarom zou ik je geloven?' of 'Bewijs het maar' of 'Je lult uit je nek'. Er zijn maar weinig mensen die daarop antwoorden:

'Je hebt gelijk, er is geen enkele reden waarom je me zou moeten geloven' of 'Ja, ik ben nu aan het liegen' of 'Inderdaad, ik lul maar wat'. Het zit ten diepste in argumenten besloten dat mensen er aanspraak op maken dat een bewering waar is. Zodra ze dat doen hebben ze rede toegepast – en de toehoorders die ze proberen te overtuigen kunnen nagaan of de bewering coherent is en klopt.

Intussen zijn veel mensen zich bewust geworden van onderzoek binnen de cognitieve psychologie naar menselijke irrationaliteit, zoals uitgelegd in bestsellers als Daniel Kahnemans *Ons feilbare denken* en Dan Ariely's *Waarom we altijd tijd te kort komen en ander irrationeel gedrag*. In eerdere hoofdstukken heb ik stilgestaan bij deze cognitieve tekortkomingen: de manier waarop we inschatten hoe waarschijnlijk anekdotes zijn, stereotypen op individuen plakken, bevestigend bewijs najagen en bewijs dat het tegendeel aantoont negeren, bang zijn voor pijn en verlies, en redeneren op basis van teleologie en voodookrachten in plaats van oorzaak en gevolg.[5] Maar hoe belangrijk deze ontdekkingen ook zijn, het is een misvatting om te denken dat ze een of ander grondbeginsel van de Verlichting dat mensen rationele actoren zijn weerleggen, of dat ze de fatalistische conclusie bekrachtigen dat we beredeneerde overtuiging net zo goed kunnen opgeven en demagogie met demagogie moeten bestrijden.

Om te beginnen heeft géén Verlichtingsdenker ooit beweerd dat mensen altijd rationeel zijn, en zéker de superrationele Kant niet, die schreef dat 'van het kromme hout der mensheid niets kan worden gemaakt dat werkelijk recht is', noch Spinoza, Hume, Smith of de *Encyclopédistes*, cognitieve en sociale psychologen die hun tijd ver vooruit waren.[6] Wat ze betoogden was dat we rationeel móeten zijn door te leren de denkfouten en dogma's te onderdrukken die ons zo makkelijk verleiden, en dat we rationeel kúnnen zijn, collectief en misschien zelfs individueel, door gebruik te maken van instituties en door normen na te leven die leiden tot deugden als vrijheid van meningsuiting, logische analyse en empirische toetsing. En als je het daar niet mee eens bent, waarom zouden wij dan jóuw bewering geloven dat mensen niet rationeel kunnen zijn?

Vaak wordt cynisme over de rede gerechtvaardigd met een ruwe versie van evolutionaire psychologie (die niet wordt onderschreven door evolutionaire psychologen) die erop neerkomt dat mensen denken met hun amygdala, instinctief reagerend op het minste geritsel in het gras, dat erop kan wijzen dat er een tijger aan komt sluipen. Echte evolutionaire psychologie behandelt mensen echter anders; niet als tweebenige antilopen, maar als de soort die antilopen te slim af is. We zijn een cognitieve soort die alleen kan overleven als de wereld verklaard kan worden. Aangezien de wereld is zoals hij is, ongeacht hoe mensen erover denken, geldt er een krachtige selectiedruk voor het vermogen verklaringen te ontwikkelen die waar zijn.[7]

Het vermogen om te redeneren heeft dus diepe evolutionaire wortels. De burgerwetenschapper Louis Liebenberg heeft de San bestudeerd, jager-verzamelaars uit de Kalahari-woestijn die ook wel Bosjesmannen worden genoemd en een van de oudste culturen ter wereld vormen. Ze passen de renjacht toe, de oudste vorm van jagen die er bestaat, waarbij mensen, met hun unieke vermogen hitte te absorberen door hun huid die glad is van het zweet, een zoogdier met een vacht in de brandende middagzon achtervolgen tot het dier aan een zonnesteek bezwijkt. Aangezien de meeste zoogdieren sneller zijn dan de mens en wegschieten zodra ze worden ontdekt, sporen renjagers ze op aan de hand van hun sporen, wat inhoudt dat ze de soort, het geslacht, de leeftijd en de mate van vermoeidheid van het dier vaststellen en zodoende op basis van de hoefafdrukken, verbogen stengels en weggeschoten steentjes die het dier achterlaat kunnen bepalen welke kant het op vlucht. De San doen niet alleen aan gevolgtrekking – zoals deduceren dat behendige, snelle springbokken hun puntige hoeven diep in de grond duwen om goed grip te krijgen, terwijl zware koedoes met platte voeten lopen om hun gewicht te ondersteunen. Ze redeneren ook – ze brengen de logica achter hun gevolgtrekkingen onder woorden om hun metgezellen te overtuigen of om zelf overtuigd te worden. Liebenberg stelde vast dat Kalahari-spoorzoekers geen argumenten accepteren op basis van gezag. Een jonge spoorzoeker kan de mening van zijn oudere collega's in twijfel trekken, zelfs wanneer die in de meerderheid zijn, en als zijn interpretatie van het bewijs overtuigend is, kan hij ze op andere gedachten brengen zodat de groep accurater te werk kan gaan.[8]

En als je nog steeds geneigd bent de dogmatiek en achterdocht van onze tijd te vergoelijken door te zeggen dat die slechts menselijk is, neem dan eens Liebenbergs verslag van wetenschappelijk scepticisme onder de San in overweging:

Drie spoorzoekers, !Nate, /Uase en Boroh//xao uit Lone Tree, dat midden in de Kalahari ligt, vertelden me dat de musleeuwerik (*Mirafra passerina*) alleen zingt nadat het geregend heeft, omdat 'hij blij is dat het heeft geregend'. Eén spoorzoeker, Boroh//xao, zei tegen me dat de vogel wanneer hij zingt de bodem laat opdrogen, zodat de wortels goed eetbaar zijn. Later zeiden !Nate en /Uase dat het niet

klopte wat Boroh//xao zei – het is niet de vógel die de bodem laat opdrogen, maar de zón. De vogel vertélt hun alleen maar dat de bodem
de komende maanden zal uitdrogen en dat het de tijd van het jaar is
waarin de wortels goed eetbaar zijn. (...)

!Namka, een spoorzoeker uit Bere in Botswana, in het midden
van de Kalahari, vertelde me over de mythe dat de zon als een eland
is die de lucht doorgaat en dan gedood wordt door mensen die in het
westen leven. De rode gloed van de ondergaande zon is het bloed
van de eland. Nadat ze de eland hebben opgegeten gooien ze het
schouderblad door de lucht terug naar het oosten, waar het in een
plas valt en uitgroeit tot een nieuwe zon. Soms, zo wordt gezegd,
kun je het suizende geluid horen van het schouderblad dat door de
lucht vliegt. Nadat hij me het verhaal gedetailleerd had verteld, zei
hij dat hij denkt dat de 'oude mensen' hebben gelogen, omdat hij (...)
het schouderblad nooit door de lucht heeft zien vliegen en nooit het
gesuis heeft gehoord.[9]

Natuurlijk weerspreekt niets van dit alles de ontdekking dat de mens
ontvankelijk is voor illusies en denkfouten. Onze hersenen zijn beperkt in staat om informatie te verwerken, en ze zijn geëvolueerd in
een wereld zonder wetenschap, geleerdheid en andere vormen van
factchecking. Maar de werkelijkheid is een sterke selectiedruk, dus een
soort die leeft van ideeën moet geëvolueerd zijn met het vermogen om
de voorkeur te geven aan ideeën die kloppen. De uitdaging is om een
informatieve omgeving te ontwikkelen waarin dat vermogen de voorkeur heeft boven vermogens die ons ertoe brengen dwaze dingen te
doen. De eerste stap is om vast te stellen waarom een verder intelligente soort zo makkelijk tot onverstandigheid wordt verleid.

In de eenentwintigste eeuw, een eeuw van ongekende toegang tot kennis, heeft ook de vreselijkste irrationaliteit plaatsgevonden, waaronder
het ontkennen van de evolutie, de veiligheid van inentingen en door
de mens veroorzaakte klimaatverandering, en de verkondiging van samenzweringstheorieën, van '11 september' tot het aantal stemmen dat
is uitgebracht op Donald Trump. Fans van rationaliteit doen wanhopig
hun best de paradox te begrijpen, maar gedragen zich zelf wat irrationeel door zelden naar informatie te kijken die het verschijnsel zou
kunnen verklaren.

De standaardverklaring voor de domheid van de massa is onwetendheid; een middelmatig onderwijssysteem heeft ervoor gezorgd dat de
bevolking wetenschappelijk onderontwikkeld is en is overgeleverd aan

423

haar cognitieve bias, waardoor ze weerloos is tegen idiote beroemdheden, oppervlakkige actualiteitenrubrieken en andere uitwassen van de populaire cultuur. De standaardoplossing is beter onderwijs en meer uitleg aan het publiek door wetenschappers op televisie, social media en populaire websites. Als wetenschapper die het publiek graag probeert te bereiken heb ik dit altijd een aantrekkelijke theorie gevonden, maar ik ben me gaan realiseren dat ze niet klopt, of in het beste geval slechts een klein deel van het probleem vormt.

Neem de volgende vragen over de evolutie:

424

Tijdens de industriële revolutie van de negentiende eeuw werd het Engelse platteland bedekt door roet en werd de gemiddelde peper-en-zoutvlinder donkerder van kleur. Hoe is dat gebeurd?

A. Om te harmoniëren met hun omgeving waren vlinders donkerder geworden.

B. De vlinders met een donkerder kleur zouden waarschijnlijk minder snel worden opgegeten en zich sneller voortplanten.

Na een jaar nam de gemiddelde testscore op een particuliere middelbare school met dertig punten toe. Welke verklaring voor deze verandering is bijna analoog aan de manier waarop soorten zich aanpassen aan hun omgeving?

A. De school liet alleen nog kinderen van rijke oud-leerlingen toe als die aan dezelfde normen voldeden als iedereen.

B. Sinds de vorige toets had elke terugkerende leerling meer kennis opgedaan.

De juiste antwoorden zijn B en A. De psycholoog Andrew Shtulman legde middelbarescholieren en universiteitsstudenten een hele reeks van dit soort vragen voor waarmee hij hun inzicht in de theorie van natuurlijke selectie mat, en in het bijzonder het cruciale idee dat de evolutie bestaat uit veranderingen in het deel van een bevolking met adaptieve kenmerken en niet uit een verandering van de bevolking zodat haar kenmerken adaptiever worden. Hij vond geen correlatie tussen toetsscores en de overtuiging dat natuurlijke selectie het ontstaan van de mens verklaart. Mensen kunnen in de evolutie geloven zonder die te begrijpen, en vice versa.[10] In de jaren tachtig van de vorige eeuw kwamen verscheidene biologen zwaar onder vuur te liggen omdat ze de uitnodiging aannamen in debat te gaan met creationisten die geen simpele zielen bleken te zijn die met hun bijbel zwaaiden, maar goed geïnformeerde debaters die actueel onderzoek aanhaalden om twijfel te zaaien over de vraag of de wetenschap wel volledig was.

Geloof in de evolutie belijden is geen geschenk van wetenschappelijke onderlegdheid, maar een bevestiging van trouw aan een liberale seculiere subcultuur in plaats van een conservatieve religieuze. In 2010 verwijderde de National Science Foundation het volgende onderdeel uit de toets wetenschappelijke kennis: 'De mens zoals we die tegenwoordig kennen, heeft zich ontwikkeld uit eerdere diersoorten.' De reden van die verandering was niet, zoals wetenschappers jammerden, dat de NSF was gezwicht voor creationistische druk om de evolutie uit het wetenschappelijke curriculum te verwijderen. De reden was dat de correlatie tussen de scores op dit onderdeel en op alle overige onderdelen van de toets (zoals 'Een elektron is kleiner dan een atoom' en 'Antibiotica doden virussen') zo laag was, dat het ruimte innam die beter gebruikt kon worden voor meer diagnostische onderwerpen. Het onderdeel toetste met andere woorden eerder op religiositeit dan op wetenschappelijke kennis.[11] Toen de stelling werd ingeleid met 'Volgens de evolutietheorie', een toevoeging die maakte dat wetenschappelijk inzicht werd losgekoppeld van culturele loyaliteit, gaven religieuze en niet-religieuze studenten hetzelfde antwoord.[12]

Of neem de volgende vragen:

Klimaatwetenschappers geloven dat als de ijskappen op de Noordpool als gevolg van door de mens veroorzaakte opwarming van de aarde zouden smelten, de zeespiegel wereldwijd zou stijgen. Waar of niet waar?

Van welk gas denken de meeste wetenschappers dat het de temperatuur in de atmosfeer laat stijgen – koolstofdioxide, waterstof, helium of radon?

Klimaatwetenschappers geloven dat door de mens veroorzaakte opwarming van de aarde het risico op huidkanker zal vergroten. Waar of niet waar?

Het antwoord op de eerste vraag is 'niet waar'; als het waar was, zou je glas cola overstromen wanneer de ijsklontjes smolten. Het zijn ijskappen op het vasteland, zoals Groenland of Antarctica, die de zeespiegel laten stijgen wanneer ze smelten. Mensen die geloofden in een door de mens veroorzaakte klimaatverandering scoorden niet beter op de vragen over klimaatverandering of over wetenschappelijke kennis in het algemeen dan klimaatsceptici. Zo denken veel mensen die er wel in ge-

425

loven dat wereldwijde opwarming wordt veroorzaakt door een gat in de ozonlaag, dat verkleind kan worden door giftig afval op te ruimen.[13] De ontkenning van door de mens veroorzaakte klimaatverandering wordt niet ingegeven door een gebrek aan wetenschappelijke kennis, maar door politieke ideologie. In 2015 was 10 procent van de conservatieve Republikeinen het ermee eens dat de aarde opwarmt als gevolg van menselijke activiteit (57 procent ontkende dat het ook maar enigszins warmer werd op aarde), tegenover 36 procent van de gematigde Republikeinen, 53 procent van de *Independents*, 63 procent van de gematigde Democraten en 78 procent van de liberale Democraten.[14]

In een revolutionaire analyse van de rede in het publieke domein heeft rechtsgeleerde Dan Kahan betoogd dat bepaalde opvattingen tot een symbool van culturele loyaliteit worden. Mensen bevestigen of ontkennen die overtuigingen niet om aan te geven wat ze wéten, maar om aan te geven wie ze zijn.[15] Iedereen identificeert zich met een bepaalde stam of subcultuur, die allemaal een credo onderschrijven over wat een goed leven bevordert en hoe de maatschappij dingen zou moeten aanpakken. Die credo's variëren vaak langs twee dimensies. Binnen de ene dimensie staat rechtse aanvaarding van natuurlijke hiërarchie lijnrecht tegenover een linkse voorkeur voor opgelegd egalitarisme (wat wordt gemeten door overeenstemming met stellingen als 'We moeten ongelijkheid tussen rijk en arm, witten en mensen van kleur, en mannen en vrouwen drastisch verminderen'). De andere is een libertarische affiniteit met individualisme versus een gemeenschappelijke of autoritaire affiniteit met solidariteit (gemeten aan de hand van de mate van instemming met stellingen als 'De overheid moet grenzen stellen aan de keuzes die individuen kunnen maken, zodat ze dat wat goed is voor de samenleving niet belemmeren'). Een bepaalde overtuiging, afhankelijk van hoe die wordt geframed en door wie ze wordt onderschreven, kan een criterium, wachtwoord, motto, sjibbolet of heilige waarde van een van die stammen worden, of een eed van loyaliteit. Kahan en zijn medewerkers leggen het als volgt uit:

> De belangrijkste reden waarom mensen het oneens zijn over klimaatverandering is niet dat die aan hen gecommuniceerd wordt op manieren die ze niet kunnen begrijpen, maar dat standpunten over klimaatverandering waarden overbrengen – gemeenschappelijke zorg versus individuele onafhankelijkheid; doordachte zelfverloochening versus het heroïsch najagen van een beloning; nederigheid versus scherpzinnigheid; eenheid met de natuur versus onderwerping van de natuur – die hen verdelen langs culturele lijnen.[16]

De waarden die voor verdeling zorgen, worden ook bepaald aan de hand van welke demonen de schuld krijgen van het onheil dat een samenleving treft: inhalige bedrijven, wereldvreemde elites, bemoeizuchtige bureaucraten, liegende politici, onwetende rednecks, of (maar al te vaak) etnische minderheden.

Kahan merkt op dat de neiging die mensen hebben om overtuigingen als een eed van trouw te zien en niet als objectieve inschattingen, aan de ene kant logisch is. Met uitzondering van een minuscuul groepje beleidsbepalers is de kans dat iemands mening over de klimaatverandering of de evolutie verschil maakt in de wereld als geheel astronomisch klein. Maar die mening maakt wél heel veel uit voor het respect dat die persoon in zijn of haar sociale omgeving krijgt. Als iemand de verkeerde mening verkondigt over een gepolitiseerd onderwerp kan hem dat in het gunstigste geval een vreemde eend in de bijt maken – iemand die 'het niet snapt' – en in het slechtste geval een verrader. De druk om te conformeren wordt nog groter wanneer mensen leven en werken met anderen die op hen lijken en die zichzelf als academische, bedrijfs- of religieuze groep als het ware brandmerken met een linkse of rechtse goede zaak. Voor experts en politici die de reputatie hebben voor hun groep op te komen, zou het het einde van hun carrière betekenen als ze bij een bepaalde kwestie het verkeerde standpunt innamen.

Gezien deze afrekeningen is het bij nader inzien helemaal niet zo irrationeel om een overtuiging te onderschrijven die niet strookt met wetenschap en factchecking – in elk geval niet als het gaat om het criterium van directe gevolgen voor de gelovige. De gevolgen voor de samenleving en de planeet zijn een heel andere kwestie. De atmosfeer maalt er niet om hoe mensen over hem denken, en als hij inderdaad vier graden warmer wordt zullen daar miljarden mensen onder te lijden hebben, hoeveel van hen ook in hun sociale omgeving gerespecteerd werden omdat ze altijd de in hun kring populaire mening over de klimaatveranderingen onderschreven. Kahan concludeert dat we allemaal meespelen in een 'tragedie van overtuigingen'; wat voor ieder individu rationeel is om te geloven (gebaseerd op respect en waardering), kan voor de samenleving als geheel irrationeel zijn om naar te handelen (gebaseerd op realiteit).[7]

De perverse motivatie die schuilgaat achter 'expressieve rationaliteit' of 'identiteitsbeschermende cognitie' helpt om de paradox van de eenentwintigste-eeuwse irrationaliteit te begrijpen. Tijdens de Amerikaanse presidentsverkiezingen van 2016 reageerden veel politieke analisten vol ongeloof op standpunten die werden verkondigd door

Trumpaanhangers (en in veel gevallen door Trump zelf), bijvoorbeeld dat Hillary Clinton multiple sclerose had en dat ze dat verhulde met een dubbelganger, of dat Barack Obama wel betrokken moest zijn geweest bij de aanslagen van 11 september omdat hij rond die dag nooit in het Oval Office was (uiteraard was Obama in 2001 geen president). Om het in de woorden van Amanda Marcotte te zeggen: 'Deze lui zijn duidelijk competent genoeg om zichzelf aan te kleden, het adres van de politieke bijeenkomst te lezen en op tijd te komen opdagen, en toch blijven ze op de een of andere manier verhalen geloven die zó gestoord en zó onwaar zijn dat onmogelijk valt voor te stellen dat ook maar iemand die niet knettergek is ze kan geloven. Wat gebéúrt hier?'[18] Wat er gebeurt, is dat deze mensen 'blauwe leugens' met elkaar delen. Een leugentje om bestwil (in het Engels een *white lie*) wordt verteld ten behoeve van de toehoorder; een 'blauwe leugen' wordt verteld ten gunste van een incrowd (oorspronkelijk politiemensen onder elkaar).[19] Hoewel sommige aanhangers van complottheorieën misschien wel echt verkeerd geïnformeerd worden, geven de meesten van hen uitdrukking aan deze overtuigingen vanwege de uitvoering en is het ze niet om de waarheid te doen: ze proberen liberalen te provoceren en willen laten zien dat ze solidair zijn met hun bloedbroeders. De antropoloog John Tooby voegt daar aan toe dat absurde overtuigingen effectievere signalen zijn van collectieve loyaliteit dan van redelijke.[20] Iedereen kan zeggen dat stenen omlaag vallen en niet omhoog, maar alleen iemand die is toegewijd aan zijn broeders heeft reden om te zeggen dat God uit drie personen bestaat maar ook uit één, of dat de Democratische Partij in een pizzeria in Washington een kinderbordeel runde.

De complottheorieën van opgehitste meutes op een verkiezingsbijeenkomst vormen een extreem geval van zelfexpressie die haar eigen waarheid verzint, maar de tragedie van de overtuigingen gaat nog dieper. Een andere paradox van rationaliteit is dat ervaring, intelligentie en weloverwogen redeneren op zichzelf niet garanderen dat iemand die nadenkt dichter bij de waarheid zal komen. Integendeel, ze kunnen wapens zijn voor nog vernuftigere rationalisatie. Zoals Benjamin Franklin vaststelde: 'Wat is het toch handig om een rationeel schepsel te zijn, want het stelt ons in staat om voor alles waar we maar over kunnen nadenken een reden te ontdekken of te verzinnen.'

Psychologen weten al lang dat het menselijk brein geïnfecteerd is met gemotiveerd redeneren (een argument in de richting van een gewenste conclusie sturen in plaats van te zien waar het toe leidt), bevooroordeelde evaluatie (iets aan te merken hebben op bewijs dat een gewenst standpunt ontkracht en bewijs dat het ondersteunt alle ruimte geven), en een *my side bias*.[21] In een beroemd experiment uit 1954 stelden de psychologen Al Hastorf en Hadley Cantril studenten van Dartmouth en Princeton vragen over opnamen van een kort daarvoor gespeelde American footballwedstrijd tussen teams van de twee universiteiten, waarin heel veel harde overtredingen werden gemaakt en de nodige spelers zwaar geblesseerd waren geraakt. Ze kwamen tot de ontdekking dat beide groepen studenten meer overtredingen van de andere ploeg zagen.[22]

Tegenwoordig weten we dat politieke partijdigheid te vergelijken is met het aanmoedigen van een sportploeg; de testosteronniveaus stijgen of dalen op een verkiezingsavond, net zoals dat gebeurt bij een belangrijke wedstrijd.[23] Het zou daarom niemand moeten verbazen dat aanhangers van een politieke partij of kleur – en dat zijn de meesten van ons – altijd meer onrechtmatigheden zien bij de tegenstander. In een ander klassiek onderzoek legden de psychologen Charles Lord, Lee Ross en Mark Lepper voor- en tegenstanders van de doodstraf twee studies voor; uit de ene bleek dat de doodstaf mensen ervan weerhield om te moorden (het aantal moorden ging omlaag in het jaar nadat de betreffende staat de doodstraf had ingevoerd) en uit de andere dat dat effect niet plaatsvond (het aantal moorden was hoger in staten waar de doodstraf was ingevoerd dan in omringende staten waar dat niet het geval was). De studies waren nep maar zagen er realistisch uit, en de experimentatoren draaiden de resultaten voor de helft van de deelnemers om voor het geval sommigen van hen veranderingen door de tijd heen overtuigender vonden dan verschillen tussen staten, of vice versa. De onderzoekers kwamen tot de conclusie dat elke groep even op andere gedachten werd gebracht door het resultaat dat ze zojuist hadden gezien, maar dat ze zodra ze de kans kregen om de details te lezen de kleinste foutjes uit het onderzoek haalden die niet strookten met hun aanvankelijke standpunt, en dingen zeiden als: 'Het bewijs zegt niets zonder data over de algemene toename van de misdaad in die jaren' of 'Misschien bestaan er wel verschillende omstandigheden tussen de twee staten, ook al grenzen ze aan elkaar'. Als gevolg van deze selectieve aanpak waren de deelnemers méér gepolariseerd nadat ze hetzelfde bewijs onder ogen hadden gekregen dan ervoor; de tegenstanders waren meer tegen, de voorstanders meer voor.[24]

Politieke betrokkenheid lijkt op nog een andere manier op supporter zijn van een club: mensen zijn op zoek naar nieuws en nemen het tot zich om hun ervaring als supporter te verdiepen, niet om hun standpunten meer te laten kloppen.[25] Dat verklaart nog een van Ka-

hans bevindingen: hoe beter iemand over de klimaatverandering ge-
informeerd is, des te gepolariseerder zijn of haar standpunt.[26] Mensen
hóéven zelfs niet een aanvankelijk standpunt te hebben om gepolariseerd te worden door de feiten. Toen Kahan proefpersonen confron-
teerde met een neutrale, evenwichtige presentatie van de risico's van
nanotechnologie (een onderwerp dat nauwelijks een maatschappelijk
heet hangijzer was), raakten ze onmiddellijk verdeeld in groepen mensen die dezelfde opvattingen hadden over kernenergie en genetisch ge-
modificeerd voedsel.[27]

430   Als deze studies nog niet ontnuchterend genoeg zijn, neem dan deze, die door een tijdschrift werd omschreven als 'de meest deprimerende ontdekking over ons brein uit de geschiedenis'.[28] Kahan verzamelde
duizend Amerikanen uit alle geledingen van de maatschappij, maakte
door middel van vragenlijsten een inschatting van hun politieke voorkeur en hun rekenvaardigheid en vroeg hun bepaalde gegevens te bekijken om het effect van een nieuwe behandeling tegen een bepaalde
aandoening te evalueren. De respondenten kregen te horen dat ze
goed op de aantallen moesten letten, omdat de verwachting was dat
de behandeling niet in 100 procent van de gevallen zou werken en de
situatie zelfs kon verslechteren, terwijl de aandoening soms uit eigen
beweging, zonder behandeling, verbeterde. Er was met de aantallen geknoeid zodat één antwoord eruit sprong (de behandeling werkte, omdat bij een groter aantal behandelde mensen verbetering plaatsvond),
maar het andere antwoord (namelijk dat de behandeling niet werkte
omdat bij een kleiner percentage van de behandelden verbetering was
te zien) was correct. Het impulsieve antwoord kon worden gecorrigeerd
door een heel klein beetje te rekenen en een blik op de percentages te
werpen. In een van de versies kregen de respondenten te horen dat de
aandoening een huiduitslag betrof en dat de behandeling uit een huidcrème bestond. Ze kregen de volgende aantallen te zien:

	Verbeterd	Verslechterd
BEHANDELING	223	75
GEEN BEHANDELING	107	21

Uit de data bleek dat de huidcrème meer kwaad deed dan goed: bij
mensen die de zalf gebruikten, trad bij ongeveer driekwart een verbetering en bij ongeveer een kwart een verslechtering op, terwijl bij
degenen die geen crème smeerden in ongeveer 80 procent van de gevallen verbetering optrad. (Bij de helft van de respondenten werden de

rijen omgedraaid, wat suggereerde dat de huidcrème wél werkte.) De respondenten die minder goed konden rekenen werden in de luren gelegd door het grotere absolute aantal behandelde mensen bij wie de situatie verbeterde (223 tegenover 107) en kozen het verkeerde antwoord. De respondenten die goed konden rekenen letten op het verschil tussen de twee verhoudingen (3:1 versus 5:1) en kozen het juiste antwoord. Natuurlijk hadden de rekenkundig onderlegde respondenten geen vooroordelen tegen huidcrème; op welke manier de data ook werden gepresenteerd, het verschil werd ontdekt. En wat progressieve Democraten en conservatieve Republikeinen ook over elkaars intelligentie vermoedden, geen van beide groepen presteerde significant beter dan de andere.

431

Maar dat alles veranderde bij een versie van het experiment waarbij het niet ging om een behandeling met huidcrème, maar om een controversiële wet die het burgers verbood om in het openbaar een verborgen vuurwapen bij zich te dragen, en in plaats van naar het aantal gevallen van huiduitslag werd nu gekeken naar misdaadcijfers. Nu verschilden de antwoorden van de respondenten die goed konden rekenen op basis van hun politieke voorkeur. Als uit de data bleek dat de voorgestelde wet tot minder misdaad leidde, ontging dat geen van de liberale rekenkundig onderlegden en zagen de meeste conservatieve rekenkundig onderlegden het wél over het hoofd – zij deden het iets beter dan de conservatieve respondenten met weinig rekenkundig inzicht, maar hadden het toch vaker fout dan goed. Toen de data aantoonden dat de criminaliteit door de wet toenam, zagen de meeste conservatieve respondenten die goed konden rekenen dat wel, maar de progressieve niet; sterker nog, ze deden het niet beter dan de progressieve respondenten met weinig rekenkundig inzicht. We kunnen menselijke irrationaliteit dus niet wijten aan ons reptielenbrein: het waren de intellectuele respondenten die het meest verblind waren door hun politieke overtuiging. In twee andere tijdschriften werden de resultaten als volgt samengevat: 'Wetenschap bevestigt: politiek ruïneert ons rekenkundig vermogen' en 'Hoe politiek ons dom maakt'.[29]

Onderzoekers zelf zijn hier niet immuun voor. Ze struikelen vaak over hun eigen bevooroordeeldheid in hun poging om aan te tonen dat hun politieke tegenstanders bevooroordeeld zijn, wat je de bias-bias zou kunnen noemen (of zoals het in Matteüs 7:3 staat: 'En wat ziet gij den splinter, die in het oog uws broeders is, maar den balk, die in uw oog is, merkt gij niet?').[30] Een recente studie die door drie sociaal wetenschappers (die overwegend liberaal waren) werd uitgevoerd met de bedoeling aan te tonen dat conservatieven vijandiger en agressiever waren, moest afgeblazen worden toen de auteurs ontdekten dat ze de labels verkeerd hadden geïnterpreteerd: het waren juist de progressieven die vijandiger en agressiever waren.[31] Bij veel studies die proberen aan te tonen dat conservatieven van nature meer bevooroordeeld en star zijn dan liberalen, blijkt dat de testvragen selectief zijn geweest.[32] Conservatieven hebben inderdaad meer vooroordelen jegens Afro-Amerikanen, maar liberalen blijken bevooroordeelder te zijn jegens christenen. Conservatieven zijn bevooroordeelder wat betreft het toestaan van christelijk gebed op scholen, maar liberalen wat betreft het toestaan van islamitisch gebed.

432

Het zou ook verkeerd zijn om te denken dat vooringenomenheid over vooringenomenheid alleen onder linkse mensen voorkomt; dat zou een bias-bias-bias zijn. In 2010 publiceerden de libertaire economen Daniel Klein en Zeljka Buturovic een onderzoek dat tot doel had om door middel van basale economische stellingen aan te tonen dat links-liberalen economische analfabeten waren:[33]

Een vermindering van het aantal woningbouwprojecten maakt wonen minder betaalbaar. [Juist]
Wanneer voor zakelijke dienstverlening diploma's verplicht worden gesteld, stijgen de prijzen van die diensten. [Juist]
Een bedrijf met het grootste marktaandeel heeft een monopolie. [Onjuist]
Huurbescherming leidt tot tekort aan woonruimte. [Juist]

(Een andere stelling was: 'Over het algemeen is de levensstandaard vandaag de dag hoger dan dertig jaar geleden', wat waar is. In overeenstemming met mijn bewering in hoofdstuk 4 dat progressieve mensen een hekel hebben aan vooruitgang, bleek dat 61 procent van de progressieven en 52 procent van de liberalen het met de stelling oneens was.) Conservatieven verkneukelden zich en The Wall Street Journal maakte melding van de studie onder de kop: 'Bent u slimmer dan een leerling uit groep 7?', implicerend dat linkse mensen dat niet zijn. Maar critici wezen erop dat de vragen linkse stokpaardjes in twijfel trokken. En dus kwamen de twee met een follow-up met even basale economische vragen, deze keer ontworpen om conservatieven op de kast te krijgen:[34]

Wanneer mensen een vrijwillige transactie verrichten, worden ze daar per definitie beter van. [Onjuist]
Als abortus verboden werd, zou het aantal illegale abortussen toenemen. [Juist]

Het legaliseren van drugs zou straatbendes en georganiseerde misdaad rijker en machtiger maken. [Onjuist]

Nu was het de beurt aan de conservatieven om uitgelachen te worden. Het moet gezegd dat Klein zijn verwijt aan het adres van links introk in een artikel met de titel 'I Was Wrong and So Are You'. Daarin schreef hij:

> Meer dan 30 procent van mijn libertarische landgenoten (en meer dan 40 procent van de conservatieven) was het bijvoorbeeld niet eens met de stelling: 'Een dollar is meer waard voor een arm persoon dan voor een rijk persoon' – kom op, mensen! – tegenover slechts 4 procent van de progressieven. (...) Toen de resultaten van alle zeventien vragen in tabellen waren uitgewerkt, bleek dat geen van de groepen duidelijk dommer is dan de andere. Ze blijken ongeveer even dom te zijn wanneer hun standpunt serieus wordt aangevochten.[35]

433

Als rechts en links even dom zijn wanneer ze vragen moeten beantwoorden, zouden we kunnen verwachten dat ze ook even vaak de plank misslaan bij het doorgronden van de wereld. De data over de menselijke geschiedenis zoals die zijn gepresenteerd in hoofdstuk 5 tot en met 18 stellen ons in staat te ontdekken welke grote politieke ideologieen ons kunnen helpen verklaren waarom er menselijke vooruitgang plaatsvindt. Ik heb betoogd dat de belangrijkste drijvende krachten de niet-politieke ideeën van rede, wetenschap en humanisme waren, wat mensen ertoe heeft aangezet kennis na te streven en toe te passen die hen meer heeft laten floreren. Hebben rechtse of linkse ideologieën daar ook maar iets aan toe te voegen? Geven de ruim zeventig grafieken een van beide kampen het recht om te zeggen: 'Niks bias, wij hebben gelijk en jullie niet'? Het lijkt erop dat we aan beide kampen wel iets te danken hebben, terwijl ze ook voorbijgaan aan grote delen van het verhaal.

Het meest in het oog springt het conservatieve scepticisme over het ideaal van vooruitgang an sich. Al vanaf het moment dat de eerste moderne conservatief, Edmund Burke, opperde dat de mens te onvolmaakt was om zelf plannen te bedenken om de situatie te verbeteren, en beter af was met trouw blijven aan tradities en instituties die hem weghielden bij de afgrond, is een belangrijke stroming binnen het conservatieve denken sceptisch over de best bedachte plannen van muizen en mannen. De reactionaire tak van het conservatisme, die onlangs nieuw leven is ingeblazen door trumpisten en aanhangers van

Europees extreemrechts (hoofdstuk 22), is van mening dat de westerse beschaving na een bloeiperiode de ondergang tegemoet gaat, doordat de morele handvatten van het traditionele christendom vaarwel zijn gezegd en zijn vervangen door een decadente seculiere vleespot die, als er niets verandert, spoedig zal bezwijken als gevolg van terrorisme, misdaad en wetteloosheid.

Nou, dat is niet zo. Het leven van vóór de Verlichting werd verduisterd door vreselijke hongersnood, epidemieën, bijgeloof, moeder- en zuigelingensterfte, plunderende krijgsheren, sadistische terechtstellingen waarbij veroordeelden werden gemarteld, slavernij, heksenjachten en genocidale kruistochten, veroveringen en religieuze oorlogen.[36] Opgeruimd staat netjes. De bogen van figuur 5-1 tot en met figuur 18-4 laten zien dat waar vindingrijkheid en mededogen zijn toegepast om de menselijke conditie te verbeteren, het leven langer is geworden en mensen gezonder, rijker, veiliger, gelukkiger, vrijer en slimmer zijn geworden, meer diepgang hebben gekregen en interessanter zijn geworden. Problemen blijven bestaan, maar problemen zijn nu eenmaal onvermijdelijk.

Ook links heeft de plank misgeslagen met zijn minachting jegens de markt en zijn geflirt met het marxisme. Industrieel kapitalisme heeft in de negentiende eeuw de Grote Ontsnapping aan wereldwijde armoede in gang gezet en redt in de eenentwintigste eeuw de rest van de mensheid in een Grote Convergentie. In dezelfde periode heeft het communisme de wereld terreur, hongersnood, zuiveringen, goelags, genociden, Tsjernobyl, revolutionaire oorlogen met enorme aantallen doden, en Noord-Koreaans aandoende armoede gebracht, voordat het over de hele wereld behalve in dat ene land aan zijn eigen tegenstrijdigheden bezweek.[37] Maar in een recente enquête noemde 18 procent van de hoogleraren van de faculteit sociale wetenschap zich marxist, en de meeste intellectuelen krijgen nog steeds de woorden 'kapitalisme' en 'vrije markt' hun strot niet uit.[38] Deels komt dat doordat hun hersenen deze termen automatisch corrigeren in ongebreidelde, ongereguleerde, onbegrensde of onbeperkte vrije markten, waarmee ze een valse dichotomie in stand houden; een vrije markt kan hand in hand gaan met wetgeving op het gebied van veiligheid, arbeid en milieu, net zoals in een vrij land strafrecht kan bestaan. En een vrije markt kan samengaan met hoge uitgaven aan gezondheid, onderwijs en sociale zekerheid (hoofdstuk 9) – ja, sommige van de landen met de hoogste sociale uitgaven hebben ook de grootste mate van economische vrijheid.[39]

Het is tegenover links wel zo eerlijk om te vermelden dat libertarisch rechts dezelfde valse dichotomie heeft omarmd en het geen probleem lijkt te vinden om als stropop voor links te fungeren.[40] Rechtse libertariërs (die zich in Amerika voordoen als eenentwintigste-eeuwse Republikeinen) hebben de vaststelling dat te veel regelgeving schadelijk kan zijn (door bureaucraten te veel macht te geven, de maatschappij meer te kosten dan dat ze haar oplevert of hoogwaardigheidsbekleders en machthebbers te beschermen tegen concurrentie in plaats van consumenten tegen onrecht) veranderd in het dogma dat minder regelgeving altijd beter is dan meer. Ze hebben de vaststelling dat te veel sociale uitgaven schadelijk kunnen zijn (door mensen te stimuleren niet meer te gaan werken en de normen en instituties van de burgermaatschappij aan te tasten) veranderd in het dogma dat elke cent die aan sociale zorg wordt besteed er één te veel is. En ze hebben de vaststelling dat belastingtarieven te hoog kunnen zijn, omgezet in de hysterische retoriek dat een verhoging van het marginale belastingtarief voor inkomens van boven de 400 000 dollar van 35 naar 39,6 procent betekent dat het land wordt overgeleverd aan binnenmarcherende nazi's. Vaak wordt de weigering om te streven naar het optimale overheidsniveau gerechtvaardigd door een beroep te doen op het argument dat Friedrich Hayek aanvoert in *The Road to Serfdom*, namelijk dat regels en sociale voorzieningen leiden tot een hellend vlak waarlangs een land tot grote armoede en tirannie zal vervallen.

Het komt me voor dat de feiten van de menselijke vooruitgang net zo ongunstig zijn voor het rechtse libertarisme als voor rechts conservatisme en links marxisme. De totalitaire overheden van de twintigste eeuw kwamen niet voort uit democratische verzorgingsstaten die steeds verder afgleden langs een hellend vlak, maar werden opgelegd door fanatieke ideologen en bendes tuig.[41] En landen die vrije markten combineren met meer belastingen, sociale uitgaven en wetgeving dan de Verenigde Staten (zoals Canada, Nieuw-Zeeland en West-Europese landen) zijn geen somber stemmende dystopieën maar behoorlijk aangename plekken om te leven, en ze overtreffen de Verenigde Staten in elke indicator van menselijk welzijn, waaronder lage misdaadcijfers, een hoge levensverwachting, afgenomen zuigelingensterfte, beter onderwijs en meer geluk.[42] Zoals we hebben gezien, draait geen enkel ontwikkeld land op rechts-libertarische principes, en ook is er nooit een realistische visie op een dergelijk land uiteengezet.

Het zou niemand moeten verbazen dat de feiten van de menselijke vooruitgang de grote 'ismes' de baas zijn. De ideologieën zijn meer dan twee eeuwen oud en zijn gebaseerd op hoogdravende visies, bijvoorbeeld op de vraag of mensen tragisch tekortschieten of oneindig beïnvloedbaar zijn, en of de maatschappij een organisch geheel is of

435

een verzameling individuen.[43] Een echte samenleving bestaat uit sociale wezens, die allemaal een brein hebben met biljoenen synapsen en allemaal hun eigen welzijn najagen, terwijl ze dat van anderen beïnvloeden in complexe netwerken met gigantische positieve en negatieve uiterlijke omstandigheden, waarvan er vele hun weerga in de geschiedenis niet kennen. Het is onvermijdelijk dat zo'n samenleving elk simplistisch verhaal over wat er zal gebeuren met een aantal vastgestelde regels onderuithaalt. Een meer rationele benadering van politiek is om samenlevingen te behandelen als voortdurende experimenten en met een open houding te leren welke gebruiken en toepassingen het beste werken, uit welk deel van het spectrum ze ook afkomstig zijn. Het huidige empirische beeld doet vermoeden dat mensen het best gedijen in een liberale democratie met een combinatie van maatschappelijke normen, gegarandeerde rechten, marktvrijheid, sociale uitgaven en goede wetgeving. Zoals Pat Paulsen vaststelde: 'Als de linker- of de rechtervleugel het voor het zeggen kreeg, zou het land in kringetjes ronddraaien.'

Het is niet zo dat Goudlokje altijd gelijk heeft en dat de waarheid altijd ergens in het midden ligt. Het is wél zo dat huidige maatschappijen de grootste blunders uit het verleden hebben gecorrigeerd, dus wanneer een samenleving voor de helft behoorlijk functioneert – als er geen bloed door de straten stroomt, als overgewicht een groter probleem is dan ondervoeding, als de ontevredenen naar binnen willen in plaats van zich voor de uitgang te verdringen – vormen haar huidige instituties waarschijnlijk een goed uitgangspunt (op zichzelf een les die we kunnen trekken uit burkeaans conservatisme). De rede maakt ons duidelijk dat politiek debat het meest zou opleveren als macht meer behandeld zou worden als een wetenschappelijk experiment en minder als een extreme sport.

Hoewel het bestuderen van gegevens die de geschiedenis en sociale wetenschap bieden een betere manier is om onze ideeën te evalueren dan ruziën vanuit verbeelding, is de vuurproef van empirische rationaliteit voorspelling. De wetenschap ontwikkelt zich door de voorspellingen van hypotheses te toetsen, en we herkennen allemaal de logica van het dagelijks leven wanneer we kroegfabels prijzen of bespotten afhankelijk van of ze gestaafd worden door wat er gebeurt, wanneer we ons bedienen van idiomen waarmee we mensen verantwoordelijk houden voor de waarheid van wat ze beweren, zoals 'door het stof gaan' en 'voor schut staan', en wanneer we uitdrukkingen gebruiken als 'de daad bij het woord voegen' en 'de praktijk zal het leren'.

Helaas worden de epistemologische normen van gezond verstand – we zouden de mensen en ideeën die juiste voorspellingen doen lof moeten toezwaaien en degenen die dat niet doen niet serieus moeten nemen – zelden toegepast op de intelligentsia en de journalistiek, die hun mening spuien zonder verantwoording te hoeven afleggen. Voorspellers die altijd mis zitten, zoals Paul Ehrlich (over wie we het in hoofdstuk 7 hebben gehad), blijven door de media gevraagd worden, en de meeste lezers hebben geen idee of hun favoriete columnist, expert of spreker het vaker bij het rechte eind heeft dan een chimpansee die bananen uitkiest. Dat kan ernstige consequenties hebben; veel militaire en politieke crises zijn ontstaan door misplaatst vertrouwen in de voorspellingen van deskundigen (zoals rapporten van de geheime diensten in 2003 dat Saddam Hoessein kernwapens ontwikkelde), en een paar percentagepunten accuraatheid in het voorspellen van financiële markten kunnen het verschil betekenen tussen het winnen of verliezen van een vermogen.

437

Het bijhouden van voorspellingen zou ook de basis moeten vormen voor onze beoordeling van intellectuele systemen, waaronder politieke ideologieën. Hoewel sommige ideologische verschillen het gevolg zijn van botsende waarden en misschien niet ongedaan kunnen worden gemaakt, zijn ze vaak gestoeld op verschillende manieren om overeengekomen doelen te bereiken en zouden ze ongedaan moeten kunnen worden gemaakt. Welk beleid zal echt dingen tot stand brengen die vrijwel iedereen wil, zoals blijvende vrede of economische groei? Welk beleid zal armoede reduceren, of gewelddadige misdaad, of analfabetisme? Een verstandige samenleving zou de antwoorden moeten zoeken door de wereld te raadplegen in plaats van uit te gaan van de alwetendheid van een groep opiniemakers die zich rond een credo hebben verenigd.

Helaas is de expressieve rationaliteit zoals die door Kahn bij zijn proefpersonen is vastgesteld en gedocumenteerd ook van toepassing op experts en schrijvers van hoofdartikelen. De resultaten die hun reputatie bepalen hangen niet samen met de juistheid van de voorspellingen, aangezien niemand de score bijhoudt. In plaats daarvan hangt hun reputatie af van hun vermogen om te vermaken, te prikkelen of te schokken; van hun vermogen vertrouwen of angst in te boezemen (in de hoop op een selffulfilling of selfdefeating prophecy); en van de voordelen van de samenwerking die ze eventueel hebben weten te bewerkstelligen.

Sinds de jaren tachtig doet de psycholoog Philip Tetlock onderzoek naar wat betrouwbare voorspellers onderscheidt van de vele orakels die 'het vaak mis hebben maar geen enkele twijfel kennen'.[44] Hij benaderde honderden analisten, columnisten, academici en geïnteresseerde leken om de strijd aan te gaan in voorspellingstoernooien waarin hun mogelijke gebeurtenissen werden voorgehouden waarvan ze moesten inschatten hoe groot de kans was dat die zouden plaatsvinden. Deskundigen zijn er heel bedreven in hun voorspellingen zo te verwoorden dat ze zich indekken, en gebruiken daarbij allerlei omslachtige woorden (zou kunnen, mogelijk, redelijke kans, serieuze mogelijkheid, spoedig, in de nabije toekomst). En dus pinde Tetlock ze vast met gebeurtenissen met ondubbelzinnige gevolgen en deadlines (zoals: 'Zal Rusland in de komende drie maanden nog meer Oekraïens gebied annexeren?' 'Zullen zich het komende jaar één of meerdere landen terugtrekken uit de Eurozone?' en 'Hoeveel landen zullen de komende acht maanden een uitbraak van het ebolavirus melden?') en liet hen in cijfers opschrijven hoe groot de kans was.

438

Tetlock vermeed ook de veelvoorkomende fout om een enkele probabilistische voorspelling achteraf te prijzen of belachelijk te maken, wat opiniepeiler Nate Silver van FiveThirtyEight overkwam toen hij onder vuur kwam te liggen omdat hij Donald Trump slechts een kans van 29 procent had toegedicht om de verkiezingen van 2016 te winnen.[45] Aangezien we de verkiezingen niet duizenden keren opnieuw kunnen afspelen, waarna we het aantal keren kunnen optellen dat Trump won, heeft de vraag of de voorspelling bevestigd of weerlegd werd geen zin. Wat we wél kunnen doen, en wat Tetlock deed, is om de reeks inschattingen van elke voorspeller te vergelijken met wat er later daadwerkelijk gebeurde. Tetlock gebruikte een formule waarmee de voorspeller niet alleen lof kreeg voor juiste voorspellingen, maar ook wanneer hij terecht zijn nek had uitgestoken met een bepaalde voorspelling (omdat het gemakkelijker is om gelijk te krijgen door gewoon op veilig te spelen met een voorspelling van 50-50). De formule is rekenkundig te vergelijken met hoeveel ze hadden gewonnen als ze de daad bij het woord hadden gevoegd en geld hadden ingezet op hun eigen voorspellingen.

En hoe goed deden de experts het twintig jaar en 28 000 voorspellingen later? Gemiddeld ongeveer net zo goed als een chimpansee (die bij Tetlock pijltjes gooide in plaats van dat hij bananen uitkoos). Tetlock en de psycholoog Barbara Mellers organiseerden tussen 2011 en 2015 een herkansing waarbij ze duizenden deelnemers mee lieten doen aan de Intelligence Advanced Research Projects Activity (de onderzoeksorganisatie van de federatie van Amerikaanse inlichtingendiensten). Opnieuw werden er heel wat pijltjes gegooid, maar in beide toernooien konden de twee er 'supervoorspellers' uit pikken die het niet alleen beter deden dan chimpansees en deskundigen, maar ook beter dan medewerkers van de inlichtingendienst met toegang tot geheime informatie en die niet ver boven de theoretische maximale score zaten. Hoe valt deze ogenschijnlijke helderziendheid te verklaren? (Dat wil zeggen: voor een jaar – hoe verder de toekomst weg is, hoe minder vaak voorspellingen uitkomen, en bij meer dan vijf jaar zijn goede voorspellingen een kwestie van geluk.) De antwoorden zijn duidelijk en indrukwekkend.

De voorspellers die het het slechtst deden, waren degenen met 'Grote ideeën' – die ze met een inspirerend (maar misplaatst) zelfvertrouwen koesterden.

439

Hoe verschillend de ideologieën die ze aanhingen ook waren, wat ze met elkaar gemeen hadden was dat ze ideologisch dachten. Ze probeerden complexe problemen in de gewenste 'oorzaak-en-gevolgmal' te persen en deden wat niet paste af als irrelevante bijzaken. Allergisch als ze waren voor nietszeggende antwoorden bleven ze hun analyse tot het uiterste uitdragen, waarbij ze gebruikmaakten van termen als 'bovendien' en 'daar komt nog bij' terwijl ze de ene na de andere reden opsomden waarom zij gelijk hadden en anderen niet. Als gevolg daarvan waren ze uitzonderlijk zelfverzekerd en noemden ze dingen eerder 'onmogelijk' of 'zeker'. Overtuigd als ze waren van hun conclusies waren ze niet genegen van mening te veranderen, zelfs niet wanneer hun voorspelling overduidelijk niet was uitgekomen. Dan zeiden ze tegen ons: 'Wacht maar af.'[46]

Precies de eigenschappen die de deskundigen zoveel publiciteit opleverden, maakten hen de slechtste voorspellers. Hoe beroemder ze waren, en hoe dichter de gebeurtenis bij hun gebied van expertise lag, des te minder vaak hun voorspellingen uitkwamen. Maar het chimpansee-achtige succes van grote ideologieën betekent níét dat deskundigen waardeloos zijn en dat we elites moeten wantrouwen. Het betekent dat we ons idee van wat een deskundige is moeten herzien. Tetlocks supervoorspellers waren:

(...) pragmatische experts die zich verlieten op vele analytische hulpmiddelen, waarbij het van de specifieke kwestie afhing welk hulpmiddel ze gebruikten. Deze deskundigen verzamelden zo veel mogelijk informatie uit zo veel mogelijk bronnen. Ze bekeken alles vanuit verschillende invalshoeken en schakelden in hun denkproces regelmatig over naar nieuwe ideeën, die ze inluidden met signaalwoorden als 'echter', 'maar', 'hoewel' en 'aan de andere kant'. Ze hadden het over mogelijkheden en waarschijnlijkheden, niet over zekerheden. En hoewel niemand het leuk vindt om te zeggen dat hij het mis had, gaven deze experts hun ongelijk makkelijk toe en veranderden ze makkelijker van mening.[47]

Succesvol voorspellen is de wraak van de nerds. Supervoorspellers zijn intelligent maar niet per se geniaal – ze vallen net in de bovenste 20 procent van de bevolking. Ze zijn heel rekenkundig aangelegd, niet in de zin dat ze een wiskundeknobbel hebben, maar in de zin dat ze het leuk vinden om in schattingen te denken. Ze hebben persoonlijkheidskenmerken die psychologen omschrijven als 'het openstaan voor ervaringen' (intellectuele nieuwsgierigheid en genoegen scheppen in afwisseling), 'behoefte aan waarneming' (genoegen scheppen in intellectuele activiteit) en 'integratieve complexiteit' (onzekerheid waarderen en meerdere kanten van de zaak zien). Ze zijn wars van impulsiviteit, en wantrouwen hun eerste ingeving. Ze zijn links noch rechts. Ze zijn niet per se bescheiden over hun vaardigheden maar wel over specifieke overtuigingen, die ze behandelen als 'hypotheses die getoetst moeten worden, geen schatten die bewaakt moeten worden'. Voortdurend stellen ze zichzelf de vraag: 'Zitten er gaten in deze redenering? Moet ik op zoek naar iets anders om dit te verklaren? Zou ik overtuigd zijn als ik iemand anders was?' Ze zijn zich bewust van cognitieve blinde vlekken zoals de beschikbaarheidsheuristiek en de *confirmation bias*, en ze leren zichzelf aan die te vermijden. Ze geven blijk van wat de psycholoog Jonathan Baron 'een actieve open houding' noemt en hebben bijvoorbeeld de volgende meningen:[48]

> Mensen zouden bewijs in overweging moeten nemen dat tegen hun overtuigingen ingaat. [Eens]
> Je hebt er meer aan om te luisteren naar degenen die het niet met je eens zijn dan naar degenen die het wel met je eens zijn. [Eens]
> Van mening veranderen is een teken van zwakte. [Oneens]
> Je kunt je bij het nemen van beslissingen het best door je intuïtie laten leiden. [Oneens]
> Het is belangrijk aan je overtuigingen vast te houden, zelfs wanneer er bewijs wordt aangedragen dat ze weerlegt. [Oneens]

Nog belangrijker dan hun temperament is de manier waarop ze redeneren. Supervoorspellers gaan bayesiaans te werk en gebruiken impliciet de naar dominee Bayes genoemde regel om de mate van overtuigdheid ten opzichte van een bewering bij te stellen naarmate er nieuw bewijsmateriaal aan het licht komt. Eerst stellen ze vast hoe vaak de betreffende gebeurtenis naar verwachting over de hele linie en op de lange termijn plaats zal vinden. Vervolgens werken ze die schatting naar boven of beneden toe bij, afhankelijk van de mate waarin nieuw bewijs het wel of niet plaatsvinden van de gebeurtenis voorspelt. Ze staan open voor dat bewijs, maar zonder er te sterk ('Dit verandert alles!') of te gematigd ('Dit betekent niets!') op te reageren.

Neem de voorspelling 'Er zal tussen 21 januari en 31 maart 2015 een aanslag door islamistische militanten worden gepleegd in West-Europa' die kort na het bloedbad bij Charlie Hebdo in januari van dat jaar werd gedaan. Deskundigen en politici, die helemaal vol waren van de beschikbaarheidsheuristiek, speelden het scenario af in het theater van hun verbeelding en antwoordden, omdat ze niet zelfgenoegzaam of naïef wilden overkomen, 'Absoluut zeker'. Zo gaan supervoorspellers niet te werk. Toen Tetlock een van hen vroeg of hij hardop wilde denken, antwoordde hij dat hij begon door de gemiddelde kans te schatten: op Wikipedia zocht hij een overzicht van alle islamistische aanslagen in Europa in de afgelopen vijf jaar en hij deelde dat aantal door vijf, wat een voorspelling opleverde van 1,2 aanslagen per jaar. Maar, zo redeneerde hij, de wereld was veranderd sinds de Arabische Lente van 2011, dus liet hij de data van 2010 buiten beschouwing, wat de gemiddelde kans op 1,5 bracht. ISIS had sinds de aanslag op Charlie Hebdo meer mensen gerekruteerd, wat een reden was om hoger te schatten, maar de veiligheidsmaatregelen waren ook opgeschroefd, wat weer een reden was de voorspelling naar beneden bij te stellen. Na die twee factoren met elkaar in evenwicht te hebben gebracht, leek een toename van ongeveer 20 procent redelijk, wat een voorspelling van 1,8 aanslagen per jaar opleverde. Er waren nog 69 dagen over in de periode waarvoor de voorspelling gold, dus deelde hij 69 door 365 en vermenigvuldigde de breuk met 1,8. Dat betekende dat de kans op een islamistische aanslag in West-Europa voor eind maart ongeveer een op drie was. Een heel andere manier van voorspellen leidde tot een heel andere voorspelling.

Nog twee andere eigenschappen onderscheiden supervoorspellers van experts en chimpansees. De supervoorspellers geloven in de wijsheid van de massa en maken hun hypotheses openbaar, zodat iedereen er kritiek op kan geven of ze kan verbeteren, en voegen hun schattingen samen met die van anderen. Daarnaast hebben ze een stellige mening over de grote rol van kans en waarschijnlijkheid in de menselijke geschiedenis, in tegenstelling tot die van noodzakelijkheid en het lot.

441

Tetlock en Mellers vroegen verschillende groepen mensen of ze het eens waren met stellingen als de volgende:

Gebeurtenissen ontvouwen zich volgens Gods plan.
Alles gebeurt met een reden.
Ongelukken of toeval bestaan niet.
Niets is onvermijdelijk.
Zelfs grote gebeurtenissen als de Tweede Wereldoorlog of de aanslagen van 11 september hadden heel anders kunnen aflopen.
Willekeur speelt vaak een rol in ons persoonlijke leven.

442

Ze berekenden een lot-score door het aantal keren dat er 'eens' was geantwoord op stellingen als de bovenste drie en 'oneens' op stellingen als de onderste drie bij elkaar op te tellen. De gemiddelde Amerikaan zit ergens in het midden. Een student op een topuniversiteit scoort iets lager, een matige voorspeller nog lager, en de supervoorspellers het laagst van allemaal – de supervoorspellers die de meeste juiste voorspellingen doen, wijzen het lot het felst van de hand en hameren erop dat toeval een belangrijke rol speelt.

Naar mijn idee zou Tetlocks nuchtere beoordeling van expertise aan de hand van het ultieme criterium, namelijk voorspelling, de manier waarop we de geschiedenis, politiek, epistemologie en het intellectuele leven begrijpen volledig op zijn kop moeten zetten. Wat betekent het dat bijschaven en verfijnen van kans en waarschijnlijkheid door deskundigen een betrouwbaardere raadgever voor de wereld is dan de uitspraken van erudiete denkers en verhalen die zijn geïnspireerd door ideeënstelsels? Niet alleen herinnert het ons er onmiskenbaar aan dat we een toontje lager moeten zingen en minder bevooroordeeld moeten zijn, het laat ons ook een glimp opvangen van de uitwerking van de geschiedenis op de tijdschaal van jaren en decennia. Gebeurtenissen worden bepaald door ontelbare kleine krachten die hun omvang en de kans dat ze plaatsvinden vergroten of verkleinen, niet door ingrijpende wetten en grootse redenaarskunsten. Helaas geldt voor vele intellectuelen en voor alle politieke ideologieën dat zij niet gewend zijn op deze manier te denken, maar misschien kunnen we er maar beter aan wennen. Toen Tetlock bij een openbare lezing werd gevraagd om te voorspellen hoe het voorspellen er in de toekomst uit zou zien, antwoordde hij: 'Wanneer het publiek in 2025 terugkijkt op het publiek van 2015, zal hun minachting voor de manier waarop wij het politieke debat nu beoordelen ongeveer vergelijkbaar zijn met onze minachting voor de heksenprocessen van Salem in 1692.'[49]

Tetlock gaf niet aan hoe groot de kans was dat zijn opvallende voorspelling uit zou komen, en hij verbond er een lange, veilige deadline aan. Het zou absoluut onverstandig zijn om te voorspellen dat de kwaliteit van het politieke debat zal verbeteren binnen het tijdsbestek van vijf jaar waarin je voorspellingen kunt doen. De grootste vijand van de rede in de publieke ruimte van vandaag – en dat is niet onwetendheid, een gebrek aan rekenvaardigheid of cognitieve bias, maar politisering – lijkt bezig aan een opmars.

In de politieke arena zelf zijn Amerikanen steeds meer gepolariseerd.[50] De meeste mensen hebben opvattingen die zo oppervlakkig en ongeïnformeerd zijn dat ze niet binnen een coherente ideologie passen, maar in een dubieuze vorm van vooruitgang is het percentage Amerikanen wier opvattingen uitgesproken liberaal of uitgesproken conservatief zijn, tussen 1994 en 2014 verdubbeld, van 10 tot 21 procent. De polarisatie heeft tegelijkertijd plaatsgevonden met een toename van de maatschappelijke segregatie door de politiek; tijdens die twintig jaar is de kans groter geworden dat ideologen aangeven dat de meeste van hun goede vrienden hun politieke opvattingen delen.

De partijen zijn partijdiger geworden. Volgens een recent Pew-onderzoek was in 1994 ongeveer een derde van de Democraten conservatiever dan de gemiddelde Republikein, en vice versa. In 2014 was dat zo ongeveer een twintigste. Hoewel Amerikanen over het hele politieke spectrum tot en met 2004 naar links zijn opgeschoven, hebben ze sindsdien met betrekking tot elk belangrijk onderwerp met elkaar van mening verschild, met uitzondering van homorechten maar wel bijvoorbeeld wat betreft overheidsregulering, sociale uitgaven, immigratie, milieubescherming en militaire macht. Wat zelfs nog zorgwekkender is, is dat de wederzijdse minachting is toegenomen. In 2014 had 38 procent van de Democraten een 'zeer ongunstig beeld' van de Republikeinse Partij (tegenover 16 procent in 1994), en meer dan een kwart zag die partij als 'een bedreiging voor het welzijn van het land'. Republikeinen stonden zelfs nog vijandiger tegenover Democraten: 43 procent had een negatief beeld van de Democratische Partij en meer dan een derde zag haar als een bedreiging. Ook zijn de ideologen aan beide kanten minder geneigd tot het sluiten van compromissen.

Gelukkig is een meerderheid van de Amerikanen gematigder over al deze kwesties en is het percentage dat zichzelf als gematigd beschouwt in veertig jaar tijd niet veranderd.[51] Helaas gaan extremisten eerder stemmen, doneren ze meer en zetten ze hun afgevaardigden vaker onder druk. Er is weinig reden om aan te nemen dat daar ook maar enige

verbetering is in gekomen sinds het onderzoek in 2014 werd uitgevoerd, en dan druk ik me nog voorzichtig uit.

Universiteiten zouden de arena moeten zijn waar politieke vooroordelen opzij worden gezet en waar onbevooroordeeld onderzoek aan het
licht brengt hoe de wereld werkt. Maar uitgerekend nu we dit onpar-
tijdige forum het hardst nodig hebben, is ook de academische wereld
meer gepolitiseerd – niet méér gepolariseerd, maar linkser. Universiteiten zijn altijd al liberaler geweest dan de Amerikaanse bevolking,
maar de verhoudingen worden schever. In 1990 was 42 procent van
de faculteit zeer links of liberaal (elf procentpunten meer dan de Amerikaanse bevolking), 40 procent gematigd en 18 procent zeer rechts of
conservatief, wat neerkwam op een links-rechtsverhouding van 2,3 tot
1. In 2014 was 60 procent zeer links of liberaal (dertig procentpunten
meer dan de bevolking), 28 procent gematigd en 12 procent conservatief, een verhouding van 5 tot 1.[52] De verhoudingen verschillen per
vakgebied: bedrijfskunde, computerwetenschappen, techniek en gezondheidswetenschappen zijn gelijk verdeeld, terwijl de geesteswetenschappen en sociale wetenschappen uitgesproken links zijn: minder
dan 10 procent is daar conservatief, en er zijn twee keer zoveel marxisten als conservatieven.[53] Hoogleraren natuurkunde en biologie zitten
daartussenin, met een paar radicalen en vrijwel geen marxisten, maar
er zijn wel aanzienlijk meer liberalen dan conservatieven.

De liberale voorkeur binnen de academische wereld (en onder journalisten, commentatoren en intellectuelen) is in bepaalde opzichten
logisch.[54] Intellectueel onderzoek doorbreekt per definitie de status
quo, die nooit volmaakt is. En verbaal tot uitdrukking gebrachte beweringen, het handelsmerk van intellectuelen, passen meer bij het
concrete beleid dat liberalen doorgaans voorstaan dan bij de diffuse
vormen van sociale organisatie zoals markten en traditionele normen
waar conservatieven normaal gesproken voorstander van zijn.[55] Een
liberale tendens is, mits gematigd, ook wenselijk. Intellectueel liberalisme heeft een actieve rol gepeeld bij vele vormen van vooruitgang die
vrijwel iedereen is gaan aanvaarden, zoals democratie, sociale zekerheid, religieuze tolerantie, de afschaffing van slavernij en gerechtelijke
marteling, de afname van oorlog en de uitbreiding van mensenrechten
en burgerrechten.[56] In veel opzichten zijn we nu (bijna) allemaal liberaal.[57]

Maar we hebben gezien dat wanneer een credo wordt verbonden aan
een incrowd, het kritische vermogen van de leden kan worden uitgeschakeld, en er zijn redenen om aan te nemen dat dat ook is gebeurd
binnen sectoren van de academische wereld.[58] In *Het onbeschreven blad*

(waarvan de brontekst in 2016 geactualiseerd is) heb ik laten zien hoe linkse politiek de bestudering van de menselijke natuur, waaronder seksualiteit, geweld, geslacht, de opvoeding van kinderen, persoonlijkheid en intelligentie heeft vertroebeld. In een recent manifest heeft Tetlock, in samenwerking met de psychologen José Duarte, Jarret Crawford, Charlotta Stern, Jonathan Haidt en Lee Jussim, de ruk naar links binnen de sociale psychologie gedocumenteerd en aangetoond dat die de onderzoekskwaliteit geen goed heeft gedaan.[59] Gebruikmakend van een uitspraak van John Stuart Mill – 'Hij die alleen zijn eigen kant van de zaak kent, kent er weinig van' – deden ze een oproep tot meer politieke verscheidenheid binnen de psychologie, de versie van diversiteit die er het meest toe doet (in tegenstelling tot de versie die zo vaak wordt nagestreefd, namelijk mensen die er anders uitzien maar hetzelfde denken).[60]

445

Het siert de academische psychologie dat de kritiek van Duarte en zijn collega's respectvol werd ontvangen.[61] Dat respect kan echter lang niet iedereen opbrengen. Toen columnist Nicholas Kristof van *The New York Times* positief over het artikel schreef en vergelijkbare suggesties deed, bevestigden de boze reacties de ernstigste beschuldigingen (het commentaar dat online het vaakst geliket werd, luidde: 'Je diversifieert niet met idioten').[62] En een factie binnen de academische cultuur die bestaat uit extreemlinkse faculteitsleden, activistische studenten en autonome diversiteitsbewakers (die pejoratief *social justice warriors* worden genoemd) wordt agressief onverdraagzaam. Iedereen die het niet eens is met de bewering dat racisme de oorzaak is van alle problemen, wordt een racist genoemd.[63] Niet-linkse sprekers worden vaak niet meer uitgenodigd na protesten of worden overstemd door joelende meutes.[64] Een student kan door haar decaan publiekelijk aan de schandpaal worden genageld vanwege een persoonlijke e-mail waarin ze beide kanten van een controverse belicht.[65] Hoogleraren worden onder druk gezet om geen colleges te geven over controversiële onderwerpen en worden bijkans stalinistisch nagetrokken op politiek incorrecte opvattingen.[66] Vaak neemt de repressie onbedoeld humoristische vormen aan.[67] In een richtlijn voor decanen over het herkennen van 'microaggressies' staan dingen als 'Amerika is het land van de mogelijkheden' en 'Ik ben van mening dat de meest geschikte persoon de baan moet krijgen'. Studenten belaagden en schoffeerden een hoogleraar die hen uitnodigde de discussie aan te gaan over een brief van zijn vrouw, waarin ze had voorgesteld dat studenten zich wat minder druk maken om Halloweenkostuums. Een yogacursus werd geannuleerd omdat yoga als *cultural appropriation* werd gezien. Komieken zelf vinden het niet zo grappig: onder andere Jerry Seinfeld, Chris Rock en Bill Maher denken wel twee keer na voor ze optreden op een universiteit, omdat er altijd wel studenten zijn die in woede ontsteken over een grap.[68]

Ondanks alle dwaasheden op campussen kunnen we niet toestaan dat rechtse polemisten zich uitleven in een bias-bias en elk idee dat afkomstig is van een universiteit en dat hun niet aanstaat van tafel vegen. De academische archipel bestrijkt een oceaan van meningen waarin normen als peerreview, vaste aanstellingen, open debat en de eis om bewijringen te onderbouwen met citaten en empirisch bewijs centraal staan – normen die zijn bedoeld om onbevooroordeelde waarheidsvinding te bevorderen, ook al gebeurt dat in de praktijk lang niet altijd volmaakt. Universiteiten en hogescholen nemen de afwijkende kritieken die hier en elders zijn besproken ter harte terwijl ze de wereld prachtige vruchten van kennis schenken.[69] En het is niet nou zo dat alternatieve arena's – de blogosfeer, Twitter, actualiteiten- en praatprogramma's, de politiek – toonbeelden van objectiviteit en nauwkeurigheid zijn.

Van de twee vormen van politisering die vandaag de dag de rede ondermijnen, is de politieke veel gevaarlijker dan de academische, om een voor de hand liggende reden. Vaak wordt de grap gemaakt (en niemand weet wie hem heeft bedacht) dat academische debatten zo fel zijn omdat er weinig op het spel staat.[70] Maar in politieke debatten staat er oneindig véél op het spel, zoals de toekomst van de aarde. In tegenstelling tot hoogleraren zitten politici achter de knoppen van de macht. In het eenentwintigste-eeuwse Amerika is het feit dat een Republikeinse Partij die synoniem is geworden aan uiterst rechts het Congres beheerst heel schadelijk, omdat de partij er zo van overtuigd is dat ze staat voor een rechtvaardige zaak en tegen verdorven tegenstanders strijdt, dat ze de democratische instituties ondermijnt om te krijgen wat ze wil. Dan hebben we het bijvoorbeeld over geknoei met de kiesdistricten, het invoeren van stemwetten die zijn bedoeld om Democratische kiezers hun kiesrecht te ontnemen, het stimuleren van ongecontroleerde donaties door rijke belanghebbenden, het blokkeren van nominaties voor het Hooggerechtshof tot de eigen partij de president levert, de overheid platleggen wanneer niet al haar eisen worden ingewilligd, en onvoorwaardelijke steun voor Donald Trump ondanks de eigen bezwaren tegen zijn flagrante antidemocratische impulsen.[71] Door welke politieke of filosofische verschillen de partijen ook verdeeld worden, de mechanismen van democratische afweging en behoedzaamheid zouden heilig moeten zijn. Hun uitholling, die onevenredig teweeggebracht wordt door rechts, heeft veel mensen,

446

onder wie een toenemend aantal jonge Amerikanen, tot de conclusie gebracht dat een democratische regering intrinsiek disfunctioneert en hen cynisch maakt over de democratie zelf.[72]

Intellectuele en politieke polarisatie versterken elkaar. Het is moeilijker een conservatieve intellectueel te zijn wanneer de Amerikaanse conservatieve politiek steeds dommer wordt, van Ronald Reagan tot Dan Quayle tot George W. Bush tot Sarah Palin tot Donald Trump.[73] Aan de andere kant biedt de gijzeling van links door identiteitspolitici, de 'politieke-correctheidspolitie' en social justice warriors de kans om luidkeels te verkondigen 'hoe het echt zit'. Het is een uitdaging van onze tijd om te ontdekken hoe we een intellectuele en politieke cultuur kunnen bevorderen die wordt gedreven door de rede in plaats van tribalisme en op elkaar reageren.

447

Als we van de rede het uitgangspunt van het debat willen maken, moeten we beginnen met het scheppen van duidelijkheid over de centrale positie van de rede zelf.[74] Zoals ik al heb gezegd, verkeren veel commentatoren erover in verwarring. De ontdekking van cognitieve en emotionele bevooroordeeldheid betekent niet dat 'de mens irrationeel is' en dat het dus zinloos is het debat rationeler te maken. Als mensen niet in staat waren rationeel te denken, hadden we nooit de manieren kunnen ontdekken waaróp ze dat zijn, omdat we dan geen criterium van rationaliteit zouden hebben waaraan we het menselijk beoordelingsvermogen konden afmeten. De mens mag dan kwetsbaar zijn voor vooroordelen en denkfouten, dat geldt duidelijk niet altijd voor iedereen, anders zou nooit iemand het recht hebben te zeggen dat de mens kwetsbaar is voor vooroordelen en denkfouten. Het menselijk brein is in de juiste omstandigheden in staat om te redeneren; wat lastig is, is vaststellen wat die omstandigheden zijn, zodat we ze beter kunnen creëren.

Om dezelfde reden zouden schrijvers van hoofdartikelen afstand moeten nemen van het nieuwe cliché dat we in een postmoderne tijd leven, tenzij ze dat op een toon van bijtende ironie kunnen blijven doen. Die term is ondermijnend, omdat hij impliceert dat we ons zouden moeten neerleggen bij propaganda en leugens en dat we ons daar zelf ook maar van moeten bedienen. We léven niet in een postmoderne tijd. Onwaarheid, het verdraaien van de waarheid, complottheorieën, buitengewoon populaire waanideeën en de dwaasheid van de massa zijn zo oud als de menselijke soort, maar dat geldt ook voor de overtuiging dat sommige ideeën goed zijn en andere fout.[75] In hetzelfde decennium waarin de opkomst plaatsvond van de schaamteloos liegende

Trump en zijn volgelingen, die het niet zo nauw nemen met de waarheid, heeft ook de opkomst plaatsgevonden van een nieuwe ethiek: die van factchecking, het controleren van feiten. Angie Holan, de hoofdredacteur van PolitiFact, een factcheckingproject dat is begonnen in 2007, stelde:

> Vele van de huidige televisiejournalisten (...) hebben het stokje overgenomen en doen nu zelf aan factchecking; ze zagen kandidaten tijdens live-interviews door over de juistheid van hun uitspraken. De meeste kiezers vinden het niet van vooringenomenheid getuigen wanneer geïnterviewden vragen krijgen om te achterhalen of hun ogenschijnlijk feitelijke beweringen wel kloppen. Uit onderzoek dat eerder dit jaar is gepubliceerd door het American Press Institute, bleek dat meer dan acht op de tien Amerikanen positief zijn over factchecking in de politiek.
>
> Ik krijg zelfs regelmatig van journalisten te horen dat hun mediabedrijf factchecking in de verslaggeving prioriteit is gaan geven, omdat heel veel mensen na een debat of een gebeurtenis die veel publiciteit krijgt op artikelen klikken waarin feiten worden gecontroleerd. Veel lezers willen nu dat factchecking ook deel gaat uitmaken van traditionele nieuwsartikelen; ze doen hun beklag bij ombudsmannen en lezerspanels wanneer ze berichten zien waarin feitelijke beweringen worden herhaald waarvan de onjuistheid is aangetoond.[76]

Deze ethiek zou ons een goede dienst hebben bewezen in eerdere decennia, toen valse geruchten regelmatig leidden tot pogroms, rellen, lynchpartijen en oorlogen (waaronder de Spaans-Amerikaanse Oorlog van 1898, de escalatie van de Vietnamoorlog in 1964, de invasie van Irak in 2003 en vele andere).[77] Ze werd niet rigoureus genoeg toegepast om Trumps overwinning in 2016 te voorkomen, maar sindsdien zijn zijn leugentjes en die van zijn woordvoerders genadeloos belachelijk gemaakt in de media en de populaire cultuur, wat betekent dat de middelen om de waarheid aan het licht te brengen functioneren, ook al winnen ze niet altijd de slag.

Op de lange termijn kunnen de instituties van de rede de waarheid laten zegevieren. Ondanks alle huidige irrationaliteit geloven nog maar weinig invloedrijke mensen in onze tijd in weerwolven, eenhoorns, heksen, alchemie, astrologie, aderlating, moerasdampen, dierenoffers, het goddelijk recht van koningen of bovennatuurlijke tekenen in regenbogen en zonsverduisteringen. Ook morele irrationaliteit kan langzaam maar zeker verdwijnen. Nog tijdens mijn jeugd bekrachtigde rechter Leon Bazile uit Virginia de veroordeling van Richard en Mildred Loving vanwege hun gemengde huwelijk, met een argument waarvan zelfs de meest onverlichte conservatief vandaag de dag niets zou moeten hebben:

> De beklaagden hebben zich schuldig gemaakt aan een bijzonder ernstig misdrijf, dat in strijd was met het publiekrecht, (...) dat zijn wortels heeft in de openbare orde, waar ons maatschappelijk leven, onze goede zeden en de belangen van beide rassen op steunen. (...) De almachtige God heeft de rassen blank, zwart, geel en rood geschapen en op afzonderlijke continenten geplaatst. Het feit dat Hij de rassen gescheiden heeft, toont aan dat het niet zijn bedoeling was dat ze zich zouden mengen.[78]

449

En waarschijnlijk zouden de meeste liberalen niet overtuigd worden door de volgende verdediging van Castro's Cuba door het intellectuele icoon Susan Sontag in 1969:

> De Cubanen weten veel van spontaniteit, vrolijkheid, sensualiteit en losbandig gedrag. Het zijn geen stijve boekenwurmen, zullen we maar zeggen. Kort gezegd is hun probleem bijna het tegenovergestelde van het onze – en we moeten begrip hebben voor hun pogingen het op te lossen. Ondanks onze achterdocht jegens het traditionele puritanisme van linkse revoluties, moeten Amerikaanse radicalen in staat zijn alles enigszins in perspectief te blijven zien wanneer een land dat vooral bekend is om zijn dansmuziek, prostituees, sigaren, abortussen, zorgeloos leven en pornografische films de seksuele normen wat aantrekt en slechts op één slecht moment, twee jaar geleden, een paar duizend homoseksuelen in Havana oppakt en naar boerderijen stuurt om zich te bezinnen.[79]

In werkelijkheid waren die 'boerderijen' werkkampen, die niet waren ontworpen om spontane vrolijkheid en losbandigheid te corrigeren maar als een uiting van homofobie die diep geworteld was in die Latijns-Amerikaanse cultuur. Wanneer we ons druk maken om de huidige achterlijkheid van het publieke debat, moeten we onszelf eraan herinneren dat mensen in het verleden ook niet zo rationeel waren.

Wat kunnen we doen om de normen op het gebied van de rede te verbeteren? Overtuiging door feiten en logica, de meest directe strategie, werkt niet altijd. Het is waar dat mensen kunnen vasthouden aan overtuigingen in weerwil van bewijs, zoals Lucy die in *Peanuts* beweert dat sneeuw uit de grond komt en opstijgt naar de hemel, zelfs al raakt ze ter plekke langzaam bedolven onder de sneeuw. Er zitten echter grenzen aan hoe hoog de sneeuw kan komen. Wanneer mensen voor het eerst geconfronteerd worden met informatie die in tegenspraak is met een standpunt dat ze verdedigen, gaan ze er juist nog meer achter staan, zoals te verwachten viel met de theorieën over identiteitsbeschermende cognitie, conclusie-gestuurd redeneren en de reductie van cognitieve dissonantie. Doordat mensen die een bepaalde overtuiging aanhangen het gevoel hebben dat hun identiteit wordt bedreigd, verhogen ze hun inzet en verzamelen ze meer munitie om de aanval af te slaan. Maar omdat een ander deel van het menselijk denken iemand toch voeling laat houden met de werkelijkheid, kan het tegenbewijs de dissonantie dusdanig laten toenemen dat ze ondraaglijk wordt en de opvatting geen stand houdt, een fenomeen dat het *affective tipping point* wordt genoemd.[80] Het kantelpunt hangt af van het evenwicht tussen hoe erg de reputatie van de persoon die de mening is toegedaan beschadigd zou kunnen raken wanneer hij er afstand van neemt, en of het tegenbewijs zo overduidelijk en openbaar is dat het feitelijk neerkomt op algemene kennis; een naakte keizer, een olifant in de kamer.[81] Zoals we hebben gezien in hoofdstuk 10, begint dat nu te gebeuren met de mening van het publiek over de klimaatverandering. Hele volksstammen kunnen van mening veranderen wanneer een kritische kern van overtuigende opiniemakers hun standpunt wijzigen en iedereen hen volgt, of wanneer de ene generatie wordt vervangen door een andere, die niet vasthoudt aan dezelfde dogma's (vooruitgang, de ene begrafenis na de andere).

In de samenleving als geheel draaien de wielen van de rede vaak langzaam, en het zou fijn zijn als we het tempo wat konden opvoeren. De voor de hand liggende arena's om dat te doen zijn het onderwijs en de media. Verscheidene decennia lang hebben aanhangers van de rede scholen en universiteiten onder druk gezet om curricula in 'kritisch denken' in te voeren. Studenten en scholieren wordt geadviseerd kwesties van beide kanten te bekijken, hun mening met bewijs te onderbouwen, en misvattingen en denkfouten als circulaire redenering, het aanvallen van stropoppen, het appelleren aan autoriteit, het aanvoeren van drogredenen en het al te zwart-wit benaderen van een genuanceerd onderwerp, te signaleren.[82] Vergelijkbare programma's proberen studenten en scholieren te wapenen tegen cognitieve misvattingen zoals de beschikbaarheidsheuristiek en de bevestigingsbias.[83]

Toen ze voor het eerst werden geïntroduceerd hadden deze pro-

450

gramma's teleurstellende resultaten, wat leidde tot pessimisme over de vraag of we de man in de straat ooit gezond verstand bij konden brengen. Maar tenzij risicoanalisten en cognitieve psychologen een superieur soort mensen zijn, moet iets in hún onderwijs hun inzicht hebben verschaft over cognitieve denkfouten en over hoe die vermeden kunnen worden, en is er geen reden om aan te nemen dat die inzichten niet op bredere schaal toegepast kunnen worden. Het mooie van de rede is dat hij altijd kan worden toegepast om tekortkomingen van de rede te begrijpen. Een tweede blik op kritisch denken, en op programma's die erop gericht zijn vooroordelen weg te nemen, heeft duidelijk gemaakt waarom ze werken of niet.

451

De redenen komen onderwijsonderzoekers bekend voor.[84] Geen enkel curriculum is pedagogisch effectief wanneer het bestaat uit een docent die voor een schoolbord staat te oreren, of uit een studieboek waarin studenten met een gele markeerstift zinnen highlighten. Mensen begrijpen concepten alleen wanneer ze gedwongen worden ze kritisch door te lichten, er met anderen over te discussiëren en ze te gebruiken om problemen op te lossen. Een tweede belemmering van effectief onderwijs is dat leerlingen datgene wat ze geleerd hebben aan de hand van één concreet voorbeeld niet spontaan toepassen op andere voorbeelden in dezelfde abstracte categorie. Scholieren die in de wiskundeles leren hoe ze door middel van het principe van het kleinste gemene veelvoud een muziekkorps in even rijen moeten verdelen, klappen dicht wanneer hun wordt gevraagd rijen groenten in een tuin te ordenen. Op dezelfde manier zullen studenten die bij een les kritisch denken de Amerikaanse Revolutie leren bespreken vanuit zowel het Britse als het Amerikaanse perspectief, niet de sprong kunnen maken om te bedenken hoe de Duitsers tegen de Eerste Wereldoorlog aankeken.

Met deze 'lessen over lessen' in hun bagage hebben psychologen onlangs programma's in elkaar gezet die erop gericht zijn vooroordelen weg te nemen en die een logische en kritische denkwijze stimuleren. Ze moedigen studenten aan om binnen allerlei verschillende contexten misvattingen en denkfouten te herkennen, te benoemen en te corrigeren.[85] Sommigen gebruiken computergames waarmee scholieren en studenten kunnen oefenen en die hun feedback geven, waardoor ze de absurde consequenties van hun vergissingen inzien. Andere curricula vertalen cryptische wiskundige stellingen naar concrete, voorstelbare scenario's. Tetlock heeft de werkwijzen van succesvolle voorspellers samengesteld tot een reeks richtlijnen voor een goed beoordelingsvermogen (zoals: begin met de gemiddelde kans; zoek bewijs en reageer daar niet te sterk of te gematigd op; probeer niet je eigen fouten weg te redeneren maar gebruik ze als bron van herbezinning). Deze en andere programma's zijn aantoonbaar effectief; de wijsheid die studenten opdoen blijft hun ook na de les bij en wordt gebruikt bij nieuwe kwesties.

Ondanks die successen, en ondanks het feit dat het vermogen om onbevooroordeeld en kritisch te redeneren een voorwaarde is om waar dan ook over na te kunnen denken, hebben slechts weinig onderwijsinstellingen zich ten doel gesteld rationeel denken te bevorderen. (Dat geldt ook voor mijn eigen universiteit, waar mijn suggestie tijdens een curriculumbespreking dat alle studenten onderwijs zouden moeten krijgen over cognitieve bias geen enkele bijval kreeg.) Veel psychologen hebben hun vakgebied opgeroepen om de strijd tegen vooroordelen te bestempelen als een van de grootste potentiële bijdragen aan het welzijn van de mens.'[86]

Effectieve training in kritisch denken en *cognitive debiasing* is misschien niet voldoende om cognitie te bestrijden die de eigen identiteit beschermt, waarbij mensen zich vastklampen aan elke mening die hun stam en hun status daarbinnen ophemelt. Deze ziekte is het schadelijkst binnen het politieke domein, en is tot op heden door wetenschappers verkeerd gediagnosticeerd, omdat ze hebben gewezen op irrationaliteit en wetenschappelijke ongeletterdheid in plaats van op de kortzichtige mentaliteit van de tragedie van de meent. Zoals een schrijver ooit opmerkte, behandelden wetenschappers het publiek vaak zoals Engelsen met buitenlanders omgaan: ze gaan langzamer en harder praten.[87]

De wereld rationeler maken is dus niet alleen een kwestie van mensen trainen om beter te redeneren en ze te bevrijden. Het hangt er ook van af hoe er op het werk, binnen sociale kringen en in de arena's waar wordt gedebatteerd en waar de beslissingen worden genomen met elkaar wordt omgegaan en gediscussieerd. Experimenten hebben aangetoond dat de juiste regels de tragedie van de meent kunnen voorkomen en mensen kunnen dwingen hun redeneringen los te koppelen van hun identiteit.[88] Eén techniek is lang geleden door rabbi's ontdekt: zij dwongen Talmoedleerlingen tijdens een discussie over de Talmoed het tegenovergestelde standpunt te verdedigen. Een andere aanpak is om mensen te laten proberen in een kleine discussiegroep overeenstemming te bereiken; dat dwingt ze hun mening te verdedigen tegenover hun groepsgenoten, en over het algemeen wint de waarheid.[89] Wetenschappers zelf hebben een nieuwe strategie bedacht die vijandige samenwerking wordt genoemd en waarbij aartsvijanden samenwerken om een issue tot op de bodem uit te zoeken en empirische testen te ontwikkelen waarvan ze het er van tevoren over eens zijn dat ze daarmee hun doel zullen bereiken.[90]

Alleen al de eis om een mening toe te lichten kan mensen minder overmoedig maken. De meesten van ons schatten verkeerd in hoe goed ze de wereld kennen, een bias die de illusie van verklarende diepte wordt genoemd.[91] Hoewel we denken dat we snappen hoe een rits werkt, of een cilinderslot, of een wc, staan we met onze mond vol tanden als ons wordt gevraagd het uit te leggen en moeten we toegeven dat we geen idee hebben. Dat geldt ook voor controversiële politieke onderwerpen. Wanneer mensen met een onwrikbare mening over een bepaald politiek onderwerp moeten uitleggen wat dat onderwerp precies behelst, realiseren ze zich al snel dat ze niet weten waar ze het over hebben en gaan ze openstaan voor tegenargumenten. Misschien is het belangrijkste dat mensen minder bevooroordeeld zijn wanneer ze moeten leven met de gevolgen van hun standpunt. In een recensie van de literatuur over rationaliteit concluderen de antropologen Hugo Mercier en Dan Sperber: 'In tegenstelling tot de gebruikelijke sombere inschattingen van de menselijke redeneervermogens zijn mensen heel goed in staat om op een onbevooroordeelde manier te redeneren, zolang ze maar argumenten evalueren in plaats van ze te produceren, en zolang ze op de waarheid uit zijn in plaats van te proberen een debat te winnen.'[92]

De manier waarop de regels in bepaalde arena's ons collectief dom of slim kunnen maken, kan de paradox oplossen die in dit hoofdstuk telkens weer opduikt: waarom de wereld minder rationeel lijkt te worden in een tijd waarin kennis en de hulpmiddelen om die kennis te delen zich op een ongeëvenaard niveau bevinden. De oplossing is dat de wereld op de meeste gebieden níét minder rationeel wordt. Het is niet zo dat ziekenhuispatiënten steeds vaker overlijden door kwakzalverij, of dat er vliegtuigen uit de lucht vallen, of dat er voedsel wegrot op kades omdat niemand weet hoe hij het in de winkels moet krijgen. De hoofdstukken over vooruitgang hebben aangetoond dat we er met onze collectieve vindingrijkheid steeds beter in slagen maatschappelijke problemen op te lossen.

Sterker nog, op het ene na het andere gebied zien we de legers van de rede overwinningen boeken op dogma en instinct. Kranten vullen traditionele berichtgeving en commentaar van deskundigen aan met statistici en factcheckers.[93] De spionagewereld van de inlichtingendiensten kijkt verder in de toekomst door gebruik te maken van de bayesiaanse redenering van supervoorspellers.[94] Gezondheidszorg wordt hervormd door evidence-based medicijnen (wat al lang een pleonasme zou moeten zijn).[95] Psychotherapie heeft zich van de leunstoel met het schrijfblok ontwikkeld tot Feedback-Informed Treatment.[96] In New York, en in toenemende mate in andere steden, wordt gewelddadige misdaad gereduceerd door het data-analyseprogramma Compstat.[97] De inspanningen om de ontwikkelingslanden te helpen worden begeleid door de *randomistas*, economen die data verzamelen van gerandomiseerde experimenten om opportunistische verspilling van belastinggeld te onderscheiden van initiatieven die daadwerkelijk de kwaliteit van mensenlevens verbeteren.[98] Vrijwilligerswerk en donaties aan goede doelen worden nauwkeurig onderzocht door de Effective Altruism-beweging, die onbaatzuchtige daden die het leven van ontvangers verbeteren onderscheidt van daden die alleen maar dienen ter meerdere eer en glorie van de weldoeners.[99] In het Amerikaanse honkbal is er sprake van een opmars van Moneyball, een programma dat strategieën en spelers evalueert door middel van statistische analyse in plaats van intuïtie en traditie, zodat slimmere ploegen kunnen winnen van rijkere en fans iets hebben om aan tafel eindeloos over te praten.[100] De blogosfeer heeft de Rationality Community zien opkomen, die mensen aanspoort het 'minder mis' te hebben met hun opvattingen door bayesiaans te redeneren en cognitieve bias te corrigeren.[101] En in het dagelijks functioneren van overheden zijn er door de toepassing van inzichten uit de gedragswetenschappen en evidence-based beleid meer uitkeringen betaald met minder belastingdollars.[102] Op het ene gebied na het andere wordt de wereld rationeler.

Natuurlijk is er een schrijnende uitzondering: electorale politiek en de issues die daaraan vastkleven. Hier zijn de spelregels duivels genoeg ontworpen om het irrationeelste in mensen naar boven te brengen.[103] Kiezers hebben zeggenschap over onderwerpen die hen niet persoonlijk raken en hoeven zich nooit te informeren of hun standpunten te rechtvaardigen. Praktische agendapunten als handel en energie zitten in dezelfde koker als moreel hete hangijzers zoals euthanasie en het onderwijzen van de evolutie. De media doen verslag van verkiezingen alsof het paardenraces zijn en analyseren onderwerpen door politieke rivalen de strijd met elkaar aan te laten gaan en ideologisch naar elkaar uit te halen. Al deze zaken weerhouden mensen van een beredeneerde analyse en zetten ze aan tot vurige zelfexpressie. Sommige komen voort uit de misvatting dat verkiezingen het ware voordeel van de democratie zijn, terwijl die voordelen liggen in het hebben van een overheid waarvan de macht beteugeld wordt, die luistert naar haar burgers en die oog heeft voor de resultaten van haar beleid (hoofdstuk 14). Dat heeft tot gevolg dat hervormingen die zijn bedoeld om macht democratischer te maken, zoals referenda, macht en bestuur, die macht misschien wel irrationeler en meer identiteitsgericht hebben gemaakt. Die paradoxen zijn inherent aan de democratie en worden al sinds de tijd van Plato bediscussieerd.[104] Ze zijn niet onmiddellijk op te lossen, maar we kunnen beginnen door vast te stellen wat de ernstigste huidige problemen zijn en ons tot doel te stellen daar iets aan te doen.

Als kwesties níét gepolitiseerd worden, kunnen mensen volkomen rationeel zijn. Kahan merkt op dat 'verhitte openbare discussies over wetenschap eerder uitzondering dan regel zijn'.[105] Niemand hoeft getoetst te worden over de vraag of antibiotica werken, of of het een goed idee is om dronken een auto te besturen. De recente geschiedenis bewijst het punt in een natuurlijk experiment, compleet met een netjes gematchte controlegroep.[106] Het menselijke papillomavirus (HPV) is seksueel overdraagbaar en vormt een belangrijke oorzaak van baarmoederhalskanker, maar kan onschadelijk worden gemaakt met een vaccin. Hepatitis B is ook seksueel overdraagbaar, veroorzaakt ook kanker en kan ook worden voorkomen met een vaccin. Toch veroorzaakte het HPV-virus grote politieke ophef, met protesterende ouders die vonden dat de overheid het tieners niet te makkelijk moest maken om seks te hebben, terwijl hepatitis B heel gewoon is. Het verschil, oppert Kahan, heeft te maken met de manier waarop de twee vaccins geïntroduceerd zijn. Hepatitis B werd behandeld als een routinematige medische aangelegenheid, zoals kinkhoest of geelzucht. Maar de fabrikant van het HPV-vaccin lobbyde bij staatspolitici om vaccins verplicht te stellen, beginnend vanaf adolescente meisjes, waardoor de behandeling 'geseksualiseerd' werd en de woede wekte van puriteinse ouders.

Om het publieke debat rationeler te maken, zouden onderwerpen zo veel mogelijk gedepolitiseerd moeten worden. Experimenten hebben aangetoond dat wanneer mensen over nieuw beleid horen, zoals hervormingen van de sociale zorg, ze daar over te spreken zijn als het wordt voorgesteld door hun eigen partij en het vreselijk vinden als het wordt voorgesteld door een andere – terwijl ze er zelf van overtuigd zijn dat ze er objectief op reageren.[107] Dat impliceert dat woordvoerders zorgvuldig gekozen moeten worden. Meerdere klimaatactivisten hebben verzucht dat Al Gore, door mee te schrijven aan en op te treden in de documentaire *An Inconvenient Truth*, de beweging misschien wel meer kwaad dan goed heeft gedaan, omdat hij als voormalige Democratische vicepresident en presidentskandidaat klimaatverandering een links stempel heeft gegeven. (Het is nu moeilijk voor te stellen, maar het milieuvraagstuk werd vroeger neergezet als een réchts issue, omdat mensen uit de hogere klassen zich drukker maakten over de leefgebieden waar ze konden jagen op eenden en over het uitzicht op hun landgoed dan over ernstige onderwerpen als racisme, armoede en de Vietnamoorlog.) Het inzetten van conservatieve en libertaire commentatoren die zich hebben laten overtuigen door het bewijs en bereid zijn hun zorgen te delen, zou effectiever zijn dan het inschakelen van nog meer wetenschappers die nog langzamer en nog harder praten.[108]

456   Ook moet de huidige, feitelijke situatie worden losgekoppeld van oplossingen die geladen zijn met symbolische politieke betekenis. Kahan ontdekte dat mensen minder gepolariseerde opvattingen hebben over het bestaan van door de mens veroorzaakte klimaatverandering wanneer ze worden herinnerd aan de mogelijkheid dat er misschien iets aan gedaan kan worden door geo-engineering, dan wanneer ze te horen krijgen dat het probleem vraagt om een verregaande inperking van uitstoot.[109] (Dat wil natuurlijk niet zeggen dat geo-engineering zelf bepleit moet worden als de beste oplossing.) Het depolitiseren van een onderwerp kan leiden tot concrete actie. Kahan hielp een samenwerkingsverband van zakenmensen, politici en bewonersverenigingen uit Florida, van wie velen Republikein waren, in te stemmen met een plan zich aan te passen aan de stijgende zeespiegel, die kustwegen en zoetwatervoorraden bedreigde. Het plan behelsde onder meer maatregelen om de koolstofemissie te reduceren, wat onder andere omstandigheden politiek gevoelig zou liggen. Zolang het plan echter gericht was op problemen die iedereen kon zien, en het tweedracht zaaiende politieke verhaal erachter niet werd belicht, gedroeg iedereen zich heel redelijk.[110]

De media zouden kunnen nagaan welke rol zij spelen in het tot een sport maken van de politiek, en intellectuelen en deskundigen zouden nog eens kunnen nadenken over de manier waarop ze met elkaar in discussie gaan. Valt er een dag voor te stellen waarop de beroemdste columnisten en experts op tv geen voorspelbare politieke voorkeur hebben maar per onderwerp proberen tot verdedigbare conclusies te komen? Een dag waarop ze vreselijk door de mand vallen als ze het verwijt krijgen dat ze alleen maar het linkse of rechtse standpunt herhalen? Een dag waarop mensen (vooral uit de academische wereld) vragen als 'Neemt de misdaad af door wapenbeperking?' of 'Neemt werkloosheid toe door invoering van een minimumloon?' beantwoorden met: 'Wacht, ik pak er even de laatste meta-analyse bij' in plaats van te reageren met een voorspelbare automatische reflex op basis van hun politieke voorkeur? Een dag waarop linkse en rechtse schrijvers hun discussies niet langer zo ongeveer als criminelen voeren ('Hij trekt een mes, jij trekt een pistool. Hij slaat een van je mensen het ziekenhuis in, jij schiet een van zijn mensen het mortuarium in') en de tactiek hanteren van stapsgewijze wederkerigheid in spanningsreductie waar we het in de context van kernwapenbeheersing over hebben gehad (een kleine eenzijdige concessie doen met de uitnodiging die te beantwoorden)?[111]

Die dag is nog ver weg. Maar er is tijd voor nodig om het zelfgenezend vermogen van rationaliteit, waarbij denkfouten en foutieve redenatie onder vuur worden genomen met onderwijs en kritiek, te laten werken. Het duurde eeuwen voor de observaties van Francis Bacon over anekdotisch redeneren en de verwarring over correlatie en causaliteit tot een tweede natuur werden voor wetenschappelijk onderlegde mensen. Nadat Tversky en Kahneman het bestaan van de beschikbaarheidsheuristiek en andere vormen van cognitieve bias hadden aangetoond, duurde het nog bijna vijftig jaar voor die deel uitmaakten van onze algemene kennis. De ontdekking dat politiek tribalisme in onze tijd de meest geniepige vorm van irrationaliteit is, is nog altijd nieuw en grotendeels onbekend. Grote denkers kunnen er zelfs net zo mee besmet zijn als iedereen. Aangezien alles sneller gaat, slaan de tegenmaatregelen misschien ook sneller aan.

Hoelang het ook duurt, we mogen ons door het bestaan van cognitieve en emotionele vooroordelen of van de irrationele reflex in de politieke arena niet laten weerhouden van het Verlichtingsideaal om niet-aflatend rede en waarheid na te jagen. Als we manieren kunnen vaststellen waarop mensen irrationeel zijn, betekent dat dat we weten wat rationaliteit is. En aangezien wij niet bijzonder zijn, moeten onze medemensen op zijn minst in enige mate in staat zijn rationeel te denken. En het ligt in rationaliteit besloten dat mensen die de rede toepassen een stap terug doen, naar hun eigen tekortkomingen kijken en manieren bedenken om er iets aan te doen.

22 Wetenschap

458 Als we de meest imposante verrichtingen van onze soort moesten noemen, opscheppend tegen andere ruimtebewoners of als getuigenis voor de Almachtige, wat zouden we dan zeggen?

We zouden kunnen pochen over historische triomfen op het gebied van mensenrechten, zoals de afschaffing van de slavernij en de overwinning op het fascisme. Maar hoe inspirerend die overwinningen ook zijn, ze bestaan uit het wegwerken van obstakels die we zélf op ons pad hebben gebracht. Het zou net zo iets zijn als in je cv vermelden dat je bent genezen van een heroïneverslaving.[1]

We zouden ongetwijfeld de meesterwerken der kunst, muziek en literatuur kunnen noemen, maar het is de vraag of het werk van Aeschylus of El Greco of Billie Holiday op waarde geschat zou worden door actoren met een bewustzijn, een ervaring en hersenen die volkomen anders zijn dan de onze. Misschien zijn er universele normen van schoonheid die culturen overstijgen en elke vorm van intelligentie aanspreken – ik vind dat een aantrekkelijke gedachte –, maar het is verduiveld lastig daarachter te komen.

Toch is er één gebied van menselijke prestaties waarover we tegen iedereen kunnen opscheppen, en dat is de wetenschap. Het is moeilijk je een intelligente actor voor te stellen die niet nieuwsgierig is naar de wereld waarin hij of zij leeft, en onze soort heeft die nieuwsgierigheid ruimschoots bevredigd. We kunnen veel verklaren over de geschiedenis van het universum, de krachten die het laten functioneren, de materie waarvan we zijn gemaakt, het ontstaan van levende dingen en de werking van het leven, waaronder onze gedachtewereld.

Hoewel onze onwetendheid gigantisch is (en dat altijd zal blijven), is onze kennis verbluffend, en ze neemt met de dag toe. De natuurkundige Sean Carroll betoogt in *The Big Picture* dat de natuurwetten die ten grondslag liggen aan het dagelijks leven (dat wil zeggen, met uitzondering van extreme waarden van energie en zwaartekracht zoals zwarte gaten, donkere materie en de Big Bang) *volledig bekend zijn*. Het valt moeilijk te ontkennen dat dit 'een van de grootste overwinningen uit de geschiedenis van het menselijk intellect' is.[2] In de wereld van de levende dingen zijn meer dan anderhalf miljoen diersoorten wetenschappelijk beschreven, en met een realistische krachtsinspanning kunnen de overige zeven miljoen nog deze eeuw benoemd zijn.[3] Ons begrip van de wereld bestaat bovendien niet alleen uit opsommingen van deeltjes, krachten en diersoorten, maar uit diepgaande, elegante principes, bijvoorbeeld dat zwaartekracht kromming van de ruimtetijd is, en dat het leven afhankelijk is van een molecuul die informatie in zich draagt, stofwisseling mogelijk maakt en zich voortplant.

Wetenschappelijke ontdekkingen blijven ons verbazen en verrukken en geven ons antwoorden op vragen die vroeger onbeantwoordbaar waren. Toen Watson en Crick de structuur van DNA ontdekten, hadden ze nooit kunnen denken dat op een dag het genoom van het 38 000 jaar oude fossiel van een neanderthaler ontleed zou worden en dat zou blijken dat het een gen bevatte dat verbonden is met spraak en taal, of dat een analyse van het DNA van Oprah Winfrey aan het licht zou brengen dat ze een afstammeling was van het Kpelle-volk uit het Liberiaanse regenwoud.

459

De wetenschap werpt nieuw licht op de menselijke conditie. De grote denkers uit de oudheid, de Eeuw van de Rede en de Verlichting zijn te vroeg geboren om te hebben kunnen genieten van ideeën met vergaande implicaties voor onze moraliteit en betekenis, waaronder entropie, evolutie, informatie, speltheorie en kunstmatige intelligentie (hoewel ze vaak al in de weer waren met voorlopers en benaderingen daarvan). De problemen die deze denkers introduceerden, worden vandaag de dag met die ideeën verrijkt en worden onderzocht met methodes als driedimensionale beelden van hersenactiviteit en het verzamelen van big data om de verspreiding van ideeën bij te houden.

Ook heeft de wetenschap de wereld voorzien van de prachtigste beelden: stroboscopisch 'bevroren' beweging, de schitterende fauna van tropische regenwouden en geulen in de diepste zeebodem, gracieuze spiraalnevels en diffuse nevel, fluorescerende neurale netwerken en een heldere aarde die boven de horizon van de maan uit stijgt, de donkere ruimte in. Net als grote kunstwerken zijn dit niet alleen mooie plaatjes, maar sporen ze ons ook aan tot diepere gedachten, die ons begrip van wat het betekent om mens te zijn en de plek die we in de natuur innemen verdiepen.

En natuurlijk hebben we aan de wetenschap de geschenken van het leven, gezondheid, welvaart, kennis en vrijheid te danken die in de hoofdstukken over vooruitgang zo uitvoerig zijn beschreven. Om slechts één voorbeeld te nemen uit hoofdstuk 6: wetenschappelijke kennis heeft de pokken uitgeroeid, een pijnlijke en misvormende ziekte die alleen al in de twintigste eeuw driehonderd miljoen het leven heeft gekost. Ik zal het nog eens herhalen voor wie over deze morele wereldprestatie heen heeft gelezen: wetenschappelijke kennis roeide de pokken uit, een misvormende ziekte die alleen al in de twintigste eeuw driehonderd miljoen mensen het leven heeft gekost.

Deze ontzagwekkende prestaties weerleggen al het geklaag dat we in een tijd van achteruitgang, desillusie, oppervlakkigheid of absurditeit leven. Toch worden vandaag de dag de schoonheid en kracht van de wetenschap niet slechts ondergewaardeerd, maar wordt er zelfs aanstoot aan genomen. De minachting voor de wetenschap kan op de meest onverwachte plekken worden aangetroffen; niet alleen onder religieuze fundamentalisten en domme politici, maar onder veel van onze meest bewonderde intellectuelen en in onze meest verheven onderwijsinstellingen.

Het disrespect onder rechtse Amerikaanse politici jegens de wetenschap is in *The Republican War on Science* gedocumenteerd door de journalist Chris Mooney en heeft zelfs trouwe Republikeinen (zoals Bobby Jindal, de voormalige gouverneur van Louisiana) ertoe gebracht zich geringschattend uit te laten over hun eigen partij als 'de partij van de dommen'.[4] Die reputatie kwam voort uit beleid dat in gang werd gezet tijdens de regeerperiode van George W. Bush, waaronder zijn aanmoediging de scheppingsleer te onderwijzen (vermomd als 'intelligent design') en de al heel lang bestaande gewoonte om advies in te winnen bij neutrale wetenschappelijke panels vaarwel te zeggen en zijn licht op te steken bij panels met gelijkgestemde ideologen, van wie velen ronduit geschifte ideeën hadden (bijvoorbeeld dat abortus borstkanker veroorzaakt) terwijl ze goed onderbouwde ideeën (bijvoorbeeld dat condooms seksueel overdraagbare ziekten voorkomen) ontkenden.[5] Republikeinse politici hebben zich ronduit belachelijk gemaakt, bijvoorbeeld toen senator James Inhofe van Oklahoma, voorzitter van het Environment and Pubic Works Committee, in 2015 met een sneeuwbal de Senaat binnenkwam om de opwarming van de aarde te ontkennen.

In het vorige hoofdstuk werd ervoor gewaarschuwd dat verdomming van de wetenschap in het politieke discours vooral betrekking heeft op hete hangijzers als abortus, evolutie en klimaatverandering. De minachting jegens wetenschappelijke consensus heeft zich echter verbreed tot nog veel meer domheid. Afgevaardigde Lamar Smith van Texas, hoofd van het House Commmittee on Science, Space and Technology, heeft de National Science Foundation niet alleen aangevallen vanwege onderzoek naar klimaatverandering (waarvan hij vindt dat het een linkse samenzwering is), maar ook vanwege de research die is voortgekomen met na peerreview toegekende beurzen, die hij uit zijn verband rukt om er de spot mee te kunnen drijven (bijvoorbeeld met de vraag: 'Hoe rechtvaardigt de federale overheid de uitgave van meer dan $220 000 voor het bestuderen van foto's in de National Geographic?').[6] Hij heeft geprobeerd federale overheidssteun voor basisonderzoek te ondermijnen door wetgeving voor te stellen die de NSF zou verplichten alleen nog onderzoek te financieren dat 'het nationale belang' dient, zoals defensie en de economie.[7] Natuurlijk overstijgt de wetenschap nationale en internationale grenzen (zoals Tsjechov opmerkte: 'Er bestaat geen nationale wetenschap, net zo min als er een nationale tafel van vermenigvuldiging bestaat'), en haar vermogen de belangen van iedereen te bevorderen komt voort uit haar fundamentele inzicht in de realiteit.[8] Zo maakt het *global positioning system* gebruik van de relativiteitstheorie. Behandelingen van kanker zijn afhankelijk van de ontdekking van de dubbele spiraal. Kunstmatige intelligentie past neurale en semantische netwerken van het brein en de cognitiewetenschap toe.

Maar hoofdstuk 21 bereidde ons voor op het feit dat ook links zich schuldig maakt aan gepolitiseerde onderdrukking van de wetenschap. Het was links dat paniek over overbevolking, kernenergie en genetisch gemodificeerde organismen aanwakkerde. Onderzoek naar intelligentie, seksualiteit, geweld, opvoeding en vooroordelen is verdraaid door tactieken die variëren van de gekozen enquêtevragen tot het intimideren van onderzoekers die weigeren het orthodoxe politiek correcte geluid te bevestigen.

In het vervolg van dit hoofdstuk zal ik me bezighouden met een vijandigheid jegens de wetenschap die nog dieper gaat. Veel intellectuelen zijn woedend omdat de wetenschap doordringt tot traditionele terreinen van de geesteswetenschappen, zoals politiek, geschiedenis en kunst. Net zo zwaar onder vuur ligt de toepassing van wetenschappelijk redeneren op het gebied waarin vroeger religie het voor het zeggen had; veel schrijvers die absoluut niet in God geloven, beweren dat het ongepast is dat de wetenschap zich inlaat met de grotere levensvragen. In de belangrijkste opiniebladen worden wetenschappers regelmatig beschuldigd van determinisme, reductionisme, essentialisme, positivisme en, het ergst van alles, een misdaad die sciëntisme heet.

Die verbolgenheid komt in alle geledingen van de politiek voor. Het standaard verwijt van links tegen de wetenschap wordt nog altijd het best verwoord in een recensie uit 2011 in *The Nation* van de historicus Jackson Lears:

> Positivisme hangt af van de reductionistische overtuiging dat het gehele universum, inclusief al het menselijk gedrag, verklaard kan worden door te verwijzen naar exact meetbare, deterministische fysieke processen. (...) Positivistische aannames voorzagen in de epistemologische fundamenten van sociaal darwinisme en populair-evolutionaire opvattingen over vooruitgang, alsmede in wetenschappelijk racisme en imperialisme. Deze tendensen voegden zich samen tot eugenese, de doctrine dat het menselijk welzijn verbeterd en uiteindelijk geperfectioneerd kan worden door het selectief kweken van 'bekwamen' en de sterilisatie of eliminatie van de 'onbekwamen'. Elk schoolkind weet intussen wat er vervolgens heeft plaatsgevonden: de rampzalige twintigste eeuw. Twee wereldoorlogen, de systematische uitroeiing van onschuldigen op nooit eerder voorgekomen schaal, de proliferatie van onvoorstelbaar destructieve wapens, gewapende conflicten – bij al die gebeurtenissen speelde in meer of mindere mate de toepassing van wetenschappelijk onderzoek op geavanceerde technologie een rol.[9]

Het verwijt van rechts wordt verwoord in een toespraak uit 2007 van Leon Koss, Bush' adviseur op het gebied van bio-ethiek:

> Wetenschappelijke ideeën en ontdekkingen over de levende natuur en de mens, die op zichzelf volkomen welkom en onschuldig zijn, worden aangewend in de strijd tegen ons traditionele en morele onderwijs, en tegen de manier waarop we onszelf zien als schepselen met vrijheid en waardigheid. Er is onder ons een quasireligieus geloof opgekomen – laat ik het een 'zielloze wetenschap' noemen – dat wortelt in de overtuiging dat onze nieuwe biologie, die alle mysterie uitdooft, een compleet overzicht van het menselijk leven kan bieden door puur wetenschappelijke verklaringen te geven voor menselijke gedachten, liefde, creativiteit, moreel beoordelingsvermogen en zelfs voor geloof in God. De bedreiging voor de mensheid is vandaag de dag niet afkomstig van de overgang van zielen naar het hiernamaals, maar van de ontkenning van het bestaan van een ziel in dit leven. (...)
> Vergis je niet. Er staat in deze strijd veel op het spel, namelijk de morele en geestelijke gezondheid van ons land, de voortdurende vitaliteit van de wetenschap en ons eigen zelfbeeld als kinderen van

het Westen. (...) Iedereen die vrijheid en waardigheid een warm hart toedraagt – zelfs de atheïsten onder ons – moet begrijpen dat zijn eigen menselijkheid in het geding is.[10]

Dit zijn zonder meer stevige beschuldigingen. Maar zoals we zullen zien, zijn ze uit de duim gezogen. De wetenschap kan niet de schuld krijgen van genocide en oorlog en vormt geen bedreiging voor de morele en geestelijke gezondheid van ons land. Integendeel, ze is cruciaal op alle gebieden die voor de mens van belang zijn, inclusief de politiek, de kunst en de zoektocht naar zingeving, doel en moraliteit.

463

De intellectuele strijd tegen de wetenschap is een opleving van de controverse die in 1959 werd aangezwengeld door C.P. Snow, toen hij de minachting voor de wetenschap onder Britse intellectuelen betreurde in zijn lezing en boek *The Two Cultures*. De term 'culturen', in antropologische zin, verklaart het raadsel waarom de wetenschap niet alleen belaagd wordt door politici die hun geldstromen te danken hebben aan fossiele brandstoffen, maar ook door de meest erudiete leden van de intelligentsia.

Tijdens de twintigste eeuw is het 'landschap' van de menselijke kennis opgedeeld in geprofessionaliseerde vakgebieden, en de groei van de wetenschap (in het bijzonder die van de menselijke natuur) wordt vaak gezien als een langzame verovering van territoria die waren afgebakend door de academische geesteswetenschappen. Niet dat beoefenaars van de geesteswetenschappen zelf zo bekrompen denken. De meeste kunstenaars laten daar niets van merken; de schrijvers, schilders, filmmakers en musici die ik ken zijn er uitermate nieuwsgierig naar welk licht de wetenschap zou kunnen laten schijnen op hun kunstvormen, zoals ze openstaan voor elke inspiratiebron. Ook wordt een dergelijke bezorgdheid niet geuit door de geleerden die putten uit historische gebeurtenissen, kunstgenres, systemen van ideeën, en andere onderwerpen binnen de geesteswetenschappen, aangezien een echte wetenschapper ontvankelijk is voor ideeën ongeacht hun herkomst. De defensieve strijdlust maakt deel uit van een *cultuur*: Snows Tweede Cultuur van literaire intellectuelen, cultuurcritici en erudiete essayisten.[11] De schrijver Damon Linker citeert de socioloog Daniel Bell wanneer hij hen neerzet als 'specialisten in generalisaties (...) die zich uitspreken over de wereld vanuit hun individuele ervaring, leesgewoonten en vermogen een oordeel te vellen. Subjectiviteit met al haar grillen en eigenaardigheden is het kostbaarste wat de Republiek der Letteren te bieden heeft.'[12] Deze modus zou niet méér kunnen verschillen van die van de wetenschap, en het zijn de intellectuelen van de Tweede Cultuur die het meest beducht zijn voor sciëntisme, dat ze zien als het standpunt dat 'wetenschap het enige is dat ertoe doet' of dat 'wetenschappers het oplossen van alle problemen zou moeten worden toevertrouwd'.

Snow stond natuurlijk nooit op het krankzinnige standpunt dat de macht zou moeten worden overgeheveld naar de cultuur van de wetenschap. Integendeel, hij riep op tot een *Derde Cultuur*, die ideeën uit de wetenschap, cultuur en geschiedenis combineert en ze toepast op het wereldwijd vergroten van het menselijk welzijn.[13] De term werd in 1991 nieuw leven ingeblazen door de schrijver en literair agent John Brockman en houdt verband met het concept *consilience* van de bioloog E.O. Wilson, de eenheid van kennis, dat Wilson op zijn beurt toeschreef aan (wie anders?) de denkers van de Verlichting.[14] De eerste stap in het begrijpen van wat de wetenschap menselijke aangelegenheden in potentie te bieden heeft, is om te ontsnappen aan de 'bunkermentaliteit' van de Tweede Cultuur, die bijvoorbeeld werd samengevat door de ankeiler van een artikel uit 2013 van literair coryfee Leon Wieseltier: 'Nu wil de wetenschap vrije kunsten binnendringen. Dat mogen we niet laten gebeuren.'[15]

Allereerst moet een bekrachtiging van wetenschappelijk denken worden onderscheiden van elke overtuiging dat leden van het beroepsgilde dat 'wetenschap' heet uitzonderlijk wijs of nobel zijn. De wetenschappelijke cultuur gaat uit van het tegenovergestelde. De kenmerkende gebruiken, zoals open debat, peerreview en dubbelblind onderzoek, zijn ontworpen om de zonden te voorkomen waar wetenschappers, die ook mens zijn, gevoelig voor zijn. Zoals Richard Feynman het uitdrukte, is het belangrijkste principe van de wetenschap 'dat je jezelf niet voor de gek moet houden – en jij bent het makkelijkst voor de gek te houden'.

Om dezelfde reden moet de oproep aan ons allemaal om wetenschappelijker te denken niet verward worden met een oproep besluitvorming over te dragen aan de wetenschap. Veel wetenschappers zijn naïef als het gaat om politiek en wetgeving, en verzinnen kansloze ondernemingen als een wereldregering, het invoeren van vergunningen voor het opvoeden van kinderen en het ontvluchten van de vervuilde aarde door andere planeten te koloniseren. Het maakt niet uit, omdat we het er niet over hebben welk priesterschap de macht zou moeten krijgen; we hebben het erover hoe collectieve besluiten op een wijzere manier genomen kunnen worden.

Respect voor wetenschappelijk denken is absoluut niet hetzelfde als de overtuiging dat alle wetenschappelijke hypotheses waar zijn. De meeste nieuwe zijn dat niet. De levensader van de wetenschap is de cyclus van vermoeden en weerlegging: een hypothese voorstellen en vervolgens zien of ze de pogingen haar te weerleggen overleeft. Dat punt ontgaat veel critici van de wetenschap; zij wijzen op een of andere in diskrediet gebrachte hypothese om te bewijzen dat de wetenschap onbetrouwbaar is, zoals een rabbi die in mijn jeugd de evolutietheorie als volgt weerlegde: 'Volgens wetenschappers is de aarde vier miljard jaar oud. Vroeger dachten ze dat dat acht miljard jaar was. Als ze er één keer vier miljard jaar naast kunnen zitten, kan dat ook nog een keer.' De denkfout (afgezien van de onjuistheid van de theorie) is om niet in te zien dat de wetenschap ruimte laat voor een toenemend vertrouwen in een hypothese naarmate het bewijs zich opstapelt, in plaats van dat een hypothese vanaf de allereerste poging tot onfeilbaar wordt gebombardeerd. Zo'n type argument weerlegt zichzelf, omdat het een beroep doet op de waarheid van huidige wetenschappelijke beweringen om twijfel te zaaien over eerdere beweringen. Hetzelfde geldt voor het veelgehoorde argument dat wetenschappelijke claims onbetrouwbaar zijn omdat de wetenschappers uit een vroegere periode werden gemotiveerd door de vooroordelen en de vooringenomenheid van hun tijd. Als dat zo was, bedreven ze slechte wetenschap, en alleen de betere wetenschap uit latere tijden stelt in ons staat om vast te stellen welke fouten ze maakten.

Bij één poging om een muur om de wetenschap heen te bouwen en de wetenschap daarvoor te laten betalen wordt een ander argument gebruikt: dat de wetenschap zich alleen bezighoudt met feiten over materiële zaken en dat wetenschappers daarom een logische fout maken wanneer ze zich uitlaten over waarden en normen of over de maatschappij of de cultuur. Zoals Wieseltier het uitdrukt: 'Het is niet aan de wetenschap om te bepalen of de wetenschap thuishoort binnen de moraliteit, politiek en kunst. Dat zijn filosofische aangelegenheden, en wetenschap is geen filosofie.' Maar de logische fout ligt in dit argument besloten, doordat beweringen worden verward met academische disciplines. Het is zeker waar dat een empirische bewering niet hetzelfde is als een logische, en ze moeten allebei onderscheiden worden van normatieve of morele beweringen. Dat betekent echter niet dat wetenschappers een spreekverbod hebben en dat ze zich niet mogen uitlaten of niet mogen discussiëren over conceptuele en morele kwesties, net zomin als filosofen hun mond moeten houden over de fysieke wereld.

Wetenschap is geen opsomming van empirische feiten. Wetenschappers zijn ondergedompeld in het etherische medium *informatie*,

465

waaronder de waarheden uit de wiskunde, de logica van hun theorieën, en de waarden en normen die als leidraad bij hun onderneming dienen. Ook de filosofie heeft zich nooit beperkt tot een geestelijk gebied van alleen maar ideeën die los van het materiële universum rondzweven. Met name de Verlichtingsfilosofen verweefden hun conceptuele argumenten met hypotheses over perceptie, cognitie, emotie en sociale omgang. (Om één voorbeeld te noemen: Humes analyse van de aard van causaliteit kwam voort uit zijn inzichten over de psychologie van causaliteit, en Kant was, onder andere, een cognitief psycholoog die zijn tijd ver vooruit was.)[16] Vandaag de dag onderschrijven de meeste filosofen (in elk geval in de analytische of Anglo-Amerikaanse traditie) het *naturalisme*, het standpunt dat 'de werkelijkheid uitputtend wordt verklaard, dat die niets "bovennatuurlijks" omvat, en dat de wetenschappelijke methode toegepast zou moeten worden om alle gebieden van de werkelijkheid te onderzoeken, inclusief de "menselijke geest"'.[17] De hedendaagse opvatting is dat de wetenschap één geheel vormt met filosofie en de rede zelf.

Wat onderscheidt de wetenschap nu van andere toepassingen van de rede? Het is zeker niet 'de wetenschappelijke methode', een term die aan kinderen wordt onderwezen maar die je een wetenschapper nooit zult horen uitspreken. Wetenschappers maken gebruik van elke methode die hen maar helpt de wereld beter te begrijpen: het eindeloos tabelleren van data, gedurfde experimenten, verfijnde wiskundige modellering, geïmproviseerde computersimulatie, indrukwekkende mondelinge verhalen.[18] Al die methodes worden samengevoegd om twee idealen te dienen, en het zijn die idealen die pleitbezorgers van de wetenschap als het ware willen exporteren naar de rest van het intellectuele leven.

Het eerste is dat de wereld *te begrijpen* valt. De fenomenen die we ervaren, kunnen verklaard worden aan de hand van principes die dieper gaan dan de fenomenen zelf. Daarom moeten wetenschappers zo lachen om de theorie van de brontosaurus van de dinosaurussendeskundige uit *Monty Python's Flying Circus*: 'Alle dinosaurussen zijn dun aan de ene kant, een stuk dikker in het midden en weer dun aan de andere kant' – de 'theorie' is gewoon een beschrijving van hoe dingen zijn, geen verklaring waaróm dat zo is. De principes waar een verklaring uit bestaat kunnen vervolgens weer verklaard worden door nog diepgaandere principes, enzovoort. (Zoals David Deutsch het verwoordde: 'We bevinden ons altijd aan het begin van de oneindigheid.') Wanneer we onze wereld willen begrijpen, zouden we in een aantal gevallen moeten toegeven: 'Het is gewoon zo' of 'Het is magie' of 'Omdat ik het zeg'.

De toewijding aan begrijpelijkheid is geen kwestie van ongenuanceerd geloof, maar versterkt zichzelf langzaam naarmate een groter deel van de wereld in wetenschappelijke termen verklaarbaar wordt. Zo werden de levensprocessen vroeger toegeschreven aan een mysterieus *élan vital*; nu weten we dat ze worden aangedreven door chemische en natuurkundige reacties tussen complexe moleculen.

Mensen die sciëntisme demoniseren, verwarren begrijpelijkheid vaak met de zonde die reductionisme heet, het herleiden van een complex systeem tot eenvoudiger elementen, of, zoals de aanklacht luidt, *alleen maar* eenvoudiger elementen. In werkelijkheid doen we niets af aan de rijkdom van een complexe gebeurtenis wanneer we die verklaren met diepgewortelde principes. Op één analyseniveau ontstaan patronen die niet te herleiden zijn tot hun bestanddelen op een lager niveau. Hoewel de Eerste Wereldoorlog uit bewegende materie bestond, zou niemand proberen die oorlog te verklaren in de taal van de natuurkunde, scheikunde en biologie in plaats van in de duidelijker taal van de percepties en doelen van de leiders van Europa in 1914. Tegelijkertijd kan een nieuwsgierig persoon de legitieme vraag stellen waaróm de menselijke geest in staat is om zulke percepties en doelen te hebben, waaronder tribalisme, overmoed, wederzijdse angst en een eercultuur die op dat moment in de geschiedenis een dodelijke combinatie vormden.

Het tweede ideaal is dat we de wereld moeten toestaan ons duidelijk te maken of onze ideeën erover wel kloppen. De traditionele oorzaken van geloofsovertuigingen – religieus geloof, openbaring, dogma, autoriteit, charisma, volkswijsheid, hermeneutische ontleding van teksten, de gloed van subjectieve zekerheid – leiden tot dwalingen en zouden als bron van kennis moeten worden verworpen. In plaats daarvan zouden onze overtuigingen over empirische beweringen herijkt moeten worden om te zien of ze stroken met de wereld. Wanneer wetenschappers onder druk worden gezet om uit leggen hoe zij dat doen, pakken ze meestal Karl Poppers model van gissing en weerlegging erbij, waarin een wetenschappelijke theorie weerlegd kan worden met empirisch onderzoek, maar nooit bekrachtigd wordt. In werkelijkheid lijkt de wetenschap helemaal niet op kleiduivenschieten, met een reeks hypotheses die als kleiduiven de lucht in worden geworpen en aan flarden worden geschoten. Wetenschap lijkt meer op bayesiaans redeneren (de logica die de supervoorspellers hanteren over wie we het in het vorige hoofdstuk hebben gehad). Een theorie wordt van tevoren enig krediet gegund, op basis van haar consistentie met al het andere dat we weten. Dat krediet wordt vervolgens vergroot of verkleind aan de hand van de vraag

467

hoe waarschijnlijk een empirische observatie zou zijn als de theorie klopte, vergeleken met hoe waarschijnlijk die zou zijn als de theorie onwaar was.[19] Of het nu Popper of Bayes is die het betere verhaal heeft, de hoeveelheid geloof die een wetenschapper aan een theorie hecht hangt af van de mate waarin die theorie strookt met empirisch bewijs. Elke beweging die zichzelf 'wetenschappelijk' noemt, maar geen mogelijkheden bevordert om de eigen overtuigingen te toetsen (wat het meest duidelijk gebeurt wanneer ze de mensen vermoordt of gevangenzet die het er niet mee eens zijn), is geen wetenschappelijke beweging.

468

Veel mensen zijn bereid de wetenschap lof toe te zwaaien wanneer die ons handige medicijnen en gadgets bezorgt en zelfs wanneer ze verklaart hoe fysieke dingen werken, maar trekken de grens bij wat echt belangrijk is voor ons als mens: de diepe vragen over wie we zijn, waar we vandaan komen en hoe we de zin en het doel van ons leven definiëren. Dat is van oudsher het terrein van religie, en haar pleitbezorgers zijn over het algemeen de vurigste criticasters van de wetenschap. Ze onderschrijven doorgaans de scheiding die werd geopperd door de paleontoloog en wetenschappelijk schrijver Stephen Jay Gould, die in zijn boek *Rocks of Ages* stelt dat wetenschap en religie zich met aangelegenheden moeten bezighouden die tot 'niet-overlappende terreinen' behoren. De wetenschap krijgt het empirische universum toebedeeld, religie de vragen over moraliteit, betekenis en waarde.

Maar van deze entente blijft weinig over als je haar wat aandachtiger bekijkt. De morele wereldbeschouwing van ieder wetenschappelijk onderlegd persoon – iemand die geen fundamentalistische oogkleppen op heeft – vereist een breuk met religieuze concepten van zingeving en waarde.

Om te beginnen impliceren wetenschappelijke bevindingen dat de geloofssystemen van alle traditionele religies en culturen – hun theorieën over het ontstaan van de wereld, het leven, de mens en samenlevingen – feitelijk onjuist zijn. In tegenstelling tot onze ouders weten wij dat mensen deel uitmaken van een enkele soort Afrikaanse primaten die pas laat tijdens zijn geschiedenis landbouw en regeringsvormen ontwikkelde en leerde schrijven. We weten dat onze soort een klein takje vormt van een stamboom die alle levende dingen omvat en die een jaar of vier miljard jaar geleden is ontstaan uit prebiotische chemische stoffen. We weten dat we op een planeet leven die om een van de honderd miljard sterren in ons sterrenstelsel draait, die een van honderd miljard sterrenstelsels in een 13,8 miljard jaar oud universum is, en dat er mogelijk een gigantisch aantal andere universums bestaat.

We weten dat onze intuïtie over ruimte, tijd, materie en oorzaak op heel kleine en heel grote schaal niet overeenkomt met de aard van de werkelijkheid. We weten dat de wetten die gelden in de fysieke wereld (inclusief ongelukken, ziekte en andere tegenspoed) geen doelen hebben die iets te maken hebben met het menselijk welzijn. Er bestaat niet zoiets als het lot, voorzienigheid, karma, goddelijke vergelding of beantwoord gebed, en er bestaan ook geen toverformules, vervloekingen of voorspellingen – hoewel de discrepantie tussen de wetten van waarschijnlijkheid en de manier waarop cognitie werkt mogelijk verklaren waarom mensen geloven dat ze wél bestaan. En we weten dat we deze dingen niet altijd geweten hebben, dat de onjuistheid van de populaire overtuigingen uit elke tijd en cultuur mogelijk aangetoond zal worden, en dat dat ongetwijfeld ook geldt voor enkele overtuigingen die wij vandaag de dag hebben.

Met andere woorden: de wereldbeschouwing waarop in onze tijd de morele en geestelijke waarden van een goed geïnformeerd persoon berusten, is de wereldbeschouwing die we te danken hebben aan de wetenschap. Hoewel de wetenschappelijke feiten op zichzelf geen normen en waarden voorschrijven, perken ze wel het aantal mogelijkheden in. Door geestelijk gezag te ontdoen van zijn geloofwaardigheid met betrekking tot feitelijke zaken, zaaien ze ook twijfel over de stellige beweringen op moreel gebied. De wetenschappelijke weerlegging van de theorie van wraakzuchtige goden en occulte krachten zorgt voor het verdwijnen van praktijken als mensenoffers, heksenjachten, gebedsgenezing, godsoordeel en de vervolging van ketters. Door aan het licht te brengen dat de wetten die in het universum gelden geen doel hebben, dwingen wetenschappelijke krachten ons verantwoordelijkheid te nemen voor ons eigen welzijn, onze soort en onze planeet. Om dezelfde reden ondermijnt die onthulling elk moreel of politiek systeem dat gebaseerd is op mystieke krachten, queesten, beschikkingen, dialectiek, worstelingen of messiaanse tijden. En in combinatie met enkele voortreffelijke overtuigingen – dat we allemaal waarde hechten aan ons eigen welzijn en dat we sociale wezens zijn die elkaar beïnvloeden en gedragscodes overeen kunnen komen – pleiten de wetenschappelijke feiten voor een gerechtvaardigde moraliteit, namelijk principes waarmee mensen en andere wezens met een bewustzijn optimaal kunnen floreren. Dit humanisme (hoofdstuk 23), dat onlosmakelijk verbonden is met een wetenschappelijke wereldbeschouwing, is de feitelijke moraliteit van postmoderne democratieën, internationale organisaties en liberaler wordende religies aan het worden, en zijn onvervulde beloften definiëren de huidige morele geboden en verplichtingen.

Hoewel de wetenschap steeds meer ingebed raakt in ons materiële, morele en intellectuele leven, met alle heilzame gevolgen van dien, cultiveren vele van onze culturele instituties een barbaarse onverschilligheid ten opzichte van de wetenschap die neigt naar minachting. Intellectuele tijdschriften die ideeën zogenaamd hoog in het vaandel hebben, beperken zich tot politiek en kunst en besteden nauwelijks aandacht aan nieuwe ideeën die voortkomen uit de wetenschap, met uitzondering van gepolitiseerde onderwerpen als klimaatverandering (en regelmatige aanvallen op sciëntisme).[20] Nog erger is hoe er naar de wetenschap wordt gekeken in de curricula van de vrije kunsten op veel universiteiten. Studenten kunnen hun diploma halen terwijl ze nauwelijks met wetenschap in aanraking zijn geweest, en wat ze wel leren is vaak ontworpen om hen ertegen op te zetten.

470

Het boek dat op moderne universiteiten het vaakst wordt gebruikt (naast een populair biologieboek) is Thomas Kuhns *De structuur van wetenschappelijke revoluties*.[21] Die klassieker uit 1962 wordt vaak geïnterpreteerd als bewijs dat wetenschap niet tot de waarheid leidt, maar zich slechts bezighoudt met het oplossen van raadsels, en vervolgens weer overstapt op een nieuw paradigma dat de vorige theorieën achterhaald en zelfs onbegrijpelijk maakt.[22] Hoewel Kuhn deze nihilistische interpretatie later zelf van de hand wees, geldt ze binnen de Tweede Cultuur als algemene kennis. Een recensent van een groot intellectueel tijdschrift legde me eens uit dat in de kunstwereld niet langer wordt gekeken of een kunstwerk 'mooi' is, om dezelfde reden waarom wetenschappers niet langer afwegen of een theorie 'waar' is. Hij leek oprecht verbaasd te zijn toen ik hem corrigeerde.

De wetenschapshistoricus David Wootton schreef het volgende over de mores van zijn eigen vakgebied: 'In de jaren sinds Snows lezing heeft het probleem van de twee culturen zich verdiept; de geschiedenis van de wetenschap functioneert vandaag de dag absoluut niet meer als brug tussen de kunsten en de wetenschap, maar geeft wetenschappers een beeld van zichzelf waar de meesten van hen zich niet in kunnen herkennen.'[23] Dat komt doordat veel wetenschapshistorici het naïef vinden om de wetenschap te zien als het najagen van ware verklaringen van de wereld. Het resultaat kun je vergelijken met het verslag van een basketbalwedstrijd door een danscriticus die niet mag zeggen dat de spelers de bal door de basket proberen te gooien. Ik moest een keer een lezing uitzitten over de semiotiek van neuroimaging waarbij een wetenschapshistoricus een serie dynamische, veelkleurige driedimensionale afbeeldingen van de hersenen deconstrueerde, en eloquent uiteenzette 'dat een ogenschijnlijk neutrale en naturalistische wetenschappelijke blik specifieke versies van het zelf aanspoort die vervolgens ontvankelijk worden voor bepaalde politieke agenda's, en van het neuro(psycho)logische object naar het externe observerende standpunt verschuiven', enzovoort – hij gaf elke mogelijke verklaring behalve de zo verdomd voor de hand liggende, namelijk dat de beelden het makkelijker maken om te zien wat er in de hersenen gebeurt.[24] Veel geleerden die werkzaam zijn binnen de 'wetenschapsstudies' leggen zich in hun carrière toe op obscure analyses van het 'feit' dat het hele instituut slechts een excuus voor onderdrukking is. Een voorbeeld daarvan is de volgende wetenschappelijke bijdrage aan de grootste uitdaging waar de wereld zich voor gesteld ziet:

471

Gletsjers, gender en wetenschap: een feministisch glaciologisch kader voor onderzoek naar wereldwijde verandering van het milieu

Gletsjers zijn belangrijke iconen van de klimaat- en milieuverandering. De relaties tussen geslacht, wetenschap en gletsjers – in het bijzonder met betrekking tot epistemologische kwesties als het produceren van glaciologische kennis – blijven echter onderbelicht. In deze paper wordt daarom een feministisch-glaciologisch kader uiteengezet met vier sleutelcomponenten: (1) kennisproducenten; (2) gendergerichte wetenschap en kennis; (3) systemen van wetenschappelijke dominantie; en (4) alternatieve voorstellingen van gletsjers. Het kader combineert de feministische postkoloniale wetenschapsstudies met feministisch politiek milieubeleid en genereert zodoende een robuuste analyse van gender, kracht en epistemologie in dynamische sociaal-ecologische systemen, wat leidt tot het rechtvaardiger en neutraler maken van de wetenschap en de verhoudingen tussen mens en ijs.[25]

Geniepiger dan het uitvlooien van cryptische vormen van racisme en seksisme is een demoniseringscampagne die de wetenschap (samen met de rede en andere Verlichtingswaarden) de schuld geeft van misdaden die zo oud zijn als de beschaving zelf, waaronder racisme, slavernij, verovering en genocide. Dat was een belangrijk thema in de invloedrijke kritische theorie van de Frankfurter Schule, de quasimarxistische beweging die werd opgericht door Theodor Adorno en Max Horkheimer. Zij verkondigden dat 'de volledig verlichte aarde jubelend rampspoed uitstraalt'.[26] Dat geluid klinkt ook door in het werk van postmoderne theoretici als Michel Foucault, die stelde dat de Holocaust de onvermijdelijke climax vormde van een 'biopolitiek' die begon met de Verlichting, toen wetenschap en rationeel bestuur steeds meer macht over mensenlevens kregen.[27] In dezelfde geest weet de socioloog Zygmunt Bauman de Holocaust aan het verlichtingsideaal om 'de samenleving te reconstrueren, haar te dwingen zich te vormen naar een allesomvattend, wetenschappelijk ontworpen plan'.[28] Volgens dit verknipte verhaal treft de nazi's zelf geen blaam ('Het is de schuld van de moderniteit!'). Hetzelfde geldt voor de ideologie van de nazi's, die fel gekant was tegen de Verlichting, de gedegenereerde liberale burgerlijke verering van rede en vooruitgang verachtte en een organische, heidense vitaliteit aan de dag legde die de strijd tussen de rassen aanwakkerde. Hoewel de kritische theorie en het postmodernisme 'wetenschappelijke' methodes als kwantificering en systematische chronologie vermijden, doen de feiten vermoeden dat ze de geschiedenis achterstevoren zien. Genocide en autocratie waren in vroeger tijden alomtegenwoordig en namen af in plaats van toe naarmate de wetenschap en liberale Verlichtingswaarden na de Tweede Wereldoorlog steeds meer invloed kregen.[29]

Van de wetenschap is vaak beweerd dat ze verwerpelijke politieke bewegingen steunt. Het is uiteraard van het grootste belang deze geschiedenis te begrijpen, en legitiem om wetenschappers te veroordelen voor de rol die ze erin hebben gespeeld, zoals we bij alle historische figuren doen. Maar de eigenschappen die we zo prijzen bij geleerden en geesteswetenschappers – context, nuance, historische diepgang – laten hen vaak in de steek wanneer de kans zich voordoet een campagne tegen hun academische rivalen te voeren. De wetenschap wordt vaak verantwoordelijk gehouden voor het bestaan van intellectuele bewegingen met een pseudowetenschappelijk vernisje, al gaat de geschiedenis van die bewegingen vaak veel verder terug en heeft ze in veel gevallen een heel andere oorsprong.

'Wetenschappelijk racisme', de theorie dat rassen binnen een evolutionaire hiërarchie van geestelijke ontwikkeling vallen met Noord-Europeanen aan de top, is een belangrijk voorbeeld. De theorie was populair in de decennia rond de vorige eeuwwisseling en werd zogenaamd bevestigd door schedelmeting en intelligentietesten, voordat ze midden twintigste eeuw in diskrediet werd gebracht door betere wetenschap en door de verschrikkingen van het nazisme. Maar om ideologisch racisme aan de wetenschap te wijten, en in het bijzonder aan de evolutietheorie, is vervalsing van de intellectuele geschiedenis. Racistische overtuigingen hebben altijd en overal ter wereld bestaan. Slavernij is in alle beschavingen de praktijk geweest, meestal vanuit de overtuiging dat onderworpen volkeren inherent geschikt waren om te dienen en dat God het zo bedoeld had.[30] Uitspraken van Oud-Griekse en middeleeuwse Arabische schrijvers over de biologische inferioriteit van de Afrikanen doen het bloed stollen, en Cicero's opvattingen over de Britten waren niet veel milder.[31]

Belangrijker is dat het gerationaliseerde racisme dat in de negentiende eeuw het Westen infecteerde geen geesteskind was van de wetenschap, maar van de *geestes*wetenschappen: geschiedenis, filosofie, oude talen en mythologie. In 1853 publiceerde de romanschrijver en amateurhistoricus Arthur de Gobineau zijn bezopen theorie dat een ras van krachtige blanke mannen, de ariërs, zich vanuit een oud thuisland over heel Eurazië verspreidden en daar een heroïsche beschaving van krijgers vestigden en zich vermengden met de Perzen, de Hettieten, de homerische Grieken en de Vedische hindoes, en later met de Vikingen, Goten en andere Germaanse stammen. (Het enige flintertje waarheid aan dit verhaal is dat deze stammen talen spraken die deel uitmaakten van één taalfamilie, de Indo-Europese talen.) Alles ging bergafwaarts toen de ariërs zich kruisten met de inferieure volkeren die ze hadden overwonnen, waardoor hun verhevenheid afnam en ze degenereerden tot de uitgebluste, decadente, zielloze, kleinburgerlijke, op handel gerichte culturen waar de romantici altijd zo over jammerden. Het was een kleine stap om dat sprookje te combineren met het Duitse romantisch nationalisme en antisemitisme: het Teutoonse *Volk* stamde af van de ariërs, de Joden van een Aziatisch bastaardras. Richard Wagner (wiens opera's herscheppingen zouden zijn van de eerste arische mythes) was verzot op Gobineaus ideeën, en hetzelfde gold voor Wagners schoonzoon Houston Stewart Chamberlain (een filosoof die schreef dat Joden de Teutoonse beschaving vergiftigden met kapitalisme, liberaal humanisme en vruchteloze wetenschap). Via hen bereikten de ideeën Hitler, die Chamberlain zijn 'geestelijk vader' noemde.[32]

De wetenschap speelde nauwelijks een rol bij deze keten van beïnvloeding. Gobineau, Chamberlain en Hitler verwiérpen Darwins evolutietheorie, in het bijzonder het idee dat alle mensen geleidelijk uit de aap waren geëvolueerd, wat onverenigbaar was met hun romantische rassentheorie en de oudere volkswijsheden en religieuze overtuigingen waar die theorie uit voortkwam. Volgens deze wijdverbreide overtuigingen waren rassen afzonderlijke soorten, maakten ze met verschillende ontwikkelingsniveaus deel uit van beschavingen en zouden ze ontaarden als ze zich mengden. Darwin stelde dat mensen nauw verwante leden van één soort zijn met hetzelfde voorgeslacht, dat alle mensen van oorsprong 'wilden' zijn, dat de geestelijke vermogens van

473

alle rassen praktisch hetzelfde zijn en dat de rassen zich met elkaar vermengen zonder dat dat schade veroorzaakt.[33] De historicus Robert Richards, die zorgvuldig is nagegaan door wie Hitler zich liet beïnvloeden, sloot een hoofdstuk met de titel 'Was Hitler darwinist?' (iets wat vaak beweerd wordt door creationisten) af met de woorden: 'Het enige aanvaardbare antwoord op de vraag (...) is een luid en duidelijk Nee!'[34]

Net als 'wetenschappelijk racisme' wordt de beweging die sociaal darwinisme wordt genoemd vaak tendentieus aan de wetenschap toegeschreven. Toen het concept evolutie eind negentiende en begin twintigste eeuw beroemd werd, werd het tot een rorschachtest waarmee allerlei verschillende politieke en intellectuele bewegingen hun standpunten bevestigd zagen. Allemaal wilden ze geloven dat hun kijk op worsteling, vooruitgang en het goede leven overeenkwam met de natuurlijke gang van zaken.[35] Een van deze bewegingen werd met terugwerkende kracht sociaal darwinisme genoemd, ook al werd ze niet aangehangen door Darwin, maar door Herbert Spencer, die haar in 1851 introduceerde, acht jaar voor de publicatie van *De oorsprong der soorten*. Spencer geloofde niet in toevallige mutatie en natuurlijke selectie, maar in een lamarckistisch proces waarin de strijd om het bestaan organismen ertoe aanzette om te streven naar een nog complexer niveau van adaptie, dat ze overdroegen op volgende generaties. Spencer geloofde dat die progressieve kracht het beste ongemoeid kon blijven, en dus pleitte hij tegen sociale voorzieningen en overheidsregulatie, die het tot mislukken gedoemde leven van zwakkere individuen en groepen alleen maar rekte. Zijn politieke filosofie, een vroege vorm van libertarisme, werd opgepikt door industriebaronnen, pleitbezorgers van laissez-faire en tegenstanders van sociale voorzieningen. Omdat deze ideeën een rechtse zweem over zich hadden, pasten linkse schrijvers de term sociaal darwinisme ten onrechte toe op andere ideeën met een rechts luchtje, zoals imperialisme en eugenetica, ook al moest Spencer niets hebben van dergelijke overheidsbemoeienis.[36] Recenter is de term als wapen ingezet tegen elke toepassing van de evolutie op het begrijpen van de mens.[37] Dus ondanks de etymologie heeft hij niets met Darwin of de evolutionaire biologie te maken, en is hij nu een vrijwel nietszeggend scheldwoord.

Eugenetica is een andere beweging die als ideologisch wapen wordt ingezet. Francis Galton, een victoriaanse polyhistor, suggereerde als eerste dat de menselijke genenpoel verbeterd zou kunnen worden door getalenteerde mensen te stimuleren om met elkaar te trouwen en meer kinderen te krijgen (positieve eugenetica), maar toen het idee aansloeg werd het ook gebruikt om voorplanting door 'zwakkeren' te ontmoedigen (negatieve eugenetica). In veel landen werden delinquenten, mensen die geestesziek waren of een verstandelijke beperking hadden, mensen met een psychische aandoening en anderen die binnen een breed scala van aandoeningen en stigma's vielen tegen hun wil gesteriliseerd. Nazi-Duitsland ontwierp wetten met betrekking tot gedwongen sterilisatie naar het voorbeeld van wetten in Scandinavië en de Verenigde Staten, en vaak wordt de massamoord op Joden, Roma en homoseksuelen gezien als een logisch voortvloeisel van negatieve eugenetica. (In werkelijkheid beriepen de nazi's zich veel meer op de gezondheidszorg dan op genetica of evolutie; Joden werden vergeleken met ongedierte, ziekteverwekkers, tumoren, rottende organen en giftig bloed.)[38]

475

De eugeneticabeweging raakte voorgoed besmet door de associatie met het nazisme, maar de term bleef gebruikt worden om een aantal wetenschappelijke verrichtingen in diskrediet te brengen, zoals toepassingen van klinische genetica waarmee ouders zwanger konden raken zonder dodelijke degeneratieve ziekten, en het hele domein van de gedragsgenetica, die de genetische en omgevingsfactoren onderzoekt die verschillen tussen individuen veroorzaken.[39] En in strijd met de historische feiten wordt eugenetica vaak afgeschilderd als een beweging van rechtse wetenschappers, terwijl ze werd bepleit door progressieven, liberalen en socialisten, onder wie Theodor Roosevelt, H.G. Wells, Emma Goldman, George Bernard Shaw, Harold Laski, John Maynard Keyes, Sidney en Beatrice Webb, Woodrow Wilson en Margaret Sanger.[40] Eugenetica plaatste immers hervorming boven het handhaven van de status quo, maatschappelijke verantwoordelijkheid boven zelfgerichtheid en centrale planning boven laissez-faire. De meest uitgesproken verwerping van eugenetica is gebaseerd op klassieke liberale en libertarische principes: de overheid is geen almachtige heerser over het menselijk bestaan, maar een instituut met begrensde bevoegdheden, waar het vervolmaken van de genetische samenstelling van de menselijke soort er niet een van is.

Ik heb de bescheiden rol van de wetenschap in deze bewegingen niet ter sprake gebracht om wetenschappers vrij te pleiten (van wie er velen wel degelijk actief betrokken of medeplichtig waren), maar omdat die bewegingen een meer diepgaande en gecontextualiseerde beoordeling verdienen dan alleen hun huidige rol als antiwetenschappelijke propaganda. Misvattingen over Darwin gaven deze bewegingen een boost, maar ze kwamen voort uit de religieuze, artistieke, intellectuele en politieke opvattingen van hun tijd: romantiek, cultureel pessimisme, vooruitgang als een dialectische worsteling of een mystieke ontwikkeling, en autoritair hoogmodernisme. Als we denken dat die ideeën niet alleen uit de mode zijn geraakt maar ook onjuist zijn, komt dat doordat we tegenwoordig een beter historisch en wetenschappelijk besef hebben.

Beschuldigingen over de aard van de wetenschap zijn absoluut geen relikwieën van de 'wetenschapsoorlogen' uit de jaren tachtig en negentig van de twintigste eeuw; ze blijven invloed uitoefenen op de rol van de wetenschap in het academisch onderwijs. Toen Harvard in 2006-2007 zijn algemene opleidingseisen veranderde, werd in het conceptrapport van de taakgroep bij het onderwijzen van wetenschap met geen woord gerept over haar plaats binnen de menselijke kennis: 'Wetenschap en technologie beïnvloeden onze studenten op vele manieren, zowel positief als negatief; ze hebben levensreddende medicijnen, internet, efficiëntere energieopslag en digitaal vermaak voortgebracht, maar ook kernwapens, biologische oorlogvoering, elektronische afluisterpraktijken en schade aan het milieu.' Tja, en je zou vast ook kunnen zeggen dat de architectuur voor zowel musea als gaskamers heeft gezorgd, dat klassieke muziek zowel economische activiteit stimuleert als dat ze de nazi's inspireerde, enzovoort. Maar die merkwaardige ambiguïteit tussen het nuttige en het schadelijke werd niet toegepast op andere disciplines, en de bewering wees er op geen enkele manier op dat we misschien wel goede redenen hebben om inzicht en kennis de voorkeur te geven boven onwetendheid en bijgeloof.

476

Onlangs somde een andere collega tijdens een conferentie op wat volgens haar de 'gemengde erfenis' van de wetenschap was: vaccin tegen pokken aan de ene kant, het Tuskegee-syfilisonderzoek aan de andere. Tijdens dat onderzoek, dat altijd weer van stal wordt gehaald om aan te tonen hoe verdorven de wetenschap is, volgden onderzoekers vanaf 1932 gedurende vier decennia de ontwikkeling van onbehandelde sluimerende syfilis bij een steekproef van arme Afro-Amerikanen. Het onderzoek was volgens de huidige normen absoluut onethisch, al is het vaak verkeerd uitgelegd om de aanklacht tegen de wetenschap kracht bij te zetten. De onderzoekers, van wie er vele Afro-Amerikaans waren of zich inzetten voor de gezondheid en het welzijn van Afro-Amerikanen, besmétten de deelnemers niet, zoals veel mensen denken (een misvatting die heeft geleid tot de wijdverbreide complottheorie dat aids is uitgevonden in laboratoria van de Amerikaanse overheid om de zwarte bevolking onder de duim te houden). En toen het onderzoek begon, viel het volgens de normen van die tijd misschien wel te verdedigen: behandelingen van syfilis (voornamelijk met arseen) waren giftig en ineffectief; toen er later antibiotica beschikbaar kwamen, was niet bekend hoe veilig die waren en in hoeverre ze syfilis bestreden; en van sluimerende syfilis was bekend dat ze zonder behandeling vaak weer verdween.[41] Waar het echter om gaat is dat de hele vergelijking moreel niet deugt en aantoont dat de verhoudingen bij argumenten van de Tweede Cultuur zoek zijn. Met haar vergelijking veronderstelde mijn collega dat het Tuskegee-onderzoek zonder meer deel uitmaakte van de wetenschappelijke praktijk, in plaats van dat het een negatieve uitzondering op die praktijk was die door iedereen werd betreurd, en ze stelde een eenmalig verzuim om enkele tientallen mensen voor onheil te behoeden gelijk aan de preventie van honderden miljoenen sterfgevallen per eeuw, tot in de eeuwigheid aan toe.

477

Is de demonisering van de wetenschap binnen het academisch onderwijs belangrijk? Het antwoord is ja, om meerdere redenen. Hoewel veel getalenteerde studenten voortvarend een geneeskunde- of ingenieursstudie doorlopen vanaf de dag dat ze aan hun studie beginnen, weten vele anderen niet precies wat ze met hun leven willen en laten ze zich adviseren door hun professoren en mentoren. Wat gebeurt er met degenen die te horen krijgen dat de wetenschap slechts een van de vele verhalen is, net als religie en mythe, dat de wetenschap van de ene revolutie naar de andere strompelt zonder vooruitgang te boeken en dat ze een dekmantel is voor racisme, seksisme en genocide? Ik heb met eigen ogen gezien wat het antwoord is. Sommige studenten concluderen: 'Als dat is wat de wetenschap is, kan ik net zo goed geld gaan verdienen.' Vier jaar later zetten ze hun intellectuele vermogens in voor het bedenken van algoritmen waarmee hedgefondsen een paar milliseconden sneller kunnen reageren op financiële informatie, in plaats van het ontdekken van nieuwe behandelingen van alzheimer of van technologieën voor de afvang en opslag van koolstof.

De stigmatisering van de wetenschap brengt ook de vooruitgang van de wetenschap zelf in gevaar. Vandaag de dag moet iedereen die onderzoek wil doen waarbij mensen betrokken zijn, zelfs als het om een interview over politieke opvattingen of een vragenlijst over onregelmatige werkwoorden gaat, aan een commissie aantonen dat hij of zij geen Josef Mengele is. Hoewel deelnemers aan onderzoeken uiteraard beschermd moeten worden tegen verkeerde bedoelingen, is de bureaucratie die daar toezicht op houdt haar doel intussen ver voorbijgeschoten. Critici wijzen erop dat ze de vrijheid van meningsuiting in gevaar brengt, een wapen is dat fanatici kunnen gebruiken om mensen wier mening hun niet aanstaat het zwijgen op te leggen, en een belemmering van onderzoek vormt die deelnemers aan onderzoeken niet beschermt en soms zelfs schade toebrengt.[42] Jonathan Moss, een medisch onderzoeker die een nieuwe klasse medicijnen had ontwikkeld en werd gevraagd de medisch ethische commissie van de University of Chicago voor te zitten, zei tijdens een commissievergadering: 'Ik wil jullie vragen na te denken over drie medische wonderen die we heel gewoon zijn gaan vinden: röntgenstralen, hartkatheters en algemene verdoving. Ik durf te stellen dat ze alle drie een stille dood waren gestorven als we in 2005 hadden geprobeerd ze te introduceren.'[43] (Dezelfde vaststelling is gedaan over insuline, de behandeling van brandwonden en andere levensreddende uitvindingen.) In de Amerikaanse sociale wetenschappen zien we vergelijkbare belemmeringen. Iedereen die met een ander praat met de intentie om generaliseerbare kennis te vergaren, moet van tevoren toestemming krijgen van deze commissies, wat vrijwel zeker in strijd is met de vrijheid van meningsuiting. Antropologen mogen geen mensen spreken die niet kunnen lezen en schrijven en geen toestemmingsformulier kunnen ondertekenen, en het is ook niet toegestaan potentiële terroristen te interviewen, vanwege de geringe kans dat die er informatie uit zouden kunnen flappen die hén in gevaar brengt.[44]

De belemmering van onderzoek is niet alleen een symptoom van steeds verder uitdijende bureaucratie, maar wordt zelfs verdedigd door veel professoren binnen het vakgebied bio-ethiek. Deze theoretici bedenken redenen waarom het goed geïnformeerde volwassenen die uit vrije wil deelnemen verboden zou moeten worden een behandeling te ondergaan waar zij en anderen baat bij zouden hebben terwijl ze niemand kwaad doen. Daarbij maken ze gebruik van vage termen als 'waardigheid', 'onschendbaarheid' en 'sociale gerechtigheid'. Ze proberen paniek te zaaien over vorderingen binnen biomedisch onderzoek door gebruik te maken van vergezochte vergelijkingen met kernwapens en nazistische wreedheden, sciencefictionachtige dystopieën als *Brave New World* en *Gattaca* en bizarre scenario's als legers gekloonde Hitlers, mensen die hun oogbollen op eBay verkopen, of magazijnen vol zombies om mensen van organen te voorzien. De moraalfilosoof Julian Savulescu heeft aangetoond hoe slecht onderbouwd deze argumenten zijn en heeft erop gewezen waarom 'bio-ethisch' obstructionisme ónethisch kan zijn: 'Als je de ontwikkeling vertraagt van een behandeling waarmee een dodelijke ziekte wordt genezen die honderdduizend levens per jaar eist, ben je verantwoordelijk voor de dood van die honderdduizend mensen, ook als je ze nooit ziet.'[45]

Uiteindelijk is de grootste winst van het bijbrengen van waardering voor de wetenschap dat iedereen wetenschappelijker gaat denken. In het vorige hoofdstuk zagen we dat mensen kwetsbaar zijn voor cognitieve bias en denkfouten. Hoewel wetenschappelijk inzicht op zichzelf geen remedie is tegen ondeugdelijk redeneren als het gaat om gepolitiseerde identiteitskenmerken, beginnen de meeste kwesties niet zo, en iedereen zou beter af zijn als hij er wetenschappelijker over na kon denken. Bewegingen die zich tot doel stellen wetenschappelijke verfijning als datajournalistiek, bayesiaanse voorspelling, evidence-based medicatie en beleid, data-analyse van geweld en effectief altruïsme te bevorderen, beschikken over een reusachtig potentieel om menselijk welzijn te bevorderen. Onze cultuur krijgt echter maar langzaam waardering voor hun grote waarde.[46]

479

Ik vroeg een keer aan mijn huisarts of het voedingssupplement dat hij me adviseerde voor mijn knie wel echt effectief was. Hij antwoordde: 'Sommige patiënten zeggen dat het voor hen werkt.' Een collega van me, een hoogleraar bedrijfskunde, vertelde me hoe hij over het bedrijfsleven dacht: 'Het is me opgevallen dat veel slimme mensen geen idee hebben hoe ze een probleem logisch moeten doordenken, correlatie als causaliteit interpreteren en anekdotes gebruiken als bewijs zonder een serieuze voorspelling te kunnen doen.' Een andere collega, die oorlog, vrede en menselijke veiligheid kwantificeert, beschrijft de Verenigde Naties als 'een plek waar niets gebaseerd hoeft te worden op bewijs':

De hogere regionen van de VN hebben wel iets weg van antiwetenschappelijke programma's binnen de geesteswetenschappen. De top bestaat voor het grootste deel uit advocaten en mensen die niet-exacte wetenschappen hebben gestudeerd. De enige sectoren binnen het Secretariaat waar ook maar enigszins een onderzoekscultuur heerst, hebben weinig aanzien of invloed. Slechts enkele hoge functionarissen bij de VN begrepen eenvoudige kwalificerende uitdrukkingen als 'voor het overige gelijk blijvend'. Dus als we het hadden over risico-inschatting bij een conflictsituatie, kon je er donder op zeggen dat Sir Archibald Prendergast III of een ander licht smalend zei: 'Zo is het niet in Burkina Faso, hoor.'

Mensen die zich verzetten tegen een wetenschappelijke manier van denken, voeren vaak aan dat sommige dingen eenvoudigweg niet in getallen vallen uit te drukken. Maar tenzij ze alleen bereid zijn zich uit te laten over zaken die zwart-wit zijn en het gebruik van woorden als *meer, minder, beter* en *erger* afzweren (en trouwens ook van het achtervoegsel *-er*), doen ze beweringen die inherent kwantitatief zijn. Als ze de mogelijkheid uitsluiten dat er concrete aantallen aan kunnen worden toegewezen, zeggen ze: 'Vertrouw maar op mijn intuïtie.' Maar als we één ding weten over cognitie, is het dat mensen (ook deskundigen) hun intuïtie zwaar overschatten. In 1954 liet Paul Meehl zijn collega-psychologen versteld staan door aan te tonen dat eenvoudige statistische formules het oordeel van deskundigen overtreffen als het gaat om het voorspellen van psychiatrische classificaties, zelfmoordpogingen, prestaties op school en op het werk, leugens, misdaad, medische diagnoses en zo ongeveer elke andere uitkomst waarbij nauwkeurigheid ook maar enigszins gemeten kan worden. Meehls werk vormde de inspiratie voor de ontdekkingen van Tversky en Kahneman op het gebied van cognitieve bias en voor Tetlocks voorspellingswedstrijden. Zijn conclusie dat statistiek superieur is aan intuïtief oordeel wordt nu beschouwd als een van de belangrijkste bevindingen uit de geschiedenis van de psychologie.[47]

Zoals alle goede dingen zijn data geen wondermiddel, magische kogel of oplossing voor alle problemen. Met al het geld van de wereld zouden we geen gerandomiseerde gecontroleerde onderzoeken kunnen kopen om een antwoord te krijgen op elke vraag die bij ons opkomt. Het zal mensen altijd moeite kosten vast te stellen welke data verzameld moeten worden en hoe die geanalyseerd en geïnterpreteerd moeten worden. De eerste pogingen om een concept te kwantificeren zijn altijd globaal, en zelfs de beste maken probabilistisch en geen volmaakt inzicht mogelijk. Toch hebben kwantitatieve sociale wetenschappers criteria ontworpen voor het evalueren en verbeteren van metingen, en de cruciale vergelijking is niet of een meting perfect is maar of ze beter is dan het oordeel van een deskundige, criticus, interviewer, medicus of rechter. Dat blijkt al snel het geval te zijn.

Aangezien de politieke en journalistieke cultuur beide grotendeels onbekend zijn met de wetenschappelijke manier van denken, worden vragen die enorme consequenties hebben voor leven en dood beantwoord door middel van methodes waarvan we weten dat ze tot fouten leiden, zoals anekdotes, krantenkoppen, retoriek en wat deskundigen HiPPO noemen (*highest-paid person's opinion*). We hebben al enkele gevaarlijke misvattingen besproken die voortkomen uit deze statistische onwetendheid. Mensen denken dat misdaad en oorlog onbeheersbaar toenemen, ook al neemt het aantal moorden en oorlogsslachtoffers af. Ze denken dat islamistisch terrorisme een ernstig risico vormt, terwijl het gevaar kleiner is dan dat van wespen en bijen. Ze denken dat isis het voortbestaan van het Westen bedreigt, terwijl terroristische bewegingen zelden of nooit hun strategische doelen bereiken.

De datafobe mindset ('Zo is het niet in Burkina Faso') kan tot ware tragedies leiden. Veel politieke commentatoren kunnen zich wel een keer herinneren dat een vredesmacht faalde (bijvoorbeeld in Bosnië in 1995) en concluderen dat vredesmachten een verspilling van geld en mankracht zijn. Maar wanneer een vredesmacht wél succes heeft, gebeurt er niets fotogenieks en verschijnt er niets over in het nieuws. In haar boek *Does Peacekeeping work?* stelde de politicoloog Virginia Page Fortna de vraag die in de titel gesteld wordt aan de orde met wetenschappelijke methodes in plaats van met krantenkoppen, en in weerwil van de wet van Betteridge kwam ze tot de conclusie dat het antwoord 'onmiskenbaar ja is'. Andere onderzoeken leidden tot dezelfde conclusie.[48] De resultaten van deze analyses zouden het verschil kunnen maken tussen een internationale organisatie die een land helpt vrede tot stand te brengen en een organisatie die de situatie in een land laat dooretteren tot er een burgeroorlog uitbreekt.

Koesteren multi-etnische regio's 'oeroude haat' die alleen beteugeld kan worden door het gebied op te delen in etnische enclaves waar de minderheden uit verwijderd worden? Steeds wanneer etnische buurlanden elkaar naar de keel vliegen lezen we daarover, maar hoe zit het dan met de buren die nooit in het nieuws komen omdat ze saai in vrede leven? Welk percentage etnische buurlanden leeft zonder geweld naast elkaar? Het antwoord is: de meeste – 95 procent van de buurlanden in de voormalige Sovjet-Unie en 99 procent van die in Afrika.[49]

Werkt geweldloos verzet? Veel mensen zijn van mening dat Gandhi en Martin Luther King slechts geluk hadden; hun beweging speelde op het juiste moment in op de sentimenten van verlichte democratieën, maar elders moeten onderdrukte mensen geweld gebruiken om van een dictator verlost te worden. De politicologen Erica Chenoweth en Maria Stephan legden een dataset aan van politieke verzetsbewegingen van over de hele wereld tussen 1900 en 2006 en kwamen tot de ontdekking dat driekwart van de geweldloze verzetsbewegingen succesvol was, tegenover slechts een derde van de bewegingen die geweld gebruikten.[50] Gandhi en King hadden gelijk, maar zonder data zou je dat nooit te weten komen.

Hoewel de drang zich aan te sluiten bij een gewelddadige verzetsbeweging of een terroristische organisatie misschien meer te maken heeft met mannelijke verbondenheid dan met de theorie van een rechtvaardige oorlog, zullen de meeste strijders waarschijnlijk wel geloven dat als ze een betere wereld tot stand willen brengen, er niets anders op zit dan mensen te doden. Wat zou er gebeuren als iedereen wist dat een gewelddadige aanpak niet alleen immoreel is maar ook ineffectief?

Niet dat ik denk dat we kisten vol boeken van Chenoweth en Stephan boven conflictgebieden moeten afwerpen. Leiders van rebellengroepen zijn echter vaak hoogopgeleid (ze hebben hun woede van derderangs docenten van een paar jaar eerder) en zelfs het kanonnenvoer heeft vaak ook wel een opleiding gevolgd en de volkswijsheid over de noodzaak van revolutionair geweld tot zich genomen.[51] Wat zouden de gevolgen op de lange termijn zijn als er in een gemiddeld universitair curriculum minder aandacht werd besteed aan Karl Marx en Frantz Fanon en meer aan kwantitatieve analyses van politiek geweld?

482

Een van de belangrijkste potentiële bijdragen van de moderne wetenschap is misschien wel een verdergaande integratie met haar academische partner, de geesteswetenschappen. Die zitten zeker in Amerika absoluut in zwaar weer. Universiteitsprogramma's worden afgeslankt; de volgende generatie geesteswetenschappers is werkloos of heeft geen passend werk; de moraal neemt af en studenten blijven massaal weg.[52]

Het zou geen weldenkend mens onberoerd moeten laten dat onze samenleving te weinig in de geesteswetenschappen investeert.[53] Een samenleving zonder historische wetenschap is als een persoon zonder geheugen: op een dwaalspoor, verward, en een makkelijk slachtoffer van misleiding. Filosofie komt voort uit het inzicht dat helderheid en logica ons niet komen aanwaaien en dat we beter af zijn als ons denken verfijnd en verdiept wordt. De kunsten zijn een van de dingen die het leven de moeite waard maken; ze verrijken de menselijke ervaring met schoonheid en inzicht. Kritiek is zelf een kunst die maakt dat we grootse werken meer waarderen en er meer van genieten. Het kost moeite om op deze gebieden kennis op te doen, en die kennis moet voortdurend worden verrijkt en geactualiseerd doordat de tijden veranderen.

Een diagnose van de malaise waarin de geesteswetenschappen zich bevinden, wijst al snel naar anti-intellectuele trends in onze cultuur en naar de commercialisering van universiteiten. Maar een eerlijke beoordeling zou tot de erkenning moeten leiden dat de geesteswetenschappen een deel van de schade aan zichzelf te wijten hebben. Ze moeten nog altijd herstellen van de ramp die het postmodernisme teweeg heeft gebracht met zijn opstandige obscurantisme, zelfverwerpend relativisme en verstikkende politieke correctheid. Veel van zijn beroemdste pleitbezorgers – Nietzsche, Heidegger, Foucault, Lacan, Derrida, de Kritische Theoretici – zijn sombere cultuurpessimisten die beweren dat de moderniteit iets vreselijks is, dat alle stellingen paradoxaal zijn, dat kunstwerken onderdrukkende wapens zijn, dat liberale democratie hetzelfde is als fascisme en dat de westerse samenleving op sterven na dood is.[54]

Met zo'n opgewekte kijk op de wereld is het niet verrassend dat de geesteswetenschappen er vaak moeite mee hebben een vooruitstrevende agenda voor zichzelf te definiëren. Van verscheidene rectores magnifici heb ik de verzuchting gehoord dat wanneer een wetenschapper bij hen langskomt, hij een opwindende onderzoeksmogelijkheid komt aankondigen en om het geld vraagt om dat onderzoek te kunnen uitvoeren. Wanneer er iemand van geesteswetenschappen komt, is het om te verzoeken om respect voor de manier waarop dingen altijd al zijn gedaan. Die manieren verdienen inderdaad respect, en zorgvuldig lezen, uitvoerige beschrijvingen en volledige onderdompeling die erudiete geleerden op individuele werken kunnen toepassen zijn onvervangbaar. Maar is het echt onmogelijk om via andere wegen inzicht te verwerven?

Als de geesteswetenschappen en de wetenschap de neuzen dezelfde kant op hebben staan, leggen er vele mogelijkheden voor nieuwe inzichten. Kunst, cultuur en maatschappij zijn voortbrengsels van het menselijk brein. Ze ontstaan dankzij onze vermogens om waar te nemen, te denken en emoties te hebben en komen samen en verspreiden zich door middel van de epidemiologische dynamieken waarmee een persoon anderen beïnvloedt. Zouden we niet benieuwd moeten zijn naar die verbanden? Beide kanten zouden er baat bij hebben. De geesteswetenschappen zouden hun voordeel kunnen doen met de verklarende diepgang van de wetenschap en een vooruit gerichte agenda waarmee ambitieus jong talent zou kunnen worden aangetrokken (om nog maar te zwijgen van de aantrekkingskracht op decanen en donateurs). De wetenschap zou haar theorieën op de proef kunnen stellen met de natuurlijke experimenten en ecologisch gezonde fenomenen die door geleerden uit de gezondheidswetenschappen zo overvloedig zijn getypeerd.

In sommige vakgebieden is die overeenstemming een voldongen feit. Archeologie is ontstaan vanuit een tak van de kunstgeschiedenis en geëvolueerd tot een volwaardige, geavanceerde wetenschap. De filosofie van de geest gaat geleidelijk over in wiskundige logica, computerwetenschap, cognitieve wetenschap en neurowetenschappen. Taalwetenschap combineert kennis over de geschiedenis van woorden en grammaticale constructies met laboratoriumonderzoeken naar spraak, rekenkundige grammaticamodellen en geautomatiseerde analyse van grote verzamelingen geschriften en conversatie.

Ook de politieke theorie heeft een natuurlijke verwantschap met de

483

filosofie van de geest. James Madison stelde de vraag: 'Wat is de overheid anders dan de mooiste beschouwingen op de menselijke natuur?' Sociale, politieke en cognitieve wetenschappers doen opnieuw onderzoek naar de verbanden tussen politiek en de menselijke natuur, waar in de tijd van Madison enthousiast over werd gedebatteerd – dat enthousiasme ebde echter langzaam weg tijdens een intermezzo waarin mensen werden behandeld als onbeschreven bladen of rationele actoren. Nu weten we dat mensen morele actoren zijn; ze worden geleid door intuïties over autoriteit, stam en zuiverheid; ze hebben heilige overtuigingen die hun identiteit weergeven; en ze worden gedreven door conflicterende neigingen tot wraak en verzoening. We beginnen te begrijpen waarom die impulsen zijn geëvolueerd, hoe ze in onze hersenen zijn geïmplementeerd, hoe ze per individu, cultuur en subcultuur verschillen en door welke omstandigheden ze worden geactiveerd en uitgeschakeld.[55]

Vergelijkbare mogelijkheden liggen in het verschiet binnen andere gebieden van de geesteswetenschappen. De beeldende kunsten zouden bijvoorbeeld kunnen profiteren van de enorme toename van kennis binnen de oogheelkunde, waaronder de waarneming van kleur, vorm, textuur en licht, en de evolutionaire esthetiek van gezichten, landschappen en meetkundige vormen.[56] Muziekgeleerden hebben veel te bespreken met wetenschappers die de waarneming van spraak, de structuur van taal en de analyse van de hersenen van de wereld van het gehoor bestuderen.[57]

En wat literatuurwetenschap betreft – waar moeten we beginnen?[58] John Dryden schreef dat een roman 'een eerlijk en levendig beeld is van de menselijke natuur, dat haar passies en nukken weergeeft, en ook de lotswendingen waar ze aan onderworpen is, tot lering en vermaak.' De cognitieve psychologie kan nieuwe inzichten verschaffen over de manier waarop lezers hun eigen bewustzijn afstemmen op dat van de schrijver en de personages. Gedragsgenetica kan volkswijsheden over ouderlijke invloed corrigeren en aanvullen met ontdekkingen over de effecten van genen, leeftijdsgenoten en toeval, die vergaande implicaties hebben voor de interpretatie van biografieën en memoires – een onderneming die ook veel te leren heeft van de cognitieve psychologie van het geheugen, en van de sociale psychologie van zelfpresentatie. Evolutionaire psychologen kunnen onderscheid maken tussen de obsessies die ieder mens heeft en de obsessies die door een specifieke cultuur worden overdreven, en ze kunnen de inherente belangenconflicten en samensmelting van belangen binnen families, bij echtparen en stellen, binnen vriendschappen en bij rivalen blootleggen die zo bepalend zijn voor het verhaal. Al deze ideeën kunnen helpen om een nieuwe dimensie te geven aan Drydens observatie over fictie en de menselijke natuur.

Hoewel veel zorgen binnen de geesteswetenschappen het best op waarde geschat kunnen worden door middel van traditionele narratieve kritiek, roepen sommige ervan empirische vragen op die beantwoord kunnen worden met data. Door de komst van datawetenschap die wordt toegepast op boeken, tijdschriften, correspondentie en partituren, zijn uitgebreide nieuwe 'digitale geesteswetenschappen' ontstaan.[59] De mogelijkheden voor theorie en ontdekking worden slechts beperkt door de verbeelding en omvatten het ontstaan en de verspreiding van ideeën, netwerken van intellectuele en artistieke invloed, de contouren van historisch geheugen, de opkomst en het weer verdwijnen van thema's in de literatuur, universele of cultuurspecifieke archetypen en plots, en patronen van officieuze censuur en taboe.

De belofte van een eenwording van kennis kan alleen worden vervuld als kennis alle kanten op stroomt. Sommige geleerden die niets moesten hebben van pogingen van wetenschappers om kunst te verklaren, zijn terecht van mening dat die verklaringen volgens hun normen oppervlakkig en simplistisch zijn. Des te meer reden om hun grote kennis over individuele werken en genres te combineren met wetenschappelijk inzicht in menselijke emoties en esthetische reacties. Nog beter: universiteiten zouden een nieuwe generatie wetenschappers en geleerden kunnen opleiden die zich binnen beide culturen als een vis in het water voelen.

Hoewel geleerden die werkzaam zijn binnen de geesteswetenschappen zelf vaak openstaan voor wetenschappelijke inzichten, beweren veel bewakers van de Tweede Cultuur dat ze zich niet te buiten mogen gaan aan dergelijke nieuwsgierigheid. In een geringschattende recensie in de *New Yorker* van een boek van de literaire wetenschapper Jonathan Gottschall over de evolutie van het 'narratieve instinct' schrijft Adam Gopnik: 'De interessante vragen over verhalen (...) hebben niet te maken met wat het beleven van genoegen aan die verhalen "universeel" maakt, maar wat de goede verhalen zo anders maakt dan de oninteressante. (...) Net als bij vrouwenmode vormen in dit geval de subtiele verschillen aan de "buitenkant" het hele ontwerp.'[60] Maar is het echt onvermijdelijk dat kennis bij het waarderen van literatuur het héle ontwerp vormt? Een onderzoekende geest is misschien ook benieuwd naar de zich herhalende manieren waarop geesten die wat betreft cultuur en tijd van elkaar verschillen, omgaan met de tijdloze raadselen van het menselijk bestaan.

Ook Wieseltier heeft verlammende dictaten uitgevaardigd over wat academici binnen de geesteswetenschappen niet mogen doen, zoals vooruitgang boeken. 'De ergernissen van de filosofie (...) zijn niet verdwenen,' stelde hij. 'Fouten worden niet gecorrigeerd en verworpen.'[61] Maar de meeste morele filosofen van tegenwoordig zullen toch echt zeggen dat de vroegere argumenten waarmee slavernij als iets vanzelfsprekends werd verdedigd, dwalingen zijn die zijn gecorrigeerd en verworpen. Epistemologen zouden daar aan kunnen toevoegen dat in hun vakgebied vooruitgang is geboekt sinds de tijd dat Descartes beweerde dat de menselijke waarneming altijd klopt omdat God ons nooit zou misleiden. Wieseltier stelt verder dat er een 'belangrijk onderscheid bestaat tussen de studie van de natuurlijke wereld en de studie van de menselijke wereld' en dat elke poging om 'de grenzen tussen werelden te overschrijden' er alleen maar toe zou kunnen leiden dat de geesteswetenschappen 'de dienstmaagd van de wetenschap' worden, omdat 'een wetenschappelijke verklaring de onderliggende overeenkomsten bloot zal leggen' en 'alle werelden in één wereld zal opzuigen: de hunne'. Waar leidt deze paranoia en territoriumdrift toe? In een prominent artikel in *The New York Times Book Review* riep Wieseltier op tot een predarwinistische wereldbeschouwing – 'de onherleidbaarheid van het menselijk verschil met enig aspect van onze dierlijkheid' – ja, precopernicaans zelfs – 'de centrale plek die de mensheid in het heelal inneemt'.[62]

Laten we hopen dat kunstenaars en geleerden niet – achter de mensen aan die zich hebben opgeworpen als hun verdedigers – van deze klif af lopen. Ons streven om zo goed mogelijk met onze hachelijke situatie om te gaan hoeft niet te blijven steken in de vorige eeuw of de eeuw daarvoor, laat staan in de Middeleeuwen. Onze theorieën over politiek, cultuur en moraliteit kunnen absoluut worden aangevuld met onze kennis over het heelal en onze samenstelling als soort.

In 1782 loofde Thomas Paine de kosmopolitische eigenschappen van de wetenschap:

> De wetenschap, niet de voorvechter van één land maar de barmhartige patrones van alle, heeft ruimhartig een tempel geopend waar ze allemaal samenkomen. Als de zon die op de koude aarde schijnt, bereidt haar invloed op de menselijke geest deze al lange tijd voor om zich verder te ontwikkelen en te verbeteren. De filosoof uit het ene land ziet de filosofie uit een ander land niet als vijand: hij neemt plaats in de tempel van de wetenschap en vraagt niet wie er naast hem zit.[63]

Wat hij over het fysieke landschap schreef, is ook van toepassing op het landschap van de kennis. In die zin (en andere) is de geest van de wetenschap de geest van de Verlichting.

23 Humanisme

488   Wetenschap alleen is niet genoeg om vooruitgang tot stand te brengen. 'Alles wat de natuurwetten toestaan is met de juiste kennis mogelijk' – maar dat is nou net het probleem. 'Alles' betekent ook echt álles: vaccins en biologische wapens, video on demand en Big Brother op het scherm. Iets anders naast wetenschap zorgde ervoor dat vaccins gebruikt werden om ziekten uit te roeien, terwijl biologische wapens werden verboden. Dat is de reden waarom ik de uitspraak van David Deutsch vooraf heb laten gaan door die van Spinoza: 'Zij die door de rede worden geregeerd, wensen niets voor zichzelf wat ze niet ook de rest van de mensheid toewensen.' Vooruitgang bestaat uit het inzetten van kennis om de gehele mensheid op dezelfde manier te laten floreren waarop we allemaal proberen te floreren.

Het doel om het menselijk gedijen – leven, gezondheid, geluk, vrijheid, kennis, liefde, rijke ervaringen – te maximaliseren zou je humanisme kunnen noemen. (Ondanks de oorsprong van het woord sluit *humanisme* het welzijn van dieren niet uit, maar dit boek is gericht op het welzijn van de mens.) Het is humanisme dat vaststelt wát we met onze kennis zouden moeten proberen te bereiken. Humanisme vult dat wat ís aan met hoe het *zou moeten* zijn. Het onderscheidt ware vooruitgang van pure heerschappij.

Er bestaat een groeiende *beweging* die Humanisme heet en die een niet-bovennatuurlijk fundament van zingeving en ethiek voorstaat: goed zonder God.[1] De doelstellingen van die beweging zijn vastgelegd in een drietal manifesten, waarvan het eerste in 1933 werd geschreven. Het *Humanistisch Manifest III*, uit 2003, bevestigt:

Kennis van de wereld wordt opgedaan door observatie, proefneming en rationele analyse. Humanisten concluderen dat wetenschap de beste methode is om deze kennis op te doen en om problemen op te lossen en technologieën te ontwikkelen die de mens ten goede komen. Ook herkennen we de waarde van nieuwe richtingen in het denken, de kunsten en innerlijke ervaring – die allemaal geanalyseerd worden door kritische intelligentie.

Mensen maken integraal deel uit van de natuur, wat het gevolg is van ongeleide evolutionaire verandering. (...) Wij zijn van mening dat ons leven alles is wat er is, en dat dat genoeg is, en maken onderscheid tussen dingen zoals ze zijn en dingen zoals we misschien zouden willen of waarvan we ons voorstellen dat ze zijn. We verwelkomen de uitdagingen van de toekomst, en voelen ons aangetrokken tot en laten ons niet afschrikken door wat we nog niet weten en wat nog ontdekt moet worden.

Ethische waarden komen voort uit menselijke behoeften en belangen die zijn getoetst door de ervaring. Humanisten baseren waarden op menselijk welzijn dat is gevormd door menselijke omstandigheden, belangen en zorgen, en dat zich heeft uitgebreid naar het wereldwijde ecosysteem en daarbuiten. (...)

Levensvervulling komt voort uit individuele betrokkenheid bij het dienen van menselijke idealen. We (...) bezielen ons leven met een diep besef van wat ons levensdoel is en verwonderen ons vol ontzag over de schoonheid van het menselijk bestaan, over zijn uitdagingen en tragedies, en zelfs over de onvermijdelijkheid en onontkoombaarheid van de dood. (...)

De mens is van nature sociaal en vindt betekenis in relaties. Humanisten (...) streven naar een wereld van wederzijdse zorg en betrokkenheid, vrij van wreedheid en de gevolgen daarvan, waar meningsverschillen met gezamenlijke inspanning worden opgelost zonder de toevlucht te nemen tot geweld. (...)

Actieve inzet om nuttig te zijn voor de maatschappij maximaliseert persoonlijk geluk. Vooruitstrevende culturen zetten zich in om de mensheid te verlossen van de wreedheid en barbaarsheid van puur overleven, het lijden te verminderen, de samenleving te verbeteren en een wereldgemeenschap te ontwikkelen. (...)[2]

De leden van humanistische genootschappen zullen als eersten benadrukken dat de humanistische idealen niet sektarisch zijn. Net als Molières *bourgeois gentilhomme,* die er tot zijn grote genoegen achter kwam dat hij zijn hele leven in proza had gesproken, zijn veel mensen humanist zonder het te weten.[3] Humanistische elementen kunnen worden aangetroffen in geloofssystemen die teruggaan tot de axiale periode. Ze raakten in opkomst tijdens de Eeuw van de Rede en de

Verlichting, wat leidde tot de Engelse, Franse en Amerikaanse rechten-verklaringen, en kregen opnieuw de wind in de zeilen na de Tweede Wereldoorlog; ze inspireerden de totstandkoming van de Verenigde Naties, de Universele Verklaring van de Rechten van de Mens en andere instituties van wereldwijde samenwerking.[4] Hoewel het humanisme zingeving en moraliteit niet baseert op goden of geesten, is het geenszins onverenigbaar met religieuze instituties. Sommige oosterse religies, waaronder het confucianisme en verschillende vormen van het boeddhisme, hebben hun ethiek altijd op menselijk welzijn gebaseerd in plaats van op goddelijke geboden. Veel joodse en christelijke denominaties zijn humanistisch geworden en zwakken hun bovennatuurlijke overtuigingen en traditie van kerkelijk gezag af ten gunste van de rede en het welzijn van de gehele mensheid. Voorbeelden zijn de quakers, unitariërs, vrijzinnige anglicanen, Noord-Europese lutheranen en diverse vormen van het jodendom, waaronder zowel liberale, fundamentalistische als humanistische variaties.

Het humanisme kan nietszeggend lijken, en nogal voor de hand liggend – wie zou ertegen kunnen zijn dat mensen gedijen? In werkelijkheid is het echter een distinctieve morele toewijding die niet van nature deel uitmaakt van de menselijke geest. Zoals we zullen zien wordt ze fel bestreden – niet alleen door vele religieuze en politieke groepen, maar verbazingwekkend genoeg ook door vooraanstaande kunstenaars, academici en intellectuelen. Als het humanisme, net als de andere Verlichtingsidealen, een belangrijke rol wil blijven spelen in de manier waarop mensen denken, moet het verklaard en verdedigd worden in de taal en de ideeën van de huidige tijd.

Spinoza's uitspraak maakt deel uit van een 'familie' van principes waarmee ernaar is gestreefd moraliteit een seculier fundament te geven, een fundament van *onpartijdigheid* – het besef dat niets magisch aan de voornaamwoorden *ik* en *mij* zou kunnen rechtvaardigen dat mijn belangen belangrijker zijn dan die van jou of van een ander.[5] Als ik er bezwaar tegen maak om verkracht, verminkt, uitgehongerd of vermoord te worden, zou het een beetje raar zijn als ik jou wel zou verkrachten, verminken, uithongeren of vermoorden. Onpartijdigheid ligt ten grondslag aan vele pogingen om moraliteit op rationele gronden te construeren: Spinoza's kijk op de eeuwigheid, Hobbes' sociaal contract, Kants categorische imperatief, Rawls' sluier van onwetendheid, Nagels *view from nowhere*, de vanzelfsprekende waarheid van Locke en Jefferson dat alle mensen gelijk geschapen zijn, en natuurlijk de gulden regel en zijn edelmetaalvarianten, die in honderden morele tradities telkens weer opnieuw zijn ontdekt.[6] (De zilveren regel luidt: 'Behandel mensen niet zoals je zelf niet behandeld wilt worden', en de platinum regel: 'Behandel anderen zoals zij zouden willen dat je hen behandelt'. Die regels zijn bedoeld om masochisten, zelfmoordterroristen, verschillen in smaak en andere heikele kwesties met betrekking tot de gulden regel te ondervangen.)

De argumenten voor onpartijdigheid zijn absoluut niet volledig. Als een wrede, egoïstische, megalomane psychopaat straffeloos iedereen kon bedreigen en uitbuiten, zou geen enkel argument hem ervan overtuigen dat hij een denkfout maakte. Ook hebben argumenten op basis van onpartijdigheid weinig inhoud. Afgezien van een algemeen advies om de wensen van mensen te respecteren, zeggen de argumenten weinig over wat die wensen inhouden: de behoeften, noden en ervaringen die menselijk floreren definiëren. Dit zijn de verlangens die niet slechts onpartijdig toegestaan zouden moeten worden, maar die zo veel mogelijk mensen actief zouden moeten nastreven. Herinner je je Martha Nussbaum nog, die die leemte opvulde met een lijst van basiscapaciteiten waar mensen recht op hebben, zoals een lange levensduur, gezondheid, veiligheid, geletterdheid, kennis, vrijheid van meningsuiting, ontspanning en spel, genieten van de natuur, emotionele hechtingen en sociale verbondenheid? Dat is echter slechts een lijst, waar je tegen in kunt brengen dat de samensteller alleen maar haar favoriete zaken opsomt. Is er een dieper fundament mogelijk voor humanistische moraliteit – een waarbinnen er geen plaats is voor rationele psychopaten en die recht doet aan de menselijke behoeften die we verplicht zijn te respecteren? Ik denk van wel.

Volgens de Amerikaanse Onafhankelijkheidsverklaring zijn het recht op leven, vrijheid en het najagen van geluk 'vanzelfsprekend'. Dat is wat onbevredigend, want wat 'vanzelfsprekend' is, is dat niet altijd. Het geeft echter een belangrijke intuïtie weer. Het zou inderdaad enigszins pervers zijn om leven op zich te moeten rechtvaardigen wanneer we nagaan wat de fundamenten van moraliteit zijn, alsof het een open vraag is of iemand de zin mag afmaken of neergeschoten wordt. Puur de handeling om iets te onderzoeken veronderstelt dat er iemand is om het onderzoek te verrichten. Als Nagels transcendentale argument dat over de rede niet te onderhandelen valt ook maar enige waarde heeft – dat de handeling van het nadenken over de geldigheid van de rede rede veronderstelt –, dan veronderstelt dat toch zéker het bestaan van mensen die redeneren.

Dat opent de deur naar het verdiepen van onze humanistische rechtvaardiging van moraal door middel van twee wetenschappelijke kernideeën, entropie en evolutie. Traditionele analyses van het sociaal contract gingen uit van een colloquium tussen 'zwevende' zielen. Laten we die idealisering verrijken met de minimale veronderstelling dat zij die redeneren bestaan in het fysieke universum. Dat heeft heel veel implicaties.

Deze vleesgeworden wezens moeten wel het bewijs zijn van de eerder voor onmogelijk gehouden stelling dat materie zelfstandig kan uitgroeien tot denkend organisme doordat ze een product zijn van natuurlijke selectie, het enige fysieke proces dat in staat is complex adaptief ontwerp voort te brengen.[7] En ze moeten de verwoestende werking van entropie lang genoeg hebben weerstaan om überhaupt aan de discussie te kunnen deelnemen en die vol te houden. Dat betekent dat ze energie hebben opgenomen uit de omgeving, binnen de exacte omstandigheden zijn gebleven die verenigbaar zijn met hun fysieke ongeschonden toestand, en aanvallen door levende en niet-levende tegenkrachten hebben afgeslagen. Als producten van natuurlijke en seksuele selectie kan het niet anders dan dat ze de telgen zijn van een diepgewortelde 'boom van replicatoren', die allemaal een paringspartner hebben gevonden en levensvatbaar nageslacht hebben voortgebracht. Aangezien intelligentie geen wonderalgoritme is maar door kennis wordt gevoed, moeten ze aangespoord worden om informatie over de wereld in zich op te nemen en oog te hebben voor zijn onwillekeurige patronen. En als ze ideeën uitwisselen met andere rationele entiteiten, moeten ze het gesprek met elkaar aan kunnen gaan; ze moeten sociale wezens zijn die hun tijd en veiligheid riskeren om interactie met elkaar te hebben.[8]

De fysieke vereisten die rationele actoren in staat stellen in de materiële wereld te bestaan, zijn geen abstracte ontwerpen; ze zijn ontstaan in de hersenen als behoeften, emoties, pijn en genoegens. Over het algemeen, en in het soort omgeving waarin onze soort zich heeft ontwikkeld, stelden aangename ervaringen onze voorouders in staat te overleven en levensvatbare kinderen te krijgen, en leidden pijnlijke ervaringen tot niets. Dat betekent dat voedsel, comfort, nieuwsgierigheid, schoonheid, aanmoediging, liefde, seks en vriendschap geen oppervlakkige uitspattingen of hedonistisch vermaak zijn. Het zijn schakels in de causale keten waardoor menselijke geesten tot stand zijn gekomen. In tegenstelling tot ascetische en puriteinse leefregels zet de humanistische ethiek geen vraagtekens bij de intrinsieke waarde van mensen die uit zijn op comfort, genot en vervulling – als mensen daar niet naar streefden, zouden er geen mensen bestaan. Tegelijkertijd garandeert de evolutie dat deze verlangens elkaar en die van andere mensen hinderen.[9] Een groot deel van wat we wijsheid noemen, bestaat uit

492

het in evenwicht houden van onze eigen conflicterende verlangens, en veel van wat we moraliteit en politiek noemen bestaat uit het in evenwicht houden van conflicterende verlangens die verschillende mensen hebben.

Zoals we in hoofdstuk 2 al hebben gezien, veroordeelt de wet van entropie ons tot nóg een permanente dreiging. Er moeten heel veel dingen tegelijk goed gaan wil een lichaam (en daarmee een geest) goed kunnen functioneren, maar er hoeft maar één ding verkeerd te gaan en het valt voorgoed uit – een bloeding, zuurstoftekort, een defect in het microscopische mechanisme. Een agressieve daad van één persoon kan het bestaan van een andere beëindigen. We zijn allemaal vreselijk kwetsbaar voor geweld, maar tegelijkertijd kunnen we er geweldig van profiteren als we afspreken dat we *afzien van* geweld. Het dilemma van pacifisten – hoe sociale actoren de verleiding kunnen weerstaan elkaar uit te buiten in ruil voor de garantie niet uitgebuit te worden – hangt als het zwaard van Damocles boven ons hoofd en maakt van vrede en veiligheid een blijvend streven naar humanistische ethiek.[10] De afname van geweld die zich door de geschiedenis heen heeft voorgedaan laat zien dat het een oplosbaar probleem is.

De kwetsbaarheid voor geweld van elke actor die deel uitmaakt van een geheel verklaart waarom de wrede, egoïstische, megalomane psychopaat zich niet kan blijven afzonderen van de arena waarin de morele dialoog plaatsvindt (en de onpartijdigheid en geweldloosheid die daar vereist zijn). Als hij weigert om mee te doen, is hij in de ogen van alle anderen een gedachteloze bedreiging geworden, zoals een ziektekiem, een natuurbrand of een doorgedraaide veelvraat – iets wat zonder omhaal met geweld onschadelijk moet worden gemaakt. (Zoals Hobbes het uitdrukte: 'Met beesten onderhandel je niet.') Welnu, zolang de psychopaat denkt dat hij volkomen onkwetsbaar is neemt hij dat risico misschien, maar de wet van entropie sluit dat uit. Hij kan misschien een tijdje iedereen tiranniseren, maar uiteindelijk zouden de gebundelde krachten van zijn slachtoffers kunnen overwinnen. In de onmogelijkheid van oneindige onkwetsbaarheid ligt zelfs voor wrede psychopaten een aansporing besloten om de arena van moraliteit weer te betreden. De psycholoog Peter DeScioli betoogt dat als je in je eentje met een vijand geconfronteerd wordt een bijl je beste wapen is, maar dat wanneer je in het bijzijn van omstanders met een vijand geconfronteerd wordt, discussie misschien wel je beste wapen is.[11] En iemand die deelneemt aan een discussie kan verslagen worden met betere argumenten. Uiteindelijk maakt iedereen die kan denken deel uit van het morele universum.

De evolutie helpt een ander fundament van seculiere moraliteit verklaren: ons vermogen tot mededogen (of zoals de Verlichtingsschrijvers het afwisselend noemden: welwillendheid, medelijden, inlevingsvermogen of medeleven). Zelfs als een rationeel denkend mens tot de slotsom komt dat het op de lange termijn in ieders belang is om moreel te zijn, is het moeilijk voor te stellen dat hij zijn nek zal uitsteken door zich voor een ander op te offeren, tenzij hij daartoe wordt aangespoord. Die aansporing hoeft niet te komen van een engeltje op zijn schouder; de evolutionaire psychologie verklaart hoe die aansporing afkomstig is van de emoties die ons tot sociale dieren maken.[12] Medeleven onder soortgenoten komt voort uit de overeenkomsten in genetische samenstelling die ons in het grotere 'levensweb' met elkaar verbinden. Mededogen met alle anderen komt voort uit de onpartijdigheid van de natuur; we kunnen allemaal in netelige omstandigheden verzeild raken waarin we enorm geholpen zijn door een kleine gunst van een ander, dus zijn we beter af als we goede dingen voor elkaar doen (waarbij niemand alleen maar ontvangt en nooit geeft) dan wanneer het ieder voor zich is. Evolutie selecteert derhalve op de morele sentimenten: mededogen, vertrouwen, dankbaarheid, schuldgevoel, schaamte, vergeving en gerechtvaardigde kwaadheid. Aangezien mededogen deel uitmaakt van onze psychologische samenstelling, kan het toenemen door rede en ervaring, en zich op die manier uitstrekken naar alle wezens met een bewustzijn.[13]

494

Een ander filosofisch bezwaar tegen humanisme is dat het 'gewoon utilitarisme' is – dat een moraliteit die gebaseerd is op het maximaliseren van menselijk gedijen hetzelfde is als een moraliteit die het grootste geluk voor de meesten nastreeft.[14] (Filosofen noemen geluk vaak 'utiliteit'.) Iedereen die ethiek heeft gestudeerd kan de problemen opdreunen.[15] Moeten we een utiliteitsmonster tevreden stellen wiens voldoening uit het opeten van mensen groter is dan de voldoening die die mensen uit het leven halen? Moeten we een paar dienstplichtige militairen euthanaseren zodat we met hun organen het leven van veel méér mensen kunnen redden? Als de inwoners van een stadje woedend zijn over een onopgeloste moord en met dodelijke rellen dreigen, moet de sheriff ze dan tot bedaren brengen door de plaatselijke dronkaard de schuld in de schoenen te schuiven en op te knopen? Als er een drug bestond waarmee we wegzakten in een permanente sluimering met heerlijke dromen, zouden we die dan moeten nemen? Zouden we een heleboel pakhuizen moeten bouwen waarin miljarden gelukkige konijnen voordelig gehuisvest kunnen worden? Deze gedachte-experimenten pleiten voor een *deontologische* ethiek, die bestaat uit rechten, plichten en principes die bepaalde handelingen moreel of immoreel achten. In sommige versies van de deontologie zijn de principes afkomstig van God.

Het humanisme heeft absoluut iets utilitaristisch, of in elk geval iets consequentialistisch, doordat handelingen en beleid moreel worden gewogen aan de hand van hun gevolgen. Die gevolgen hoeven zich niet te beperken tot geluk in de beperkte zin van een glimlach op iemands gezicht, maar kunnen betrekking hebben op gedijen in bredere zin, waaronder meer het opvoeden van kinderen, zelfexpressie, onderwijs, rijke ervaringen en het scheppen van werken met blijvende waarde deel van uitmaken (hoofdstuk 18). Het consequentialistische aspect van het humanisme spreekt in feite in zijn voordeel, om verscheidene redenen.

Ten eerste kan elke student die de eerste twee weken van de studie ethiek wakker is gebleven ook de problemen van de deontologie opdreunen. Als liegen intrinsiek verkeerd is, moeten we dan eerlijk antwoord geven wanneer de Gestapo wil weten waar Anne Frank verblijft? Is masturbatie immoreel (zoals de prototypische deontoloog Kant stelde), omdat iemand zichzelf gebruikt als middel om een dierlijke impuls te bevredigen en mensen altijd als doel moeten worden behandeld en nooit als middel? Als een terrorist een tikkende tijdbom heeft verstopt die miljoenen mensen het leven zou kosten, is het dan immoreel hem te waterboarden om het projectiel te vinden? En wie plukt er, aangezien er geen donderende stem uit de hemel klinkt, principes uit de lucht om te verkondigen welke handelingen inherent immoreel zijn, zelfs als niemand er last van heeft? Meer dan eens hebben moralisten gebruikgemaakt van deontologie om te stellen dat vaccinatie, verdoving, bloedtransfusie, levensverzekering, interraciale huwelijken en homoseksualiteit puur op zichzelf verkeerd waren.

Veel ethici vinden dat de dichotomie zoals die bij een studie ethiek aan de orde komt te zwart-wit wordt gepresenteerd.[16] Deontologische principes zijn vaak een goede manier om het grootste geluk voor het grootste aantal mensen te bewerkstelligen. Aangezien geen sterveling alle gevolgen van zijn daden tot in de oneindige toekomst kan berekenen, en aangezien mensen hun egoïstische daden altijd zo kunnen verpakken dat het lijkt dat anderen er baat bij hebben, is een van de beste manieren om 'algemeen geluk' te bevorderen om duidelijke grenzen te trekken die niemand mag overschrijden. We laten regeringen hun burgers niet misleiden of vermoorden, omdat echte politici, in tegenstelling tot de onfeilbare en goedaardige halfgoden in de ge-

495

dachte-experimenten, die macht wispelturig of tiranniek zouden kunnen uitoefenen. Dat is een van de vele redenen waarom een overheid die onschuldige mensen halsmisdaden in de schoenen zou kunnen schuiven, of die hen zou kunnen euthanaseren om hun organen te bemachtigen, niét het grootste geluk voor het grootste aantal zou verwezenlijken. Of neem het principe van gelijke behandeling. Zijn wetten die discriminerend zijn voor vrouwen en minderheden op zichzelf onrechtvaardig, of zijn ze verwerpelijk omdat de slachtoffers van discriminatie te lijden hebben? Het is misschien niet nodig om die vraag te beantwoorden. Andersom kan elk deontologisch principe waarvan de gevolgen wél schadelijk zijn, bijvoorbeeld dat bloed heilig is en dat bloedtransfusies daarom verboden zijn, afgedankt worden. Dat is de reden waarom humanisme en mensenrechten in de praktijk hand in hand gaan.

De andere reden waarom het humanisme zich niet hoeft te generen voor overeenkomsten met utilitarisme is dat deze benadering van ethiek kan bogen op een indrukwekkende staat van dienst als het gaat om het verbeteren van het menselijk welzijn. De klassieke utilitaristen – Cesare Beccaria, Jeremy Bentham en John Stuart Mill – hebben doorslaggevende argumenten uiteengezet tegen de slavernij, sadistische straffen, wreedheid tegen dieren, het strafbaar stellen van homoseksualiteit en de onderdrukking van vrouwen.[7] Zelfs abstracte rechten als de vrijheid van meningsuiting en religie werden voor het belangrijkste deel verdedigd in termen van wat ze opleverden en van de schade die ze aanrichtten. Zo schreef Thomas Jefferson: 'De legitieme macht van de overheid heeft alleen betrekking op handelingen die schadelijk zijn voor anderen. Maar het brengt mij geen schade toe als mijn buurman zegt dat er twintig goden bestaan, of niet een. Hij rolt er mijn zakken niet mee en breekt mijn been niet.'[8] Werk voor iedereen, werknemersrechten en milieubescherming zijn ook bevorderd op utilitaire gronden. En in elk geval tot nu toe blijken utiliteitsmonsters en konijnenpakhuizen geen probleem te zijn.

Er is een goede reden waarom utilitaire argumenten zo vaak succesvol zijn geweest: iedereen kan ze waarderen. Principes als de overtuiging dat niemand iets heeft misdaan als er geen schade is berokkend, dat wat volwassenen met wederzijde instemming in beslotenheid doen niemand iets aan gaat en Billie Holidays tekst 'If I should take a notion / To jump into the ocean / Ain't nobody's business if I do' zijn misschien niet heel diepgaand en gaan misschien niet altijd op, maar iedereen kan ze meteen begrijpen, en wie ze wil bestrijden heeft een hoop te weerleggen. Het is niet zo dat utilitarisme intuïtief is. Het klassieke liberalisme ontstond laat in de menselijke geschiedenis, en traditionele culturen geloven dat wat volwassenen met wederzijdse toestemming in beslotenheid doen hen heel erg aangaat.[19] De filosoof en cognitief neuroloog Joshua Greene stelde dat veel deontologische overtuigingen geworteld zijn in primitieve intuïties als tribalisme, zuiverheid, afkeer en sociale normen, terwijl utilitaire conclusies voortkomen uit rationele overwegingen.[20] (Hij heeft zelfs aangetoond dat bij de twee manieren van moreel denken respectievelijk emotionele en rationele hersensystemen betrokken zijn.) Greene zegt ook dat wanneer mensen met verschillende culturele achtergronden het eens moeten worden over ethische normen, ze vaak geneigd zijn tot utilitarisme. Dat verklaart waarom bepaalde hervormingsbewegingen, zoals wettelijke gelijkheid voor vrouwen en het homohuwelijk, eeuwenlange precedenten verbazingwekkend snel ongedaan hebben gemaakt (hoofdstuk 15); de status quo steunde alleen op gewoonte en intuïtie en maakte geen schijn van kans tegen utilitaire argumenten.

Zelfs wanneer humanistische bewegingen hun doelen kracht bijzetten door over rechten te beginnen, kan het niet anders dan dat het filosofische systeem dat die rechten rechtvaardigt 'hol' is[21]. Een werkbare morele filosofie voor een kosmopolitische wereld kan niet bestaan uit allerlei lagen complexe argumentatie en ook niet gebaseerd zijn op diepe metafysische of religieuze overtuigingen. Zo'n filosofie moet voortkomen uit eenvoudige, transparante principes die iedereen kan begrijpen en waar iedereen het over eens kan zijn. Het ideaal van menselijk gedijen – dat het goed is voor mensen om een lang, gezond, gelukkig, rijk en stimulerend leven te leiden – is zo'n principe, omdat het gebaseerd is op niets meer (en niets minder) dan ons gedeelde mens-zijn.

De geschiedenis bevestigt dat wanneer verschillende culturen tot een overeenkomst moeten komen, ze elkaar vinden bij humanisme. De scheiding van kerk en staat in de Amerikaanse grondwet ontstond niet alleen vanuit de filosofie van de Verlichting, maar uit praktische noodzaak. De econoom Samuel Hammond heeft opgemerkt dat acht van de dertien Britse koloniën een staatskerk hadden, die invloed had in het publieke domein door het salaris van hoge functionarissen te betalen, strenge naleving van religieuze wetten af te dwingen en leden van andere denominaties te vervolgen. De enige manier om de koloniën te verenigen onder één grondwet was om godsdienstvrijheid als grondrecht te garanderen.[22]

Anderhalve eeuw later moest een gemeenschap van landen die nog bijkwamen van een wereldoorlog een reeks principes neerleggen op basis waarvan ze zich verenigden en gingen samenwerken. Ze zouden

497

het waarschijnlijk niet eens zijn geworden over 'We aanvaarden Jezus Christus als onze verlosser' of '*Amerika is a shining city on a hill.*' In 1947 vroeg de Organisatie der Verenigde Naties voor Onderwijs, Wetenschap en Cultuur, UNESCO, tientallen intellectuelen uit de hele wereld (onder wie Jacques Maritain, Mohandas Gandhi, Aldous Huxley, Harold Laski, Quincy Wright en Pierre Teilhard de Chardin, samen met vooraanstaande confuciaanse en islamitische geleerden) welke rechten er in de universele verklaring van de VN zouden moeten staan. De antwoorden vertoonden verrassend veel overeenkomsten. Tijdens zijn presentatie van hun eindresultaat vertelde Maritain:

498

> Tijdens een van de bijeenkomsten van een commissie van de UNES-CO waar over mensenrechten werd gediscussieerd, uitte iemand er zijn verbazing over dat bepaalde voorvechters van ideologieën waartegen geweld werd gebruikt, hadden ingestemd met een lijst van die rechten. 'Ja,' zeiden ze, 'we stemmen in met de rechten, *maar onder de voorwaarde dat niemand ons vraagt waarom.*'[23]

De Universele Verklaring van de Rechten van de Mens, een humanistisch manifest met dertig artikelen, werd in minder dan twee jaar opgesteld dankzij de vastbeslotenheid van Eleanor Roosevelt, die voorzitter was van de redactiecommissie, om te voorkomen dat de zaak verzandde in ideologie en om het proces op gang te houden.[24] (Toen John Humphrey, auteur van de eerste versie, werd gevraagd op welke principes de Verklaring gebaseerd was, antwoordde hij tactisch: 'Op geen enkele filosofie.')[25] In december 1948 werd de Verklaring zonder tegenstand aangenomen door de Algemene Vergadering. In weerwil van beschuldigingen dat de mensenrechtenverklaring een puur westerse aangelegenheid was, werd ze ondertekend door India, China, Thailand, Birma, Ethiopië en zeven islamitische landen, terwijl Roosevelt Amerikaanse en Britse functionarissen flink onder druk moest zetten om hun handtekening te zetten: de Verenigde Staten maakten zich zorgen over hun 'negers', het Verenigd Koninkrijk over zijn koloniën. Het Sovjetblok, Saudi-Arabië en Zuid-Afrika onthielden zich van stemming.[26]

De Verklaring is in vijfhonderd talen vertaald en heeft de meeste grondwetten die in de daaropvolgende decennia zijn opgesteld beïnvloed, evenals veel internationale wetten, verdragen en organisaties. De Verklaring is nu zeventig jaar oud en heeft de tand des tijds goed doorstaan.

Hoewel het humanisme de ethische norm is waar mensen op uitkomen wanneer ze rationeel zijn, cultureel verschillen en verder moeten, is het absoluut geen slappe of zoetsappige kleinste gemene deler. Het idee dat moraliteit uit het maximaliseren van menselijk gedijen bestaat, botst met twee verleidelijke en altijd weer opduikende alternatieven. Het eerste is theïstische moraliteit: het idee dat moraliteit bestaat uit het gehoorzamen van de geboden van een god, die worden bekrachtigd door bovennatuurlijke beloning en straf in deze wereld of in het hiernamaals. Het tweede is romantisch heroïsme: het idee dat moraliteit bestaat uit de puurheid, authenticiteit en verhevenheid van een individu of een land. Hoewel romantisch heroïsme voor het eerst in de negentiende eeuw onder woorden werd gebracht, maakt het deel uit van een familie van opkomende invloedrijke bewegingen, waaronder autoritair populisme, neofascisme, neoreactie en de alt-rightbeweging.

Veel intellectuelen die zich niet aan een van deze alternatieven voor het humanisme verbinden, geloven wel dat die alternatieven een essentiële waarheid over onze psychologie weergeven: dat mensen behóéfte hebben aan theïstische, geestelijke, heroïsche of tribale overtuigingen. Het humanisme heeft het misschien niet bij het verkeerde eind, zeggen ze, maar gaat tegen de menselijke natuur in. Geen enkele maatschappij die rust op humanistische principes kan lang blijven bestaan, laat staan een wereldwijde orde die erop is gegrondvest.

Het is een kleine stap van de psychologische bewering naar een historische: dat de onvermijdelijke ineenstorting is begonnen en dat we de liberale, kosmopolitische, verlichte, humanistische wereldbeschouwing voor onze ogen zien afbrokkelen. 'Het liberalisme is dood,' verkondigde columnist Roger Cohen in 2016 in *The New York Times*. 'Het liberale democratische experiment – met zijn op de Verlichting geïnspireerde geloof in de capaciteit van individuen die bezit hebben genomen van bepaalde onvervreemdbare rechten om in vrijheid hun lot te bepalen door de uitoefening van hun wil – is slechts een kort intermezzo.'[27] De schrijver van het hoofdartikel 'The Enlightenment Had a Good Run' in *The Boston Globe*, Stephen Kinzer, was het daarmee eens:

Het kosmopolitisme dat centraal staat binnen de Verlichtingsidealen heeft tot resultaten geleid die mensen in veel maatschappijen verontrusten. Dat brengt ze terug naar de heerschappijvorm waar primaten instinctief de voorkeur aan geven. Een sterke hoofdman beschermt de stam, en in ruil daarvoor doen de stamleden wat hij wil. De rede biedt weinig basis voor moraliteit, wijst spirituele kracht

499

af en ontkent het belang van emotie, kunst en creativiteit. Wanneer de rede kil en onmenselijk is, kan hij mensen afsnijden van diepgewortelde structuren die het leven zin geven.[28]

Andere commentatoren en experts voegen daar aan toe dat het geen wonder is dat zoveel jonge mensen zich aangetrokken voelen tot ISIS; ze keren zich af van een 'schraal secularisme' en zoeken 'radicale en religieuze manieren om een oppervlakkige visie op het menselijk leven te corrigeren.'[29]

500   Dus had ik dit boek *Verlichting zolang het duurt* moeten noemen? Doe niet zo raar! In deel II heb ik de realiteit van vooruitgang gedocumenteerd; in dit deel heb ik me gericht op de ideeën die die vooruitgang aanjagen en heb ik uiteengezet waarom ik denk dat ze dat zullen blijven doen. In de vorige twee hoofdstukken heb ik de argumenten tegen de rede en de wetenschap weerlegd, en nu zal ik die argumenten tegen het humanisme behandelen. Dat zal ik niet alleen doen om aan te tonen dat de morele, psychologische en historische argumenten tegen het humanisme onjuist zijn. De beste manier om een idee te begrijpen is om te zien wat het níét is, dus wanneer we de alternatieven voor het humanisme aandachtig bestuderen, kan dat ons eraan herinneren waarom het zo belangrijk is de idealen van de Verlichting te bevorderen. We zullen eerst kijken naar de religieuze argumenten tegen het humanisme, en vervolgens naar het complexe romantisch-heroisch-tribaal-autoritaire geheel.

Bestaat er echt goed zonder God? Is het godloze universum dat is aangejaagd door humanistische wetenschappers aangetast door de bevindingen van de wetenschap zelf? En bestaat er een aangeboren aanpassing aan de goddelijke aanwezigheid – een 'God-gen' in ons DNA, een God-module in de hersenen – die ervoor zorgt dat theïstische religie het seculiere humanisme altijd terug zal dringen?

Laten we beginnen met theïstische moraliteit. Het is waar dat vele religieuze normen mensen ervan weerhouden elkaar te vermoorden, aan te vallen, te beroven of te verraden. Maar dat geldt natuurlijk ook voor regels en normen van seculiere moraliteit, en daar is een voor de hand liggende reden voor: het zijn regels waar alle rationele, egoïstische en in groepen levende actoren hun landgenoten graag mee zien instemmen. Het is niet verbazingwekkend dat ze zijn opgenomen in de wetten van alle Amerikaanse staten en zelfs aanwezig lijken te zijn in elke menselijke samenleving.[30]

Wat voegt een beroep op een bovennatuurlijke wetgever toe aan humanistische vastbeslotenheid om het voor mensen beter te maken? De meest voor de hand liggende toegevoegde waarde is een bovennatuurlijke handhaving: het geloof dat als iemand een zonde begaat, die persoon zal worden gestraft door God, tot de hel zal worden verdoemd of op de verkeerde bladzijde in het Boek des Levens wordt bijgeschreven. Het is een verleidelijke toegevoegde waarde omdat de seculiere wetshandhaving onmogelijk elke overtreding kan signaleren en bestraffen, en iedereen heeft een motief om alle anderen ervan te overtuigen dat ze niet ongestraft een moord kunnen plegen.[31] Net als de Kerstman ziet hij je wanneer je slaapt, weet hij wanneer je wakker bent en wanneer je gehoorzaam bent of stout, dus je kunt maar beter gehoorzaam zijn!

Maar theïstische moraliteit heeft twee fatale gebreken. Het eerste is dat er geen goede reden is om te geloven dat God bestaat. In een non-fictieappendix van *Zesendertig argumenten voor het bestaan van God: een roman* zet Rebecca Newberger Goldstein (deels door te putten uit Plato, Spinoza, Hume, Kant en Russell) weerleggingen uiteen van elk van deze argumenten.[32] De meest gangbare – geloof, openbaring, heilige schrift, gezag, traditie en subjectieve aantrekkingskracht – zijn helemaal geen argumenten. Niet alleen zegt de rede dat ze niet vertrouwd kunnen worden, het is ook zo dat verschillende religies, die een beroep doen op deze bronnen, onderling tegenstrijdige overtuigingen hebben over hoeveel goden er zijn, welke wonderen ze hebben verricht en wat ze verlangen van hun volgelingen. Historische studies hebben overvloedig aangetoond dat heilige boeken menselijke voortbrengsels zijn uit hun tijd in de geschiedenis, inclusief interne tegenstrijdigheden, feitelijke onjuistheden, plagiaat uit naburige beschavingen, en wetenschappelijke absurditeiten (bijvoorbeeld dat God de zon schiep drie dagen nadat hij dag en nacht van elkaar scheidde). De obscure argumenten van intellectuele theologen zijn niet veel beter. De kosmologische en ontologische argumenten voor het bestaan van God zijn logisch ondeugdelijk, het teleologische argument is weerlegd door Darwin en de andere argumenten zijn óf evident onjuist (zoals de theorie dat mensen zijn begiftigd met een aangeboren vermogen om de waarheid over God aan te voelen) of regelrechte uitvluchten (zoals de bewering dat de opstanding kosmisch zo belangrijk was voor God dat hij niet kon toestaan dat die empirisch geverifieerd werd).

Sommige schrijvers beweren dat er voor de wetenschap geen plaats is in deze discussie. Zij proberen de wetenschap 'methodologisch naturisme' aan te wrijven, die haar, zelfs in principe, incapabel maakt om religieuze claims op waarde te schatten. Dat zou een *safe space* creëren waar gelovigen hun overtuigingen kunnen beschermen terwijl ze toch welwillend tegenover de wetenschap staan. Maar zoals we in het vorige hoofdstuk hebben gezien, is de wetenschap geen spel met willekeurige regels; ze is de toepassing van de rede om het heelal te verklaren en om te verifiëren of zijn verklaringen waar zijn. In *Faith Versus Fact* betoogt de bioloog Jerry Coyne dat het bestaan van de God van het heilige boek een perfect toetsbare wetenschappelijke hypothese is.[33] De Bijbelse historische verhalen hadden kunnen worden bevestigd door archeologie, genetica en filologie. Het boek had griezelig vooruitziende wetenschappelijke waarheden kunnen bevatten als: 'Gij zult niet sneller reizen dan het licht' of 'Twee verstrengelde strengen vormen het geheim van het leven.' Op een dag verschijnt er misschien een helder licht in de hemel en een man die is gekleed in een wit gewaad en met sandalen zou, ondersteund door engelen, naar beneden kunnen afdalen, de blinden kunnen laten zien en de doden kunnen laten opstaan. We zouden kunnen ontdekken dat voorbede het zicht van mensen kan herstellen of geamputeerde ledematen weer kan laten aangroeien, of dat iedereen die de naam van de Profeet Mohammed ijdel gebruikt onmiddellijk wordt geveld terwijl zij die vijf keer per dag tot Allah bidden gevrijwaard blijven van ziekte en pech. Meer in het algemeen zouden de data kunnen aantonen dat goede mensen goede dingen overkomen en slechte mensen slechte: dat de moeders die tijdens een bevalling sterven, de kinderen die wegteren door kanker, en de miljoenen slachtoffers van aardbevingen, tsunami's en holocausten hun verdiende loon kregen.

Andere componenten van theïstische moraliteit, zoals het bestaan van een onstoffelijke ziel en van een reëel bestaande wereld voorbij materie en energie, zijn al net zo toetsbaar. We zouden een los hoofd kunnen ontdekken dat kan praten. Een ziener zou de precieze dag kunnen voorspellen waarop natuurrampen en terroristische aanslagen plaatsvinden. Tante Hilda zou een boodschap kunnen doorstralen uit het hiernamaals om ons te vertellen onder welke vloerplank ze haar sieraden heeft verstopt. Memoires van patiënten die zijn gestorven aan zuurstoftekort en ervoeren dat hun ziel hun lichaam verliet, zouden verifieerbare details kunnen bevatten die ze niet met hun zintuigen hadden kunnen waarnemen. Het feit dat 'meldingen' als deze allemaal zijn ontmaskerd als sterke verhalen, valse herinneringen, te ijverig geïnterpreteerde toevalligheden en goedkope trucs, ondermijnt de hypothese dat er onstoffelijke zielen zijn die een goddelijk oordeel zouden kunnen ondergaan.[34] Natuurlijk bestaan er deïstische filosofieen waarin God het universum heeft geschapen en vervolgens een stap terug heeft gedaan om te zien wat er gebeurt, of waarin 'God' slechts een synoniem is voor natuurkundige en wiskundige wetten. Maar deze onmachtige Goden verkeren niet in de positie om moreel gedrag af te dwingen.

Veel theïstische geloven zijn ontstaan als hypothese om natuurverschijnselen te verklaren zoals het weer, ziekte en de oorsprong der soorten. Naarmate die theïstische hypothesen zijn vervangen door wetenschappelijke, is het bereik van theïsme gestaag afgenomen. Maar aangezien ons wetenschappelijk inzicht nooit volledig is, is het pseudo-argument dat bekendstaat als de 'God van de gaten' altijd beschikbaar als laatste redmiddel. Tegenwoordig proberen de intelligentere theïsten God in twee van die 'gaten' te plaatsen: de fundamentele natuurkundige constanten en het moeilijke probleem van bewustzijn. Elke humanist die stelt dat we ons niet op God kunnen beroepen om moraliteit te rechtvaardigen, kan er gif op innemen dat hij met die gaten te maken krijgt, dus ik wil over beide iets zeggen. Zoals we zullen zien, loopt het er waarschijnlijk hetzelfde mee af als met de bliksemschichten van Zeus.

503

Ons heelal kan worden gespecificeerd met een paar cijfers, waaronder de sterkte van de natuurkrachten (zwaartekracht, elektromagnetisme en de kernkrachten), het aantal macroscopische dimensies van ruimtetijd (vier) en de dichtheid van donkere energie (die de versnelling van de uitbreiding van het heelal veroorzaakt). In *Zes getallen* telt Martin Rees ze op de vingers van één hand en één vinger van de andere; de precieze hoeveelheid hangt af van de versie van de natuurkundige theorie waar je je op beroept, en of je de constanten zelf telt of verhoudingen ertussen. Als een van die constanten ook maar een fractie zou afwijken, zou materie in stukken uit elkaar vallen of instorten en zouden sterren, sterrenstelsels en planeten, om nog maar te zwijgen van buitenaards leven en de homo sapiens, nooit bestaan hebben. De meest ontwikkelde natuurkundige theorieën waar we tegenwoordig over beschikken geven er geen verklaring voor waarom deze constanten zo minutieus moeten zijn afgestemd op waarden die ons in staat stelden om te ontstaan (met name de dichtheid van donkere energie), en dus, zo luidt het theïstische argument, moet er een 'afstemmer' zijn geweest – God. Het is het oude theologische bewijs dat wordt toegepast op de hele kosmos in plaats van op levende dingen.

Een onmiddellijk bezwaar is het al even oude probleem van theodicee. Als God, in zijn oneindige macht en kennis, het heelal zo heeft afgestemd dat wij konden ontstaan, waarom heeft hij dan een aarde ontworpen waar geologische en meteorologische rampen gebieden verwoesten die worden bewoond door onschuldige mensen? Wat is Gods doel met supervulkanen die onze soort in het verleden zwaar hebben getroffen en ons in de toekomst mogelijk zullen uitroeien, of van de evolutie van de zon tot een rode reus waarvan vaststaat dat die dat zal doen?

'Theodische' speculatie is echter het punt niet. Natuurkundigen staan niet met de mond vol tanden door de ogenschijnlijke afstemming van de fundamentele constanten, maar zijn actief op zoek naar meerdere verklaringen. Een ervan wordt verwoord in de titel van het boek *The Fallacy of Fine-Tuning* van de natuurkundige Victor Stenger.[35] Veel natuurkundigen zijn van mening dat het prematuur is om te concluderen dat de waarden van de fundamentele constanten willekeurig zijn of dat het de enige waarden zijn die leven mogelijk maken. Een dieper natuurkundig inzicht (met name de al lang nagestreefde vereniging van de relativiteitstheorie en de kwantumtheorie) toont misschien aan dat sommige waarden exact moeten zijn wat ze zijn. Misschien komen we van andere wel te weten dat ze andere waarden zouden kunnen aannemen – belangrijker, combináties van waarden – die verenigbaar zijn met een stabiel, met materie gevuld heelal, zij het niet het heelal dat wij kennen en waar we van houden. Vooruitgang in de natuurkunde zou kunnen aantonen dat de constanten helemaal niet zo precies zijn afgestemd en dat een universum dat leven mogelijk maakt toch niet zo onwaarschijnlijk is.

De andere verklaring is dat ons heelal slechts één gebied is in een gigantisch, waarschijnlijk oneindig 'landschap' van heelallen – een multiversum –, allemaal met verschillende waarden van de fundamentele constanten.[36] We bevinden ons niet in een universum waarin leven mogelijk is omdat het zo is afgestemd dat wij kunnen bestaan, maar omdat het feit dat we bestaan betekent dat het zó'n soort universum is, en niet een van de oneindige hoeveelheid andere soorten universums waar geen leven mogelijk is. Afstemming is ondeugdelijk achteraf redeneren, zoals de winnaar van de megajackpot doet die zich afvraagt waarom hij ondanks de superkleine kans heeft gewonnen. Er moest íemand winnen, en hij vraagt het zich alleen maar af omdat hem dat is overkomen. Het is niet de eerste keer dat een selectie-artefact denkers op het verkeerde been heeft gezet en hen op zoek heeft laten gaan naar een niet-bestaande diepere verklaring voor een natuurkundige constante. Johannes Kepler kon er maar niet over uit waarom de aarde zich op honderdnegenenveertig miljoen kilometer van de zon bevindt, precies de goede afstand om water onze meren en rivieren te laten vullen zonder helemaal te bevriezen of droog te koken. Tegenwoordig weten we dat de aarde slechts een van vele planeten is, die zich allemaal op een andere afstand van de zon of een andere ster bevinden, en verbaast het ons niet dat we op die planeet leven en niet op Mars.

De theorie van het multiversum zou zelf een uitvlucht-achteraf voor een verklaring zijn als ze niet strookte met andere natuurkundige principes – vooral dat het vacuüm van ruimte big bangs kan voortbrengen die nieuwe heelallen laten ontstaan, en dat de babyuniversums geboren kunnen worden met andere fundamentele constanten.[37] Toch roept de gedachte bij veel mensen (zeker ook sommige natuurkundigen) afkeer op, vanwege de verbijsterende buitensporigheid. Een oneindig aantal heelallen (of in elk geval zo'n groot aantal dat alle mogelijke samenstellingen van materie erin passen) impliceert dat zich ergens heelallen bevinden met dubbelgangers van jou die als twee druppels water op je lijken, met als enige verschil dat ze met iemand anders zijn getrouwd, gisteravond om het leven zijn gekomen bij een auto-ongeluk, Linda heten, één haar hebben die op een andere plek zit, dit boek net hebben weggelegd en deze zin niet lezen, enzovoort.

Maar hoe onthutsend die implicaties ook zijn, de geschiedenis van de ideeën maakt ons duidelijk dat cognitief ongemak ons niet dichter bij de werkelijkheid brengt. Onze beste wetenschap is vaak recht tegen het gezonde verstand van onze voorouders in gegaan, met verontrustende ontdekkingen die waar bleken te zijn, zoals een ronde aarde, een vertraging van tijd bij hoge snelheden, kwantumsuperpositie, gebogen ruimtetijd, en natuurlijk de evolutie. Wanneer we over de eerste schok heen zijn, komen we tot de conclusie dat een multiversum helemaal niet zo bizar is. Dit is zelfs niet de eerste keer dat natuurkundigen reden hadden om meerdere heelallen te veronderstellen. Een andere versie van het multiversum is een logische implicatie van de ontdekkingen dat de ruimte oneindig lijkt te zijn en dat materie er gelijkmatig in verspreid lijkt; het kán niet anders dan dat er een oneindige hoeveelheid universums bestaat waarmee de driedimensionale ruimte achter onze kosmische horizon bezaaid is. Weer een andere is de interpratie binnen de kwantummechanica dat er vele werelden zijn, waarin de veelvoudige uitkomsten van een waarschijnlijk kwantumproces (zoals de baan van een foton) allemaal gerealiseerd zijn in gesuperponeerde parallelle universums (een mogelijkheid die zou kunnen leiden tot kwantumcomputers, waarin alle mogelijke waarden van de variabalen in een berekening tegelijkertijd worden weergegeven). In zekere zin is het multiversum juist de eenvóúdiger theorie over de werkelijkheid, want wanneer ons heelal het enige is dat er bestaat, zouden

505

we de overzichtelijke natuurwetten moeten compliceren met arbitraire vaststellingen over de van oorsprong beperkte staat van het universum en van haar geringe fysieke basiskenmerken. Zoals de natuurkundige Max Tegmark (die gelooft dat er vier soorten multiversums bestaan) het verwoordde: 'Ons oordeel komt daarom neer op wat we méér van spilzucht en een gebrek aan elegantie vinden getuigen: vele werelden of veel woorden.'

Als het multiversum de beste verklaring blijkt te zijn voor de fundamentele natuurlijke constanten, zou het niet de eerste keer zijn dat we versteld staan van werelden die zich niet pal onder onze neus bevinden. Onze voorouders kregen de ontdekking van het westelijk halfrond, acht andere planeten, honderd miljard sterren in onze Melkweg (waarvan vele met planeten) en honderd miljard sterrenstelsels in het waarneembare heelal te verstouwen. Als de rede de intuïtie weer eens tegenspreekt, dan is dat des te erger voor de intuïtie. Een andere aanhanger van het multiversum, Brian Greene, herinnert ons aan het volgende:

506

> De reis van een ouderwets heelal waarin de aarde een centrale positie inneemt naar een heelal met miljarden sterrenstelsels is opwindend en stemt nederig tegelijk. We zagen ons gedwongen het heilige geloof in onze eigen centrale positie op te geven, maar met zo'n kosmische stap terug hebben we gedemonstreerd dat het menselijk intellect in staat is zich tot ver buiten de beperkingen van de alledaagse ervaring te begeven om buitengewone waarheid te onthullen.[38]

Het andere gat dat zogenaamd met God valt op te vullen is 'het ingewikkelde probleem van bewustzijn', dat ook bekendstaat als het probleem van het waarnemingsvermogen, van subjectiviteit, fenomenaal bewustzijn en qualia (het 'kwalitatieve' aspect van het bewustzijn).[39] De term, die werd geïntroduceerd door de filosoof David Chalmers, is een grapje voor ingewijden, omdat het zogenaamde makkelijke probleem – de wetenschappelijke uitdaging om bewuste mentale berekeningen te onderscheiden van onbewuste, de 'onderlagen' ervan in de hersenen te identificeren, en te verklaren waarom het is geëvolueerd – 'makkelijk' is in de zin dat het genezen van kanker of iemand naar de maan sturen makkelijk is; het is wetenschappelijk uitvoerbaar. Gelukkig is het makkelijke probleem meer dan alleen uitvoerbaar: we zijn al een heel eind op weg naar een bevredigende verklaring. Het is nauwelijks een mysterie waarom we een wereld van stabiele, solide, gekleurde driedimensionale objecten ervaren in plaats van de caleidoscoop van pixels op onze netvliezen, of waarom we genieten van (en daarom uit zijn op) eten, seks en lichamelijke integriteit terwijl we lijden onder sociaal isolement en weefselschade (en die daarom vermijden); die inwendige toestanden en het gedrag dat ze aanmoedigen zijn duidelijk darwinistische aanpassingen. Door ontwikkelingen in de evolutionaire psychologie worden steeds meer van onze bewuste ervaringen op deze manier verklaard, inclusief onze intellectuele obsessies, morele emoties en esthetische reacties.[40]

Ook blijven de rekenkundige en neurobiologische bases van het bewustzijn niet één groot raadsel voor ons. De cognitief neuroweten- 507 schapper Stanislas Dehaene en zijn medewerkers hebben betoogd dat bewustzijn functioneert als een 'global workspace' of 'schoolbordrepresentatie'.[41] De schoolbordmetafoor verwijst naar de manier waarop een diverse reeks rekenkundige modules hun resultaten in een gebruikelijke vorm kunnen 'presenteren' die alle andere modules kunnen 'zien'. Die modules betreffen onder meer waarneming, geheugen, motivatie, taalbegrip en het plannen van handelingen, en doordat ze allemaal toegang hebben tot een gemeenschappelijke poel van relevante informatie (de inhoud van het bewustzijn) zijn we in staat om wat we zien te beschrijven, te bevatten of te benaderen, om te reageren op wat andere mensen zeggen of doen, en om te onthouden en te plannen, afhankelijk van wat we willen dat we weten. (De berekeningen binnen elke module daarentegen, zoals de berekening van diepte door de twee ogen of de volgorde van spiersamentrekkingen die samen een handeling vormen, kunnen hun eigen specifieke invoerstromen afwerken, en zij vinden plaats in het onderbewustzijn, omdat ze het overzicht van het bewustzijn niet nodig hebben.) De global workspace is verankerd in het brein als ritmische, gesynchroniseerde vonkjes in neurale netwerken die de prefrontale en pariëtale cerebrale cortexen met elkaar verbinden, en met delen van de hersenen die ze waarnemings-, geheugen- en ingevingssignalen toezenden.

Het zogenaamd moeilijke probleem – waarom het voor iedereen met een bewustzijn *als iets voelt*, waarbij rood er rood uitziet en zout zout smaakt – is niet moeilijk omdat het wetenschappelijk lastig verklaarbaar is, maar omdat het een conceptueel mysterie is dat breinbrekers bevat als de vraag of mijn rood hetzelfde is als jouw rood, hoe het is om een vleermuis te zijn, of er zombies zouden kunnen bestaan (mensen die niet te onderscheiden zijn van jou of mij maar die niets kunnen voelen), en zo ja of iedereen behalve ik een zombie is, of een volmaakt levensechte robot een bewustzijn zou hebben, of ik onsterfelijk zou kunnen worden door mijn connectoom te uploaden naar de cloud, en of de transporter uit *Star Trek* echt Captain Kirk naar de planeet verplaatst of hem vermoordt en een dubbelganger produceert.

Sommige filosofen, zoals Daniel Dennett in *Het bewustzijn verklaard*, betogen dat er helemaal geen moeilijk probleem met betrekking tot het bewustzijn bestaat; dat misverstand komt voort uit de slechte gewoonte je een heel klein mensje in te beelden dat in een bioscoop in de schedel zit. Dat is de lichaamloze toeschouwer die even mijn theater uit sluipt om in het jouwe het rood te bekijken, of om langs te gaan bij de vleermuis en naar de film te kijken die daar draait; die bij de zombie zou ontbreken en bij de robot wel of niet aanwezig zou zijn, en die de overstraling naar Zakdorn misschien wel of misschien niet zou overleven. Soms, wanneer ik de ellende zie die het moeilijke probleem veroorzaakt (zoals de conservatieve intellectueel Dinesh D'Souza die tijdens een debat over het bestaan van God met een exemplaar van mijn boek *Hoe de menselijke geest werkt* zwaaide), ben ik geneigd het met Dennett eens te zijn wanneer hij zegt dat we beter af zijn zonder de term. Anders dan bij verscheidene misvattingen bestaat het moeilijke probleem niet in de vorm van maffe fysieke of paranormale fenomenen zoals helderziendheid, telepathie, tijdreizen, ominia of *action at a distance*. Het vraagt niet om bizarre kwantumfysica, kitscherige energietrillingen of andere new age-nonsens. En het belangrijkste voor onze discussie: het impliceert geen onstoffelijke ziel. Niets wat we weten over het bewustzijn is onverenigbaar met het inzicht dat het volledig afhangt van neurale activiteit.

Uiteindelijk denk ik nog altijd dat het moeilijke probleem een zinvol conceptuéél probleem is, maar ben ik het met Dennett eens dat het geen belangrijk wetenscháppelijk probleem is.[42] Niemand zal ooit een beurs krijgen om te bestuderen of je een zombie bent of dat dezelfde Captain Kirk op het dek van de Enterprise staat en rondloopt op Zakdorn. En ik ben het ook eens met verscheidene andere filosofen dat het misschien wel vergeefs is om te hopen op antwoorden, juist omdat het een conceptueel probleem ís, of beter gezegd: een probleem met onze concepten. Zoals Thomas Nagel het verwoordde in zijn beroemde artikel 'What Is It Like to Be a Bat?' bestaan er misschien wel 'feiten die mensen zich nooit kunnen voorstellen en die ze nooit kunnen doorgronden, zelfs al blijft de menselijke soort voor altijd bestaan – eenvoudigweg omdat we door onze structuur niet in staat zijn met de daarvoor vereiste concepten aan de slag te gaan.'[43] De filosoof Colin McGinn heeft op dat idee voortgeborduurd en betoogd dat er sprake is van een wanverhouding tussen onze cognitieve hulpmiddelen om de werkelijkheid te verklaren (namelijk ketens van oorzaak en effect, analyse op basis van de onderdelen en hun wisselwerking, en het modelleren met behulp van wiskundige vergelijkingen) en de aard van het moeilijke probleem van bewustzijn, dat niet-intuïtief holistisch is.[44] Onze beste wetenschap toont aan dat bewustzijn uit een global workspace bestaat die onze huidige doelen, herinneringen en omgevingen weergeeft, in het brein ingebed in de vorm van gesynchroniseerde neurale vonkjes in fronto-pariëtale functies. Maar van het laatste aspect van de theorie – dat het subjectief vóélt om zo'n schakelsysteem te zijn – moeten we misschien wel vaststellen dat het een feit over de werkelijkheid is dat niet verklaard kan worden. Dat zou ons niet heel erg moeten verbazen. Zoals Ambrose Bierce schreef in *Het duivels woordenboek* kan de menselijke geest zichzelf alleen door middel van zichzelf kennen, en misschien zal hij wel nooit het gevoel hebben dat hij het meest diepgaande aspect van zijn eigen bestaan, zijn intrinsieke subjectiviteit, volledig begrijpt.

509

Hoe we ook over het moeilijke probleem van bewustzijn denken, het helpt absoluut niet om een onstoffelijke ziel te veronderstellen. Ten eerste proberen we dan een mysterie met een nog groter mysterie op te lossen. Ten tweede voorspelt het ten onrechte het bestaan van paranormale verschijnselen. Het meest bezwaarlijk is dat een bewustzijn dat we van een god hebben gekregen niet voldoet aan de ontwerpcriteria van een soort centrum dat bepaalt wat ons verdiende loon is. Waarom zou God een schurk hebben begiftigd met het vermogen te genieten van zijn onrechtmatig verkregen buit, of een aanrander met vleselijke lusten? (Als het is om ze in verleiding te brengen zodat ze hun moraliteit kunnen bewijzen door die verleiding te weerstaan, waarom moeten er dan slachtoffers vallen als bijkomende schade?) Waarom neemt een barmhartige God er geen genoegen mee een kankerpatiënt jaren van zijn leven af te pakken, maar voegt hij daar ook nog de niet te rechtvaardigen straf van vreselijke pijnen aan toe? Net zoals dat het geval is bij de natuurkundige verschijnselen zien 'bewustzijnsverschijnselen' er precies zo uit als je zou verwachten wanneer de natuurwetten werden toegepast zonder rekening te houden met menselijk welzijn. Als we dat welzijn willen vergroten, moeten we erachter zien te komen hoe we daar zelf voor kunnen zorgen.

En dat brengt ons bij het tweede probleem met theïstische moraliteit. Niet alleen bestaat er vrijwel zeker geen God die morele geboden kan opleggen en afdwingen; zelfs al wás er een God, dan zouden zijn geboden zoals die aan ons door middel van religie kenbaar worden gemaakt niet de bron van moraliteit kunnen zijn. De verklaring daarvoor gaat terug op Plato's *Euthyphro*, waarin Socrates erop wijst dat als de goden redenen hebben bepaalde handelingen moreel te vinden, we een direct beroep op die redenen kunnen doen en de tussenpersonen kunnen overslaan. Als ze die redenen niet hebben, moeten we hun geboden niet serieus nemen. Weldenkende mensen kunnen immers andere redenen dan angst voor het hellevuur aanvoeren waarom ze niet moorden, verkrachten of martelen, en ze zouden niet opeens verkrachters of huurmoordenaars worden als ze reden hadden om te geloven dat God zich van ons had afgekeerd of zei dat het wel oké was.

510   Theïstische moralisten antwoorden daarop dat de God van de Bijbel, in tegenstelling tot de wispelturige goden uit de Griekse mythologie, intrinsiek niet in staat is immorele geboden uit te vaardigen. Maar iedereen die een beetje thuis is in de Bijbel weet dat dat niet waar is. De God van het Oude Testament vermoordde miljoenen onschuldigen, gaf de Israëlieten opdracht op grote schaal te verkrachten en genocide te plegen, en legde de doodstraf op voor godslastering, afgoderij, homoseksualiteit, overspel, een grote mond opzetten tegen ouders en werken op de sabbat, terwijl hij niet zo heel veel mis vond met slavernij, verkrachting, marteling, verminking en genocide. Dat waren allemaal gangbare gebruiken voor de beschavingen uit de bronstijd en de ijzertijd. Tegenwoordig pikken verlichte gelovigen de humane geboden er natuurlijk uit terwijl ze de wrede allegoriseren, verdraaien of negeren, en dat is precies het punt: ze lezen de Bijbel door een humanistische bril.

Het argument uit *Euthyphro* haalt de vaak gedane bewering onderuit dat atheïsme ons uitlevert aan moreel relativisme, waarbij iedereen kan doen wat hij wil. Die bewering komt als een boemerang terug. Een humanistische moraliteit rust op de universele basis van rede en menselijke belangen; het is een onontkoombaar voortvloeisel van de menselijke conditie dat we er allemaal beter van worden als we elkaar helpen en elkaar niets aandoen. Om die reden zijn veel hedendaagse filosofen, onder wie Nagel, Goldstein, Peter Singer, Peter Railton, Richard Boyd, David Brink en Derek Parfit, ethische en morele *realisten* (het tegenovergestelde van relativisten) door te stellen dat ethische en morele uitspraken objectief waar of onwaar kunnen zijn.[45] *Religie* is inherent relativistisch. Door het ontbreken van bewijs kan elk geloof in hoeveel goden er zijn, wie hun aardse profeten en messiassen zijn en wat ze van ons verlangen alleen afhangen van de dogma's die zich beperken tot iemands stam.

Dat maakt theïstische moraliteit niet alleen relatief, maar mogelijk ook immoreel. Onzichtbare goden kunnen mensen opdragen ketters, ongelovigen en afvalligen af te slachten. En een onstoffelijke ziel is onaangedaan door de aardse prikkels die ons aansporen om door te gaan. Mensen die een materieel hulpmiddel betwisten zijn normaal gesproken beter af wanneer ze het delen dan wanneer ze er om vechten, vooral als ze waarde hechten aan hun leven op aarde. Maar mensen die iets van heilige waarde betwisten (zoals een heilig land of de bevestiging van een geloof) mógen niet tot een compromis komen, en als ze geloven dat hun ziel onsterfelijk is, is het verlies van hun lichaam niet zo erg – sterker nog, dat verlies is misschien een kleine prijs om te betalen voor een eeuwige beloning in het paradijs.

Veel historici wijzen erop dat religieuze oorlogen lang duren en bloederig zijn, en bloederige oorlogen duren vaak langer door religieuze overtuiging.[46] Matthew White, de dodenteller over wie we het in hoofdstuk 14 hebben gehad, noemt in zijn overzicht van de ergste dingen die mensen elkaar hebben aangedaan dertig religieuze conflicten, die hebben geresulteerd in ongeveer 55 miljoen doden.[47] (Bij zeventien conflicten hebben de monotheïstische religies elkaar bestreden, bij nog eens acht andere vochten monotheïsten tegen heidenen.) En de vaak geuite bewering dat de twee wereldoorlogen het gevolg waren van afnemende religieuze moraliteit (bijvoorbeeld toen Trumps voormalige strateeg Steve Bannon de uitspraak deed dat de Tweede Wereldoorlog 'een strijd was van het joods-christelijke Westen tegen atheïsten') heeft geen sikkepit met de feitelijke geschiedenis te maken.[48] Tijdens de Eerste Wereldoorlog waren de strijdende partijen vroom christelijk, met uitzondering van het Ottomaanse Rijk, dat een islamitische theocratie was. Het enige uitgesproken atheïstische land dat meevocht tijdens de Tweede Wereldoorlog was de Sovjet-Unie, dat het grootste deel van de oorlog aan ónze kant tegen het naziregime streed – dat (in tegenspraak met nóg een mythe) sympathiek tegenover het Duitse christendom stond, en vice versa; ze deelden hun afkeer van de seculiere moderniteit.[49] (Hitler zelf was deïst, en zei: 'Ik ben ervan overtuigd dat ik handel namens onze Schepper. Door de Joden te bestrijden doe ik het werk van de Heer.')[50] Verdedigers van het theïsme brengen daartegen in dat ongodsdienstige oorlogen en wreedheden, die gemotiveerd worden door de seculiere communistische ideologie en ordinaire veroveringsdrang, nog méér mensen het leven hebben gekost. Over relativisme gesproken! Het is nogal eigenaardig om religie op een degelijke manier te beoordelen; als religie een bron van moraliteit was, zou het aantal religieuze oorlogen en wreedheden nul moeten zijn. En atheïsme is natuurlijk sowieso geen moreel systeem. Het is slechts de afwezigheid van geloof in het bovennatuurlijke, net als niet bereid zijn om te geloven in Zeus of Vishnoe. Het morele alternatief voor theïsme is humanisme.

Er zijn maar weinig ontwikkelde mensen die vandaag de dag geloven in hemel en hel, de letterlijke waarheid van de Bijbel of een God die de natuurwetten tart. Maar veel intellectuelen reageerden woedend toen het 'nieuwe atheïsme' bekendheid kreeg onder het grote publiek met vier bestsellers die tussen 2005 en 2007 verschenen en die waren geschreven door Sam Harris, Richard Dawkins, Daniel Dennett en Christopher Hitchens.[51] Hun reactie wordt wel 'Ik ben een atheïst maar', 'geloof in geloof', 'accommodationisme' en 'geloofisme' (een term die is bedacht door Coyne) genoemd. Ze vertoont overeenkomsten met de vijandige houding jegens de wetenschap binnen de Tweede Cultuur, waarschijnlijk vanwege een gedeelde voorkeur voor hermeneutiek boven analytische en empirische methodologieën en de onwil om te erkennen dat nerdy wetenschappers en seculiere filosofen wel eens gelijk zouden kunnen hebben over de fundamentele levensvragen. Hoewel het atheïsme – de afwezigheid van een geloof in God – aansluit bij een breed scala van humanistische en antihumanistische overtuigen, zijn nieuwe atheïsten uitgesproken humanistisch, dus alle onvolkomenheden in hun wereldbeschouwing zouden meer algemeen kunnen overslaan op het humanisme.

Volgens de geloofisten zijn de nieuwe atheïsten te fel en te militant, en net zo irritant als de fundamentalisten die ze bekritiseren. (In een webstrip van xkcd antwoordt een personage: 'Nou ja, het belangrijkste is dat je een manier hebt gevonden om je boven allebei verheven te voelen.')[52] Gewone mensen zullen nooit van hun religieuze overtuigingen afgebracht worden, zeggen ze, en misschien is dat maar beter ook, want gezonde maatschappijen hebben religie nodig om zich te weren tegen egoïsme en leeg consumentisme. Religieuze instituties voorzien in die behoefte door liefdadigheid, gemeenschapszin, maatschappelijke verantwoordelijkheid, overgangsriten en een leidraad voor de beantwoording van levensvragen die de wetenschap nooit kan bieden. Sowieso benaderen de meeste mensen religieuze doctrine eerder allegorisch dan letterlijk en vinden ze zingeving en wijsheid in een overkoepelend besef van spiritualiteit, barmhartigheid en goddelijke orde.[53] Laten we die beweringen eens bekijken.

Een ironische inspiratiebron voor geloofisme is onderzoek naar de psychologische herkomst van geloof in het bovennatuurlijke, waaronder de cognitieve gewoonte om te veel scheppingskracht toe te schrijven aan natuurfenomenen en te veel emotionele gevoelens van solidariteit binnen geloofsgemeenschappen.[54] De meest natuurlijke interpretatie van deze bevindingen is dat ze religieuze overtuigingen ondermíjnen doordat ze aantonen dat het verzinsels zijn van onze neurobiologische samenstelling. Maar volgens sommige interpretaties toont het onderzoek ook aan dat de menselijke natuur religie net zo nodig heeft als eten, seks en gezelschap, en dat het dus zinloos is je voor te stellen dat er geen religie bestaat. Die interpretaties zijn echter dubieus.[55] Niet elke eigenschap van de menselijke natuur is een homeostatische 'drive' die regelmatig bevredigd moet worden. Ja, mensen zijn kwetsbaar voor cognitieve illusies die tot geloof in het bovennatuurlijke leiden, en ze hebben het absoluut nodig om deel uit te maken van een gemeenschap. In de loop van de geschiedenis zijn er instituties verrezen die 'pakketten' met gewoonten en gebruiken aanbieden die deze illusies versterken en inspelen op die behoeften. Dat wil niet zeggen dat mensen het complete pakket nodig hebben, net zo min als het bestaan van seksuele verlangens betekent dat mensen niet zonder seksclubs kunnen. Naarmate samenlevingen zich verder ontwikkelen en veiliger worden, kunnen de componenten van de geërfde instituties van elkaar gescheiden worden. In de kunst, rituelen, iconologie en gemeenschapszin waar veel mensen van genieten kan voorzien blijven worden door meer vrijzinnige religies, maar zonder het bovennatuurlijke dogma of de moraliteit uit de ijzertijd.

513

Dat impliceert dat religies niet óf veroordeeld óf geprezen moeten worden, maar dat ze benaderd en beoordeeld moeten worden volgens de logica van *Euthyphro*. Als er verdedigbare redenen achter bepaalde activiteiten schuilgaan moeten die activiteiten worden aangemoedigd, maar de bewegingen zouden niet ongemoeid gelaten moeten worden alleen omdat ze religieus zijn. De positieve bijdragen van religie in specifieke tijden en op specifieke plekken zijn onder andere onderwijs, liefdadigheid, medische zorg, counseling, conflictoplossing en andere sociale voorzieningen (al vallen deze inspanningen in de ontwikkelde landen in het niet bij hun seculiere tegenhangers; geen enkele religie had honger, ziekte, analfabetisme, oorlog, moord of armoede kunnen reduceren op de schaal die we in deel 11 hebben besproken). Religieuze organisaties kunnen ook voorzien in gemeenschapszin en wederzijdse solidariteit, samen met kunst, rituelen en architectuur van grote schoonheid en met historische resonantie, dankzij hun millennialange voorsprong. Ik heb daar zelf deel aan, en met veel genoegen.

Als de positieve bijdragen van religieuze instituties voortkomen uit hun rol als humanistische genootschappen in de burgermaatschappij, zou je verwachten dat de voordelen zich niet beperken tot theïstisch geloof, en dat is ook het geval. Het is al lang bekend dat mensen die naar de kerk gaan gelukkiger zijn en meer aan goede doelen geven dan mensen die thuisblijven, maar Robert Putnam en zijn collega-politico-loog David Campbell zijn tot de conclusie gekomen dat die zegeningen niets te maken hebben met geloof in God, de schepping, de hemel of de hel.[56] Een atheïst die een kerkelijke gemeenschap in is getrokken door een gelovige huwelijkspartner is net zo vrijgevig als de gelovigen binnen die gemeenschap, terwijl een vurige gelovige die individueel bidt niet bijzonder veel aan goede doelen geeft. Tegelijkertijd kunnen gemeenschapszin en saamhorigheidsgevoel versterkt worden door lidmaatschap van een vrijwilligersorganisatie – en volgens het onderzoek van Putnam en Campbell zelfs van een bowlingclub.

514

Net zoals religieuze instellingen lof verdienen als ze humanistische doelen nastreven, moeten ze niet gespaard blijven voor kritiek wanneer ze die doelen tegenwerken. Voorbeelden zijn het onthouden van medische zorg aan zieke kinderen door sekten die in gebedsgenezing geloven, verzet tegen humane stervensbegeleiding, het tegenwerken van wetenschappelijk onderwijs op scholen en van onderzoek naar controversieel biomedisch materiaal zoals stamcellen, en het belemmeren van levensreddend gezondheidsbeleid zoals anticonceptie, condooms en inentingen tegen HPV.[57] Ook mogen religies zich niet aanmatigen dat ze een hoger moreel doel hebben. Geloofisten die hoopten dat de moralistische felheid van evangelische (en andere orthodoxe) christenen gekanaliseerd zou worden in bewegingen voor sociale gerechtigheid, zijn vaak van een koude kermis thuisgekomen. Aan het begin van deze eeuw hoopte een samenwerkingsverband van Amerikaanse milieubewegingen de handen ineen te slaan met orthodoxe christenen om de klimaatverandering aan te pakken door termen te gebruiken als 'Zorg voor de schepping' en 'Op geloof gebaseerd milieubeleid'. Orthodoxe kerken zijn in Amerika echter nauw gelieerd aan de Republikeinse Partij, en die had gekozen voor de strategie op geen enkele manier samen te werken met de regering-Obama. Het politieke tribalisme won de slag; de orthodoxen bonden in en verkozen radicaal libertarisme boven rentmeesterschap over de schepping.[58]

En in 2016 was er even de hoop dat christelijke waarden als nederigheid, gematigdheid, vergeving, fatsoen, ridderlijkheid, spaarzaamheid en compassie voor de zwakken ervoor zouden zorgen dat orthodoxe christenen zich afkeerden van een casino-ontwerper die verwaand, genotzuchtig, rancuneus, obsceen en stinkend rijk was, die de mensen die hij *losers* noemde verachtte en zich had ontpopt als een vrouwenhater. Maar nee, Donald Trump kreeg de stem van 81 procent van de blanke evangelische christenen, een hoger percentage dan van welke andere demografische groep ook.[59] Voor een belangrijk deel kreeg hij hun stemmen door de belofte een wet in te trekken die liefdadigheidsinstellingen (waaronder kerken) die vrijgesteld waren van belastingen politieke betrokkenheid verbood.[60] Christelijke deugdzaamheid werd verslagen door politieke spierballentaal.

Als de feitelijke leerstellingen van religie niet langer serieus genomen kunnen worden en haar ethische grondslagen volledig afhangen van de vraag of ze gerechtvaardigd kunnen worden door seculiere moraliteit, wat moeten we dan denken van haar aanspraak op wijsheid met betrekking tot de belangrijke levensvragen? Een favoriet argument van geloofisten is dat alleen religie de diepste verlangens van het menselijk hart kan aanspreken. De wetenschap zal nooit de grote existentiële vragen over het leven, de dood, liefde, eenzaamheid, verlies, eer, kosmische gerechtigheid en metafysische hoop kunnen behandelen.

Dit is het soort bewering dat Dennett (die een klein kind citeerde) een 'diepertje' noemt: het heeft de schijn van diepzinnigheid, maar zodra je nadenkt over wat het betekent, blijkt het onzin te zijn. Om te beginnen is het alternatief voor 'religie' als bron van zingeving niet 'wetenschap'. Niemand heeft ooit gesuggereerd dat we ichthyologie of nefrologie moeten bestuderen om beter te begrijpen hoe we moeten leven, maar wel het hele web van menselijke kennis, rede en humanistische waarden, waarvan de wetenschap deel uitmaakt. Het is waar dat dat web belangrijke draden bevat die zijn ontstaan vanuit religie, zoals de taal en allegorieën van de Bijbel en de geschriften van wijsgeren, theologen en rabbi's. Maar tegenwoordig wordt het gedomineerd door seculiere inhoud, waaronder discussies over ethiek die haar oorsprong heeft in Griekse en Verlichtingfilosofie, en weergaven van liefde, verlies en eenzaamheid in de werken van Shakespeare, de romantische dichters, de negentiende-eeuwse romanschrijvers en andere grote kunstenaars en essayisten. Naar universele normen gemeten blijken veel van de religieuze bijdragen aan de grote levensvragen niet diepgaand en tijdloos te zijn, maar oppervlakkig en archaïsch, zoals een opvatting over 'gerechtigheid' waar het straffen van godslasteraars deel van uitmaakt, of een opvatting over 'liefde' die een vrouw aanmaant haar man te gehoorzamen. Zoals we hebben gezien is elke opvatting over leven en dood die afhangt van het bestaan van een onstoffelijke ziel feitelijk dubieus en moreel gevaarlijk. En aangezien kosmische gerechtigheid en metafysische hoop (in tegenstelling tot menselijke gerechtigheid en wereldse hoop) niet bestaan, heeft het geen zin ernaar te streven. Er is weinig wat de bewering dat mensen diepere betekenis zouden moeten zoeken in bovennatuurlijk geloof tot aanbeveling strekt.

Hoe zit het met 'spiritualiteit' in abstractere zin? Als ze bestaat uit dankbaarheid voor iemands bestaan, ontzag over de schoonheid en immensiteit van het heelal en nederigheid voor de grenzen van het menselijk inzicht, is spiritualiteit absoluut een ervaring die het leven de moeite waard maakt – en een die naar hogere dimensies wordt getild door de openbaringen van wetenschap en filosofie. Maar van 'spiritualiteit' wordt vaak gezegd dat het meer betekent: de overtuiging dat het universum op de een of andere manier persóónlijk is, dat alles met een reden gebeurt, dat betekenis gezocht moet worden in de toevalligheden van het leven. In de laatste aflevering van haar legendarische programma beleed Oprah Winfrey voor een miljoenenpubliek: 'Ik begrijp de openbaring van genade en van God, dus ik weet dat er geen toeval bestaat. Het bestaat niet. Hier bestaat alleen Gods orde.'[61]

Dit idee van spiritualiteit wordt op de hak genomen door de comédienne Amy Schumer in een filmpje met de titel 'The Universe'. Het begint met Bill Nye, die wetenschap toegankelijk maakt voor het grote publiek, die voor een achtergrond van sterren en sterrenstelsels staat:

Nye: Het heelal. Eeuwenlang heeft de mens geprobeerd deze gigantische uitgestrektheid van energie, gas en stof te begrijpen. De afgelopen jaren heeft er een verbluffende doorbraak plaatsgevonden in ons begrip van waar het universum voor bedoeld is.

[*Er wordt ingezoomd op de aarde, en vervolgens tot in een yoghurtbar waar twee jonge vrouwen aan het kletsen zijn.*]

Eerste vrouw: Dus ik was aan het sms'en tijdens het rijden? En toen nam ik een verkeerde afslag waardoor ik langs een vitaminewinkel reed? En ik had zoiets van, dit is echt het universum dat tegen me zegt dat ik calcium moet gebruiken.

Nye: Vroeger dachten wetenschappers dat het universum een chaotische verzameling materie was. Nu weten we dat het een kracht is die kosmische leiding naar een vrouw van in de twintig stuurt.

[*Er wordt ingezoomd op een sportschool, waar Schumer en een vriend op een crosstrainer zitten.*]

Schumer: Je weet toch dat ik iets van een half jaar mijn getrouwde baas neuk? Nou, ik begon me echt zorgen te maken dat hij nooit weg zou gaan bij zijn vrouw. Maar toen droeg gisteren bij yoga het meisje voor me een t-shirt waar op stond: 'Alles is oké.' En ik had echt zoiets van, dit is zó het universum dat tegen me zegt: 'Meid, blijf gewoon je getrouwde baas neuken!'[62]

516

Een 'spiritualiteit' die kosmische betekenis ziet in de grillen van het toeval is niet wijs maar dwaas. De eerste stap naar wijsheid is het besef dat de wetten van het universum niet om je geven. De volgende is de realisatie dat dat niet betekent dat je leven zinloos is, omdat ménsen om je geven, en jij om hen. Je geeft om jezelf, en je hebt de verantwoordelijkheid de wetten van het universum die je in leven houden te respecteren, dus verspil je je bestaan niet. Je geliefden geven om je, en je hebt de verantwoordelijkheid je kinderen geen wees te laten worden, je vrouw geen weduwe en je man geen weduwnaar te maken, en je ouders niet tot wanhoop te drijven. En iederéén met humanistische ge- 517 voeligheid geeft om je, niet in de zin dat hij of zij je pijn voelt – menselijk medeleven is te fragiel om zich over miljarden onbekenden te verspreiden – maar in de zin dat ze begrijpen dat je bestaan in kosmisch opzicht niet onbelangrijker is dan dat van hen, en dat we allemaal de verantwoordelijkheid hebben om de wetten van het heelal te gebruiken om de omstandigheden te bevorderen waaronder we allemaal kunnen gedijen.

Los van de argumenten: dringt de behoefte om te geloven het seculiere humanisme terug? Gelovigen, geloofisten en mensen die wetenschap en vooruitgang afwijzen, verkneukelen zich om een kennelijke wereldwijde terugkeer van religie. Maar zoals we zullen zien is die terugkeer een illusie; de snelst groeiende religie ter wereld ís helemaal geen religie.

Het is niet makkelijk de geschiedenis van religieus geloof te meten. Er zijn maar een paar enquêtes gehouden waarin mensen in verschillende tijden en op verschillende plaatsen dezelfde vragen werd gesteld, en zelfs als mensen er aan meededen interpreteerden ze de vragen verschillend. Mensen voelen zich er ongemakkelijk bij om zichzelf atheïst te noemen, een woord dat ze als synoniem zien van 'amoreel' en dat hen kan blootstellen aan vijandigheid en discriminatie; in veel islamitische landen kunnen ze er zelfs voor in de gevangenis belanden, gemarteld worden of ter dood worden gebracht.[63] Bovendien zijn de meeste mensen onbetrouwbare theologen en schrikken ze er misschien voor terug zichzelf atheïst te noemen, terwijl ze wel toegeven dat ze geen religie of religieuze overtuiging aanhangen, religie onbelangrijk vinden, spiritueel zijn maar niet religieus, of in een 'hogere macht' geloven die niet God is. Verschillende onderzoeken kunnen tot verschillende schattingen van ongodsdienstigheid leiden, afhankelijk van de manier waarop de alternatieven zijn verwoord.

Het valt niet met zekerheid te zeggen hoeveel niet-gelovigen er in vroeger eeuwen en decennia waren, maar veel kunnen het er niet geweest zijn; volgens een schatting ging het in 1900 om 0,02 procent van de wereldbevolking.[64] In een internationale enquête van WIN-Gallup onder vijftigduizend mensen uit 57 landen noemde 13 procent van de wereldbevolking zich in 2012 'overtuigd atheïst', tegenover 10 procent in 2005.[65] Het zou niet overdreven zijn om te zeggen dat het atheïsme in de loop van de twintigste eeuw wereldwijd met een factor vijfhonderd is toegenomen, en dat het aantal atheïsten in de eenentwintigste eeuw tot nu toe is verdubbeld. Nog eens 23 procent van de wereldbevolking noemt zichzelf 'niet-religieus', zodat 59 procent van de wereld overblijft als 'religieus', terwijl dat een eeuw eerder nog bijna 100 procent was.

518

Volgens een oud idee uit de sociale wetenschap dat de secularisatiethesis heet, is ongodsdienstigheid een vanzelfsprekend gevolg van overvloed en onderwijs.[66] Recente studies bevestigen dat gezondere en hoger opgeleide landen meestal minder religieus zijn.[67] De afname is het duidelijkst zichtbaar in de ontwikkelde landen in West-Europa, van de Commonwealth en in Oost-Azië. In Australië, Canada, Frankrijk, Hongkong, Ierland, Japan, Nederland, Zweden en verschillende andere landen zijn religieuze mensen in de minderheid en maken atheïsten een kwart tot meer dan de helft van de bevolking uit.[68] Religie is ook afgenomen in voormalig communistische landen (vooral China), maar niet in Latijns-Amerika, de islamitische wereld en Afrika ten zuiden van de Sahara.

De data vertonen geen tekenen van een wereldwijde religieuze revival. Van de negenendertig landen die zowel in 2005 als 2012 door de Index werden ondervraagd, waren er maar elf religieuzer geworden, waarvan niet één met meer dan zes procentpunten, terwijl er zesentwintig minder religieus waren geworden, vaak met dubbele cijfers. En in weerwil van de indruk die het nieuws geeft werden de religieuze landen Polen, Rusland, Bosnië, Turkije, India, Nigeria en Kenia gedurende die zeven jaar mínder religieus, evenals de Verenigde Staten (waarover later in dit hoofdstuk meer). Over het algemeen nam in een meerderheid van de landen het percentage mensen dat zichzelf religieus noemde met negen procentpunten af, waardoor in een meerderheid van de landen ruimte ontstond voor een groei van het aantal 'overtuigde atheïsten'.

Bij een ander wereldwijd onderzoek, dat werd uitgevoed door het Pew Research Center, werd geprobeerd religieuze overtuiging op de toekomst te projecteren (er werd niet naar het geloof gevraagd).[69] Uit dit onderzoek bleek dat in 2010 een zesde van de wereldbevolking

'Geen' koos als antwoord op de vraag welke religie ze aanhingen. Er zijn meer 'Geens' in de wereld dan hindoes, boeddhisten, joden of aanhangers van volksreligies, en het is de 'denominatie' waarvan de meeste mensen verwachten dat ze ernaar zullen overstappen. In 2050 zullen nog eens 61,5 miljoen méér mensen hun religie zijn kwijtgeraakt dan dat er mensen religieus zijn geworden.

Met al die aantallen die aantonen dat mensen minder religieus worden, rijst de vraag waar het idee van een religieuze revival vandaan is gekomen. Nou, van wat inwoners van Quebec *la revanche du berceau* noemen, de wraak van de wieg. Religieuze mensen krijgen meer baby's. De demografen van Pew sloegen aan het rekenen en beraamden dat het percentage van de wereldbevolking dat moslim is mogelijk stijgt van 23,2 in 2010 tot 29,7 in 2050, terwijl het percentage christenen onveranderd blijft en het percentage van alle andere geloven, net als dat van de religieus ongebondenen, zal afnemen. Zelfs deze projectie wordt gegijzeld door de huidige vruchtbaarheidsschattingen en wordt misschien achterhaald als Afrika (religieus en vruchtbaar) een demografische verandering ondergaat, of als de afname van vruchtbaarheid onder moslims die we in hoofdstuk 10 hebben besproken door blijft gaan.[70]

Een cruciale vraag over de secularisatietrend is of die in de hand wordt gewerkt doordat de tijden veranderen (een periode-effect), door een vergrijzende bevolking (een leeftijdseffect) of door de generationele kentering (een cohorteffect).[71] Slechts van een paar landen, allemaal Engelstalig, zijn de data van meerdere decennia beschikbaar die we nodig hebben om die vraag te beantwoorden. Australiërs, Nieuw-Zeelanders en Canadezen zijn door de jaren heen minder religieus geworden, waarschijnlijk door de veranderende tijden en niet doordat de bevolking ouder wordt (je zou verwachten dat mensen religieuzer worden wanneer ze zich opmaken om hun schepper te ontmoeten). Een dergelijke verandering vond niet plaats in de Britse of Amerikaanse tijdgeest, maar in alle vijf de landen was elke generatie minder religieus dan de vorige. Het cohorteffect is substantieel. Meer dan 80 procent van de Britse GI-generatie (geboren tussen 1905 en 1924) gaf aan tot een religie te behoren, maar op dezelfde leeftijd gold dat voor minder dan 30 procent van de millennials. Meer dan 70 procent van de Amerikaanse GI-generatie zei te 'weten dat God bestaat', maar slechts 40 procent van hun millennial-kleinkinderen zei hetzelfde.

De ontdekking van een generationele omwenteling in de Engelstalige landen haalt een grote doorn uit de zij van de theorie van secularisatie, namelijk de Verenigde Staten, een land dat rijk maar religieus is. Al in 1840 viel het Alexis de Tocqueville op hoeveel vromer Amerikanen waren dan hun Europese 'neven', en dat verschil bestaat tot op de dag van vandaag; in 2012 noemde 60 procent van de Amerikanen zichzelf religieus, vergeleken met 46 procent van de Canadezen, 37 procent van de Fransen en 29 procent van de Zweden.[72] In andere westerse democratieën is de verhouding atheïsten twee tot zes keer groter dan in de Verenigde Staten.[73]

520

Maar hoewel de Amerikanen bij een hoger geloofsniveau zijn begonnen, zijn ze niet ontkomen aan de opmars van de secularisatie per generatie. De trend wordt goed samengevat door de titel van een recent rapport: 'Exodus: Why Americans Are Leaving Religion – and Why They're Unlikely to Come Back'.[74] Die uittocht is het duidelijkst zichtbaar in de toename van het aantal mensen dat aangeeft 'geen religie' te hebben, van 5 procent in 1972 tot 25 procent nu, wat deze groep tot de grootste in de Verenigde Staten maakt; hij is intussen groter dan katholieken (21 procent), blanke evangelische christenen (16 procent) en blanke mainstream protestanten (13,5 procent). De cohortdaling is scherp: slechts 13 procent van de Stille Generatie en van de oudere babyboomers hangt geen geloof aan, vergeleken met 39 procent van de millennials.[75] De jongere generaties blijven bovendien waarschijnlijk niet-religieus wanneer ze ouder worden en geconfronteerd worden met hun sterfelijkheid.[76] De trends zijn al even dramatisch onder de groep die niet alleen 'geen van bovenstaande' heeft ingevuld, maar uitgesproken niet-gelovig is. Het percentage Amerikanen dat zegt atheïst of agnost te zijn, of aangeeft dat religie niet belangrijk voor hen is (in de jaren vijftig waarschijnlijk niet meer dan een procentpunt of twee), steeg van 10,3 procent in 2007 tot 15,8 procent in 2014. De cohorten zijn als volgt onder te verdelen: 7 procent van de Stille Generatie, 11 procent van de babyboomers, 24 procent van de millennials.[77] Slimme onderzoekstechnieken die zijn ontworpen om de terughoudendheid van mensen te ondervangen om toe te geven dat ze atheïstisch zijn, doen vermoeden dat de werkelijke percentages zelfs nog hoger liggen.[78]

Waarom denken commentatoren dan dat religie in de Verenigde Staten op de weg terug is? Dat komt door nog een andere bevinding over de Amerikaanse uittocht: mensen die aangeven 'niets' te geloven stemmen niet. In 2012 maakten religieuze Amerikanen 20 procent van de bevolking uit, maar 12 procent van het aantal kiezers. Georganiseerde religies zijn per definitie georganiseerd en gebruiken die organisatie om mensen te laten stemmen, en wel zoals zij het graag zien. In 2012 maakten blanke orthodoxe protestanten ook 20 procent van de volwassen bevolking uit, maar 26 procent van het aantal kiezers, meer dan het dubbele van het percentage niet-religieuzen.[79] Hoewel de mensen die geen religie aanhingen drie keer zo vaak op Clinton stemden als op Trump, bleven ze op 8 november 2016 thuis terwijl de orthodoxen in de rij stonden om te kunnen stemmen. Vergelijkbare patronen gelden voor populistische bewegingen in Europa. Deskundigen maken al snel de fout deze electorale macht als een comeback van religie te interpreteren, een illusie die ons een tweede verklaring geeft – samen met vruchtbaarheid – waarom de secularisatie zo heimelijk plaatsvindt.

Hoe komt het dat religie uit de wereld verdwijnt? Daar zijn meerdere redenen voor.[80] De communistische regeringen uit de twintigste eeuw verboden of ontmoedigden religie, en toen ze meer vrijheid toestonden duurde het een poos voor hun burgers de smaak weer te pakken kregen. De vervreemding van het geloof is voor een deel terug te voeren op een afname van het vertrouwen in álle instituties vanaf het hoogtepunt in de jaren zestig.[81] Een ander deel komt voort uit de wereldwijde ontwikkeling van emanciperende waarden (zie hoofdstuk 15), zoals vrouwenrechten, de vrijheid zich wel of niet voort te planten, en tolerantie ten opzichte van homoseksualiteit.[82] Ook bidden mensen niet meer tot God om hen te verlossen van ellende naarmate ze meer veiligheid en zekerheid in hun leven ervaren dankzij overvloed, medische zorg en sociale zekerheid; landen met een sterk sociaal vangnet zijn minder religieus terwijl andere factoren constant blijven.[83] Maar de meest voor de hand liggende reden is misschien wel de rede: wanneer mensen intellectueel nieuwsgieriger en wetenschappelijk onderlegder worden, geloven ze niet meer in wonderen. De vaakst voorkomende reden die Amerikanen geven voor het laten vallen van religie is 'een gebrek aan geloof in de religieuze leerstellingen.'[84] We hebben al gezien dat hoger opgeleide landen een lager geloofspercentage hebben en dat het atheïsme wereldwijd meelift op het Flynn-effect: naarmate landen slimmer worden, wenden ze zich af van God.[85]

Wat de redenen ook zijn, de geschiedenis en geografie van de secularisatie logenstraffen de angst dat maatschappijen door het ontbreken van religie gedoemd zijn tot anatomie, nihilisme en 'een totale aftakeling van alle normen en waarden.'[86] Secularisatie heeft parallel aan alle historische vooruitgang die in deel II is gedocumenteerd plaatsgevonden. Niet-religieuze samenlevingen als Canada, Denemarken en Nieuw-Zeeland zijn – ook bezien binnen de geschiedenis van onze soort – enkele van de aangenaamste plekken ter wereld om te wonen (met hoge niveaus op alle meetbare aangename aspecten van het leven), terwijl veel van de meest religieuze samenlevingen vreselijke oorden zijn.[87] De Amerikaanse uitzondering is instructief: de Verenigde

Staten zijn religieuzer dan de andere westerse landen, maar presteren slechter qua geluk en welzijn, met hogere percentages moord, gevangenschap, abortus, seksueel overdraagbare ziekte, kindersterfte, overgewicht, middelmatig onderwijs en vroegtijdig overlijden.[88] Hetzelfde geldt voor de vijftig Amerikaanse staten onderling; hoe religieuzer een staat, des te minder het leven van hun burgers functioneert.[89] Er zijn waarschijnlijk allerlei oorzaken en effecten, maar het is plausibel dat secularisme in democratische landen leidt tot humanisme, waardoor mensen zich afkeren van gebed, doctrine en kerkelijk gezag en meer geneigd zijn tot praktisch beleid waardoor zij en hun medeburgers beter af zijn.

522

Hoeveel ellende theïstische moraliteit in het Westen ook teweeg mag hebben gebracht, haar invloed is nóg zorgwekkender in de hedendaagse islamitische wereld, die gemeten naar een aantal objectieve maatstaven de vooruitgang in de rest van de wereld aan zich voorbij lijkt te zien gaan. Landen met een islamitische meerderheid scoren slecht op indicatoren van gezondheid, onderwijs, vrijheid, geluk en democratie, terwijl de rijkdom constant blijft.[90] Alle oorlogen die in 2016 woedden, vonden plaats in landen met een islamistische meerderheid of er waren islamistische groepen bij betrokken, en die groepen waren verantwoordelijk voor het leeuwendeel van de terroristische aanslagen.[91] Zoals we in hoofdstuk 15 hebben gezien, zijn emancipatiekwesties als gelijkheid tussen man en vrouw, persoonlijke autonomie en politieke zeggenschap in het hart van de islamitische wereld minder populair dan in alle andere regio's van de wereld, inclusief Afrika ten zuiden van de Sahara. Met mensenrechten is het hopeloos gesteld in veel islamitische landen, waar wrede straffen worden opgelegd (zoals geseling, verblinding en amputatie), niet alleen voor echte misdrijven, maar ook voor homoseksualiteit, hekserij, geloofsafval en het uiten van liberale opvattingen op social media.

In hoeverre is dit gebrek aan vooruitgang het gevolg van theïstische moraliteit? Het kan absoluut niet worden toegeschreven aan de islam zelf. De islamitische beschaving heeft al vroeg een wetenschappelijke revolutie doorgemaakt en was voor een groot deel van haar geschiedenis toleranter, kosmopolitischer en vrediger dan het christelijke Westen.[92] Sommige van de regressieve gebruiken die in landen met een moslimmeerderheid worden toegepast, zoals genitale verminking bij vrouwen en 'eerwraak' op onkuise zussen en dochters, zijn oude Afrikaanse en West-Aziatische tribale gebruiken die door degenen die zich er schuldig aan maken ten onrechte worden toegeschreven aan islamitische wetgeving. Sommige problemen spelen in andere landen net weinig middelen en een sterke leider. Weer andere zijn verergerd door onbeholpen westerse interventies in het Midden-Oosten, waaronder de opdeling van het Ottomaanse Rijk, steun voor de mujahedin die in Afghanistan tegen de Sovjets vochten, en de invasie van Irak.

Maar een deel van de weerstand tegen oprukkende vooruitgang is te wijten aan religieus geloof. Het probleem begint met het feit dat veel van de geboden van de islamitische doctrine als ze letterlijk worden genomen uitgesproken antihumanistisch zijn. De Koran bevat veel passages die uitdrukking geven aan haat jegens ongelovigen, de realiteit van martelaarschap en de heiligheid van gewapende jihad. Ook worden zweepslagen voor alcoholgebruik, steniging voor overspel en homoseksualiteit, kruisiging van vijanden van de islam, seksuele slavernij voor heidenen en gedwongen huwelijken voor negenjarige meisjes bekrachtigd.[93]

Natuurlijk zijn ook veel passages in de Bijbel uitgesproken antihumanistisch. Het is zinloos om erover te discussiëren welke erger zijn; waar het om gaat is hoe letterlijk volgelingen ze nemen. Net als de andere abrahamistische religies kent de islam zijn versie van rabbijnse haarkloverij en jezuïstische twisten die onaangename passages in heilige teksten allegoriseert, opdeelt en verdraait. Ook heeft de islam zijn eigen versie van cultureel jodendom, *Cafetaria Catholics* en naamchristenen. Het probleem is dat die onschuldige vorm van hypocrisie in de hedendaagse islamitische wereld veel minder ontwikkeld is.

Amy Alexander en Christan Welzel hebben een enorme hoeveelheid data van de World Values Survey met betrekking tot religieuze gezindheid bestudeerd en stellen vast dat 'mensen die zich moslim noemen de denominatie zijn die met 82 procent met afstand het grootste percentage van sterk religieuze mensen vormt. Nog opvallender is dat maar liefst 92 procent van alle mensen die zich als moslim identificeren zichzelf een 9 of een 10 geven op de "godsdienstige schaal" van tien punten [vergeleken met minder dan de helft van de joden, katholieken en evangelische christenen]. Jezelf identificeren als moslim, ongeacht de specifieke stroming van de islam die je aanhangt, lijkt vrijwel synoniem te zijn aan sterk religieus zijn.'[94] We zien vergelijkbare resultaten in enkele andere onderzoeken.[95] Uit een grote enquête van het Pew Research Center bleek dat 'in tweeëndertig van de negenendertig onderzochte landen de helft of meer van de moslims aangeeft dat er maar één correcte manier is om de leerstellingen van de islam te begrijpen', dat de Koran 'woord voor woord letterlijk moet worden genomen' en dat 'enorme percentages moslims in veel landen willen dat de islamiti-

523

sche wetgeving (sharia) in hun land worden ingevoerd'.[96]

Correlatie is geen causaliteit, maar als je het feit dat een groot deel van de islamitische doctrine antihumanistisch is combineert met het feit dat veel moslims geloven dat islamitische doctrine onfeilbaar is – en daar het feit aan toevoegt dat de moslims die onliberale politiek voeren en gewelddadige handelingen verrichten zeggen dat ze dat doen omdat ze die doctrines naleven –, is het wel wat overdreven om te stellen dat de inhumane gebruiken niets te maken hebben met religieuze toewijding en dat de echte oorzaak olie, kolonialisme, islamofobie, oriëntalisme of zionisme is. Voor degenen die zich alleen door data laten overtuigen: in wereldwijde onderzoeken van waarden waarin elke variabele die sociale wetenschappers graag meten wordt meegenomen (zoals inkomen, scholing en afhankelijkheid van olie-inkomsten), voorspelt de islam zelf een extra hoeveelheid patriarchale en andere onliberale waarden in landen en bij individuele personen.[97] In niet-islamitische samenlevingen geldt hetzelfde voor moskeebezoek (in islamitische maatschappijen zijn de waarden zo alomtegenwoordig dat moskeebezoek niet uitmaakt).[98]

Al deze verontrustende patronen golden ooit ook voor het christendom, maar met het begin van de Verlichting is er in het Westen een proces in gang gezet (dat nog steeds aan de gang is) om kerk en staat te scheiden, een seculiere burgermaatschappij te creëren en haar instituties te baseren op een universele humanistische ethiek. In de meeste landen met een moslimmeerderheid gebeurt dat nauwelijks. Historici en sociale wetenschappers (van wie er vele moslim zijn) hebben aangetoond dat de wurggreep van de islamitische religie op overheidsinstanties en de burgermaatschappij in islamitische landen hun economische, politieke en sociale vooruitgang belemmert.[99]

Wat de zaak nog verergert is een reactionaire ideologie die invloedrijk is geworden door de geschriften van de Egyptische schrijver Sayyid Qutb (1906-1966), die lid was van de Moslimbroederschap en Al Qaida en andere islamistische bewegingen inspireerde.[100] Deze ideologie kijkt terug op de hoogtijdagen van de Profeet, de eerste kaliefen en de klassieke Arabische beschaving, en beklaagt zich over eeuwenlange vernedering door de kruisvaarders, ruitervolken, Europese kolonisten en, het meest recent, verraderlijke nieuwlichters. Die geschiedenis wordt beschouwd als het bittere gevolg van het verloochenen van islamitische gebruiken; verlossing is alleen mogelijk wanneer er weer landen ontstaan die werkelijk islamitisch zijn, de sharia invoeren en gezuiverd zijn van niet-islamitische invloeden.

Hoewel het overduidelijk is dat theïstische moraliteit een rol speelt bij de problemen waar de islamitische wereld mee te kampen heeft, werpen veel westerse intellectuelen – die ontsteld zouden zijn als de onderdrukking, vrouwenhaat, homofobie en het politiek geweld die zo gewoon zijn in de islamitische wereld in hun eigen maatschappij zouden plaatsvinden, zelfs al gebeurde dat honderd keer zo weinig – zich op tot onverwachte verdedigers van de islam wanneer deze praktijken worden uitgevoerd in naam van die religie.[101] Deels gebeurt dat zonder meer vanuit het bewonderenswaardige verlangen vooroordelen jegens moslims te voorkomen. Voor een ander deel gebeurt het vanuit de intentie het destructieve (en misschien wel *selffulfilling*) verhaal te ontkrachten dat de wereld verwikkeld is in een strijd tussen beschavingen. Sommige van deze denkers passen in een lange geschiedenis van westerse intellectuelen die hun eigen samenleving verafschuwen en haar vijanden romantiseren (een syndroom waar we zo op zullen terugkomen), maar voor een belangrijk deel komt de apologetiek voort uit een zwakke plek voor religie bij theïsten, geloofisten en intellectuelen die deel uitmaken van de Tweede Cultuur, en de onwil zich volledig in te zetten voor Verlichtingshumanisme.

Het is geenszins islamofoob en werkt geen botsing tussen culturen in de hand om de antihumanistische kenmerken van het hedendaagse islamitische geloof te benoemen. De overgrote meerderheid van de slachtoffers van islamitisch geweld en onderdrukking zijn andere moslims. Islam is geen ras, en zoals de voormalig islamitische activist Sarah Haider het verwoordde: 'Religies zijn slechts ideeën en hebben geen rechten.'[102] Het bekritiseren van de ideeën van de islam is niet onverdraagzamer dan het bekritiseren van de ideeën van het neoliberalisme of van rechtse politiek.

Kan er in de islamitische wereld een Verlichting plaatsvinden? Is er een hervormde islam, een vrijzinnige islam, een humanistische islam, een Islamitische Oecumenische Raad, een scheiding van moskee en staat mogelijk? Veel van de intellectuelen die de islam verdedigen en met excuses komen voor de onliberale aspecten ervan, stellen ook dat het onredelijk is om te verwachten dat moslims vooruitgang realiseren en liberaler worden. Terwijl het Westen misschien de vrede, de voorspoed, het onderwijs en het geluk kan ervaren die de Verlichting teweeg heeft gebracht, zullen moslims dat oppervlakkige hedonisme nooit accepteren, en het is maar al te begrijpelijk dat ze voor altijd zullen blijven vasthouden aan een systeem van middeleeuwse overtuigingen en gebruiken.

De neerbuigendheid van deze intellectuelen wordt echter gelogenstraft door de geschiedenis van de islam en de ontluikende opkomst

525

van bewegingen in de islamitische wereld. Zoals ik al zei was de klassieke Arabische beschaving vroeger een waar broeinest van wetenschap en seculiere filosofie.[103] Amartya Sen heeft gedocumenteerd hoe de zestiende-eeuwse Mongoolse keizer Akbar i in het door moslims geregeerde India een multiconfessionele, liberale maatschappelijke orde invoerde (met plaats voor atheïsten en agnosten) in een tijd waarin de Inquisitie huishield in Europa en Giordano Bruno op de brandstapel kwam wegens ketterij.[104] Vandaag de dag zijn de krachten van de moderniteit actief in vele delen van de islamitische wereld. Tunesië, Bangladesh, Maleisië en Indonesië hebben grote stappen gezet naar een liberale democratie (hoofdstuk 14). In veel islamitische landen verbetert de houding ten opzichte van vrouwen en minderheden (hoofdstuk 15) – langzaam, maar meer zichtbaar onder vrouwen, jongeren en hogeropgeleiden.[105] De emanciperende krachten die het Westen hebben geliberaliseerd, zoals verbondenheid, onderwijs, mobiliteit en een verbetering van de positie van vrouwen, gaan niet voorbij aan de islamitische wereld, en de loopband van generationele kentering zou degenen die daar moeizaam op vooruit komen heel goed kunnen inhalen.[106]

Ook ideeën zijn belangrijk. Een kader van islamitische intellectuelen, schrijvers en activisten maakt zich hard voor een humanistische revolutie binnen de islam. Enkele van hen zijn Souad Adnane (medeoprichter van het Arab Center for Scientific Research and Humane Studies in Marokko); Mustafa Akyol (schrijver van *Islam Without Extremes*); Faisal Saeed Al-Mutar (oprichter van de Global Secular Humanist Movement); Sarah Haider (medeoprichter van Ex-Muslims of North America); Shadi Hamid (schrijver van *Islamic Exceptionalism*); Pervez Hoodbhoy (schrijver van *Islam and Science: Religious Orthodoxy and the Battle for Rationality*); Amir Ahmad Naser (schrijver van *My Isl@m*); Gululai Ismail (oprichter van Aware Girls in Pakistan); Shiraz Maher (schrijver van *Salafi-Jihadism*, geciteerd in hoofdstuk 1); Omar Mahmood; Irshad Manji (schrijver van *The Trouble with Islam*); Maryam Namazie (woordvoerder van One Law for All); Taslima Nasrin (schrijver van *My Girlhood*); Asra Nomani (schrijver van *Standing Alone in Mecca*); Maajid Nawaz (coauteur met Sam Harris van *Islam and the Future of Tolerance*); Raheel Raza (schrijver van *Their Jihad, Not My Jihad*); Ali Rizvi (schrijver van *The Atheist Muslim*); Wafa Sultan (schrijver van *A God Who Hates*); Muhammad Syed (voorzitter van Ex-Muslims of North America); en de beroemdsten van allemaal: Salman Rushdie, Ayaan Hirsi Ali en Malala Yousafzai.

Natuurlijk zullen moslims het voortouw moeten nemen bij een islamitische Verlichting, maar er is ook een rol weggelegd voor niet-moslims. Het wereldwijde netwerk van intellectuele invloed is naadloos, en gezien het prestige en de invloed van het Westen (zelfs bij degenen die er een afkeer van hebben) kunnen westerse ideeën op verbazingwekkende manieren naar andere delen van de wereld doorsijpelen, -vloeien en -stromen. (Zo bezat Osama bin Laden een boek van Noam Chomsky.)[107] De geschiedenis van de morele vooruitgang, die wordt besproken in boeken als *De erecode* van de filosoof Kwame Anthony Appiah, suggereert dat morele helderheid in de ene cultuur over regressieve praktijken in een andere niet altijd tot een verontwaardigde tegenreactie leidt, maar de beschaamde achterblijvers ook kan stimuleren om eindelijk tot hervorming over te gaan. (Voorbeelden uit het verleden zijn de slavernij, duels, het afbinden van voeten en rassensegregatie; in de Verenigde Staten zijn toekomstige voorbeelden wellicht onder andere de doodstraf en opsluiting op grote schaal.)[108] Een intellectuele cultuur die de Verlichtingswaarden trouw verdedigt en niet toegeeft aan religie wanneer die botst met humanistische waarden, zou als lichtend voorbeeld kunnen dienen voor studenten, intellectuelen en ruimdenkende mensen in de rest van de wereld.

Nadat ik de logica achter het humanisme uiteen had gezet, merkte ik op dat het humanisme in schril contrast staat met twee andere geloofssystemen. We hebben net theïstische moraliteit besproken; laten we ons nu bezighouden met de tweede vijand van het humanisme, de ideologie achter weer opkomend autoritarisme, nationalisme, populisme, reactionair denken en zelfs fascisme. Zoals dat ook het geval is bij theïstische moraliteit beroept de ideologie zich op intellectuele waarde, affiniteit met de menselijke natuur en historische onvermijdelijkheid. Alle drie die claims zijn, zoals we zullen zien, onjuist. We beginnen met een beetje intellectuele geschiedenis.

Als je één denker zou moeten noemen die het tegenovergestelde van humanisme vertegenwoordigde (ja, zo ongeveer van elk argument dat in dit boek wordt genoemd), dan zou niemand beter geschikt zijn dan de Duitse filoloog Friedrich Nietzsche (1844-1900).[109] Eerder in dit hoofdstuk vroeg ik me af of humanistische moraliteit een wrede, egoïstische en megalomane psychopaat de baas zou kunnen. Nietzsche stelde dat het góéd is om een wrede, egoïstische, megalomane psychopaat te zijn – niet goed voor iedereen natuurlijk, maar dat maakt niet uit; het leven van het gros van de mensheid (de 'knoeiers', de 'kwebbelende dwergen' de 'aardvlooien') is toch nergens goed voor. Wat van waarde is in het leven, is dat een supermens (een *Übermensch*) goed en kwaad overstijgt, een wil tot macht uitoefent en heroïsche glorie

527

verwerft. Alleen door middel van dergelijk heroïsme kan het potentieel van de menselijke soort werkelijkheid worden en kan de mens naar een hoger bestaansniveau getild worden. Die heldendaden zijn echter misschien wel niet het genezen van ziekte, het voeden van de hongerigen of het stichten van vrede, maar artistieke meesterwerken en krijgshaftige militaire verovering. Het gaat gestaag bergafwaarts met de westerse beschaving sinds de hoogtijdagen van de homerische Grieken, de arische krijgers, de gehelmde Vikingen en andere echte mannen. De beschaving wordt vooral aangetast door de 'slavenmoraliteit' van het christendom, de verheerlijking van de rede door de Verlichting en de liberale bewegingen van de negentiende eeuw die streefden naar sociale en maatschappelijke hervorming en gedeelde welvaart. Dergelijk slap sentimenteel gedoe leidde alleen maar tot decadentie en ontaarding. Zij die de waarheid hebben ingezien zouden moeten 'filosoferen met de hamer' en de moderne beschaving het laatste zetje moeten geven dat het helende cataclysme zou veroorzaken waaruit een nieuwe orde zou verrijzen. Voor wie denkt dat ik hier een karikatuur schets van Nietzsches Übermensch, volgen hier enkele citaten:

> Ik verafschuw de vulgariteit van de man die zegt: 'Wat goed is voor de ene man is goed voor een andere'; 'Wat gij niet wilt dat u geschiedt, doet dat ook de ander niet'. (...) De hypothese is buitengewoon verachtelijk; het wordt als vanzelfsprekend aangenomen dat er een soort gelijkheid in waarde bestaat tussen mijn handelingen en de uwe.

> Ik wijs niet verwijtend naar het kwaad en de pijn van het bestaan, maar koester juist de hoop dat het leven op een dag kwaadaardiger zal worden en voller zal zijn van lijden dan ooit tevoren.

> Mannen moeten getraind worden om oorlog te voeren en vrouwen voor de ontspanning van de strijder. Al het andere is dwaasheid. (...) Gaat ge naar vrouwen? Vergeet uw zweep niet.

> Er is een oorlogsverklaring van 'hogere mannen' tegen de massa nodig. (...) Er is een doctrine nodig die krachtig genoeg is om als opvoeder te fungeren; die de sterken sterker maakt en die verlammend en destructief is voor de lustelozen. De uitroeiing van de onzin die 'moraliteit' heet. (...) De uitroeiing van degenererende rassen. (...) Heerschappij over de aarde als manier om een hogere soort voort te brengen.

Die nieuwe *Partei des Lebens*, die de meest verheven taak van allemaal op zich zou nemen, namelijk de hogere voortplanting van de mensheid, *waaronder de genadeloze vernietiging van alles wat ontaard en parasitair is*, zou dat overvloedige leven op aarde weer mogelijk maken waar de dionysische staat weer uit zou kunnen voortkomen.[110]

Deze genocidale tirades klinken misschien alsof ze uit de mond komen van een recalcitrante puber die te veel deathmetal luistert, of een overdreven parodie van een schurk uit een James Bond-film, zoals dr. Evil in *Austin Powers*. Nietzsche is echter een van de meest invloedrijke denkers van de twintigste eeuw, en zijn invloed duurde tot in de eenentwintigste eeuw voort.

Het meest duidelijk heeft Nietzsche mede het romantisch militarisme geïnspireerd dat de Eerste Wereldoorlog inluidde, en het fascisme dat tot de Tweede leidde. Hoewel Nietzsche zelf een Duitse nationalist noch antisemitisch was, is het geen toeval dat deze citaten meteen overkomen als typisch nazistisch; Nietzsche werd postuum de hoffilosoof van de nazi's. (In zijn eerste jaar als kanselier maakte Hitler een pelgrimstocht naar het Nietzsche-archief, dat werd beheerd door Elizabeth Förster-Nietzsche. Zij was een zus en de literair executeur van de filosoof, en moedigde de connectie hartstochtelijk aan.) De link met het Italiaanse fascisme is zelfs nog directer: Benito Mussolini schreef in 1921 dat 'het moment dat het relativisme verbonden werd met Nietzsche, en met zijn wil tot macht, zich voordeed toen het Italiaanse Fascisme het prachtigste voortbrengsel van een individuele en nationale wil tot macht werd, wat het nog steeds is.'[111] De associaties met het bolsjewisme en stalinisme – van de superman tot de nieuwe Sovjetman – zijn minder bekend, maar zijn overvloedig gedocumenteerd door de historicus Bernice Glatzer Rosenthal.[112] De connecties tussen Nietzsches ideeën en de bewegingen uit de twintigste eeuw die zo ontzettend veel levens eisen, spreken voor zich: een verheerlijking van geweld en macht, een gretigheid om de instituties van de liberale democratie met de grond gelijk te maken, minachting voor het grootste deel van de mensheid, en een kille onverschilligheid jegens het menselijk leven.

Je zou denken dat deze zee van bloed genoeg zou zijn om Nietzsches ideeën onder intellectuelen en kunstenaars in diskrediet te brengen, maar hij wordt ongelooflijk genoeg alom bewonderd. '*Nietzsche is pietzsche*' luidt de tekst van een graffito op een universiteitscampus en op een t-shirt. De man is niet populair omdat zijn doctrines zo overtuigend zijn. Zoals Bertrand Russell betoogde in *Geschiedenis van de westerse filosofie* 'kunnen ze misschien helderder en eerlijker met één zin worden verwoord: "Ik wou dat ik in het Athene van Perikles of in het Florence van de Medici had geleefd."' De ideeën doorstaan de eerste test van morele samenhang – namelijk generaliseerbaarheid die de persoon die ze opwerpt overstijgt – niet. Als ik terug kon gaan in de tijd, zou ik misschien als volgt de strijd met hem aangaan: 'Ik ben een superman, hard, koud, ontzagwekkend, zonder gevoel en geweten. Zoals jij adviseert, zal ik heroïsche glorie verwerven door een paar kwebbelende dwergen uit te roeien. Om te beginnen jóú, kleintje. En ik heb misschien ook nog wel een paar verrassingen in petto voor die nazistische zus van je. Tenzij je een réden kunt bedenken waarom ik dat niet zou moeten doen.'

Dus als Nietzsches ideeën afstotelijk en onsamenhangend zijn, waarom zijn zoveel mensen er dan enthousiast over? Misschien is het niet verrassend dat een ethiek waarin de kunstenaar (samen met de strijder) een unieke waarde binnen het leven wordt toegeschreven zoveel kunstenaars aanspreekt. Een kleine opsomming: W.H. Auden, Albert Camus, André Gide, D.H. Lawrence, Jack London, Thomas Mann, Yukio Mishima, Eugene O'Neill, William Butler Yeats, Wyndham Lewis en (onder voorbehoud) George Bernard Shaw, schrijver van *Man and Superman*. (P.G. Wodehouse daarentegen laat Jeeves, een fan van Spinoza, tegen Bertie Wooster zeggen: 'U zou niets van Nietzsche moeten hebben, meneer. Hij deugt van geen kant.') Nietzscheaanse waarden spreken ook vele literaire intellectuelen aan die deel uitmaken van de Tweede Cultuur (herinner je hoe Leavis smaalde over Snows zorgen over wereldwijde armoede en ziekte omdat 'grote literatuur' is 'waar de mens door leeft'), en maatschappijcritici mogen graag gniffelen om *booboisie* (zoals H.L. Mencken, 'de Amerikaanse Nietzsche', de gewone mensen noemde). Hoewel ze het later probeerde te verbloemen, ademde Ayn Rands ophemeling van egoïsme, haar verafgoding van de heroïsche kapitalist en haar minachting voor algemeen welzijn in alles Nietzsche.[113]

Zoals Mussolini duidelijk maakte, inspireerde Nietzsche relativisten van over de hele wereld. In zijn minachting voor de waarheidsvinding onder wetenschappers en Verlichtingsdenkers beweerde Nietzsche dat er 'geen feiten bestaan, alleen interpretaties', en dat 'waarheid een afwijking is zonder welke een bepaalde levensvorm niet zou kunnen leven'.[114] (Natuurlijk was hij niet in staat om uit te leggen waarom we moesten geloven dat díé uitspraken waar zijn.) Om deze en andere redenen had hij grote invloed op Martin Heidegger, Jean-Paul Sartre, Jacques Derrida en Michel Foucault, en is hij de grondlegger van alle intellectuele bewegingen uit de twintigste eeuw die vijandig tegenover de wetenschap en objectiviteit stonden, waaronder het existentialisme, de kritische theorie, het poststructuralisme, het deconstructivisme en het postmodernisme.

Het moet Nietzsche worden nagegeven dat hij een energieke, levendige stilist was, en je zou het enthousiasme van kunstenaars en intellectuelen misschien nog vergeven als dat bestond uit waardering voor zijn literaire panache en een ironische interpretatie van de manier waarop hij een manier van denken beschreef die ze zelf ook verwierpen. Helaas hadden velen van hen helemaal geen moeite met zijn manier van denken. Een verrassend groot aantal twintigste-eeuwse intellectuelen en kunstenaars heeft gedweept met dictators, een syndroom dat de intellectuele historicus Mark Lilla tirannofilie noemt.[115] Sommige tirannofielen waren marxist en hanteerden het aloude principe 'Hij mag dan een klootzak zijn, hij is wel ónze klootzak'. Veel anderen waren echter nietzscheaan. De beruchtste waren Martin Heidegger en de rechtsfilosoof Carl Schmitt, die vurige aanhangers van het nazisme en Hitler waren. Sterker nog, het ontbrak geen autocraat uit de twintigste eeuw aan aanhangers onder de intelligentsia, ook Mussolini (Ezra Pound, Shaw, Yeats, Lewis), Lenin (Shaw, H.G. Wells), Stalin (Shaw, Sartre, Beatrice en Sidney Webb, Bertold Brecht, W.E.B. Du Bois, Pablo Picasso, Lillian Hellman), Mao (Sartre, Foucault, Du Bois, Louis Althusser, Alain Badiou), ayatollah Khomeini (Foucault) en Castro (Sartre, Graham Greene, Günter Grass, Norman Mailer, Harold Pinter en, zoals we hebben gezien in hoofdstuk 20, Susan Sontag) niet. Verscheidene keren hebben westerse intellectuelen ook de loftrompet gestoken over Ho Chi Minh, Muammar Kadhafi, Saddam Hoessein, Kim Il-sung, Pol Pot, Julius Nyerere, Slobodan Milošević en Hugo Chávez.

Waarom zouden uitgerekend intellectuelen en kunstenaars flirten met moordzuchtige dictators? Je zou denken dat intellectuelen de eersten zijn die korte metten maken met machtsvoorwendselen en dat kunstenaars de eersten zijn om menselijke compassie te verspreiden. (Gelukkig hebben velen van hen dat ook gedaan.) Eén verklaring, die wordt geopperd door de socioloog Paul Hollander, is 'beroepsnarcisme'. Misschien voelen intellectuelen en kunstenaars zich te weinig gewaardeerd in liberale democratieën, die de burgers in hun eigen behoeften laten voorzien binnen markten en burgerorganisaties. Dictators verwezenlijken van bovenaf theorieën in de praktijk en kennen intellectuelen een rol toe waarvan die het gevoel hebben dat die hun recht doet. Maar tirannofilie wordt ook gevoed door een nietzscheaanse minachting voor de gewone man, die zo ergerlijk oude rommel verkiest boven verfijnde kunst en cultuur, en door een bewondering voor de superman die de chaotische, onoverzichtelijke compromissen van de democratie ontstijgt en zo heroïsch een visie op de goede samenleving verwezenlijkt.

Hoewel Nietzsches romantisch heroïsme de individuele Übermensch verheerlijkt in plaats van welk collectief dan ook, is het een kleine stap om zijn 'individuele sterkere mannensoort' als een stam, ras of natie te interpreteren. Op die manier werden Nietzsches ideeën opgepikt door het nazisme, fascisme en andere vormen van romantisch nationalisme, en ze spelen de hoofdrol in een politiek drama dat tot de dag vandaag blijft bestaan.

Ik dacht aanvankelijk dat het trumpisme zuivere identiteitspolitiek was, een opwelling van tribalisme en autoritarisme uit de donkere krochten van de menselijke geest. Maar gestoorden met macht hebben hun razernij 'opgedaan' bij academische krabbelaars van een paar jaar geleden, en de uitdrukking 'intellectuele wortels van het trumpisme' is geen contradictio in terminis. Trump werd tijdens de presidentsverkiezingen van 2016 gesteund door 136 'Scholars and Writers for America' in een manifest met de titel 'Statement of Unity'.[116] Sommigen van hen zijn gelieerd aan het Claremont Institute, een denktank die wel 'de academische thuishaven van het trumpisme' wordt genoemd.[117] En Trump is direct geadviseerd door twee mannen, Stephen Bannon en Michael Anton, die de reputatie hebben zeer belezen te zijn en die zichzelf als echte intellectuelen beschouwen. Iedereen die voor het begrijpen van autoritair populisme verder wil kijken dan personen, moet de twee ideologieën die erachter schuilgaan op waarde schatten. Ze zijn allebei fel gekant tegen het Verlichtingshumanisme en worden allebei, zij het op verschillende manieren, door Nietzsche beïnvloed.[118] De ene is fascistisch, de andere reactionair – niet in de gebruikelijke linkse zin van 'iedereen die conservatiever is dan ik', maar in de originele, technische zin.

Het 'fascisme', van het Italiaanse woord voor 'groep' of 'bundel', kwam voort uit de romantische notie dat het individu een mythe is en dat mensen onlosmakelijk zijn verbonden met hun cultuur, stamboom en vaderland.[119] De eerste fascistische intellectuelen, onder wie Julius Evola (1898-1974) en Charles Maurras (1868-1952), zijn opnieuw ontdekt door neonazistische partijen in Europa en door Bannon en de alt-rightbeweging in de Verenigde Staten, die allemaal inzien hoe groot Nietzsches invloed is.[120] Het huidige *fascism light*, dat neigt naar autoritair populisme en romantisch nationalisme, wordt soms gerechtvaardigd door een ruwe versie van de evolutiepsychologie waarin de geselecteerde eenheid de groep is, evolutie wordt aangedreven door het overleven van de sterkste groep in de strijd met andere groepen, en mensen worden geselecteerd om hun belangen op te offeren voor de suprematie van hun groep. (Dat staat in contrast met mainstream evolutiepsychologie, waarin de geselecteerde eenheid het gen is.)[121] Daaruit volgt dat niemand een kosmopoliet, een wereldburger kan zijn; mens-zijn betekent deel uitmaken van een natie. Een multiculturele, multi-etnische samenleving kan nooit werken, omdat haar bevolking zich ontworteld en vervreemd zal voelen en haar cultuur zal afvlakken tot de laagste gemene deler. Als een natie haar belangen ondergeschikt maakt aan internationale verdragen, geeft ze daarmee haar bestaansrecht op en wordt ze een klein onderdeeltje van een wereldwijde strijd waarbij iedereen het tegen elkaar opneemt. En aangezien een natie een organisch orgaan is, kan haar grootsheid belichaamd worden door de grootsheid van haar leider, die de stem van het volk direct verwoordt, niet gehinderd door de molensteen van een administratieve staat.

De reactionaire ideologie is theoconservatisme.[122] De eerste theoconservatieven waren, in weerwil van de spottende benaming (die werd bedacht door de afvallige Damon Linker als woordspeling op 'neoconservatisme'), radicalen uit de jaren zestig die hun revolutionaire bezieling van de harde linkervleugel overhevelden naar de harde rechtervleugel. Ze staan niets minder voor dan een heroverweging van de Verlichtingswortels van de Amerikaanse politieke orde. De erkenning van het recht op leven, vrijheid en het najagen van geluk, en het mandaat van de overheid die rechten te beschermen, hebben naar hun mening alleen maar geleid tot anomie, hedonisme en welig tierende immoraliteit, waaronder wetteloosheid, pornografie, slecht functionerende scholen, afhankelijkheid van bijstand en abortus. De maatschappij moet naar meer streven dan dit onvolgroeide individualisme en moet het conformeren aan rigoureuzere morele normen bevorderen die worden opgelegd door een gezag dat groter is dan wijzelf. De voor de hand liggende bron van die normen is het traditionele christendom.

'Theocons' stellen dat de uitholling van het gezag van de kerk tijdens de Verlichting ertoe leidde dat de westerse beschaving geen stevig moreel fundament meer had en dat het Westen door een verdere aantasting tijdens de jaren zestig van de vorige eeuw op het randje van de afgrond balanceert. President Bill Clinton kon Amerika elke dag in het verderf storten, of nee, maak daar Obama van, of nee, het zou zéker gebeuren onder president Hillary Clinton. (Vandaar Antons hysterische essay 'The Flight 93 Election', dat we hebben besproken in

hoofdstuk 20. Daarin wordt het land vergeleken met de vliegtuigka-
ping op 11 september en worden kiezers opgeroepen 'de cockpit aan te
vallen of anders te sterven!')[123] Welk ongemak de theocons misschien
ook gevoeld hebben als gevolg van de vulgariteit en antidemocratische
capriolen van hun vaandeldrager in 2016, het woog minder zwaar dan
de hoop dat alleen hij de radicale veranderingen teweeg kon brengen
die in Amerika nodig waren om een ramp af te wenden.

Lilla wijst op een ironisch aspect van het theoconservatisme. Hoewel het in opkomst is geraakt door radicaal islamisme (waarvan de
theocons denken dat dat binnenkort de Derde Wereldoorlog zal ontketenen), zijn de bewegingen vergelijkbaar wat betreft hun reactionaire mindset, met zijn afkeer van moderniteit en vooruitgang.[124] Beide
geloven dat er ergens in het verleden een gelukkige, geordende staat
bestond waar rechtschapen mensen hun plek kenden. Alleen een
heroïsche voorhoede die de vroegere gang van zaken nog helder voor
de geest heeft, kan de maatschappij naar die hoogtijdagen laten terugkeren.

Houd in gedachten, zodat je het verband tussen deze intellectuele geschiedenis en de hedendaagse ontwikkelingen niet uit het oog verliest,
dat Trump in 2017 besloot Amerika terug te trekken uit het klimaatakkoord van Parijs. Dat deed hij onder druk van Bannon, die hem ervan overtuigde dat samenwerking met andere landen een teken van
overgave is in de mondiale strijd om macht en aanzien.[125] (Trumps vijandige houding ten opzichte van immigratie en handel had dezelfde
grondslag.) Nu er zoveel op het spel staat, is het goed onszelf eraan
te herinneren waarom het pleidooi voor neo-theo-reactionair-popu-
listisch nationalisme intellectueel failliet is. Ik heb al besproken hoe
absurd het is om te zoeken naar een fundament van moraliteit in de instituties die ons de kruistochten, de Inquisitie, de heksenjachten en de
Europese religieoorlogen hebben gebracht. Het idee dat de wereldorde
zou moeten bestaan uit etnisch homogene natiestaten die elkaar naar
het leven staan is al even bespottelijk.

Ten eerste is de bewering dat mensen de aangeboren verplichting
hebben zich met een natiestaat te identificeren (met de implicatie dat
kosmopolitisme tegen de menselijke natuur ingaat) een staaltje slechte
evolutionaire psychologie. Ze verwart kwetsbaarheid met een behoefte
(net als de theorie dat de mens onherroepelijk de aangeboren behoefte
heeft om een religie aan te hangen). Mensen voelen zich zonder twijfel
solidair met hun stam, maar de intuïtie of 'stam' waarmee we geboren
worden kan geen natiestaat zijn, omdat die een historisch artefact van

534

de Verdragen van Westfalen uit 1648 is. (Ook kan het geen ras zijn, aangezien onze evolutionaire voorouders zelden iemand van een ander ras ontmoetten.) In werkelijkheid is de cognitieve categorie van een stam, incrowd of coalitie abstract en multidimensionaal.[126] Mensen hebben van zichzelf het idee dat ze tot vele overlappende stammen behoren; hun clan, woonplaats, land van herkomst, nieuwe land, religie, etnische groep, alma mater, kloostergemeenschap, politieke partij, werkgever, liefdadigheidsorganisatie, voetbalclub, ja zelfs het merk van hun camera-uitrusting. (Als je echt fel tribalisme wilt zien, neem dan eens een kijkje op een 'Nikon vs. Canon'-forum op internet.)

Het is waar dat politieke verkopers een mythologie en iconografie kunnen neerzetten die mensen verleidt om van een religie, etniciteit of natie hun fundamentele identiteit te maken. Met het juiste pakket van indoctrinatie en dwang kunnen ze van mensen zelfs kanonnenvoer maken.[127] Dat betekent niet dat nationalisme een menselijke drijfveer is. Niets in de menselijke natuur weerhoudt iemand ervan een trotse Fransman, Europeaan en wereldburger te zijn, allemaal tegelijkertijd.[128]

De bewering dat etnische uniformiteit tot culturele verhevenheid leidt is volkomen onjuist. Niet voor niets noemen we onontwikkelde dingen *provinciaal* en *bekrompen* en ontwikkelde dingen *werelds* en *kosmopolitisch*. Niemand is geniaal genoeg om helemaal zelf iets waardevols te verzinnen. Geniale individuen en culturen zijn verzamelaars en toe-eigenaars en grossieren in successen. Levendige, dynamische culturen bestrijken grote gebieden waar mensen en vernieuwingen van heinde en verre naartoe stromen. Dat verklaart waarom Eurazië, en niet Australië, Afrika of een van de Amerika's, het eerste continent was met uitgestrekte beschavingen (zoals gedocumenteerd door Sowell in zijn *Culture*-trilogie en door Jared Diamond in *Zwaarden, paarden en ziektekiemen*).[129] Het verklaart waarom het altijd handelssteden op grote kruispunten en langs grote waterwegen zijn geweest die bruisen van de cultuur.[130] En het verklaart waarom mensen zich altijd hebben verplaatst naar de plek waar ze het beste van hun leven kunnen maken. Wortels zijn voor bomen, mensen hebben voeten.

Ten slotte: laten we niet vergeten waarom internationale instituties en mondiaal bewustzijn überhaupt zijn ontstaan. Tussen 1803 en 1945 probeerde de wereld een internationale orde uit die was gebaseerd op natiestaten die heroïsch om macht en aanzien streden. Dat liep niet zo goed af. Het is met name fout voor reactionair rechts om hysterisch te waarschuwen voor een islamistische 'oorlog' tegen het Westen (met een paar honderd slachtoffers), als reden om terug te keren naar een internationale orde waarin het Westen herhaaldelijk oorlogen te-

535

gen zichzelf uitvocht (met tientallen miljoenen slachtoffers). Na 1945 zeiden de wereldleiders: 'Nou, dát moeten we maar niet meer doen' en begonnen ze nationalisme te relativeren ten gunste van universele mensenrechten, internationale wetten en transnationale organisaties. Het resultaat, zoals we in hoofdstuk 11 hebben gezien, is zeventig jaar relatieve vrede en voorspoed in Europa, en in toenemende mate in de rest van de wereld.

Wat betreft de jammerklacht dat de Verlichting een 'kort intermezzo' is: die tekst zal eerder op de grafsteen van het neofascisme, het neoreactionisme en verwante tegenbewegingen uit het begin van de eenentwintigste eeuw staan. De Europese verkiezingen en de zelfdestructief en wild om zich heen slaande regering-Trump van 2017 doen vermoeden dat de wereld de populismepiek misschien wel heeft bereikt, en zoals we in hoofdstuk 20 zagen, bevindt de beweging zich op een demografische weg die nergens naartoe leidt. Ondanks de krantenkoppen maken de aantallen duidelijk dat democratie (hoofdstuk 14) en liberale waarden (hoofdstuk 15) in de lift zitten en niet snel opeens zullen dalen. De voordelen van kosmopolitisme en internationale samenwerking kunnen niet lang genegeerd worden in een wereld waarin de beweging van mensen en ideeën onstuitbaar is.

Hoewel het morele en intellectuele pleidooi voor het humanisme volgens mij overweldigend is, vragen sommigen zich misschien af of het humanisme ook maar enigszins is opgewassen tegen religie, nationalisme en romantisch heroïsme als het gaat om het veroveren van de harten van mensen. Zal de Verlichting uiteindelijk stranden omdat ze menselijke oerbehoeften niet kan aanspreken? Moeten humanisten revivalbijeenkomsten houden waar predikers Spinoza's *Ethica* opdreunen terwijl ze met hun ogen rollen en in het Esperanto wauwelen? Moeten ze bijeenkomsten organiseren waar jonge mannen in felgekleurde overhemden een saluut brengen aan reusachtige posters van John Stuart Mill? Ik denk het niet; we moeten niet vergeten dat een zwakke plek niet hetzelfde is als een behoefte. De burgers van Denemarken, Nieuw-Zeeland en andere gelukkige delen van de wereld redden zich prima zonder deze paroxismen. Iedereen kan de overvloed van een kosmopolitische seculiere democratie met eigen ogen zien.

Toch hebben regressieve ideeën een eeuwige aantrekkingskracht en moeten de argumenten voor rede, wetenschap, humanisme en vooruitgang altijd weer tot uitdrukking worden gebracht. Wanneer we onze moeizaam verworven vooruitgang niet erkennen, gaan we misschien wel geloven dat perfecte orde en universeel welzijn de natuurlijke staat der dingen zijn, en dat elk probleem iets verschrikkelijks is dat schreeuwt om het beschuldigen van daders, het afbreken van instituties en het aan de macht helpen van een leider die het land zal terugbrengen tot zijn rechtmatige staat. Ik heb zelf zo goed ik kon een pleidooi gehouden voor vooruitgang en de idealen die die vooruitgang mogelijk maken, en ik heb aanwijzingen gegeven over hoe journalisten, intellectuelen en andere nadenkende mensen (onder wie de lezers van dit boek) misschien kunnen vermijden dat ze bijdragen aan de wijdverbreide onachtzaamheid jegens de dingen die de Verlichting ons heeft geschonken.

537

Vergeet de statistiek niet: een anekdote is geen trend. Vergeet de geschiedenis niet: het feit dat iets vandaag slecht is, wil niet zeggen dat het vroeger beter was. Vergeet de filosofie niet: je kunt niet redeneren dat er niet zoiets als rede bestaat of dat iets waar of goed is omdat God het heeft gezegd. En vergeet de psychologie niet: veel van wat we weten is niet waar, en al helemaal niet als onze kameraden het ook weten.

Blijf alles een beetje in perspectief zien. Niet elk probleem is een crisis, plaag, epidemie of existentiële dreiging, en niet elke verandering is het einde van zus, de dood van zo of het begin van een post-nog-wat-tijdperk. Verwar pessimisme niet met diepzinnigheid of wijsheid; problemen zijn onvermijdelijk, maar ze zijn ook op te lossen, en pessimisme is een goedkope poging om serieus te worden genomen. Ten slotte: laat Nietzsche links liggen. Zijn ideeën lijken misschien lekker scherp, authentiek en *bad-ass*, terwijl het humanisme sullig, niet hip en niet cool lijkt. Maar wat is er zo grappig aan vrede, liefde en begrip?

Het pleidooi voor Verlichting nu is niet alleen een kwestie van het aan de kaak stellen van misvattingen of het verspreiden van data. Het kan gepresenteerd worden als een inspirerend verhaal, en ik hoop dat mensen met meer artistieke flair en die retorisch sterker zijn dan ik het beter kunnen vertellen en verder kunnen verspreiden. Het verhaal over menselijke vooruitgang is pas écht heroïsch. Het is glorieus en prachtig. Ik durf zelfs te zeggen dat het spiritueel is. Het gaat ongeveer zo.

We zijn geboren in een meedogenloos universum, waar de kans op orde die leven mogelijk maakt heel klein is en waar we voortdurend gevaar lopen naar de haaien te gaan. We zijn gemaakt van krom hout, kwetsbaar voor illusies, egoïsme en soms verbijsterde stompzinnigheid.

Maar de menselijke natuur is gezegend met hulpmiddelen die ruimte creëren voor een soort verlossing. We zijn begiftigd met het vermogen om ideeën recursief te combineren, om na te denken over onze gedachten. We hebben taalinstinct, dat ons in staat stelt de vruchten van onze ervaring en ons vernuft te delen. We worden als het ware verdiept door ons vermogen tot mededogen – tot medelijden, inleving, compassie, begaanheid.

Deze gaven hebben manieren gevonden om hun eigen macht te vergroten. Het bereik van taal is toegenomen door het geschreven, gedrukte en elektronische woord. Onze cirkel van mededogen is uitgebreid door de geschiedenis, de journalistiek en de verhalende kunst. En onze nietige rationele vermogens zijn vermenigvuldigd door de normen en instituties van de rede: intellectuele nieuwsgierigheid, open debat, een sceptische houding jegens autoriteit en dogma's, en de bewijslast om ideeën te verifiëren door ze te toetsen aan de realiteit.

Naarmate de spiraal van recursieve verbetering meer vaart krijgt, behalen we de ene overwinning na de andere op de krachten die ons aanvallen, niet in het minst de donkere kanten van onze natuur. We begrijpen steeds meer van de mysteries van de kosmos, inclusief leven en geest. We leven langer, lijden minder, leren meer, worden slimmer en genieten van kleine genoegens en rijke ervaringen. Er worden minder mensen vermoord, belaagd, tot slaaf gemaakt, onderdrukt of door anderen uitgebuit. Vanuit een paar oases breiden de gebieden waar vrede en voorspoed heersen zich uit, en op een dag bestrijken ze misschien wel de hele aarde. Er blijft veel lijden bestaan, evenals enorme gevaren. Maar er worden ideeën geopperd om ze te verminderen, en een oneindig aantal andere ideeën moet nog bedacht worden.

De wereld zal nooit volmaakt zijn, en het zou gevaarlijk zijn naar zo'n wereld te streven. Er zijn echter geen grenzen aan de verbeteringen die we kunnen realiseren als we kennis blijven toepassen om het menselijk gedijen te vergroten.

Dit heroïsche verhaal is niet slechts een van de vele mythes. Mythes zijn fictie, en dit verhaal is waar – waar voor zover wij weten met onze beste kennis, die de enige waarheid is die we hebben. We geloven het omdat we daar rédenen voor hebben. Naarmate we meer te weten komen, kunnen we aantonen welke delen van het verhaal waar zijn en welke niet – wat voor elk van die verhalen kan gelden, en wat ze allemaal kunnen worden.

En het verhaal behoort niet toe aan één stam maar aan de gehele mensheid – aan elk schepsel met een bewustzijn en met het vermogen om te denken en de hardnekkige drang om te blijven bestaan. Je hebt er namelijk alleen maar de overtuiging voor nodig dat leven beter is dan dood, gezondheid beter dan ziekte, overvloed beter dan gebrek, vrijheid beter dan dwang, geluk beter dan lijden, en kennis beter dan bijgeloof en onwetendheid.

Noten

Voorwoord

1   'Moeders en kinderen' uit Donald Trumps inauguratierede, 20 januari 2017, https://www.whitehouse.gov/inaugural-address. 'Regelrechte oorlog' en 'spirituele en morele fundamenten' afkomstig van opmerkingen van Trumps hoofdstrateeg Stephen Bannon op een conferentie in het Vaticaan in de zomer van 2014, weergegeven in J. L. Feder, 'This Is How Steve Bannon Sees the Entire World', BuzzFeed, 16 november 2016, https://www.buzzfeed.com/lesterfeder/this-is-how-steve-bannon-sees-the-entire-world. 'Wereldwijde machtsstructuur' uit 'Donald Trump's Argument for America', reclame uit laatste televisiecampagne, november 2016, http://blog.4president.org/2016/2016-tv-ad/. Bannon wordt vaak genoemd als medebedenker van alle drie.

2   Merton 1942/1973 noemde zijn belangrijkste deugd 'communisme', al wordt het vaak weergegeven als 'communalisme' om het te onderscheiden van bolsjewisme, maoïsme en dergelijke.

Deel 1 Verlichting

1   S. Maher, 'Inside the Mind of an Extremist', presentatie tijdens het Oslo Freedom Forum, 26 mei 2015, https://oslofreedomforum.com/talks/inside-the-mind-of-an-extremist.

2   Uit Hayek 1960/2011, 47; zie ook Wilkinson 2016a.

1 Durf te begrijpen!

1   *Wat is verlichting?* Kant 1784/1991.

2   De citaten zijn samengevoegd en afkomstig uit vertalingen van H.B. Nisbet, Kant 1784/1991 en van Mary C. Smith, http://www.columbia.edu/acis/ets/CCREAD/etscc/kant.html.

3   Deutsch 2011, 221-222.

4   Goldstein 2006; Gottlieb 2016; Grayling 2007; Hunt 2007; Israel 2001; Makari 2015; Montgomery & Chirot 2015; Pagden 2013; Porter 2000.

5   Nagel 1997; zie ook hoofdstuk 21.

6   Pagden 2013, 98.

7 Wootton 2015, 6-7.

8 Scott 2010, 20-21.

9 Kitcher 1990; Macnamara 1999; Makari 2015; Montgomery & Chirot 2015; Pagden 2013; Stevenson & Haberman 1998.

10 Nagel 1970; Pinker 2011; Shermer 2015; Singer 1981/2010.

11 Appiah 2006; Pagden 2013; Pinker 2011.

12 Hunt 2007; Pinker 2011.

13 Berlin 1979; Nisbet 1980/2009.

14 Scott 1998.

15 Pinker 2002/2016, 170-71, 409-11.

16 Citaten uit Le Corbusier, uit Scott 1998, 114-15.

17 Hunt 2007.

18 Montgomery & Chirot 2015; Ridley 2010; Smith 1776/2009.

19 Mueller 1999, 2010b; Pagden 2013; Pinker 2011; Schneider & Gleditsch 2010.

20 Kant 1795/1983; Russett & Oneal 2001.

2 Entro, Evo, Info

1 Atkins 2007; Carroll 2016; Hidalgo 2015; Lane 2015.

2 Eddington 1928/2015.

3 Snow 1959/1998, 14-15.

4 Tooby, Cosmides & Barrett 2003.

5 England 2015; Gell-Mann 1994; Hidalgo 2015; Lane 2015.

6 Dawkins 1983, 1986; Lane 2015; Tooby, Cosmides & Barrett 2003.

7 Goldstein 2006.

8 Adriaans 2013; Dretske 1981; Gleick 2011; Hidalgo 2015.

9 https://schneider.ncifcrf.gov/information.is.not.uncertainty.html.

10 Adriaans 2013; Dretske 1981; Fodor 1987, 1994.

11 Hidalgo 2015, ix; zie ook Lloyd 2006.

12 Anderson 2007; Pinker 1997/2009, hoofdstuk 2.

13 Block 1986; Fodor 1987, 1994.

14 Marlowe 2010; Pinker 1997/2009; Tooby & DeVore 1987; Wrangham 2009.

15 Pinker 1994/2007.

16 Marlowe 2010.

17 Goldstein 2013.

18 Baumard et al. 2015.

19 Uit *De Driestuiveropera*, akte 11, scene 1.

20 Carroll 2016; Wootton 2015.

21 Carey 2009; Wolf 2007.

22 Oesterdiekhoff 2015; Pinker 1997/2009, hoofdstuk 5 en 6; Pinker 2007a, hoofdstuk 7.

23 Ariely 2010; Gigerenzer 2015; Kahneman 2011; Pinker 1997/2009, hoofdstuk 5; Sutherland 1992.

24 Kahan, Jenkins-Smith & Braman 2011; Kahan, Peters, et al. 2013; Kahan, Wittlin, et al. 2011; Mercier & Sperber 2011; Tetlock 2002.

25 Johnson 2004; Sloman & Fernbach 2017.

26 Greene 2013; Haidt 2012; Pinker 2008a.

27 DeScioli & Kurzban 2009.

28 Fiske & Rai 2015; Pinker 2011, hoofdstuk 8 en 9.

29 Pinker 2007a, 2010.

30 *Writings* 13:333-35, geciteerd in Ridley 2010, 247.

31 Haidt 2012; Mercier & Sperber 2011.

32 Nagel 1970; Pinker 2011; Singer 1981/2010.

3 Contra-Verlichtingen

1 Twenge, Campbell & Carter 2014. Mueller 1999, 167-68, wijst erop dat in de jaren zestig sprake was van een hoogtepunt in vertrouwen in instituties, dat noch daarvoor, noch daarna ooit geëvenaard is.
Gauchat 2012; Inglehart & Norris 2016; J. Müller 2016; Norris & Inglehart 2016; zie ook hoofstuk 20 en 22.

2 Conrad 2012; Kurlansky 2006; Pelham 2016; Sen 2005; Sikkink 2017.

3 Berlin 1979; Garrard 2006; Herman 1997; Howard 2001; McMahon 2001; Sternhell 2010; Wolin 2004; zie ook hoofdstuk 22.

4 Inscriptie in John Singer Sargents schilderij *Death and Victory* uit 1922, Widener Library, Harvard University.

5 Coyne 2015; zie ook hoofdstuk 22.

6 Asafu-Adjaye et al. 2015; Ausubel 1996, 2015; Brand 2009; DeFries 2014; Nordhaus & Shellenberger 2007; zie ook hoofdstuk 10.

7 Duarte et al. 2015; Haidt 2012; Kahan, Jenkins-Smith & Braman 2011; Mercier & Sperber 2011; Tetlock & Gardner 2015; en zie veel meer in hoofdstuk 21.

8 Een bewerking van een citaat van Michael Lind op het achteromslag van Herman 1997. Zie ook Nisbet 1980/2009.

9 Bailey 2015; Brand 2009; Herman 1997; Ridley 2010; zie ook hoofdstuk 10.

10 Een verzameling door de literair historicus Hoxie Neale Fairchild van citaten van T. S. Eliot, William Burroughs en Samuel Beckett, uit *Religious Trends in English Poetry*, geciteerd in Nisbet 1980/2009, 328.

11 Nietzsche 1887/2014.

12 Snow heeft nooit een bepaalde volgorde aangegeven in zijn Twee Culturen, maar door later gebruik is die er wel gekomen; zie bijvoorbeeld Brockman 2003.

541

13 Snow 1959/1998, 14.

14 Leavis 1962/2013; zie Collini 1998, 2013.

15 Leavis 1962/2013, 71.

4 Fobie voor vooruitgang

1 Herman 1997, 7, citeert ook Joseph Campbell, Noam Chomsky, Joan Didion, E.L. Doctorow, Paul Goodman, Michael Harrington, Robert Heilbroner, Jonathan Kozol, Christopher Lasch, Norman Mailer, Thomas Pynchon, Kirkpatrick Sale, Jonathan Schell, Richard Sennett, Susan Sontag, Gore Vidal en Gary Wills.

2 Nisbet 1980/2009, 317.

3 McNaughton-Cassill & Smith 2002; Nagdy & Roser 2016b; Veenhoven 2010; Whitman 1998.

4 Resultaten van de EU Eurobarometer-enquête, opnieuw weergegeven in Nagdy & Roser 2016b.

5 Enquêteresultaten van Ipsos 2016, 'Perils of Perception (Topline Results)', 2013, https://www.ipsos.com/sites/default/files/migrations/en-uk/files/Assets/Docs/Polls/ipsos-mori-rss-kings-perils-of-perception-topline.pdf, graphed in Nagdy & Roser 2016b.

6 Dunlap, Gallup & Gallup 1993, weergegeven in Nagdy & Roser 2016b.

7 J. McCarthy, 'More Americans Say Crime Is Rising in U.S.', Gallup. com, 22 oktober 2015, http://www.gallup.com/poll/186308/americans-say-crime-rising.aspx.

8 Meerderheden in Australië, Denemarken, Finland, Frankrijk, Duitsland, Groot-Brittannië, Hongkong, Noorwegen, Singapore, Zweden en de Verenigde Staten; ook Maleisië, Thailand en de Verenigde Arabische Emiraten. China was het enige land met meer respondenten die zeiden dat het beter ging met de wereld dan respondenten die zeiden dat het slechter ging. YouGov-enquête, 5 januari 2016, https://yougov.co.uk/news/2016/01/05/chinese-people-are-most-optimistic-world/; Dean Obeidallah, 'We've Been on the Wrong Track Since 1972', Daily Beast, 7 november 2014, http://www.pollingreport.com/right.htm.

9 B. Popik, 'First Draft of History (Journalism)', BarryPopik.com, http://www.barrypopik.com/index.php/new_york_city/entry/first_draft_of_history_journalism/.

10 Galtung & Ruge 1965.

11 Kahneman 2011; Slovic 1987; Slovic, Fischof & Lichtenstein 1982; Tversky & Kahneman 1973.

12 Ropeik & Gray 2002; Slovic 1987; Sutherland 1992, 11.

13 Bohle 1986; Combs & Slovic 1979; Galtung & Ruge 1965; Miller & Albert 2015.

14 Enquête uitgevoerd voor *Investor's Business Daily* door TIPP, 28 maart-2 april 2016, gevraagd aan de 83 procent respondenten die 'het nieuws over ISIS op de voet/redelijk aandachtig' volgen. http://www.investors. com/wp-content/uploads/2016/04/Tables_Apr2016_Posting-1.pdf.

15 Jackson 2016. See also Johnston & Davey 1997; McNaughton-Cassill 2001; Otieno, Spada & Renkl 2013; Ridout, Grosse & Appleton 2008; Unz, Schwab & Winterhoff-Spurk 2008.

16 Geciteerd in J. Singal, 'What All This Bad News Is Doing to Us', *New York,* 8 augustus 2014.

17 Eisner 2003; Goldstein 2011; Gurr 1981; Human Security Centre 2005; Human Security Report Project 2009; Mueller 1989, 2004; Payne 2004.

18 Deutsch 2011, 64, 76, 350; Berlin 1988/2013, 15.

19 Deutsch 2011, 193.

20 Zie hoofdstuk 19, en voor meer details: Pinker 2011, 210-22.

21 Baumeister, Bratslavsky, et al. 2001; Rozin & Royzman 2001.

22 Persoonlijke communicatie, 1982.

23 Baumeister, Bratslavsky, et al. 2001; Schrauf & Sanchez 2004.

24 Baumeister, Bratslavsky, et al. 2001.

25 Eibach & Libby 2009.

26 Connor 2014; zie ook Connor 2016.

27 Amabile 1983.

28 M. Housel, 'Why Does Pessimism Sound So Smart?', *Motley Fool,* 21 januari 2016.

29 Vergelijkbare punten zijn gemaakt door de econoom Albert Hirschman (1991) en de journalist Gregg Easterbrook (2003).

30 D. Bornstein & T. Rosenberg, 'When Reportage Turns to Cynicism', *New York Times,* 15 november 2016. Zie voor meer over de 'constructieve journalistiek'-beweging Gyldensted 2015, Jackson 2016 en het tijdschrift *Positive News* (www.positive.news).

31 De millenniumdoelstellingen van de VN zijn: 1. Het uitbannen van extreme armoede en honger. 2. Het realiseren van basisonderwijs voor iedereen. 3. Het bevorderen van gelijkwaardigheid van mannen en vrouwen; het versterken van de positie van vrouwen. 4. Het verminderen van kindersterfte. 5. Het verbeteren van gezondheid van moeders. 6. Het bestrijden van hiv/aids, malaria en andere ziekten. 7. De bescherming van een duurzaam milieu. 8. Het ontwikkelen van wereldwijde samenwerking voor [economische] ontwikkeling.

32 Boeken over vooruitgang (in de volgorde waarin ze genoemd worden): Norberg 2016, Easterbrook 2003, Reese 2013, Naam 2013, Ridley 2010, Robinson 2009, Bregman 2017, Phelps 2013, Diamandis & Kotler 2012,

543

Kenny 2011, Bailey 2015, Shermer 2015, DeFries 2014, Deaton 2013, Radelet 2015, Mahbubani 2013.

5 Leven

1   Wereldgezondheidsorganisatie 2016a.

2   Hans en Ola Rosling, 'The Ignorance Project', https://www.gapminder. org/ignorance/.

3   Roser 2016n; schatting voor Engeland in 1543 van R. Zijdeman, OECD Clio Infra.

4   Marlowe 2010, 160. De schatting betreft de Hadza, waar de baby- en kindersterfte (die voor de meeste variatie tussen populaties zorgen) identiek zijn aan de medianen in Marlowes steekproef van 478 foeragerende volkeren (p. 261); Galor & Moav 2007; Deaton 2013, 80.

5   Norberg 2016, 46 en 40.

6   Roser 2016n; Case & Deaton 2015.

7   Marlowe 2010, 261.

8   Deaton 2013, 56.

9   N. Kristof, 'Birth Control for Others', *New York Times,* 23 maart 2008.

10   M. Housel, '50 Reasons We're Living Through the Greatest Period in World History', *Motley Fool,* 29 januari 2014.

11   Wereldgezondheidsorganisatie 2015c.

12   Marlowe 2010, 160.

13   Radelet 2015, 75.

14   Mathers et al. 2001; Murray et al. 2012, zie ook Chernew et al. 2016, voor data dat gezonde levensverwachting, niet alleen levensverwachting, recent is toegenomen in de Verenigde Staten.

15   G. Kolata, 'U.S. Dementia Rates Are Dropping Even as Population Ages', *New York Times,* 21 november 2016.

16   Pinker 2008b.

17   L. R. Kass, 'L'Chaim and Its Limits: Why Not Immortality?' *First Things,* mei 2001.

18   Oeppen & Vaupel 2002.

19   M. Shermer, 'Radical Life-Extension Is Not Around the Corner', *Scientific American,* 1 oktober 2016; Shermer 2018.

20   Siegel, Naishadham & Jemal 2012.

21   Hayflick 2000; Shermer 2018.

22   P. Hoffman, 'Physics Makes Aging Inevitable, Not Biology', *Nautilus,* 12 mei 2016.

6 Gezondheid

1 Deaton 2013, 149.
2 Bettmann 1974, 136; aanhalingstekens binnen citaat weggelaten.
3 Bettmann 1974; Norberg 2016.
4 Carter 1966, 3, geciteerd in O'Neill 1989, 138.
5 Woodward, Shurkin & Gordon 2009; zie ook de website *ScienceHeroes* (www.scienceheroes.com). De statistici van het team zijn April Ingram en Amy R. Pearce.
6 Pinker 1999/2011.
7 Kenny 2011, 124-25.
8 D. G. McNeil Jr., 'A Milestone in Africa: No Polio Cases in a Year', *New York Times,* 11 augustus 2015; 'Polio This Week', *Polio Global Eradication Initiative,* http://polioeradication.org/polio-today/polio-now/this-week/, 17 mei 2017.
9 'Guinea Worm Case Totals', *The Carter Center,* 18 april 2017, https://www.cartercenter.org/health/guinea_worm/case-totals.html.
10 Bill & Melinda Gates Foundation, *Our Big Bet for the Future: 2015 Gates Annual Letter,* 7, https://www.gatesnotes.com/2015-Annual-Letter.
11 Wereldgezondheidsorganisatie 2015b.
12 Bill & Melinda Gates Foundation, 'Malaria: Strategy Overview', http://www.gatesfoundation.org/What-We-Do/Global-Health/Malaria.
13 Data van de Wereldgezondheidsorganisatie en de Child Health Epidemiology Reference Group, geciteerd in Bill & Melinda Gates Foundation, *Our Big Bet for the Future: 2015 Gates Annual Letter,* 7, https://www.gatesnotes.com/2015-Annual-Letter; UNAIDS 2016.
14 N. Kristof, 'Why 2017 May Be the Best Year Ever', *New York Times,* 21 januari 2017.
15 Jamison et al. 2015.
16 Deaton 2013, 41.
17 Deaton 2013, 122-23.

7 Levensonderhoud

1 Norberg 2016.
2 Braudel 2002.
3 Fogel 2004, geciteerd in Roser 2016d.
4 Braudel 2002, 76-77, geciteerd in Norberg 2016.
5 'Dietary Guidelines for Americans 2015-2020, Estimated Calorie Needs per Day, by Age, Sex, and Physical Activity Level', http://health.gov/dietaryguidelines/2015/guidelines/appendix-2/.
6 Caloriefiguren van Roser 2016d; zie ook figuur 7-1.
7 Food and Agricultural Organization of the United Nations, *The State of*

Food and Agriculture 1947, geciteerd in Norberg 2016.

8   Een definitie van de econoom Cormac Ó Gráda, geciteerd in Hasell & Roser 2017.

9   Devereux 2000, 3.

10 W. Greene, 'Triage: Who Shall Be Fed? Who Shall Starve?', *New York Times Magazine*, 5 januari 1975. De term *lifeboat ethics* is een jaar eerder geïntroduceerd door de ecoloog Garrett Hardin in een artikel in *Psychology Today* (september 1974) met de titel 'Lifeboat Ethics: The Case Against Helping the Poor'.

11 'Service Groups in Dispute on World Food Problems', *New York Times*, 15 juli 1976; G. Hardin, 'Lifeboat Ethics', *Psychology Today*, september 1974.

12 N. Kristof, 'Birth Control for Others', *New York Times*, 23 maart, 2008.

13 Devereux 2000.

14 Geciteerd in 'Making Data Dance', *The Economist*, 9 december 2010.

15 Deaton 2013; Norberg 2016; Ridley 2010.

16 DeFries 2014.

17 Norberg 2016.

18 Woodward, Shurkin & Gordon 2009; http://www.scienceheroes.com/. Haber behoudt deze eervolle vermelding zelfs als we de negentigduizend doden uit de Eerste Wereldoorlog van het totaal aftrekken die zijn gevallen als gevolg van chemische wapens, die hij mede heeft helpen ontwikkelen.

19 Morton 2015, 204.

20 Roser 2016e, 2016u.

21 Brand 2009; Norberg 2016; Ridley 2010; Woodward, Shurkin & Gordon 2009; DeFries 2014.

22 Radelet 2015.

23 Roser 2016m.

24 Norberg 2016.

25 Norberg 2016. Volgens de *Global Forest Resources Assessment 2015* van de UN FAO: 'Het totale oppervlak bosgrond is in meer dan zestig landen en gebieden toegenomen, voor het grootste deel in de gematigde en boreale zones.' http://www.fao.org/resources/infographics/infographics-details/en/c/325836/.

26 Norberg 2016.

27 Ausubel, Wernick & Waggoner 2012.

28 Alferov, Altman & 108 andere Nobelprijswinnaars, 2016; Brand 2009; Radelet 2015; Ridley 2010, 170-73; J. Achenbach, '107 Nobel Laureates Sign Letter Blasting Greenpeace over GMOs', *Washington Post*, 30 juni 2016; W. Saletan, 'Unhealthy Fixation', *Slate*, 15 juli 2015.

29 W. Saletan, 'Unhealthy Fixation', *Slate*, 15 juli 2015.

30 Sloman & Fernbach 2017.
31 Brand 2009, 117.
32 Sowell 2015.
33 Devereux 2000; Sen 1984, 1999.
34 Devereux 2000. Zie ook White 2011.
35 Devereux 2000 schrijft dat tijdens de koloniale periode 'macro-economische en politieke kwetsbaarheid voor hongersnood geleidelijk aan afnam' als gevolg van verbeteringen aan de infrastructuur en van 'de invoering van vroegtijdige waarschuwingssystemen en interventiemechanismen en hulpmechanismen door koloniale regeringen die de noodzaak inzagen voedselcrises te verlichten om politieke legitimiteit te verwezenlijken' (p. 13).

36 Gebaseerd op Devereux' schatting van zeventig miljoen doden tijdens grote hongersnoden in de twintigste eeuw (p. 29) en de schattingen van specifieke hongersnoden in zijn tabel 1. Zie ook Rummel 1994; White 2011.
37 Deaton 2013; Radelet 2015.

8 Welvaart

1 Rosenberg & Birdzell 1986, 3.
2 Norberg 2016, samenvatting van Braudel 2002, 75, 285 en elders.
3 Cipolla 1994. Aanhalingstekens binnen het citaat zijn weggelaten.
4 Sowell 1980.
5 Montgomery & Chirot 2015; Ridley 2010.
6 Feldstein 2017.
7 T. Kane, 'Piketty's Crumbs', *Commentary*, 14 april 2016.
8 De term Grote Ontsnapping is bedacht door Deaton 2013; Mokyr 2012.
9 Ridley 2010.
10 Mokyr 2012, 2014.
11 North, Wallis & Weingast 2009;' Acemoglu & Robinson 2012.
12 McCloskey 1994, 1998.
13 Uit *Letters Concerning the English Nation,* geciteerd in Porter 2000, 21.
14 Porter 2000, 21-22.
15 Data over BBP per hoofd van de bevolking uit Maddison Project 2014, weergegeven in Marian Tupy's *Human Progress,* http://www.humanprogress.org/f1/2785/1/2010/France/United%20Kingdom.
16 Mahbubani 2013. Mahbubani schrijft de term toe aan de columnist Martin Wolf. Radelet (2015) noemt het de Grote Golf; volgens Deaton (2013) maakt hij deel uit van wat hij de Grote Ontsnapping noemt.
17 Radelet 2015, 47-51.
18 In het UN *Millennium Development Goals Report 2015* staat: 'Het aantal

mensen in de werkende middenklasse – levend van meer dan vier dollar per dag – is tussen 1991 en 2015 bijna verdrievoudigd. Deze groep vormt nu de helft van beroepsbevolking in de ontwikkelende regio's, terwijl dat in 1991 slechts 18 procent was' (Verenigde Naties 2015a, 4). Natuurlijk gaat de 'werkende middenklasse' zoals gedefinieerd door de vn in ontwikkelde landen als arm, maar zelfs met een ruimere definitie is de wereld meer middenklasse geworden dan men misschien zou verwachten. Het Brookings Institution schatte in 2013 dat ze uit 1,8 miljard mensen bestond en zou toenemen tot 3,2 miljard in 2020 (L. Yueh, 'The Rise of the Global Middle Class', BBC News online, 19 juni 2013, http://www.bbc.com/news/business-22956470).

19   Roser 2016g.

20   Zie voor een andere manier om dezelfde historische ontwikkeling aan te tonen figuur 9-1 en 9-2, gebaseerd op data uit Milanović 2016.

21   Dit is ook equivalent aan de vastgestelde waarde van $1,25, weergegeven in international dollars van 2005: Ferreira, Jolliffe & Prydz 2015.

22   M. Roser, 'No Matter What Extreme Poverty Line You Choose, the Share of People Below That Poverty Line Has Declined Globally', *Our World in Data*-blog, 2017, https://ourworldindata.org/no-matter-what-global-poverty-line.

23   Rawls 1976.

24   Verenigde Naties 2015a.

25   Deaton 2013, 37.

26   Lucas 1988, 5.

27   Het doel wordt gedefinieerd als $1,25 per dag, wat de internationale armoedegrens van de Wereldbank in internationale dollars van 2005; zie Ferreira, Jolliffe & Prydz 2015.

28   Radelet 2015, 243; Roser & Ortiz-Ospina 2017, sectie IV.2.

29   Kenny 2011, 203.

30   Collier & Rohner 2008; Deaton 2013; Kenny 2011; Mahbubani 2013; Milanović 2016; Radelet 2015. Zie ook M. Roser, 'The Global Decline of Extreme Poverty-Was It Only China?' *Our World in Data*-blog, 7 maart 2017, https://ourworldindata.org/the-global-decline-of-extreme-poverty-was-it-only-china/.

31   Radelet 2015, 35.

32   Hayek 1945; Hidalgo 2015; Sowell 1980.

33   M. L. Tupy, 'The Power of Bad Ideas: Why Voters Keep Choosing Failed Statism', *CapX*, 7 januari 2016.

34   Kenny 2011, 203; Radelet 2015, 38.

35   Rummel 1994; White 2011.

36   Volgens de overlevering zei Franklin Roosevelt dit over Nicaragua's Ana-

stasio Somoza, maar dat is niet waarschijnlijk: http://message.snopes. com/showthread.php?t=8204/.

37 Radelet 2015, 184.

38 Collier 2007.

39 Deaton 2017.

40 Collini 1998, 2013.

41 Snow 1959/1998, 25-26; Leavis 1962/2013, 69-72.

42 Radelet 2015, 58-59.

43 'Factory Girls', door A Factory Girl, *The Lowell Offering*, no. 2, Dec. 1840, https://www2.cs.arizona.edu/patterns/weaving/periodicals/lo_40 _12.pdf. Geciteerd in C. Follett, 'The Feminist Side of Sweatshops', *The Hill*, 18 april 2017, http://thehill.com/blogs/pundits-blog/labor/ 329332-the-feminist-side-of-sweatshops.

44 Geciteerd in Brand 2009, 26; hoofdstuk 2 en 3 van zijn boek gaan over de bevrijdende krachten van verstedelijking.

45 Gerecenseerd in Brand 2009, hoofdstuk 2 en 3, en Radelet 2015, 59. Zie voor een vergelijkbaar verslag van het huidige China Chang 2009.

46 Brand 2009; Perlman 1976.

47 Radelet 2015.

48 Brand 2009; Deaton 2013; Kenny 2011; Radelet 2015; Ridley 2010.

49 Radelet 2015.

50 Jensen 2007.

51 Schatting van de International Telecommunications Union, geciteerd in Pentland 2007.

52 Deaton 2013; Easterly 2006.

53 Collier 2007; Kenny 2011; Radelet 2015; Singer 2010; S. Radelet, 'Angus Deaton, His Nobel Prize, and Foreign Aid', *Future Development Blog*, Brookings Institution, 20 oktober 2015, http://www.brookings. edu/blogs/future-development/posts/2015/10/20-angus-deaton-nobel-prize-foreign-aid-radelet.

54 Roser 2016n.

55 Figuren m.b.t. levensverwachting zijn afkomstig van www.gapminder.org.

56 Van Zanden et al. 2014, 252; Kenny 2011, 96-97; Land, Michalos & Sirgy 2012; Prados de la Escosura 2015; zie ook hoofdstuk 12 en 14-18.

57 Brunnschweiler & Lujala 2015; Hegre et al. 2011; Prados de la Escosura 2015; van Zanden et al. 2014; Welzel 2013; zie ook hoofdstuk 12 en 14-18.

58 Helliwell, Layard & Sachs 2016; Stevenson & Wolfers 2008a; Veenhoven 2010; zie ook hoofdstuk 18; Pietschnig & Voracek 2015; zie ook hoofdstuk 16.

59 Land, Michalos & Sirgy 2012; Prados de la Escosura 2015; van Zanden

et al. 2014; Veenhoven 2010; Porter, Stern & Green 2016; zie ook hoofdstuk 16.

60 Brunnschweiler & Lujala 2015; Hegre et al. 2011; Prados de la Escosura
2015; Van Zanden et al. 2014; Welzel 2013; zie ook hoofdstuk 11, 14 en 15.

9 Ongelijkheid

1 Weergegeven door de niet meer functionerende *New York Times* Chronicle tool, http://nytlabs.com/projects/chronicle.html, geraadpleegd op
19 september, 2016.

2 'Bernie Quotes for a Better World', http://www.betterworld.net/quotes/
bernie8.htm.

3 Roser 2016k.

4 Gini-data afkomstig van Roser 2016k, oorspronkelijk van OECD 2016;
merk op dat exacte waarden per bron verschillen. Zo schat Povcal van de
Wereldbank een minder extreme verandering, van 0,38 in 1986 tot 0,41
in 2013 (Wereldbank 2016d). Data inkomensaandelen afkomstig van de
World Wealth and Income Database, http://www.wid.world/. Zie voor
een uitgebreide dataset *The Chartbook of Economic Equality*, Atkinson et
al. 2017.

5 Frankfurt 2015; Mankiw 2013; McCloskey 2014; Parfit 1997; Sowell
2015; Starmans, Sheskin & Bloom 2017; Watson 2015; Winship 2013;
S. Winship, 'Inequality Is a Distraction. The Real Issue Is Growth',
Washington Post, 16 augustus 2016.

6 Frankfurt 2015, 7.

7 Volgens de Wereldbank 2016c, BBP per hoofd van de bevolking nam toe
in elk jaar tussen 1961 en 2015 met uitzondering van 2009.

8 Piketty 2013, 261; Kane 2016; McCloskey 2014; Summers 2014a.

9 Nozick 1974. Zijn voorbeeld was sterbasketballer Wilt Chamberlain.

10 J. B. Stewart, 'In the Chamber of Secrets: J. K. Rowling's Net Worth',
New York Times, 24 november 24, 2017.

11 Theorie van sociale vergelijking is afkomstig van Leon Festinger, die van
referentiegroepen van Robert Merton en van Samuel Stouffer. Zie Kelley & Evans 2016 voor een recensie en citaten.

12 Amartya Sen (1987) laat een vergelijkbaar argument horen.

13 Stevenson & Wolfers 2008a; Veenhoven 2010; zie ook hoofdstuk 18.

14 Wilkinson & Pickett 2009.

15 Saunders 2010; Snowdon 2010, 2016; Winship 2013.

16 Kelley & Evans 2016. Zie hoofdstuk 18 voor een uitleg over hoe geluk
gemeten is.

17 Starmans, Sheskin & Bloom 2017.

18 Sowell 1980, 1994, 1996, 2015.

19   Mankiw 2013; McCloskey 2014; Winship 2013; S. Winship, 'Inequality Is a Distraction. The Real Issue Is Growth', *Washington Post*, 16 augustus 2016.

20   Watson 2015.

21   Cosmides & Tooby 1992.

22   Brown 1991.

23   Smith et al. 2010. Het gemiddelde sluit twijfelachtige vormen van 'welvaart' uit, zoals reproductief succes, grijpkracht en delende partners.

24   Kuznets 1955.

25   Deaton 2013, 89.

26   Een deel van de toenamen van ongelijkheid tussen landen van 1820 tot 1970 kan worden toegeschreven aan het grotere aantal landen in de wereld. Branko Milanović, persoonlijke communicatie, 16 april 2017.

27   Graham 2016; Piketty 2013; Scheidel 2017.

28   Scheidel 2017, 444.

29   Lindert 2004; Van Bavel & Rijpma 2016.

30   Moatsos et al. 2014, 207.

31   OECD 2014.

32   Sheehan 2008.

33   In het bijzonder in bescherming van het milieu (hoofdstuk 10), toename op het gebied van veiligheid (hoofdstuk 12, de afschaffing van de doodstraf (hoofdstuk 14), de toename van emanciperende waarden (hoofdstuk 15), en menselijke ontwikkeling in het algemeen (hoofdstuk 16).

34   OECD 2014.

35   Wilkinson 2016b.

36   OECD 2014.

37   Prados de la Escosura 2015.

38   M. Lind, 'The Question Libertarians Just Can't Answer', *Salon*, 4 juni 2013; Friedman 1997. Zie ook hoofdstuk 21, noot 40.

39   Alesina, Glaeser & Sacerdote 2001; Peterson 2015.

40   Autor 2014; Deaton 2013; Goldin & Katz 2010; Graham 2016; Milanović 2016; Moatsos et al. 2014; Piketty 2013; Scheidel 2017.

41   Milanović 2016, fig. 1.3. Meer analyse van de olifant: Corlett 2016.

42   Corlett 2016; Lakner & Milanović 2015.

43   Lakner & Milanović 2015.

44   Coontz 1992/2016.

45   Rose 2016; Horwitz 2015 deed een vergelijkbare ontdekking.

46   Hirschl & Rank 2015. Horwitz 2015 verwierf vergelijkbare resultaten. Zie ook Sowell 2015; Watson 2015.

47   Whitman 1998; Bernanke 2016, Meyer & Sullivan 2011.

48   Roser 2016k.

49 Alesina, Glaeser & Sacerdote 2001; Peterson 2015.

50 Burtless 2014.

51 Proctor, Semega & Kollar 2016; E. Levitz, 'The Working Poor Got Richer in 2016', *New York*, 9 maart 2017.

52 C. Jencks, 'The War on Poverty: Was It Lost?' *New York Review of Books*, 2 april 2015; Furman 2014; Meyer & Sullivan 2011, 2012, 2016, 2017; Sacerdote 2017.

53 Proctor, Semega & Kollar 2016; Semega, Fontenot & Kollar 2017.

54 Henry et al. 2015.

55 Feldstein 2017.

56 Furman 2005.

57 Greenwood, Seshadri & Yorukoglu 2005; US Census Bureau, 'Extended Measures of Well-Being: Living Conditions in the United States, 2011', tabel 1, http://www.census.gov/hhes/well-being/publications/extended-11.html. Zie ook figuur 17-3.

58 Hassett & Mathur 2012; Horwitz 2015; Meyer & Sullivan 2012.

59 Stevenson & Wolfers 2008b.

60 Deaton 2013; Rijpma 2014, 264; Roser 2016a, 2016n; Roser & Ortiz-Ospina 2016a; Veenhoven 2010.

61 Summers 2016.

62 De econoom Douglas Irwin (2016) schrijft dat vijfenveertig miljoen Amerikanen onder de armoedegrens leven, 135 000 Amerikanen in de kledingindustrie werken en dat het normale personeelsverloop resulteert in ongeveer 1,7 miljoen ontslagen per maand.

63 Brynjolfsson & McAfee 2016.

64 Dobbs et al. 2016; Summers & Balls 2015.

65 S. Winship, 'Inequality Is a Distraction. The Real Issue Is Growth', *Washington Post*, 16 augustus 2016.

66 Bregman 2017; S. Hammond, 'When the Welfare State Met the Flat Tax', *Foreign Policy*, 16 juni 2016; R. Skidelsky, 'Basic Income Revisited', *Project Syndicate*, 23 juni 2016; C. Murray, 'A Guaranteed Income for Every American', *Wall Street Journal*, 3 juni 2016.

67 M. Lind, 'Can You Have a Good Life If You Don't Have a Good Job?' *New York Times*, 16 september 2016.

68 Bregman 2017; Diamandis & Kotler 2012; MacAskill 2015.

10 Het milieu

1   Zie Gore's *Earth in the Balance*, 1992; Ted Kaczynski (de Unabomber), 'Industrial Society and Its Future', http://www.washingtonpost.com/wp-srv/national/longterm/unabomber/manifesto.text.htm; Francis 2015. Kaczynski heeft Gores boek gelezen, en de overeenkomsten met zijn ma-

nifest zijn door Ken Crossman uiteengezet in een ongedateerde internet-quiz: http://www.crm114.com/algore/quiz.html.

2   Geciteerd in M. Ridley, 'Apocalypse Not: Here's Why You Shouldn't Worry About End Times', *Wired*, 17 augustus 2012. In *The Population Bomb* vergeleek Paul Ehrlich de mensheid ook met kanker; zie Bailey 2015, 5. Zie voor voor fantasieën over een ontvolkte planeet Alan Weismans bestseller uit 2007, *The World Without Us*.

3   Asafu-Adjaye et al. 2015; Ausubel 1996, 2007, 2015; Ausubel, Wernick & Waggoner 2012; Brand 2009; DeFries 2014; Nordhaus & Shellenberger 2007; Balmford & Knowlton 2017; https://earthoptimism.si.edu/; http://www.oceanoptimism.org/about/.

4   Asafu-Adjaye et al. 2015; Brand 2009; Burney & Flannery 2005; White 2011.

5   Cronon 1995.

6   Uit *Plows, Plagues, and Petroleum* (2005), geciteerd in Brand 2009, 19; zie ook Ruddiman et al. 2016.

7   Brand 2009, 133.

8   Hoofdstuk 5-8; A. Epstein 2014; Norberg 2016; Radelet 2015; Ridley 2010.

9   Ausubel 2015; Dinda 2004; Levinson 2008; Stern 2014. Merk op dat de curve niet van toepassing is op alle vervuilers of op alle landen, en dat wanneer hij zich voordoet dat het gevolg kan zijn van gevoerd beleid en niet vanzelf gebeurt.

10 Inglehart & Welzel 2005; Welzel 2013, hoofdstuk 12.

11 Ortiz-Ospina & Roser 2016d.

12 Eberstadt & Shah 2011.

13 M. Tupy, 'Humans Innovate Their Way Out of Scarcity', *Reason*, 12 januari 2016; zie ook Stuermer & Schwerhoff 2016.

14 Deutsch 2011.

15 'China's rare-earths bust', *Wall Street Journal*, 18 juli 2016.

16 Nordhaus 1974; Romer & Nelson 1996; Simon 1981; Stuermer & Schwerhoff 2016.

17 Deutsch 2011; Pinker 2002/2016, 236-39; Ridley 2010; Romer & Nelson 1996.

18 Deutsch 2011.

19 De grap over het Stenen Tijdperk wordt over het algemeen toegeschreven aan de Saoedische minister van Olie, Zaki Yamani, die hem in 1973 gemaakt zou hebben; zie 'The End of the Oil Age', *The Economist*, 23 oktober 2003; Ausubel 2007, 235.

20 DeFries 2014.

21 Brand 2009; Bryce 2014; Diamandis & Kotler 2012.

553

22 Brand 2009; Diamandis & Kotler 2012.

23 Ausubel 1996, 2015; Ausubel, Wernick & Waggoner 2012; Bailey 2015; Brand 2009; Ridley 2010.

24 Roser 2016f, gebaseerd op data van de VN Voedsel- en Landbouworganisatie.

25 Roser 2016f, gebaseerd op data van het Instituto Nacional de Pesquisas Espaciais van het Braziliaanse ministerie van Wetenschap en Technologie.

26 Environmental Performance Index, http://epi.yale.edu/country-rankings.

27 VN-Ontwikkelingsprogramma 2011.

28 Volgens het VN-rapport Millenniumdoelen is het aantal mensen dat wordt blootgesteld aan besmet water gedaald van 24 procent in 1990 tot 9 procent in 2015 (Verenigde Naties 2015a, 52). Volgens data die worden genoemd in Roser 2016l, in 1980, kookte 62 percent van de wereldbevolking met vaste brandstoffen; in 2010 was dat slechts 41 procent.

29 Geciteerd in Norberg 2016.

30 Roser 2016r; US Department of the Interior, 'Interior Department Releases Final Well Control Regulations to Ensure Safe and Responsible Offshore Oil and Gas Development', 14 april 2016, https://www.doi.gov/pressreleases/interior-department-releases-final-well-control-regulations-ensure-safe-and.

31 World Wildlife Fund and Global Tiger Forum, geciteerd in 'Nature's Comebacks', Time, 17 april 2016; Balmford 2012, Hoffmann et al. 2010; Suckling et al. 2016; United Nations 2015a, 57; R. McKie, 'Saved: The Endangered Species Back from the Brink of Extinction', The Guardian, 8 april 2017. Pimm over de dalende uitsterfsnelheid: geciteerd in D. T. Max, 'Green Is Good', New Yorker, 12 mei 2014.

32 De paleontoloog Douglas Erwin (2015) wijst erop dat massa-extinctie onopvallende maar wijdverspreide weekdieren, geleedpotigen en andere ongewervelde dieren uitroeit, niet de charismatische vogels en zoogdieren die aandacht van de media krijgen. De biogeograaf John Briggs (2015, 2016) merkt op dat 'de meeste diersoorten uitsterven op eilanden in de oceaan of in afgeschermde zoetwatergebieden' nadat de mens invasieve soorten het gebied binnen heeft gebracht, omdat de oorspronkelijke soorten nergens heen kunnen vluchten; enkele soorten zijn verdwenen op contenten of in de oceanen, en de afgelopen vijftig is geen enkele diersoort in de oceanen uitgestorven. Brand wijst erop dat de rampzalige voorspellingen ervan uitgaan dat alle bedreigde soorten zullen verdwijnen *en* dat dit eeuwen- en millennialang met dezelfde snelheid zal gebeuren; S. Brand, 'Rethinking Extinction', Aeon, 21 april 2015.

Zie ook Bailey 2015; Costello, May & Stork 2013; Stork 2010; M. Ridley, 'A History of Failed Predictions of Doom', http://www.rationaloptimist. com/blog/apocalypse-not/.

33 http://www.enviropedia.org.uk/Acid_Rain/International_Agreements. php.

34 Verenigde Naties 2015a, 7.

35 Merk op dat de Kuznetscurve voor het milieu mogelijk door dergelijk activisme en dergelijke wetgeving is gemotiveerd; zie noot 9 en 40 van dit hoofdstuk.

36 Asafu-Adjaye et al. 2015; Brand 2009.

37 Sutherland 2016.

38 M. Fisher, 'Cruising Toward Oblivion', *Washington Post*, 2 september 2015.

39 Ausubel 2015; Office for National Statistics 2016.

40 Zie bijvoorbeeld J. Salzman, 'Why Rivers No Longer Burn', *Slate*, 10 december 2012; S. Cardoni, 'Top 5 Pieces of Environmental Legislation', ABC News, 2 juli 2010, http://abcnews.go.com/Technology/top-pieces-environmental-legislation/story?id=11067662; Young 2011. Zie ook noot 35 van dit hoofdstuk.

41 Intergovernmental Panel on Climate Change 2014; King et al. 2015; W. Nordhaus 2013; Plumer 2015; World Bank 2012a. Zie ook J. Gillis, 'Short Answers to Hard Questions About Climate Change', *New York Times, 28* november 2015; 'The State of the Climate in 2016', *The Economist,* 17 november 2016.

42 Wereldbank 2012a.

43 Intergovernmental Panel on Climate Change 2014; King et al. 2015; W. Nordhaus 2013; Plumer 2015; World Bank 2012a. De projectie voor een stijging van 2° is het RCP2.6-scenario getoond in Intergovernmental Panel on Climate Change 2014, fig. 6.7.

44 Mijn schatting voor 2015, van British Petroleum 2016, 'Primary Energy: Consumption by Fuel', 41, 'Total World'.

45 NASA, 'Scientific Consensus: Earth's Climate Is Warming', http://climate.nasa.gov/scientific-consensus/; *Skeptical Science,* http://www. skepticalscience.com/; Intergovernmental Panel on Climate Change 2014; Plumer 2015; W. Nordhaus 2013; W. Nordhaus, 'Why the Global Warming Skeptics Are Wrong', *New York Review of Books,* 22 maart 2012. Enkele overtuigde sceptici zijn de libertarische schrijvers Michael Shermer, Matt Ridley en Ronald Bailey.

46 Powell 2015; G. Stern, 'Fifty Years After U.S. Climate Warning, Scientists Confront Communication Barriers', *Science,* 27 november 2015; zie ook de vorige noot.

47 Morton 2015; Oreskes & Conway 2010; Powell 2015.

48 Ik maak deel uit van de Raad van Advies van de Foundation for Individual Rights on Education (https://www.thefire.org/about-us/board-of-directors-page/), de Heterodox Academy (http://heterodoxacademy.org/about-us/advisory-board/) en het Academic Engagement Network http://www.academicengagement.org/en/about-us/leadership); zie ook Pinker 2002/2016, 2006. Zie voor bewijs over klimaatverandering citaten in noot 41, 45 en 46 van dit hoofdstuk.

49 M. Ridley, 'A History of Failed Predictions of Doom', http://www.rationaloptimist.com/blog/apocalypse-not/; J. Curry, 'Lukewarming', *Climate Etc.*, 5 november 2015, https://judithcurry.com/2015/11/05/lukewarming/.

50 W. Nordhaus 2013; W. Nordhaus, 'Why the Global Warming Skeptics Are Wrong', *New York Review of Books*, 22 maart 2012; R. W. Cohen et al., 'In the Climate Casino: An Exchange', *New York Review of Books*, 26 april 2012.

51 Foreman 2013.

52 C. Komanoff, 'Naomi Klein Is Wrong on the Policy That Could Change Everything', *Carbon Tax Center* blog, https://www.carbontax.org/blog/2016/11/07/naomi-klein-is-wrong-on-the-policy-that-could-change-everything/; C. Komanoff, 'To the Left-Green Opponents of I-732: How Does It Feel?' *Carbon Tax Center*-blog, https://www.carbontax.org/blog/2016/11/04/to-the-left-green-opponents-of-i-732-how-does-it-feel/; Arrow et al. 1997; 'FAQS,' *Carbon Tax Center*-blog, https://www.carbontax.org/faqs/.

53 'Naomi Klein on Why Low Oil Prices Could Be a Great Thing', *Grist*, 9 februari 2015.

54 Foreman 2013; Shellenberger & Nordhaus 2013.

55 Braman et al. 2007; Feinberg & Willer 2011; Kahan, Jenkins-Smith, et al. 2012; O'Neill & Nicholson-Cole 2009; L. Sorantino, 'Annenberg Study: Pope Francis' Climate Change Encyclical Backfired Among Conservative Catholics', *Daily Pennsylvanian*, 1november 2016, https://goo.gl/zUWXyk; T. Nordhaus & M. Shellenberger, 'Global Warming Scare Tactics', *New York Times*, 8 april 2014. Zie Boyer 1986 en Sandman & Valenti 1986 voor een vergelijkbaar punt over kernwapens.

56 'World Greenhouse Gas Emissions Flow Chart 2010', *Ecofys*, http://www.ecofys.com/files/files/asn-ecofys-2013-world-ghg-emissions-flow-chart-2010.pdf .

57 Desvousges et al. 1992.

58 Haidt 2007; Pinker 2008.

59 Nemirow 2016.

60 Zie http://scholar.harvard.edu/files/pinker/files/ten_ways_to_green_ your_scence_2.jpg and http://scholar.harvard.edu/files/pinker/files/ ten_ways_to_green_your_scence_1.jpg.

61 Shellenberger & Nordhaus 2013.

62 M. Tupy, 'Earth Day's Anti-Humanism in One Graph and Two Tables', *Cato at Liberty*, 22 april 2015, https://www.cato.org/blog/earth-days-anti-humanism-one-graph-two-tables.

63 Shellenberger & Nordhaus 2013.

64 W. Nordhaus 2013.

65 L. Sorantino, 'Annenberg Study: Pope Francis' Climate Change Encyclical Backfired Among Conservative Catholics', *Daily Pennsylvanian*, 1 november 2016, https://goo.gl/zUWXyk.

66 De daadwerkelijke koolstof-waterstofverhouding in de cellulose en lignine die hout vormen is lager, maar de meeste waterstof is al gebonden aan zuurstof, waardoor het niet oxideert en tijdens verbranding hitte afgeeft; zie Ausubel & Marchetti 1998.

67 Bitumineuze steenkool is hoofdzakelijk $c_{137}h_{97}o_9$NS, met een verhouding van 1,4 tot 1; antraciet bestaat hoofdzakelijk uit $c_{240}h_{90}o_4$NS, met een verhouding van 2,67 tot 1.

68 Ausubel 2007.

69 Ausubel 2007.

70 'Global Carbon Budget', *Global Carbon Project*, 14 november 2016, http://www.globalcarbonproject.org/carbonbudget/.

71 Ausubel 2007, 230.

72 Le Quéré et al. 2016.

73 Deep Decarbonization Pathways Project 2015; Pacala & Socolow 2004; Williams et al. 2014; http://deepdecarbonization.org/.

74 Arrow et al. 1997; zie ook 'FAQs', *Carbon Tax Center*-blog, https://www.carbontax.org/faqs/.

75 'FAQs', *Carbon Tax Center* blog, https://www.carbontax.org/faqs/; Romer 2016.

76 Asafu-Adjaye et al. 2015; Ausubel 2007; Brand 2009; Bryce 2014; Cravens 2007; Freed 2014; K. Caldeira et al., 'Top Climate Change Scientists' Letter to Policy Influencers', CNN, 3 november 2013, http://www.cnn.com/2013/11/03/world/nuclear-energy-climate-change-scientists-letter/index.html; M. Shellenberger, 'How the Environmental Movement Changed Its Mind on Nuclear Power', *Public Utilities Fortnightly*, mei 2016; Nordhaus & Shellenberger 2011; Breakthrough Institute, 'Energy and Climate FAQs', http://thebreakthrough.org/index.php/programs/energy-and-climate/nuclear-faqs. Hoewel veel klimaatactivisten nu een uitbreiding van kernenergie steunen (onder wie Stewart Brand, Jared

Diamond, Paul Ehrlich, Tim Flannery, John Holdren, James Kunstler, James Lovelock, Bill McKibben, Hugh Montefiore en Patrick Moore), blijven onder meer Greenpeace, het Wereld Natuur Fonds, the Sierra Club, de Natural Resources Defense Council, Friends of the Earth and (met enige terughoudendheid) Al Gore. Zie Brand 2009, 86-89.

77 British Petroleum 2016, weergegeven in een grafiek op https://www. carbonbrief.org/factcheck-how-much-energy-does-the-world-get-from-renewables.

78 Bryce 2014.

79 Swain et al. 2015, gebaseerd op data uit Jacobson & Delucchi 2011.

80 M. Shellenberger, 'How the Environmental Movement Changed Its Mind on Nuclear Power', *Public Utilities Fortnightly*, maart 2016; R. Bryce, 'Solar's Great and So Is Wind, but We Still Need Nuclear Power', *Los Angeles Times*, 16 juni 2016.

81 Ridley 2010, 308, 416.

82 Kharecha & Hansen 2013; Swain et al. 2015; Morton 2015, 16.

83 Nordhaus & Shellenberger 2011. Zie ook noot 76 van dit hoofdstuk.

84 Deep Decarbonization Pathways Project 2015. Williams et al. 2014. Zie ook B. Plumer, 'Here's What It Would Really Take to Avoid 2°c of Global Warming', *Vox*, 9 juli 2014.

85 Deep Decarbonization Pathways Project 2015; zie ook vorige noot.

86 Gardner 2008; Gigerenzer 2016; Ropeik & Gray 2002; Slovic 1987; Slovic, Fischof & Lichtenstein 1982.

87 Uit 'Power', van John Hall and Johanna Hall.

88 Toegeschreven aan meerdere bronnen; geciteerd in Brand 2009, 75.

89 Shellenberger 2017; *Washington Post*, 29 mei 1995.

90 Bailey 2015; Blees 2008; Freed 2014; Hargraves 2012; Naam 2013.

91 E. Roston, 'Peter Thiel's Other Hobby Is Nuclear Fusion', *Bloomberg News*, 22 november 2016; L. Grossman, 'Inside the Quest for Fusion, Clean Energy's Holy Grail', *Time*, 22 oktober 2015.

92 Bailey 2015; Koningstein & Fork 2014; Nordhaus 2016; zie ook noot 103 van dit hoofdstuk.

93 Koningstein & Fork 2014.

94 Brand 2009, 84.

95 Freed 2014.

96 Brand 2009; B. Plumer, 'Can We Build Power Plants That Actually Take Carbon Dioxide Out of the Air?' *Vox*, 11 maart 2015; B. Plumer, 'It's Time to Look Seriously at Sucking co2 Out of the Atmosphere', *Vox*, 13 juli 2015. Zie ook CarbonBrief 2016 en de website van het Center for Carbon Removal, http://www.centerforcarbonremoval.org/.

97 Keith 2013, 2015; Morton 2015.

98 Schrag 2009.
99 King et al. 2015; Sanchez et al. 2015; Schrag 2009; zie ook noot 96 van dit hoofdstuk.
100 Koppen *Time*: respectievelijk 25 september, 19 oktober en 14 oktober. Kop *New York Times*: 5 november 2015, gebaseerd op een enquête van het Pew Research Center. Zie voor andere enquêtes waaruit Amerikaanse steun voor maatregelen op de opwarming van de aarde af te remmen https://www.carbontax.org/polls/.
101 http://unfccc.int/paris agreement/items/9485.php.
102 Fawcett et al. 2015.
103 Nordhaus & Lovering 2016; Bloomberg & Pope 2017; 'States and Cities Compensate for Mr. Trump's Climate Stupidity', *New York Times*, 7 juni 2017; 'Trump Is Dropping Out of the Paris Agreement, but the Rest of Us Don't Have To', *Los Angeles Times*, 16 juni 2017; W. Hamaidan, 'How Should World Leaders Punish Trump for Pulling Out of Paris Accord?' *The Guardian*, 15 juni 2017; 'Apple Issues $1 Billion Green Bond After Trump's Paris Climate Exit', *Reuters*, 13 juni 2017, https://www.reuters.com/article/us-apple-climate-greenbond-idUSKBN1941ZE; H. Tabuchi & H. Fountain, 'Bill Gates Leads New Fund as Fears of U.S. Retreat on Climate Grow', *New York Times*, 12 december 2016.
104 Brand 2009; Keith 2013, 2015; Morton 2015.
105 Keith et al. 2016.
106 Keith 2015; Q&A uit Keith 2015.
107 Kahan, Jenkins-Smith, et al. 2012.
108 Romer 2016.

11 Vrede

1 In de grafieken in *Ons betere ik* en in dit boek is het laatste beschikbare jaar inbegrepen. De meeste datasets zijn echter niet geactualiseerd maar extra gecontroleerd op accuraat en volledigheid, en ruim na het laatste jaar dat er nog in verwerkt is gepubliceerd (minstens een jaar, al wordt de periode korter). Sommige datasets zijn helemaal niet geüpdatet of veranderen hun criteria, waardoor verschillende jaren onvergelijkbaar zijn. Om die redenen, en door de tijd die de publicatie van het boek heeft gekost, waren de laatste jaren die in *Ons betere ik* worden weergegeven van voor 2011 en gaan die in dit boek niet verder dan 2016.
2 Zie de discussie in Pinker 2011, 228-49.
3 In deze discussie gebruik ik Levy's indeling van grootmachten en oorlog tussen grootmachten; zie ook Goldstein 2011; Pinker 2011, 222-28.
4 Pinker 2011, 225-28, gebaseerd op data uit Levy 1983.
5 Goertz, Diehl & Balas 2016; Goldstein 2011; Hathaway & Shapiro 2017;

Mueller 1989, 2009; en zie Pinker 2011, hoofdstuk 5.

6 De standaarddefinitie van 'oorlog' is onder politicologen een gewapend conflict tussen staten dat per jaar minstens duizend levens eist. De cijfers zijn afkomstig van de UCDP/PRIO Armed Conflict Dataset: Gleditsch et al. 2002; Human Security Report Project 2011; Pettersson & Wallensteen 2015; http://www.pcr.uu.se/research/ucdp/datasets/ucdp_prio_armed_conflict_dataset/.

7 S. Pinker & J. M. Santos, 'Colombia's Milestone in World Peace', *New York Times*, 26 augustus 2016. Dank aan Joshua Goldstein omdat hij me heeft gewezen op veel feiten in dat artikel, die in deze alinea worden herhaald.

8 Center for Systemic Peace, Marshall 2016, http://www.systemicpeace. org/warlist/warlist.htm, totaal voor tweeëndertig gevallen van politiek geweld in de Amerika's sinds 1945, met uitzondering van de aanslagen van 11 september en de Mexicaanse drugsoorlog.

9 Pettersson & Wallensteen 2015, met updates van Therese Petterson en Sam Taub (persoonlijke communicatie). De oorlogen in 2016 waren: Afghanistan vs. de Taliban en vs. ISIS; Libië vs. ISIS; Nigeria vs. ISIS; Somalië vs. Al-Shabab; Soedan vs. SRF; Syrië vs. ISIS and vs. rebellen; Turkije vs. ISIS and vs. de PKK; Jemen vs. Hadi-strijdkrachten.

10 Geschat aantal doden Syrische burgeroorlog: 256 624 (tot en met 2016) van het Uppsala Conflict Data Program (http://ucdp.uu.se/#country/652, bekeken juni 2017); 250 000 (tot en met 2015) van het Center for Systemic Peace, http://www.systemicpeace.org/warlist/warlist.htm, laatste keer geüpdatet op 25 mei 2016.

11 Burgeroorlogen die zijn beëindigd sinds 2009 (technisch gezien oorlogen tussen landen, met meer dan vijfentwintig gesneuvelden per jaar, maar niet per definitie meer dan duizend): persoonlijke communicatie met Therese Petterson, 17 maart 2016, gebaseerd op de Uppsala Conflict Data Program Armed Conflict Dataset, Pettersson & Wallensteen 2015, http://ucdp.uu.se/. Eerdere oorlogen met grote aantallen gesneuvelden: Center for Systemic Peace, Marshall 2016.

12 Goldstein 2015. De aantallen betreffen 'vluchtelingen' die internationale grenzen oversteken; het aantal 'binnenlands verdreven personen' wordt pas sinds 1989 bijgehouden, dus het is onmogelijk een vergelijking te maken tussen degenen die verdreven zijn door de Syrische oorlog en die door eerdere oorlogen.

13 Chalk & Jonassohn 1990, xvii.

14 Uit Rummel 1997, gebruikmakend van zijn defintie van 'democide', waar het 'eenzijdig geweld' van de UCDP onder valt, samen met bewust veroorzaakte hongersnood, sterfgevallen in interneringskampen en het

doelgericht bombarderen van burgers. Engere definities van 'genocide' resulteren ook in aantallen in de tientallen miljoenen tijdens de jaren veertig van de twintigste eeuw. Zie White 2011; Pinker 2011, 336-42.

15 De berekeningen worden toegelicht in Pinker 2011, 716, noot 65.

16 Aantallen betreffen 2014 en 2015, de meest recente jaren waarvoor een uitsplitsing beschikbaar is. Hoewel dit de 'hoge' schattingen zijn in de the UCDP One-Sided Violence Dataset versie 1.4-2015 (http://www.pcr. uu.se/research/ucdp/datasets/ucdp_one-sided_violence_dataset/), betreffen de aantallen alleen de geverifieerde doden en moeten ze als conservatief worden beschouwd. 561

17 Pinker 2011, 210-22; Spagat 2015, 2017; M. Spagat, 'World War III-What Are the Chances', *Significance,* december 2015; M. Spagat & S. Pinker, 'Warfare' (brief), *Significance,* juni 2016, en 'World War III: The Final Exchange', *Significance,* december 2016.

18 Nagdy & Roser 2016a. Defensie-uitgaven zijn in alle landen behalve de Verenigde Staten afgenomen in aan inflatie aangepaste dollars vergeleken met hun piek tijdens de Koude Oorlog, en in de Verenigde Staten zijn die uitgaven lager dan de piek tijdens de Koude Oorlog als percentage van het BBP; Pinker 2011, 255-57; M. Tupy, 'Fewer People Exposed to Horrors of War', *Human Progress,* 30 mei 2017, http://humanprogress. org/blog/fewer-people-exposed-to-horrors-of-war.

19 Pinker 2011, 164-68.

20 Pinker 2011, 237-38.

21 Pinker 2011, 284-88; Russett & Oneal 2001.

22 Pinker 2011, 278-94; Russett & Oneal 2001.

23 Mueller 1989, 2004; Pinker 2011, 268-78. Zie voor nieuwe data Sechser & Fuhrmann 2017.

24 Goertz, Diehl & Balas 2016; Goldstein 2011; Hathaway & Shapiro 2017; Mueller 1989; Nadelmann 1990.

25 Pinker 2011, 303-5.

26 Fortna 2008; Goldstein 2011; Hultman, Kathman & Shannong 2013.

27 Fearon & Laitin 2003; Hegre et al. 2011; Human Security Centre 2005; Human Security Report Project 2011; Mueller 2004.

28 Human Security Report Project 2011.

29 Howard 2001; Mueller 1989, 2004; Pinker 2011, 242-44; Sheehan 2008. Citaten afkomstig uit Mueller 1989, 38-51.

30 Howard 2001; Luard 1986; Mueller 1989; Pinker 2011, 238-42.

31 Luard 1986; Nisbet 1980/2009. Citaat uit Mueller 1989.

32 Montgomery & Chirot 2015.

33 Herman 1997; Wolin 2004.

34 Herman 1997.

12 Veiligheid

1   In 2005 werden tussen de 421 000 and 1,8 miljoen mensen gebeten door een slang, van wie er tussen de twintigduizend en 94 000 overleden (Kasturiratne et al. 2008).

2   Wereldgezondheidsorganisatie 2014.

3   Kochanek et al. 2016; Murray et al. 2012.

4   Pinker 2011, 221; zie ook p. 177, tabel 13-1. Zie voor geüpdatete data en visualiseringen van moordcijfer de *Homicide Monitor* van het Igarapé Institute, https://homicide.igarape.org.br/.

5   Pinker 2011, 17-18, 60-75; Eisner 2001, 2003.

6   Eisner 2001, 2003; Elias 1939/2000; Fletcher 1997.

7   Eisner 2001, 2014a.

8   Latzer 2016; Pinker 2011, 106-16.

9   Sowell 1995.

10 Pinker 2011, 382-94.

11 Latzer 2016; Pinker 2011, 116-27; Zimring 2007. De stijging in 2015 werd deels veroorzaakt door een afname van ordehandhaving na protesten tegen schietincidenten met politie-agenten, waar veel media-aandacht voor was; zie L. Beckett, 'Is the "Ferguson Effect" Real? Researcher Has Second Thoughts', *The Guardian*, 13 mei 2016; H. Macdonald, 'Police Shootings and Race', *Washington Post*, 18 juli 2016. Zie voor redenen waarom de stijging in 2015 de vooruitgang van eerdere jaren waarschijnlijk niet zal omdraaien B. Latzer, 'Will the Crime Spike Become a Crime Boom?' *City Journal*, 31 augustus 2016, https://www.city-journal.org/html/will-crime-spike-become-crime-boom-14710.html.

12 Tussen 2000 en 2013 daalde de Gini-index in Venezuela van 0,47 tot 0,41 (vn-*World Income Inequality Database*, https://www.wider.unu.edu/), terwijl het moordcijfer van 32,9 steeg tot 53,0 procent per honderdduizend (*Homicide Monitor* van het Igarapé Institute, homicide.igarape.org.br).

13 Bronnen met vn-schattingen staan vermeld in het onderschrift bij figuur 12-2. Het Global Burden of Disease Project (Murray et al. 2012), dat heel andere methodes hanteert, heeft geschat dat het wereldwijde moordcijfer daalde van 7.4 per honderdduizend mensen in 1995 tot 6,1 in 2015.

14 United Nations Office on Drugs and Crime 2014; https://www.unodc.org/gsh/en/data.html.

15 Eisner 2015; Krisch et al. 2015. De Sustainable Development Goals van de vn van 2015 omvatten de vagere ambitie 'Alle vormen van geweld en gerelateerd aantal sterfgevallen overal ter wereld' (Doel 16.1.1, https://sustainabledevelopment.un.org/sdg16).

16 United Nations Office on Drugs and Crime 2014, https://www.unodc. org/gsh/en/data.html; zie ook *Homicide Monitor,* https://homicide.iga-rape.org.br/.

17 Eisner 2015; Muggah & Szabo de Carvalho 2016.

18 Abt & Winship 2016.

19 Zimring 2007.

20 Eisner 2014b, 23; United Nations Office on Drugs and Crime 2014, 28.

21 United Nations Office on Drugs and Crime 2013, 2014, https://www. unodc.org/gsh/en/data.html.

22 Guerrero Velasco 2015; Muggah & Szabo de Carvalho 2016. 563

23 Botello 2016; P. Corcoran, 'Declining Violence in Juárez a Major Win for Calderon: Report', *Insight Crime,* 26 maart 2013, http://www.insightcri-me.org/news-analysis/declining-violence-in-juarez-a-major-win-for-cal-deron-report.

24 T. Rosenberg, 'Colombia's Data-Driven Fight Against Crime', *New York Times,* 20 november 2014; R. Muggah & I. Szabó de Carvalho, 'Fear and Backsliding in Rio', *New York Times,* 15 april 2014.

25 S. Nazario, 'How the Most Dangerous Place on Earth Got a Little Bit Safer', *New York Times,* 11 augustus 2016.

26 Zie voor een poging om het aantal moorden in Latijns-Amerika bin-nen een *decennium* te halveren Muggah & Szabo de Carvalho 2016 en https://www.instintodevida.org/.

27 Eisner 2014b, 2015; Krisch et al. 2015; Muggah & Szabo de Carvalho 2016. Zie ook Abt & Winship 2016; Gash 2016; Kennedy 2011; Latzer 2016.

28 Pinker 2011, 31-36, 680-82.

29 Gash 2016, 184-86.

30 Latzer 2016; Eisner 2015.

31 Kennedy 2011; Latzer 2016; Levitt 2004; Pinker 2011, 116-27; Zimring 2007.

32 Eisner 2015.

33 Eisner 2003, 2015; Roth 2009.

34 Abt & Winship 2016. Zie ook Eisner 2014b, 2015; Gash 2016; Kennedy 2011; Krisch et al. 2015; Latzer 2016; Muggah 2015, 2016.

35 Pinker 2011, 72-73, 105, 110-11, 126-27, 501-6, 592-611.

36 Pinker 2011, 510-11, 519-21.

37 Gash 2016.

38 Abt & Winship 2016, 26.

39 Abt & Winship 2016, 26; Hahn et al. 2005; N. Kristof, 'Some Incon-venient Gun Facts for Liberals', *New York Times,* 16 januari 2016.

40 K. Barry, 'Safety in Numbers', *Car and Driver,* mei 2011, 17.

41 Gebaseerd op doden per capita, niet op per voertuig afgelegde aantal kilometers.

42 Bruce Springsteen, 'Pink Cadillac'.

43 Insurance Institute for Highway Safety 2016. Het aantal steeg licht, tot 10,9 in 2015.

44 Het jaarlijkse aantal doden als gevolg van auto-ongelukken per honderdduizend mensen is in rijke mensen 57 en in arme landen 88 (Wereldgezondheidsorganisatie 2014, 10).

45 Bettmann 1974, 22-23.

46 Scott 2010, 18-19.

47 Rawcliffe 1998, 4, geciteerd in Scott 2010, 18-19.

48 Tebeau 2016.

49 http://tudoraccidents.history.ox.ac.uk/.

50 De volledige dataset voor figuur 12-6 toont een raadselachtige toename van het aantal doden als gevolg van een val, die begint in 1992, wat niet strookt met het feit dat noodbehandelingen en ziekenhuisopnamen van mensen die gevallen zijn zo'n stijging niet toonden (Hu & Baker 2012). Hoewel vooral oudere mensen overlijden aan een val, kan de toename niet verklaard worden door de vergrijzing van de Amerikaanse bevolking, aangezien ze zichtbaar blijft in op leeftijd gecorrigeerde data (Sehu, Chen & Hedegaard 2015). De stijging blijkt een bijverschijnsel te zijn van veranderingen in rapportagemethodes (Hu & Mamady 2014; Kharrazi, Nash & Mielenz 2015; Stevens & Rudd 2014). Veel oudere mensen vallen, breken een heup, hun ribben of schedel en overlijden een paar weken of maanden later aan een longontsteking of andere complicaties. Vroeger gaven lijkschouwers en forensisch artsen in dit soort gevallen de dodelijke ziekte als doodsoorzaak op. Meer recent vermelden ze het ongeluk als oorzaak. Er zijn evenveel mensen gevallen en overleden, maar in meer gevallen is de doodsoorzaak toegeschreven aan de val.

51 'National Conference on Fire Prevention' (persbericht), 3 januari 1947, http://foundation.sfpe.org/wp-content/uploads/2014/06/presidents-conference1947.pdf; *America Burning* (rapport van de National Commission on Fire Prevention and Control), 1973; *American Burning Revisited*, U.S. Fire Administration/FEMA, 1987.

52 P. Keisling, 'Why We Need to Take the "Fire" out of "Fire Department", *Governing*, 1 juli 2015.

53 National Safety Council 2016, 160-61.

54 National Safety Council, 'Prescription Drug Abuse Epidemic; Painkillers Driving Addiction', 2016, http://www.nsc.org/learn/NSC-Initiatives/Pages/prescription-painkiller-epidemic.aspx.

55 Satel 2017.

56 Hedegaard, Chen & Warner 2015.

57 National Safety Council 2016; zie Kolosh 2014 voor grafieken.

58 National Institute on Drug Abuse 2016; National Institute on Drug Abuse, 'Teen Substance Use Shows Promising Decline', 13 december 2016, https://www.drugabuse.gov/news-events/news-releases/2016/12/teen-substance-use-shows-promising-decline.

59 Bettmann 1974, 69-71.

60 Geciteerd in Bettmann 1974, 71.

61 Alrich 2001.

62 Alrich 2001.

63 De grotere afname van 1970 tot 1980 in figuur 12-7 is waarschijnlijk een gevolg van het bijeenvoegen van verschillende bronnen en is niet zichtbaar in de continue databestanden van National Safety Council 2016, 46-47. De algehele trend in de NSC-dataset is vergelijkbaar met die in de figuur; ik heb ervoor gekozen hem niet te tonen omdat de aantallen zijn berekend als een percentage van de bevolking in plaats van het aantal arbeiders, en omdat ze een artificiële daling laten zien in 1992, toen de telling van dodelijke beroepsongevallen werd geïntroduceerd.

64 VN-Ontwikkelingsprogramma 2011, tabel 2.3, 37.

65 Het voorbeeld is afkomstig uit 'War, Death, and the Automobile', een appendix bij Mueller 1989, oorspronkelijk gepubliceerd in *The Wall Street Journal* in 1984.

13 Terrorisme

1 Jones et al. 2016a; zie ook hoofdstuk 4, noot 14.

2 J. Gray, 'Steven Pinker Is Wrong About Violence and War', *The Guardian*, 13 maart 2015; zie ook S. Pinker, 'Guess What? More People Are Living in Peace Now. Just Look at the Numbers', *The Guardian*, 20 maart 2015.

3 National Safety Council 2011.

4 United Nations Office on Drugs and Crime 2013. Het gemiddelde moordcijfer in de vierentwintig landen die in de Global Terrorism Database onder de noemer 'West-Europa' vallen, bedroeg 1,1 per honderdduizend mensen per jaar; voor de Verenigde Staten bedroeg dat cijfer in 2014 4,5. Het gemiddelde aantal verkeersdoden in de West-Europese landen bedroeg voor 2013 4,8 per honderdduizennd mensen; in de VS was dat aantal 10,7.

5 Human Security Report Project 2007; Mueller & Stewart 2016b; Muggah 2016.

6 John Mueller, personoonlijke communicatie, 2016.

7 B. Cary, 'Mass Killings May Have Created Contagion, Feeding on Itself',

New York Times, 27 juli 2016; Lankford & Madfis 2018.

8 Blair & Schweit 2014; Combs 1979; Analyse van FBI Uniform Crime Report Data (http://www.ucrdatatool.gov/) van 1976 tot 2011 door James Alan Fox, in grafiek gebracht in Latzer 2016, 263.

9 Zie voor een grafiek die de trends uitbreidt door middel van een logaritmische schaal Pinker 2011, figuur 6-9, 350.

10 K. Eichenwald, 'Right-Wing Extremists Are a Bigger Threat to America Than ISIS', *Newsweek,* 4 februari 2016. Gebruikmakend van de United States Extremis Crime Database (Freilich et al. 2014), die extreem-rechts geweld bijhoudt, schat de veiligheidsanalist Robert Muggah (persoonlijke communicatie) dat er van 1990 tot en met mei 2017, met uitzondering van de aanslagen van 11 september en in Oklahoma, 272 doden zijn gevallen als gevolg van rechts extremisme 136 als gevolg van islamistische terroristische aanslagen.

11 Payne 2004.

12 Slovic 1987; Slovic, Fischof & Lichtenstein 1982.

13 Duntley & Buss 2011.

14 Lankford 2013.

15 Zie hoofdstuk 4, noot 14; ook J. Mueller & M. Stewart, 'ISIS Isn't an Existential Threat to America', *Reason,* 27 mei 2016.

16 Y. N. Harari, 'The Theatre of Terror', *The Guardian,* 31 januari 2015.

17 Abrahms 2006; Brandwen 2016; Cronin 2009; Fortna 2015.

18 Jervis 2011.

19 Y. N. Harari, 'The Theatre of Terror', *The Guardian,* 31 januari 2015.

20 Lankford & Madfis 2018; zie ook de projecten No Notoriety (https://nonotoriety.com/) en Don't Name Them (http://www.dontnamethem.org/).

21 Abrahms 2006; Cronin 2009; Fortna 2015.

14 Democratie

1 Pinker 2011, hoofdstuk 2. Zie voor meer recente schattingen die dit verschil bevestigen Gat 2015; Gómez et al. 2016; Wrangham & Glowacki 2012.

2 Betzig 1986; Otterbein 2004; Pinker 2011, hoofdstuk 1.

3 White 2011, xvii.

4 Radelet 2015, 125-29. Merk op dat dit onderbelicht kan worden door het feit dat arme landen sneller kunnen groeien dan rijke, en dat arme landen vaker minder democratisch zijn; Hegre 2014; Russett 2010; Russett & Oneal 2001; Gleditsch 2008; Lacina 2006; Rummel 1994, 2, 15; Rummel 1997, 6-10, 367; Harff 2003, 2005; Sen 1984; zie ook Devereux 2000, voor enige kwalificatie; Besley 2006; Roser 2016b.

5 Huntington 1991.
6 Mueller 1999, 214.
7 Citaten uit Mueller 1999, 214.
8 Fukuyama 1989.
9 Zie voor citaten Levitsky & Way 2015.
10 Welzel 2013, 66, noot 11.
11 Dit is een probleem voor de jaarlijkse tellingen door de organisatie Freedom House, die de democratie bijhoudt; zie Levitsky & Way 2015; Munck & Verkuilen 2002; Roser 2016b.
12 Nog een probleem van de data van Freedom House.
13 Center for Systemic Peace 2015; Marshall & Gurr 2014; Marshall, Gurr & Jaggers 2016.
14 Bunce 2017.
15 Marshall, Gurr & Jaggers 2016; Roser 2016b. 'Democratieën' zijn landen waarvan het Polity iv Project aangeeft dat ze een democratiesccore van 6 of hoger hebben, 'autocratieën' landen met een autocratiescore van 6 of hoger. Landen die democratisch noch autocratisch zijn, worden anocratieën genoemd en worden gedefinieerd als een 'incoherente verzameling van democratische en autocratische kenmerken en gebruiken'. In een 'open anocratie' beperken leiders zich niet tot een elite. Voor 2015 verdeelt Roser de wereldbevolking als volgt: 55,8 procent in een democratie, 10,8 procent in een open anocratie, 6 procent in een gesloten anocratie, 23,2 procent in een autocratie en 4 procent in een overgangssituatie of zonder data.
16 Zie voor een recente verdediging van de Fukuyama-thesis Mueller 2014. Levitsky & Way 2015 weerleggen de 'democratische recessie'.
17 Norberg 2016; Roser 2016b; Porter, Stern & Green 2016, 19; Fariss 2014; Land, Michalos & Sirgy 2012; Rindermann 2008; zie ook Roser 2016i.
18 Mueller 1999; Norberg 2016; Radelet 2015; zie voor data de Polity iv Annual Time-Series, http://www.systemicpeace.org/polityproject.html; Center for Systemic Peace 2015; Marshall, Gurr & Jaggers 2016.
19 Bunce 2017.
20 Norberg 2016, 158.
21 Achens & Bartels 2016; Caplan 2007; Somin 2016.
22 Bunce 2017.
23 Popper 1945/2013.
24 Mueller 1999, 2014. Citaten uit Mueller 1999, 247.
25 Mueller 1999, 140.
26 Mueller 1999, 171.
27 Levitsky & Way 2015, 50.
28 Rindermann 2008; Roser 2016b; Thyne 2006; Levitsky & Way 2015, 54.

29 Mulligan, Gil & Sala-i-Martin 2004; Roser 2016b, sectie 11.3.

30 Citaten uit Sikkink 2017.

31 Clark & Sikkink 2013; Sikkink 2017.

32 Hunt 2007; Payne 2004; Pinker 2011, 149-53.

33 C. Ireland, 'Death Penalty in Decline', *Harvard Gazette*, 28 juni 2012; C. Walsh, 'Death Penalty, in Retreat', *Harvard Gazette*, 3 februari 2015. Zie voor actuele updates 'International Death Penalty', *Amnesty International*, http://www.amnestyusa.org/our-work/issues/death-penalty/international-death-penalty, en 'Capital Punishment by Country', *Wikipedia*, https://en.wikipedia.org/wiki/Capital_punishment_by_country.

34 C. Ireland, 'Death Penalty in Decline', *Harvard Gazette*, 28 juni 2012.

35 Hammel 2010.

36 Hammel 2010; Hunt 2007; Pinker 2011, 146-53.

37 Pinker 2011, 99-102; Interview met wetsgeleerde Carol Steiker; C. Walsh, 'Death Penalty, in Retreat', *Harvard Gazette*, 3 februari 2015.

38 Gallup 2016. Zie voor actuele data het *Death Penalty Information Center*, http://www.deathpenaltyinfo.org/.

39 Poll Pew Research weergegeven in M. Berman, 'For the First Time in Almost 50 Years, Less Than Half of Americans Support the Death Penalty', *Washington Post*, 30 september 2016.

40 D. von Drehle, 'The Death of the Death Penalty', *Time*, 8 juni 2015; *Death Penalty Information Center*, http://www.deathpenaltyinfo.org/.

15 Gelijke rechten

1 Pinker 2011; Pratto, Sidanius & Levin 2006; Wilson & Daly 1992.

2 Pinker 2011, hoofdstuk 7, 448-49.

3 Pinker 2011, hoofdstuk 7; Shermer 2015; Stansell 2010; Branch 1988; Faderman 2015.

4 Rangorde voor 2016 van *US News and World Report*, http://www.independent.co.uk/news/world/politics/the-10-most-influential-countries-in-the-world-have-been-revealed-a6834956.html. Deze drie landen zijn ook het meest welvarend.

5 Amos 5:24.

6 Hoewel rechtstreekse data schaars zijn, volgt het aantal schietincidenten waar politie-agenten bij betrokken zijn de mate van gewelddadige misdaad (Fyfe 1988), die, zoals we zagen in hoofdstuk 12, sterk is gedaald; Fryer 2016; Miller et al. 2016; S. Mullainathan, 'Police Killings of Blacks: Here Is What the Data Say', *New York Times*, 16 oktober 2015.

7 Pew Research Center 2012b, 17.

8 Pew Research Center 2010; Teixeira et al. 2013; zie besprekingen in Pinker 2011, hoofdstuk 7, en Roser 2016s. Een ander voorbeeld: de General

Social Survey (http://gss.norc.org/) vraagt blanke Amerikanen elk jaar hoe ze denken over zwarte Amerikanen. Tussen 1996 en 2016 steeg het percentage dat zich 'verbonden' voelt van 35 tot 51; het percentage dat zich 'niet verbonden' voelde, daalde van 18 tot 12.

9 Gallup 2002, 2010; Pew Research Center 2012b; Teixeira et al. 2013; Welzel 2013.

10 Teixeira et al. 2013; Welzel 2013.

11 Stephens-Davidowitz 2017.

12 Stephens-Davidowitz 2014.

13 Er lijkt geen sprake te zijn van een systematische afname van zoekop-   569
drachten naar grappen in het algemeen, zoals 'grappige moppen'.

14 Deaton 2013, 180.

15 Cunningham et al. 2017; Deaton 2013, 61.

16 Het laatste jaar waarvoor het US Census Bureau ongeletterdheid meet is 1979; in dat jaar was het percentage onder Afro-Amerikanen 1.6 procent; Snyder 1993, hoofdstuk 1, opnieuw gepubliceerd in National Assessment of Adult Literacy (ongedateerd).

17 Zie hoofdstuk 16, noot 24, en hoofdstuk 18, noot 34.

18 Pinker 2011, hoofdstuk 7, gebaseerd op data van het US Census Bureau zoals gepresenteerd in Payne 2004, weergegeven in figuur 7-2, 384. Het aantal racistische moorden op Afro-Amerikanen, dat wordt weergegeven in figuur 7-3, daalde van vijf in 1996 tot één per jaar in 2006-08. Sindsdien is het gemiddelde aantal slachtoffers tot en met 2014 één gebleven, waarna het omhoog schoot tot tien in 2015, van wie negen slachtoffers om het leven kwamen bij één voorval, een schietpartij in een kerk in Charleston, South Carolina (Federal Bureau of Investigation 2016b).

19 In de jaren tussen 1996 and 2015 correleerde het aantal haatmisdrijven die zijn geregistreerd door de FBI met het aantal moorden in de VS met een coëfficiënt van 0,90 (op een schaal van -1 tot 1).

20 Stephens-Davidowitz 2017.

21 E. N. Brown, 'Hate Crimes, Hoaxes, and Hyperbole', *Reason*, 18 november 2016; Alexander 2016.

22 S. Coontz, 'The Not-So-Good Old Days', *New York Times*, 15 juni 2013.

23 United States Department of Labor 2016.

24 Zie voor bewijs dat de afname zelfs nog eerder begon, namelijk in 1979, Pinker 2011, figuur 7-10, p. 402, ook gebaseerd op data van de National Crime Victimization Survey. Vanwege veranderingen van definities en coderingscriteria zijn die data niet vergelijkbaar met de reeksen die hier in figuur 15-4 worden weergegeven.

25 Pinker 2011, hoofdstuk 4, 7, 9, 10.

26 Pinker 2011, hoofdstuk 4; Appiah 2010; Hunt 2007; Mueller 2010b; Na-
    delmann 1990; Payne 2004; Shermer 2015.

27 Asal & Pate 2005.

28 Gepresenteerd in Council on Foreign Relations 2011.

29 Council on Foreign Relations 2011.

30 Council on Foreign Relations 2011.

31 Pinker 2011, 272-76, 414; Appiah 2010; Mueller 1989, 2004, 2010b; Na-
    delmann 1990; Payne 2004; Ray 1989.

32 United Nations Children's Fund 2014; zie ook M. Tupy, 'Attitudes on
    FGM Are Shifting', *HumanProgress*, http://humanprogress.org/blog/at-
    titudes-on-fgm-are-shifting.

33 D. Latham, 'Pan African Parliament Endorses Ban on FGM', *Inter Press
    Service*, 6 augustus 2016, http://www.ipsnews.net/2016/08/pan-afri-
    can-parliament-endorses-ban-on-fgm/.

34 Pinker 2011, 447-54; Faderman 2015.

35 Zie voor actuele data over homorechten wereldwijd *Equaldex*,
    www.equaldex.com, en 'LGBT Rights by Country or Territory', *Wikipedia*,
    https://en.wikipedia.org/wiki/LGBT_rights_by_country_or_territory.

36 http://www.worldvaluessurvey.org/wvs.jsp. Emancipative values: Wel-
    zel 2013.

37 Costa & McCrae 1982; Smith 2008.

38 Zie ook F. Newport, 'Americans Continue to Shift Left on Key Moral
    Issues', *Gallup*, 26 mei 2015, http://www.gallup.com/poll/183413/ameri-
    cans-continue-shift-left-key-moral-issues.aspx.

39 Ipsos 2016.

40 Ghitza & Gelman 2014; Inglehart 1997; Welzel 2013.

41 Inglehart 2017.

42 Welzel 2013, in het bijzonder tabel 2.7, p. 83, en tabel 3.2, p. 122.

43 S. Pinker, 'Strangled by Roots', *New Republic*, 6 augustus 2007.

44 Chen & Dahlman 2006, tabel 2.

45 Welzel 2013, 122, waar de index 'Technological Advancement' wordt ge-
    noemd. Welzel (persoonlijke communicatie) bevestigt dat de Knowledge
    Index een hoog-significante deelcorrelatie met emanciperende waarden
    heeft (0,62) waarbij er sprake is van een constant BBP per hoofd van de
    bevolking, terwijl het omgekeerde niet het geval is (0,20).

46 Finkelhor et al. 2014.

47 Pinker 2011, 428-39.

48 Cunningham 1996; Norberg 2016; Ortiz-Ospina & Roser 2016a.

49 M. Wirth, 'When Dogs Were Used as Kitchen Gadgets', *HumanProgress*,
    25 januari 2017, http://humanprogress.org/blog/when-dogs-were-used-
    as-kitchen-gadgets.

50 Pinker 2011, hoofdstuk 7.
51 Zelizer 1985.
52 http://www-formal.stanford.edu/jmc/progress/tractor.gif.
53 Ortiz-Ospina & Roser 2016a.
54 Norberg 2016; Ortiz-Ospina & Roser 2016a.

16 Kennis

1 Pinker 1997/2009, 2010; Tooby & DeVore 1987.
2 Everett 2008; Flynn 2007; Luria 1976; Oesterdiekhoff 2015; zie ook mijn commentaar over Everett in https://www.edge.org/conversation/ daniel_l_everett-recursion-and-human-thought#22005.
3 *Encyclopedia of the Social Sciences*, 1931, deel 5, p. 410, geciteerd in Easterlin 1981.
4 United Nations Office of the High Commissioner for Human Rights 1966.
5 Easterlin 1981; Glaeser 2004; Hafer 2017; Rindermann 2012; Roser & Ortiz-Ospina 2016a; van Leeuwen & van Leewen-Li 2014; van Zanden et al. 2014.
6 I. N. Thut en D. Adams, *Educational Patterns in Contemporary Societies* (New York: McGraw-Hill, 1964), 62, geciteerd in Easterlin 1981, 10.
7 Lewis 2002; VN-Ontwikkelingsprogramma 2003.
8 Hegre et al. 2011; Thyne 2006; Glaeser, Ponzetto & Shleifer 2007; Hafer 2017; Lutz, Cuaresma & Abbasi-Shavazi 2010; Rindermann 2008.
9 Potts & Hayden 2008.
10 Rindermann 2008; Teixeira et al. 2013; Welzel 2013.
11 Welzel 2013.
12 Hafer 2017; OECD 2015a; Ortiz-Ospina & Roser 2016c; World Bank 2012b.
13 Ortiz-Ospina & Roser 2016c.
14 Roser & Ortiz-Ospina 2016b, gebaseerd op data van UNESCO Institute for Statistics, gevisualiseerd in Wereldbank 2016a.
15 UNESCO Institute for Statistics, gevisualiseerd in Wereldbank 2016i.
16 UNESCO Institute for Statistics, http://data.uis.unesco.org/.
17 Zie over de relatie tussen geletterdheid en basisonderwijs Van Leeuwen & Van Leewen-Li 2014, 88-93.
18 Lutz, Butz & Samir 2014, gebaseerd op modellen van het International Institute for Applied Systems Analysis, http://www.iiasa.ac.at/, samengevat in Nagdy & Roser 2016c.
19 Prediker 12:12.
20 Autor 2014.
21 Leon 2016; A. Duncan, 'Why I Wear 80', *Huffington Post,* 14 februari

2014; Bureau of Labor Statistics 2017.

22 United States Census Bureau 2016.

23 Nagdy & Roser 2016c, gebaseerd op modellen van het International Institute for Applied Systems Analysis, http://www.iiasa.ac.at/; Lutz, Butz & Samir 2014.

24 S. F. Reardon, J. Waldfogel & D. Bassok, 'The Good News About Educational Inequality', New York Times, 26 augustus 2016.

25 Deaton 2013; Nagdy & Roser 2016c; Radelet 2015.

26 Verenigde Naties 2015b.

27 Aangezien het eerste gegevenspunt voor Afghanistan vijftien jaar voor het talibanbewind gedateerd is en het tweede tien jaar erna, kan de vooruitgang niet eenvoudigweg worden toegeschreven aan de NAVO-invasie van 2001 waarmee het bewind werd verdreven.

28 Deary 2001; Flynn 2007, 2012. Zie ook Pinker 2011, 650-60.

29 Pinker 2002/2016, hoofdstuk 19 en nawoord; Deary 2001; Plomin & Deary 2015; Ritchie 2015.

30 Flynn 2007; Pietschnig & Voracek 2015.

31 Pietschnig & Voracek 2015.

32 Pietschnig & Voracek 2015.

33 Flynn 2007; Pietschnig & Voracek 2015.

34 Flynn 2007, 2012; Pietschnig & Voracek 2015.

35 Deary 2001; Plomin & Deary 2015; Ritchie 2015.

36 Flynn 2007, 2012; Ritchie 2015; Pinker 2011, 650-60.

37 Ritchie, Bates & Deary 2015.

38 Deary 2001; Gottfredson 1997; Makel et al. 2016; Pinker 2002/2016; Ritchie 2015.

39 Flynn 2007; Pinker 2011, 656-70.

40 Woodley, Te Nijenhuis & Murphy 2013; Pietschnig & Voracek 2015, 283.

41 Diamandis & Kotler 2012; Kenny 2011; Radelet 2015.

42 Hafer 2017.

43 Land, Michalos & Sirgy 2012; Prados de la Escosura 2015; van Zanden et al. 2014; Veenhoven 2010.

44 VN-Ontwikkelingsprogramma 2016; Sen 1999; ul Haq 1996.

45 Prados de la Escosura 2015, 222, waarbij 'het Westen' wordt geteld als OECD-countries voor 1994, namelijk de West-Europese landen en de Verenigde Staten, Canada, Australië, Nieuw-Zeeland en Japan. Hij merkt ook op dat het indexcijfer voor Afrika ten zuiden van de Sahara in 2007 0,22 was, equivalent aan de wereld in de jaren vijftig van de twintigste eeuw en de OECD-landen in de jaren negentig van de negentiende eeuw. Op een vergelijkbare manier was de samengestelde welzijnsindex voor Afrika ten zuiden van de Sahara bij benadering -5 in 2000 (het

zou momenteel hoger zijn), vergelijkbaar met de wereld rond 1910 en West-Europa rond 1875.

46 Zie voor details en kwalificaties Rijpma 2014 en Prados de la Escosura 2015.

17 Kwaliteit van leven

1 Carey 1993.

2 Afwisselend toegeschreven aan een Joodse mop, een vaudevillenummer en een dialoog uit het Broadway-toneelstuk *Ballyhoo of 1932*.

3 Nussbaum 2000.

4 Laudan 2016.

5 Roser 2016t, gebaseerd op data uit Huberman & Minns 2007; zie ook Tupy 2016 en 'Hours Worked Per Worker', *Human Progress*, http://humanprogress.org/f1/2246, voor data die een wereldwijde vermindering van 7,2 uur per werkweek aantonen.

6 Housel 2013.

7 Geciteerd in Weaver 1987, 505.

8 Roser 2016t; Deaton 2013, 180. Merk op dat het absolute percentage mensen dat in armoede leeft afhangt van de definitie van 'armoede'; vergelijkbaar bijvoorbeeld figuur 9-6.

9 Data over betaalde vakantie in Amerika samengevat in Housel 2013, gebaseerd op data van het Bureau of Labor Statistics.

10 Data voor het VK; berekening door Jesse Ausubel, weergegeven in een grafiek op http://www.humanprogress.org/static/3261.

11 Roser 2016t.

12 M. Tupy, 'Cost of Living and Wage Stagnation in the United States, 1979-2015', *Human Progress*, https://www.cato.org/projects/humanprogress/cost-of-living; Greenwood, Seshadri & Yorukoglu 2005.

13 Kahneman et al. 2004; Greenwood, Seshadri & Yorukoglu 2005; Roser 2016t.

14 'Time Spent on Laundry', *Human Progress*, http://humanprogress.org/static/3264, gebaseerd op S. Skwire, 'How Capitalism Has Killed Laundry Day', *Capx*, 11 april 2016, http://capx.co/external/capitalism-has-helped-liberate-the-housewife/, en data van het Bureau of Labor Statistics.

15 H. Rosling, 'The Magic Washing Machine', TED talk, december 2010, https://www.ted.com/talks/hans_rosling_and_the_magic_washing_machine.

16 *Good Housekeeping*, deel 55, nr. 4, oktober 1912, 436, geciteerd in Greenwood, Seshadri & Yorukoglu 2005.

17 Uit *The Wealth of Nations*.

18 Nordhaus 1996.

19 Kelly 2016, 189.

20 Daniel Hamermesh en Jungmin Lee, geciteerd in E. Kolbert, 'No Time', *New Yorker*, 26 mei 2014; Aguiar & Hurst 2007; Bureau of Labor Statistics 2016c. Zie het bijschrift van figuur 17-6 voor meer details.

21 Aguiar & Hurst 2007, 1001, noot 24; Ausubel & Grübler 1995.

22 Robinson 2013; J. Robinson, 'Happiness Means Being Just Rushed Enough', *Scientific American*, 19 februari 2013.

23 K. Bowman, 'The Family Dinner Is Alive and Well', *New York Times*, 29 augustus 1999; J. Hook, 'WSJ/NBC Poll Suggests Social Media Aren't Replacing Direct Interactions', *Wall Street Journal*, 2 mei 2014; L. Saad, 'Most U.S. Families Still Routinely Dine Together at Home', *Gallup*, 23 december 2013, http://www.gallup.com/poll/166628/families-routinely-dine-together-home.aspx?g_source=family%20and%20dinner&g_medium=search&g_campaign=tiles. Fischer 2011 komt tot een vergelijkbare conclusie.

24 Sayer, Bianchi & Robinson 2004; zie ook noot 25-27 hieronder.

25 Caplow, Hicks & Wattenberg 2001, 88-89.

26 Coontz 1992/2016, 24.

27 Aguiar & Hurst 2007, 980-82.

28 Susan Pinker 2014.

29 N. Irwin, 'What Was the Greatest Era for Innovation? A Brief Guided Tour', *New York Times*, 13 mei 2016. Zie ook D. Thompson, 'America in 1915: Long Hours, Crowded Houses, Death by Trolley', *The Atlantic*, 11 februari 2016.

30 N. Irwin, 'What Was the Greatest Era for Innovation? A Brief Guided Tour', *New York Times*, 13 mei 2016; Food Marketing Institute 2017.

31 Bettmann 1974, 62-63.

32 N. Irwin, 'What Was the Greatest Era for Innovation? A Brief Guided Tour', *New York Times*, 13 mei 2016.

33 Giles 2005; Greenstein & Zhu 2014; Kräenbring et al. 2014.

18 Geluk

1 Getranscribeerd en enigszins bewerkt van https://www.youtube.com/watch?v=q8LaT5Iiwo4 en andere internetclips.

2 Mueller 1999, 14.

3 Easterlin 1973.

4 Brickman & Campbell 1971.

5 Zie hoofdstuk 9, noot 11; Kelley & Evans 2016.

6 G. Monbiot, 'Neoliberalism Is Creating Loneliness. That's What's Wrenching Society Apart', *The Guardian*, 12 oktober 2016.

7 Goldstein 2013; Haidt 2006; Haybron 2013; McMahon 2006; Gilbert

2006; Haidt 2006; Helliwell, Layard & Sachs 2016; Layard 2005.

8   Nussbaum 2000, 2008; Sen 1987, 1999.

9   Gilbert 2006.

10 Helliwell, Layard & Sachs 2016; Inglehart et al. 2008.

11 Baumeister, Vohs, et al. 2013.

12 Gilbert 2006; Helliwell, Layard & Sachs 2016; Layard 2005.

13 Baumeister, Vohs, et al. 2013; Helliwell, Layard & Sachs 2016; Kahneman 2011; Veenhoven 2010.

14 Deaton 2011; Helliwell, Layard & Sachs 2016; Veenhoven 2010; Helliwell, Layard & Sachs 2016; Kelley & Evans 2016; Stevenson & Wolfers 2009.

15 Helliwell, Layard & Sachs 2016, 4, tabel 2.1, pp. 16, 18.

16 Baumeister, Vohs et al. 2013; Haybron 2013; McMahon 2006; R. Baumeister, 'The meanings of life', *Aeon*, 16 september 2013.

17 Pinker 1997/2009, hoofdstuk 6; R. Baumeister, 'The Meanings of Life', *Aeon*, 16 september 2013.

18 Geciteerd in Ipsos 2016; zie ook Veenhoven 2010; 5,4 op een schaal van 1 tot en met 10, Helliwell, Layard & Sachs 2016, 3.

19 Ipsos 2016.

20 Deaton 2013; Helliwell, Layard & Sachs 2016; Inglehart et al. 2008; Stevenson & Wolfers 2008a.

21 Kelley & Evans 2016.

22 Helliwell, Layard & Sachs 2016, 12-13.

23 Stephens-Davidowitz 2017, 229.

24 Sacks, Stevenson & Wolfers 2012; Stevenson & Wolfers 2008a; Stokes 2007; Veenhoven 2010.

25 Inglehart et al. 2008.

26 Helliwell, Layard & Sachs 2016; Inglehart et al. 2008; Veenhoven 2010.

27 Inglehart et al. 2008.

28 Helliwell, Layard & Sachs 2016.

29 Deaton 2011; Helliwell, Layard & Sachs 2016; Inglehart et al. 2008; Sacks, Stevenson & Wolfers 2012; Smith, Son & Schapiro 2015.

30 1. Denemarken (7,5 treden hoger dan het slechtst mogelijke leven); 2. Zwitserland; 3. IJsland; 4. Noorwegen; 5. Finland; 6. Canada; 7. Nederland; 8. Nieuw-Zeeland; 9. Australië; 10. Zweden; 11. Israël; 12. Oostenrijk; 13. Verenigde Staten; 14. Costa Rica; 15. Puerto Rico. De ongelukkigste landen zijn Benin, Afghanistan, Togo, Syria en Burundi (157ste plaats, 2,9 treden hoger dan het slechtst mogelijk leven).

31 Een daling en stijging zijn te zien in de World Database of Happiness (Veenhoven ongedateerd), inclusief data uit de World Values Survey; zie de online appendix bij Inglehart et al. 2008. Een kleine afname is te zien

in de General Social Survey (gss.norc.org); zie Smith, Son & Schapiro 2015 en figuur 18-4 in dit hoofdstuk, die de trend weergeeft dat mensen 'heel gelukkig' zijn.

32 Deaton 2011.

33 Sacks, Stevenson & Wolfers 2012.

34 Inglehart, et al. 2008; Sacks, Stevenson & Wolfers 2012.

35 Stevenson & Wolfers 2009; Twenge, Sherman & Lyubomirsky 2016.

36 Stevenson & Wolfers 2009.

37 Costa & McCrae 1982; Smith 2008.

38 Deaton 2011; Smith, Son & Schapiro 2015; Sutin et al. 2013.

39 Bardo, Lynch & Land, 2017; Fukuda 2014.

40 Bardo, Lynch & Land 2017.

41 Sutin et al. 2013.

42 Bardo, Lynch & Land 2017; Fukuda 2014; Stevenson & Wolfers 2009; Twenge, Sherman & Lyubomirsky 2016.

43 Susan Pinker 2014.

44 Beide citaten zijn afkomstig uit Fischer 2011, 110.

45 Fischer 2011, 114. Zie ook Susan Pinker 2014 voor een inzichtelijke analyse van de veranderingen en van wat er niet verandert.

46 Fischer 2011, 114. Fischer citeert 'een paar bronnen met sociale ondersteuning' in het volle besef van het bestaan van een veelvuldig gepubliceerd rapport uit 2006, waarin stond dat Amerikanen tussen 1985 en 2004 met een derde minder mensen belangrijke kwesties konden bespreken, terwijl een kwart van hen aangaf daar helemaal niemand voor te hebben. Hij kwam tot de conclusie dat het resultaat een gevolg was van de onderzoeksmethoden: Fischer 2006.

47 Fischer 2011, 112.

48 Hampton, Rainie, et al. 2015.

49 Hampton, Goulet, et al. 2011.

50 Hampton, Rainie, et al. 2015.

51 Fischer 2005, 2011; Susan Pinker 2014.

52 Miller, Azrael & Barber 2012; Thomas & Gunnell 2010.

53 Ortiz-Ospina, Lee & Roser 2016; World Health Organization 2016d.

54 Daly et al. 2010.

55 Data afkomstig van National Vital Statistics, Kochanek et al. 2016, tabel B; Data van de Wereldgezondheidsorganisatie, Värnik 2012 en Wereldgezondheidsorganisatie 2016d.

56 'Female Suicide Rate, OECD', *HumanProgress*, HumanProgress.org/story/2996/.

57 Thomas & Gunnell 2010; Ajdacic-Gross et al. 2006; Phillips 2014.

58 Costello, Erkanli & Angold 2006; Twenge 2014.

59 M. Nock, 'Five Myths About Suicide', *Washington Post,* 6 mei 2016.
60 http://fed.wiki.org/journal.hapgood.net/eisenhower-on-sweden.
61 Zelfmoordcijfers van 1960 zijn afkomstig uit Ortiz-Ospina, Lee & Roser 2016. Zelfmoordcijfers van 2012 (gecorrigeerd voor leeftijd) zijn afkomstig van de Wereldgezondheidsorganisatie 2017b.
62 Värnik 2012, 768. Ohlander 2010.
63 Lewinsohn et al. 1993.
64 McNally 2016.
65 Haslam 2016; Horwitz & Wakefield 2007; McNally 2016; PLOS Medicine Editors 2013.
66 R. Rosenberg, 'Abnormal Is the New Normal', *Slate,* 12 april 2013, gebaseerd op Kessler et al. 2005.
67 Haslam 2016.
68 Barlow et al. 2013.
69 Murray et al. 2012; Kessler et al. 2003.
70 PLOS Medicine Editors 2013.
71 Twenge 2014.
72 Mattisson et al. 2005; Murphy et al. 2000.
73 Twenge et al. 2010.
74 Twenge & Nolen-Hoeksema 2002: tussen 1980 and 1998 werden opeenvolgende cohorten Generatie x- en Millennial-jongens in de leeftijd van 8 tot en met 16 minder depressief, terwijl zich bij de meisjes geen verandering voordeed. Twenge 2014: tussen de jaren tachtig van de twintigste eeuw en de jaren tien van de eenentwintigste eeuw hadden tieners minder suïcidale gedachten; universiteitsstudenten en volwassenen gaven minder snel aan depressief te zijn. Olfson, Druss & Marcus 2015: aantal gevallen van psychische aandoeningen bij kinderen, pubers en adolescenten nam af.
75 Costello, Erkanli & Angold 2006.
76 Baxter et al. 2014.
77 Jacobs 2011.
78 Baxter et al. 2014; Twenge 2014; Twenge et al. 2010.
79 Sage 2010.
80 Terracciano 2010; Trzesniewski & Donnellan 2010.
81 Baxter et al. 2014.
82 Bijvoorbeeld: 'Depression as a Disease of Modernity: Explanations For Increasing Prevalence', Hidaka 2012.
83 Stevenson & Wolfers 2009.
84 Allen 1987, 131-33.
85 Johnston & Davey 1997; zie ook Jackson 2016; Otieno, Spada & Renkl 2013; Unz, Schwab & Winterhoff-Spurk 2008.

86 Cornwall Alliance for the Stewardship of Creation 2000; Cornwall Alliance, 'Sin, Deception, and the Corruption of Science: A Look at the So-Called Climate Crisis', 2016, http://cornwallalliance.org/2016/07/sin-deception-and-the-corruption-of-science-a-look-at-the-so-called-climate-crisis/. Zie ook Bean & Teles 2016; L. Vox, 'Why Don't Christian Conservatives Worry About Climate Change? God', *Washington Post*, 2 juni 2017.

87 M. Winerip, 'Retro Report: Voyage of the Mobro 4000', *New York Times*, 6 mei 2013.

88 J. Tierney, 'The Reign of Recycling', *New York Times*, 3 oktober 2015. *New York Times* 'Retro Report'-serie, waaronder het verhaal dat wordt geciteerd in de vorige noot is een uitzondering op het ontbreken van vervolgartikelen na verslaggeving over crisissituaties.

89 Nisbet 1980/2009, 349-51. De twee belangrijkste paniekzaaiers waren Dennis Gabor en Harlow Shapley.

90 Zie de referenties in noot 15 en 16 hierboven.

91 Baxter et al. 2014.

19 Existentiële dreigingen

1 Berry et al. 2010; Preble 2004.

2 Sagan 2009c, 164. Zie ook het commentaar van Keith Payne zoals dat wordt weergegeven in P. Sonne, G. Lubold & C. E. Lee, '"No First Use" Nuclear Policy Proposal Assailed by U.S. Cabinet Officials, Allies', *Wall Street Journal*, 12 augustus 2016.

3 K. Bird, 'How to Keep an Atomic Bomb from Being Smuggled into New York City? Open Every Suitcase with a Screwdriver', *New York Times*, 5 augustus 2016.

4 Randle & Eckersley 2015.

5 Geciteerd op de homepage van Ocean Optimism, http://www.oceanoptimism.org/about/.

6 C. Michaud, 'One in Seven Thinks End of World Is Coming: Poll', *Reuters*, 1 mei 2012, http://www.reuters.com/article/us-mayancalendar-poll-idUSBRE8400XH20120501. Het percentage lag voor de Verenigde Staten 22 en in een YouGov-enquête uit 2015 31: http://cdn.yougov.com/cumulus_uploads/document/i7p2omektl/toplines_OPI_disaster_20150227.pdf.

7 Johnson et al. 2006; Newman 2005; zie Pinker 2011, 210-22 voor een recensie. Zie de referenties in noot 17 van hoofdstuk 11voor de complicaties bij het schatten van de risico's van de data.

8 Pinker 2011, 368-73.

9 'Doomsday Forecasts', *The Economist*, 7 oktober 2015, http://www.econo-

mist.com/blogs/graphicdetail/2015/10/predicting-end-world.

10 'List of Apocalyptic Films', *Wikipedia*, https://en.wikipedia.org/wiki/List_of_apocalyptic_films, geraadpleegd op 15 december 2016.

11 Geciteerd in Ronald Bailey, 'Everybody Loves a Good Apocalypse', *Reason*, november 2015.

12 M. Winerip, 'Revisiting Y2K: Much Ado About Nothing?' *New York Times*, 27 mei 2013.

13 G. Easterbrook, 'We're All Gonna Die!' *Wired*, 1 juli 2003.

14 P. Ball, 'Gamma-Ray Burst Linked to Mass Extinction', *Nature*, 24 september 2003.

15 Denkenberger & Pearce 2015.

16 Rosen 2016.

17 D. Cox, 'nasa's Ambitious Plan to Save Earth from a Supervolcano', bbc *Future*, 17 augustus 2017, http://www.bbc.com/future/story/20170817-nasas-ambitious-plan-to-save-earth-from-a-supervolcano.

18 Deutsch 2011, 207.

19 'More dangerous than nukes': getweet in augustus 2014, geciteerd in A. Elkus, 'Don't Fear Artificial Intelligence', *Slate*, 31 oktober 2014. 'End of the human race': Geciteerd in R. Cellan-Jones, 'Stephen Hawking Warns Artificial Intelligence Could End Mankind', bbc *News*, 2 december 2014, http://www.bbc.com/news/technology-30290540.

20 In een enquête uit 2014 van de honderd meest geciteerde ki-researchers gaf slechts 8 procent aan bang te zijn dat geavanceerde ki een dreiging vormde van de categorie 'existentiële ramp': Müller & Bostrom 2014. ki-deskundigen die openlijk sceptisch zijn, zijn onder anderen Paul Allen (2011), Rodney Brooks (2015), Kevin Kelly (2017), Jaron Lanier (2014), Nathan Myhrvold (2014), Ramez Naam (2010), Peter Norvig (2015), Stuart Russell (2015) en Roger Schank (2015). Sceptische psychologen en biologen zijn onder anderen Roy Baumeister (2015), Dylan Evans (2015a), Gary Marcus (2015), Mark Pagel (2015) en John Tooby (2015). Zie ook A. Elkus, 'Don't Fear Artificial Intelligence', *Slate*, 31 oktober 2014; M. Chorost, 'Let Artificial Intelligence Evolve', *Slate*, 18 april 2016.

21 Pinker 1997/2009, hoofdstuk 2; Kelly 2017.

22 Hanson & Yudkowsky 2008.

23 Technologie-expert Kevin Kelly (2017) stelde onlangs hetzelfde.

24 Brooks 2015; Kelly 2017; Pinker 1997/2009, 2007a; Tooby 2015.

25 Allen 2011; Brooks 2015; Deutsch 2011; Kelly 2017; Lanier 2014; Naam 2010. Veel van de commentatoren in Lanier 2014 en Brockman 2015 maken dit punt ook.

26 Brooks 2015; Davis & Marcus 2015; Kelly 2017; Lake et al. 2017; Lanier 2014; Marcus 2016; Naam 2010; Schank 2015. Zie ook noot 25 hierboven.

579

27 Brooks 2015; Davis & Marcus 2015; Lanier 2014; Marcus 2016; Schank 2015.

28 Naam 2010.

29 Bostrom 2016; Hanson & Yudkowsky 2008; Omohundro 2008; Yudkowsky 2008; P. Torres, 'Fear Our New Robot Overlords: This Is Why You Need to Take Artificial Intelligence Seriously', *Salon*, 14 mei 2016.

30 B. Hibbard, 'Reply to AI Risk', http://www.ssec.wisc.edu/~billh/g/AIRisk_Reply.html; R. Loosemore, 'The Maverick Nanny with a Dopamine Drip: Debunking Fallacies in the Theory of AI Motivation', *Institute for Ethics and Emerging Technologies*, 24 juli 2014, http://ieet.org/index.php/IEET/more/loosemore20140724; Adam Elkus, 'Don't Fear Artificial Intelligence', *Slate*, 31 oktober 2014; R. Hanson, 'I Still Don't Get Foom', *Humanity+*, 29 juli 2014, http://hplusmagazine.com/2014/07/29/i-still-dont-get-foom/; Hanson & Yudkowsky 2008. Zie ook Kelly 2017 en noten 26 en 27 hierboven.

31 Geciteerd in J. Bohannon, 'Fears of an AI Pioneer', *Science*, 17 juli 2016.

32 Geciteerd in Brynjolfsson & McAfee 2015.

33 Brooks 2016.

34 Brynjolfsson & McAfee 2016; zie ook hoofdstuk 9, noot 67.

35 De weddenschap staat vermeld op website 'Long Bets', http://longbets.org/9/.

36 Schneier 2008; B. Schneier, 'Lessons from the Dyn DDoS Attack', *Schneier on Security*, 1 november 2016, https://www.schneier.com/essays/archives/2016/11/lessons_from_the_dyn.html.

37 Bradford Project on Strengthening the Biological and Toxin Weapons Convention, http://www.bradford.ac.uk/acad/sbtwc/.

38 Carlson 2010; Bill & Melinda Gates Foundation, 'Preparing for Pandemics', http://nyti.ms/256CNNC; Wereldgezondheidsorganisatie 2016b.

39 Mueller 2006, 2010a; Mueller & Stewart 2016a; Schneier 2008.

40 Kelly 2010, 2013.

41 Persoonlijke communicatie, 21 mei 2017; zie ook Kelly 2013, 2016.

42 Brandwen 2016.

43 In Brandwen 2016 staan verscheidene voorbeelden uit het echte leven van de sabotage van producten, met schade van 150 miljoen tot 1,5 miljard dollar.

44 B. Schneier, 'Where Are All the Terrorist Attacks?' *Schneier on Security*, https://www.schneier.com/essays/archives/2010/05/where_are_all_the_te.html; Mueller 2014b; M. Abrahms, 'A Few Bad Men: Why America Doesn't Really Have a Terrorist Problem', *Foreign Policy*, 16 april 2013.

45 Mueller 2006; Mueller & Stewart 2016a, hoofdstuk 4; Brandwen 2016; M. Abrahms, 'Does Terrorism Work as a Political Strategy? The Eviden-

ce Says No', *Los Angeles Times,* 1 april 2016; J. Mueller & M. Stewart, 'Hapless, Disorganized, and Irrational: What the Boston Bombers Had in Common with Most Would-Be Terrorists', *Slate,* 22 april 2013; D. Kenner, 'Mr. Bean to Jihadi John', *Foreign Policy,* 1 september 2014.

46 D. Adnan & T. Arango, 'Suicide Bomb Trainer in Iraq Accidentally Blows Up His Class', *New York Times,* 10 februari 2014.

47 'Suicide Bomber Hid IED in His Anal Cavity', *Homeland Security News Wire,* 9 september 2009, http://www.homelandsecuritynewswire.com/ saudi-suicide-bomber-hid-ied-his-anal-cavity.

48 Abrahms 2006, 2012; Brandwen 2016; Cronin 2009; Fortna 2015; Mueller 2006; Mueller & Stewart 2010; zie ook noot 45 hierboven; Beaver, Schwartz, et al. 2013; Beaver, Vauhgn, et al. 2012; de Ribera, Kavish & Boutwell 2017.

49 Mueller 2006.

50 B. Schneier, 'Someone Is Learning How to Take Down the Internet', *Lawfare,* 13 september 2016.

51 Mueller & Frideman 2014; Lawson 2013; Rid 2012; B. Schneier, 'Threat of "Cyberwar" Has Been Hugely Hyped', *CNN.com,* 7 juli 2010, http://www.cnn.com/2010/OPINION/07/07/schneier.cyberwar.hyped/; E. Morozov, 'Cyber-Scare: The Exaggerated Fears over Digital Warfare', *Boston Review,* juli/augustus 2009; E. Morozov, 'Battling the Cyber Warmongers', *Wall Street Journal,* 8 mei 2010; R. Singel, 'Cyberwar Hype Intended to Destroy the Open Internet', *Wired,* 1 maart 2010; R. Singel, 'Richard Clarke's *Cyberwar:* File Under Fiction', *Wired,* 22 april 2010; P. W. Singer, 'The Cyber Terror Bogeyman', *Brookings,* 1 november 2012, https://www.brookings.edu/articles/the-cyber-terror-bogeyman/.

52 Uit Schneiers artikel geciteerd in de vorige noot.

53 Lawson 2013; Quarantelli 2008.

54 Quarantelli 2008, 899.

55 Lawson 2013; Quarantelli 2008.

56 Lawson 2013.

57 Ewald 2000; Mueller 2006.

58 Abrahms 2006; Brandwen 2016; Cronin 2009; Ewald 2000; Y. N. Harari, 'The Theatre of Terror', *The Guardian,* 31 januari 2015.

59 Ewald 2000; Walther & Ewald 2004.

60 Mueller 2006; Parachini 2003.

61 Paul Ewald, persoonlijke communicatie, 27 december 2016.

62 Commentaar in Kelly 2013, samenvattende argumenten in Carlson 2010.

63 Meeske et al. 2016; Murphy, Zeng & Herzon 2017; Seiple et al. 2016; Walther & Ewald 2004.

64 Henao-Restrepo et al. 2017; Norberg 2016; Ridley 2010; M. Ridley, 'Apocalypse Not: Here's Why You Shouldn't Worry About End Times', *Wired*, 17 augustus 2012; D. Bornstein & T. Rosenberg, 'When Reportage Turns to Cynicism', *New York Times*, 14 november 2016.

65 http://longbets.org/9/.

66 Evans, Ogilvie-White & Thakur 2014; Federation of American Scientists (ongedateerd); Rhodes 2010; Scoblic 2010.

67 Kristensen & Norris 2016a; zie ook noot 113 hieronder.

68 Robock & Toon 2012; A. Robock & O. B. Toon, 'Let's End the Peril of a Nuclear Winter', *New York Times*, 11 februari 2016; Morton 2015.

69 Bulletin of the Atomic Scientists 2017.

70 Eugene Rabinowitch, geciteerd in Mueller 2010a, 26.

71 Bulletin of the Atomic Scientists, 'A Timeline of Conflict, Culture, and Change', 13 november 2013, http://thebulletin.org/multimedia/timeline-conflict-culture-and-change.

72 Geciteerd in Mueller 1989, 98.

73 Geciteerd in Mueller 1989, 271, noot 2.

74 Snow 1961, 259.

75 Toespraak voor aanstaande masterstudenten, Faculty of Arts and Sciences, Harvard University, september 1976.

76 Geciteerd in Mueller 1989, 271, noot 2.

77 Future of Life Institute 2017; Schlosser 2013; Union of Concerned Scientists 2015a.

78 Union of Concerned Scientists, 'To Russia with Love', http://www.ucsusa.org/nuclear-weapons/close-calls#.WGQCilMrJEY.

79 Mueller 2010a; J. Mueller, 'Fire, Fire (Review of E. Schlosser's 'Command and Control')', *Times Literary Supplement*, 7 maart 2014.

80 De Google Ngram Viewer (https://books.google.com/ngrams) geeft aan dat in 2008 (het meest recente jaar dat getoond wordt) in gepubliceerde boeken *racisme, terrorisme* en *ongelijkheid* tien tot twintig keer vaker werden genoemd dan *kernoorlog*. Volgens het Corpus of Contemporary American English (http://corpus.byu.edu/coca/) verscheen *kernoorlog* in 2015 0,65 keer per miljoen woorden in Amerikaanse kranten, vergeleken met 13,13 keer per miljoen woorden in het geval van *inequality*, 19,5 per miljoen in het geval van *racisme* en 30,93 per miljoen in het geval van *terrorisme*.

81 Citaten afkomstig uit Morton 2015, 324.

82 Brief gedateerd op 17 april 2003 aan de Veiligheidsraad, geschreven toen hij de Amerikaanse vn-afgevaardigde was, geciteerd in Mueller 2012.

83 Mueller 2012.

84 Warren B. Rudman, Stephen E. Flynn, Leslie H. Gelb en Gary Hart,

16 december 2004, opnieuw gepubliceerd in Mueller 2012.
85 Geciteerd in Boyer 1985/2005, 72.
86 Boyer 1986.
87 Uit een redactioneel commentaar uit 1951 in the *Bulletin of the Atomic Scientists*, geciteerd in Boyer 1986.
88 Sandman & Valenti 1986. Zie hoofdstuk 10, noot 55, voor vergelijkbare observaties over klimaatverandering.
89 Geciteerd in Mueller 2016.
90 Geciteerd in Mueller 2016. De term *nucleaire metafysica* is bedacht door de politocoloog Robert Johnson.
91 Kristensen & Norris 2016a; Mueller 2010a.
92 Welch & Blight 1987-88, 27; zie ook Blight, Nye & Welch 1987, 184; Frankel 2004; Mueller 2010a, 38-40, 248, noot 31-33.
93 Mueller 2010a, 100-102; Evans, Ogilvie-White & Thakur 2014, 56; J. Mueller, 'Fire, Fire (Review of E. Schlosser's "Command and Control")', *Times Literary Supplement*, 7 maart 2014. Merk op dat de vaak geuite bewering dat dat de Russische marine-officier Vasili Arkhipov tijdens de Cubacrisis 'de wereld redde' door een strijdlustige onderzeebootkapitein die op het punt stond een torpedo met kernlading af te vuren op Amerikaanse schepen in twijfel wordt getrokken door Aleksandr Mozgovoi in zijn boek *Kubinskaya Samba Kvarteta Fokstrotov* (Cubaanse samba van het Foxtrot Kwartet) uit 2002, waarin Vadim Pavlovitsj, een communicatie-officier die betrokken was bij de gebeurtenissen, er melding van maakt dat de kapitein zich spontaan beheerste: Mozgovoi 2002. Merk ook op dat één enkel tactisch wapen dat op zee wordt afgevuurd niet per se had hoeven leiden tot een regelrechte oorlog; zie Mueller 2010a, 100-102.
94 Union of Concerned Scientists 2015a.
95 De geschiedenis van chemische wapens nadat ze volgend op de Eerste Wereldoorlog in de ban werden gedaan, doet vermoeden dat toevallig en eenmalig gebruik niet automatisch leidt tot wederzijde escalatie; zie Pinker 2011, 273-74.
96 Mueller 2010a, 90; T. Graham, 'Avoiding the Tipping Point', *Arms Control Today*, 2004, https://www.armscontrol.org/act/2004_11/BookReview; Bluth 2011; Sagan 2009b, 2010.
97 Sagan 2009b, 2010, en persoonlijke communicatie, 30 december 2016; zie Pinker 2011, 272-73.
98 Evans 2015b.
99 Geciteerd in Pinker 2013a.
100 Mueller 1989; Morton 2015, 136.
101 Berry et al. 2010; Hasegawa 2006; Mueller 2010a; Wilson 2007.

583

102 Suggested by Elspeth Rostow, geciteerd in Pinker 2011, 268; Pinker 2011, 269; Berry et al. 2010; Mueller 2010a; Ray 1989.

103 Mueller 1989; Sechser & Fuhrmann 2017; Tannenwald 2005; Ray 1989, 429-31; Pinker 2011, hoofdstuk 5, 'Is the Long Peace a Nuclear Peace?' 268-78.

104 Mueller 1989, 2010a.

105 Schelling 1960.

106 2010, 7-8.

107 George Shultz, William Perry, Henry Kissinger & Sam Nunn, 'A World Free of Nuclear Weapons', Wall Street Journal, 4 januari 2007; William Perry, George Shultz, Henry Kissinger & Sam Nunn, 'Toward a Nuclear-Free World', Wall Street Journal, 15 januari 2008.

108 'Remarks by President Barack Obama in Prague as Delivered', White House, 5 april 2009, https://www.whitehouse.gov/the-press-office/remarks-president-barack-obama-prague-delivered.

109 United Nations Office for Disarmament Affairs (ongedateerd).

110 Council on Foreign Relations 2012.

111 Global Zero Commission 2010.

112 H. Brown & J. Deutch, 'The Nuclear Disarmament Fantasy', Wall Street Journal, 19 november 2007; Schelling 2009.

113 Het Pentagon heeft gemeld dat het Amerikaanse wapenarsenaal in 2015 4571 wapens bevatte (Amerikaanse ministerie van Defensie 2016). De Federation of American Scientists (Kristensen & Norris 2016b, geüpdate in Kristensen 2016) schat dat ongeveer 1700 van de kernkoppen zijn geïnstalleerd op ballistische raketten en op bommenwerpersbases, 180 bestaan uit tactische bommen die zijn opgesteld in Europa en dat de resterende 2700 in voorraad worden gehouden. (De term 'voorraad' verwijst naar zowel opgestelde als opgeslagen raketten maar soms alleen naar de opgeslagen exemplaren.) Daarnaast zijn naar schatting 2340 kernkoppen afgedankt die wachten op ontmanteling.

114 A. E. Kramer, 'Power for U.S. from Russian's Old Nuclear Weapons', New York Times, 9 november 2009.

115 De Federation of American Scientists schatte de Russische voorraad in 2015 op 4500 kernkoppen (Kristensen & Norris 2016b); Woolf 2017.

116 Kristensen 2016.

117 Schattingen uit Kristensen 2016; ze betreffen onder andere kernkoppen die zijn opgesteld of liggen opgeslagen maar inzetbaar zijn, maar geen kernkoppen die liggen opgeslagen om ontmanteld te worden, en bommen die niet ingezet kunnen worden door de leveringsplatformen van het land.

118 Sagan 2009b, 2010, en persoonlijke commmunicatie, 30 december

2016; zie ook Pinker 2011, 272-73; 'Sam Nunn Discusses Today's Nuclear Risks', *Foreign Policy Association Blogs*, http://foreignpolicyblogs. com/2016/04/06/sam-nunn-discusses-todays-nuclear-risks/.

119 Kristensen & Norris 2016a; Mueller 2010a.

120 Osgood 1962.

121 A. Robock & O. B. Toon, 'Let's End the Peril of a Nuclear Winter', *New York Times*, 11 februari 2016. De auteurs adviseren dat de Verenigde Staten hun arsenaal reduceren tot duizend kernkoppen, maar ze zeggen niet of dat de mogelijkheid van een nucleaire winter uit zou sluiten. Het aantal van tweehonderd komt van een presentatie van Robock op Massachusetts Institute of Technology op 2 april 2016, 'Climatic Consequences of Nuclear War', http://futureoflife.org/wp-content/uploads/2016/04/Alan_Robock_MIT_April2.pdf.

122 Evans, Ogilvie-White & Thakur 2014, 56.

123 Evans, Ogilvie-White & Thakur 2014; J. E. Cartwright & V. Dvorkin, 'How to Avert a Nuclear War', *New York Times*, 19 april 2015; B. Blair, 'How Obama Could Revolutionize Nuclear Weapons Strategy Before He Goes', *Politico*, 22 juni 2016; Brown & Lewis 2013.

124 Union of Concerned Scientists 2015b.

125 Sagan 2009a; J. E. Cartwright & B. G. Blair, 'End the First-Use Policy for Nuclear Weapons', *New York Times*, 14 augustus 2016; Global Zero Commission 2016; B. Blair, 'The flimsy case against No-First-Use of nuclear weapons', *Politico*, 28 september 2016.

126 J. G. Lewis & S. D. Sagan, 'The Common-Sense Fix That American Nuclear Policy Needs', *Washington Post*, 24 augustus 2016. D. Sanger & W. J. Broad, 'Obama Unlikely to Vow No First Use of Nuclear Weapons', *New York Times*, Sept. 4, 2016.

127 D. Sanger & W. J. Broad, 'Obama Unlikely to Vow No First Use of Nuclear Weapons', *New York Times*, 4 september 2016.

585

20 De toekomst van vooruitgang

1 De data uit deze alinea's komen uit de hoofdstukken 5-19.

2 Alle afnames zijn berekend als een percentage van hun twintigste-eeuwse piek.

3 Zie voor bewijs dat in het bijzonder oorlog niet cyclisch is Pinker 2011, 2007.

4 Uit de *Review of Southey's Colloquies on Society*, geciteerd in Ridley 2010, hoofdstuk 1.

5 Zie de referenties aan het eind van hoofdstuk 7, 11 and 15, en de discussie over het afwijzen van de Easterlin-paradox in hoofdstuk 18.

6 Gemiddelde van de jaren 161-1973; Wereldbank 2016c.

7 Gemiddelde van de jaren 1974-2015; Wereldbank 2016c. Voor de Verenigde Staten zijn de percentages voor deze twee periodes respectievelijk 3,3 en 1,7 procent.

8 Schattingen zijn afkomstig van Total Factor Productivity en overgenomen uit Gordon 2014, fig. 1.

9 Summers 2014b, 2016. Zie voor analyse en commentaren Teulings & Baldwin 2014.

10 M. Levinson, 'Every US President Promises to Boost Economic Growth. The Catch: No One Knows How', Vox, 22 december 2016; G. Ip, 'The Economy's Hidden Problem: We're Out of Big Ideas', Wall Street Journal, 20 december 2016; Teulings & Baldwin 2014.

11 Gordon 2014, 2016.

12 Cowen 2017; Glaeser 2014; F. Erixon & B. Weigel, 'Risk, Regulation, and the Innovation Slowdown', Cato Policy Report, september/oktober 2016; G. Ip, 'The Economy's Hidden Problem: We're Out of Big Ideas', Wall Street Journal, december 20, 2016.

13 Wereldbank 2016c. Het Amerikaanse bbp per hoofd van de bevolking is de afgelopen vijfenvijftig op acht jaar na elk jaar gestegen.

14 G. Ip, 'The Economy's Hidden Problem: We're Out of Big Ideas', Wall Street Journal, 20 december 2016; Eichengreen 2014.

15 Brand 2009; Bryce 2014; Brynjolfsson & McAfee 2016; Diamandis & Kotler 2012; Eichengreen 2014; Mokyr 2014; Naam 2013; Reese 2013.

16 Interview met Ezra Klein, 'Bill Gates: The Energy Breakthrough That Will "Save Our Planet" Is Less Than 15 Years Away', Vox, 24 februari 2016, http://www.vox.com/2016/2/24/11100702/billgatesenergy. Gates verwees terloops naar het '"vrede breekt uit"-boek dat was geschreven in 1940.' Ik vermoed dat hij het had over Norman Angells The Great Illusion, waarvan door velen onterecht gedacht wordt dat het voorspelde dat het onmogelijk was dat er een oorlog zou uitbreken aan de vooravond van de Eerste Wereldoorlog. In het pamflet, dat werd gepubliceerd in 1990, werd juist betoogd dat oorlog nutteloos was, niet dat oorlog in onbruik was geraakt.

17 Diamandis & Kotler 2012, 11.

18 Service 2017.

19 Jane Langdale, 'Radical Ag: C4 Rice and Beyond', Seminars About Long-Term Thinking, Long Now Foundation, 14 maart 2016.

20 Brynjolfsson & McAfee 2016. Zie ook Diamandis & Kotler 2012.

21 Mokyr 2014, 88; zie ook Feldstein 2017; T. Aeppel, 'Silicon Valley Doesn't Believe U.S. Productivity Is Down', Wall Street Journal, 16 juli 2016; K. Kelly, 'The Post-Productive Economy', The Technium, 1 januari 2013.

22 Diamandis & Kotler 2012.

23 G. Ip, 'The Economy's Hidden Problem: We're Out of Big Ideas', *Wall Street Journal*, 20 december 2016.

24 Inglehart & Norris 2016; Norris & Inglehart 2016; zie ook hoofdstuk 23 van dit boek.

25 Norris & Inglehart 2016.

26 J. Fallows, 'The Daily Trump: Filling a Time Capsule', *The Atlantic*, 20 november 2016, http://www.theatlantic.com/notes/2016/11/on-the-future-of-the-time-capsules/508268/; E. Levitz, 'All the Terrifying Things That Donald Trump Did Lately', *New York*, 9 juni 2017.

27 'Donald Trump's File', *PolitiFact*, http://www.politifact.com/personalities/donald-trump/. Zie ook D. Dale, 'Donald Trump: The Unauthorized Database of False Things', *The Star*, 14 november 2016, waarin 560 onware beweringen staan opgesomd die hij heeft gedaan in een tijdbestek van twee maanden, wat neerkomt op ongeveer twintig per dag; M. Yglesias, 'The Bullshitter-in-Chief', *Vox*, 30 mei 2017; en D. Leonhardt & S. A. Thompson, 'Trump's Lies', *New York Times*, 23 juni 2017.

28 Overgenomen van de science-fictionschrijver Philip K. Dick: 'Reality is that which, when you stop believing in it, doesn't go away.'

29 S. Kinzer, 'The Enlightenment Had a Good Run', *Boston Globe*, 23 december 2016.

30 J. McCarthy, 'President Obama Leaves White House with 58% Favorable Rating', *Gallup*, 16 januari 2017, http://www.gallup.com/poll/202349/president-obama-leaves-white-house-favorable-rating.aspx; Obama referereerde aan 'essentiële geest van innovatie en praktische probleemoplossing die de stichters van Amerika leidde', die 'voortkwam uit de Verlichting' en die hij definieerde als 'geloof in de rede, en ondernemerschap, en een hogere plaats van recht dan van macht' ('President Obama's Farewell Address, Jan. 10, 2017', *The White House*, https://www.whitehouse.gov/farewell).

31 J. McCarthy, 'Trump's Pre-Inauguration Favorables Remain Historically Low', *Gallup*, 16 januari 2017; 'How Unpopular Is Donald Trump?' *FiveThirtyEight*, https://projects.fivethirtyeight.com/trump-approval-ratings/; 'Presidential Approval Ratings-Donald Trump', *Gallup*, 25 augustus 2017.

32 G. Aisch, A. Pearce & B. Rousseau, 'How Far Is Europe Swinging to the Right?' *New York Times*, 5 december 2016. Van de twintig landen waarvan de parlementsverkiezingen werden bijgehouden, vond er in negen een toename plaats van het aantal parlementsleden van rechtse partijen sinds de vorige verkiezing, vond er in negen landen een afname plaats en hadden twee landen (Spanje en Portugal) helemaal geen parlementsleden van zulke partijen.

33   A. Chrisafis, 'Emmanuel Macron Vows Unity After Winning French Presidential Election', *Guardian*, 8 mei 2017.

34   Data Amerikaanse exitpolls, *New York Times* 2016. N. Carnes & N. Lupu, 'It's Time to Bust the Myth: Most Trump Voters Were Not Working Class', *Washington Post*, 5 juni 2017. Zie ook de verwijzingen in noot 35 en 36 hieronder.

35   N. Silver, 'Education, Not Income, Predicted Who Would Vote for Trump', *FiveThirtyEight.com*, 22 november 2016, http://fivethirtyeight.com/features/education-not-income-predicted-who-would-vote-for-trump/; N. Silver, 'The Mythology of Trump's "Working Class" Support: His Voters Are Better Off Economically Compared with Most Americans', *FiveThirtyEight.com*, 3 mei 2016, https://fivethirtyeight.com/features/the-mythology-of-trumps-working-class-support/; J. Rothwell, 'Economic Hardship and Favorable Views of Trump', *Gallup*, 22 juli 2016, http://www.gallup.com/opinion/polling-matters/193898/economic-hardship-favorable-views-trump.aspx.

36   N. Silver, 'Strongest correlate I've found for Trump support is Google searches for the n-word. Others have reported this too' *Twitter*, https://twitter.com/natesilver538/status/703975062500732932?lang=en; N. Cohn, 'Donald Trump's Strongest Supporters: A Certain Kind of Democrat', *New York Times*, 31 december 2015; Stephens-Davidowitz 2017. Zie ook G. Lopez, 'Polls show Many-Even Most-Trump Supporters Really Are Deeply Hostile to Muslims and Nonwhites', *Vox*, 12 september 2016.

37   Exit poll-data; zie noot 34 hierboven.

38   Inglehart & Norris 2016.

39   Inglehart & Norris 2016.

40   A. B. Guardia, 'How Brexit Vote Broke Down', *Politico*, 24 juni 2016.

41   Inglehart & Norris 2016, 4.

42   Geciteerd in I. Lapowsky, 'Don't Let Trump's Win Fool You-America's Getting More Liberal', *Wired*, 19 december 19, 2016.

43   Inglehart & Norris 2016; G. Aisch, A. Pearce & B. Rousseau, 'How Far Is Europe Swinging to the Right?' *New York Times*, 5 december 2016.

44   Alexander 2016. Seth Stephens-Davidowitz merkt op dat Google-zoekopdrachten voor 'Stormfront', het belangrijkste internetforum van blanke nationaisten, sinds 2008 gestaag in aantal afnemen (met uitzondering van een paar nieuwsgerelateerde uischieters).

45   G. O'Toole, 'If You Are Not a Liberal at 25, You Have No Heart. If You Are Not a Conservative at 35 You Have No Brain', *Quote Investigator*, 24 februari 2014, http://quoteinvestigator.com/2014/02/24/heart-head/; B. Popik, 'If You're Not a Liberal At 20 You Have No Heart, If Not

a Conservative at 40 You Have No Brain', *BarryPopik.com*, http://www.
barrypopik.com/index.php/new_york_city/entry/if_youre_not_a_libe-
ral_at_20_you_have_no_heart_if_not_a_conservative_at_40.

46 Ghitza & Gelman 2014; zie ook Kohut et al. 2011; Taylor 2016a, 2016b.

47 Enigszins gebaseerd op een uitspraak van de natuurkundige Max
Planck.

48 H. Enten, 'Registered Voters Who Stayed Home Probably Cost Clinton the Election', *FiveThirtyEight*, 5 januari 2017, https://fivethirtyeight.
com/features/registered-voters-who-stayed-home-probably-cost-clin-
ton-the-election/. A. Payne, 'Brits Who Didn't Vote in the EU referen- 589
dum Now Wish They Voted Against Brexit', *Business Insider*, 23 september 2016. A. Rhodes, 'Young People-If You're So Upset by the Outcome
of the EU Referendum, Then Why Didn't You Get Out and Vote?' *The
Independent*, 27 juni 2016.

49 Publius Decius Mus 2016. In 2017 ging de auteur van het artikel, dat
onder pseudoniem was geschreven, Michael Anton, deel uitmaken van
de regering-Trump als nationaal veiligheidsfunctionaris.

50 C. R. Ketcham, 'Anarchists for Donald Trump-Let the Empire
Burn', *Daily Beast*, 9 juni 2016, http://www.thedailybeast.com/arti-
cles/2016/06/09/anarchists-for-donald-trump-let-the-empire-burn.ht-
ml.

51 Een vergelijkbaar betoog is gehouden door D. Bornstein & T. Rosenberg, 'When Reportage Turns to Cynicism', *New York Times*, 15 november 2016, geciteerd in hoofdstuk 4.

52 Berlin 1988/2013, 15.

52 Samenvatting van een gesprek, gedeeld in persoonlijke communicatie;
overgenomen van Kelly 2016, 13-14.

53 'Pessimistische hoop' is bedacht door de journalist Yuval Levin in 2017.
'Radicaal incrementialisme' is als eerste afkomstig van de politicoloog
Aaron Wildavsky en onlangs nieuw leven ingeblazen door Halpern &
Mason 2015.

54 De term *possibilisme* was eerder bedacht door de econoom Albert Hirschman, in 1971. Rosling werd geciteerd in 'Making Data Dance', *The Economist*, 9 december 2010.

21 Rede

1 Recente voorbeelden (niet van psychologen): J. Gray, 'The Child-Like
Faith in Reason', BBC *News Magazine*, 18 juli 2014; C. Bradatan, 'Our
Delight in Destruction', *New York Times*, 27 maart 2017; D. Brooks, 'Buil-
ding Better Secularists', *New York Times*, 3 februari 2015.

2 Nagel 1997, 14-15. 'One can't criticize something with nothing', 20.

3   Bardon (ongedateerd).

4   Nagel 1997, 35, schrijft de term 'Een gedachte te veel' toe aan de filosoof Bernard Williams, die hem gebruikte om een ander punt te maken. Zie voor meer over waarom 'geloven in rede' een gedachte te veel is en waarom expliciete deductie ergens moet stoppen. Pinker 1997/2009, 98-99.

5   Zie de referenties in hoofdstuk 2, noot 22-25.

6   Zie de referenties in hoofdstuk 1, noot 4 en 9. Kants metafoor verwijst naar de 'onsosciale socialiteit' van mensen, die verschillen van bomen in een dicht begroeid bos die rechtop groeien om uit elkaar schaduw te blijven. Hij is geïnterpreteerd als toepassing op de rede voor zover mensen het lastig vinden de voordelen van samenwerking te zien. (Dank aan Anthony Pagden omdat hij me hierop heeft gewezen.)

7   Pinker 1997/2009, hoofdstuk 2 en 5; Pinker 2010; Tooby & DeVore 1987; Norman 2016.

8   Persoonlijke communicatie, 5 januari 2017; zie voor ondersteunende bijzonderheden Liebenberg 1990, 2014.

9   Liebenberg 2014, 191-92.

10 Shtulman 2005; zie ook Rice, Olson & Colbert 2011.

11 Roos 2012.

12 Kahan 2015.

13 Kahan 2015; Kahan, Wittlin, et al. 2011; Bostrom et al. 1994.

14 Pew Research Center 2015b; zie Jones, Cox & Navarro-Rivera 2014, voor vergelijkbare data.

15 Braman et al. 2007; Eastop 2015; Kahan 2015; Kahan, Jenkins-Smith & Braman 2011; Kahan, Jenkins-Smith et al. 2012; Kahan, Wittlin et al. 2011.

16 Kahan, Wittlin et al. 2011, 15.

17 Kahan 2012; Kahan, Wittlin, et al. 2011.

18 A. Marcotte, 'It's Science, Stupid: Why Do Trump Supporters Believe So Many Things That Are Crazy and Wrong?' Salon, 30 september 30, 2016.

19 J. A. Smith, 'How the Science of "Blue Lies" May Explain Trump's Support', Scientific American, 24 maart 2017.

20 Tooby 2017.

21 Kunda 1990; Baron 1993; Lord, Ross & Lepper 1979; Taber & Lodge 2006. Zie ook Mercier & Sperber 2011 voor een recensie.

22 Hastorf & Cantril 1954.

23 Stanton et al. 2009.

24 Lord, Ross & Lepper 1979. Zie voor updates Taber & Lodge 2006 en Mercier & Sperber 2011.

25 Somin 2016.

26 Kahan, Peters et al. 2012; Kahan, Wittlin et al. 2011.

27 Kahan, Braman et al. 2009.

28 M. Kaplan, 'The Most Depressing Discovery About the Brain, Ever', *Alternet*, 16 september 2013, http://www.alternet.org/media/most-depressing-discovery-about-brain-ever. Study itself: Kahan, Peters et al. 2013.

29 E. Klein, 'How Politics Makes Us Stupid', *Vox*, 6 april 2014; C. Mooney, 'Science Confirms: Politics Wrecks Your Ability to Do Math', *Grist*, 8 september 2013.

30 Pronin, Lin & Ross 2002.

31 Verhulst, Eaves & Hatemi 2015.

32 Duarte et al. 2015.

33 Buturovic & Klein 2010; zie ook Caplan 2007.

34 Klein & Buturovic 2011.

35 D. Klein, 'I Was Wrong, and So Are You', *The Atlantic*, december 2011.

36 Zie Pinker 2011, hoofdstuk 3-5.

37 Courtois et al. 1999; Rummel 1997; White 2011; zie ook Pinker 2011, hoofdstuk 4-5.

38 Gross & Simmons 2014.

39 Volgens de *2016 Index of Economic Freedom*, samengesteld door de *Wall Street Journal* en de Heritage Foundation (http://www.heritage.org/index/ranking), evenaren of overtreffen Nieuw-Zeeland, Canada, Ierland, het Verenigd Koninkrijk en Denemarken de Verenigde Staten in economische vrijheid. Al deze landen met uitzondering van Canada overtreffen de Verenigde Staten wat betreft het percentage van het BBP dat wordt gebruikt voor sociale uitgaven (OECD 2014).

40 Friedman 1997; J. Taylor, 'Is There a Future for Libertarianism?' *RealClearPolicy*, 23 februari 2016, http://www.realclearpolicy.com/blog/2016/02/23/is_there_a_future_for_libertarianism_1563.html; M. Lind, 'The Question Libertarians Just Can't Answer', *Salon*, 4 juni 2013; B. Lindsay, 'Liberaltarians', *New Republic*, 4 december 2006; W. Wilkinson, 'Libertarian Principles, Niskanen, and Welfare Policy', *Niskanen Blog*, 29 maart 2016, https://niskanencenter.org/blog/libertarian-principles-niskanen-and-welfare-policy/.

41 Payne 2005.

42 Hoewel de Verenigde Staten het hoogste BBP ter wereld heeft, staat het land slechts op de dertiende plaats wat geluk betreft (Helliwell, Layard & Sachs 2016), op de achtste in de Index van de menselijke ontwikkeling van de VN (Roser 2016h) en op de negentiende in de Social Progress Index (Porter, Stern & Green 2016). Zoals eerder vastgesteld stuwen sociale uitgaven de Index van de menselijke ontwikkeling op tot rond de 25-30 procent van het BBP (Prados de la Escosura 2015); de Verenigde

591

Staten besteden daar ongeveer 19 procent aan.

43 Pinker 2002/2016; Sowell 1987, hoofdstuk 16.

44 Gardner 2010; Mellers et al. 2014; Silver 2015; Tetlock & Gardner 2015; Tetlock, Mellers Scoblic 2017.

45 N. Silver, 'Why FiveThirtyEight Gave Trump a Better Chance Than Almost Anyone Else', *FiveThirtyEight*, 11 november 2016, http://fivethirtyeight.com/features/why-fivethirtyeight-gave-trump-a-better-chance-than-almost-anyone-else/.

46 Tetlock & Gardner 2015, 68.

47 Tetlock & Gardner 2015, 69.

48 Baron 1993.

49 Tetlock 2015.

50 Pew Research Center 2014.

51 Data van de General Social Survey, http://gss.norc.org, verzameld in Abrams 2016.

52 Abrams 2016.

53 Eagen et al. 2014; Gross & Simmons 2014; E. Schwitzgebel, 'Political Affiliations of American Philosophers, Political Scientists, and Other Academics', *Splintered Mind,* http://schwitzsplinters.blogspot.hk/2008/06/political-affiliations-of-american.html. Zie ook N. Kristof, 'A Confession of Liberal Intolerance', *New York Times,* 7 mei 2016.

54 In 2013 was de verhouding Democraten-Republikeinen onder Amerikaanse journalisten vier tegen één, hoewel een meerderheid 'onafhankelijk' (50,2 percent) of 'overig' (14.6 percent) was; Willnat & Weaver 2014, 11. Een recente analyse van in de inhoud doet vermoeden dat kranten iets naar links neigen, maar dat hetzelfde voor hun lezers geldt; Gentzkow & Shapiro 2010.

55 Sowell 1987.

56 Grayling 2007; Hunt 2007.

57 Courtwright 2010; Nash 2009; Welzel 2013.

58 Jussim et al. 2017; Satel 2000.

59 Duarte et al. 2015.

60 'Zien er anders zijn maar denken hetzelfde': afkomstig van burgerrechtenadvocaat Harvey Silverglate.

61 Duarte et al. 2015 omvat drieëndertig commentaren, waarvan er vele kritisch maar respectvol zijn, en de reactie van de auteurs. *The Blank Slate* won prijzen van twee secties van de American Psychological Association.

62 N. Kristof, 'A Confession of Liberal Intolerance', *New York Times,* 7 mei 2016; N. Kristof, 'The Liberal Blind Spot', *New York Times,* 28 mei 2016.

63 J. McWhorter, 'Antiracism, Our Flawed New Religion', *Daily Beast,* 27 juli 2015.

64 Lukianoff 2012, 2014; G. Lukianoff & J. Haidt, 'The Coddling of the American Mind', *The Atlantic,* september 2015; L. Jussim, 'Mostly Leftist Threats to Mostly Campus Speech', *Psychology Today*-blog, 23 november, https://www.psychologytoday.com/blog/rabble-rouser/201511/mostly-leftist-threats-mostly-campus-speech.

65 D. Lat, 'The Harvard Email Controversy: How It All Began', *Above the Law,* 3 mei 2010, http://abovethelaw.com/2010/05/the-harvard-email-controversy-how-it-all-began/.

66 Dreger 2015; L. Kipnis, 'In Her Own Words: Title IX Inquisition at Northwestern', *TheFire.org,* https://www.thefire.org/in-her-own-words-laura-kipnis-title-ix-inquisition-at-northwestern-video/; zie ook noot 64 hierboven.

67 G. Lukianoff & J. Haidt, 'The Coddling of the American Mind', *The Atlantic,* september 2015; C. Friedersdorf, 'The New Intolerance of Student Activism', *The Atlantic,* 9 november 2015; J. M. Moyer, 'University Yoga Class Canceled Because of "Oppression, Cultural Genocide"', *Washington Post,* 23 november 2015.

68 G. Lukianoff & J. Haidt, 'The Coddling of the American Mind', *The Atlantic,* september 2015; T. Kingkade, 'Chris Rock Stopped Playing Colleges Because They're "Too Conservative"', *Huffington Post,* 2 december 2014. Zie ook de documentaire uit 2015 *Can We Take a Joke?*

69 Shields & Dunn 2016.

70 De eerste versie werd verwoord door Samuel Johnson; zie G. O'Toole, 'Academic Politics Are So Vicious Because the Stakes Are So Small', *Quote Investigator,* 18 augustus 2013, http://quoteinvestigator.com/2013/08/18/acad-politics/.

71 Mann & Ornstein 2012/2016.

72 Foa & Mounk 2016; Inglehart 2016.

73 Rechts anti-intellectualisme is door conservatieven zelf betreurd in boeken als Charlie Sykes' *How the Right Lost Its Mind* (2017) en Matt Lewis' *Too Dumb to Fail* (2016).

74 Nagel 1997; Norman 2016.

75 McKay 1841/1995; zie ook K. Malik, 'All the Fake News That Was Fit to Print', *New York Times,* 4 december 2016.

76 A. D. Holan, 'All Politicians Lie. Some Lie More Than Others', *New York Times,* 11 december 2015.

77 Bij het analyseren van de conflicten uit de geschiedenis met de meeste doden merkt Matthew White op: 'Het verbaast me hoe vaak de directe aanleiding van een conflict een vergissing, een ongegrond vermoeden of een gerucht is.' Naast de eerste twee die hier worden genoemd, noemt hij de Eerste Wereldoorlog, de Tweede Chinees-Japanse Oorlog,

de Zevenjarige Oorlog, de Tweede Hugenotenoorlog, de An-Lushan-Op-
stand in China, de 'Indonesische Zuivering' en de Russische Tijd der
Troebelen; White 2011, 537.

78 Opinie van rechter Leon M. Bazile, 22 januari 1965, *Encyclopedia Virginia*, http://www.encyclopediavirginia.org/Opinion_of_Judge_Leon_M_
Bazile_January_22_1965.

79 S. Sontag, 'Some Thoughts on the Right Way (for Us) to Love the Cuban
Revolution', *Ramparts*, april 1969, 6-19. Vervolgens beweerde Sontag dat
de homoseksuelen 'al lang naar huis zijn gestuurd', maar homo's bleven in Cuba gedurende de hele jaren zestig en zeventig naar werkkampen gestuurd worden. Zie 'Concentration Camps in Cuba: The UMAP',
Totalitarian Images, 6 februari 2010, http://totalitarianimages.blogspot.
com/2010/02/concentration-camps-in-cuba-umap.html en J. Halatyn,
'From Persecution to Acceptance? The History of LGBT Rights in Cuba',
Cutting Edge, 24 oktober 2012, http://www.thecuttingedgenews.com/in-
dex.php?article=76818.

80 Redlawsk, Civettini & Emmerson 2010.

81 Pinker 2007a; Thomas et al. 2014; Thomas, DeScioli & Pinker 2018.

82 Zie voor een voortreffelijke samenvatting van veel voorkomende denkfouten de website en poster 'Thou shalt not commit logical fallacies',
https://yourlogicalfallacyis.com/; Willingham 2007.

83 Bond 2009; Gigerenzer 1991; Gigerenzer & Hoffrage 1995; Lilienfeld,
Ammirati & Landfield 2009; Mellers et al. 2014; Morewedge et al. 2015.

84 Willingham 2007.

85 Bond 2009; Gigerenzer 1991; Gigerenzer & Hoffrage 1995; Lilienfeld,
Ammirati & Landfield 2009; Mellers et al. 2014; Mercier & Sperber
2011; Morewedge et al. 2015; Tetlock & Gardner 2015; Willingham 2007.

86 Lilienfeld, Ammirati & Landfield 2009.

87 Anoniem, geciteerd in P. Voosen, 'Striving for a Climate Change', *Chronicle Review of Higher Education*, 3 november 2014.

88 Kuhn 1991; Mercier & Sperber 2011, 2017; Sloman & Fernbach 2017.

89 Mercier & Sperber 2011.

90 Mellers, Hertwig & Kahneman 2001.

91 Rozenblit & Keil 2002; Sloman & Fernbach 2017.

92 Mercier & Sperber 2011, 72; Mercier & Sperber 2017.

93 Silver 2015; A. D. Holan, 'All Politicians Lie. Some Lie More Than
Others', *New York Times*, 11 december 2015.

94 Tetlock & Gardner 2015; Tetlock, Mellers & Scoblic 2017.

95 Topol 2012.

96 T. Rousmaniere, 'What Your Therapist Doesn't Know', *The Atlantic*,
april 2017.

97 Abt & Winship 2016; Latzer 2016.
98 Banerjee & Duflo 2011.
99 MacAskill 2015.
100 Lewis 2016.
101 'What Exactly Is the "Rationality Community"?' *LessWrong*, http://less-wrong.com/lw/ov2/what_exactly_is_the_rationality_community/.
102 Behavioral Insights Team 2015; Haskins & Margolis 2014; Schuck 2015; Sunstein 2013; D. Leonhard, 'The Quiet Movement to Make Government Fail Less Often', *New York Times*, 15 juli 2014.
103 Achens & Bartels 2016; Brennan 2016; Caplan 2007; Mueller 1999; So-min 2016; Brennan 2016.
104 Goldstein 2013.
105 Kahan, Wittlin et al. 2011, 16.
106 E. Klein, 'How Politics Makes Us Stupid', *Vox*, 6 april 2014.
107 Cohen 2003.
108 Nyhan 2013.
109 Kahan, Jenkins-Smith et al. 2012.
110 Kahan 2015.
111 Sean Connery's Jim Malone in *The Untouchables* (1987); Osgood 1962.

22 Wetenschap

1   Het voorbeeld is afkomstig van Murray 2003.
2   Carroll 2016, 426.
3   Costello, May & Stork 2013. De schatting heeft betrekking op eukaryote soorten (de soorten met kern, met uitzondering van virussen en bacteriën).
4   Zie hoofdstuk 21, noot 73.
5   Mooney 2005; zie ook Pinker 2008b.
6   J. D. Trout, 'The House Science Committee Hates Science and Should Be Disbanded', *Salon*, 17 mei 2016.
7   J. Mervis, 'Updated: U.S. House Passes Controversial Bill on NSF Research', *Science*, 11 februari 2016.
8   Uit *Note-book of Anton Chekhov*. Het citaat gaat als volgt verder: 'Wat nationaal is, is niet langer wetenschap.'
9   J. Lears, 'Same Old New Atheism: On Sam Harris', *The Nation*, 27 april 2011.
10 L. Kass, 'Keeping Life Human: Science, Religion, and the Soul', Wriston Lecture, Manhattan Institute, 18 oktober 2007, https://www.manhattan-institute.org/html/2007-wriston-lecture-keeping-life-human-science-religion-and-soul-8894.html. Zie ook L. Kass, 'Science, Religion, and the Human Future', *Commentary*, april 2007, 36-48.

11 Zie over de nummering van de Twee Culturen hoofdstuk 3, noot 12.
12 D. Linker, 'Review of Christopher Hitchens's "And Yet . . ." and Roger Scruton's "Fools, Frauds and Firebrands"', *New York Times Book Review*, 8 januari 2016.
13 Snow introduceerde de term 'derde cultuur' in een postscriptum bij *The Two Cultures* met als titel 'A Second Look'. Hij was vaag over wat hij ermee bedoelde en verwees ernaar als 'sociale historici', waarmee hij sociale wetenschappers bedoeld lijkt te hebben; Snow 1959/1998, 70, 80.
14 Brockman 1991; Wilson 1998.

15 L. Wieseltier, 'Crimes Against Humanities', *New Republic*, 3 september 2013.
16 Zie de referenties in Pinker 2007a, hoofdsdtuk 4; Kitcher 1990.
17 De definitie is afkomstig uit de *Stanford Encyclopedia of Philosophy*, Papineau 2015, waarin nog wordt toegevoegd: 'De grote meerderheid van de hedendaagse filosofen zou naturalisme zoals zojuist omschreven aanvaarden.' In een enquête onder 931 filosofiehoogleraren (hoofdzakelijk analytisch/Anglo-Amerikaans), onderschreef 50 procent 'naturalisme', 26 procent 'non-naturalisme' en gaf 24 procent 'anders' aan, waaronder 'De vraag is te onduidelijk om te beantwoorden' (10 procent), 'Onvoldoende bekend met het onderwerp' (7 procent) en 'Agnostisch/weet niet' (3 percent); Bourget & Chalmers 2014.
18 Popper 1983.
19 Howson & Urbach 1989/2006; Popper 1983.
20 In 2012-13 publiceerde *The New Republic* vier aanklachten aan het adres van de wetenschap, en verschenen er andere in *Bookforum*, de *Claremont Review*, de *Huffington Post*, *The Nation*, *National Review Online*, de *New Atlantis*, de *New York Times* en *Standpoint*.
21 Volgens het Open Syllabus Project (http://opensyllabusproject.org/), dat meer dan een miljoen syllabussen, is *Structure* het op negentien na meest opgegeven boek, ver boven *Het ontstaan van soorten*. Een klassiek boek met een meer realistische kijk op hoe de wetenschap werkt, Karl Poppers *Logik der Forschung*, staat niet in de top 200.
22 Bird 2011.
23 Wootton 2015, 16, noot ii.
24 De citaten zijn afkomstig uit J. De Vos, 'The Iconographic Brain. A Critical Philosophical Inquiry into (the Resistance of) the Image', *Frontiers in Human Neuroscience*, 15 mei 2014. Dit was niet de onderzoeker die ik hoorde (er is geen transcriptie beschikbaar van zijn verhaal), maar de inhoud kwam zo ongeveer op hetzelfde neer.
25 Carey et al. 2016. Vergelijkbare voorbeelden kunnen worden aangetroffen in de Twitterstream *New Real PeerReview*, @RealPeerReview.

26 Van de eerste bladzijde van Horkheimer & Adorno 1947/2007.

27 Foucault 1999; zie Menschenfreund 2010; Merquior 1985.

28 Bauman 1989, 91. Zie Menschenfreund 2010 voor een analyse.

29 Zie de verwijzingen in hoofdstuk 11 en 14 en in Pinker 2011, hoofdstuk 4-6. Zie over het negeren van totalitarisme voor de Verlichting Merquior 1985.

30 Patterson 1985; Payne 2004; zie ook Pinker 2011, hoofdstuk 4; Price 2006.

31 Lewis 1990/1992; B. Delong, 'Cicero: The Britons Are Too Stupid to Make Good Slaves', http://www.bradford-delong.com/2009/06/cicero-the-britons-are-too-stupid-to-make-good-slaves.html.   597

32 Herman 1997, hoofdstuk 2; zie ook Hellier 2011; Richards 2013. Veel misvattingen over het verband tussen 'raciale wetenschap' en het darwinisme zijn verspreid door de bioloog Stephen Jay Gould in zijn tendentieuze bestseller uit 1981 *The Mismeasure of Man*; zie Blinkhorn 1982; Davis 1983; Lewis et al. 2011.

33 Hellier 2011; Price 2009, 2006.

34 Richards 2013; zie ook Hellier 2011; Price 2006.

35 Montgomery & Chirot 2015; Degler 1991; Leonard 2009; Richards 2013.

36 De onjuiste toepassing van de term *sociaal darwinisme* op vele verschillende rechtse groeperingen is in gang gezet door de historicus Richard Hofstadter in zijn boek uit 1944, *Social Darwinism in American Thought;* zie Johnson 2010; Leonard 2009; Price 2006.

37 Een voorbeeld is een artikel over evolutionaire psychologie in *Scientific American* van John Horgan, onder de titel 'The New Social Darwinists' (oktober 1995).

38 Glover 1998, 1999; Proctor 1988.

39 Als in de titel van een ander artikel uit *Scientific American* van John Horgan, 'Eugenics Revisited: Trends in Behavioral Genetics' (juni 1993).

40 Degler 1991; Kevles 1985; Montgomery & Chirot 2015; Ridley 2000.

41 Benedek & Erlen 1999; Reverby 2000; Shweder 2004; Lancet Infectious Diseases Editors 2005.

42 American Association of University Professors 2006; Schneider 2015; C. Shea, 'Don't Talk to the Humans: The Crackdown on Social Science Research', *Lingua Franca,* september 2000, http://linguafranca.mirror.theinfo.org/print/0009/humans.html; Dreger 2007; Atran 2007; Gunsalus et al. 2006; Hyman 2007; Klitzman 2015; Schneider 2015; Schrag 2010.

43 Moss 2005.

44 Atran 2007.

45 Glover 1998; Savulescu 2015. Zie voor andere kritieken van hedendaag-

se bio-ethici Pinker 2008b; Satel 2010; S. Pinker, 'The Case Against Bioethocrats and CRISPR Germline Ban', *The Niche*, 10 augustus 2015, https://ipscell.com/2015/08/stevenpinker/8/; S. Pinker, 'The Moral Imperative for Bioethics', *Boston Globe*, 1 augustus 2015; H. Miller, 'When "Bioethics" Harms Those It Is Meant to Protect', *Forbes*, 9 november 2016. Zie ook de referenties in noot 42 hierboven.

46 Zie de referenties in hoofdstuk 21, noot 93-102.

47 Dawes, Faust & Meehl 1989; Meehl 1954/2013; Mental health, Ægisdóttir et al. 2006; Lilienfeld et al. 2013; Kuncel et al. 2013; Singh, Grann & Fazel 2011.

48 Fortna 2008, 173. Zie ook Hultman, Kathman & Shannong 2013, en Goldstein 2011, die de afname van oorlog na 1945 voor een groot deel toeschrijft aan vredesmachten.

49 Fearon & Laitin 1996, 2003; Mueller 2004.

50 Chenoweth 2016; Chenoweth & Stephan 2011.

51 Chirot 1994; Atran 2003.

52 American Academy of Arts and Sciences 2015; Armitage et al. 2013. Zie voor eerdere jammerklachten Pinker 2002/2016, vanaf het begin tot hoofdstuk 20.

53 Nussbaum 2016.

54 Herman 1997; Lilla 2001, 2016; Nisbet 1980/2009; Wolin 2004.

55 McGinnis 1996, 1997; Pinker 2002/2016, hoofdstuk 16; Pinker 2011, hoofdstuk 8 en 9; Haidt 2012; Sowell 1987.

56 Dutton 2009; Livingstone 2014.

57 Bregman 1990; Lerdahl & Jackendoff 1983; Patel 2008; zie ook Pinker 1997/2009, hoofdstuk 8.

57 Boyd, Carroll & Gottschall 2010; Connor 2016; Gottschall 2012; Gottschall & Wilson 2005; Lodge 2002; Pinker 2007b; Slingerland 2008; zie ook Pinker 1997/2009, hoofdstuk 8, en William Benzon's blog *New Savanna*, new.savanna.blogspot.com.

58 Michel et al. 2010; zie het e-journal *Digital Humanities Now* (http://digitalhumanitiesnow.org/), het Stanford Humanities Center (http://shc.stanford.edu/digital-humanities), en het journal *Digital Humanities Quarterly* (http://www.digitalhumanities.org/dhq/).

59 Gottschall 2012; A. Gopnik, 'Can Science Explain Why We Tell Stories?' *New Yorker*, 18 mei 2012.

60 Wieseltier 2013, 'Crimes Against Humanities', wat een reactie was op mijn essay 'Science Is Not Your Enemy' (Pinker 2013b); zie ook 'Science vs. the Humanities, Round III' (Pinker & Wieseltier 2013).

61 L. Wieseltier, 'Among the Disrupted', *New York Times*, 7 januari 2015.

62 In 'A Letter Addressed to the Abbe Raynal', Paine 1778/2016, geciteerd in Shermer 2015.

23 Humanisme

1 'Goed zonder God' werd nieuw leven ingeblazen door de humanistische kapelaan Greg Epstein van Harvard (G. Epstein 2009); Grayling 2013; Law 2011; Jacoby 2005. Enkele grote humanistische organisaties zijn American Humanist Association, https://americanhumanist.org/ en de andere leden van de Secular Coalition of America, https://www.secular.org/member_orgs; de British Humanist Association (https://humanism.org.uk/); de International Humanist and Ethical Union, http://iheu.org/; and the Freedom from Religion Foundation (www.ffrf.org).

2 American Humanist Association 2003; *Humanist Manifesto* I (hoofdzakelijk van de hand van Raymond B. Bragg, 1933), American Humanist Association 1933/1973. *Humanist Manifesto II* (hoofdzakelijk van de hand van Paul Kurtz en Edwin H. Wilson, 1973), American Humanist Association 1973. Andere humanistische manifesten zijn onder meer Paul Kurtz' *Secular Humanist Declaration*, Council for Secular Humanism 1980 en *Humanist Manifesto 2000*, Council for Secular Humanism 2000 en de Amsterdam Declarations van 1952 en 2002, International Humanist and Ethical Union 2002.

3 Goldstein, 'Speaking Prose All Our Lives', *The Humanist*, 21 december 2012, https://thehumanist.com/magazine/january-february-2013/features/speaking-prose-all-our-lives.

4 Hunt 2007.

5 De Lazari-Radek & Singer 2012; Goldstein 2006; Greene 2013; Nagel 1970; Railton 1986; Singer 1981/2010; Smart & Williams 1973. De 'paraplu van onpartijdigheid' werd het meest expliciet verwoord door de filosoof Henry Sidgwick (1838-1900).

6 Zie voor een uitputtende (maar wel excentrieke) lijst van Gulden, Zilveren en Platinum regels door de geschiedenis en culturen heen Terry 2008.

7 Tooby, Cosmides & Barrett 2003; Dawkins 1983.

8 Pinker 2010; Tooby & DeVore 1987.

9 Pinker 1997/2009, hoofdstuk 6 en 7; Pinker 2002/2016, hoofdstuk 14; Pinker 2011, hoofdstuk 8 en 9. Veel van deze ideeën zijn oorspronkelijk afkomstig van de bioloog Robert Trivers (2002).

10 Pinker 2011, hoofdstuk 10.

11 DeScioli 2016.

12 Dawkins 1976/1989; McCullough 2008; Pinker 1997/2009; Trivers 2002; Pinker 2011, hoofdstuk 9.

13 Pinker 2011; Singer 1981/2010.

14 Bijvoorbeeld T. Nagel, 'The Facts Fetish (recensie van Sam Harris' *The Moral Landscape*)', *New Republic*, 20 oktober 2010.

15   Rachels & Rachels 2010; Smart & Williams 1973.

16   Parfit 2011.

17   Pinker 2011, hoofdstuk 4 en 6; Greene 2013.

18   Uit *Notes on the State of Virginia*, Jefferson 1785/1955, 159.

19   Fiske & Rai 2015; Haidt 2012; Pinker 2011, hoofdstuk 9.

20   Greene 2013.

21   Berlin 1988/2013; Gregg 2003; Hammond 2017.

22   Hammond 2017.

23   Maritain 1949. Origineel typoscript beschikbaar op de website van UNES-
     CO, http://unesdoc.unesco.org/images/0015/001550/155042eb.pdf.

24   Verenigde Naties, Verenigde Naties 1948; Glendon 1999, 2001; Hunt
     2007.

25   Geciteerd in Glendon 1999.

26   Glendon 1998; Hunt 2007; Sikkink 2017.

27   R. Cohen, 'The Death of Liberalism', *New York Times*, 14 april 2016.

28   S. Kinzer, 'The Enlightenment Had a Good Run', *Boston Globe*, 23 de-
     cember 2016.

29   R. Douthat, 'The Islamic Dilemma', *New York Times*, 13 december 2015;
     R. Douthat, 'Among the Post-Liberals', *New York Times*, 8 oktober 2016;
     M. Kahn, 'This Is What Happens When Modernity Fails All of Us', *New
     York Times*, 6 december 2015; P. Mishra, 'The Western Model Is Broken',
     The Guardian, 14 oktober 2014.

30   Brown 2000.

31   Atran 2002; Norenzayan 2015.

32   Goldstein 2010; zie ook Dawkins 2006 en Coyne 2015.

33   Coyne maakt deels gebruik van argumenten van de astronoom Carl
     Sagan en de filosofen Yonatan Fishman en Maarten Boudry. Zie voor
     een recensie S. Pinker, 'The Untenability of Faitheism', *Current Biology*,
     23 augustus 2015, R1-R3.

34   Blackmore 1991; Braithwaite 2008; Musolino 2015; Shermer 2002;
     Stein 1996. Zie ook de tijdschriften *Skeptical Inquirer* (http://www.csi-
     cop.org/si) en *The Skeptic* (http://www.skeptic.com/) voor regelmatige
     updates.

35   Stenger 2011.

36   Carroll 2016; Tegmark 2003; B. Greene, 'Welcome to the Multiverse',
     Newsweek, 21 mei 2012.

37   Krauss 2012.

38   B. Greene, 'Welcome to the Multiverse', *Newsweek*, 21 mei 2012.

39   Block 1995; Chalmers 1996; McGinn 1993; Nagel 1974; zie ook Pin-
     ker 1997/2009, hoofdstuk 2 en 8, en S. Pinker, 'The Mystery of Cons-
     ciousness', *Time*, 19 januari 2007.

40 Pinker, 1997/2009, hoofdstuk 2.

40 Dehaene 2009; Dehaene & Changeux 2011; Gaillard et al. 2009.

41 Zie voor een uitvoerige verdediging van dit onderscheid Goldstein 1976.

42 Nagel 1974, 441. Bijna vier decennia later veranderde Nagel van mening (zie Nagel 2012), maar ik denk dat hij, zoals de meeste filosofen en wetenschappers, de eerste keer gelijk had. Zie bijvoorbeeld S. Carroll, recensie van *Mind and Cosmos*, http://www.preposterousuniverse.com/blog/2013/08/22/mind-and-cosmos/; E. Sober, 'Remarkable Facts: Ending Science as We Know It', *Boston Review*, 7 november 2012; B. Leiter & M. Weisberg, 'Do You Only Have a Brain?' *The Nation*, 2 oktober 2012.

43 McGinn 1993.

44 Sayre-McCord 1988, 2015; Boyd 1988; Brink 1989; De Lazari-Radek & Singer 2012; Goldstein 2006, 2010; Nagel 1970; Parfit 2011; Railton 1986; Singer 1981/2010.

45 Voorbeelden zijn de Europese religieuze oorlogen (Pinker 2011, pp. 234, 676-77) en zelfs de Amerikaanse Burgeroorlog (Montgomery & Chirot 2015, 350).

46 White 2011, 107-11.

47 S. Bannon, opmerkingen over een conferentie in het Vaticaan, 2014, getranscribeerd in J. L. Feder, 'This Is How Steve Bannon Sees the Entire World', *BuzzFeed*, 16 november 2016, https://www.buzzfeed.com/lesterfeder/this-is-how-steve-bannon-sees-the-entire-world.

48 Ericksen & Heschel 1999; Hellier 2011; Heschel 2008; Steigmann-Gall 2003; White 2011; Murphy 1999; Richards 2013; zie ook 'Hitler Was a Christian', http://www.evilbible.com/evil-bible-home-page/hitler-was-a-christian/.

49 Interview met Richard Breiting, 1931, gepubliceerd in Calic 1971, 86. Volgens Hathaway & Shapiro 2017, 251, werd dit citaat toegeschreven aan *Mein Kampf* door de nazistische rechtswetenschapper Carl Schmitt. Zie voor vergelijkbare citaten de verwijzingen in de vorige noot.

50 Sam Harris, *The End of Faith* (2004); Richard Dawkins, *The God Delusion* (2006); Daniel Dennett, *Breaking the Spell* (2006); Christopher Hitchens, *God Is Not Great* (2007).

51 Randall Munroe, 'Atheists', https://xkcd.com/774/.

52 De bewering dat mensen de Bijbel allegorisch benaderen (bijvoorbeeld Wieseltier 2013) klopt niet: uit een enquête van Rasmussen uit 2005 bleek dat 63 percent van de Amerikanen geloofde dat de Bijbel letterlijk waar is (http://legacy.rasmussenreports.com/2005/Bible.htm); uit een Gallup-enquête bleek dat 28 procent van de Americans geloofde dat 'de Bijbel het daadwerkelijke Woord van God is en woord voor woord letterlijk dient te worden genomen', en nog eens 47 procent geloofde dat

het 'door God geïnspireerd' was (L. Saad, 'Three in Four in U.s. Still See the Bible as Word of God', *Gallup*, 4 juni 2014, http://www.gallup.com/poll/170834/three-four-bible-word-god.aspx).

53 Pinker 1997/2009, hoofdstuk 8; Atran 2002; Bloom 2012; Boyer 2001; Dawkins 2006; Dennett 2006; Goldstein 2010.

54 Pinker 1997/2009, hoofdstuk 8; Bloom 2012; Pinker 2005.

55 Putnam & Campbell 2010; zie Bloom 2012 en Susan Pinker 2014 voor besprekingen. Zie voor een recente studie die hetzelfde patroon voor sterfelijkheid aan het licht bracht Kim, Smith & Kang 2015.

602

56 Coyne 2015.

57 Bean & Teles 2016; zie ook hoofdstuk 18, noot 83.

58 Zie hoofdstuk 20, noot 34.

59 A. Wilkinson, 'Trump Wants to "Totally Destroy" a Ban on Churches Endorsing Political Candidates', 7 februari 2017.

60 'The Oprah Winfrey Show Finale', *oprah.com*, http://www.oprah.com/oprahshow/the-oprah-winfrey-show-finale_1/all.

61 Samengevat en enigszins bewerkt uit 'The Universe-Uncensored', *Inside Amy Schumer*, https://www.youtube.com/watch?v=6eqCaiwmr_M.

62 G. Paul & P. Zuckerman, 'Don't Dump On Us Atheists', *Washington Post*, 30 april 2011; Gervais & Najle 2017.

63 Uit de *World Christian Encyclopedia* (2001), geciteerd in Paul & Zuckerman 2007.

64 WIN-Gallup International 2012. De steekproef uit de Index van landen uit 2005 was kleiner (negenendertig landen) en religieuzer (68 procent noemde zichzelf in 2012 religieus, tegenover 59 procent in de volledige steekproef). In de longitudinale deelverzameling nam het percentage toe van 4 tot 7 procent, een stijging van 75 procent in zeven jaar. Het zou dubieus zijn om conclusies te trekken uit deze toename, die berekend is over een zeer klein percentage als uitgangspunt naar een slechts iets grotere, dus door de toename van atheïsme tijdens deze periode in de steekproef van zevenenvijftig landen te schatten, ging ik uit van een conservatievere stijging van 30 procent.

65 Inglehart & Welzel 2005; Voas & Chaves 2016.

66 Barber 2011; Lynn, Harvey & Nyborg 2009; WIN-Gallup International 2012.

67 WIN-Gallup International 2012. Andere landen waar religieuzen in de minderheid zijn, zijn Oostenrijk en de Tsjechische Republiek, en enkele van de landen waar het aantal gelovigen net iets boven de 50 procent ligt zijn Finland, Duitsland, Spanje en Zwitserland. Andere seculiere westerse landen als Denemarken, Nieuw-Zeeland, Noorwegen en het Verenigd Koninkrijk zijn niet onderzocht. Volgens een andere reeks

enquêtes die rond 2004 zijn gehouden (Zuckerman 2007, opnieuw ge-publiceerd in Lynn, Harvey & Nyborg 2009), geeft meer dan een kwart van de respondenten in vijftien ontwikkelde landen aan niet in God te geloven, samen met meer dan de helft van de Tsjechen, Japanners en Zweden.

68 Pew Research Center 2012a.

69 De Methodology Appendix bij Pew Research Center 2012a, met name noot 85, geeft aan dat hun vruchtbaarheidsschattingen momentopna-men zijn en niet zijn aangepast aan verwachte veranderingen; Eberstadt & Shah 2011.

70 Voas & Chaves 2016.

71 Paul 2014; Voas & Chaves 2016. Deze aantallen zijn afkomstig uit WIN-Gallup International 2012.

72 Lynn, Harvey & Nyborg 2009; Zuckerman 2007.

73 Hout & Fischer 2014; Jones et al. 2016b; Pew Research Center 2015a; Voas & Chaves 2016.

74 De voorgaande cijfers zijn afkomstig uit Jones et al. 2016b. Een andere aanwijzing van de onderbelichte afname van religie in de Verenigde Sta-ten is dat het percentage blanke Bijbelgetrouwe christenen in het onder-zoek van de PRRI van 20 percent in 2012 daalde tot 16 percent in 2016.

75 Hout & Fischer 2014; Jones et al. 2016b; Voas & Chaves 2016.

76 D. Leonhard, 'The Rise of Young Americans Who Don't Believe in God', *New York Times,* 12 mei 2015, gebaseerd op data van Pew Research Cen-ter 2015a; Voas & Chaves 2016, gebaseerd op data van de General Social Survey.

77 Gervais & Najle 2017.

78 Jones et al. 2016b, 18.

79 Hout & Fischer 2014; Inglehart & Welzel 2005; Jones et al. 2016b; Paul & Zuckerman 2007; Voas & Chaves 2016.

80 Twenge, Campbell, & Carter 2014; Mueller 1999, 167-68.

81 Hout & Fischer 2014; Inglehart & Welzel 2005; Welzel 2013.

82 Inglehart & Welzel 2005; Welzel 2013; Barber 2011; Paul 2014; Paul & Zuckerman 2007.

83 Jones et al. 2016b. Merk ook op dat geloof in de letterlijke waarheid van de Bijbel onder respondenten in de Gallup-enquête zoals beschreven in noot 53 van dit hoofdstuk door de jaren heen is afgenomen, van 40 procent in 1981 tot 28 percent in 2014, terwijl de overtuiging dat het boek is met 'fabels, legendes, geschiedenis en morele geboden die zijn opge-tekend door mensen' steeg van 10 percent naar 21 percent.

84 Kanazawa 2010; Lynn, Harvey & Nyborg 2009.

85 'Total eclipse': uit een citaat van Friedrich Nietzsche.

86 Zie hoofdstuk 18 en Helliwell, Layard & Sachs 2016; zie Porter, Stern & Green 2016; hoofdstuk 21, noot 42; en noot 90 van dit hoofdstuk. In een analyse van regressie in 116 landen concludeerden Keehup Yong en ik dat de correlatie tussen de index voor sociale vooruitgang en het percentage van de bevolking dat niet in God gelooft (afkomstig uit Lynn, Harvey & Nyborg 2009) 0,63 bedroeg, wat statistisch significant was (*p* .0001) en waarmee het B B P constant bleef.

87 Zie hoofdstuk 21, noot 42; Paul 2009, 2014.

88 Delamontagne 2010.

89 Hoewel in meer dan een kwart van de 195 landen van de wereld een meerderheid van de bevolking islamitisch is, staat geen van deze landen bij de achtendertig landen die op de Social Progress Index gerangschikt staan als 'zeer hoog' en 'hoog' (Porter, Stern & Green 2016, 19-20) noch bij de vijfentwintig gelukkigste (Helliwell, Layard & Sachs 2016). Geen van deze landen is een 'volledige democratie', slechts drie zijn een 'gebrekkige democratie' en meer dan veertig hebben een 'autoritair' of 'hybride' regime: *Economist* Intelligence Unit, https://infographics.economist.com/2017/DemocracyIndex/. Zie voor vergelijkbare schattingen Marshall & Gurr 2014; Marshall, Gurr & Jaggers 2016; Pryor 2007.

90 Zie hoofdstuk 11, noot 9; en Gleditsch & Rudolfsen 2016; Institute for Economics and Peace 2016, gebruikmakend van data van het National Consortium for the Study of Terrorism and Responses to Terrorism, http://www.start.umd.edu/.

91 Al-Khalili 2010; Huff 1993; Lewis 2002; Pelham 2016.

92 Rizvi 2017, hoofdstuk 2; Hirsi Ali 2015a, 2015b; S. Harris, 'Verses from the Koran', *Truthdig,* http://www.truthdig.com/images/diguploads/verses.html; *The Skeptic's Annotated Quran,* http://skepticsannotatedbible.com/quran/int/long.html. Recente discussie door journalisten betreft onder andere R. Callimachi, 'ISIS Enshrines a Theology of Rape', *New York Times,* 13 augustus 2015; G. Wood, 'What ISIS Really Wants', *The Atlantic,* maart 2015; en Wood 2017. Recente wetenschappelijke discussies betreffen onder andere Cook 2014 en Bowering 2015.

93 Alexander & Welzel 2011, 256-58.

94 Alexander en Welzel citerenn de *Religious Monitor* van de Bertelsmann Foundation. Zie ook Pew Research Center 2012c; WIN-Gallup International 2012, voor vergelijkbare cijfers (zij het met regionale verschillen).

95 Citaten uit Pew Research Center 2013, 24 en 15, en Pew Research Center 2012c, 11 en 12. De landen die werd gevraagd de Koran woord voor woord te interpreteren waren de Verenigde Staten en vijftien Afrikaanse landen ten zuiden van de Sahara, die waarschijnlijk wel de uitersten vertegenwoordigen. De uitzondering op de wens om de sharia als nati-

onale wetgeving in te voeren betreft onder andere Turkije, Libanon en voormalig communistische regio's.

96 Welzel 2013; zie ook Alexander & Welzel 2011 en Inglehart 2017.

97 Alexander & Welzel 2011. Zie ook Pew Research Center 2013, dat meer steun aantrof voor shariawetgeving onder vrome moslims.

98 Huff 1993; Kuran 2010; Lewis 2002; VN-Ontwikkelingsprogramma 2003; Montgomery & Chirot 2015, hoofdstuk 7; zie ook Rizvi 2017 en Hirsi Ali 2015a voor persoonlijke verhalen.

99 Montgomery & Chirot 2015, hoofdstuk 7; Lilla 2016, Hathaway & Shapiro 2017.

100 Berman 2010; J. Palmer, 'The Shame and Disgrace of the Pro-Islamist Left', *Quillette*, 6 december 2015; J. Tayler, 'The Left Has Islam All Wrong', *Salon*, 10 mei 2015; J. Tayler, 'On Betrayal by the Left-Talking with Ex-Muslim Sarah Haider', *Quillette*, 16 maart 2017.

101 Geciteerd in J. Tayler, 'On Betrayal by the Left-Talking with Ex-Muslim Sarah Haider', *Quillette*, 16 maart 2017.

102 Al-Khalili 2010; Huff 1993.

103 Sen 2000, 2005, 2009; zie ook Pelham 2016 voor voorbeelden uit het Ottomaanse Rijk.

103 Esposito & Mogahed 2007; Inglehart 2017; Welzel 2013.

104 Mahbubani & Summers 2016; zie hoofdstuk 15, in het bijzonder figuur 15-8; Inglehart 2017; Welzel 2013. Inglehart merkt echter op dat hoewel dertien van de landen met een islamitische meerderheid in de World Values Survey blijk geven van een generationele verschuiving ten gunste van gelijkheid man en vrouw, dat voor veertien landen niet geldt; de redenen voor die scheiding zijn onduidelijk.

105 J. Burke, 'Osama bin Laden's bookshelf: Noam Chomsky, Bob Woodward, and Jihad', *The Guardian*, 20 mei 2015.

106 Appiah 2010; Hunt 2007.

107 Nietzsches beroemde werken, waarvan er vele intellectuele memes zijn geworden, zijn onder andere *De geboorte van de tragedie, Voorbij goed en kwaad, Aldus sprak Zarathustra, Over de genealogie van de moraal, Afgodenschemering, Ecce Homo* en *De wil tot macht*. Zie voor een kritische bespreking Anderson 2017; Glover 1999; Herman 1997; Russell 1945/1972; Wolin 2004.

108 De eerste drie citaten zijn afkomstig uit Russell 1945/1972, 762-66, de laatste twee uit Wolin 2004, 53, 57.

109 *Relativismo e Fascismo*, geciteerd in Wolin 2004, 27.

110 Rosenthal 2002.

111 Burns 2009.

112 Uit *De genealogie van de moraal* en *De wil tot macht*, geciteerd in Wolin 2004, 32-33.

113 Lilla 2001. Het bestaan van het syndroom werd voor het eerst vastgesteld in *The Treason of the Intellectuals* door de Franse filosoof Julian Benda (Benda 1927/2006). Zie ook Berman 2010; Herman 1997; Hollander 1981/2014; Sesardić 2016; Sowell 2010; Wolin 2004; Humphrys (ongedateerd).

114 Scholars and Writers for America, 'Statement of Unity', 30 oktober 2016, https://scholarsandwritersforamerica.org/.

115 J. Baskin, 'The Academic Home of Trumpism', *Chronicle of Higher Education*, 17 maart 2017.

116 Nietzsche beïnvloedde niet alleen Mussolini maar ook de fascistische theoreticus Julius Evola, die later wordt besproken. Ook beïnvloedde hij de filosoof Leo Strauss, die veel invloed had op het Claremont Institute en het reactionaire theoconservatisme; zie J. Baskin, 'The Academic Home of Trumpism', *Chronicle of Higher Education*, 17 maart 2017; Lampert 1996.

117 Berlin 1979; Garrard 2006; Herman 1997; Howard 2001; McMahon 2001; Sternhell 2010; Wolin 2004.

118 J. Horowitz, 'Steve Bannon Cited Italian Thinker Who Inspired Fascists', *New York Times*, 10 februari 2017; P. Levy, 'Stephen Bannon Is a Fan of a French Philosopher . . . Who Was an Anti-Semite and a Nazi Supporter', *Mother Jones*, 16 maart 2017; M. Crowley, 'The Man Who Wants to Unmake the West', *Politico*, maart/april 2017; A. Bokhari & M. Yiannopoulos, 'An Establishment Conservative Guide to the Alt-Right', *Breitbart.com*, 29 maart 2016, http://www.breitbart.com/tech/2016/03/29/an-establishment-conservatives-guide-to-the-alt-right/; G. Wood, 'His Kampf', *The Atlantic*, juni 2017; S. Illing, 'The Alt-Right Is Drunk on Bad Readings of Nietzsche. The Nazis Were Too', *Vox*, 17 augustus 2017, https://www.vox.com/2017/8/17/16140846/nietzsche-richard-spencer-alt-right-nazism.

119 Pinker 2012.

120 Lilla 2016; Linker 2007; Pinker 2008b.

121 Geschreven onder het pseudoniem Publius Decius Mus; zie Publius Decius Mus 2016. Zie ook M. Warren, 'The Anonymous Pro-Trump "Decius" Now Works Inside the White House', *Weekly Standard*, 2 februari 2017.

122 Lilla 2016. Zie voor meer over reactionaire islam Montgomery & Chirot 2015 en Hathaway & Shapiro 2017.

123 A. Restuccia & J. Dawsey, 'How Bannon and Pruitt Boxed In Trump on Climate Pact', 31 mei 2017.

124 Kurzban, Tooby & Cosmides 2001; Sidanius & Pratto 1999; zie ook Center for Evolutionary Psychology, UCSB, Erasing Race FAQ, http://www.cep.ucsb.edu/erasingrace.htm.

125 Pinker 2012.
125 Appiah 2006.
126 Diamond 1997; Sowell 1994, 1996, 1998.
127 Glaeser 2011; Sowell 1996.

Literatuurlijst

Abrahms, M. 2006. Why terrorism does not work. *International Security, 31,* 609
42-78.

Abrahms, M. 2012. The political effectiveness of terrorism revisited. *Comparative Political Studies, 45,* 366-93.

Abrams, S. 2016. Professors moved left since 1990s, rest of country did not. *Heterodox Academy.* http://heterodoxacademy.org/2016/01/09/professors-moved-left-but-country-did-not/.

Abt, T. & Winship, C. 2016. *What works in reducing community violence: A meta-review and field study for the Northern Triangle.* Washington: US Agency for International Development.

Acemoglu, D., Robinson, J. A. 2012. *Waarom sommige landen rijk zijn en andere arm.* Amsterdam: Nieuw Amsterdam.

Achens, C. H. & Bartels, L. M. 2016. *Democracy for realists: Why elections do not produce responsive governments.* Princeton: Princeton University Press.

Adriaans, P. 2013. Information. In E. N. Zalta, red., *Stanford Encyclopedia of Philosophy.* http://plato.stanford.edu/archives/fall2013/entries/information/.

Ægisdóttir, S., White, M. J., Spengler, P. S., Maugherman, A. S., Anderson, L. A. et al. 2006. The Meta-Analysis of Clinical Judgment Project: Fifty-six years of accumulated research on clinical versus statistical prediction. *The Counseling Psychologist, 34,* 341-82.

Aguiar, M. & Hurst, E. 2007. Measuring trends in leisure: The allocation of time over five decades. *Quarterly Journal of Economics, 122,* 969-1006.

Ajdacic-Gross, V., Bopp, M., Gostynski, M., Lauber, C., Gutzwiller, F. & Rössler, W. 2006. Age-period-cohort analysis of Swiss suicide data, 1881-2000. *European Archives of Psychiatry and Clinical Neuroscience, 256,* 207-14.

Al-Khalili, J. 2012. *De bibliotheek van Bagdad: de bloei van de Arabische wetenschap en de wedergeboorte van de westerse beschaving.* Amsterdam: Meulenhoff.

Alesina, A., Glaeser, E. L. & Sacerdote, B. 2001. Why doesn't the United States have a European-style welfare state? *Brookings Papers on Economic Activity, 2,* 187-277.

Alexander, A. C. & Welzel, C. 2011. Islam and patriarchy: How robust is Muslim support for patriarchal values? *International Review of Sociology, 21*, 249-75.

Alexander, S. 2016. You are still crying wolf. *Slate Star Codex*, 18 november. http://slatestarcodex.com/2016/11/16/youarestillcryingwolf/.

Alferov, Z. I., Altman, S. & 108 andere Nobelprijswinnaars. 2016. Laureates' letter supporting precision agriculture (gmos). http://supportprecisionagriculture.org/nobel-laureate-gmo-letter_rjr.html.

Allen, P. G. 2011. The singularity isn't near. *Technology Review*, 12 oktober.

Allen, W. 1987. *Hannah and her sisters*. New York: Random House.

Alrich, M. 2001. History of workplace safety in the United States, 1880-1970. In R. Whaples, red., *EH.net Encyclopedia*. http://eh.net/encyclopedia/history-of-workplace-safety-in-the-united-states-1880-1970/.

Amabile, T. M. 1983. Brilliant but cruel: Perceptions of negative evaluators. *Journal of Experimental Social Psychology, 19*, 146-56.

American Academy of Arts and Sciences. 2015. *The heart of the matter: The humanities and social sciences for a vibrant, competitive, and secure nation*. Cambridge: American Academy of Arts and Sciences.

American Association of University Professors. 2006. *Research on human subjects: Academic freedom and the institutional review board*. https://www.aaup.org/report/research-human-subjects-academic-freedom-and-institutional-review-board.

American Humanist Association. 1933/1973. *Humanist manifesto I*. https://americanhumanist.org/what-is-humanism/manifesto1/.

American Humanist Association. 1973. *Humanist manifesto II*. https://americanhumanist.org/what-is-humanism/manifesto2/.

Anderson, J. R. 2007. *How can the human mind occur in the physical universe?* New York: Oxford University Press.

Anderson, R. L. 2017. Friedrich Nietzsche. In E. N. Zalta, red., *Stanford Encyclopedia of Philosophy*. https://plato.stanford.edu/entries/nietzsche/.

Appiah, K. A. 2006. *Cosmopolitanism: Ethics in a world of strangers*. New York: Norton.

Appiah, K. A. 2016. *De erecode. Hoe morele revoluties plaatsvinden*. Amsterdam: Boom.

Ariely, D. 2012. *Volkomen onlogisch: waarom je vaak handelt in strijd met je eigenbelang* (herziene druk). Amsterdam: Business Contact.

Armitage, D., Bhabha, H., Dench, E., Hamburger, J., Hamilton, J. et al. 2013. *The teaching of the arts and humanities at Harvard College: Mapping the future*. http://artsandhumanities.fas.harvard.edu/files/humanities/files/mapping_the_future_31_may_2013.pdf.

Arrow, K., Jorgenson, D., Krugman, P., Nordhaus, W. & Solow, R. 1997. The economists' statement on climate change. *Redefining Progress.* http://rprogress.org/publications/1997/econstatement.htm.

Asafu-Adjaye, J., Blomqvist, L., Brand, S., DeFries, R., Ellis, E. et al. 2015. *An ecomodernist manifesto.* http://www.ecomodernism.org/manifesto-english/.

Asal, V. & Pate, A. 2005. The decline of ethnic political discrimination, 1950-2003. In M. G. Marshall & T. R. Gurr, red., *Peace and conflict 2005: A global survedy of armed conflicts, self-determination movements, and democracy.* College Park: Center for International Development and Conflict Management, University of Maryland.

Atkins, P. 2007. *Four laws that drive the universe.* New York: Oxford University Press.

Atkinson, A. B., Hasell, J., Morelli, S. & Roser, M. 2017. The chartbook of economic inequality. https://www.chartbookofeconomicinequality.com/.

Atran, S. 2002. *In gods we trust: The evolutionary landscape of supernatural agency.* New York: Oxford University Press.

Atran, S. 2003. Genesis of suicide terrorism. *Science, 299,* 1534-39.

Atran, S. 2007. Research police-how a university irb thwarts understanding of terrorism. *Institutional Review Blog.* http://www.institutionalreviewblog.com/2007/05/scott-atran-research-police-how.html.

Ausubel, J. H. 1996. The liberation of the environment. *Daedalus, 125,* 1-18.

Ausubel, J. H. 2007. Renewable and nuclear heresies. *International Journal of Nuclear Governance, Economy, and Ecology, 1,* 229-43.

Ausubel, J. H. 2015. *Nature rebounds.* San Francisco: Long Now Foundation. http://phe.rockefeller.edu/docs/Nature_Rebounds.pdf.

Ausubel, J. H. & Grübler, A. 1995. Working less and living longer: Long-term trends in working time and time budgets. *Technological Forecasting and Social Change, 50,* 113-31.

Ausubel, J. H. & Marchetti, C. 1998. Wood's H:C ratio. https://phe.rockefeller.edu/pdf_files/Wood_HC_Ratio.pdf.

Ausubel, J. H., Wernick, I. K. & Waggoner, P. E. 2012. Peak farmland and the prospect for land sparing. *Population and Development Review, 38,* 1-28.

Autor, D. H. 2014. Skills, education, and the rise of earnings inequality among 'the other 99 percent'. *Science, 344,* 843-51.

Aviation Safety Network. 2017. Fatal airliner (14+ passengers) hull-loss accidents. https://aviation-safety.net/statistics/period/stats.php?cat=A1.

Bailey, R. 2015. *The end of doom: Environmental renewal in the 21st century.* New York: St. Martin's Press.

Balmford, A. 2012. *Wild hope: On the front lines of conservation success.* Chicago: University of Chicago Press.

Balmford, A. & Knowlton, N. 2017. Why Earth Optimism? *Science, 356,* 225.

Banerjee, A. V. & Duflo, E. 2012. *Arm & kansrijk: een nieuwe visie op het bestrijden van armoede*. Amsterdam: Nieuw Amsterdam.

Barber, N. 2011. A cross-national test of the uncertainty hypothesis of religious belief. *Cross-Cultural Research, 45,* 318-33.

Bardo, A. R., Lynch, S. M. & Land, K. C. 2017. The importance of the Baby Boom cohort and the Great Recession in understanding age, period, and cohort patterns in happiness. *Social Psychological and Peronality Science, 8,* 341-50.

Bardon, A. (Ongedateerd.) Transcendental arguments. *Internet Encyclopedia of Philosophy.* http://www.iep.utm.edu/trans-ar/.

Barlow, D. H., Bullis, J. R., Comer, J. S. & Ametaj, A. A. 2013. Evidence-based psychological treatments: An update and a way forward. *Annual Review of Clinical Psychology, 9,* 1-27.

Baron, J. 1993. Why teach thinking? *Applied Psychology, 42,* 191-237.

Basu, K. 1999. Child labor: Cause, consequence, and cure, with remarks on international labor standards. *Journal of Economic Literature, 37,* 1083-1119.

Bauman, Z. 1998. *De moderne tijd en de holocaust*. Amsterdam: Boom.

Baumard, N., Hyafil, A., Morris, I. & Boyer, P. 2015. Increased affluence explains the emergence of ascetic wisdoms and moralizing religions. *Current Biology, 25,* 10-15.

Baumeister, R. 2015. Machines think but don't want, and hence aren't dangerous. *Edge.* https://www.edge.org/response-detail/26282.

Baumeister, R., Bratslavsky, E., Finkenauer, C. & Vohs, K. D. 2001. Bad is stronger than good. *Review of General Psychology, 5,* 323-70.

Baumeister, R., Vohs, K. D., Aaker, J. L. & Garbinsky, E. N. 2013. Some key differences between a happy life and a meaningful life. *Journal of Positive Psychology, 8,* 505-16.

Baxter, A. J., Scott, K. M., Ferrari, A. J., Norman, R. E., Vos, T. et al. 2014. Challenging the myth of an 'epidemic' of common mental disorders: Trends in the global prevalence of anxiety and depression between 1990 and 2010. *Depression and Anxiety, 31,* 506-16.

Bean, L. & Teles, S. 2016. God and climate. *Democracy: A Journal of Ideas, 40.*

Beaver, K. M., Schwartz, J. A., Nedelec, J. L., Connolly, E. J., Boutwell, B. B. et al. 2013. Intelligence is associated with criminal justice processing: Arrest through incarceration. *Intelligence, 41,* 277-88.

Beaver, K. M., Vauhgn, M. G., Delisi, M., Barnes, J. C. & Boutwell, B. B. 2012. The neuropsychological underpinnings to psychopathic personality traits in a nationally representative and longitudinal sample. *Psychiatric Quarterly, 83,* 145-59.

Behavioral Insights Team. 2015. EAST: *Four simple ways to apply behavioral insights*. Londen: Behavioral Insights.

Benda, J. 2018. *Het verraad van de intellectuelen*. Amsterdam University Press.

Benedek, T. G. & Erlen, J. 1999. The scientific environment of the Tuskegee Study of Syphilis, 1920-1960. *Perspectives in Biology and Medicine, 43*, 1-30.

Berlin, I. 1979. The Counter-Enlightenment. In I. Berlin, red., *Against the current: Essays in the history of ideas*. Princeton: Princeton University Press.

Berlin, I. 1988/2013. The pursuit of the ideal. In I. Berlin, red., *The crooked timber of humanity*. Princeton: Princeton University Press.

Berman, P. 2010. *The flight of the intellectuals*. New York: Melville House.

Bernanke, B. S. 2016. How do people really feel about the economy? *Brookings Blog*. https://www.brookings.edu/blog/ben-bernanke/2016/06/30/how-do-people-really-feel-about-the-economy/.

Berry, K., Lewis, P., Pelopidas, B., Sokov, N. & Wilson, W. 2010. *Delegitimizing nuclear weapons: Examining the validity of nuclear deterrence*. Monterey: Monterey Institute of International Studies.

Besley, T. 2006. Health and democracy. *American Economic Review, 96*, 313-18.

Bettmann, O. L. 1974. *The good old days-they were terrible!* New York: Random House.

Betzig, L. 1986. *Despotism and differential reproduction*. Hawthorne: Aldine de Gruyter.

Bird, A. 2011. Thomas Kuhn. In E. N. Zalta, red., *Stanford Encyclopedia of Philosophy*. https://plato.stanford.edu/entries/thomas-kuhn/.

Blackmore, S. 1991. Near-death experiences: In or out of the body? *Skeptical Inquirer, 16*, 34-45.

Blair, J. P. & Schweit, K. W. 2014. *A study of active shooter incidents, 2000-2013*. Washington: Federal Bureau of Investigation.

Blees, T. 2008. *Prescription for the planet: The painless remedy for our energy and environmental crises*. North Charleston: Booksurge.

Blight, J. G., Nye, J. S. & Welch, D. A. 1987. The Cuban Missile Crisis revisited. *Foreign Affairs, 66*, 170-88.

Blinkhorn, S. 1982. Review of S. J. Gould's 'The mismeasure of man.' *Nature, 296*, 506.

Block, N. 1986. Advertisement for a semantics for psychology. In P. A. French, T. E. Uehling & H. K. Wettstein, red., *Midwest studies in philosophy: Studies in the philosophy of mind* (deel 10). Minneapolis: University of Minnesota Press.

Block, N. 1995. On a confusion about a function of consciousness. *Behavioral and Brain Sciences, 18*, 227-87.

Bloom, P. 2012. Religion, morality, evolution. *Annual Review of Psychology, 63*, 179-99.

613

Bloomberg, M. & Pope, C. 2017. *Climate of hope: How cities, businesses, and citizens can save the planet*. New York: St. Martin's Press.

Bluth, C. 2011. *The myth of nuclear proliferation*. School of Politics and International Studies, University of Leeds.

Bohle, R. H. 1986. Negativism as news selection predictor. *Journalism Quarterly, 63*, 789-96.

Bond, M. 2009. Risk school. *Nature, 461*.

Bostrom, A., Morgan, M. G., Fischhoff, B. & Read, D. 1994. What do people know about global climate change? 1. Mental models. *Risk Analysis, 14*, 959-71.

Bostrom, N. 2015. *Superintelligentie: kansen, gevaren, strategieën*. Tilburg: De Wereld.

Botello, M. A. 2016. Mexico, tasa de homicidios por 100 mil habitantes desde 1931 a 2015. *MexicoMaxico*. http://www.mexicomaxico.org/Voto/Homicidios100M.htm.

Bourget, D. & Chalmers, D. J. 2014. What do philosophers believe? *Philosophical Studies, 170*, 465-500.

Bourguignon, F. & Morrison, C. 2002. Inequality among world citizens, 1820-1992. *American Economic Review, 92*, 727-44.

Bowering, G. 2015. *Islamic political thought: An introduction*. Princeton: Princeton University Press.

Boyd, B., Carroll, J. & Gottschall, J., red. 2010. *Evolution, literature, and film: A reader*. New York: Columbia University Press.

Boyd, R. 1988. How to be a moral realist. In G. Sayres-McCord, red., *Essays on moral realism*. Ithaca: Cornell University Press.

Boyer, Pascal. 2002. *Godsdienst verklaard: de oorsprong van ons godsdienstig denken*. Amsterdam: De Bezige Bij.

Boyer, Paul. 1985/2005. *By the bomb's early light: American thought and culture at the dawn of the Atomic Age*. Chapel Hill: University of North Carolina Press.

Boyer, Paul. 1986. A historical view of scare tactics. *Bulletin of the Atomic Scientists*, 17-19.

Braithwaite, J. 2008. Near death experiences: The dying brain. *Skeptic, 21* (2). http://www.critical-thinking.org.uk/paranormal/near-death-experiences/the-dying-brain.php.

Braman, D., Kahan, D. M., Slovic, P., Gastil, J. & Cohen, G. L. 2007. The Second National Risk and Culture Study: Making sense of-and making progress in-the American culture war of fact. *GW Law Faculty Publications and Other Works, 211*. http://scholarship.law.gwu.edu/faculty_publications/211.

Branch, T. 1990. *De geschiedenis van een droom: Amerika onder Martin Luther King en de Kennedy's*. Amsterdam: Balans.

614

Brand, S. 2009. *Whole Earth discipline: Why dense cities, nuclear power, transgenic crops, restored wildlands, and geoengineering are necessary.* New York: Penguin.

Brandwen, G. 2016. Terrorism is not effective. *Gwern.net.* https://www.gwern.net/Terrorism%20is%20not%20Effective.

Braudel, F. 2007. *Beschaving, economie en kapitalisme (15de-18de eeuw)* (deel 1: de structuur van het dagelijks leven). Amsterdam: Atlas Contact.

Bregman, A. S. 1990. *Auditory scene analysis: The perceptual organization of sound.* Cambridge: mit Press.

Bregman, R. 2017. *Utopia for realists: The case for a universal basic income, open borders, and a 15-hour workweek.* Boston: Little, Brown.

Brennan, J. 2016. Against democracy. *National Interest,* 7 september.

Brickman, P. & Campbell, D. T. 1971. Hedonic relativism and planning the good society. In M. H. Appley, red., *Adaptation-level theory: A symposium.* New York: Academic Press.

Briggs, J. C. 2015. Re: Accelerated modern human-induced species losses: Entering the sixth mass extinction. *Science.* http://advances.sciencemag.org/content/1/5/e1400253.e-letters.

Briggs, J. C. 2016. Global biodiversity loss: Exaggerated versus realistic estimates. *Environmental Skeptics and Critics,* 5, 20-27.

Brink, D. O. 1989. *Moral realism and the foundations of ethics.* New York: Cambridge University Press.

British Petroleum. 2016. *BP Statistical Review of World Energy 2016,* juni.

Brockman, J. 1991. The third culture. *Edge.* https://www.edge.org/conversation/john_brockman-the-third-culture.

Brockman, J., red. 2003. *The new humanists: Science at the edge.* New York: Sterling.

Brockman, J., red. 2016. *Machines die denken: invloedrijke denkers over de komst van kunstmatige intelligentie.* Amsterdam: Maven Publishing.

Brooks, R. 2015. Mistaking performance for competence misleads estimates of ai's 21st century promise and danger. *Edge.* https://www.edge.org/response-detail/26057.

Brooks, R. 2016. Artificial intelligence. *Edge.* https://www.edge.org/response-detail/26678.

Brown, A. & Lewis, J. 2013. Reframing the nuclear de-alerting debate: Towards maximizing presidential decision time. *Nuclear Threat Initiative.* http://nti.org/3521A.

Brown, D. E. 1991. *Human universals.* New York: McGraw-Hill.

Brown, D. E. 2000. Human universals and their implications. In N. Roughley, red., *Being humans: Anthropological universality and particularity in transdisciplinary perspectives.* New York: Walter de Gruyter.

615

Brunnschweiler, C. N. & Lujala, P. 2015. Economic backwardness and social tension. University of East Anglia. https://ideas.repec.org/p/uea/aepp-pr/2012_72.html.

Bryce, R. 2014. *Smaller faster lighter denser cheaper: How innovation keeps proving the catastrophists wrong.* New York: Perseus.

Brynjolfsson, E. & McAfee, A. 2015. Will humans go the way of horses? *Foreign Affairs,* juli/augustus.

Brynjolfsson, E. & McAfee, A. 2014. *Het tweede machinetijdperk: hoe de digitale revolutie ons leven zal veranderen.* Houten: Unieboek/Het Spectrum.

Bulletin of the Atomic Scientists. 2017. Doomsday Clock timeline. http://the-bulletin.org/timeline.

Bunce, V. 2017. The prospects for a color revolution in Russia. *Daedalus, 146,* 19-29.

Bureau of Labor Statistics. 2016a. Census of fatal occupational injuries. https://www.bls.gov/iif/oshcfoi1.htm.

Bureau of Labor Statistics. 2016b. Charts from the American time use survey. https://www.bls.gov/tus/charts/.

Bureau of Labor Statistics. 2016c. Time spent in primary activities and percent of the civilian population engaging in each activity, averages per day by sex, 2015. https://www.bls.gov/news.release/atus.to1.htm.

Bureau of Labor Statistics. 2017. College enrollment and work activity of 2016 high school graduates. https://www.bls.gov/news.release/hsgec. nro.htm.

Buringh, E. & Van Zanden, J. 2009. Charting the 'rise of the West': Manuscripts and printed books in Europe, a long-term perspective from the sixth through eighteenth centuries. *Journal of Economic History, 69,* 409-45.

Burney, D. A. & Flannery, T. F. 2005. Fifty millennia of catastrophic extinctions after human contact. *Trends in Ecology and Evolution, 20,* 395-401.

Burns, J. 2009. *Goddess of the market: Ayn Rand and the American right.* New York: Oxford University Press.

Burtless, G. 2014. Income growth and income inequality: The facts may surprise you. *Brookings Blog.* https://www.brookings.edu/opinions/income-growth-and-income-inequality-the-facts-may-surprise-you/.

Buturovic, Z. & Klein, D. B. 2010. Economic enlightenment in relation to college-going, ideology, and other variables: A Zogby survey of Americans. *Economic Journal Watch, 7,* 174-96.

Calic, R. red. 1971. *Secret conversations with Hitler: The two newly-discovered 1931 interviews.* New York: John Day.

Caplan, B. 2007. *The myth of the rational voter: Why democracies choose bad policies.* Princeton: Princeton University Press.

Caplow, T., Hicks, L. & Wattenberg, B. 2001. *The first measured century: An illustrated guide to trends in America, 1900-2000.* Washington: AEI Press.

CarbonBrief. 2016. Explainer: 10 ways 'negative emissions' could slow climate change. https://www.carbonbrief.org/explainer-10-ways-negative-emissions-could-slow-climate-change.

Carey, J. 1993. *The intellectuals and the masses: Pride and prejudice among the literary intelligentsia, 1880-1939.* New York: St. Martin's Press.

Carey, M., Jackson, M., Antonello, A. & Rushing, J. 2016. Glaciers, gender, and science. *Progress in Human Geography, 40,* 770-93.

Carey, S. 2009. *Origins of concepts.* Cambridge: MIT Press.

Carlson, R. H. 2010. *Biology is technology: The promise, peril, and new business of engineering life.* Cambridge: Harvard University Press.

Carroll, S. M. 2016. *The big picture: On the origins of life, meaning, and the universe itself.* New York: Dutton.

Carter, R. 1966. *Breakthrough: The saga of Jonas Salk.* Trident Press.

Carter, S. B., Gartner, S. S., Haines, M. R., Olmstead, A. L., Sutch, R. et al., red. 2000. *Historical statistics of the United States: Earliest times to the present* (deel 1, deel A: Population). New York: Cambridge University Press.

Case, A. & Deaton, A. 2015. Rising morbidity and mortality in midlife among white non-Hispanic Americans in the 21st century. *Proceedings of the National Academy of Sciences, 112,* 15078-83.

Center for Systemic Peace. 2015. Integrated network for societal conflict research data page. http://www.systemicpeace.org/inscr/inscr.htm.

Centers for Disease Control. 1999. Improvements in workplace safety-United States, 1900-1999. *cdc Morbidity and Mortality Weekly Report, 48,* 461-69.

Centers for Disease Control. 2015. Injury prevention and control: Data and statistics (wisqars). https://www.cdc.gov/injury/wisqars/.

Central Intelligence Agency. 2016. The World Factbook. https://www.cia.gov/library/publications/the-world-factbook/.

Chalk, F. & Jonassohn, K. 1990. *The history and sociology of genocide: Analyses and case studies.* New Haven: Yale University Press.

Chalmers, D. J. 1996. *The conscious mind: In search of a fundamental theory.* New York: Oxford University Press.

Chang, L. T. 2013. *Fabrieksmeisjes: indringend portret van twee jonge vrouwen in het moderne China.* Amsterdam: Arthemis.

Chen, D. H. C. & Dahlman, C. J. 2006. *The knowledge economy, the kam methodology and Wereldbank operations.* Washington: Wereldbank. http://documents.worldbank.org/curated/en/695211468153873436/The-knowledge-economy-the-kam-methodology-and-World-Bank-operations.

Chenoweth, E. 2016. Why is nonviolent resistance on the rise? *Diplomatic*

617

Courier. http://www.diplomaticourier.com/2016/06/28/nonviolent-resistance-rise/.

Chenoweth, E. & Stephan, M. J. 2011. *Why civil resistance works: The strategic logic of nonviolent conflict.* New York: Columbia University Press.

Chernew, M., Cutler, D. M., Ghosh, K. & Landrum, M. B. 2016. *Understanding the improvement in disability free life expectancy in the u.s. elderly population.* Cambridge: National Bureau of Economic Research.

Chirot, D. 1994. *Modern tyrants.* Princeton: Princeton University Press.

Cipolla, C. 1994. *Before the Industrial Revolution: European society and economy, 1000-1700* (derde herziene druk). New York: Norton.

Clark, A. M. & Sikkink, K. 2013. Information effects and human rights data: Is the good news about increased human rights information bad news for human rights measures? *Human Rights Quarterly, 35,* 539-68.

Clark, D. M. T., Loxton, N. J. & Tobin, S. J. 2015. Declining loneliness over time: Evidence from American colleges and high schools. *Personality and Social Psychology Bulletin, 41,* 78-89.

Clark, G. 2007. *A farewell to alms: A brief economic history of the world.* Princeton: Princeton University Press.

Cohen, G. L. 2003. Party over policy: The dominating impact of group influence on political beliefs. *Journal of Personality and Social Psychology, 85,* 808-22.

Collier, P. 2009. *Een miljard achterblijvers: waarom de armste landen steeds verder achterop raken en wat daaraan te doen is.* Houten: Spectrum.

Collier, P. & Rohner, D. 2008. Democracy, development and conflict. *Journal of the European Economic Association, 6,* 531-40.

Collini, S. 1998. Introduction. In C. P. Snow, *The two cultures.* New York: Cambridge University Press.

Collini, S. 2013. Introduction. In F. R. Leavis, *Two cultures? The significance of C. P. Snow.* New York: Cambridge University Press.

Combs, B. & Slovic, P. 1979. Newspaper coverage of causes of death. *Journalism Quarterly, 56,* 837-43.

Connor, S. 2014. *The horror of number: Can humans learn to count?* Paper presented at the Alexander Lecture. http://stevenconnor.com/horror.html.

Connor, S. 2016. *Living by numbers: In defence of quantity.* Londen: Reaktion Books.

Conrad, S. 2012. Enlightenment in global history: A historiographical critique. *American Historical Review, 117,* 999-1027.

Cook, M. 2014. *Ancient religions, modern politics: The Islamic case in comparative perspective.* Princeton: Princeton University Press.

Coontz, S. 1992/2016. *The way we never were: American families and the nostalgia trap* (herziene druk). New York: Basic Books.

Corlett, A. 2016. *Examining an elephant: Globalisation and the lower middle class of the rich world.* Londen: Resolution Foundation.

Cornwall Alliance for the Stewardship of Creation. 2000. The Cornwall Declaration on Environmental Stewardship. http://cornwallalliance.org/ landmark-documents/the-cornwall-declaration-on-environmental-stewardship/.

Cosmides, L. & Tooby, J. 1992. Cognitive adaptations for social exchange. In J. H. Barkow, L. Cosmides & J. Tooby, red., *The adapted mind: Evolutionary psychology and the generation of culture.* New York: Oxford University Press.

Costa, D. L. 1998. *The evolution of retirement: An American economic history, 1880-1990.* Chicago: University of Chicago Press.

Costa, P. T. & McCrae, R. R. 1982. An approach to the attribution of aging, period, and cohort effects. *Psychological Bulletin, 92,* 238-50.

Costello, E. J., Erkanli, A. & Angold, A. 2006. Is there an epidemic of child or adolescent depression? *Journal of Child Psychology and Psychiatry, 47,* 1263-71.

Costello, M. J., May, R. M. & Stork, N. E. 2013. Can we name Earth's species before they go extinct? *Science, 339,* 413-16.

Council for Secular Humanism. 1980. *A Secular Humanist Declaration.* https://www.secularhumanism.org/index.php/11.

Council for Secular Humanism. 2000. *Humanist Manifesto 2000.* https:// www.secularhumanism.org/index.php/1169.

Council on Foreign Relations. 2011. World opinion on human rights. *Public Opinion on Global Issues.* http://www.cfr.org/thinktank/iigg/pop/.

Council on Foreign Relations. 2012. World opinion on transnational threats: Weapons of mass destruction. *Public Opinion on Global Issues.* http:// www.cfr.org/thinktank/iigg/pop/.

Courtois, S., Werth, N., Panné, J.-L., Paczkowski, A., Bartosek, K. et al. 1999. *The Black Book of Communism: Crimes, terror, repression.* Cambridge: Harvard University Press.

Courtwright, D. 2010. *No right turn: Conservative politics in a liberal America.* Cambridge: Harvard University Press.

Cowen, T. 2017. *The complacent class: The self-defeating quest for the American dream.* New York: St. Martin's Press.

Coyne, J. A. 2015. *Faith versus fact: Why science and religion are incompatible.* New York: Penguin.

Cravens, G. 2007. *Power to save the world: The truth about nuclear energy.* New York: Knopf.

Cronin, A. K. 2009. *How terrorism ends: Understanding the decline and demise of terrorist campaigns.* Princeton: Princeton University Press.

619

Cronon, W. 1995. The trouble with wilderness; or, getting back to the wrong nature. In W. Cronon, red., *Uncommon ground: Rethinking the human place in nature.* New York: Norton.

Cunningham, H. 1996. Combating child labour: The British experience. In H. Cunningham & P. P. Viazzo, red., *Child labour in historical perspective, 1800-1985: Case studies from Europe, Japan, and Colombia.* Florence: UNICEF.

Cunningham, T. J., Croft, J. B., Liu, Y., Lu, H., Eke, P. I. et al. 2017. Vital signs: Racial disparities in age-specific mortality among Blacks or African Americans-United States, 1999-2015. *Morbidity and Mortality Weekly Report, 66,* 444-56.

Daly, M. C., Oswald, A. J., Wilson, D. & Wu, S. 2010. The happiness-suicide paradox. *Federal Reserve Bank of San Francisco Working Papers, 2010.*

Davis, B. D. 1983. Neo-Lysenkoism, iq, and the press. *Public Interest, 73,* 41-59.

Davis, E. & Marcus, G. F. 2015. Commonsense reasoning and commonsense knowledge in artificial intelligence. *Communications of the acm, 58,* 92-103.

Dawes, R. M., Faust, D. & Meehl, P. E. 1989. Clinical versus actuarial judgment. *Science, 243,* 1668-74.

Dawkins, R. 2006. *De zelfzuchtige genen: over evolutie, eigenbelang en altruïsme.* Amsterdam: Olympus.

Dawkins, R. 1983. Universal Darwinism. In D. S. Bendall, red., *Evolution from molecules to man.* New York: Cambridge University Press.

Dawkins, R. 2015. *De blinde horlogemaker.* Amsterdam: Atlas Contact.

Dawkins, R. 2013. *God als misvatting.* Amsterdam: Nieuw Amsterdam.

De Lazari-Radek, K. & Singer, P. 2012. The objectivity of ethics and the unity of practical reason. *Ethics, 123,* 9-31.

De Ribera, O. S., Kavish, B. & Boutwell, B. B. 2017. On the relationship between psychopathy and general intelligence: A meta-analytic review. University of Cambridge.

Deary, I. J. 2001. *Intelligence: A very short introduction.* New York: Oxford University Press.

Death Penalty Information Center. 2017. Facts about the death penalty. http://www.deathpenaltyinfo.org/documents/FactSheet.pdf.

Deaton, A. 2011. The financial crisis and the well-being of Americans. *Oxford Economic Papers,* 1-26.

Deaton, A. 2013. *The Great Escape: Health, wealth, and the origins of inequality.* Princeton: Princeton University Press.

Deaton, A. 2017. Thinking about inequality. *Cato's Letter, 15,* 1-5.

Deep Decarbonization Pathways Project 2015. *Pathways to deep decarboniza-*

tion. Paris: Institute for Sustainable Development and International Relations.

DeFries, R. 2014. *The big ratchet: How humanity thrives in the face of natural crisis.* New York: Basic Books.

Degler, C. N. 1991. *In search of human nature: The decline and revival of Darwinism in American social thought.* New York: Oxford University Press.

Dehaene, S. 2009. Signatures of consciousness. *Edge.* http://www.edge.org/3rd_culture/dehaene09/dehaene09_index.html.

Dehaene, S. & Changeux, J.-P. 2011. Experimental and theoretical approaches to conscious processing. *Neuron, 70,* 200-227.

Delamontagne, R. G. 2010. High religiosity and societal dysfunction in the United States during the first decade of the twenty-first century. *Evolutionary Psychology, 8,* 617-57.

Denkenberger, D. & Pearce, J. 2015. *Feeding everyone no matter what: Managing food security after global catastrophe.* New York: Academic Press.

Dennett, D. C. 2008. *De betovering van het geloof: religie als een natuurlijk fenomeen.* Amsterdam: Olympus.

DeScioli, P. 2016. The side-taking hypothesis for moral judgment. *Current Opinion in Psychology, 7,* 23-27.

DeScioli, P. & Kurzban, R. 2009. Mysteries of morality. *Cognition, 112,* 281-99.

Desvousges, W. H., Johnson, F. R., Dunford, R. W., Boyle, K. J., Hudson, S. P. et al. 1992. *Measuring nonuse damages using contingent valuation: An experimental evaluation of accuracy.* Research Triangle Park: RTI International.

Deutsch, D. 2011. *The beginning of infinity: Explanations that transform the world.* New York: Viking.

Devereux, S. 2000. *Famine in the twentieth century.* Sussex: Institute of Development Studies. http://www.ids.ac.uk/publication/famine-in-the-twentieth-century.

Diamandis, P. & Kotler, S. 2012. *Abundance: The future is better than you think.* New York: Free Press.

Diamond, J. M. 2013. *Zwaarden, paarden en ziektekiemen: de ongelijkheid in de wereld verklaard.* Houten: Spectrum.

Dinda, S. 2004. Environmental Kuznets curve hypothesis: A survey. *Ecological Economics, 49,* 431-55.

Dobbs, R., Madgavkar, A., Manyika, J., Woetzel, J., Bughin, J. et al. 2016. *Poorer than their parents? Flat or falling incomes in advanced economies.* McKinsey Global Institute.

Dreger, A. 2007. The controversy surrounding 'The man who would be queen': A case history of the politics of science, identity, and sex in the

621

Internet age. *Archives of Sexual Behavior, 37*, 366-421.

Dreger, A. 2015. *Galileo's middle finger: Heretics, activists, and the search for justice in science.* New York: Penguin.

Dretske, F. I. 1981. *Knowledge and the flow of information.* Cambridge: MIT Press.

Duarte, J. L., Crawford, J. T., Stern, C., Haidt, J., Jussim, L. & Tetlock, P. E. 2015. Political diversity will improve social psychological science. *Behavioral and Brain Sciences, 38*, 1-13.

Dunlap, R. E., Gallup, G. H. & Gallup, A. M. 1993. Of global concern. *Environment: Science and Policy for Sustainable Development, 35*, 7-39.

Duntley, J. D. & Buss, D. M. 2011. Homicide adaptations. *Aggression and Violent Behavior, 16*, 399-410.

Dutton, D. 2009. *The Art Instinct: zit kunst in onze genen?* Amsterdam: Nieuw Amsterdam.

Eagen, K., Stolzenberg, E. B., Lozano, J. B., Aragon, M. C., Suchard, M. R. et al. 2014. *Undergraduate teaching faculty: The 2013-2014 HERI faculty survey.* Los Angeles: Higher Education Research Institute at UCLA.

Easterbrook, G. 2003. *The progress paradox: How life gets better while people feel worse.* New York: Random House.

Easterlin, R. A. 1973. Does money buy happiness? *Public Interest, 30*, 3-10.

Easterlin, R. A. 1981. Why isn't the whole world developed? *Journal of Economic History, 41*, 1-19.

Easterly, W. 2007. *The white man's burden: waarom heeft ontwikkelingshulp meer kwaad dan goed gedaan?* Amsterdam: Nieuw Amsterdam.

Eastop, E.-R. 2015. *Subcultural cognition: Armchair oncology in the age of misinformation.* Master's thesis, University of Oxford.

Eberstadt, N. & Shah, A. 2011. *Fertility decline in the Muslim world: A veritable sea-change, still curiously unnoticed.* Washington: American Enterprise Institute.

Economische en Sociale Raad van de Verenigde Naties. 2014. World crime trends and emerging issues and responses in the field of crime prevention and criminal justice. https://www.unodc.org/documents/data-and-analysis/statistics/crime/ECN.1520145_EN.pdf.

Eddington, A. S. 1928/2015. *The nature of the physical world.* Andesite Press.

Eibach, R. P. & Libby, L. K. 2009. Ideology of the good old days: Exaggerated perceptions of moral decline and conservative politics. In J. T. Jost, A. Kay & H. Thorisdottir, red., *Social and psychological bases of ideology and system justification.* New York: Oxford University Press.

Eichengreen, B. 2014. Secular stagnation: A review of the issues. In C. Teulings & R. Baldwin, red., *Secular stagnation: Facts, causes and cures.* Londen: Centre for Economic Policy Research.

Eisner, M. 2001. Modernization, self-control, and lethal violence: The long-term dynamics of European homicide rates in theoretical perspective. *British Journal of Criminology, 41,* 618-38.

Eisner, M. 2003. Long-term historical trends in violent crime. *Crime and Justice, 30,* 83-142.

Eisner, M. 2014a. From swords to words: Does macro-level change in self-control predict long-term variation in levels of homicide? *Crime and Justice, 43,* 65-134.

Eisner, M. 2014b. *Reducing homicide by 50% in 30 years: Universal mechanisms and evidence-based public policy.* In M. Krisch, M. Eisner, C. Mikton & A. Butchart, red., *Global strategies to reduce violence by 50% in 30 years: Findings from the who and University of Cambridge Global Violence Reduction Conference.* Cambridge: Institute of Criminology, University of Cambridge.

Eisner, M. 2015. *How to reduce homicide by 50% in the next 30 years.* Rio de Janeiro: Igarapé Institute.

Elias, N. 1939/2000. *The civilizing process: Sociogenetic and psychogenetic investigations* (nieuwe herziene druk). Cambridge: Blackwell.

England, J. L. 2015. Dissipative adaptation in driven self-assembly. *Nature Nanotechnology, 10,* 919-23.

Epstein, A. 2014. *The moral case for fossil fuels.* New York: Penguin.

Epstein, G. 2009. *Good without God: What a billion nonreligious people do believe.* New York: William Morrow.

Ericksen, R. P. & Heschel, S. 1999. *Betrayal: German churches and the Holocaust.* Minneapolis: Fortress Press.

Erwin, D. 2015. *Extinction: How life on Earth nearly ended 250 million years ago* (herziene druk). Princeton: Princeton University Press.

Esposito, J. L. & Mogahed, D. 2007. *Who speaks for Islam? What a billion Muslims really think.* New York: Gallup Press.

Evans, D. 2015a. The great AI swindle. *Edge.* https://www.edge.org/response-detail/26073.

Evans, G. 2015b. Challenges for the Bulletin of Atomic Scientists at 70: Restoring reason to the nuclear debate. Paper presented at the Annual Clock Symposium, Bulletin of Atomic Scientists.

Evans, G., Ogilvie-White, T. & Thakur, R. 2014. *Nuclear weapons: The state of play 2015.* Canberra: Centre for Nuclear Non-Proliferation and Disarmament, Australian National University.

Everett, D. 2008. *Don't sleep, there are snakes: Life and language in the Amazonian jungle.* New York: Vintage.

Ewald, P. 2000. *Plague time: The new germ theory of disease.* New York: Anchor.

623

Faderman, L. 2015. *The Gay Revolution: Story of a struggle.* New York: Simon & Schuster.

Fariss, C. J. 2014. Respect for human rights has improved over time: Modeling the changing standard of accountability. *American Political Science Review, 108,* 297-318.

Fawcett, A. A., Iyer, G. C., Clarke, L. E., Edmonds, J. A., Hultman, N. E. et al. 2015. Can Paris pledges avert severe climate change? *Science, 350,* 1168-69.

Fearon, J. D. & Laitin, D. D. 1996. Explaining interethnic cooperation. *American Political Science Review, 90,* 715-35.

Fearon, J. D. & Laitin, D. D. 2003. Ethnicity, insurgency, and civil war. *American Political Science Review, 97,* 75-90.

Federal Bureau of Investigation. 2016a. Crime in the United States by volume and rate, 1996-2015. https://ucr.fbi.gov/crime-in-the-u.s/2015/crime-in-the-u.s.-2015/tables/table-1.

Federal Bureau of Investigation. 2016b. Hate crime. *fbi Uniform Crime Reports.* https://ucr.fbi.gov/hate-crime.

Federal Highway Administration. 2003. *A review of pedestrian safety research in the United States and abroad: Final report.* Washington: us Department of Transportation. https://www.fhwa.dot.gov/publications/research/safety/pedbike/03042/part2.cfm.

Federation of American Scientists. (Ongedateerd.) Nuclear weapons. https://fas.org/issues/nuclear-weapons/.

Feinberg, M. & Willer, R. 2011. Apocalypse soon? Dire messages reduce belief in global warming by contradicting just-world beliefs. *Psychological Science, 22,* 34-38.

Feldstein, M. 2017. Underestimating the real growth of GDP, personal income, and productivity. *Journal of Economic Perspectives, 31,* 145-64.

Ferreira, F., Jolliffe, D. M. & Prydz, E. B. 2015. The international poverty line has just been raised to $1.90 a day, but global poverty is basically unchanged. How is that even possible? http://blogs.worldbank.org/developmenttalk/international-poverty-line-has-just-been-raised-190-day-global-poverty-basically-unchanged-how-even.

Finkelhor, D. 2014. Trends in child welfare. Paper gepresenteerd tijdens de Carsey Institute Policy Series, Department of Sociology, University of New Hampshire.

Finkelhor, D., Shattuck, A., Turner, H. A. & Hamby, S. L. 2014. Trends in children's exposure to violence, 2003-2011. *JAMA Pediatrics, 168,* 540-46.

Fischer, C. S. 2005. Bowling alone: What's the score? *Social Networks, 27,* 155-67.

Fischer, C. S. 2006. The 2004 GSS finding of shrunken social networks: An artifact? *American Sociological Review, 74,* 657-69.

Fischer, C. S. 2011. *Still connected: Family and friends in America since 1970.* New York: Russell Sage Foundation.

Fiske, A. P. & Rai, T. 2015. *Virtuous violence: Hurting and killing to create, sustain, end, and honor social relationships.* New York: Cambridge University Press.

Fletcher, J. 1997. *Violence and civilization: An introduction to the work of Norbert Elias.* Cambridge: Polity.

Flynn, J. R. 2007. *What is intelligence?* New York: Cambridge University Press.

Flynn, J. R. 2012. *Are we getting smarter? Rising iq in the twenty-first century.* New York: Cambridge University Press.

Foa, R. S. & Mounk, Y. 2016. The danger of deconsolidation: The democratic disconnect. *Journal of Democracy, 27,* 5-17.

Fodor, J. A. 1987. *Psychosemantics: The problem of meaning in the philosophy of mind.* Cambridge: MIT Press.

Fodor, J. A. 1994. *The elm and the expert: Mentalese and its semantics.* Cambridge: MIT Press.

Fogel, R. W. 2004. *The escape from hunger and premature death, 1700-2100.* Chicago: University of Chicago Press.

Food and Agriculture Organization. 2014. *The state of food insecurity in the world.* Rome: Food and Agriculture Organization of the United Nations.

Food Marketing Institute. 2017. Supermarket facts. https://www.fmi.org/our-research/supermarket-facts.

Foreman, C. 2013. On justice movements: Why they fail the environment and the poor. *The Breakthrough,* http://thebreakthrough.org/index.php/journal/past-issues/issue-3/on-justice-movements.

Fortna, V. P. 2008. *Does peacekeeping work? Shaping belligerents' choices after civil war.* Princeton: Princeton University Press.

Fortna, V. P. 2015. Do terrorists win? Rebels' use of terrorism and civil war outcomes. *International Organization, 69,* 519-56.

Foucault, M. 2018. *Geschiedenis van seksualiteit.* Amsterdam: Boom Uitgevers.

Fouquet, R. & Pearson, P. J. G. 2012. The long run demand for lighting: Elasticities and rebound effects in different phases of economic development. *Economics of Energy and Environmental Policy, 1,* 83-100.

Franciscus. 2015. *Laudato Si.* RKDokumenten.nl. https://www.rkdocumenten.nl/rkdocs/index.php?mi=600&doc=5000

Frankel, M. 2004. *High noon in the Cold War: Kennedy, Khrushchev, and the Cuban Missile Crisis.* New York: Ballantine Books.

Frankfurt, H. G. 2015. *On inequality.* Princeton: Princeton University Press.

Freed, J. 2014. *Back to the future: Advanced nuclear energy and the battle against*

625

climate change. Washington: Brookings Institution.

Freilich, J. D., Chermak, S. M., Belli, R., Gruenewald, J. & Parkin, W. S. 2014. Introducing the United States Extremis Crime Database (ECDB). *Terrorism and Political Violence, 26*, 372-84.

Friedman, J. 1997. What's wrong with libertarianism. *Critical Review, 11*, 407-67.

Fryer, R. G. 2016. An empirical analysis of racial differences in police use of force. *National Bureau of Economic Research Working Papers*, 1-63.

Fukuda, K. 2013. A happiness study using age-period-cohort framework. *Journal of Happiness Studies, 14*, 135-53.

Fukuyama, F. 1989. The end of history? *National Interest,* zomer.

Furman, J. 2005. Wal-mart: A progressive success story. https://www.mackinac.org/archives/2006/walmart.pdf.

Furman, J. 2014. Poverty and the tax code. *Democracy: A Journal of Ideas, 32*, 8-22.

Future of Life Institute. 2017. Accidental nuclear war: A timeline of close calls. https://futureoflife.org/background/nuclear-close-calls-a-timeline/.

Fyfe, J. J. 1988. Police use of deadly force: Research and reform. *Justice Quarterly, 5*, 165-205.

Gaillard, R., Dehaene, S., Adam, C., Clémenceau, S., Hasboun, D. et al. 2009. Converging intracranial markers of conscious access. *PLoS Biology, 7*, 472-92.

Gallup. 2002. Acceptance of homosexuality: A youth movement. http://www.gallup.com/poll/5341/Acceptance-Homosexuality-Youth-Movement.aspx.

Gallup. 2010. Americans' acceptance of gay relations crosses 50% threshold. http://www.gallup.com/poll/135764/Americans-Acceptance-Gay-Relations-Crosses-Threshold.aspx.

Gallup. 2016. Death penalty. http://www.gallup.com/poll/1606/death-penalty.aspx.

Galor, O.. & Moav, O. 2007. The neolithic origins of contemporary variations in life expectancy. http://dx.doi.org/10.2139/ssrn.1012650.

Galtung, J. & Ruge, M. H. 1965. The structure of foreign news. *Journal of Peace Research, 2*, 64-91.

Gardner, D. 2008. *Risk: The science and politics of fear*. Londen: Virgin Books.

Gardner, D. 2010. *Future babble: Why expert predictions fail-and why we believe them anyway*. New York: Dutton.

Garrard, G. 2006. *Counter-enlightenments: From the eighteenth century to the present*. New York: Routledge.

Gash, T. 2016. *Criminal: The hidden truths about why people do bad things*. Londen: Allen Lane.

Gat, A. 2015. Proving communal warfare among hunter-gatherers: The qua-si-Rousseauan error. *Evolutionary Anthropology, 24,* 111-26.

Gauchat, G. 2012. Politicization of science in the public sphere: A study of public trust in the United States, 1974 to 2010. *American Sociological Review, 77,* 167-87.

Gell-Mann, M. 1994. *De quark en de jaguar: avonturen in eenvoud en complexiteit.* Amsterdam: Contact.

Gentzkow, M. & Shapiro, J. M. 2010. What drives media slant? Evidence from u.s. daily newspapers. *Econometrica, 78,* 35-71.

Gervais, W. M. & Najle, M. B. 2017. How many atheists are there? *Social Psychological and Personality Science*

Ghitza, Y. & Gelman, A. 2014. The Great Society, Reagan's revolution, and generations of presidential voting. http://www.stat.columbia.edu/~gelman/research/unpublished/cohort_voting_20140605.pdf.

Gigerenzer, G. 1991. How to make cognitive illusions disappear: Beyond heuristics and biases. *European Review of Social Psychology, 2,* 83-115.

Gigerenzer, G. 2015. *Simply rational: Decision making in the real world.* New York: Oxford University Press.

Gigerenzer, G. 2016. Fear of dread risks. *Edge.* https://www.edge.org/response-detail/26645.

Gigerenzer, G. & Hoffrage, U. 1995. How to improve Bayesian reasoning without instruction: Frequency formats. *Psychological Review, 102,* 684-704.

Gilbert, D. T. 2009. *Stuiten op geluk: hoe geluk gevonden kan worden.* Amsterdam: Bakker.

Giles, J. 2005. Internet encyclopaedias go head to head. *Nature, 438,* 900-901.

Glaeser, E. L. 2011. *Triumph of the city: How our greatest invention makes us richer, smarter, greener, healthier, and happier.* New York: Penguin.

Glaeser, E. L. 2014. *Secular joblessness.* Londen: Centre for Economic Policy Research.

Glaeser, E. L., Ponzetto, G. A. M. & Shleifer, A. 2007. Why does democracy need education? *Journal of Economic Growth, 12,* 271-303.

Gleditsch, N. P. 2008. The liberal moment fifteen years on. *International Studies Quarterly, 52,* 691-712.

Gleditsch, N. P. & Rudolfsen, I. 2016. Are Muslim countries more prone to violence? Paper presented at the 57th Annual Convention of the International Studies Association, Atlanta.

Gleditsch, N. P., Wallensteen, P., Eriksson, M., Sollenberg, M. & Strand, H. 2002. Armed conflict, 1946-2001: A new dataset. *Journal of Peace Research, 39,* 615-37.

627

Gleick, J. 2011. *Informatie: van tamtam tot internet.* Amsterdam: De Bezige Bij.

Glendon, M. A. 1998. Knowing the Universal Declaration of Human Rights. *Notre Dame Law Review, 73,* 1153-90.

Glendon, M. A. 1999. Foundations of human rights: The unfinished business. *American Journal of Jurisprudence, 44,* 1-14.

Glendon, M. A. 2001. *A world made new: Eleanor Roosevelt and the Universal Declaration of Human Rights.* New York: Random House.

Global Zero Commission. 2010. Global Zero action plan. http://static.globalzero.org/files/docs/gzap_6.0.pdf.

Global Zero Commission. 2016. us adoption of no-first-use and its effects on nuclear proliferation by allies. http://www.globalzero.org/files/nfu_ally_proliferation.pdf.

Glover, J. 1998. Eugenics: Some lessons from the Nazi experience. In J. R. Harris & S. Holm, red., *The future of human reproduction: Ethics, choice, and regulation.* New York: Oxford University Press.

Glover, J. 1999. *Humanity: A moral history of the twentieth century.* Londen: Jonathan Cape.

Goertz, G., Diehl, P. F. & Balas, A. 2016. *The puzzle of peace: The evolution of peace in the international system.* New York: Oxford University Press.

Goldin, C. & Katz, L. F. 2010. *The race between education and technology.* Cambridge: Harvard University Press.

Goldstein, J. S. 2011. *Winning the war on war: The surprising decline in armed conflict worldwide.* New York: Penguin.

Goldstein, J. S. 2015. Is the current refugee crisis the worst since World War II? (Unpublished manuscript.) http://www.joshuagoldstein.com/.

Goldstein, R. N. 1976. *Reduction, realism, and the mind.* Doctoraal proefschrift, Princeton University.

Goldstein, R. N. 2007. *De onbekende Spinoza.* Amsterdam: Atlas.

Goldstein, R. N. 2010. *Zesendertig argumenten voor het bestaan van God: een roman.* Amsterdam: Contact.

Goldstein, R. N. 2013. *Plato at the Googleplex: Why philosophy won't go away.* New York: Pantheon.

Gómez, J. M., Verdú, M., González-Megías, A. & Méndez, M. 2016. The phylogenetic roots of human lethal violence. *Nature, 538,* 233-37.

Gordon, R. J. 2014. The turtle's progress: Secular stagnation meets the headwinds. In C. Teulings & R. Baldwin, red., *Secular stagnation: Facts, causes, and cures.* Londen: Centre for Economic Policy Research.

Gordon, R. J. 2016. *The rise and fall of American growth.* Princeton: Princeton University Press.

Gottfredson, L. S. 1997. Why g matters: The complexity of everyday life. *Intelligence, 24,* 79-132.

628

Gottlieb, A. 2016. *De droom der verlichting: de opkomst van de moderne filosofie.* Amsterdam: Ambo Anthos.

Gottschall, J. 2012. *The storytelling animal: How stories make us human.* Boston: Houghton Mifflin Harcourt.

Gottschall, J. & Wilson, D. S., red. 2005. *The literary animal: Evolution and the nature of narrative.* Evanston: Northwestern University Press.

Graham, P. 2016. The refragmentation. *Paul Graham Blog.* http://www.paulgraham.com/re.html.

Grayling, A. C. 2007. *Toward the light of liberty: The struggles for freedom and rights that made the modern Western world.* New York: Walker.

Grayling, A. C. 2013. *The God argument: The case against religion and for humanism.* Londen: Bloomsbury.

Greene, J. 2013. *Moral tribes: Emotion, reason, and the gap between us and them.* New York: Penguin.

Greenstein, S. & Zhu, F. 2014. Do experts or collective intelligence write with more bias? Evidence from *Encyclopædia Britannica* and Wikipedia. *Harvard Business School Working Paper, 15-023.*

Greenwood, J., Seshadri, A. & Yorukoglu, M. 2005. Engines of liberation. *Review of Economic Studies, 72,* 109-33.

Gregg, B. 2003. *Thick moralities, thin politics: Social integration across communities of belief.* Durham: Duke University Press.

Gross, N. & Simmons, S. 2014. The social and political views of American college and university professors. In N. Gross & S. Simmons, red., *Professors and their politics.* Baltimore: Johns Hopkins University Press.

Guerrero Velasco, R. G. 2015. An antidote to murder. *Scientific American,* 46-50.

Gunsalus, C. K., Bruner, E. M., Burbules, N., Dash, L. D., Finkin, M. et al. 2006. *Improving the system for protecting human subjects: Counteracting IRB mission creep* (Nr. LE06-016). University of Illinois, Urbana. https://papers.ssrn.com/sol3/papers2.cfm?abstract_id=902995.

Gurr, T. R. 1981. *Historical trends in violent crime: A critical review of the evidence* (vol. 3). Chicago: University of Chicago Press.

Gyldensted, C. 2015. *From mirrors to movers: Five elements of positive psychology in constructive journalism.* GGroup Publishers.

Hafer, R. W. 2017. New estimates on the relationship between IQ, economic growth and welfare. *Intelligence, 61,* 92-101.

Hahn, R., Bilukha, O., Crosby, A., Fullilove, M. T., Liberman, A. et al. 2005. Firearms laws and the reduction of violence: A systematic review. *American Journal of Preventive Medicine, 28,* 40-71.

Haidt, J. 2006. *De gelukshypothese.* Utrecht: Spectrum.

Haidt, J. 2012. *The righteous mind: Why good people are divided by politics and religion.* New York: Pantheon.

Halpern, D. & Mason, D. 2015. Radical incrementalism. *Evaluation, 21*, 143-49.

Hammel, A. 2010. *Ending the death penalty: The European experience in global perspective*. Londen: Palgrave Macmillan.

Hammond, S. 2017. The future of liberalism and the politicization of everything. *Niskanen Center Blog*. https://niskanencenter.org/blog/future-liberalism-politicization-everything/.

Hampton, K., Goulet, L. S., Rainie, L. & Purcell, K. 2011. *Social networking sites and our lives*. Washington: Pew Research Center.

Hampton, K., Rainie, L., Lu, W., Shin, I. & Purcell, K. 2015. *Social media and the cost of caring*. Washington: Pew Research Center.

Hanson, R. & Yudkowsky, E. 2008. *The Hanson-Yudkowsky AI-foom debate ebook*. Machine Intelligence Research Institute, Berkeley.

Harff, B. 2003. No lessons learned from the Holocaust? Assessing the risks of genocide and political mass murder since 1955. *American Political Science Review, 97*, 57-73.

Harff, B. 2005. Assessing risks of genocide and politicide. In M. G. Marshall & T. R. Gurr, red., *Peace and conflict 2005: A global survey of armed conflicts, self-determination movements, and democracy*. College Park: Center for International Development and Conflict Management, University of Maryland.

Hargraves, R. 2012. *Thorium: Energy cheaper than coal*. North Charleston: CreateSpace.

Hasegawa, T. 2006. *Racing the enemy: Stalin, Truman, and the surrender of Japan*. Cambridge: Harvard University Press.

Hasell, J. & Roser, M. 2017. Famines. *Our World in Data*. https://ourworldindata.org/famines/.

Haskins, R. & Margolis, G. 2014. *Show me the evidence: Obama's fight for rigor and results in social policy*. Washington: Brookings Institution.

Haslam, N. 2016. Concept creep: Psychology's expanding concepts of harm and pathology. *Psychological Inquiry, 27*, 1-17.

Hassett, K. A. & Mathur, A. 2012. *A new measure of consumption inequality*. Washington: American Enterprise Institute.

Hastorf, A. H.. & Cantril, H. 1954. They saw a game; a case study. *The Journal of Abnormal and Social Psychology, 49*, 129-34.

Hathaway, O. & Shapiro, C. 2017. *The internationalists: How a radical plan to outlaw war remade our world*. New York: Simon & Schuster.

Haybron, D. M. 2013. *Happiness: A very short introduction*. New York: Oxford University Press.

Hayek, F. A. 1945. The use of knowledge in society. *American Economic Review, 35*, 519-30.

Hayek, F. A. 1960/2011. *The constitution of liberty: The definitive edition*. Chicago: University of Chicago Press.

Hayflick, L. 2000. The future of aging. *Nature, 408,* 267-69.

Hedegaard, H., Chen, L.-H. & Warner, M. 2015. Drug-poisoning deaths involving heroin: United States, 2000-2013. *nchs Data Brief, 190.*

Hegre, H. 2014. Democracy and armed conflict. *Journal of Peace Research, 51,* 159-72.

Hegre, H., Karlsen, J., Nygård, H. M., Strand, H. & Urdal, H. 2011. Predicting armed conflict, 2012-2050. *International Studies Quarterly, 57,* 250-70.

Hellier, C. 2011. Nazi racial ideology was religious, creationist and opposed to Darwinism. *Coelsblog: Defending scientism.* https://coelsblog.wordpress.com/2011/11/08/nazi-racial-ideology-was-religious-creationist-and-opposed-to-darwinism/#sec4.

Helliwell, J. F., Layard, R. & Sachs, J., red. 2016. *World Happiness Report 2016.* New York: Sustainable Development Solutions Network.

Henao-Restrepo, A. M., Camacho, A., Longini, I. M., Watson, C. H., Edmunds, W. J. et al. 2017. Efficacy and effectiveness of an RVSV-vectored vaccine in preventing Ebola virus disease: Final results from the Guinea ring vaccination, open-label, cluster-randomised trial. *The Lancet, 389,* 505-18.

Henry, M., Shivji, A., de Sousa, T. & Cohen, R. 2015. *The 2015 annual homeless assessment report to Congress.* Washington: US Department of Housing and Urban Development.

Herman, A. 1997. *The idea of decline in Western history.* New York: Free Press.

Heschel, S. 2008. *The Aryan Jesus: Christian theologians and the Bible in Nazi Germany.* Princeton: Princeton University Press.

Hidaka, B. H. 2012. Depression as a disease of modernity: Explanations for increasing prevalence. *Journal of Affective Disorders, 140,* 205-14.

Hidalgo, C. A. 2015. *Why information grows: The evolution of order, from atoms to economies.* New York: Basic Books.

Hirschl, T. A. & Rank, M. R. 2015. The life course dynamics of affluence. *PLOS ONE, 10.*

Hirschman, A. O. 1971. *A bias for hope: Essays on development and Latin America.* New Haven: Yale University Press.

Hirschman, A. O. 1991. *The rhetoric of reaction: Perversity, futility, jeopardy.* Cambridge: Harvard University Press.

Hirsi Ali, A. 2015a. *Heretic: Why Islam needs a reformation now.* New York: HarperCollins.

Hirsi Ali, A. 2015b. Islam is a religion of violence. *Foreign Policy,* Nov. 9.

Hoffmann, M., Hilton-Taylor, C., Angulo, A., Böhm, M., Brooks, T. M. et al.

631

2010. The impact of conservation on the status of the world's vertebrates. *Science, 330,* 1503-9.

Hollander, P. 1981/2014. *Political pilgrims: Western intellectuals in search of the good society.* New Brunswick: Transaction.

Horkheimer, M. & Adorno, T. W. 1947/2007. *Dialectic of Enlightenment.* Stanford: Stanford University Press.

Horwitz, A. V. & Wakefield, J. C. 2007. *The loss of sadness: How psychiatry transformed normal sorrow into depressive disorder.* New York: Oxford University Press.

632   Horwitz, S. 2015. Inequality, mobility, and being poor in America. *Social Philosophy and Policy, 31,* 70-91.

Housel, M. 2013. Everything is amazing and nobody is happy. *The Motley Fool.* http://www.fool.com/investing/general/2013/11/29/everything-is-great-and-nobody-is-happy.aspx.

Hout, M. & Fischer, C. S. 2014. Explaining why more Americans have no religious preference: Political backlash and generational succession, 1987-2012. *Sociological Science, 1,* 423-47.

Howard, M. 2001. *The invention of peace and the reinvention of war.* Londen: Profile Books.

Howson, C. & Urbach, P. 1989/2006. *Scientific reasoning: The Bayesian approach* (derde druk). Chicago: Open Court Publishing.

Hu, G. & Baker, S. P. 2012. An explanation for the recent increase in the fall death rate among older Americans: A subgroup analysis. *Public Health Reports, 127,* 275-81.

Hu, G. & Mamady, K. 2014. Impact of changes in specificity of data recording on cause-specific injury mortality in the United States, 1999-2010. BMC *Public Health, 14,* 1010.

Huberman, M. & Minns, C. 2007. The times they are not changin': Days and hours of work in old and new worlds, 1870-2000. *Explorations in Economic History, 44,* 538-67.

Huff, T. E. 1993. *The rise of early modern science: Islam, China, and the west.* New York: Cambridge University Press.

Hultman, L., Kathman, J. & Shannong, M. 2013. United Nations peacekeeping and civilian protection in civil war. *American Journal of Political Science, 57,* 875-91.

Human Security Centre. 2005. *Human Security Report 2005: War and peace in the 21st century.* New York: Oxford University Press.

Human Security Report Project. 2007. *Human Security Brief 2007.* Vancouver, bc: Human Security Report Project.

Human Security Report Project. 2009. *Human Security Report 2009: The shrinking costs of war.* New York: Oxford University Press.

Human Security Report Project. 2011. *Human Security Report 2009/2010: The causes of peace and the shrinking costs of war.* New York: Oxford University Press.

Humphrys, M. (Ongedateerd.) The left's historical support for tyranny and terrorism. http://markhumphrys.com/left.tyranny.html.

Hunt, L. 2007. *Inventing human rights: A history.* New York: Norton.

Huntington, S. P. 1991. *The third wave: Democratization in the late twentieth century.* Norman: University of Oklahoma Press.

Hyman, D. A. 2007. The pathologies of institutional review boards. *Regulation, 30,* 42-49.

Inglehart, R. 1997. *Modernization and postmodernization: Cultural, economic, and political change in 43 societies.* Princeton: Princeton University Press.

Inglehart, R. 2016. How much should we worry? *Journal of Democracy, 27,* 18-23.

Inglehart, R. 2017. Changing values in the Islamic world and the West. In M. Moaddel & M. J. Gelfand, red., *Values, political action, and change in the Middle East and the Arab Spring.* New York: Oxford University Press.

Inglehart, R., Foa, R., Peterson, C. & Welzel, C. 2008. Development, freedom, and rising happiness: A global perspective (1981-2007). *Perspectives in Psychological Science, 3,* 264-85.

Inglehart, R. & Norris, P. 2016. *Trump, Brexit, and the rise of populism: Economic have-nots and cultural backlash.* Paper die werd gepresenteerd tijdens de Annual Meeting van APSA, Philadelphia.

Inglehart, R. & Welzel, C. 2005. *Modernization, cultural change and democracy.* New York: Cambridge University Press.

Institute for Economics and Peace. 2016. *Global Terrorism Index 2016.* New York: Institute for Economics and Peace.

Instituto Nacional de Estadística y Geografía. 2016. Registros administrativos: Mortalidad. http://www.inegi.org.mx/est/contenidos/proyectos/registros/vitales/mortalidad/default.aspx.

Insurance Institute for Highway Safety. 2016. General statistics. http://www.iihs.org/iihs/topics/t/general-statistics/fatalityfacts/overview-of-fatality-facts.

Intergovernmental Panel on Climate Change. 2014. *Climate change 2014: Synthesis report. Contribution of working groups I, II and III to the fifth assessment report of the Intergovernmental Panel on Climate Change.* Genève: IPCC.

International Humanist and Ethical Union. 2002. The Amsterdam Declaration. http://iheu.org/humanism/the-amsterdam-declaration/.

International Labour Organization. 2013. *Marking progress against child la-*

bour: *Global estimates and trends, 2000-2012*. Genève: International Labour Organization.

Ipsos. 2016. The perils of perception 2016. https://perils.ipsos.com/.

Irwin, D. A. 2016. The truth about trade. *Foreign Affairs*, June 13.

Israel, J. I. 2001. *Radical enlightenment: Philosophy and the making of modernity, 1650-1750*. New York: Oxford University Press.

Jackson, J. 2016. Publishing the positive: Exploring the perceived motivations for and the consequences of reading solutions-focused journalism. https://www.constructivejournalism.org/wp-content/uploads/2016/11/Publishing-the-Positive_MA-thesis-research-2016_Jodie-Jackson.pdf.

Jacobs, A. 2011. Introduction. In W. H. Auden, *The age of anxiety: A Baroque eclogue*. Princeton: Princeton University Press.

Jacobson, J. Z. & Delucchi, M. A. 2011. Providing all global energy with wind, water, and solar power. *Energy Policy, 39*, 1154-69.

Jacoby, S. 2005. *Freethinkers: A history of American secularism*. New York: Henry Holt.

Jamison, D. T., Summers, L. H., Alleyne, G., Arrow, K. J., Berkley, S. et al. 2015. Global health 2035: A world converging within a generation. *The Lancet, 382*, 1898-1955.

Jefferson, T. 1785/1955. *Notes on the state of Virginia*. Chapel Hill: University of North Carolina Press.

Jensen, R. 2007. The digital provide: Information (technology), market performance, and welfare in the South Indian fisheries sector. *Quarterly Journal of Economics, 122*, 879-924.

Jervis, R. 2011. Force in our times. *International Relations, 25*, 403-25.

Johnson, D. D. P. 2004. *Overconfidence and war: The havoc and glory of positive illusions*. Cambridge: Harvard University Press.

Johnson, E. M. 2010. Deconstructing social Darwinism: Parts I-IV. *The Primate Diaries*. http://scienceblogs.com/primatediaries/2010/01/05/deconstructing-social-darwinis/.

Johnson, N. F., Spagat, M., Restrepo, J. A., Becerra, O., Bohorquez, J. C. et al. 2006. Universal patterns underlying ongoing wars and terrorism. *arXiv.org*. http://arxiv.org/abs/physics/0605035.

Johnston, W. M. & Davey, G. C. L. 1997. The psychological impact of negative tv news bulletins: The catastrophizing of personal worries. *British Journal of Psychology, 88*.

Jones, R. P., Cox, D., Cooper, B. & Lienesch, R. 2016a. *The divide over America's future: 1950 or 2050? Findings from the 2016 American Values Survey*. Washington: Public Religion Research Institute.

Jones, R. P., Cox, D., Cooper, B. & Lienesch, R. 2016b. *Exodus: Why Americans are leaving religion-and why they're unlikely to come back*. Washington: Public Religion Research Institute.

Jones, R. P., Cox, D. & Navarro-Rivera, J. 2014. *Believers, sympathizers, and skeptics: Why Americans are conflicted about climate change, environmental policy, and science.* Washington: Public Religion Research Institute.

Jussim, L., Krosnick, J., Vazire, S., Stevens, S., Anglin, S. et al. 2017. Political bias. *Best Practices in Science.* https://bps.stanford.edu/?page_id=3371.

Kahan, D. M. 2012. Cognitive bias and the constitution of the liberal republic of science. https://papers.ssrn.com/sol3/papers.cfm?abstract_id=2174032.

Kahan, D. M. 2015. Climate-science communication and the measurement problem. *Political Psychology, 36,* 1-43.

Kahan, D. M., Braman, D., Slovic, P., Gastil, J. & Cohen, G. 2009. Cultural cognition of the risks and benefits of nanotechnology. *Nature Nanotechnology, 4,* 87-90.

Kahan, D. M., Jenkins-Smith, H. & Braman, D. 2011. Cultural cognition of scientific consensus. *Journal of Risk Research, 14,* 147-74.

Kahan, D. M., Jenkins-Smith, H., Tarantola, T., Silva, C. L. & Braman, D. 2012. Geoengineering and climate change polarization: Testing a two-channel model of science communication. *Annals of the American Academy of Political and Social Science, 658.*

Kahan, D. M., Peters, E., Dawson, E. C. & Slovic, P. 2013. Motivated numeracy and enlightened self-government. https://papers.ssrn.com/sol3/papers.cfm?abstract_id=2319992.

Kahan, D. M., Peters, E., Wittlin, M., Slovic, P., Ouellettte, L. L. et al. 2012. The polarizing impact of science literacy and numeracy on perceived climate change risks. *Nature Climate Change, 2,* 732-35.

Kahan, D. M., Wittlin, M., Peters, E., Slovic, P., Ouellettte, L. L. et al. 2011. The tragedy of the risk-perception commons: Culture conflict, rationality conflict, and climate change. https://papers.ssrn.com/sol3/papers.cfm?abstract_id=1871503&http://papers.ssrn.com/sol3/papers.cfm?abstract_id=1871503.

Kahneman, D. 2011. *Ons feilbare denken.* Amsterdam: Business Contact.

Kahneman, D., Krueger, A., Schkade, D., Schwarz, N. & Stone, A. 2004. A survey method for characterizing daily life experience: The day reconstruction method. *Science, 3,* 1776-80.

Kanazawa, S. 2010. Why liberals and atheists are more intelligent. *Social Psychology Quarterly, 73,* 33-57.

Kane, T. 2016. Piketty's crumbs. *Commentary,* 14 april.

Kant, I. 1992. *Wat is verlichting?* Kampen: Kok Agora.

Kant, I. 1795/1983. Perpetual peace: A philosophical sketch. In I. Kant, *Perpetual peace and other essays.* Indianapolis: Hackett. http://www.mtholyoke.edu/acad/intrel/kant/kant1.htm.

Kasturiratne, A., Wickremasinghe, A. R., de Silva, N., Gunawardena, N. K., Pathmeswaran, A. et al. 2008. The global burden of snakebite: A literature analysis and modelling based on regional estimates of envenoming and deaths. *PLoS Medicine, 5.*

Keith, D. 2013. *A case for climate engineering.* Boston: Boston Review Books.

Keith, D. 2015. Patient geoengineering. Paper presented at the Seminars About Long-Term Thinking, San Francisco.

Keith, D., Weisenstein, D., Dykema, J. & Keutsch, F. 2016. Stratospheric solar geoengineering without ozone loss. *Proceedings of the National Academy of Sciences, 113,* 14910-14.

Kelley, J. & Evans, M. D. R. 2016. Societal income inequality and individual subjective well-being: Results from 68 societies and over 200,000 individuals, 1981-2008. *Social Science Research, 62,* 1-23.

Kelly, K. 2012. *De wil van technologie.* Amsterdam: Dwarsligger.

Kelly, K. 2013. Myth of the lone villain. *The Technium.* http://kk.org/thetechnium/myth-of-the-lon/.

Kelly, K. 2016. *The inevitable: Understanding the 12 technological forces that will shape our future.* New York: Viking.

Kelly, K. 2017. The AI cargo cult: The myth of a superhuman AI. *Wired.* https://www.wired.com/2017/04/the-myth-of-a-superhuman-ai/.

Kennedy, D. 2011. *Don't shoot: One man, a street fellowship, and the end of violence in inner-city America.* New York: Bloomsbury.

Kenny, C. 2011. *Getting better: How global development is succeeding-and how we can improve the world even more.* New York: Basic Books.

Kessler, R. C., Berglund, P., Demler, O., Jin, R., Koretz, D. et al. 2003. The epidemiology of major depressive disorder: Results from the National Comorbidity Survey Replication (NCS-R). *Journal of the American Medical Association, 289,* 3095-3105.

Kessler, R. C., Berglund, P., Demler, O., Jin, R., Merikangas, K. R. et al. 2005. Lifetime prevalence and age-of-onset distributions of dsm-iv disorders in the National Comorbidity Survey Replication. *Archives of General Psychiatry, 62,* 593-602.

Kevles, D. J. 1985. *In the name of eugenics: Genetics and the uses of human heredity.* Cambridge: Harvard University Press.

Kharecha, P. A. & Hansen, J. E. 2013. Prevented mortality and greenhouse gas emissions from historical and projected nuclear power. *Environmental Science & Technology, 47,* 4889-95.

Kharrazi, R. J., Nash, D. & Mielenz, T. J. 2015. Increasing trend of fatal falls in older adults in the United States, 1992 to 2015: Coding practice or recording quality? *Journal of the American Geriatrics Society, 63,* 1913-17.

Kim, J., Smith, T. W. & Kang, J.-H. 2015. Religious affiliation, religious service attendance, and mortality. *Journal of Religion and Health, 54,* 2052-72.

King, D., Schrag, D., Dadi, Z., Ye, Q. & Ghosh, A. 2015. *Climate change: A risk assessment.* Cambridge: University of Cambridge Center for Science and Policy.

Kitcher, P. 1990. *Kant's transcendental psychology.* New York: Oxford University Press.

Klein, D. B. & Buturovic, Z. 2011. Economic enlightenment revisited: New results again find little relationship between education and economic enlightenment but vitiate prior evidence of the left being worse. *Economic Journal Watch, 8,* 157-73.

Klitzman, R. L. 2015. *The ethics police? The struggle to make human research safe.* New York: Oxford University Press.

Kochanek, K. D., Murphy, S. L., Xu, J. & Tejada-Vera, B. 2016. Deaths: Final data for 2014. *National Vital Statistics Reports, 65* (4). http://www.cdc.gov/nchs/data/nvsr/nvsr65/nvsr65_04.pdf.

Kohut, A., Taylor, P. J., Keeter, S., Doherty, C., Dimock, M. et al. 2011. *The generation gap and the 2012 election.* Washington: Pew Research Center. http://www.people-press.org/files/legacy-pdf/11-3-11%20Generations%20Release.pdf.

Kolosh, K. 2014. Injury facts statistical highlights. http://www.nsc.org/SafeCommunitiesDocuments/Conference-2014/Injury-Facts-Statistical-Analysis-Kolosh.pdf.

Koningstein, R. & Fork, D. 2014. What it would really take to reverse climate change. *ieee Spectrum.* http://spectrum.ieee.org/energy/renewables/what-it-would-really-take-to-reverse-climate-change.

Kräenbring, J., Monzon Penza, T., Gutmann, J., Muehlich, S., Zolk, O. et al. 2014. Accuracy and completeness of drug information in Wikipedia: A comparison with standard textbooks of pharmacology. *PLoS ONE, 9,* e106930.

Krauss, L. M. 2012. *Universum uit het niets: waarom er iets is in plaats van niets.* Amsterdam: Nieuw Amsterdam.

Krisch, M., Eisner, M., Mikton, C. & Butchart, A. 2015. *Global strategies to reduce violence by 50% in 30 years: Findings from the who and University of Cambridge Global Violence Reduction Conference, 2014.* Cambridge: University of Cambridge.

Kristensen, H. M. 2016. U.S. nuclear stockpile numbers published enroute to Hiroshima. *Federation of American Scientists Strategic Security Blog.* https://fas.org/blogs/security/2016/05/hiroshima-stockpile/.

Kristensen, H. M. & Norris, R. S. 2016a. Status of world nuclear forces. *Federation of American Scientists.* https://fas.org/issues/nuclear-weapons/status-world-nuclear-forces/.

Kristensen, H. M. & Norris, R. S. 2016b. United States nuclear forces, 2016. *Bulletin of the Atomic Scientists, 72,* 63-73.

Krug, E. G., Dahlberg, L. L., Mercy, J. A., Zwi, A. B. & Lozano, R., red. 2002. *World report on violence and health.* Genève: Wereldgezondheidsorganisatie.

Kuhn, D. 1991. *The skills of argument.* New York: Cambridge University Press.

Kuncel, N. R., Klieger, D. K., Connelly, B. S. & Ones, D. S. 2013. Mechanical versus clinical data combination in selection and admissions decisions: A meta-analysis. *Journal of Applied Psychology, 98,* 1060-72.

Kunda, Z. 1990. The case for motivated reasoning. *Psychological Bulletin, 108,* 480-98.

Kuran, T. 2010. Why the Middle East is economically underdeveloped: Historical mechanisms of institutional stagnation. *Journal of Economic Perspectives, 18,* 71-90.

Kurlansky, M. 2006. *Nonviolence: Twenty-five lessons from the history of a dangerous idea.* New York: Modern Library.

Kurzban, R., Tooby, J. & Cosmides, L. 2001. Can race be erased? Coalitional computation and social categorization. *Proceedings of the National Academy of Sciences, 98,* 15387-92.

Kuznets, S. 1955. Economic growth and income inequality. *American Economic Review, 45,* 1-28.

Lacina, B. 2006. Explaining the severity of civil wars. *Journal of Conflict Resolution, 50,* 276-89.

Lacina, B. & Gleditsch, N. P. 2005. Monitoring trends in global combat: A new dataset in battle deaths. *European Journal of Population, 21,* 145-66.

Lake, B. M., Ullman, T. D., Tenenbaum, J. B. & Gershman, S. J. 2017. Building machines that learn and think like people. *Behavioral and Brain Sciences, 39,* 1-101.

Lakner, M. & Milanović, B. 2015. Global income distribution: From the fall of the Berlin Wall to the Great Recession. *Wereldbank Economic Review,* 1-30.

Lampert, L. 1996. *Leo Strauss and Nietzsche.* Chicago: University of Chicago Press.

Lancet Infectious Diseases Editors. 2005. Clearing the myths of time: Tuskegee revisited. *The Lancet Infectious Diseases, 5,* 127.

Land, K. C., Michalos, A. C. & Sirgy, J., red. 2012. *Handbook of social indicators and quality of life research.* New York: Springer.

Lane, N. 2018. *De belangrijkste vraag van het leven. Waarom is het leven zoals het is?* Amsterdam: Prometheus.

Lanier, J. 2014. The myth of AI. *Edge.* https://www.edge.org/conversation/jaron_lanier-the-myth-of-ai.

Lankford, A. 2013. *The myth of martyrdom.* New York: Palgrave Macmillan.

Lankford, A. & Madfis, E. 2018. Don't name them, don't show them, but report everything else: A pragmatic proposal for denying mass shooters the attention they seek and deterring future offenders. *American Behavioral Scientist*.

Latzer, B. 2016. *The rise and fall of violent crime in America*. New York: Encounter Books.

Laudan, R. 2016. Was the agricultural revolution a terrible mistake? Not if you take food processing into account. http://www.rachellaudan.com/2016/01/was-the-agricultural-revolution-a-terrible-mistake.html.

Law, S. 2011. *Humanism: A very short introduction*. New York: Oxford University Press.

Lawson, S. 2013. Beyond cyber-doom: Cyberattack scenarios and the evidence of history. *Journal of Information Technology & Politics, 10*, 86-103.

Layard, R. 2009. *Waarom zijn we niet gelukkig?* Amsterdam: Olympus.

Le Quéré, C., Andrew, R. M., Canadell, J. G., Sitch, S., Korsbakken, J. I. et al. 2016. Global carbon budget 2016. *Earth System Science Data, 8*, 605-49.

Leavis, F. R. 1962/2013. *The two cultures? The significance of C. P. Snow*. New York: Cambridge University Press.

Lee, J.-W. & Lee, H. 2016. Human capital in the long run. *Journal of Development Economics, 122*, 147-69.

Leetaru, K. 2011. Culturomics 2.0: Forecasting large-scale human behavior using global news media tone in time and space. *First Monday, 16* (9). http://firstmonday.org/article/view/3663/3040.

Leon, C. B. 2016. The life of American workers in 1915. *Monthly Labor Review*. http://www.bls.gov/opub/mlr/2016/article/the-life-of-american-workers-in-1915.htm.

Leonard, T. C. 2009. Origins of the myth of social Darwinism: The ambiguous legacy of Richard Hofstadter's 'Social Darwinism in American thought.' *Journal of Economic Behavior & Organization, 71*, 37-51.

Lerdahl, F. & Jackendoff, R. 1983. *A generative theory of tonal music*. Cambridge: MIT Press.

Levin, Y. 2017. Conservatism in an age of alienation. *Modern Age*, Spring. https://eppc.org/publications/conservatism-in-an-age-of-alienation/.

Levinson, A. 2008. Environmental Kuznets curve. In S. N. Durlauf & L. E. Blume, red., *The New Palgrave Dictionary of Economics* (tweede druk). New York: Palgrave Macmillan.

Levitsky, S. & Way, L. 2015. The myth of the democratic recession. *Journal of Democracy, 26*, 45-58.

Levitt, S. D. 2004. Understanding why crime fell in the 1990s: Four factors that explain the decline and six that do not. *Journal of Economic Perspectives, 18*, 163-90.

Levy, J. S. 1983. *War in the modern great power system 1495-1975*. Lexington: University Press of Kentucky.

Levy, J. S. & Thompson, W. R. 2011. *The arc of war: Origins, escalation, and transformation*. Chicago: University of Chicago Press.

Lewinsohn, P. M., Rohde, P., Seeley, J. R. & Fischer, S. A. 1993. Age-cohort changes in the lifetime occurrence of depression and other mental disorders. *Journal of Abnormal Psychology, 102,* 110-20.

Lewis, B. 2008. *Het Midden-Oosten: 2000 jaar culturele en politieke geschiedenis*. Amsterdam: Forum.

640   Lewis, B. 2002. *Wat is er misgegaan? De betrekkingen tussen het Westen en het Midden-Oosten*. Amsterdam: De Arbeiderspers.

Lewis, J. E., DeGusta, D., Meyer, M. R., Monge, J. M., Mann, A. E. et al. 2011. The mismeasure of science: Stephen Jay Gould versus Samuel George Morton on skulls and bias. *PLoS Biology, 9.*

Lewis, M. 2018. *Twee breinen: Daniel Kahneman en Amos Tversky: een vriendschap die ons denken veranderde*. Amsterdam: De Geus.

Liebenberg, L. 1990. *The art of tracking: The origin of science*. Kaapstad: David Philip.

Liebenberg, L. 2014. *The origin of science: On the evolutionary roots of science and its implications for self-education and citizen science*. Kaapstad: Cyber-Tracker. http://www.cybertracker.org/science/books.

Lilienfeld, S. O., Ammirati, R. & Landfield, K. 2009. Giving debiasing away. *Perspectives in Psychological Science, 4,* 390-98.

Lilienfeld, S. O., Ritschel, L. A., Lynn, S. J., Cautin, R. L. & Latzman, R. D. 2013. Why many clinical psychologists are resistant to evidence-based practice: Root causes and constructive remedies. *Clinical Psychology Review, 33,* 883-900.

Lilla, M. 2006. *De roekeloze geest: intellectuelen en de politiek*. Amsterdam: Atlas.

Lilla, M. 2016. *The shipwrecked mind: On political reaction*. New York: New York Review of Books.

Lindert, P. 2004. *Growing public: Social spending and economic growth since the eighteenth century* (deel 1: *The story*). New York: Cambridge University Press.

Linker, D. 2007. *The theocons: Secular America under siege*. New York: Random House.

Liu, L., Oza, S., Hogan, D., Perin, J., Rudan, I. et al. 2014. Global, regional, and national causes of child mortality in 2000-13, with projections to inform post-2015 priorities: An updated systematic analysis. *The Lancet, 385,* 430-40.

Livingstone, M. S. 2014. *Vision and art: The biology of seeing* (herziene druk). New York: Harry Abrams.

Lloyd, S. 2006. *Programming the universe: A quantum computer scientist takes on the cosmos.* New York: Vintage.

Lodge, D. 2002. *Consciousness and the novel.* Cambridge: Harvard University Press.

López, R. E. & Holle, R. L. 1998. Changes in the number of lightning deaths in the United States during the twentieth century. *Journal of Climate, 11,* 2070-77.

Lord, C. G., Ross, L. & Lepper, M. R. 1979. Biased assimilation and attitude polarization: The effects of prior theories on subsequently considered evidence. *Journal of Personality and Social Psychology, 37,* 2098-2109.

Lucas, R. E. 1988. On the mechanics of economic development. *Journal of Monetary Economics, 22,* 3-42.

Luard, E. 1986. *War in international society.* New Haven: Yale University Press.

Lukianoff, G. 2012. *Unlearning liberty: Campus censorship and the end of American debate.* New York: Encounter Books.

Lukianoff, G. 2014. *Freedom from speech.* New York: Encounter Books.

Luria, A. R. 1976. *Cognitive development: Its cultural and social foundations.* Cambridge: Harvard University Press.

Lutz, W., Butz, W. P. & Samir, K. C., red. 2014. *World population and human capital in the twenty-first century.* New York: Oxford University Press.

Lutz, W., Cuaresma, J. C. & Abbasi-Shavazi, M. J. 2010. Demography, education, and democracy: Global trends and the case of Iran. *Population Development Review, 36,* 253-81.

Lynn, R., Harvey, J. & Nyborg, H. 2009. Average intelligence predicts atheism rates across 137 nations. *Intelligence, 37,* 11-15.

MacAskill, W. 2015. *Doing good better: Effective altruism and how you can make a difference.* New York: Penguin.

Macnamara, J. 1999. *Through the rearview mirror: Historical reflections on psychology.* Cambridge: MIT Press.

Maddison Project. 2014. Maddison Project. http://www.ggdc.net/maddison/maddison-project/home.htm.

Mahbubani, K. 2013. *Naar één wereld: een nieuwe mondiale werkelijkheid.* Amsterdam: Nieuw Amsterdam.

Mahbubani, K. & Summers, L. H. 2016. The fusion of civilizations. *Foreign Affairs,* mei/juni.

Makari, G. 2015. *The soul machine: The invention of the modern mind.* New York: Norton.

Makel, M. C., Kell, H. J., Lubinski, D., Putallaz, M. & Benbow, C. P. 2016. When lightning strikes twice: Profoundly gifted, profoundly accomplished. *Psychological Science, 27,* 1004-18.

641

Mankiw, G. 2013. Defending the one percent. *Journal of Economic Perspectives, 27,* 2134.

Mann, T. E. & Ornstein, N. J. 2012/2016. *It's even worse than it looks: How the American constitutional system collided with the new politics of extremism* (nieuwe herziene druk). New York: Basic Books.

Marcus, G. 2015. Machines won't be thinking anytime soon. *Edge.* https://www.edge.org/response-detail/26175.

Marcus, G. 2016. Is big data taking us closer to the deeper questions in artificial intelligence? *Edge.* https://www.edge.org/conversation/gary_marcus-is-big-data-taking-us-closer-to-the-deeper-questions-in-artificial.

Maritain, J. 1949. Introduction. In UNESCO, *Human rights: Comments and interpretations.* New York: Columbia University Press.

Marlowe, F. 2010. *The Hadza: Hunter-gatherers of Tanzania.* Berkeley: University of California Press.

Marshall, M. G. 2016. Major episodes of political violence, 1946-2015. http://www.systemicpeace.org/warlist/warlist.htm.

Marshall, M. G. & Gurr, T. R. 2014. Polity IV individual country regime trends, 1946-2013. http://www.systemicpeace.org/polity/polity4x.htm.

Marshall, M. G., Gurr, T. R. & Harff, B. 2009. *PITF State Failure Problem Set: Internal wars and failures of governance, 1955-2008. Dataset and coding guidelines.* Wenen: Center for Systemic Peace.. http://www.systemicpeace.org/inscr/PITFProbSetCodebook2014.pdf.

Marshall, M. G., Gurr, T. R. & Jaggers, K. 2016. *Polity IV project: Political regime characteristics and transitions, 1800-2015, dataset users' manual.* Wenen: Center for Systemic Peace. http://systemicpeace.org/inscrdata.html.

Mathers, C. D., Sadana, R., Salomon, J. A., Murray, C. J. L. & Lopez, A. D. 2001. Healthy life expectancy in 191 countries, 1999. *The Lancet, 357,* 1685-91.

Mattisson, C., Bogren, M., Nettelbladt, P., Munk-Jörgensen, P. & Bhugra, D. 2005. First incidence depression in the Lundby study: A comparison of the two time periods 1947-1972 and 1972-1997. *Journal of Affective Disorders, 87,* 151-60.

McCloskey, D. N. 1994. Bourgeois virtue. *American Scholar, 63,* 177-91.

McCloskey, D. N. 1998. Bourgeois virtue and the history of P and S. *Journal of Economic History, 58,* 297-317.

McCloskey, D. N. 2014. Measured, unmeasured, mismeasured, and unjustified pessimism: A review essay of Thomas Piketty's 'Capital in the twenty-first century.' *Erasmus Journal of Philosophy and Economics, 7,* 73-115.

McCullough, M. E. 2008. *Beyond revenge: The evolution of the forgiveness instinct.* San Francisco: Jossey-Bass.

McEvedy, C. & Jones, R. 1978. *Atlas of world population history.* Londen: Allen Lane.

McGinn, C. 1993. *Problems in philosophy: The limits of inquiry.* Cambridge: Blackwell.

McGinnis, J. O. 1996. The original constitution and our origins. *Harvard Journal of Law and Public Policy, 19,* 251-61.

McGinnis, J. O. 1997. The human constitution and constitutive law: A prolegomenon. *Journal of Contemporary Legal Issues, 8,* 211-39.

McKay, C. 1841/1995. *Extraordinary popular delusions and the madness of crowds.* New York: Wiley.

McMahon, D. M. 2001. *Enemies of the Enlightenment: The French counter-Enlightenment and the making of modernity.* New York: Oxford University Press.

McMahon, D. M. 2006. *Happiness: A history.* New York: Grove/Atlantic.

McNally, R. J. 2016. The expanding empire of psychopathology: The case of ptsd. *Psychological Inquiry, 27,* 46-49.

McNaughton-Cassill, M. E. 2001. The news media and psychological distress. *Anxiety, Stress, and Coping, 14,* 191-211.

McNaughton-Cassill, M. E. & Smith, T. 2002. My world is ok, but yours is not: Television news, the optimism gap, and stress. *Stress and Health, 18,* 27-33.

Meehl, P. E. 1954/2013. *Clinical versus statistical predication: A theoretical analysis and a review of the evidence.* Brattleboro: Echo Point Books.

Meeske, A. J., Riley, E. P., Robins, W. P., Uehara, T., Mekalanos, J. J. et al. 2016. SEDS proteins are a widespread family of bacterial cell wall polymerases. *Nature, 537,* 634-38.

Melander, E., Pettersson, T. & Themnér, L. 2016. Organized violence, 1989-2015. *Journal of Peace Research, 53,* 727-42.

Mellers, B. A., Hertwig, R. & Kahneman, D. 2001. Do frequency representations eliminate conjunction effects? An exercise in adversarial collaboration. *Psychological Science, 12,* 269-75.

Mellers, B. A., Ungar, L., Baron, J., Ramos, J., Gurcay, B. et al. 2014. Psychological strategies for winning a geopolitical forecasting tournament. *Psychological Science, 2014,* 1-10.

Menschenfreund, Y. 2010. The Holocaust and the trial of modernity. *Azure, 39,* 58-83. http://azure.org.il/include/print.php?id=526.

Mercier, H. & Sperber, D. 2011. Why do humans reason? Arguments for an argumentative theory. *Behavioral and Brain Sciences, 34,* 57-111.

Mercier, H. & Sperber, D. 2017. *The enigma of reason.* Cambridge: Harvard University Press.

Merquior, J. G. 1988. *De filosofie van Michel Foucault.* Utrecht: Het Spectrum.

Merton, R. K. 1942/1973. The normative structure of science. In R. K. Merton, red., *The sociology of science: Theoretical and empirical investigations.* Chicago: University of Chicago Press.

643

Meyer, B. D. & Sullivan, J. X. 2011. The material well-being of the poor and the middle class since 1980. American Enterprise Institute.

Meyer, B. D. & Sullivan, J. X. 2012. Winning the war: Poverty from the Great Society to the Great Recession. *Brookings Papers on Economic Activity*, 133-200.

Meyer, B. D. & Sullivan, J. X. 2016. Consumption and income inequality in the u.s. since the 1960s. https://www3.nd.edu/~jsulliv4/Inequality-3.6.pdf.

Meyer, B. D. & Sullivan, J. X. 2017. Annual report on U.S. consumption poverty. http://www.aei.org/publication/annual-report-on-us-consumption-poverty-2016/.

Michel, J.-B., Shen, Y. K., Aiden, A. P., Veres, A., Gray, M. K., The Google Books Team, Pickett, J. P., Hoiberg, D., Clancy, D. , Norvig, P., Orwant, J., Pinker, S., Nowak, M. & Lieberman-Aiden, E. 2010. Quantitative analysis of culture using millions of digitized books. *Science, 331*, 167-82.

Milanović, B. 2017. *Wereldwijde ongelijkheid: welvaart in de 21ste eeuw*. Houten: Spectrum.

Miller, M., Azrael, D. & Barber, C. 2012. Suicide mortality in the United States: The importance of attending to method in understanding population-level disparities in the burden of suicide. *Annual Review of Public Health, 33*, 393-408.

Miller, R. A. & Albert, K. 2015. If it leads, it bleeds (and if it bleeds, it leads): Media coverage and fatalities in militarized interstate disputes. *Political Communication, 32*, 61-82.

Miller, T. R., Lawrence, B. A., Carlson, N. N., Hendrie, D., Randall, S. et al. 2016. Perils of police action: A cautionary tale from US data sets. *Injury Prevention*.

Moatsos, M., Baten, J., Foldvari, P., van Leeuwen, B. & van Zanden, J. L. 2014. Income inequality since 1820. In J. L. van Zanden, J. Baten, M. M. d'Ercole, A. Rijpma, C. Smith & M. Timmer, red., *How was life? Global well-being since 1820*. Paris: OECD Publishing.

Mokyr, J. 2012. *The enlightened economy: An economic history of Britain, 1700-1850*. New Haven: Yale University Press.

Mokyr, J. 2014. Secular stagnation? Not in your life. In C. Teulings & R. Baldwin, red., *Secular stagnation: Facts, causes, and cures*. Londen: Centre for Economic Policy Research.

Montgomery, S. L. & Chirot, D. 2015. *The shape of the new: Four big ideas and how they made the modern world*. Princeton: Princeton University Press.

Mooney, C. 2005. *The Republican war on science*. New York: Basic Books.

Morewedge, C. K., Yoon, H., Scopelliti, I., Symborski, C. W., Korris, J. H. et al. 2015. Debiasing decisions: Improved decision making with a single

644

training intervention. *Policy Insights from the Behavioral and Brain Sciences, 2,* 129-40.

Morton, O. 2015. *The planet remade: How geoengineering could change the world.* Princeton: Princeton University Press.

Moss, J. 2005. The 482nd convocation address: Could Morton do it today? *University of Chicago Record, 40,* 27-28.

Mozgovoi, A. 2002. Recollections of Vadim Orlov (USSR submarine B-59). *The Cuban Samba of the Quartet of Foxtrots: Soviet submarines in the Caribbean crisis of 1962.* http://nsarchive.gwu.edu/nsa/cuba_mis_cri/020000%20Recollections%20of%20Vadim%20Orlov.pdf.

Mueller, J. 1989. *Retreat from doomsday: The obsolescence of major war.* New York: Basic Books.

Mueller, J. 1999. *Capitalism, democracy, and Ralph's Pretty Good Grocery.* Princeton: Princeton University Press.

Mueller, J. 2004a. *The remnants of war.* Ithaca: Cornell University Press.

Mueller, J. 2004b. Why isn't there more violence? *Security Studies, 13,* 191-203.

Mueller, J. 2006. *Overblown: How politicians and the terrorism industry inflate national security threats, and why we believe them.* New York: Free Press.

Mueller, J. 2009. War has almost ceased to exist: An assessment. *Political Science Quarterly, 124,* 297b-321.

Mueller, J. 2010a. *Atomic obsession: Nuclear alarmism from Hiroshima to Al-Qaeda.* New York: Oxford University Press.

Mueller, J. 2010b. Capitalism, peace, and the historical movement of ideas. *International Interactions, 36,* 169-84.

Mueller, J. 2012. Terror predictions. http://politicalscience.osu.edu/faculty/jmueller/predict.pdf.

Mueller, J. 2014. Did history end? Assesssing the Fukuyama thesis. *Political Science Quarterly, 129,* 35-54.

Mueller, J. 2016. Embracing threatlessness: US military spending, Newt Gingrich, and the Costa Rica option. Paper die werd gepresenteerd tijdens The Case for Restraint in U.S. Foreign Policy.

Mueller, J. & Frideman, B. 2014. The cyberskeptics. https://www.cato.org/research/cyberskeptics.

Mueller, J. & Stewart, M. G. 2010. Hardly existential: Thinking rationally about terrorism. *Foreign Affairs,* 2 april.

Mueller, J. & Stewart, M. G. 2016a. *Chasing ghosts: The policing of terrorism.* New York: Oxford University Press.

Mueller, J. & Stewart, M. G. 2016b. Conflating terrorism and insurgency. *Lawfare.* https://www.lawfareblog.com/conflating-terrorism-and-insurgency.

Muggah, R. 2015. Fixing fragile cities. *Foreign Affairs*, 15 januari.

Muggah, R. 2016. Terrorism is on the rise-but there's a bigger threat we're not talking about. *World Economic Forum Global Agenda*. https://www.weforum.org/agenda/2016/04/terrorism-is-on-the-rise-but-there-s-a-bigger-threat-we-re-not-talking-about/.

Muggah, R. & Szabo de Carvalho, I. 2016. The end of homicide. *Foreign Affairs*, Sept. 7.

Müller, J.-W. 2017. *Wat is populisme?* Amsterdam: Nieuw Amsterdam.

Müller, V. C. & Bostrom, N. 2014. Future progress in artificial intelligence: A survey of expert opinion. In V. C. Müller, red., *Fundamental issues of artificial intelligence*. New York: Springer.

Mulligan, C. B., Gil, R. & Sala-i-Martin, X. 2004. Do democracies have different public policies than nondemocracies? *Journal of Economic Perspectives, 18*, 51-74.

Munck, G. L. & Verkuilen, J. 2002. Conceptualizing and measuring democracy: Evaluating alternative indices. *Comparative Political Studies, 35*, 5-34.

Murphy, J. M., Laird, N. M., Monson, R. R., Sobol, A. M. & Leighton, A. H. 2000. A 40-year perspective on the prevalence of depression: The Stirling County study. *Archives of General Psychiatry, 57*.

Murphy, J. P. M. 1999. Hitler was *not* an atheist. *Free Inquiry*, 9.

Murphy, S. K., Zeng, M. & Herzon, S. B. 2017. A modular and enantioselective synthesis of the pleuromutilin antibiotics. *Science, 356*, 956-59.

Murray, C. 2004. *Het menselijk genie: streven naar het ultieme in kunst en wetenschap door de eeuwen heen.* Utrecht: Het Spectrum.

Murray, C. J. L. et al. (487 co-auteurs). 2012. Disability-adjusted life years (dalys) for 291 diseases and injuries in 21 regions, 1990-2010: A systematic analysis for the Global Burden of Disease study 2010. *The Lancet, 380*, 2197-2223.

Musolino, J. 2015. *The soul fallacy: What science shows we gain from letting go of our soul beliefs.* Amherst: Prometheus Books.

Myhrvold, N. 2014. Commentary on Jaron Lanier's 'The myth of AI.' *Edge*. https://www.edge.org/conversation/jaron_lanier-the-myth-of-ai#25983.

Naam, R. 2010. Top five reasons 'the singularity' is a misnomer. *Humanity+*. http://hplusmagazine.com/2010/11/11/top-five-reasons-singularity-misnomer/.

Naam, R. 2013. *The infinite resource: The power of ideas on a finite planet.* Lebanon: University Press of New England.

Nadelmann, E. A. 1990. Global prohibition regimes: The evolution of norms in international society. *International Organization, 44*, 479-526.

Nagdy, M. & Roser, M. 2016a. Military spending. *Our World in Data*. https://

646

ourworldindata.org/military-spending/.

Nagdy, M. & Roser, M. 2016b. Optimism and pessimism. *Our World in Data.* https://ourworldindata.org/optimism-pessimism/.

Nagdy, M. & Roser, M. 2016c. Projections of future education. *Our World in Data.* https://ourworldindata.org/projections-of-future-education/.

Nagel, T. 1970. *The possibility of altruism.* Princeton: Princeton University Press.

Nagel, T. 1974. What is it like to be a bat? *Philosophical Review, 83,* 435-50.

Nagel, T. 2015. *Het laatste woord: een kleine filosofie van de rede.* Utrecht: Erven J. Bijleveld.

Nagel, T. 2014. *Geest en kosmos: hoehoudbaar is de neodarwinistische visie?* Amsterdam: Amsterdam University Press.

Nash, G. H. 2009. *Reappraising the right: The past and future of American conservatism.* Wilmington: Intercollegiate Studies Institute.

National Assessment of Adult Literacy. (Ongedateerd.) Literacy from 1870 to 1979. https://nces.ed.gov/naal/lit_history.asp.

National Center for Health Statistics. 2014. *Health, United States, 2013.* Hyattsville: National Center for Health Statistics.

National Center for Statistics and Analysis. 1995. *Traffic safety facts 1995-pedestrians.* Washington: National Highway Traffic Safety Administration. https://crashstats.nhtsa.dot.gov/Api/Public/ViewPublication/95F9.

National Center for Statistics and Analysis. 2006. *Pedestrians: 2005 data.* Washington: National Highway Traffic Safety Administration. https://crashstats.nhtsa.dot.gov/Api/Public/ViewPublication/810624.

National Center for Statistics and Analysis. 2016. *Pedestrians: 2014 data.* Washington: National Highway Traffic Safety Administration. https://crashstats.nhtsa.dot.gov/Api/Public/ViewPublication/812270.

National Center for Statistics and Analysis. 2017. *Pedestrians: 2015 data.* Washington: National Highway Trafffic Safety Administration. https://crashstats.nhtsa.dot.gov/Api/Public/Publication/812375.

National Consortium for the Study of Terrorism and Responses to Terrorism. 2016. *Global Terrorism Database.* http://www.start.umd.edu/gtd/.

National Institute on Drug Abuse. 2016. DrugFacts: High school and youth trends. https://www.drugabuse.gov/publications/drugfacts/high-school-youth-trends.

National Safety Council. 2011. *Injury facts, 2011 edition.* Itasca: National Safety Council.

National Safety Council. 2016. *Injury facts, 2016 edition.* Ithaca: National Safety Council.

New York Times. 2016. Election 2016: Exit polls. https://www.nytimes.com/interactive/2016/11/08/us/politics/election-exit-polls.html?_r=0.

647

Newman, M. E. J. 2005. Power laws, Pareto distributions and Zipf's law. *Contemporary Physics, 46,* 323-51.

Nietzsche, F. 2005. *De genealogie van de moraal.* Amsterdam: De Arbeiderspers.

Nisbet, R. 1980/2009. *History of the idea of progress.* New Brunswick: Transaction.

Norberg, J. 2016. *Vooruitgang: tien redenen om naar de toekomst uit te kijken.* Amsterdam: Nieuw Amsterdam.

Nordhaus, T. 2016. Back from the energy future: What decades of failed forecasts say about clean energy and climate change. *Foreign Affairs,* 18 oktober.

Nordhaus, T. & Lovering, J. 2016. Does climate policy matter? Evaluating the efficacy of emissions caps and targets around the world. *The Breakthrough.* http://thebreakthrough.org/issues/Climate-Policy/does-climate-policy-matter.

Nordhaus, T. & Shellenberger, M. 2007. *Break through: From the death of environmentalism to the politics of possibility.* Boston: Houghton Mifflin.

Nordhaus, T. & Shellenberger, M. 2011. The long death of environmentalism. *The Breakthrough.* http://thebreakthrough.org/archive/the_long_death_of_environmenta.

Nordhaus, T. & Shellenberger, M. 2013. How the left came to reject cheap energy for the poor: The great progressive reversal, Part Two. *The Breakthrough.* http://thebreakthrough.org/index.php/voices/michael-shellenberger-and-ted-nordhaus/the-great-progressive-reversal.

Nordhaus, W. 1974. Resources as a constraint on growth. *American Economic Review, 64,* 22-26.

Nordhaus, W. 1996. Do real-output and real-wage measures capture reality? The history of lighting suggests not. In T. F. Bresnahan & R. J. Gordon, red., *The economics of new goods.* Chicago: University of Chicago Press.

Nordhaus, W. 2013. *The climate casino: Risk, uncertainty, and economics for a warming world.* New Haven: Yale University Press.

Norenzayan, A. 2015. *Big gods: How religion transformed cooperation and conflict.* Princeton: Princeton University Press.

Norman, A. 2016. Why we reason: Intention-alignment and the genesis of human rationality. *Biology and Philosophy, 31,* 685-704.

Norris, P. & Inglehart, R. 2016. Populist-authoritarianism. https://www.electoralintegrityproject.com/populistauthoritarianism/.

North, D. C., Wallis, J. J. & Weingast, B. R. 2009. *Violence and social orders: A conceptual framework for interpreting recorded human history.* New York: Cambridge University Press.

Norvig, P. 2015. Ask not can machines think, ask how machines fit into the mechanisms we design. *Edge.* https://www.edge.org/response-detail/26055.

Nozick, R. 1974. *Anarchy, state, and utopia.* New York: Basic Books.

Nussbaum, M. 2000. *Women and human development: The capabilities approach.* New York: Cambridge University Press.

Nussbaum, M. 2008. Who is the happy warrior? Philosophy poses questions to psychology. *Journal of Legal Studies, 37,* 81-113.

Nussbaum, M. 2013. *Niet voor de winst: waarom de democratie de geesteswetenschappen nodig heeft.* Amsterdam: Ambo.

Nyhan, B. 2013. Building a better correction. *Columbia Journalism Review,* http://archives.cjr.org/united_states_project/building_a_better_correction_nyhan_new_misperception_research.php.

O'Neill, S. & Nicholson-Cole, S. 2009. 'Fear won't do it': Promoting positive engagement with climate change through visual and iconic representations. *Science Communication, 30,* 355-79.

O'Neill, W. L. 1989. *American high: The years of confidence, 1945-1960.* New York: Simon & Schuster.

O'Gráda, C. 2009. *Famine: A short history.* Princeton: Princeton University Press.

OECD. 1985. *Social expenditure 1960-1990: Problems of growth and control.* Parijs: OECD Publishing.

OECD. 2014. Social expenditure update-social spending is falling in some countries, but in many others it remains at historically high levels. www.oecd.org/social/expenditure.htm.

OECD. 2015a. *Education at a glance 2015: OECD indicators.* Parijs: OECD Publishing.

OECD. 2015b. Suicide rates. https://data.oecd.org/healthstat/suicide-rates.htm.

OECD. 2016. Income distribution and poverty. http://stats.oecd.org/Index.aspx?DataSetCode=IDD.

OECD. 2017. Social expenditure: Aggregated data. http://stats.oecd.org/Index.aspx?datasetcode=SOCX_AGG.

Oeppen, J. & Vaupel, J. W. 2002. Broken limits to life expectancy. *Science, 296,* 1029-31.

Oesterdiekhoff, G. W. 2015. The nature of the 'premodern' mind: Tylor, Frazer, Lévy-Bruhl, Evans-Pritchard, Piaget, and beyond. *Anthropos, 110,* 15-25.

Office for National Statistics. 2016. UK environmental accounts: How much material is the UK consuming? https://www.ons.gov.uk/economy/environmentalaccounts/articles/ukenvironmentalaccountsshowmuchmaterialistheukconsuming/ukenvironmentalaccountsshowmuchmaterialistheukconsuming.

649

Office for National Statistics. 2017. Homicide. https://www.ons.gov.uk/peo-plepopulationandcommunity/crimeandjustice/compendium/focuson-violentcrimeandsexualoffences/yearendingmarch2016/homicide.

Ohlander, J. 2010. *The decline of suicide in Sweden, 1950-2000.* Doctoraal proefschrift, Pennsylvania State University.

Olfson, M., Druss, B. G. & Marcus, S. C. 2015. Trends in mental health care among children and adolescents. *New England Journal of Medicine, 372,* 2029-38.

Omohundro, S. M. 2008. The basic AI drives. In P. Wang, B. Goertzel & S. Franklin, red., *Artificial general intelligence 2008: Proceedings of the first AGI conference.* Amsterdam: IOS Press.

Oreskes, N. & Conway, E. 2010. *Merchants of doubt: How a handful of scientists obscured the truth on issues from tobacco smoke to global warming.* New York: Bloomsbury Press.

Ortiz-Ospina, E., Lee, L. & Roser, M. 2016. Suicide. *Our World in Data.* https://ourworldindata.org/suicide/.

Ortiz-Ospina, E. & Roser, M. 2016a. Child labor. *Our World in Data.* https://ourworldindata.org/child-labor/.

Ortiz-Ospina, E. & Roser, M. 2016b. Public spending. *Our World in Data.* https://ourworldindata.org/public-spending/.

Ortiz-Ospina, E. & Roser, M. 2016c. Trust. *Our World in Data.* https://ourworldindata.org/trust/.

Ortiz-Ospina, E. & Roser, M. 2016d. World population growth. *Our World in Data.* https://ourworldindata.org/world-population-growth/.

Osgood, C. E. 1962. *An alternative to war or surrender.* Urbana: University of Illinois Press.

Otieno, C., Spada, H. & Renkl, A. 2013. Effects of news frames on perceived risk, emotions, and learning. PLOS ONE, *8,* 1-12.

Otterbein, K. F. 2004. *How war began.* College Station: Texas A&M University Press.

Ottosson, D. 2006. *lgbt world legal wrap up survey.* Brussel: International Lesbian and Gay Association.

Ottosson, D. 2009. *State-sponsored homophobia.* Brussel: International Lesbian, Gay, Bisexual, Trans, and Intersex Association.

Pacala, S. & Socolow, R. 2004. Stabilization wedges: Solving the climate problem for the next 50 years with current technologies. *Science, 305,* 968-72.

Pagden, A. 2013. *The Enlightenment: And why it still matters.* New York: Random House.

Pagel, M. 2015. Machines that can think will do more good than harm. *Edge.* https://www.edge.org/response-detail/26038.

Paine, T. 1778/2016. *Thomas Paine ultimate collection: Political works, philosophical writings, speeches, letters and biography.* Praag: e-artnow.

Papineau, D. 2015. Naturalism. In E. N. Zalta, red., *Stanford Encyclopedia of Philosophy.* https://plato.stanford.edu/entries/naturalism/.

Parachini, J. 2003. Putting WMD terrorism into perspective. *Washington Quarterly, 26,* 37-50.

Parfit, D. 1997. Equality and priority. *Ratio, 10,* 202-21.

Parfit, D. 2011. *On what matters.* New York: Oxford University Press.

Patel, A. 2008. *Music, language, and the brain.* New York: Oxford University Press.

Patterson, O. 1985. *Slavery and social death.* Cambridge: Harvard University Press.

Paul, G. S. 2009. The chronic dependence of popular religiosity upon dysfunctional psychosociological conditions. *Evolutionary Psychology, 7,* 398-441.

Paul, G. S. 2014. The health of nations. *Skeptic, 19,* 10-16.

Paul, G. S. & Zuckerman, P. 2007. Why the gods are not winning. *Edge.* https://www.edge.org/conversation/gregory_paul-phil_zuckerman-why-the-gods-are-not-winning.

Payne, J. L. 2004. *A history of force: Exploring the worldwide movement against habits of coercion, bloodshed, and mayhem.* Sandpoint: Lytton Publishing.

Payne, J. L. 2005. The prospects for democracy in high-violence societies. *Independent Review, 9,* 563-72.

pbl Netherlands Environmental Assessment Agency. (Ongedateerd.) History database of the global environment: Population. http://themasites.pbl.nl/tridion/en/themasites/hyde/basicdrivingfactors/population/index-2.html.

Pegula, S. & Janocha, J. 2013. Death on the job: Fatal work injuries in 2011. *Beyond the Numbers, 2* (22). http://www.bls.gov/opub/btn/volume-2/death-on-the-job-fatal-work-injuries-in-2011.htm.

Pelham, N. 2016. *Holy lands: Reviving pluralism in the Middle East.* New York: Columbia Global Reports.

Pentland, A. 2007. The human nervous system has come alive. *Edge.* https://www.edge.org/response-detail/11497.

Perlman, J. E. 1976. *The myth of marginality: Urban poverty and politics in Rio de Janeiro.* Berkeley: University of California Press.

Peterson, M. B. 2015. Evolutionary political psychology: On the origin and structure of heuristics and biases in politics. *Advances in Political Psychology, 36,* 45-78.

Pettersson, T. & Wallensteen, P. 2015. Armed conflicts, 1946-2014. *Journal of Peace Research, 52,* 536-50.

651

Pew Research Center. 2010. *Gender equality universally embraced, but inequalities acknowledged*. Washington: Pew Research Center.

Pew Research Center. 2012a. *The global religious landscape*. Washington: Pew Research Center.

Pew Research Center. 2012b. *Trends in American values, 1987-2012*. Washington: Pew Research Center.

Pew Research Center. 2012c. *The world's Muslims: Unity and diversity*. Washington: Pew Research Center.

Pew Research Center. 2013. *The world's Muslims: Religion, politics, and society*. Washington: Pew Research Center.

Pew Research Center. 2014. *Political polarization in the American public*. Washington: Pew Research Center.

Pew Research Center. 2015a. *America's changing religious landscape*. Washington: Pew Research Center.

Pew Research Center. 2015b. *Views about climate change, by education and science knowledge*. Washington: Pew Research Center.

Phelps, E. A. 2013. *Mass flourishing: How grassroots innovation created jobs, challenge, and change*. Princeton: Princeton University Press.

Phillips, J. A. 2014. A changing epidemiology of suicide? The influence of birth cohorts on suicide rates in the United States. *Social Science and Medicine, 114*, 151-60.

Pietschnig, J. & Voracek, M. 2015. One century of global IQ gains: A formal meta-analysis of the Flynn effect (2009-2013). *Perspectives in Psychological Science, 10*, 282-306.

Piketty, T. 2016. *Kapitaal in de 21ste eeuw*. Amsterdam: De Bezige Bij.

Pinker, S. 1994. *Het taalinstinct: het taalscheppende vermogen van de mens*. Amsterdam: Contact.

Pinker, S. 1997. *Hoe de menselijke geest werkt*. Amsterdam: Contact.

Pinker, S. 1999/2011. *Words and rules: The ingredients of language*. New York: HarperCollins.

Pinker, S. 2003. *Het onbeschreven blad: de moderne ontkenning van de menselijke natuur*. Amsterdam: Contact.

Pinker, S. 2005. The evolutionary psychology of religion. *Freethought Today*. https://ffrf.org/about/getting-acquainted/item/13184-the-evolutionary-psychology-of-religion.

Pinker, S. 2006. Voorwoord van 'What is your dangerous idea?' *Edge*. https://www.edge.org/conversation/steven_pinker-preface-to-dangerous-ideas.

Pinker, S. 2007. *De stof van het denken: taal als venster op de menselijke natuur*. Amsterdam: Contact.

Pinker, S. 2007b. Toward a consilent study of literature: Review of J. Gottschall & D. S. Wilson's 'The literary animal: Evolution and the nature of narrative.' *Philosophy and Literature, 31*, 161-77.

Pinker, S. 2008a. The moral instinct. *New York Times Magazine*, 13 januari.

Pinker, S. 2008b. The stupidity of dignity. *New Republic*, 28 mei.

Pinker, S. 2010. The cognitive niche: Coevolution of intelligence, sociality, and language. *Proceedings of the National Academy of Science, 107*, 8993-99.

Pinker, S. 2011. *Ons betere ik: waarom de mens steeds minder geweld gebruikt*. Amsterdam: Atlas Contact.

Pinker, S. 2012. The false allure of group selection. *Edge*. http://edge.org/conversation/steven_pinker-the-false-allure-of-group-selection.

Pinker, S. 2013a. George A. Miller (1920-2012). *American Psychologist, 68*, 467-68.

Pinker, S. 2013b. Science is not your enemy. *New Republic*, 6 augustus.

Pinker, S. & Wieseltier, L. 2013. Science vs. the humanities, Round III. *New Republic*, 26 september.

Pinker, Susan. 2014. *The village effect: How face-to-face contact can make us healthier, happier, and smarter*. New York: Spiegel & Grau.

Plomin, R. & Deary, I. J. 2015. Genetics and intelligence differences: Five special findings. *Molecular Psychiatry, 20*, 98-108.

PLOS Medicine Editors. 2013. The paradox of mental health: Over-treatment and under-recognition. PLOS *Medicine, 10*, e1001456.

Plumer, B. 2015. Global warming, explained. *Vox*. http://www.vox.com/cards/global-warming/what-is-global-warming.

Popper, K. 2009. *De open samenleving en haar vijanden*. Rotterdam: Lemniscaat.

Popper, K. 1983. *Realism and the aim of science*. Londen: Routledge.

Porter, M. E., Stern, S. & Green, M. 2016. *Social Progress Index 2016*. Washington: Social Progress Imperative.

Porter, R. 2000. *The creation of the modern world: The untold story of the British Enlightenment*. New York: Norton.

Potts, M. & Hayden, T. 2008. *Sex and war: How biology explains warfare and terrorism and offers a path to a safer world*. Dallas: Benbella Books.

Powell, J. L. 2015. Climate scientists virtually unanimous: Anthropogenic global warming is true. *Bulletin of Science, Technology & Society, 35*, 121-24.

Prados de la Escosura, L. 2015. World human development, 1870-2007. *Review of Income and Wealth, 61*, 220-47.

Pratto, F., Sidanius, J. & Levin, S. 2006. Social dominance theory and the dynamics of intergroup relations: Taking stock and looking forward. *European Review of Social Psychology, 17*, 271-320.

Preble, C. 2004. *John F. Kennedy and the missile gap*. DeKalb: Northern Illinois University Press.

653

Price, E. M. 2009. Darwin's connection to Nazi eugenics exposed. *The Primate Diaries.* http://scienceblogs.com/primatediaries/2009/07/14/darwins-connection-to-nazi-eug/.

Price, R. G. 2006. The mis-portrayal of Darwin as a racist. *RationalRevolution.net.* http://www.rationalrevolution.net/articles/darwin_nazism.htm.

Proctor, B. D., Semega, J. L. & Kollar, M. A. 2016. *Income and poverty in the United States: 2015.* Washington: United States Census Bureau. http://www.census.gov/content/dam/Census/library/publications/2016/demo/p60-256.pdf.

Proctor, R. N. 1988. *Racial hygiene: Medicine under the Nazis.* Cambridge: Harvard University Press.

Pronin, E., Lin, D. Y. & Ross, L. 2002. The bias blind spot: Perceptions of bias in self versus others. *Personality & Social Psychology Bulletin, 28,* 369-81.

Pryor, F. L. 2007. Are Muslim countries less democratic? *Middle East Quarterly, 14,* 53-58.

Publius Decius Mus (Michael Anton). 2016. The flight 93 election. *Claremont Review of Books Digital.* http://www.claremont.org/crb/basicpage/the-flight-93-election/.

Putnam, R. D. & Campbell, D. E. 2010. *American grace: How religion divides and unites us.* New York: Simon and Schuster.

Quarantelli, E. L. 2008. Conventional beliefs and counterintuitive realities. *Social Research, 75,* 873-904.

Rachels, J. & Rachels, S. 2010. *The elements of moral philosophy.* Columbus: McGraw-Hill.

Radelet, S. 2015. *The great surge: The ascent of the developing world.* New York: Simon & Schuster.

Railton, P. 1986. Moral realism. *Philosophical Review, 95,* 163-207.

Randle, M. & Eckersley, R. 2015. Public perceptions of future threats to humanity and different societal responses: A cross-national study. *Futures, 72,* 4-16.

Rawcliffe, C. 1998. *Medicine and society in later medieval England.* Stroud: Sutton.

Rawls, J. 2009. *Een theorie van rechtvaardigheid.* Rotterdam: Lemniscaat.

Ray, J. L. 1989. The abolition of slavery and the end of international war. *International Organization, 43,* 405-39.

Redlawsk, D. P., Civettini, A. J. W. & Emmerson, K. M. 2010. The affective tipping point: Do motivated reasoners ever 'get it'? *Political Psychology, 31,* 563-93.

Reese, B. 2013. *Infinite progress: How the internet and technology will end ignorance, disease, poverty, hunger, and war.* Austin: Greenleaf Book Group Press.

654

Reverby, S. M. red. 2000. *Tuskegee's truths: Rethinking the Tuskegee syphilis study*. Chapel Hill: University of North Carolina Press.

Rhodes, R. 2010. *Twilight of the bombs*. New York: Knopf.

Rice, J. W., Olson, J. K. & Colbert, J. T. 2011. University evolution education: The effect of evolution instruction on biology majors' content knowledge, attitude toward evolution, and theistic position. *Evolution: Education and Outreach, 4,* 137-44.

Richards, R. J. 2013. *Was Hitler a Darwinian? Disputed questions in the history of evolutionary theory*. Chicago: University of Chicago Press.

Rid, T. 2012. Cyber war will not take place. *Journal of Strategic Studies, 35,* 5-32.

Ridley, M. 2000. *Genome: The autobiography of a species in 23 chapters*. New York: HarperCollins.

Ridley, M. 2010. *De rationele optimist: over de ontwikkeling van de welvaart*. Amsterdam: Contact.

Ridout, T. N., Grosse, A. C. & Appleton, A. M. 2008. News media use and Americans' perceptions of global threat. *British Journal of Political Science, 38,* 575-93.

Rijpma, A. 2014. A composite view of well-being since 1820. In J. Van Zanden, J. Baten, M. M. d'Ercole, A. Rijpma, C. Smith & M. Timmer, red., *How was life? Global well-being since 1820*. Paris: OECD Publishing.

Riley, J. C. 2005. Estimates of regional and global life expectancy, 1800-2001. *Population and Development Review, 31,* 537-43.

Rindermann, H. 2008. Relevance of education and intelligence for the political development of nations: Democracy, rule of law and political liberty. *Intelligence, 36,* 306-22.

Rindermann, H. 2012. Intellectual classes, technological progress and economic development: The rise of cognitive capitalism. *Personality and Individual Differences, 53,* 108-13.

Risso, M. I. 2014. Intentional homicides in São Paulo city: A new perspective. *Stability: International Journal of Security & Development, 3,* artikel 19.

Ritchie, H. & Roser, M. 2017. CO_2 and other greenhouse gas emissions. *Our World in Data*. https://ourworldindata.org/co2-and-other-greenhouse-gas-emissions/.

Ritchie, S. 2015. *Intelligence: All that matters*. Londen: Hodder & Stoughton.

Ritchie, S., Bates, T. C. & Deary, I. J. 2015. Is education associated with improvements in general cognitive ability, or in specific skills? *Developmental Psychology, 51,* 573-82.

Rizvi, A. A. 2018. *De atheïstische moslim: een weg van geloof naar rede*. Amsterdam: Nieuw Amstedam.

Robinson, F. R. 2009. *The case for rational optimism*. New Brunswick: Transaction.

Robinson, J. 2013. Americans less rushed but no happier: 1965-2010 trends in subjective time and happiness. *Social Indicators Research, 113*, 1091-1104.

Robock, A. & Toon, O. B. 2012. Self-assured destruction: The climate impacts of nuclear war. *Bulletin of the Atomic Scientists, 68*, 66-74.

Romer, P. 2016. Conditional optimism about progress and climate. *Paul Romer.net*. https://paulromer.net/conditional-optimism-about-progress-and-climate/.

Romer, P.. & Nelson, R. R. 1996. Science, economic growth, and public policy. In B. L. R. Smith & C. E. Barfield, red., *Technology, r&d, and the economy*. Washington: Brookings Institution.

Roos, J. M. 2012. Measuring science or religion? A measurement analysis of the National Science Foundation sponsored Science Literacy Scale, 2006-2010. *Public Understanding of Science, 23*, 797-813.

Ropeik, D. & Gray, G. 2002. *Risk: A practical guide for deciding what's really safe and what's really dangerous in the world around you.* Boston: Houghton Mifflin.

Rose, S. J. 2016. *The growing size and incomes of the upper middle class.* Washington: Urban Institute.

Rosen, J. 2016. Here's how the world could end-and what we can do about it. *Science.* http://www.sciencemag.org/news/2016/07/here-s-how-world-could-end-and-what-we-can-do-about-it.

Rosenberg, N. & Birdzell, L. E. J. 1986. *How the West grew rich: The economic transformation of the industrial world.* New York: Basic Books.

Rosenthal, B. G. 2002. *New myth, new world: From Nietzsche to Stalinism.* College Station: Penn State University Press.

Roser, M. 2016a. Child mortality. *Our World in Data.* https://ourworldindata.org/child-mortality/.

Roser, M. 2016b. Democracy. *Our World in Data.* https://ourworldindata.org/democracy/.

Roser, M. 2016c. Economic growth. *Our World in Data.* https://ourworldindata.org/economic-growth/.

Roser, M. 2016d. Food per person. *Our World in Data.* https://ourworldindata.org/food-per-person/.

Roser, M. 2016e. Food prices. *Our World in Data.* https://ourworldindata.org/food-prices/.

Roser, M. 2016f. Forest cover. *Our World in Data.* https://ourworldindata.org/forest-cover/.

Roser, M. 2016g. Global economic inequality. *Our World In Data.* https://ourworldindata.org/global-economic-inequality/.

Roser, M. 2016h. Human Development Index (hdi). *Our World in Data.* https://ourworldindata.org/human-development-index/.

Roser, M. 2016i. Human rights. *Our World in Data.* https://ourworldindata.org/human-rights/.

Roser, M. 2016j. Hunger and undernourishment. *Our World in Data.* https://ourworldindata.org/hunger-and-undernourishment/.

Roser, M. 2016k. Income inequality. *Our World in Data.* https://ourworldindata.org/income-inequality/.

Roser, M. 2016l. Indoor air pollution. *Our World in Data.* https://ourworldindata.org/indoor-air-pollution/.

Roser, M. 2016m. Land use in agriculture. *Our World in Data.* https://ourworldindata.org/land-use-in-agriculture/.

Roser, M. 2016n. Life expectancy. *Our World in Data.* https://ourworldindata.org/life-expectancy/.

Roser, M. 2016o. Light. *Our World in Data.* https://ourworldindata.org/light/.

Roser, M. 2016p. Maternal mortality. *Our World in Data.* https://ourworldindata.org/maternal-mortality/.

Roser, M. 2016q. Natural catastrophes. *Our World in Data.* https://ourworldindata.org/natural-catastrophes/.

Roser, M. 2016r. Oil spills. *Our World in Data.* https://ourworldindata.org/oil-spills/.

Roser, M. 2016s. Treatment of minorities. *Our World in Data.* https://ourworldindata.org/treatment-of-minorities/.

Roser, M. 2016t. Working hours. *Our World in Data.* https://ourworldindata.org/working-hours/.

Roser, M. 2016u. Yields. *Our World in Data.* https://ourworldindata.org/yields/.

Roser, M. 2017. Happiness and life satisfaction. *Our World in Data.* https://ourworldindata.org/happiness-and-life-satisfaction/.

Roser, M. & Nagdy, M. 2016. Primary education. *Our World in Data.* https://ourworldindata.org/primary-education-and-schools/.

Roser, M. & Ortiz-Ospina, E. 2016a. Global rise of education. *Our World in Data.* https://ourworldindata.org/global-rise-of-education/.

Roser, M. & Ortiz-Ospina, E. 2016b. Literacy. *Our World in Data.* https://ourworldindata.org/literacy/.

Roser, M. & Ortiz-Ospina, E. 2017. Global extreme poverty. *Our World in Data.* https://ourworldindata.org/extreme-poverty/.

Roth, R. 2009. *American homicide.* Cambridge: Harvard University Press.

Rozenblit, L. & Keil, F. C. 2002. The misunderstood limits of folk science: An illusion of explanatory depth. *Cognitive Science, 26,* 521-62.

Rozin, P. & Royzman, E. B. 2001. Negativity bias, negativity dominance, and contagion. *Personality and Social Psychology Review, 5,* 296-320.

657

Ruddiman, W. F., Fuller, D. Q., Kutzbach, J. E., Tzedakis, P. C., Kaplan, J. O. et al. 2016. Late Holocene climate: Natural or anthropogenic? *Reviews of Geophysics, 54,* 93-118.

Rummel, R. J. 1994. *Death by government.* New Brunswick: Transaction.

Rummel, R. J. 1997. *Statistics of democide.* New Brunswick: Transaction.

Russell, B. 1945/1972. *A history of Western philosophy.* New York: Simon and Schuster.

Russell, S. 2015. Will they make us better people? *Edge.* https://www.edge.org/response-detail/26157.

Russett, B. 2010. Capitalism *or* democracy? Not so fast. *International Interactions, 2010,* 198-205.

Russett, B. & Oneal, J. 2001. *Triangulating peace: Democracy, interdependence, and international organizations.* New York: Norton.

Sacerdote, B. 2017. *Fifty years of growth in American consumption, income, and wages.* Cambridge: National Bureau of Economic Research. http://www.nber.org/papers/w23292.

Sacks, D. W., Stevenson, B. & Wolfers, J. 2012. *The new stylized facts about income and subjective well-being.* Bonn: iza Institute for the Study of Labor.

Sagan, S. D. 2009a. The case for No First Use. *Survival, 51,* 163-82.

Sagan, S. D. 2009b. The global nuclear future. *Bulletin of the American Academy of Arts and Sciences, 62,* 21-23.

Sagan, S. D. 2009c. Shared responsibilities for nuclear disarmament. *Daedalus,* 157-68.

Sagan, S. D. 2010. Nuclear programs with sources. Center for International Security and Cooperation, Stanford University.

Sage, J. C. 2010. *Birth cohort changes in anxiety from 1993-2006: A cross-temporal meta-analysis.* Master's thesis, San Diego State University, San Diego.

Sanchez, D. L., Nelson, J. H., Johnston, J. C., Mileva, A. & Kammen, D. M. 2015. Biomass enables the transition to a carbon-negative power system across western North America. *Nature Climate Change, 5,* 230-34.

Sandman, P. M. & Valenti, J. M. 1986. Scared stiff-or scared into action. *Bulletin of the Atomic Scientists,* 12-16.

Satel, S. L. 2000. *PC, M.D.: How political correctness is corrupting medicine.* New York: Basic Books.

Satel, S. L. 2010. The limits of bioethics. *Policy Review.*

Satel, S. L. 2017. Taking on the scourge of opioids. *National Affairs,* zomer, 1-19.

Saunders, P. 2010. *Beware false prophets: Equality, the good society and the spirit level.* Londen: Policy Exchange.

Savulescu, J. 2015. Bioethics: Why philosophy is essential for progress. *Journal of Medical Ethics, 41,* 28-33.

Sayer, L. C., Bianchi, S. M. & Robinson, J. P. 2004. Are parents investing less in children? Trends in mothers' and fathers' time with children. *American Journal of Sociology, 110*, 1-43.

Sayre-McCord, G. 1988. *Essays on moral realism*. Ithaca: Cornell University Press.

Sayre-McCord, G. 2015. Moral realism. In E. N. Zalta, red., *Stanford Encyclopedia of Philosophy*. https://plato.stanford.edu/entries/moral-realism/.

Schank, R. C. 2015. Machines that think are in the movies. *Edge*. https://www.edge.org/response-detail/26037.

Scheidel, W. 2017. *The great leveler: Violence and the history of inequality from the Stone Age to the twenty-first century*. Princeton: Princeton University Press.

Schelling, T. C. 1960. *The strategy of conflict*. Cambridge: Harvard University Press.

Schelling, T. C. 2009. A world without nuclear weapons? *Daedalus, 138*, 124-29.

Schlosser, E. 2013. *Command and control: Nuclear weapons, the Damascus accident, and the illusion of safety*. New York: Penguin.

Schneider, C. E. 2015. *The censor's hand: The misregulation of human-subject research*. Cambridge: mit Press.

Schneider, G. & Gleditsch, N. P. 2010. The capitalist peace: The origins and prospects of a liberal idea. *International Interactions, 36*, 107-14.

Schneier, B. 2008. *Schneier on security*. New York: Wiley.

Schrag, D. 2009. Coal as a low-carbon fuel? *Nature Geoscience, 2*, 818-20.

Schrag, Z. M. 2010. *Ethical imperialism: Institution review boards and the social sciences, 1965-2009*. Baltimore: Johns Hopkins University Press.

Schrauf, R. W. & Sanchez, J. 2004. The preponderance of negative emotion words in the emotion lexicon: A cross-generational and cross-linguistic study. *Journal of Multilingual and Multicultural Development, 25*, 266-84.

Schuck, P. H. 2015. *Why government fails so often: And how it can do better*. Princeton: Princeton University Press.

Scoblic, J. P. 2010. What are nukes good for? *New Republic*, 29 april.

Scott, J. C. 1998. *Seeing like a state: How certain schemes to improve the human condition failed*. New Haven: Yale University Press.

Scott, R. A. 2010. *Miracle cures: Saints, pilgrimage, and the healing powers of belief*. Berkeley: University of California Press.

Sechser, T. S. & Fuhrmann, M. 2017. *Nuclear weapons and coercive diplomacy*. New York: Cambridge University Press.

Sehu, Y., Chen, L.-H. & Hedegaard, H. 2015. Death rates from unintentional falls among adults aged = 65 years, by sex-United States, 2000-2013.

659

CDC Morbidity and Mortality Weekly Report, 64, 450.

Seiple, I. B., Zhang, Z., Jakubec, P., Langlois-Mercier, A., Wright, P. M. et al. 2016. A platform for the discovery of new macrolide antibiotics. *Nature, 533,* 338-45.

Semega, J. L., Fontenot, K. R. & Kollar, M. A. 2017. Income and poverty in the United States: 2016. Washington: United States Census Bureau. https://www.census.gov/library/publications/2017/demo/p60-259.html.

Sen, A. 1984. *Poverty and famines: An essay on entitlement and deprivation.* New York: Oxford University Press.

Sen, A. 1987. *On ethics and economics.* Oxford: Blackwell.

Sen, A. 2000. *Vrijheid is vooruitgang.* Amsterdam: Contact.

Sen, A. 2000. East and West: The reach of reason. *New York Review of Books,* July 20.

Sen, A. 2005. *The argumentative Indian: Writings on Indian history, culture and identity.* New York: Farrar, Straus & Giroux.

Sen, A. 2009. *The idea of justice.* Cambridge: Harvard University Press.

Service, R. F. 2017. Fossil power, guilt free. *Science, 356,* 796-99.

Sesardić, N. 2016. *When reason goes on holiday: Philosophers in politics.* New York: Encounter.

Sheehan, J. J. 2008. *Where have all the soldiers gone? The transformation of modern Europe.* Boston: Houghton Mifflin.

Shellenberger, M. 2017. Nuclear technology, innovation and economics. *Environmental Progress.* http://www.environmentalprogress.org/nu-clear-technology-innovation-economics/.

Shermer, M., red. 2002. *The Skeptic Encyclopedia of Pseudoscience* (deel 1 en 2). Denver: abc-clio.

Shermer, M. 2015. *The moral arc: How science and reason lead humanity toward truth, justice, and freedom.* New York: Henry Holt.

Shermer, M. 2018. *Heavens on earth: The scientific search for the afterlife, immortality, and utopia.* New York: Henry Holt.

Shields, J. A. & Dunn, J. M. 2016. *Passing on the right: Conservative professors in the progressive university.* New York: Oxford University Press.

Shtulman, A. 2005. Qualitative differences between naive and scientific theories of evolution. *Cognitive Psychology, 52,* 170-94.

Shweder, R. A. 2004. Tuskegee re-examined. *Spiked.* http://www.spiked-on-line.com/newsite/article/14972#.WUdPYOvysYM.

Sidanius, J. & Pratto, F. 1999. *Social dominance.* New York: Cambridge University Press.

Siebens, J. 2013. *Extended measures of well-being: Living conditions in the United States, 2011.* Washington: US Census Bureau. https://www.census.gov/prod/2013pubs/p70-136.pdf.

660

Siegel, R., Naishadham, D. & Jemal, A. 2012. Cancer statistics, 2012. CA: A Cancer Journal for Clinicians, 62, 10-29.

Sikkink, K. 2017. Evidence for hope: Making human rights work in the 21st century. Princeton: Princeton University Press.

Silver, N. 2015. The signal and the noise: Why so many predictions fail-but some don't. New York: Penguin.

Simon, J. 1981. The ultimate resource. Princeton: Princeton University Press.

Singer, P. 1981/2010. The expanding circle: Ethics and sociobiology. Princeton: Princeton University Press.

Singer, P. 2010. The life you can save: How to do your part to end world poverty. New York: Random House.

Singh, J. P., Grann, M. & Fazel, S. 2011. A comparative study of violence risk assessment tools: A systematic review and metaregression analysis of 68 studies involving 25,980 participants. Clinical Psychology Review, 31, 499-513.

Slingerland, D. 2008. What science offers the humanities: Integreating body and culture. New York: Cambridge University Press.

Sloman, S. & Fernbach, P. 2017. The knowledge illusion: Why we never think alone. New York: Penguin.

Slovic, P. 1987. Perception of risk. Science, 236, 280-85.

Slovic, P., Fischof, B. & Lichtenstein, S. 1982. Facts versus fears: Understanding perceived risk. In D. Kahneman, P. Slovic & A. Tversky, red., Judgment under uncertainty: Heuristics and biases. New York: Cambridge University Press.

Smart, J. J. C. & Williams, B. 1973. Utilitarianism: For and against. New York: Cambridge University Press.

Smith, A. 1776/2009. The wealth of nations. New York: Classic House Books.

Smith, E. A., Hill, K., Marlowe, F., Nolin, D., Wiessner, P. et al. 2010. Wealth transmission and inequality among hunter-gatherers. Current Anthropology, 51, 19-34.

Smith, H. L. 2008. Advances in age-period-cohort analysis. Sociological Methods and Research, 36, 287-96.

Smith, T. W., Son, J. & Schapiro, B. 2015. General Social Survey final report: Trends in psychological well-being, 1972-2014. Chicago: National Opinion Research Center at the University of Chicago.

Snow, C. P. 1959/1998. The two cultures. New York: Cambridge University Press.

Snow, C. P. 1961. The moral un-neutrality of science. Science, 133, 256-59.

Snowdon, C. 2010. The spirit level delusion: Fact-checking the left's new theory of everything. Ripon: Little Dice.

Snowdon, C. 2016. The spirit level delusion (blog). http://spiritleveldelusion.blogspot.co.uk/.

661

Snyder, T. D. red. 1993. *120 years of American education: A statistical portrait.* Washington: National Center for Educational Statistics.

Somin, I. 2016. *Democracy and political ignorance: Why smaller government is smarter* (tweede druk). Stanford: Stanford University Press.

Sowell, T. 1980. *Knowledge and decisions.* New York: Basic Books.

Sowell, T. 1987. *A conflict of visions: Ideological origins of political struggles.* New York: Quill.

Sowell, T. 1994. *Race and culture: A world view.* New York: Basic Books.

Sowell, T. 1995. *The vision of the anointed: Self-congratulation as a basis for social policy.* New York: Basic Books.

Sowell, T. 1996. *Migrations and cultures: A world view.* New York: Basic Books.

Sowell, T. 1998. *Conquests and cultures: An international history.* New York: Basic Books.

Sowell, T. 2010. *Intellectuals and society.* New York: Basic Books.

Sowell, T. 2015. *Wealth, poverty, and politics: An international perspective.* New York: Basic Books.

Spagat, M. 2015. Is the risk of war declining? *Sense About Science usa.* http://www.senseaboutscienceusa.org/is-the-risk-of-war-declining/.

Spagat, M. 2017. Pinker versus Taleb: A non-deadly quarrel over the decline of violence. *War, Numbers, and Human Losses.* http://personal.rhul.ac.uk/uhte/014/York%20talk%20Spagat.pdf.

Stansell, C. 2010. *The feminist promise: 1792 to the present.* New York: Modern Library.

Stanton, S. J., Beehner, J. C., Saini, E. K., Kuhn, C. M. & LaBar, K. S. 2009. Dominance, politics, and physiology: Voters' testosterone changes on the night of the 2008 United States presidential election. *plos one, 4,* e7543.

Starmans, C., Sheskin, M. & Bloom, P. 2017. Why people prefer unequal societies. *Nature Human Behavior, 1,* 1-7.

Statistics Times. 2015. List of European countries by population (2015). http://statisticstimes.com/population/european-countries-by-population.php.

Steigmann-Gall, R. 2003. *The Holy Reich: Nazi conceptions of Christianity, 1919-1945.* New York: Cambridge University Press.

Stein, G., red. 1996. *Encyclopedia of the Paranormal.* Amherst: Prometheus Books.

Stenger, V. J. 2011. *The fallacy of fine-tuning: Why the universe is not designed for us.* Amherst: Prometheus Books.

Stephens-Davidowitz, S. 2014. The cost of racial animus on a black candidate: Evidence using Google search data. *Journal of Public Economics, 118,* 26-40.

662

Stephens-Davidowitz, S. 2017. *Everybody lies: Big data, new data, and what the internet reveals about who we really are*. New York: HarperCollins.

Stern, D. 2014. The environmental Kuznets curve: A primer. Centre for Climate Economics and Policy, Crawford School of Public Policy, Australian National University.

Sternhell, Z. 2010. *The anti-Enlightenment tradition*. New Haven: Yale University Press.

Stevens, J. A. & Rudd, R. A. 2014. Circumstances and contributing causes of fall deaths among persons aged 65 and older: United States, 2010. *Journal of the American Geriatrics Society, 62*, 470-75.

Stevenson, B. & Wolfers, J. 2008a. Economic growth and subjective well-being: Reassessing the Easterlin paradox. *Brookings Papers on Economic Activity*, 1-87.

Stevenson, B. & Wolfers, J. 2008b. Happiness inequality in the United States. *Journal of Legal Studies, 37*, S33-S79.

Stevenson, B. & Wolfers, J. 2009. The paradox of declining female happiness. *American Economic Journal: Economic Policy, 1*, 2190-2225.

Stevenson, L. & Haberman, D. L. 1998. *Ten theories of human nature*. New York: Oxford Univesity Press.

Stokes, B. 2007. *Happiness is increasing in many countries-but why?* Washington: Pew Reseach Center. http://www.pewglobal.org/2007/07/24/happiness-is-increasing-in-many-countries-but-why/#rich-and-happy.

Stork, N. E. 2010. Re-assessing current extinction rates. *Biodiversity and Conservation, 19*, 357-71.

Stuermer, M. & Schwerhoff, G. 2016. Non-renewable resources, extraction technology, and endogenous growth. National Bureau of Economic Research. https://paulromer.net/wp-content/uploads/2016/07/Stuermer-Schwerhoff-160716.pdf.

Suckling, K., Mehrhof, L. A., Beam, R. & Hartl, B. 2016. *A wild success: A systematic review of bird recovery under the Endangered Species Act*. Tucson: Center for Biological Diversity. http://www.esasuccess.org/pdfs/WildSuccess.pdf.

Summers, L. H. 2014a. The inequality puzzle. *Democracy: A Journal of Ideas, 33*.

Summers, L. H. 2014b. Reflections on the 'new secular stagnation hypothesis'. In C. Teulings & R. Baldwin, red., *Secular stagnation: Facts, causes and cures*. Londen: Centre for Economic Policy Research.

Summers, L. H. 2016. The age of secular stagnation. *Foreign Affairs*, 15 februari.

Summers, L. H. & Balls, E. 2015. *Report of the Commission on Inclusive Prosperity*. Washington: Center for American Progress.

663

Sunstein, C. R. 2013. *Simpler: The future of government*. New York: Simon & Schuster.

Sutherland, R. 2016. The dematerialization of consumption. *Edge.* https://www.edge.org/response-detail/26750.

Sutherland, S. 1992. *Irrationality: The enemy within*. Londen: Penguin.

Sutin, A. R., Terracciano, A., Milaneschi, Y., An, Y., Ferrucci, L. et al. 2013. The effect of birth cohort on well-being: The legacy of economic hard times. *Psychological Science, 24*, 379-85.

Swain, M., Trembath, A., Lovering, J. & Lavin, L. 2015. Renewables and nuclear at a glance. *The Breakthrough.* http://thebreakthrough.org/index.php/issues/energy/renewables-and-nuclear-at-a-glance.

Taber, C. S. & Lodge, M. 2006. Motivated skepticism in the evaluation of political beliefs. *American Journal of Political Science, 50*, 755-69.

Tannenwald, N. 2005. Stigmatizing the bomb: Origins of the nuclear taboo. *International Security, 29*, 5-49.

Taylor, P. 2016a. *The next America: Boomers, millennials, and the looming generational showdown*. Washington: Public Affairs.

Taylor, P. 2016b. *The demographic trends shaping American politics in 2016 and beyond*. Washington: Pew Research Center.

Tebeau, M. 2016. Accidents. *Encyclopedia of Children and Childhood in History and Society.* http://www.faqs.org/childhood/A-Ar/Accidents.html.

Tegmark, M. 2003. Parallel universes. *Scientific American, 288*, 41-51.

Teixeira, R., Halpin, J., Barreto, M. & Pantoja, A. 2013. *Building an all-in nation: A view from the American public*. Washington: Center for American Progress.

Terracciano, A. 2010. Secular trends and personality: Perspectives from longitudinal and cross-cultural studies-commentary on Trzesniewski & Donnellan (2010). *Perspectives in Psychological Science, 5*, 93-96.

Terry, Q. C. 2008. *Golden Rules and Silver Rules of humanity: Universal wisdom of civilization*. Berkeley: AuthorHouse.

Tetlock, P. E. 2002. Social-functionalist frameworks for judgment and choice: The intuitive politician, theologian, and prosecutor. *Psychological Review, 109*, 451-72.

Tetlock, P. E. 2015. All it takes to improve forecasting is keep score. Paper presented at the Seminars About Long-Term Thinking, San Francisco.

Tetlock, P. E. & Gardner, D. 2015. *Superforecasting: The art and science of prediction*. New York: Crown.

Tetlock, P. E., Mellers, B. A. & Scoblic, J. P. 2017. Bringing probability judgments into policy debates via forecasting tournaments. *Science, 355*, 481-83.

Teulings, C. & Baldwin, R., red. 2014. *Secular stagnation: Facts, causes, and cures*. Londen: Centre for Economic Policy Research.

Thomas, K. A., DeScioli, P., Haque, O. S. & Pinker, S. 2014. The psychology of coordination and common knowledge. *Journal of Personality and Social Psychology, 107*, 657-76.

Thomas, K. A., DeScioli, P. & Pinker, S. 2018. Common knowledge, coordination, and the logic of self-conscious emotions. Department of Psychology, Harvard University.

Thomas, K. H. & Gunnell, D. 2010. Suicide in England and Wales, 1861-2007: A time trends analysis. *International Journal of Epidemiology, 39*, 1464-75.

Thompson, D. 2013. How airline ticket fees fell 50% in 30 years (and why nobody noticed). *Atlantic*, 28 februari.

Thyne, C. L. 2006. ABC's, 123's, and the Golden Rule: The pacifying effect of education on civil war, 1980-1999. *International Studies Quarterly, 50*, 733-54.

Tonioli, G. & Vecchi, G. 2007. Italian children at work, 1881-1961. *Giornale degli Economisti e Annali di Economia, 66*, 401-27.

Tooby, J. 2015. The iron law of intelligence. *Edge*. https://www.edge.org/response-detail/26197.

Tooby, J. 2017. Coalitional instincts. *Edge*. https://www.edge.org/response-detail/27168.

Tooby, J., Cosmides, L. & Barrett, H. C. 2003. The second law of thermodynamics is the first law of psychology: Evolutionary developmental psychology and the theory of tandem, coordinated inheritances. *Psychological Bulletin, 129*, 858-65.

Tooby, J. & DeVore, I. 1987. The reconstruction of hominid evolution through strategic modeling. In W. G. Kinzey, red., *The evolution of human behavior: Primate models*. Albany: suny Press.

Topol, E. 2012. *The creative destruction of medicine: How the digital revolution will create better health care*. New York: Basic Books.

Trivers, R. L. 2002. *Natural selection and social theory: Selected papers of Robert Trivers*. New York: Oxford University Press.

Trzesniewski, K. H. & Donnellan, M. B. 2010. Rethinking 'generation me': A study of cohort effects from 1976-2006. *Perspectives on Psychological Science, 5*, 58-75.

Tupy, M. L. 2016. We work less, have more leisure time and earn more money. *HumanProgress*. http://humanprogress.org/blog/we-work-less-have-more-leisure-time-and-earn-more-money.

Tversky, A. & Kahneman, D. 1973. Availability: A heuristic for judging frequency and probability. *Cognitive Psychology, 4*, 207-32.

Twenge, J. M. 2014. Time period and birth cohort differences in depressive

665

symptoms in the U.S., 1982-2013. *Social Indicators Research, 121*, 437-54.

Twenge, J. M., Campbell, W. K. & Carter, N. T. 2014. Declines in trust in others and confidence in institutions among American adults and late adolescents, 1972-2012. *Psychological Science, 25*, 1914-23.

Twenge, J. M., Gentile, B., DeWall, C. N., Ma, D., Lacefield, K. et al. 2010. Birth cohort increases in psychopathology among young Americans, 1938-2007: A cross-temporal meta-analysis of the MMPI. *Clinical Psychology Review, 30*, 145-54.

Twenge, J. M. & Nolen-Hoeksema, S. 2002. Age, gender, race, socioeconomic status, and birth cohort differences on the children's depression inventory: A meta-analysis. *Journal of Abnormal Psychology, 111*, 578-88.

Twenge, J. M., Sherman, R. A. & Lyubomirsky, S. 2016. More happiness for young people and less for mature adults: Time period differences in subjective well-being in the United States, 1972-2014. *Social Psychological and Personality Science, 7*, 131-41.

ul Haq, M. 1996. *Reflections on human development.* New York: Oxford University Press.

UNAIDS: Joint United Nations Program on hiv/aids. 2016. *Fast-track: Ending the aids epidemic by 2030.* Genève: UNAIDS.

UNICEF. 2014. *Female genital mutilation/cutting: What might the future hold?* New York: UNICEF.

Union of Concerned Scientists. 2015a. Close calls with nuclear weapons. http://www.ucsusa.org/sites/default/files/attach/2015/04/Close%20Calls%20with%20Nuclear%20Weapons.pdf.

Union of Concerned Scientists. 2015b. Leaders urge taking weapons off hair-trigger alert. http://www.ucsusa.org/nuclear-weapons/hair-trigger-alert/leaders#.WUXs6evysYN.

Verenigde Naties. 1948. Universal Declaration of Human Rights. http://www.un.org/en/universal-declaration-human-rights/index.html.

Verenigde Naties. 2015a. *The Millennium Development Goals Report 2015.* New York: Verenigde Naties.

Verenigde Naties. 2015b. Millennium Development Goals, goal 3: Promote gender equality and empower women. http://www.un.org/millennium-goals/gender.shtml.

VN-Ontwikkelingsprogramma. 2003. *Arab Human Development Report 2002: Creating opportunities for future generations.* New York: Oxford University Press.

VN-Ontwikkelingsprogramma. 2011. *Human Development Report 2011.* New York: Verenigde Naties.

VN-Ontwikkelingsprogramma. 2016. Human Development Index (HDI). http://hdr.undp.org/en/content/human-development-index-hdi.

United Nations Forest and Agricultural Organization. 2012. *State of the world's forests 2012.* Rome: fao.

United Nations Office for Disarmament Affairs. (Ongedateerd.) Treaty on the non-proliferation of nuclear weapons (npt). https://www.un.org/disarmament/wmd/nuclear/npt/text.

United Nations Office of the High Commissioner for Human Rights. 1966. International covenant on economic, social and cultural rights. http://www.ohchr.org/EN/ProfessionalInterest/Pages/CESCR.aspx.

United Nations Office on Drugs and Crime. 2013. Global study on homicide. https://www.unodc.org/gsh/en/data.html.

United Nations Office on Drugs and Crime. 2014. *Global study on homicide 2013.* Wenen: United Nations.

United States Census Bureau. 2016. Educational attainment in the United States, 2015. https://www.census.gov/content/dam/Census/library/publications/2016/demo/p20-578.pdf.

United States Census Bureau. 2017. Population and housing unit estimates. https://www.census.gov/programs-surveys/popest/data.html.

United States Department of Defense. 2016. Stockpile numbers, end of fiscal years 1962-2015. http://open.defense.gov/Portals/23/Documents/frddwg/2015_Tables_UNCLASS.pdf.

United States Department of Labor. 2016. Women in the labor force. https://www.dol.gov/wb/stats/facts_over_time.htm.

United States Environmental Protection Agency. 2016. Air quality-national summary. https://www.epa.gov/air-trends/air-quality-national-summary.

Unz, D., Schwab, F. & Winterhoff-Spurk, P. 2008. TV news-the daily horror? Emotional effects of violent television news. *Jounral of Media Psychology, 20,* 141-55.

Uppsala Conflict Data Program. 2017. ucdp datasets. http://www.pcr.uu.se/research/ucdp/datasets/.

Van Bavel, B. & Rijpma, A. 2016. How important were formalized charity and social spending before the rise of the welfare state? A long-run analysis of selected Western European cases, 1400-1850. *Economic History Review, 69,* 159-87.

Van Leeuwen, B. & van Leewen-Li, J. 2014. Education since 1820. In J. van Zanden, J. Baten, M. M. d'Ercole, A. Rijpma, C. Smith & M. Timmer, red., *How was life? Global well-being since 1820.* Paris: oecd Publishing.

Van Zanden, J., Baten, J., d'Ercole, M. M., Rijpma, A., Smith, C. & M. Timmer, red. 2014. *How was life? Global well-being since 1820.* Paris: oecd Publishing.

Värnik, P. 2012. Suicide in the world. *International Journal of Environmental Research and Public Health, 9,* 760-71.

Veenhoven, R. 2010. Life is getting better: Societal evolution and fit with human nature. *Social Indicators Research* 97, 105-22.

Veenhoven, R. (Ongedateerd.) World Database of Happiness. http://world-databaseofhappiness.eur.nl/.

Verhulst, B., Eaves, L. & Hatemi, P. K. 2015. Erratum to 'Correlation not causation: The relationship between personality traits and political ideologies.' *American Journal of Political Science*, 60, e3-e4.

Voas, D. & Chaves, M. 2016. Is the United States a counterexample to the secularization thesis? *American Journal of Sociology*, 121, 1517-56.

Walther, B. A. & Ewald, P. W. 2004. Pathogen survival in the external environment and the evolution of virulence. *Biological Review*, 79, 849-69.

Watson, W. 2015. *The inequality trap: Fighting capitalism instead of poverty.* Toronto: University of Toronto Press.

Weaver, C. L. 1987. Support of the elderly before the depression: Individual and collective arrangements. *Cato Journal*, 7, 503-25.

Welch, D. A. & Blight, J. G. 1987-88. The eleventh hour of the Cuban Missile Crisis: An introduction to the ExComm transcripts. *International Security*, 12, 5-29.

Welzel, C. 2013. *Freedom rising: Human empowerment and the quest for emancipation.* New York: Cambridge University Press.

Whaples, R. 2005. Child labor in the United States. *EH.net encyclopedia.* http://eh.net/encyclopedia/child-labor-in-the-united-states/.

White, M. 2011. *Atrocities: The 100 deadliest episodes in human history.* New York: Norton.

Whitman, D. 1998. *The optimism gap: The I'm ok-They're Not syndrome and the myth of American decline.* New York: Bloomsbury USA.

Wieseltier, L. 2013. Crimes against humanities. *New Republic*, 3 september.

Wilkinson, R. & Pickett, K. 2009. *The spirit level: Why more equal societies almost always do better.* Londen: Allen Lane.

Wilkinson, W. 2016a. Revitalizing liberalism in the age of Brexit and Trump. *Niskanen Center Blog.* https://niskanencenter.org/blog/revitalizing-liberalism-age-brexit-trump/.

Wilkinson, W. 2016b. What if we can't make government smaller? *Niskanen Center Blog.* https://niskanencenter.org/blog/cant-make-government-smaller/.

Williams, J. H., Haley, B., Kahrl, F., Moore, J., Jones, A. D. et al. 2014. *Pathways to deep decarbonization in the United States* (herziene druk). San Francisco: Institute for Sustainable Development and International Relations.

Willingham, D. T. 2007. Critical thinking: Why is it so hard to teach? *American Educator*, Summer, 8-19.

Willnat, L. & Weaver, D. H. 2014. *The American journalist in the digital age.* Bloomington: Indiana University School of Journalism.

Wilson, E. O. 1998. *Consilience: The unity of knowledge.* New York: Knopf.

Wilson, M. & Daly, M. 1992. The man who mistook his wife for a chattel. In J. H. Barkow, L. Cosmides & J. Tooby, red., *The adapted mind: Evolutionary psychology and the generation of culture.* New York: Oxford University Press.

Wilson, W. 2007. The winning weapon? Rethinking nuclear weapons in light of Hiroshima. *International Security, 31,* 162-79.

win-Gallup International. 2012. Global Index of Religiosity and Atheism. http://www.wingia.com/web/files/news/14/file/14.pdf.

Winship, S. 2013. Overstating the costs of inequality. *National Affairs,* Spring.

Wolf, M. 2007. *Proust and the squid: The story and science of the reading brain.* New York: HarperCollins.

Wolin, R. 2004. *The seduction of unreason: The intellectual romance with fascism from Nietzsche to postmodernism.* Princeton: Princeton University Press.

Wood, G. 2017. *The way of strangers: Encounters with the Islamic State.* New York: Random House.

Woodley, M. A., te Nijenhuis, J. & Murphy, R. 2013. Were the Victorians cleverer than us? The decline in general intelligence estimated from a meta-analysis of the slowing of simple reaction time. *Intelligence, 41,* 843-50.

Woodward, B., Shurkin, J. & Gordon, D. 2009. *Scientists greater than Einstein: The biggest lifesavers of the twentieth century.* New York: Quill Driver.

Woolf, A. F. 2017. *The New start treaty: Central limits and key provisions.* Washington: Congressional Research Service. https://fas.org/sgp/crs/nuke/R41219.pdf.

Wootton, D. 2015. *The invention of science: A new history of the Scientific Revolution.* New York: HarperCollins.

Wereldbank. 2012a. *Turn down the heat: Why a 4°C warmer world must be avoided.* Washington: Wereldbank.

Wereldbank. 2012b. *World Development Report 2013: Jobs.* Washington: Wereldbank.

Wereldbank. 2016a. Adult literacy rate, population 15+ years, both sexes (%). http://data.worldbank.org/indicator/SE.ADT.LITR.ZS.

Wereldbank. 2016b. Air transport, passengers carried. http://data.worldbank.org/indicator/IS.AIR.PSGR.

Wereldbank. 2016c. gdp per capita growth (annual %). http://data.worldbank.org/indicator/NY.GDP.PCAP.KD.ZG.

Wereldbank. 2016d. Gini index (Schatting Wereldbank). http://data.worldbank.org/indicator/SI.POV.GINI?locations=US.

Wereldbank. 2016e. International tourism, number of arrivals. http://data. worldbank.org/indicator/ST.INT.ARVL.

Wereldbank. 2016f. Literacy rate, youth (ages 15-24), gender parity index (gpi). http://data.worldbank.org/indicator/SE.ADT.1524.LT.FM.ZS.

Wereldbank. 2016g. PovcalNet: An online analysis tool for global poverty monitoring. http://iresearch.worldbank.org/PovcalNet/home.aspx.

Wereldbank. 2016h. Terrestrial protected areas (% of total land area). http:// data.worldbank.org/indicator/ER.LND.PTLD.ZS.

Wereldbank. 2016i. Youth literacy rate, population 15-24 years, both sexes (%). http://data.worldbank.org/indicator/SE.ADT.1524.LT.ZS.

Wereldbank. 2017. World development indicators: Deforestation and biodiversity. http://wdi.worldbank.org/table/3.4.

Wereldgezondheidsorganisatie 2014. *Injuries and violence: The facts 2014.* Genève: Wereldgezondheidsorganisatie. http://www.who.int/violence_injury_prevention/media/news/2015/Injury_violence_facts_2014/en/.

Wereldgezondheidsorganisatie. 2015a. European Health for All database (hfa-db). http://data.euro.who.int/hfadb/.

Wereldgezondheidsorganisatie. 2015b. *Global technical strategy for malaria, 2016-2030.* Genève: Wereldgezondheidsorganisatie. http://apps.who.int/ iris/bitstream/10665/176712/1/9789241564991_eng.pdf?ua=1&ua=1.

World Health Organization. 2015c. *Trends in maternal mortality, 1990 to 2015.* Genève: World Health Organization. http://apps.who.int/iris/bitstre am/10665/194254/1/9789241565141_eng.pdf?ua=1.

Wereldgezondheidsorganisatie. 2016a. Global Health Observatory (gho)-data. http://www.who.int/gho/mortality_burden_disease/life_tables/situation_trends/en/.

Wereldgezondheidsorganisatie. 2016b. A research and development blueprint for action to prevent epidemics. http://www.who.int/blueprint/en/.

Wereldgezondheidsorganisatie. 2016c. Road safety: Estimated number of road traffic deaths, 2013. http://gamapserver.who.int/gho/interactive_charts/road_safety/road_traffic_deaths/atlas.html.

Wereldgezondheidsorganisatie. 2016d. Suicide. http://www.who.int/mediacentre/factsheets/fs398/en/.

Wereldgezondheidsorganisatie. 2017a. European health information gateway: Deaths (#), all causes. https://gateway.euro.who.int/en/indicators/ hfamdb-indicators/hfamdb_98-deaths-all-causes/.

Wereldgezondheidsorganisatie. 2017b. Suicide rates, crude: Data by country. http://apps.who.int/gho/data/node.main.MHSUICIDE?lang=en.

Wereldgezondheidsorganisatie. 2017c. The top 10 causes of death. http:// www.who.int/mediacentre/factsheets/fs310/en/.

Wrangham, R. W. 2009. *Koken: over de oorsprong van de mens.* Amsterdam: Nieuw Amsterdam.

670

Wrangham, R. W. & Glowacki, L. 2012. Intergroup aggression in chimpanzees and war in nomadic hunter-gatherers. *Human Nature, 23*, 5-29.

Young, O. R. 2011. Effectiveness of international environmental regimes: Existing knowledge, cutting-edge themes, and research strategies. *Proceedings of the National Academy of Sciences, 108*, 19853-60.

Yudkowsky, E. 2008. Artificial intelligence as a positive and negative factor in global risk. In N. Bostrom & M. Ćirković, red., *Global catastrophic risks.* New York: Oxford University Press.

Zelizer, V. A. 1985. *Pricing the priceless child: The changing social value of children.* New York: Basic Books.

Zimring, F. E. 2007. *The Great American Crime Decline.* New York: Oxford University Press.

Zuckerman, P. 2007. Atheism: Contemporary numbers and patterns. In M. Martin, red., *The ambridge Companion to Atheism.* New York: Cambridge University Press.

671

Register

677

682